Ulrike Metzger · Joe Weingarten

Einkommensteuer und Einkommensteuerverwaltung in Deutschland

Verwaltung in Deutschland
Historische und sozialwissenschaftliche Untersuchungen
Herausgegeben von Thomas Ellwein

An der Universität Konstanz besteht seit ihrer Errichtung ein verwaltungswissenschaftlicher Schwerpunkt. Er ist 1985 durch einen von der Deutschen Forschungsgemeinschaft und dem Land Baden-Württemberg geförderten Sonderforschungsbereich ‚Verwaltung im Wandel' erweitert worden. Im SFB werden international und national, historisch und systematisch vergleichend oder in begrenzten empirischen Studien anhand einzelner Arbeitsfelder der öffentlichen Verwaltung deren Organisation, Verfahren und Wirkungsweise untersucht. In den Teilprojekten, aus denen die Arbeiten zum Thema ‚Verwaltung in Deutschland' hervorgehen, sind zunächst die Gewerbeaufsicht und die Gewerbeförderung ausgewählt worden; im zweiten Schritt wurde dies auf die Ortspolizei und die Straßenbauverwaltung sowie schließlich auf die Steuerverwaltung ausgedehnt. Solche Verwaltungen lassen sich nur bedingt generell untersuchen; sobald historische Detailforschung oder sozialwissenschaftliche Analysen und Fallstudien ins Spiel kommen, muß eine regionale Begrenzung erfolgen. Für den genannten Arbeitskomplex bildet dafür im Zweifel der heutige Regierungsbezirk Detmold die Untersuchungsregion. Ergänzt werden die Arbeiten durch Untersuchungen über die Entwicklung des Haushaltsrechts, der Haushaltsprinzipien und der tatsächlichen Haushalte von Staat (Reich und Ländern) und Gemeinden im 19. Jahrhundert, denn ohne genauere Kenntnis der Haushaltswirklichkeit kann die Aufgabenteilung zwischen Staat und Gemeinden und überhaupt die Aufgabenentwicklung der öffentlichen Verwaltung nicht zureichend dargestellt und erklärt werden.
Die Arbeiten folgen teils einem genetischen Ansatz und teils der systematischen Frage nach dem Verhältnis zwischen Recht (Rechtsentwicklung) und Verwaltung. Die historischen Beiträge (zusammengefaßt in einer Verwaltungsgeschichte des Regierungsbezirks Detmold) sollen die Faktoren herausarbeiten, welche das Wachstum und die Veränderungsschübe in der öffentlichen Verwaltung (in Deutschland) bedingen. Systematisch richtet sich das Erkenntnisinteresse auf die Position der Verwaltung im demokratischen Prozeß, auf die Wirkungsweise der Führungsinstrumentarien, vor allem des Gesetzes, und auf die Selbststeuerungsmöglichkeiten der Verwaltung.

Ulrike Metzger · Joe Weingarten

Einkommensteuer und Einkommensteuerverwaltung in Deutschland

Ein historischer und verwaltungswissenschaftlicher Überblick

Springer Fachmedien Wiesbaden GmbH

CIP-Titelaufnahme der Deutschen Bibliothek

Metzger, Ulrike:
Einkommensteuer und Einkommensteuerverwaltung
in Deutschland: ein historischer und verwaltungswissenschaftlicher Überblick / Ulrike Metzger;
Joe Weingarten.
(Verwaltung in Deutschland)
ISBN 978-3-531-12128-4 ISBN 978-3-663-09889-8 (eBook)
DOI 10.1007/978-3-663-09889-8

NE: Weingarten, Joe:

Ursprünglich erschienen bei Westdeutscher Verlag GmbH, Opladen 1989

Umschlaggestaltung: Horst Dieter Bürkle, Darmstadt

ISBN 978-3-531-12128-4

Inhaltsverzeichnis

Abkürzungsverzeichnis

(vgl. auch Literaturverzeichnis)

a) Textkürzel:

a.a.O.	am angegebenen Ort
a.F.	alte Fassung
Anm.	Anmerkung
Art.	Artikel
Bearb.	Bearbeitung
betr.	betreffend
bzw.	beziehungsweise
ca.	circa
dass.	dasselbe
ders.	derselbe
d.h.	das heißt
d.i.	das ist
dies.	dieselbe
Diss.	Dissertation
ebd.	ebenda
etc.	et cetera
f	folgende
ff	fortfolgende
FN	Fußnote
Hg.	Herausgeber
Kap.	Kapitel
max.	Maximal
Min.	Ministerium
N.F.	Neue Folge
S.	Seite
s.o.	siehe oben
Tab.	Tabelle
u.a.	unter anderem (bei Literaturstellen: und andere)
u.ä.	und ähnliches (und ähnliche)
v.	von
v.a.	vor allem
Verf.	Verfasser
vgl.	vergleiche
z.B.	zum Beispiel
zit.	zitiert
z.T.	zum Teil
§	Paragraph
§§	Paragraphen

b) Fachkürzel

Abt.	Abteilung
ADV	Automatisierte Datenverarbeitung
AO	Abgabenordnung von 1977
BDST	Bund Deutscher Steuerbeamten (Steuer-Gewerkschaft im Deutschen Beamtenbund)
BMF	Bundesministerium der Finanzen
BfF	Bundesamt für Finanzen
n.DAFVG	n. Verwaltungsanordnung zur Durchführung des Gesetzes über die Finanzverwaltung von 1950
DATEV	Datenverarbeitungs-Organisation des Steuerberatenden Berufes in der Bundesrepublik Deutschland e.G.
EDV	Elektronische Datenverarbeitung
EStDV	Einkommensteuer-Durchführungsverordnung
EStG	Einkommensteuergesetz
FA	Finanzamt
FAGO	Geschäftsordnung für die Finanzämter von 1954
FAGO 1985	Neufassung der Geschäftsordnung für die Finanzämter von 1985
FLSt	Finanzleitstelle der britischen Besatzungszone
FVG	Finanzverwaltungsgesetz von 1950
FVG N.F.	Neufassung des Finanzverwaltungsgesetzes von 1971
GDF	Gemeinsamer Deutscher Finanzrat
GG	Grundgesetz für die BR Deutschland von 1949
GNOFÄ	Grundsätze zur Neuorganisation der Finanzämter und zur Neuordnung des Besteuerungsverfahrens von 1975, Neufassung 1981
NRW	Nordrhein-Westfalen
OECD	Organization for Economic Co-Operation and Develop ment
OFD	Oberfinanzdirektionen
OFP	Oberfinanzpräsident (-präsidium)
PersBB-FÄ	Personalbedarfsberechnung - Finanzämter
PR	Parlamentarischer Rat
RAO	Reichsabgabenordnung von 1919
RdF	Reichsminister der Finanzen
RFH	Reichsfinanzhof
RMF	Reichsministerium der Finanzen
SGr	Silbergroschen
StBAG (1961)	Steuerbeamten-Ausbildungsgesetz von 1961
StBAG (1976)	Neufassung des StBAG von 1976
VfF	Verwaltung für Finanzen des Wirtschaftsrates in Frankfurt
WRV	Weimarer Reichsverfassung von 1919

Einleitung

Das Einkommensteuergesetz und die aufgrund dieses Gesetzes erhobenen Steuern sind wesentliche Stützen der öffentlichen Staatshaushalte in der Bundesrepublik Deutschland. Durch eine Veranlagung zur Einkommensteuer oder durch das Lohnsteuerabzugsverfahren unterliegen breite Bevölkerungsschichten der Besteuerung nach dem Einkommensteuergesetz. Diese 'Breitenwirkung' macht die Einkommensteuer zu einem Gegenstand von großem öffentlichen Interesse.[1] Auch die gegenwärtigen Steuerreformen (1986, 1988, 1990) setzen im wesentlichen am Einkommensteuergesetz an.

Das Einkommensteuergesetz unterliegt in diesem Zusammenhang oftmaliger Kritik, sowohl von politischer als auch von wissenschaftlicher Seite: Ihm wird vorgeworfen, es sei "im Laufe der Jahre systematisch und terminologisch" immer mehr verwahrlost und müsse "fundamental reformiert werden" (Tipke 1986:150). Problematisiert werden sowohl systematische und rechtspolitische Schwächen des EStG, als auch die wirtschafts- und verteilungspolitische Folgen, die diese Strukturen nach sich ziehen. Dabei werden vor allem kritisiert:

- die Höhe der Steuersätze des EStG mit einem gegenwärtigen Höchstsatz von 56 % und die 'kalte Progression';
- die hohe Änderungshäufigkeit des Einkommensteuerrechts, die Normenflut im Steuerrecht im allgemeinen und die Ausdehnung des EStG durch eine wachsende Zahl von Paragraphen und Absätzen;[2]
- die mangelnde Transparenz für den Bürger und das Fehlen einer durchgehenden Systematik für den Rechtsanwender;[3]
- das Ausmaß an "außerfiskalischen Zielen" durch die Einräumung von Steuervorteilen aller Art, mittels derer "so gut wie alle denkbaren Zwecke gefördert werden";[4]

---

1) Tipke (1986:161) schränkt das dahingehend ein, daß die Diskussion in der Bundesrepublik bis vor kurzer Zeit nur mit dem Ziel geführt wurde, ein im Prinzip sinnvolles und gerechtes Einkommensteuerrecht in Teilbereichen zu verbessern. Eine grundsätzliche Kritik am System der direkten Einkommensbesteuerung und der Entwicklung zum bedrohlichen 'Steuerdschungel' sieht Tipke erst für die letzte Zeit.

2) Vgl. Raupach 1985:21f

3) K. Tipke 1983 nach DStG Nr. 3/1984:33

4) "... von der Ausbildung über Forschung und Entwicklung, Golfvereine (durch abzugsfähige Spenden), Konjunktur, Luft- und Schiffahrt, Umweltschutz und Wasserkraftwerke bis hin zur Zukunftssicherung" (Raupach 1985:19).

- und die organisierte Vermeidung von Einkommensteuerzahlungen durch Steuerhinterziehungen, Verlustzuweisungsgesellschaften und Bauherrn-Gemeinschaften.[5]

Dies alles wird als - zumindest im heutigen Ausmaß - relativ neues Problem gesehen und dargestellt. Es wird inzwischen sogar vom "Niedergang" des deutschen Einkommensteuerrechts (Raupach 1985) gesprochen oder das heutige Einkommensteuerrecht als ein undurchschaubarer, unsystematischer und ungerechter Teil des Steuerrechts hingestellt[6]:

> "Obwohl das Einkommensteuerrecht an die Leistungsfähigkeit der natürlichen Personen anknüpft, ist es ein chaotisch-zerklüftetes Einkünfteartenrecht mit Gruppenprivilegien, vielen Wahlrechten und einem Gemenge aus Steuerbelastungsvorschriften und entlastenden Subventionsvorschriften."[7]

Was kritisiert wird, scheint auch unabhängig von der politischen Zusammensetzung der Bundesregierung Bestand zu haben. Steuervereinfachungen und '-reformen', zumal auf dem Gebiet der Einkommensbesteuerung hat noch jede Bundesregierung angekündigt. Und auch wenn die gegenwärtige Bundesregierung die Vereinfachung des Steuersystems als eines ihrer vorrangigen Ziele hervorgehoben hat, zeigt sich - nach dem Urteil der unmittelbar betroffenen, weil zur Gesetzesanwendung verpflichteten Steuerbeamten -, daß

> "... in der auslaufenden Legislaturperiode 'Steuervereinfachung' noch nicht einmal im Ansatz erkennbar ist. Ganz im Gegenteil. Alles ist komplizierter geworden, weil alle Staatsziele über das Steuerrecht erreicht werden sollen: Von der Wirtschafts- und Sozialpolitik über die Kulturpolitik bis hin zur Umweltpolitik (Kfz-Steuergesetze), statt sich auf die eigentliche Funktion des Steuerrechts, die Einnahmeerzielung zu besinnen."[8]

Die Kompliziertheit und Unüberschaubarkeit des EStG trifft den Bürger. Aber sie trifft ihn nur mittelbar, nämlich über den Umweg des Besteuerungverfahrens. Die zunächst unmittelbar Betroffenen sind die Beamten der Steuerverwaltungen, die das Gesetz auslegen und und zur Geltung bringen sollen. Dies wird ihnen erschwert, wenn viele der Probleme und Konflikte bei der Formulierung der steuerrechtlichen Normen nicht gelöst werden und ein schwammiger und unklarer

---

5) Raupach 1985:19; zur Diskussion um die schlechte 'Steuermoral' in der Bundesrepublik vgl. Tenhof 1985

6) Vgl. dazu auch Kap. 5.6

7) Tipke 1983:76; vgl. zur detaillierten Kritik an der mangelnden Systematik des EStG Tipke 1985:139 ff.

8) DStG Nr. 12/1986:170, dort findt sich auch ein Überblick über die wesentlichen Steuergesetzänderungen der letzten Legislatuperiode des Bundestages.

Gesetzestext verabschiedet wird, in der Hoffnung, die Steuerverwaltung werde ihn schon 'passend' machen:

> "Für das Gesetz wird (hier) offensichtlich der Anspruch aufgehoben, daß es dem Gebot der Rechtssicherheit zu entsprechen habe; die Verwaltung wird es schon richten. Gesetz und Verwaltungserlaß sind danach beliebig austauschbar."[9)]

Die vorliegende Untersuchung soll einen Überblick über die Grundlagen der Einkommensbesteuerung und die Besteuerungswirklichkeit in Deutschland seit der zweiten Hälfte des 19. Jahrhunderts geben. Deshalb ist es notwendig, nicht nur das jeweils grundlegende Einkommensteuergesetz mit seinen Schwächen und Unzulänglichkeiten zu schildern, sondern es bedarf auch einer Darstellung der jeweils mit dem Gesetzesvollzug betrauten Steuerbehörden. Die Steuerbehörden haben das Gesetz anzuwenden. Aus der besonderen Situation einer 'eingreifenden' Verwaltung heraus benötigen sie in besonderem Maße klare und vollziehbare Gesetze:

> "Die Steuerverwaltung nimmt eine Schlüsselfunktion im Gefüge staatlichen Verwaltungshandelns ein. Wie keine andere Verwaltung trifft sie den Bürger als Steuerzahler in einem besonders sensiblen Bereich seiner persönlichen Gestaltungsfreiheit: Sie beschränkt seine Freiheit über seine materiellen Güter als eine wichtige Grundlage seiner persönlichen Existenz und bindet sie an das Allgemeinwohl. Insbesondere die Verwaltung, die diese Eingriffe - in einem regelmäßigen Turnus - vollzieht, ist den Grundsätzen verpflichtet, die unsere Verfassung der Eingriffsverwaltung auferlegt, dem Grundsatz der Gesetzmäßigkeit der Verwaltung."[10)]

Im Laufe der Untersuchung soll klar werden, wie weit nicht nur die Realität von dieser Forderung entfernt ist, sondern welche zusätzlichen organisatorischen und personellen Probleme den Steuerbehörden ihr Arbeit heute erschweren.[11)] Diesen Problemen der Steuerverwaltung bei der Gesetzesanwendung wird in der steuerwissenschaftlichen Literatur kaum Beachtung geschenkt. So merkt Tipke (1987:602) lediglich an, daß die Finanzverwaltung nicht über die personellen und sachlichen Mittel verfüge, um dem Besteuerungsauftrag aus § 85 AO nachzukommen, geht darauf aber nicht näher ein.

Die wissenschaftliche und politische Kritik des heutigen Einkommensteuerrechts, trifft wohl im wesentlichen zu. Das Gesetz ist unverständlich für den Bürger und fast unanwendbar für die Beamten und damit ungerecht in seinen Auswirkungen. Die Deutsche Steuergewerkschaft belegt die "unbegrenzte Normenflut" der Steuer-

---

9) Knobbe-Keuk 1981:104 mit dem konkreten Bezug auf § 15a EStG.

10) Aus einer Resolution des 10. Steuer-Gewerkschaftstages, Hannover 1983; vgl. DStG Nr. 3/1983:54 ff.

11) Vgl. Kap. 6.4.3

gesetze seit 1982 mit den selben Vorwürfen, wie sie über die Steuergesetze der Jahre davor geäußert wurden. Auch sie hätten - trotz zum Teil wohlklingender Bezeichnungen ('Steuerentlastungsgesetz', 'Steuerbereinigungsgesetz', 'Steuersenkungsgesetz') vor allem "eines gemeinsam":

> "... sie haben das Steuerrecht zum Vehikel der Wirtschafts-, Sozial-, Kulturpolitik usw. weiter verkümmern lassen, zu einer systemlosen Aneinanderreihung von Einzelregelungen, ohne Konzeption, zu einer Normenflut, die die Arbeit der Angehörigen der Steuerverwaltung immer mehr erschwert hat."[12)]

Allerdings ist der darin liegende, mehr oder weniger deutlich ausgesprochene Umkehrschluß, die Besteuerung habe 'früher' - wann immer das gewesen sein mag - nach klaren, verständlichen, einfachen und gerechten Normen funktioniert, durch nichts belegt. Der Schwachpunkt des überwiegenden Teils der wissenschaftlichen und politischen Kritik an der Besteuerung nach dem heutigen Steuer- und insbesondere dem Einkommensteuerrecht liegt darin, das Steuerrecht und besonders das EStG an einem idealisierten Zustand zu messen, der historisch nicht zu belegen ist, nicht für die Bundesrepublik, nicht für das Deutsche Reich und gleichfalls nicht für die deutschen Staaten des 19. Jahrhunderts.[13)]

Das vorliegende Buch soll die Diskussion darüber in vier Punkten korrigieren. Es soll klar machen, daß

- die deutschen Einkommensteuergesetze schon seit den landesrechtlichen Steuergesetzen des 19. Jahrhunderts immer kompliziert waren, weil die Definition dessen, was Einkommen ist, wie es zu besteuern ist und welche Ausnahmen zulässig sind, von jeher beträchtliche Probleme bereitet hat;
- mittels der Einkommensbesteuerung und durch das ihr jeweils zugrunde liegende Gesetz schon seit einem Jahrhundert wirtschafts- und im besonderen auch sozialpolitische Ziele verfolgt werden;
- das deutsche Einkommensteuerrecht durchgängig besondere Bestimmungen hinsichtlich der Festlegung der Besteuerungsgrundlagen und des dabei anzuwendenden Verfahrens enthalten hat, die auf die Bedürfnisse von Schichten mit komplizierteren Einkünften ausgerichtet waren und sind;

12) Aus einer Eingabe der Steuer-Gewerkschaft an die Finanzminister und -senatoren von Bund und Ländern vom Juni 1986; vgl. DStG Nr. 9/1986:111f.

13) Der in diesem Zusammenhang so oft benutzte Vergleich des (bescheidenen) Steuertarifs der frühen preußischen Einkommensteuernormen mit den heutigen Höchstsätzen des EStG ist da nicht besonders originell, da er weder die andersartigen Besteuerungsarten, noch die Aufgaben und finanziellen Grundlagen eines Staatswesens berücksichtigt, daß sich nur zu geringen Teilen aus einer direkten Einkommensbesteuerung finanzierte.

- und daß die Steuerbehörden schon immer ihre Arbeit nur unter erheblichem Arbeitsdruck und personeller und ressourcenmäßiger Unterausstattung verrichten konnten, was neben der Kompliziertheit des zu besteuernden Subjekts und der steuerrechtlichen Normen von jeher dazu beigetragen hat, daß ein Eindringen in die tatsächlichen Einkommensverhältnisse für die Behörden immer schwierig war und selten mit absoluter Sicherheit vollzogen werden konnte.

Um dies zu belegen, ist es notwendig, die Entwicklung der Einkommensteuergesetze in Deutschland einerseits und den Aufbau der diese vollziehenden Verwaltung andererseits[14)] aufzuzeigen.

Zu diesem Zweck unterscheidet die Untersuchung drei Perioden: Deutsche Staaten bis 1918, Weimarer Republik und NS-Staat sowie Bundesrepublik Deutschland. Für jeden dieser drei Zeitabschnitte sollen einerseits das jeweils gültige Einkommensteuerrecht vorgestellt und andererseits Aufbau, Funktion und Probleme der jeweiligen Finanz- und Steuerbehörden erläutert werden. Daher gliedert sich der Hauptteil der Arbeit in sechs Kapitel.
Bei der Darstellung der gesetzlichen Grundlagen der Einkommensbesteuerung liegt der Schwerpunkt auf den Problemen der Steuerpflicht, der Einkommensbemessung und der Vergünstigungen sowie auf den Umständen der Veranlagung. Bei der Vorstellung der Steuerbehörden liegt der Schwerpunkt auf den Behördenteilen, die mit der Verwaltung der Einkommensteuer und damit zusammenhängenden Fragen (Einzug, Nachprüfung) zu tun haben.

Bei der Nachzeichnung der Einkommensteuergesetze der deutschen Länder im 19. und beginnenden 20. Jahrhundert liegt das Hauptgewicht auf dem Königreich Preußen. Niemand, der deutsche Verwaltungsgeschichte schreibt, kann an Preußen vorbei gehen. Zudem haben die preußischen Formen der Einkommensbesteuerung (bzw. deren Unzulänglichkeiten) entscheidend den Aufbau einer eigenständigen Finanzverwaltung und eines einheitlichen Reichseinkommensteuergesetzes in Deutschland nach 1919 beeinflußt. Da im hier vorgegebenen Rahmen nicht alle deutschen Staaten untersucht werden können, wurden zusätzlich Sachsen und Württemberg, beides Staaten mit eigenen Formen der Einkommensbesteuerung, ausgewählt. Wo immer möglich, wurde bei der Beschreibung der Gesetze auf zeitgenössische Literatur zurückgegriffen.

---

14) Bei der Darstellung der Steuerbehörden in Deutschland sollen dort, wo das möglich ist, die mit der Festsetzung und Erhebung von Steuern und den dazu notwendigen Vorarbeiten beschäftigten Behörden aus der Finanzverwaltung herausgelöst werden; diese Behördenteile der Finanzverwaltung(en) werden im folgenden als 'Steuerverwaltung' bezeichnet.

Das gilt auch für den Teil 'Steuerverwaltung' des Buches[15], der neben dem dargestellten Hauptanliegen der Untersuchung, die Umstände und Probleme der staatlichen Einkommensbesteuerung in Deutschland seit dem 19. Jahrhundert darzulegen, das Ziel hat, einen umfassenden Überblick über Aufbau und Arbeitsweise der deutschen Steuerverwaltung zu geben, um dem Leser einen Einstieg in die - relativ kurze und im Grunde nie umfassend dokumentierte - Geschichte dieses Verwaltungszweiges zu ermöglichen. Dem dienen auch die zahlreichen Literaturhinweise in diesen Kapiteln.[16]

15) Also für die Kapitel 2, 4 und 6.

16) Gerne wäre hier auch auf neuere Literatur zum Thema 'Aufbau und Verfahren der Steuerverwaltung' zurückgegriffen worden, aber solche Arbeiten liegen kaum vor. Die letzte umfassende Darstellung zu diesem Thema stellt die noch auf die Reichsfinanzverwaltung bezogene Arbeit von Groth (1944) dar. Auch die Ausführungen von Hettlage (1985) zur Reichsfinanzverwaltung in der - mit einem umfassenden Darstellungsanspruch ausgestatten - 'Deutschen Verwaltungsgeschichte' von Jeserich u.a. (vgl. Literaturverzeichnis) fußen deutlich auf dieser und anderen zeitgenössischen Darstellungen. Erwähnenswert für die Bundesverwaltung nach 1949 sind im wesentlichen nur die Aufbaugeschichte von Leidel (1964) und die vielfältigen Arbeiten von Pausch zu diesem Thema und zur Steuerverwaltungsgeschichte im allgemeinen.

Teil I: Einkommensteuerrecht und einzelstaatliche Finanzverwaltungen in Deutschland vor 1918/1919

1. Die Entstehung und Entwicklung der Einkommensteuergesetze in den Königreichen Preußen, Sachsen und Württemberg im 19. Jahrhundert

1.1 Einführung

Der Darstellung zur Entstehung und Entwicklung der Einkommensteuergesetze in den Königreichen Preußen, Sachsen und Württemberg bis zu Beginn des Ersten Weltkriegs wird in diesem Kapitel das direkte Steuersystem eines jeden Landes vorangestellt, welches vor der Einführung der Einkommensteuer dort bestand. Damit soll die historische Einordnung der Einkommensteuer erleichtert werden.
Neben der Aufbereitung der inhaltlichen Regelungen des jeweils ersten Einkommensteuergesetzes, werden auch alle weiteren Gesetzesänderungen berücksichtigt. Dabei werden allerdings die gesetzlichen Regelungen zu den einkommensteuerpflichtigen juristischen Personen weitgehend vernachlässigt, da diese seit der Weimarer Republik nach dem Körperschaftsteuergesetz besteuert werden und somit aus der weiteren Betrachtung herausfallen. Um das Einkommensteuergesetz nicht zu isolieren, werden die Reformpläne und Auseinandersetzungen im Landtag bzw. zwischen Landtag und Regierung, die im Vorfeld einer Steuerreform stattfanden, ebenso berücksichtigt wie die Aufnahme der Steuerreform durch die Bevölkerung. Daneben werden die gesetzlichen Änderungen im direkten Steuersystem mit eingeflochten, um die Stellung der Einkommensteuer im direkten Steuersystem zu verdeutlichen.

Im zweiten Abschnitt werden statistische Daten zum Gewicht der Einkommensteuer im jeweiligen Steuersystem aufgearbeitet. Neben dem Aufkommen der Einkommensteuer, der direkten und indirekten Steuern, wird eine Relation zwischen diesen hergestellt; die aufkommenstärkste Steuer und ihre Entwicklung ist so leicht zu ermitteln.

Die Materiallage für die Länder und für die einzelnen Abschnitte war sehr unterschiedlich; daher ist eine unterschiedliche Detailtiefe unvermeidbar.

Die Geschichte der modernen Einkommensteuer begann in England unter William Pitt. Er führte 1799 die sogenannte "income tax" zur Finanzierung des Zweiten Koalitionskrieges[1)] gegen Frankreich ein. Sie wurde schon 1802 wieder abgeschafft, aber 1803 wieder eingeführt. Wegen heftiger Kritik in der Bevölkerung mußte die Erhebung dieser Steuer nach Beendigung der Napoleonischen Kriege 1816 eingestellt werden. Der Übergang Englands zum Freihandel 1842 und die daraus folgenden Einnahmeverluste bei den Zöllen erforderten Kompensationsmöglichkeiten. So verankerte Robert Peel die Einkommensteuer endgültig im englischen Steuersystem.
In der Literatur[2)] wird die englische Einkommensteuer als die erste dieser Art in moderner Ausgestaltung betrachtet. Gegensätzlich dazu behauptet Nositz, daß in

> "... Sachsen bereits durch das Anschreiben vom 1. November 1742 eine vollkommen ausgebildete, allgemein progressive Einkommensteuer eingeführt wurde und bis zum Jahre 1847 als außerordentliche Steuer neben den ordentlichen bestanden hat". (Nositz 1903:131f)

Grabower (1932a:96) bezeichnet die am 23. Februar 1808 zur Finanzierung des Verteidigungskriegs gegen Napoleon eingeführte Einkommensabgabe, die von 1811 bis 1813 in Ostpreußen, dem - nach dem Frieden von Tilsit - Hauptbestandteil des preußischen Staates erhoben wurde, als die "älteste Einkommensteuer in den deutschen Ländern".

In den Ländern des späteren Deutschen Reichs wurden 1848 in Nassau, 1869 in Hessen, 1874 in Sachsen und 1884 in Baden Einkommensteuern eingeführt. Vorbild für die weitere Entwicklung der Einkommensteuergesetzgebung in der Weimarer Republik und der Bundesrepublik Deutschland war aber die Einführung einer "ersten modernen Einkommensteuer" (Arndt/Zierlinger 1986:25) durch das preußische Einkommensteuergesetz von 1891.

1) 1799-1802

2) Vgl. Neumark 1961:68 und Kolms 1976:20

1.2 Die Einkommensteuer im Königreich Preußen

1.2.1 Das direkte Steuersystem bis 1851 - Die Entstehung und Entwicklung des Einkommensteuergesetzes

1.2.1.1 Der Übergang zur neuzeitlichen Staatsbesteuerung

Nach der Niederlage in der Doppelschlacht von Jena und Auerstedt 1806 brach Preußen militärisch zusammen; das Staatswesen wurde in seinen Grundfesten erschüttert. Die Darstellung der "neuzeitlichen" Staatsbesteuerung muß für Preußen in dieser Phase beginnen (vgl. Mamroth 1890:I), weil nach dem Zusammenbruch Preußens eine "Umgestaltung seiner inneren Einrichtungen" (Dieterici 1875:1) begann, die auch zu einer Anpassung des nicht mehr den Anforderungen der Zeit entsprechenden Steuersystems führte.

Ein kurzer Überblick über das Steuerwesen des 18. Jahrhunderts - hier soll das direkte Steuersystem im Vordergrund stehen - wird das Verständnis für die im 19. Jahrhundert folgenden Reformen erschließen.

1806 fußte das Steuersystem in seinen Grundzügen noch auf der vom Großen Kurfürsten Friedrich Wilhelm überlieferten Verfassung, die auf einer Trennung von Stadt[3] und Land[4] basierte. Jeder preußische Landesteil hatte eine eigene Zoll- und Akziseverfassung mit unterschiedlichen Tarifen und besonderen Grundsteuern. Die Zölle wurden nach der mittelalterlichen Auffassung erhoben: Als Durchgangsabgaben und Gebühren für die Benutzung der Verkehrsstraßen. Die Akziseverfassung in den Städten[5] sorgte für die Abschließung der Städte gegen das 'platte Land' und die weitgehende Beschränkung des Handels, der Fabrikation und des Handwerks auf die Städte (Bornhak 1890:231). An jedem Stadttor befanden sich Steuerstellen, an denen die Akzise für die Einfuhr der Güter vom platten Land erhoben wurde. Gleichzeitig wurden nahezu alle städtischen Erzeugnisse mit einer Generalakzise belegt. Zwar wurden 1787 neue Akzisetarife erlassen, dennoch blieb die Anzahl der zu versteuernden Objekte (2775) unübersehbar. Allein in den alten Provinzen bestanden danach noch 57 Zoll- und Akziseverfassungen weiter (vgl. Fuisting 1892:3). Die Unzufriedenheit der Bürger mit diesem System war weit verbreitet.

Die Besteuerung auf dem platten Land wurde gleichfalls als unzureichend empfunden. Die Grundsteuerbelastung fiel in Höhe und Art oft sehr unterschiedlich aus, in den Provinzen existierten noch 20 Hauptsysteme und 100 Grundsteuerarten (vgl. Fuisting 1892:3). Als ungerecht wurde vor allem die Steuerbefreiung der Ritter-

3) Verbrauchsteuern und Akzise

4) Grundsteuern und Kontributionen

5) Die erste Akziseverfassung stellte die Konsumtions- und Acciseordnung vom 15. April 1667 dar.

güter empfunden. Zudem zog man die Bewohner des platten Landes "in doppelter Weise zur Tragung der Acciselasten" mit heran:

> "... bei der Einführung der ländlichen Erzeugnisse in die Städte hatten sie unmittelbar die Acciseabgaben zu entrichten; mittelbar mußten sie beim Ankauf ihres Bedarfs in dem Preise der städtischen Waren einen entsprechenden Beitrag zu den Acciseabgaben der städtischen Gewerbetreibenden leisten" (Fuisting 1892:2).

In den Finanzedikten vom 27. Oktober 1810[6] und vom 7. September 1811[7] wurden denn auch "Gleichstellung vor dem Gesetze, ... Tragung der Abgaben nach gleichen Grundsätzen von Jedermann, Vereinfachung derselben und ihrer Erhebung" (Fuisting 1892:2) und v.a. eine gleiche und verhältnismäßige Verteilung der Grundsteuer auf alle Grundsteuerpflichtigen zugesichert.

Zur Deckung rückständiger Kriegskontributionen und Kriegsschulden wurde am 24. Mai 1812[8] ein 'Edikt wegen Erhebung einer außerordentlichen Vermögens- und Einkommensteuer' erlassen.

> "In drei Terminen waren von dem gesamten Privatvermögen 3 %, sowie von allen nicht durch die Anwendung eines Vermögens hervorgebrachten Einkommen im Betrage von wenigstens 300 Thalern 5 %, von 100 - 300 Thalern 1 % zu entrichten; Personen mit einem geringeren Einkommen (*bis 100 Thaler, d. Verf.*) hatten ein- für allemal 18 bzw. 12 gute Groschen zu zahlen" (Fuisting 1892:7).

Das verarmte Land, mit erhöhten Auflagen belegt, richtete seine Verbitterung gegen die Einkommensteuer. Es wurde angeführt, daß sie

> "... ohne die gehässigsten inquisitorischen Maßregeln nicht ausführbar sei, da sie gewaltsam in die Geheimnisse des Eigenthums eindringe. Sie mache die Nation mit Gewalt unmoralisch und schlecht, halte den vermögenden Ausländer ab in das Land zu ziehen und treibe den bemittelten Inländer aus dem Lande." (Grätzer 1884:14)

Wegen der gegen die Einkommensteuer gerichteten Verbitterung wurde diese bei der Umgestaltung des Steuerwesens nicht weiter in Betracht gezogen.
Die Verordnung vom 11. Juni 1816[9] hob - zunächst in den alten Provinzen - die Wasser-, Binnen- und Provinzialzölle auf. Über den Reformplan des Finanz-

6) GS Preußen 1810:259. Schon durch eine Deklaration vom 22. März 1810 war mit der Anzeigepflicht der Einkommen der Kaufleute und mehrerer anderer Berufsgruppen eine Vorform der Buchprüfung eingeführt worden. (vgl. Grabower 1932a:96, Anm. 1; Tipke 1968:5f)

7) GS Preußen 1811:253

8) GS Preußen 1812:49

9) GS Preußen 1816:193

ministers von Bülow, vorgelegt im Immediatbericht vom 14. Januar 1817, beriet der am 20. März ins Leben gerufene Staatsrat drei Jahre. Erst mit der 'Allerhöchsten Kabinettsorder vom 7ten August 1820, die Einrichtung des Abgabewesens betreffend'[10] wurde nach nunmehr zehnjähriger Dauer die Steuerreform zum endgültigen Abschluß gebracht. Die alten Abgaben wurden weitgehend aufgehoben. § 1 des Abgabengesetzes bestimmte die von nun an zu erhebenden Steuern.

An indirekten Steuern und Zöllen waren das:

- **Zölle und Verbrauchsteuern von ausländischen Waren,**[11]
- die **Abgabe vom Salz,**[12]
- die **Stempelsteuer,**[13]
- die **Steuer vom inländischen Branntwein, Braumalz, Weinmost und von Tabakblättern,**[14]
- die **Mahl- und Schlachtsteuer.**[15]

An direkten Steuern wurden erhoben:

- die **Gewerbesteuer**[16]; nach 1820 erfuhr die Gewerbesteuer zahlreiche Änderungen, um sich der fortschreitenden Entwicklung von Handel und Industrie anzupassen. Der Bergbau wurde 1823 und die Eisenbahn 1838 von der Gewerbesteuer befreit; der Bergbau entrichtete dafür die **Bergwerksabgabe** in Höhe von 2 % der Bruttoproduktion. Im preußischen Staatshaushalt wurde diese Abgabe nicht als Einnahme bei den direkten Steuern geführt, sondern als Einnahme der allgemeinen Bergverwaltung. In den folgenden Tabellen wird sie daher nicht auftauchen. Eine **Eisenbahnabgabe** wurde bereits am 3. November 1838[17] in Aussicht gestellt, um die verminderten Einnahmen aus dem Postregal zu kompensieren. Erst am 30. Mai 1853[18] führte man die Abgabe für inländische Eisenbahnaktiengesellschaften ein. 1867 wurde die Abgabepflicht auf alle nicht-staatlichen Eisenbahnen ausgedehnt.
- die **Grundsteuer**; sie bestand aus einer Gebäudesteuer sowie einer Grundsteuer im engeren Sinn; erst 1861 wurde für ganz Preußen, ausgenommen die Hohenzollerschen Lande und (später) Helgoland, eine einheitliche Grundsteuerver-

10) GS Preußen 1820:133
11) Gesetz vom 26. Mai 1818; GS Preußen 1818:65
12) Gesetz vom 17. Januar 1820; GS Preußen 1820:27
13) Gesetz vom 7. März 1822; GS Preußen 1822:27
14) Gesetz vom 8. Februar 1822; GS Preußen 1822:57
15) Wo diese nicht erhoben wurde, war die Klassensteuer zu erheben.
16) Diese wurde nach § 3 des Abgabengesetzes 'in jeder Provinz nach den Grundsätzen und Vorschriften erhoben, welche darin gegenwärtig zur Anwendung kommen'.
17) GS Preußen 1838:505
18) GS Preußen 1853:449

fassung eingeführt, die das Steueraufkommen auf 10 Millionen Thaler kontingentierte. Die erste Hebung nach der neuen Grundsteuerverfassung fand 1865 statt.

- die **Klassensteuer**.

Zur neu eingeführten Klassensteuer,[19)] zur Mahl- und Schlachtsteuer[20)] und zur Gewerbesteuer[21)] ergingen am selben Tag Gesetze: Die Mahl- und Schlachtsteuer erhob man nur in den größeren Städten. Sie wurde wegen der Besteuerung der physischen Existenz und wegen der "gehässigen Art der Erhebung" (Fuisting 1892:9) lebhaft angefochten. Auf dem 'platten Land' und in den kleineren Städten wurden neben der bislang erhobenen Grundsteuer, die Gewerbesteuer für bestimmte Gewerbearten sowie die Klassensteuer eingeführt.
Das Gesetzeswerk schaffte erstmalig ein einheitliches Steuersystem, das aber immer noch zwischen Stadt und Land unterschied. Dieses Steuersystem entsprach nach damaliger Meinung (vgl. Fuisting 1892:10) dem Geist der neuen Zeit, die noch vorhandenen Mängel wurden durch die Ungunst der Zeit erklärt und sollten noch behoben werden.
Noch lag mehr Nachdruck auf einer Umstellung der Erhebung der indirekten Steuern. Die Zölle wurden nur noch an den Außengrenzen erhoben, es entstand ein großes und freies Verkehrsgebiet mit vergleichsweise ausgedehnter Gewerbefreiheit. Innere Verbrauchsteuern[22)] wurden nur noch von wenigen Objekten erhoben; die Erhebungsformen wurden vereinfacht.

1.2.1.2 Die Klassensteuer

Der Haushaltsfehlbetrag von 8 Millionen Thalern sollte durch eine Personalsteuer gedeckt werden. Eine Einkommensteuer kam aus den bereits genannten Gründen nicht in Frage. Daher wurde an die "fixierte Personalsteuer"[23)] angeküpft, die als Ausgleich für die erlassenen und ermäßigten Verbrauchsteuern auf dem platten Land und in kleineren Städten erhoben werden sollte. In den größeren Städten schien die Einführung der Klassensteuer nicht ratsam, wegen der "Beweglichkeit der unteren Bevölkerungsschichten" und des Mangels "sicherer Unterscheidungsmerkmale behufs Einreihung der Einwohner in die Steuerklassen" (Fuisting 1892:25).

---

19) GS Preußen 1820:140

20) GS Preußen 1820:143

21) GS Preußen 1820:147

22) Z.B. Steuern vom inländischen Branntwein, Braumalz, Weinmost und von Tabakblättern

23) Edikt vom 7. September 1811

Das 'Gesetz die Einrichtung einer Klassensteuer betreffend' vom 30. Mai 1820[24] gab fünf bzw. sechs Steuerklassen vor, in welche die Steuerpflichtigen nach ihrer jeweiligen Stellung in der bürgerlichen Gesellschaft eingestuft wurden:

Klasse	Steuerpflichtige	Steuersatz
V. Klasse:	Lohnarbeiter, gemeines Gesinde und Tagelöhner	0,5 Thl.
IV. Klasse:	geringere Bürger und Bauernstand	4 Thl.
III. Klasse:	wohlhabende Einwohner	12 Thl.
II. Klasse:	vorzüglich wohlhabende Einwohner	24 Thl.
I. Klasse:	reiche Einwohner	48 Thl.

Einzelsteuernde[25] entrichteten je die Hälfte des Steuersatzes. Zwischen der IV. und der V. Steuerklasse war die Bildung einer Zwischenklasse möglich.

Die nach äußeren Merkmalen der Zugehörigkeit zu einer bestimmten Klasse der bürgerlichen Gesellschaft festgelegte Steuerklasse **schloß jegliche Berücksichtigung der Einkommens- und Vermögensverhältnisse aus**. Der Vorteil dieser Steuerklasseneinteilung war die Umgehung der verhaßten Selbstdeklaration und der damit verbundenen 'gehässigen' Maßnahmen seitens der Steuerbehörden, z.B. der Nachprüfung der Steuererklärung, wie sie zuvor beklagt worden war.

Die Klassifikation (Einteilung in die Steuerklassen) wurde von der **Gemeindebehörde** unter Aufsicht der Landräte durchgeführt. Außer in der V. Klasse veranlagte man jeweils eine Haushaltung (Familienangehörige) zusammen. Davon ausgehend, daß in der V. Klasse alle Familiengangehörigen aus ökonomischen Gründen einer Erwerbstätigkeit nachgingen, wurde jedes Familienmitglied einzeln herangezogen, aber höchstens drei Mitglieder einer Familie mußten die Steuer entrichten.
Bis 1827 galt eine allgemeine Steuerpflicht, die mit dem vollendeten 14. Lebensjahr eintrat. Durch eine Allerhöchste Kabinettsorder vom 21. April 1827[26] wurden die über 60-jährigen in der untersten Klassensteuerstufe steuerbefreit. Mit der Kabinettsorder vom 18. Juni 1828 wurde der Beginn der Steuerpflicht in der untersten Steuerstufe auf die Vollendung des 16. Lebensjahrs festgelegt. Von der Steuer befreit waren die mahl- und schlachtsteuerpflichtigen Städte, Fremde, Arme, aktive Militärpersonen und bis 1849 Geistliche, Schullehrer und die ehemaligen deutschen Reichsstände (Standesherren).

24) GS Preußen 1820:140

25) Personen, die selbständig zur Steuer veranlagt wurden

26) GS Preußen 1827:32

Bei der ersten Erhebung der Steuer traten die Mängel einer nach äußeren Merkmalen veranlagten Personalsteuer deutlich hervor. Der maximale Steuersatz von 48 Thalern wurde ebenfalls heftig kritisiert. Daher verkündete man in der Allerhöchsten Kabinettsorder vom 5. September 1821[27)] eine vermehrte Abstufung in den Beiträgen zur Klassensteuer. Die bestehenden fünf Steuerstufen wurden je dreifach mit abgestuften Steuerbeträgen unterteilt und leicht modifiziert. Einzelsteuernde entrichteten wie bislang die Hälfte der nachfolgenden Steuersätze:

Steuerklasse	höchster	mittlerer	niedrigster
	Steuersatz in dieser Steuerstufe in Thalern		
I.	144	96	48
II.	24	18	12
III.	8	6	4
IV.	3	2	1,5

Weder die auf Erleichterung des Steuerdrucks abzielenden gesetzlichen Maßnahmen, noch die Vermehrung der Steuerklassen konnten aber die Mängel einer nach äußeren Merkmalen veranlagten Steuer beseitigen. Vor allem der Steuerdruck auf die unteren Klassen der Bevölkerung nahm zu. Gleichzeitig bewirkte...

> "... die Beschränkung der Klassensteuer auf einen höchsten Jahressteuersatz von 144 Thalern, daß der höhere Reichthum von dieser Steuer gänzlich unberührt bleibt und dem Staat dadurch ein zur Besteuerung vorzüglich geeignetes Objekt entzogen wird. Es knüpft sich hieran die weitere Folge, daß bei den Einschätzungen in die verschiedenen Steuerstufen der beiden oberen Hauptklassen diejenigen Haushaltungen, welche ihrer Leistungsfähigkeit nach zu einem höheren Steuersatz veranlagt werden müßten, dennoch um deswillen noch zu einer geringeren Steuerstufe veranlagt werden, weil es dem Billigkeitsgefühl der Veranlagungsbehörde widerstrebt, den reichen und wohlhabenden Mann zu einer Steuerleistung heranzuziehen, welche bei der im Gesetz einmal enthaltenen Beschränkung auch von dem noch Reicheren und Wohlhabenderen nur im gleichen Betrage gefordert werden kann."[28)]

Ein weiterer Aspekt, der die Notwendigkeit einer Klassensteuerreform verdeutlichte, war das geringe Wachstum des Steueraufkommens, obschon Bevölkerungszahl und allgemeiner Wohlstand zugenommen hatten:[29)]

27) GS Preußen 1821:154

28) Stenographischer Bericht der II. Kammer 1849; zit. nach Fuisting 1892:43f

29) Vgl. Fuisting 1892:44

Jahr	Steueraufkommen in Thalern	Klassensteuer-pflichtige Bevölkerung	entrichtete Klassensteuer pro Kopf
1821/22	6.285.874	9.853.671	20 Sgr. 6 Pfg.
1842/44	7.271.324	13.292.719	17 Sgr. 5 Pfg.

Die Zahlenwerte bilden in den angegebenen Jahren den Durchschnitt. Das Steueraufkommen pro Kopf sank zwischen 1821 und 1844 also um 15 %. Die erste Vorlage der preußischen Staatsregierung vom 28. März 1847 an den ersten vereinigten Landtag sah daher mehrere Korrekturen vor:

- die Klassensteuer wurde auf die unteren beiden Stufen reduziert;
- die beiden oberen Stufen (also ab 400 Thaler) sollten durch eine Einkommensteuer ersetzt werden, mit einem Steuersatz von 3 % vom fundierten und 2 % vom unfundierten Einkommen.[30] Die Veranlagung sollte durch obligatorische Deklaration erfolgen;
- die Mahl- und Schlachtsteuer sollte aufgehoben werden, da sie wegen der Verkehrsbeschränkungen, der großen Zahl der Zuwiderhandlungen, der hohen Hebungskosten von durchschnittlich 11,5 % des Steueraufkommens und wegen der höheren Steuerbelastung der unteren Bevölkerungsschichten gegenüber der Landbevölkerung noch größere Mängel als die Klassensteuer aufwies.

Die Stände des Vereinigten Landtags lehnten den Gesetzentwurf mit 390 gegen 141 Stimmen ab. Ausschlaggebend für dieses Ergebnis war die vorgesehene Deklarationspflicht, doch auch grundsätzliche Gegner einer Einkommensteuer und Befürworter der Mahl- und Schlachtsteuer stimmten gegen den Gesetzentwurf. Nach der Ablehnung auch des nächsten Gesetzentwurfs der Regierung durch die Kammern des Landtags wurde auf der Grundlage des Gesetzentwurfs der I. Kammer vom 2. Januar 1851 erneut ein Entwurf der Regierung eingebracht. Dieser wurde nun am 1. Mai 1851 als 'Gesetz betreffend die Einführung einer Klassen- und klassifizierten Einkommensteuer'[31] verabschiedet.

30) Als fundiertes Einkommen wurde der "aus Vermögen herrührende und daher vererbliche, von Leben und Gesundheit unabhängige" Ertrag oder das Einkommen bezeichnet (Bitter 1906:523). Das unfundierte Einkommen wurde "durch persönliche Arbeit höherer oder niedriger Art gewonnen" (ebd.:523). Es wird als weniger sichere Einkommensquelle betrachtet und sollte daher niedriger besteuert werden (vgl. Conrad 1919:17f).

31) GS Preußen 1851:193

1.2.2 Die Klassen- und klassifizierte Einkommensteuer

1.2.2.1 Die ursprünglichen Bestimmungen

Das Gesetz vom 1. Mai 1851 verfügte für 83 besonders genannte Städte die Beibehaltung bzw. Wiedereinführung der Mahl- und Schlachtsteuer. Statt der Klassensteuer wurde nun eine Klassen- und klassifizierte Einkommensteuer erhoben (§ 2). Klassensteuerpflichtig waren nach § 2a alle Personen, deren jährliches Einkommen den Betrag von 1.000 Thalern nicht überstieg. Die Steuerpflicht begann nach der Vollendung des 16. Lebensjahrs und endete mit dem sechzigsten Lebensjahr. Die nunmehr bestehenden drei Hauptsteuerstufen wurden mehrfach abgestuft (§ 9):

Stufe		monatlicher Steuersatz
I. Hauptstufe:	1. Stufe	a) 1 Sgr. 3 Pfg. (pro Haushaltung maximal zwei Personen)
		b) 2 Sgr. 6 Pfg. (nur Einzelsteuernde)
	bis 3. Stufe	7 Sgr. 6 Pfg.
II. Hauptstufe:	4. Stufe	10 Sgr.
	bis	
	8. Stufe	25 Sgr.
III. Hauptstufe:	9. Stufe	1 Thaler
	bis	
	12. Stufe	2 Thaler

Die Veranlagung erfolgt weiterhin nach dem Haushaltungsprinzip (§ 8). Neu war, daß Einzelsteuernde nicht mehr nur den halben Steuersatz zu entrichten hatten.
Die Einschätzung wurde gemeindeweise durch Kommissionen vorgenommen, die der Aufsicht durch die Landräte unterlagen.[32] Die Voreinschätzungskommissionen setzten sich aus den Gemeindevorständen und von der Gemeindevertretung bzw. Gemeindeversammlung gewählten Mitgliedern zusammen. Nach der Personenbestandsaufnahme durch den Gemeindevorstand oder Gutsvorsteher und der Eintragung aller (auch der einkommen-) steuerpflichtigen Einwohner in die sogenannten Klassensteuerrollen machte die Voreinschätzungskommission einen Vorschlag bezüglich der Steuerstufe. Die endgültige Festlegung der zu entrichtenden Klassensteuer oblag der Bezirksregierung. Bei der Einschätzung wurden neben den allgemeinen Unterschiedsmerkmalen auch die gesamten Verhältnisse und die durch sie bedingte besondere Leistungsfähigkeit berücksichtigt (§ 9).

Zur klassifizierten Einkommensteuer wurden alle Einwohner des Staates, die im Ausland sich aufhaltenden Staatsbürger sowie Ausländer, denen ein Einkommen aus inländischem Grundbesitz oder Gewerbebetrieb zufloß, sofern sie mehr als

32) Vgl. hierzu auch die weitere Entwicklung in Kap. 2.2.2

1.000 Thalern Jahreseinkommen hatten, herangezogen. Die Veranlagung zur klassifizierten Einkommensteuer fand ausschließlich nach Maßgabe des Einkommens mit einem maximalen Steuersatz von 3 %, ebenfalls wieder haushaltungsweise oder einzeln, statt. Die festen Steuersätze waren in 30 Steuerstufen zwischen 30 und 7.200 Thaler (bei einem Einkommen von 240.000 Thalern) unterteilt.

Die Einschätzungskommission unter dem Vorsitz des Landrats oder eines Regierungskommissars, zusammengesetzt aus den von den Kreis- bzw. Gemeindevertretungen gewählten Mitgliedern, trat jährlich zusammen. Der Vorsitzende der Einkommensteuerkommission nahm die erforderlichen Ermittlungen zur Feststellung der Einkommen vor und konnte dazu bei sämtlichen Staatsbehörden und Gemeindevorständen Auskünfte einholen. Die Kommission legte den Steuersatz fest, wobei "jegliches lästige Eindringen in die Vermögens- oder Einkommensverhältnisse des einzelnen Steuerpflichtigen zu vermeiden" (§ 22 III und § 23 I) war.

Nach den im letzten Abschnitt aufgeführten Mängeln der Mahl- und Schlachtsteuer, aber auch der Klassensteuer, konnte das Gesetz nur als Notbehelf erscheinen, der in wenigen Punkten Besserung brachte. Doch auch die neu eingeführte Klassen- und klassifizierte Einkommensteuer führte wieder zu grundsätzlicher Kritik:

- Während bei der Klassensteuer die besondere Leistungsfähigkeit des Steuerpflichtigen berücksichtigt wurde, war bei der klassifizierten Einkommensteuer allein das Einkommen aussschlaggebend.
- Bei der klassifizierten Einkommensteuer war der maximale Steuersatz auf 7.200 Thaler fixiert; mit einem Jahreseinkommen von über 240.000 Thl. sank der prozentuale Anteil des Steuersatzes am Einkommen unter drei Prozent; gleichzeitig wurde auch das noch so geringe Einkommen klassenbesteuert.

Zwischen 1854 und 1861 wurde zur Deckung des Staatsbedarfs ein 25-prozentiger Zuschlag auf die Klassen- und klassifizierte Einkommensteuer sowie auf die Mahl- und Schlachtsteuer erhoben.

1.2.2.2 Die Reform der Klassen- und klassifizierten Einkommensteuer 1873

Erst Ende der 60er Jahre unternahm die Regierung wieder einen Vorstoß, die Klassen- und klassifizierte Einkommensteuer zu reformieren. Nach der Ablehnung zweier Gesetzentwürfe durch die Stände, hatte der dritte Entwurf vom 4. November 1872 Erfolg. Schließlich wurden am 25. März 1873 zwei Gesetze verabschiedet:

- Das 'Gesetz wegen Änderung des Gesetzes vom 1. Mai 1851, betreffend die Einführung einer Klassen- und klassifizierten Einkommensteuer'[33] und das
- 'Gesetz, betreffend die Aufhebung der Mahl- und Schlachtsteuer'.[34]

Die Klassen- und klassifizierte Einkommensteuer hatte nun allgemeine Gültigkeit für das ganze Staatsgebiet.[35] Die Mahl- und Schlachtsteuer durfte nach dem 1. November 1875 - sofern von den Gemeinden oder Städten gewünscht - nur noch als Kommunalsteuer erhoben werden. Klassen- und einkommensteuerpflichtig waren ausschließlich physische Personen. Während zur Klassensteuer alle preußischen Staatsangehörigen veranlagt wurden, mußten auch die außerhalb Preußens lebenden Staatsbürger sowie Ausländer, die sich länger als ein Jahr des Erwerbs wegen in Preußen aufhielten und Empfänger von Einkommen aus inländischen Quellen waren, die klassifizierte Einkommensteuer entrichten.
Das Existenzminimum von 420 Mark[36] wurde nicht besteuert. Ein Einkommen zwischen 420 und 3.000 Mark belegte man mit einer Klassensteuer, die von nun an auf 33 Millionen Mark kontingentiert[37] wurde. Jährlich veröffentlichte das Finanzministerium in der Gesetzessammlung, wieviel Mark und Pfennig auf je drei Mark der veranlagten Jahressteuer zu entrichten waren. Darüber liegende Einkommen waren einkommensteuerpflichtig. Insgesamt war die Klassensteuer so angelegt, daß mit einer Verminderung des Steuersatzes zu rechnen war.
Der Maßstab der Besteuerung war weiterhin das Einkommen. Allerdings wurden bei allen Stufen der Klassensteuer und den unteren beiden Stufen der Einkommensteuer jene wirtschaftlichen Verhältnisse[38] berücksichtigt, welche die Leistungsfähigkeit des Steuerzahlers beeinflußten.

33) GS Preußen 1851:213
34) GS Preußen 1851:222
35) Ausgenommen die Hohenzollerschen Lande
36) Das Verhältnis von Mark zu Thaler betrug 3:1
37) Repartitionssteuer: Die Gesamtsumme der Steuer wurde im voraus festgelegt und dann auf die einzelnen Steuereinheiten der Steuerpflichtigen umgelegt.
Quotitätssteuer: Für jede Steuereinheit wurde im voraus der Steuersatz festgelegt.
38) Z.B. viele Kinder, die Unterstützung armer Angehöriger oder Unglücksfälle.

Die zwölf Steuerstufen der Klassensteuer wiesen einen progressiven[39] Steuerfuß zwischen 0,56 % (durchschnittliche Belastung[40] der ersten Stufe 420-600 Mark) und 2,52 % (Belastungssatz der 2.700 bis 3.000-Mark-Stufe) auf. Der Steuerfuß der Einkommensteuer betrug gleichmäßig 3 %.[41] Einen Steuerhöchstbetrag gab es nicht mehr. Die Veranlagung der Klassen- und klassifizierten Einkommensteuer wurde weiterhin nach dem Haushaltungsprinzip vorgenommen. Die Steuertarife wurden bei Einzelsteuernden nicht ermäßigt.

Die Art der Veranlagung, Rechtsmittel und die Steuerbefreiungen hatten sich gegenüber dem Gesetz von 1851 nicht nennenswert geändert. In den Provinzen Ost- und Westpreußen, Brandenburg, Sachsen, Schlesien und Pommern wurde die Klassensteuer monatlich, also zu je einem Zwölftel des Jahressteuersatzes, durch Gemeindeerheber erhoben. In Berlin wurde sie sogar gegen Quittung vom Erhebungsbeamten abgeholt. Für die aufzuwendenden Kosten der Veranlagung und Erhebung der Steuer erhielten die Gemeinden 6 % der Ist-Einnahmen. In den übrigen Provinzen wurde die Klassensteuer durch Steuerempfänger, teilweise bei der königlichen Steuerkasse angestellt, bei Lokalterminen eingezogen. Da in diesen Provinzen den Gemeinden einzig die Veranlagung oblag, erhielten sie nur 3 % der Ist-Einnahmen.

Die königlichen Kreis- bzw. Steuerkassen veranlaßten die monatliche Erhebung der Einkommensteuer. In Berlin wurde sie ebenfalls abgeholt. Die Veranlagungskosten für die Einkommensteuer trug die Staatskasse: Sie sollten 3 % der Ist-Einnahmen nicht übersteigen.

Die in den 70er Jahren noch folgenden Gesetzesänderungen der Klassen- und klassifizierten Einkommensteuer waren von untergeordneter Bedeutung, denn

39) Progressiver Steuersatz: Höhere Einkommen werden nicht nur "absolut höher, d.h. mit dem entsprechenden Vielfachen des Einheitssatzes, sondern auch verhältnismäßig höher, d.h. mit einem stärkeren Bruchteil ihres Einkommens vereinnahmt" (Nositz 1903:140).

40) Berechnung des durchschnittlichen Steuersatzes in einer Steuerklasse: Jedes der nachfolgend behandelten Einkommensteuergesetze hat sogenannte Steuerklassen, in denen die Steuerpflichtigen mit einem bestimmten Einkommen (innerhalb einer gewissen Spanne) veranlagt werden. Nach preußischem Vorbild - um für die anderen Bundesstaaten eine gewisse Vergleichbarkeit herzustellen - wird hier das mittlere Einkommen einer Steuerklasse genommen und der von der gesamten Steuerklasse zu entrichtende einheitliche Steuersatz wird prozentual auf das mittlere Einkommen umgerechnet.
Beispiel: Steuerklasse XY Einkommen: 800 - 1.000 Mark
Steuersatz: 9 Mark
Das bedeutet, daß das mittlere Einkommen 900 Mark beträgt, der Steuersatz 9 Mark, oder 1 %. Dies ist der durchschnittliche Steuersatz der Steuerklasse XY.

41) Durchschnittlicher Belastungssatz je Steuerstufe

"... die auf wesentliche Umgestaltungen des preußischen Steuersystems gerichteten weiteren Bestrebungen der Staatsregierung waren in Folge ihrer Beziehung zu der Steuerpolitik des Reiches mannigfachen Hemmungen ... sowie mehrfachem Wechsel in ihren Zielen unterworfen" (Fuisting 1892:55).

Durch das 'Gesetz, betreffend die Verwendung der aus dem Ertrage von Reichssteuern an Preußen zu überweisenden Geldsummen' vom 16. Juli 1880[42] wurde bestimmt, daß die dem preußischen Staate aus dem Ertrag der Zölle und Tabaksteuern oder in Folge weiterer Steuerreformen des Reiches jährlich zu überweisenden Geldsummen "unter Zu- bzw. Abrechung desjenigen Betrages, um welchen der je für dasselbe Jahr von Preußen zu leistende Matrikularbeitrag weniger oder mehr beträgt" (Wagner 1891:85), als die im Staatshaushaltsetat für das jeweilige Jahr vorgesehen Summe, zum Erlaß der Klassensteuer und der unteren beiden Stufen der Einkommensteuer verwendet werden.
Schon das 'Gesetz, betreffend den dauernden Erlaß an Klassen- und klassifizierter Einkommensteuer' vom 10. März 1881[43] legte eine weitere Steuererleichterung fest. Drei Monatsraten der Klassensteuer und der fünf unteren Stufen der Einkommensteuer kamen von nun an nicht mehr zur Hebung. Weitere Steuererleichterungen, wie die Festsetzung der steuerfreien Einkommensgrenze auf 900 Mark[44] sowie die außer Hebung gesetzten drei Monatsraten der dritten bis zwölften Klassensteuerstufe und zwei Monatsraten der ersten und eine Monatsrate der zweiten Stufe der Einkommensteuer, erfolgten im 'Gesetz betreffend die Aufhebung der beiden untersten Stufen der Klassensteuer" vom 26. März 1883.[45] Zudem wurde die Kontingentierung der Klassensteuer aufgehoben und von nun an bis zur fünften Stufe der Einkommensteuer die persönliche Leistungsfähigkeit der Steuerpflichtigen berücksichtigt.

Durch die 1873 erfolgte Änderung der Klassen- und klassifizierten Einkommensteuer von 1851 und die bis 1889 noch folgenden kleinen Modifikationen ist ein 'Fortschritt' in der Einkommensbesteuerung erkennbar. Die Mahl- und Schlachtsteuer wurde abgeschafft, die Klassen- und klassifizierte Einkommensteuer konnte danach im ganzen preußischen Staatsgebiet erhoben werden.

"Der Unterschied zwischen Klassen- und Einkommensteuer liegt heute nur noch in den formellen Veranlagungsvorschriften und in der größeren Berücksichtigung, welcher in der Klassen- (theilweise noch in den unteren Stufen der Einkommensteuer) den persönlichen Verhältnissen zu Theil wird" (Hue de Grais 1882:176).

---

42) GS Preußen 1880:287

43) GS Preußen 1881:126

44) Dies entsprach einer Steuerbefreiung der ersten und zweiten Klassensteuerstufe.

45) GS Preußen 1883:37

Hue de Grais hob hervor (ebd.:176), daß die soziale Idee und das Bestreben nach gerechterer Besteuerung Aufnahme in den Gesetzen gefunden hatte:

- die Befreiungen von der Klassensteuer waren ausgedehnter, Personen mit geringerem Einkommen als 900 Mark ganz steuerbefreit. Der Steuerfuß der Klassensteuer war progressiv und wesentlich niedriger als bei der Einkommensteuer;
- nachteilige wirtschaftliche Verhältnisse wurden bei der Klassensteuer und den unteren Stufen der Einkommensteuer berücksichtigt.

Dennoch entsprach diese Steuer nach Meinung zeitgenössischer Kritiker[46] nicht den wirtschaftlichen, sozialen und Gerechtigkeitsbedürfnissen der Neuzeit. Die empfindliche Belastung der ärmeren und mittleren Klassen, der viel zu niedrig angesetzte Steuerfreibetrag im einzelnen und generell die Duplizität der Steuerformen, die aber unterschiedliche Veranlagung und Rechtsmittel zuließ, verlangten nach einer Reform.

1.2.3 Die Neugestaltung des direkten Steuersystems 1891/93

In der Thronrede vom 14. Januar 1889 wurde neben einem neuen Einkommensteuergesetz-Entwurf eine Reform der direkten Staats- und Kommunalbesteuerung angekündigt, "in deren Rahmen naturgemäß vorzugsweise die Einkommensteuerreform ins Gewicht fällt" (Bornhak 1893:49). Erst nach der Thronrede Wilhelms II. und der folgenden Entlassung Bismarcks, der von sich sagte: "Sie wissen von mir, daß ich ein Gegner der direkten, ein Freund der indirekten Steuern bin",[47] wurde die Reform des direkten Steuersystems wieder intensiver verfolgt.
Der 1890 ernannte Finanzminister Miquel brachte in die nächste Sitzungsperiode des Landtags aufgrund einer Allerhöchsten Ermächtigung vom 3. und 17. Oktober 1890 Gesetzentwürfe zur Einkommen-, Gewerbe- und Erbschaftsteuer ein. Der Einkommensteuergesetzentwurf sah u.a. folgende Neuerungen vor:

- die Verschmelzung von Klassen- und klassifizierter Einkommensteuer zu einer einheitlichen Einkommensteuer und die Besteuerung bestimmter juristischer Personen;
- die Abänderung der Steuersätze und dadurch Entlastung der unteren und mittleren Klassen;

46) Vgl. Fuisting 1892:54; Winiker 1882:211

47) Zit. nach Gerloff 1913:172. Das Problem zeigte sich auch - wenn auch teilweise aus anderen Gründen bei der heftig umstrittenen Ausstattung des Deutschen Reiches nach 1871 mit Einnahmen aus direkten Steuern; vgl. dazu Kap. 3.1.2

- und die Neuorganisation der Einschätzungsbehörden, die Vereinheitlichung des Veranlagungsverfahrens und dessen Umgestaltung z.B. durch die Einführung von Steuererklärungen.

Die Einkommensteuer-Reform knüpfte im wesentlichen an Vorschläge an, die bereits 1883 dem Landtag vorgelegt und dort abgelehnt wurden.
Neben Diskussionen im Abgeordnetenhaus über die Vor- und Nachteile der Selbstdeklaration, des neuen Steuertarifs und der Besteuerung juristischer Personen, entbrannte der Streit, ob dies eine reine Steuerreform werden oder auch der Vermehrung der zur Zeit 'ausreichenden' Staatseinnahmen dienen sollte. Der Gesetzentwurf wurde mit wichtigen Modifikationen versehen, am 24. Juni 1891 verabschiedet. Das 'Einkommensteuergesetz'[48] führte erstmals eine durchgängig klare und moderne Einkommensteuer ein. "Die späteren Änderungen bewahrten die Grundstruktur des Gesetzes" (Rüfner 1981:561). Im folgenden Abschnitt wird das Einkommensteuergesetz näher erläutert. Zunächst soll jedoch ein Bild der weiteren Steuerreform skizziert werden.
Ebenfalls am 24. Juni 1891 wurde ein neues 'Gewerbesteuergesetz'[49] und bereits am 19. Mai das 'Gesetz zur Änderung des Erbschaftsteuergesetzes'[50] verabschiedet. Daß diese neuen Steuergesetze nur der erste Schritt der Steuerreform waren, zeigten unter anderem auch die im Reichsanzeiger vom 23. April 1892 veröffentlichten, von der Staatsregierung vorzugsweise verfolgten Ziele:[51]

- eine gerechtere und gleichmäßigere Veranlagung der Einkommen- und Gewerbesteuer unter gleichzeitiger Entlastung der geringeren Einkommen und kleinen Gewerbebetriebe;
- die Verwendung der Steuermehrerträge zur Beseitigung der Doppelbesteuerung;
- landesweite durchgreifende Regelung des kommunalen Steuerwesens zur Erzielung einer sicheren finanziellen Grundlage der Gemeinden;
- die weitere Umgestaltung der Einkommensteuer, bezüglich der besonderen Heranziehung des fundierten Einkommens im Verhältnis zu dem eigentlichen Arbeitseinkommen, also die Schaffung einer Art Vermögensteuer.

Da zur angestrebten "Reform in einem Zuge ... die Zeit der Steuerüberschüsse nicht günstig"[52] war, mußte zur Verwirklichung der letztgenannten Ziele ein weiterer Reformschritt angestrengt werden.

48) GS Preußen 1891:175
49) GS Preußen 1891:205
50) GS Preußen 1891:72
51) Vgl. Annalen 1893:475
52) Zeitschrift für die gesamte Staatswissenschaft 1891:383

Die sich ausdehnenden Gemeindeaufgaben führten zu einem immer größeren Finanzbedarf der Gemeinden, der nur noch durch Gemeindezuschläge zur Klassen- und klassifizierten Einkommensteuer gedeckt werden konnte. In den meisten Landesteilen erreichten die Zuschläge eine für den Steuerpflichtigen unerträgliche Höhe, Gemeindezuschläge von 100-300 % auf den Steuersatz waren keine Seltenheit.[53)] Dies, aber auch das mangelhafte Veranlagungsverfahren und die fehlende Selbstdeklaration führten zu einer bewußt zu niedrigen Veranlagung durch die Kommissionen, um den Steuerdruck zu mildern.

Der zweite Reformabschnitt wurde mit der Vorlage dreier Gesetzentwürfe seitens der Regierung an den Landtag aufgrund einer Allerhöchsten Ermächtigung vom 2. November 1892 eingeleitet. Zur Debatte standen

- das Gesetz wegen Aufhebung der direkten Staatssteuern,
- das Ergänzungsteuergesetz und
- das Kommunalabgabengesetz.

Nach einigen Änderungen durch den Landtag, wurde das 'Gesetz wegen Aufhebung der direkten Staatssteuern' vom 24. Juli 1893[54)] verabschiedet. Danach wurde vom 1. April 1895 an die Grund- und Gebäude- sowie die Gewerbe- und Betriebsteuer für die Staatskasse außer Hebung gesetzt und die staatliche Bergwerkabgabe aufgehoben. Die Veranlagung und Verwaltung dieser Steuern oblag weiterhin dem Staat, der Ertrag wurde aber den Gemeinden und z.T. den Kreisen überwiesen.

Das 'Kommunalabgabengesetz'[55)], ebenfalls vom 14. Juli 1893, beseitigte wie bereits gezeigt gravierende Mängel des Gemeindefinanzsystems und zeigt die Wege einer sinnvollen Finanzbedarfsdeckung, wie nutzbringende Verwaltung des gemeindeeigenen Vermögens, Erhebung von Beiträgen und Gebühren oder von indirekten Gemeindesteuern auf.

Das 'Ergänzungsteuergesetz' vom 14. Juli 1893[56)] wurde dazu bestimmt, den durch das Gesetz wegen Aufhebung der direkten Staatssteuern auftretenden Einnahmeausfall des Staates zu kompensieren und der Forderung nach höherer Besteuerung des fundierten Einkommens - in Form einer partiellen Vermögensteuer - Rechnung zu tragen. Die Steuer mit einem Tarif von 0,5 Promille wurde vom Grundvermögen, Anlage- und Betriebskapital und sonstigen Kapitalvermögen erhoben, wobei 6.000 Mark generell steuerfrei waren.

Das preußische direkte Steuersystem, das sich bislang als Kombination von Personal- und Ertragssteuersystem darstellte, konzentrierte sich nun auf die Personalbesteuerung und machte die **Einkommensteuer zur wichtigsten direkten**

53) Vgl. Anlage 1
54) GS Preußen 1893:119
55) GS Preußen 1893:152
56) GS Preußen 1893:134

Steuer. Sie und die Einnahmen aus den Überschüssen der Eisenbahnen waren die Haupteinnahmen des preußischen Staates um 1900.[57)]

1.2.4 Das Einkommensteuergesetz von 1891

Die Klassen- und klassifizierte Einkommensteuer wurde durch das Gesetz vom 24. Juni 1891 zu einer einheitlichen, für alle Steuerpflichtigen im ganzen Staatsgebiet geltenden Einkommensteuer verschmolzen.[58)]

1.2.4.1 Subjektive Steuerpflicht[59)]

Der Einkommensteuer unterlagen nach den §§ 1 und 2 alle physischen und bestimmte juristische Personen. Die steuerpflichtigen juristischen Personen waren Aktiengesellschaften, Kommanditgesellschaften auf Aktien, Berggewerkschaften, eingetragene Genossenschaften mit einem über den Kreis der Mitglieder hinauswirkenden Geschäftsbetrieb sowie die mit dem Recht juristischer Persönlichkeiten versehenen Konsumvereine mit offenem Laden.
Bei der Steuerpflicht der physischen Personen wurden Unterschiede gemacht. Die unbeschränkte Steuerpflicht galt für alle preußischen Staatsangehörigen, außer jenen, die ohne einen Wohnsitz in Preußen zu haben in einem anderen deutschen Bundesstaat wohnten oder sich aufhielten oder sich seit mehr als zwei Jahren dauernd im Ausland aufhielten; sowie für preußische Staatsangehörige, die neben einem Wohnsitz in Preußen in einem anderen deutschen Bundesstaat ihren dienstlichen Wohnsitz hatten. Außerdem für Angehörige anderer deutscher Bundesstaaten, welche nur in Preußen wohnten, sich aufhielten oder ihren dienstlichen Wohnsitz hatten. Die unbeschränkte Steuerpflicht galt auch für Ausländer, die in Preußen einen Wohnsitz hatten oder sich des Erwerbs wegen länger als ein Jahr in Preußen aufhielten.
Die beschränkte Steuerpflicht erstreckte sich auf bestimmte Einkommensbezüge aus inländischen Quellen. Sie entstand nach § 2 durch den Bezug eines Einkommens, z.B. aus Besoldungen aus der preußischen Staatskasse, Pensionen und Wartegeldern, Einkommen aus preußischem Grundbesitz, preußischem Gewerbe, Handelsanlagen oder sonstigen gewerblichen Betriebsstätten. Auch bei juristischen

57) Vgl. Rüfner 1981:561

58) Vgl. Fuisting 1892:56-278; Bitter 1906:404-408; Bornhak 1893:49-59

59) Subjektive und objektive Steuerpflicht: Unter der subjektiven Steuerpflicht versteht man, daß alle Individuen (ohne Rücksicht auf Geschlecht, Familienstand und Staatsangehörigkeit) als steuerpflichtig angesehen werden, sofern sie ein steuerpflichtiges Einkommen haben (vgl. Neumark 1961: 71). Dagegen bezeichnet die objektive Steuerpflicht das zu versteuernde Einkommen, also das mit der Steuer zu belegende Objekt.

Personen wurde zwischen beschränkter und unbeschränkter Steuerpflicht unterschieden.

Durch die §§ 3 und 4 wurde die allgemeine subjektive Steuerpflicht unter anderem aus staatsrechtlichen, politischen und völkerrechtlichen Gründen eingeschränkt. Steuerbefreiungen genossen die Mitglieder des königlichen Hauses, des Hohenzollerschen Fürstenhauses, des ehemaligen Hannoverschen Königshauses, des vormalig Kurhessischen und des Herzoglich Nassauischen Fürstenhauses. Von der unbeschränkten, nicht aber von der beschränkten Steuerpflicht waren die beim Kaiser und König beglaubigten Diplomaten, die Bundesratsmitglieder anderer deutscher Bundesstaaten sowie deren Beamte und Personal, soweit sie Ausländer waren, befreit.[60)]

1.2.4.2 Objektive Steuerpflicht

Auch in diesem Einkommensteuergesetz fehlte die Definition des Einkommens.[61)]
Die Bestimmung des Einkommens wurde durch die Festlegung allgemeiner Merkmale, im "übrigen mittels kasuistischer, des weiteren Ausbaus durch Analogie fähiger Unterscheidungen" (Fuisting 1892:68) versucht (§§ 7 und 8).

Als Einkommen im steuerrechtlichen Sinn galten die gesamten Jahreseinkünfte des Steuerpflichtigen in Geld oder Geldeswert, welche nicht als Vermehrung des Stammvermögens erschienen. Die Einkünfte des Steuerpflichtigen aus verschiedenen Quellen wurden addiert und als ein Steuerobjekt behandelt. Der maßgebliche Zeitraum für die Besteuerung des erzielten Einkommens war das staatliche

60) Vgl. dazu auch Kap. 3.3.1.2

61) Insgesamt herrscht in der Theorie - bis heute - keine Einigkeit darüber, was als Einkommen anzusehen ist (vgl. Schanz 1896:1). Hier die beiden wichtigsten Lehrmeinungen: Bernhard Fuisting, Hauptvertreter der Quellentheorie (auch Periodizitätstheorie) stellt ganz auf die wiederkehrenden Einkünfte ab, d.h. als Einkommen sieht er "die Gesamtheit derjenigen wirtschaftlichen Güter, welche alljährlich dem Einzelnen aus dauernden Erwerbsquellen zufließt" (zit. nach Andel 1977:335).
Einen wesentlich umfassenderen Einkommensbegriff vertritt Georg von Schanz, Hauptvertreter der Reinvermögenszugangstheorie: "Wir wollen wissen, welche wirtschaftliche Leistungsfähigkeit einer Person, ohne daß sie ihr Kapital aufzehrt oder Schulden macht, in einem bestimmten Zeitabschnitt, z.B. einem bestimmten Jahr, zukommt, über was sie so disponieren kann; ob diese Summe wiederkehrt, wie sie sich zusammensetzt, ob sie der Wiederkehr fähig ist, ist für das betreffende Jahr gleichgültig .... Wir rechnen also zum Einkommen alle Reinerträge und Nutzungen, geldwerte Leistungen Dritter, alle Geschenke, Erbschaften, Legate, Lotteriegewinnee, Versicherungskapitalien, Versicherungsrenten, Konjunkturgewinne jeder Art, wir rechnen ab, alle Schuldzinsen und Vermögensverluste. Was erübrigt, steht neu zur Disposition des Empfängers, gehört nicht zu dem bereits vorhandenen Stammvermögen" (Schanz 1896:17,24).
Die Einkommensteuergesetze der meisten Bundesstaaten des Deutschen Reichs, insbesondere das preußische Einkommensteuergesetz von 1891, haben die Quellentheorie weitgehend verwirklicht (vgl. Raupach 1985:92). In den Gesetzen selbst gilt ein pragmatischer Einkommensbegriff, der sich darauf beschränkt, die Einkunftsarten enumerativ aufzuzählen.

Rechnungsjahr vom 1. April bis zum 31. März (§ 56). Die Veranlagung erfolgte für das kommende Steuerjahr und war - mit wenigen Ausnahmen - endgültig. Eine Veränderung des Einkommens während des Steuerjahres führte weder zur Erhöhung noch zur Ermäßigung der zu entrichtenden Steuer (§ 59). Ausnahmen wurden in den §§ 57 und 58 geregelt.

Die §§ 5 und 6 bestimmten, daß die Steuerpflicht erst bei einem Jahreseinkommen von mehr als 900 Mark zu beginnen hatte. Außerdem waren bestimmte ausländische Einkommen, Einkommen von Beamten im Ausland und Ehrensolde von der Besteuerung befreit. Desweiteren vervollständigten die §§ 7 und 12 bis 15 durch besondere Vorschriften die Eingrenzung des zu versteuernden Einkommens. Es wurden die einzelnen Einkommensquellen nach der Quellentheorie aufgezählt:

- **Einkommen aus Kapitalvermögen** wie Zinsen, Renten und geldeswerte Vorteile aus Kapitalförderungen jeder Art.
- **Einkommen aus Grundvermögen, Pachtungen und Mieten**, einschließlich des Mietwerts der Wohnung im eigenen Haus.
- **Einkommen aus Handel und Gewerbe sowie des Bergbaus**. Dieses besteht nach allgemeinen Grundsätzen (§§ 6 bis 11) auf Grundlage der Handelsbücher aus dem ermittelten Geschäftsgewinn.
- **Einkommen aus gewinnbringender Beschäftigung** sowie aus Rechten auf periodische Hebung und Vorteile sonstiger Art, sofern sie nicht bereits aufgezählt wurden, wie z.B. der Lohn von Arbeitern und Gewerbegehilfen, die Besoldungen von Beamten und Militärpersonen, der Gewinn aus schriftstellerischer, wissenchaftlicher und unterrichtender Tätigkeit sowie Pensionen und Wartegelder.

Die Bestimmung des Einkommens juristischer Personen wurde in § 16 durch wesentlich abweichende Grundsätze geregelt. Besteuert wurde nur das reine Einkommen[62)] (§ 9), welches nach Abzug folgender Ausgaben vom rohen Einkommmen entstand:

- die die allgemeine Leistungsfähigkeit beeinträchtigenden Ausgaben;
- die zur Erwerbung, Sicherung und Erhaltung der Einnahmen verwendeten Ausgaben;
- die vom Grundeigentum, Bergbau und Gewerbebetrieb zu entrichtenden direkten Steuern;

62) Roh- und Reineinkommen: Bei der Einkommensbesteuerung, je nach Ausgestaltung des Gesetzes, werden vom eigentlichen Einkommen (Roheinkommen) bestimmte Abzüge, z.B. für Aufwendungen zur Erhaltung der Einkünfte, Absetzung für Abnutzung, bestimmte Versicherungsbeiträge und vieles mehr, gemacht. Man erhält dann das eigentliche steuerpflichtige Einkommen, auch reines Einkommen genannt (vgl. Weisz 1877:588).

- die regelmäßige Abschreibung für Abnutzung von Gebäude, Maschinen und für den Substanzverlust;
- Beiträge zu Unfall-, Kranken-, Alters- und Invalidenversicherung, sowie Beiträge zu den Witwen-, Waisen- und Pensionskassen;
- Versicherungsprämien bis zu 600 Mark jährlich;
- außerdem Schuldzinsen und Renten
- und die auf besonderen Rechtstiteln beruhenden dauernd bestehenden Lasten.

§ 11 klärte die Zurechnung von Einkünften der Haushaltsangehörigen zum steuerpflichtigen Familienoberhaupt. Die Ehefrau wurde nur dann selbständig veranlagt, wenn sie von ihrem Ehemann dauernd getrennt lebte. Die Berechnungsregeln der Einnahmen und abzugsfähigen Ausgaben waren für juristische und physische Personen verschieden (§ 10): Die Einnahmen bzw. Ausgaben physischer Personen wurden in feststehende und schwankende unterteilt. Erstere wurden nach der Zukunft, letztere nach der Vergangenheit berechnet. Bei den juristischen Personen bedurfte es nach § 16 nur der Feststellung der steuerpflichtigen Einkünfte im Ganzen.

1.2.4.3 Die Bemessung der Steuer

Die Besteuerung erfolgte aufgrund eines Steuertarifs mit festen Stufen.[63] Dies geschah in der Form, daß innerhalb einer Stufe für jedes Einkommen, ob nun obere oder untere Stufengrenze, der gleiche Steuersatz entrichtet werden mußte. Der Steuerfuß war bis zu einem Einkommen von 100.000 Mark progressiv, danach gleichbleibend proportional. Der durchschnittliche Belastungssatz der untersten Steuerstufe (900 bis 1.050 Mark) betrug 0,62 % und erreichte bei einem Einkommen von mehr als 100.000 Mark 4 %.

In dem bislang ermittelten reinen Einkommen wurde nur die durchschnittliche Leistungsfähigkeit berücksichtigt. Gerade kleine und mittlere Einkommen konnten jedoch durch persönliche oder wirtschaftliche Verhältnisse stark beeinträchtigt werden. Daher wurde in den §§ 18 und 19 eine Ermäßigung der Steuersätze wegen beschränkter persönlicher Leistungsfähigkeit bei Einkommen bis zu 9.500 Mark gewährt:

- bei Einkommen bis 3.000 Mark wurden für jedes Familienmitglied unter 14 Jahren 50 Mark monatlich vom steuerpflichtigen Einkommen abgezogen. Bei drei Familienmitgliedern unter 14 Jahren mußte eine Steuerstufe erlassen werden;

63) § 17; vgl. Anlage 2

- nach dem Ermessen der Veranlagungsbehörden konnten bei einem Einkommen bis zu 9.500 Mark maximal drei Steuerstufen erlassen werden, sofern außergewöhnliche Belastungen durch den Unterhalt und die Erziehung der Kinder, Verpflichtungen zum Unterhalt mittelloser Angehöriger, andauernde Krankheit, Verschuldung oder besondere Unglücksfälle vorlagen, die die persönliche Leistungsfähigkeit des Steuerpflichtigen beeinträchtigten.

1.2.4.4 Die Veranlagung

Unbeschränkt steuerpflichtige physische Personen wurden an jenem Ort veranlagt, an dem sie zur Zeit der amtlichen Aufnahme ihren Wohnsitz oder Aufenthalt hatten. Juristische Personen wurden an ihrem preußischen Sitz veranlagt (§ 20). Die §§ 21 bis 23 regeln die amtlichen Ermittlungen über die subjektive und objektive Steuerpflicht.
Bei der jährlichen Veranlagung ermittelten die Gemeinde- bzw. Gutsvorsteher die notwendigen Daten, wie Besitz-, Vermögens- und Einkommensverhältnisse sowie die Leistungsfähigkeit beeinträchtigende Verhältnisse zur Erstellung der Personenbestandsaufnahme und der Einkommensnachweisung. Dafür wurde eine Vergütung in Höhe von 2 % des Ist-Steueraufkommens von der Staatskasse bezahlt (§ 73).
Nach der öffentlichen Aufforderung mußte nach den §§ 24 bis 30 von allen Steuerpflichtigen mit einem Einkommen über 3.000 Mark innerhalb von zwei Wochen eine Steuererklärung an den Vorsitzenden der Veranlagungskommission beigebracht werden. Steuerpflichtige mit einem Einkommen unter 3.000 Mark mußten erst nach einer besonderen Aufforderung eine Steuererklärung einreichen. Die Nichterfüllung der Deklarationspflicht wurde mit dem Verlust der gesetzlichen Rechtsmittel gegen die Einschätzung bestraft (§ 30).
Die Steuerdeklarationen und das sonstige Material wurden an die Voreinschätzungskommission weitergeleitet. Nach genauer Prüfung der Einkommensnachweisung schlug die Voreinschätzungskommision die Steuersätze für Einkommen bis 3.000 Mark, hinsichtlich der höheren jedoch nur Veranlagungsmerkmale vor.
Die Festsetzung der Höhe der Steuer bei Einkommen bis 3.000 Mark lag in der Hand des Vorsitzenden der Veranlagungskommission, sofern er sich dem Vorschlag der Voreinschätzungskommission anschloß, andernfalls entschiedt die Veranlagungskommission, wie auch generell bei Einkommen über 3.000 Mark. Der Vorsitzende der Veranlagungskommission hat daneben noch einige andere Aufgaben zu erfüllen: die Leitung und Überprüfung der Veranlagung, einholen von Auskünften über die Steuerpflichtigen bei Behörden, die Aufforderung zur Abgabe der Steuererklärung, deren Entgegennahme und anderes mehr.

Die Berufungskommission entschied über alle Beschwerden[64] und war gleichzeitig als Aufsichtsbehörde (§ 43) für das gesamte Einschätzungsverfahren im Regierungsbezirk verantwortlich. Über Beschwerden, welche gegen die Entscheidung der Berufungskommission eingelegt werden, hatte das Oberverwaltungsgericht zu entscheiden (§ 48).

Die Organisation und die Zusammensetzung der drei Kommissionen stellte sich wie folgt dar:

- die **Voreinschätzungskommission** (in jeder Gemeinde): Den Vorsitz führte der Gemeindevorstand, die Mitglieder wurden z.T. von der Regierung ernannt und z.T. von der Gemeindeversammlung und -vertretung gewählt. Die Zahl der Mitglieder wurde von der Regierung bestimmt, generell durfte sie nicht unter drei liegen, maximal durften es 12 sein. Die Amtsdauer der Mitglieder betrug sechs Jahre (nach drei Jahren wurde jeweils die Hälfte der Mitglieder ersetzt bzw. neu gewählt).
- die **Veranlagungskommission** (in nahezu jedem Kreis): Den Vorsitz führte der Landrat oder ein von der Regierung ernannter Kommissar, der die Interessen des Staates zu vertreten hat. Die Mitglieder wurden ebenfalls wieder teilweise von der Regierung ernannt, teilweise von der Kreisvertretung, in Stadtkreisen von der Gemeindevertretung, gewählt. Die von der Regierung bestimmte Mitgliederzahl lag zwischen fünf und zwölf, Amtsdauer und Wahlmodus stimmten mit denen bei der Voreinschätzungskommission überein.
- die **Berufungskommission** (für jeden Regierungsbezirk): Den Vorsitz führte ein vom Finanzministerium ernannter Regierungskommissar, der als Vertreter der Staatsinteressen auftrat. Die Mitglieder wurden für eine sechsjährige Amtsdauer vom Provinzialausschuß, in Berlin vom Magistrat und der Stadtverordnetenversammlung gewählt, ihre Zahl wurde vom Finanzministerium bestimmt.

Allen Kommissionen war die Einrichtung von Unterkommissionen gestattet. Die Mitglieder der Kommissionen arbeiteten ehrenamtlich. Die Zahl der gewählten Mitglieder mußte die der ernannten inklusive des Vorsitzenden übersteigen. Bei der Berufungskommission durften die ernannten Mitglieder sogar nur die Hälfte der gewählten betragen. Die Oberaufsicht führte das Finanzministerium.

1.2.4.5 Rechtsmittel

Gegen das Ergebnis der Veranlagung stand dem Steuerpflichtigen und dem Vorsitzenden der Veranlagungskommission das Rechtsmittel der Berufung[65] bei der Berufungskommission zu. Sie konnte binnen vier Wochen beim Vorsitzenden der

64) Siehe Kap. 1.2.4.5 Rechtsmittel

65) §§ 40 und 42 EStG 1891

Berufungskommission eingelegt werden. Gegen den Entscheid der Berufungskommission konnten sowohl der Steuerpflichtige als auch der Vorsitzende der Berufungskommission innerhalb einer vierwöchigen Frist Beschwerde[66] beim Oberverwaltungsgericht einlegen, sofern es sich um Nichtanwendung oder unrichtige Anwendung bestehenden Rechts handelt oder das Verfahren wesentliche Mängel aufwies.

Zur Regelung der **Veränderungen der veranlagten Steuer** innerhalb eines Steuerjahres wurden die §§ 57 bis 63 herangezogen. Wenn sich das Einkommen um 25 % verminderte bzw. andersweitig versteuert wurde, konnte vom nächsten Hebungstermin an eine Reduzierung des Steuersatzes geltend gemacht werden.
Die **Steuererhebung** (§§ 62 bis 64) erfolgte vierteljährlich. Die Steuer konnte vom Steuerpflichtigen aber auch in größeren Abständen entrichtet werden. In den sieben östlichen Provinzen waren die Gemeinden bzw. Gutsbezirke nach wie vor zur Hebung der Einkommensteuer bei Einkommen bis zu 3.000 Mark verpflichtet. Sie erhielten dafür 2 % der Ist-Einnahmen. Darüber hinaus erhoben die Kreiskassen und die Steuerkasse Berlin die Steuer. In den fünf westlichen Provinzen oblag die Hebung der Steuer den Steuerkassen und der Kreiskasse in Frankfurt a.M.. Bereits 1893 entfiel diese Art der Einkommensteuererhebung: die Gemeinden hatten diese fortan unentgeltlich zu erheben: Als Gegenleistung wurde ihnen das Aufkommen aus der Grund-, Gebäude- und Gewerbesteuer überlassen.[67]

Das Einkommensteuergesetz sah zwei Arten von **Strafen** (§§ 66, 68 ff) vor: Zum einen die eigentlichen Steuerstrafen, die im Falle von Steuerhinterziehung verhängt wurden. Sie bezweckten die vollständige und richtige Erstellung von Personenbestandsnachweisungen sowie die Richtigkeit, d.h. auch die Vollständigkeit, der Selbstangaben der Steuerpflichtigen. Wenn bereits eine Steuerhinterziehung stattgefunden hatte, konnte die Strafe den vier- bis zehnfachen Betrag der hinterzogenen Steuer betragen. In den Fällen, in denen die beabsichtigte Steuerhinterziehung aufgedeckt wurde, wurde dieselbe Strafe erhoben, mindestens aber 100 Mark als Strafe auferlegt. Sofern der Steuerpflichtige die Steuerhinterziehung nicht beabsichtigt hatte, trat an Stelle der oben genannten Strafen eine Geldstrafe zwischen 20 und 100 Mark. Die Strafen dienten zum Schutz des Steuerpflichtigen. Wenn Steuerbeamte oder Mitglieder der Kommissionen ihre Kenntnisse über Einnahme- und Vermögensverhältnisse unbefugt weitergaben, drohte ihnen eine Geldstrafe bis zu 1.500 Mark oder bis zu drei Monaten Gefängnis.

66) §§ 44 bis 49 EStG 1891
67) Vgl. Kap. 2.2.2.3

Die Strafbestimmungen richten sich nach dem Grad des subjektiven Verschuldens und der Bereitwilligkeit zur nachträglichen Aufklärung des Vergehens. Die **Verjährung der Steueranforderungen** erfolgt zwischen drei und zehn Jahren.

Die Erhebung der Einkommensteuer nach dem Gesetz von 1891 erfolgte erstmals 1895, die erste Einschätzung nach dem Gesetz aber schon 1892/93.

Zusammenfassend bestanden die Neuerungen des Einkommensteuergesetzes von 1891 in folgenden Punkten:

- Neben den physischen Personen wurden nun auch bestimmte juristische Personen steuerpflichtig. Da sich die Einkommensteuer aus der Klassensteuer entwickelt hatte (einer reinen Personensteuer), galt dies als Novum.
- Die Berücksichtigung der persönlichen und wirtschaftlichen Lage des Steuerpflichtigen, also seiner finanziellen Leistungsfähigkeit, wurde ausgedehnt.
- Ebenso konnten vermehrt Aufwendungen - neben sachlichen auch solche, die zur Sicherung und Erhaltung des Einkommens dienen - vom steuerpflichtigen Einkommen abgesetzt werden.
- Eine gleichmäßigere Abstufung des Steuertarifs zwischen 0,62 % und 4 % und die Erhöhung des steuerfreien Einkommens auf 900 Mark (steuerfreies Existenzminimum) waren ebenfalls Neuregelungen.
- Die Einkommensteuer wurde nun für alle Steuerpflichtigen in einem einheitlichen, allgemein gültigen Verfahren von den gleichen Behörden veranlagt. Zur Unterstützung der Veranlagung mußten Steuerpflichtige mit einem Einkommen über 3.000 Mark eine Steuererklärung abgeben.
- Eine weitere Neuerung bestand in der Verschärfung der Strafbestimmungen und der Möglichkeit der Berufung beim Oberverwaltungsgericht.

Wegen der gleichmäßigeren Einschätzung zur Einkommensteuer, dem Ausbau der sozialen Elemente und dem als gerechter empfundenen Steuertarif[68)] wurde die Einkommensteuerreform begrüßt. Trotzdem blieben eine Reihe von Mängeln - veranlagungstechnischer und juristischer Art aber auch die Auslegung des Einkommensteuergesetzes betreffend - weiter bestehen oder wurden durch das Gesetz erstmals aufgeworfen. "Sowohl die Steuerpflichtigen als die Veranlagungsbehörden hatten Mühe, sich in den neuen Rechtszustand einzuleben" (Droste 1900:349), denn die Auslegung und praktische Handhabung des Gesetzes bereiteten Schwierigkeiten.[69)] Dabei wurden vor allem die knappen und allgemein gehaltenen Regelungen des Gesetzes kritisiert.

---

68) Vgl. Droste 1900:348

69) Vgl. Droste 1897:543

Die allgemeine Rechtsunsicherheit zeigte sich im sprunghaften Anstieg der Beschwerden durch Steuerpflichtige im ersten Veranlagungsjahr[70)] der neuen Einkommensteuer. Im Veranlagungsjahr 1898/99 sanken sie auf 75 je 1.000 Steuerpflichtige und lagen somit unter der Zahl der Beschwerden im Jahre 1891/92, in dem die Veranlagung noch nach dem alten Gesetz vorgenommen wurde. Doch auch die Anzahl der Beanstandungen seitens der Steuerbehörden stieg 1895 an und lag um 1900 noch bei einem Drittel der Steuererklärungen.[71)]
Außerdem wurde "vielfach und bitter geklagt über die mannigfachen Schwierigkeiten und Belästigungen, denen die Steuerpflichtigen wegen der Einkommensteuerveranlagung ausgesetzt" waren (Grenzboten 1897:471). Gemeint war die Steuererklärung, die als ungebührliches und lästiges Eindringen in die Privatsphäre des Steuerpflichtigen empfunden wurde.
Die Selbstdeklaration sowie die Veranlagung aller Steuerpflichtigen durch dieselben Kommissionen sollten endlich eine gleichmäßigere und einheitliche Veranlagung garantieren, denn es stand fest: "nicht allein, daß die Klassen- und klassifizierte Einkommensteuer innerhalb der einzelnen Gemeinden, Kreise und Bezirke und Provinzen der Gleichmäßigkeit entbehrten, sondern auch, daß sie überall viel zu niedrig waren" (Justus 1897:59). Ausschlaggebend dafür waren mehrere Punkte:
Die Vorsitzenden der Veranlagungs-, Einschätzungs- und Berufungskommissionen waren nebenamtlich berufene politische Beamte, die bereits mit anderen Geschäften überlastet waren.

> "Ein weiteres Hindernis einer gerechten Einschätzung lag in der nicht genug unabhängigen Stellung dieser in ihrem Hauptamte zu sehr auf Sympathie des Publikums angewiesenen Beamten; ganz zu schweigen von ihren Auffassungen über die Steuerkraft der einzelnen Klassen" (Justus 1897:59).

Diese nachbarlichen und persönlichen Interessen erwiesen sich als Hemmnis bei der gewissenhaften Ausführung der staatlichen Vorschriften.[72)]

Genau diese allgemein bekannten, bei der Veranlagung nachteiligen Faktoren waren durch das neue Einkommensteuergesetz nicht beseitigt worden. Auf diesen Aspekt wird im folgenden nochmals zurückzukommen sein.

70) 127 je 1 000 Steuerpflichtige; vgl. Anlagen 3 und 4

71) Vgl. Preußisches Finanzministerium 1900:57f

72) Vgl. Cohn 1891:32 und die detaillierten Ausführungen in Kap. 2.2.2.4

1.2.5 Die Ausgestaltung der preußischen Einkommensteuer bis zum Ersten Weltkrieg

Die nach der Steuerreform 1891/93 noch folgenden Änderungen des Einkommensteuergesetzes ließen die Grundstruktur des Gesetzes unberührt. Neuregelungen oder Zusatzregelungen betrafen die inhaltliche Ausgestaltung. So etwa durch das 'Gesetz, betreffend die Änderung des Einkommensteuergesetzes und des Ergänzungsteuergesetzes' vom 19. Juni 1906.[73)] Die Steuerpflicht der phyischen Personen wurde leicht abgeändert und bei den juristischen Personen auf bestimmte Gesellschaften mit beschränkter Haftung, Genossenschaften, Konsumvereine und Vereine ausgedehnt.

Zudem wurden die abzugsfähigen Werbungskosten und sachlichen Aufwendungen erweitert. Wichtig für die natürlichen Personen war die - bislang geltende - Regelung, daß für die Veranlagung der Bestand der einzelnen Einkommensquellen zu Beginn des Steuerjahres maßgebend war. Nun konnte bei Fortfall einer Einnahmequelle oder der Verringerung des Einkommens um ein Fünftel während des Steuerjahres im folgenden Monat eine Ermäßigung der Steuer erlangt werden. Gleichzeitig wurde die Berücksichtigung der persönlichen Leistungsfähigkeit weiter ausgedehnt. Bei Einkommen bis 3.000 Mark konnten bei fünf oder mehr unterhaltspflichtigen Familienmitgliedern zwei Steuerstufen nachgelassen werden. Für Einkommen zwischen 3.000 und 6.500 Mark konnten für drei bis fünf Familienmitglieder der Nachlaß einer und bei mehr als fünf Familienmitgliedern der Nachlaß zweier Steuerstufen in Anspruch genommen werden.

Neben der differenzierteren Regelung der Rechtsmittel und des Veranlagungsgeschäfts war auch bestimmt, daß nicht oder zu spät abgegebene Steuererklärungen eine Erhöhung des Jahressteuersatzes um 5 % nach sich ziehen.

Neu war die Regelung des § 23, welche die Einführung einer Auskunftspflicht der Arbeitgeber über die Einkommen ihrer Arbeiter und Angestellten, sofern sie nicht über 3.000 Mark lagen, anordnete. Diese Regelung führte bei der Auslegung zu Schwierigkeiten. Denn der Gesetzestext legte die Auslegung nahe, die Auskunftspflicht trete erst nach Aufforderung durch die Behörden ein, während der Finanzminister in seiner Ausführungsanweisung klar bestimmte, sie bestehe generell ohne vorherige Aufforderung. Ergebnis dieser Regelung war eine Steigerung der Ist-Steuereinnahmen trotz der größeren Berücksichtigung der persönlichen Leistungsfähigkeit. Es stellte sich heraus, daß die Schätzungen der Veranlagungsbehörden bei Einkommen unter 3.000 Mark meist zu niedrig angesetzt waren, weswegen die Einnahmen der Arbeiter in Preußen nicht vollständig erfaßt wurden und auch eine

73) GS Preußen 1906:241; vgl. auch Maatz 1906

"ungleiche Veranlagung unter den Arbeitern" nicht ausgeblieben war, was "böses Blut machte" (Maatz 1906:126).

Die Auslegungsschwierigkeiten des § 23 führten schon am 18. Juni 1907 im 'Gesetz, betreffend Abänderung des § 23 des Einkommensteuergesetzes vom 19. Juni 1906 (GS:260)'[74] zu einer klareren gesetzlichen Regelung. Sie sah eine generelle Auskunftspflicht der Arbeitgeber (ohne vorherige Aufforderung) über die Zahl der bei ihnen beschäftigten Personen mit einem Einkommen unter 3.000 Mark (mit einer genauen Angabe über die Höhe des Lohnes), über Wohnsitz der beschäftigten Personen und ähnliches sowie die Darlegung der erbrachten geldeswerten Leistungen vor.

Eebenfalls 1907 wurde im Landtag über die Verbesserung der Bezüge und Wohnungsgeldzuschüsse von mittelbaren und unmittelbaren Beamten, Lehrern und Lehrerinnen der öffentlichen Volksschulen, Pfarrern[75] verhandelt. Das 'Gesetz, betreffend die Bereitstellung von Mitteln zur Diensteinkommensverbesserung' vom 25. Mai 1909[76] stellte die Steigerung der Bezüge der oben genannten Personen fest und regelte auch die Deckung der Mehrausgaben im Staatshaushaltsplan. Ein Teil der neuen Ausgaben wurde mit einem fünf- bis fünfzigprozentigen Zuschlag auf die Einkommensteuer[77] und einem Zuschlag auf die Ergänzungsteuer gedeckt. Diese Zuschläge sollten nur vorübergehend (höchstens für drei Jahre) bis zur Neuordnung des direkten Steuersystems erhoben werden. Doch im Landtag konnte 1912 keine Einigung erlangt werden, so daß die Zuschläge weiterhin erhoben wurden.

Eine Verstärkung der sozialen Komponente in der Einkommensbesteuerung war in der Anlage 5 des Gesetzes 'betreffend die Abänderung des Einkommensteuer- und Ergänzungsteuergesetzes' vom 26. Mai 1909[78] zu finden, dessen Ziel es war, die Einnahmen aus der Einkommensteuer den gestiegenen Finanzansprüchen des Staatsetats anzupassen.[79] Persönliche, die finanzielle Leistungsfähigkeit beeinträchtigende Verhältnisse wurden in Zukunft bis 12.500 Mark berücksichtigt. Außerdem kam der Abzug von 50 Mark vom steuerpflichtigen Einkommen für unterhaltspflichtige Familienangehörige in Fortfall. Dafür waren bei Einkommen von 6.500 bis 9.500 Mark der Erlaß von ein bis zwei Steuerstufen, je nach Kinderzahl, möglich.

Die derart ausgestaltete Einkommensbesteuerung war bis 1916 - also über den Beginn des Ersten Weltkriegs hinaus - keinen Änderungen mehr unterworfen.

74) GS Preußen 1907:139
75) Inklusive deren Ruhegehältern
76) GS Preußen 1909:85
77) Vgl. Anlage 5
78) GS Preußen 1909:349
79) Vgl. Maatz 1909

Durch das 'Gesetz, betreffend die Erhöhung der Zuschläge zur Einkommensteuer und Ergänzungsteuer' vom 8. Juli 1916[80)] wurden die Zuschläge auf steuerpflichtige Einkommen ab 2.400 Mark erhöht. Erst die Novelle vom 30. Dezember 1916 brachte für das Einkommensteuergesetz wieder sachliche Änderungen, als die Veranlagung zeitnäher an die Einkommensentstehung herangebracht wurde, um in Fällen von gestiegenem Einkommen dieses steuerlich schneller erfassen zu können.[81)]

Zusammengefaßt: Die preußische Einkommensteuer entwickelte sich aus der Klassensteuer. Zwischen 1851 und 1891 standen die Klassensteuer und die klassifizierte Einkommensteuer nebeneinander. Durch die Miquel'sche Steuerreform entstand 1891 ein modernes Einkommensteuergesetz, dessen Grundlinien bis zum heute in der Bundesrepublik geltenden Einkommensteuergesetz beibehalten wurden.

1.2.6 Daten zum Gewicht der Einkommensteuer im preußischen Steuersystem

Im Jahre 1850 lag das Klassensteueraufkommen in Preußen bei 22,89 Millionen Mark. Dies entsprach 33,8 % des direkten Steueraufkommens. 10 Jahre später hatte sich das Klassensteueraufkommen auf 27,06 Millionen Mark gesteigert, der Anteil am direkten Steueraufkommen war aber auf 32 % gesunken. Die Einkommensteuer erreichte 1860 ein Aufkommen von 9,07 Millionen Mark oder 10,7 % des direkten Steueraufkommens. Für die nächsten Jahre sahen die Zahlen folgendermaßen aus:[82)]

Steuerart	1870		1880/81		1890/91	
		%		%		%
Klassensteuer	39,21	29,0	41,44	26,12	24,68	15,2
Einkommensteuer	15,54	11,6	31,61	19,94	44,36	27,3

Nach der Steuerreform 1891/92 wurde neben der Einkommensteuer nur noch die Ergänzungsteuer als nennenswerte direkte Steuer für die preußische Staatskasse erhoben, so daß eine klares Übergewicht der Einkommensteuer auszumachen war:[83)]

80) GS Preußen 1916:109

81) Vgl. Finanzarchiv, (34. Jg.) 1917, Bd. 1, S. 293f

82) Jeweils: Linke Spalte: Steueraufkommen in Millionen Mark; rechts Spalte: prozentualer Anteil des Steueraufkommens der jeweiligen Steuerart am direkten Steueraufkommen Preußens; Quelle: Wagner 1909:101.

83) Steueraufkommen: Voranschlag in den jeweiligen Staatshaushalten; linke Apalte: Einnahmen in Millionen Mark; rechte Spalte: prozentualer Anteil am direkten Steueraufkommen; Quelle vgl. Anlage 7.

Jahr	Einkommensteuer	%	Ergänzungsteuer	%	Direkte Steuern	%
1900	159	80,1	33,0	16,6	198,35	100
1905	187	81,4	37,0	16,1	229,57	100
1910	321	83,6	54,5	14,2	383,64	100
1915	363	82,7	66,0	15,0	438,64	100

Der Anteil der Einkommensteuer am direkten Steueraufkommen stieg leicht an, und schon vor der Miquel'schen Steuerreform war sie die aufkommenstärkste Steuer. Deutlich ging der Anteil der Klassensteuer zwischen 1880/81 und 1890/91 sowohl im Vergleich zur Einkommensteuer als auch im Vergleich zur Aufkommensentwicklung der direkten Steuern[84] zurück. Ausschlaggebend hierfür war sicherlich die Erhöhung des steuerfreien Jahreseinkommens und der vermehrte Einbau sozialer Elemente. Der Anstieg des direkten Steueraufkommens zwischen 1867 und 1868 von 32,73 auf 41,60 Millionen Thaler ist mit der Einführung des preußischen Steuersystems in den neuen Landesteilen, Hannover, Hessen, Nassau und Schleswig-Holstein, zu erklären.

Die Vergleichbarkeit des direkten mit dem indirekten Steueraufkommen ist insofern eingeschränkt, da nach der Reichsgründung ein beträchtlicher Teil der indirekten Steuern für die Reichskasse erhoben und an diese auch abgeführt wurde. Das starke Gewicht der direkten Steuern gibt also den tatsächlichen Tatbestand nicht wieder:[85]

Jahr	Steuer-aufkommen	indirektes Steueraufk.		direktes Steueraufk.		Einkommensteuer-aufkommen		
	Mio Mark	Mio Mark	%	Mio Mark	%	Mio Mark	%	%
1865	80,5	48,45	60,2	32,05	39,8	3,46	4,3	10,7
1880	255,1	93,65	36,7	161,51	63,3	31,61	12,4	19,6
1900	281,7	83,31	29,6	198,35	70,4	159,00	56,5	80,3
1914	605,5	126,77	20,9	478,68	79,1	403,00	66,6	84,1

Das Datenmaterial bezüglich der einkommensteuerpflichtigen Bevölkerung, deren Beitrag zum Steueraufkommen usw. ist vor und nach der Miquel'schen Steuerreform nur eingeschränkt vergleichbar, da vor 1891 noch die Klassensteuer erhoben wurde, diese aber statistisch kaum aufgearbeitet ist. Aussagefähiges Zahlenmaterial liegt daher erst ab 1890/91 vor.

Kries (1855:380) ging 1854 von 47.722 Einkommensteuerpflichtigen ohne die Angehörigen aus. 1876 waren es 157.096 und 1888 bereits 222.850. Dies bedeutet

84) Vgl. hierzu die Anlagen 6,7,9 und 10

85) Steueraufkommen laut Voranschlag in den jeweiligen Staatshaushalten; Quelle Rüfner 1981:708 und die jeweiligen Staatshaushalte. Die Prozentzahlen beziehen sich jeweils auf den vH-Anteil am gesamten Steueraufkommen; Ausnahme: die rechte Spalte unter 'Einkommensteueraufkommen' bezieht sich auf den vH-Anteil am direkten Steueraufkommen.

also in 22 Jahren einen Zuwachs von 41,9 %, während im gleichen Zeitraum die Bevölkerung (nach Personenbestandsaufnahme) nur um 14,3 % von 24,83 auf 28,37 Millionen Menschen wuchs.

1892 waren 2,59 Millionen (mit Angehörigen 8,94 Millionen) der 29,89 Millionen) preußische Bürger einkommensteuerpflichtig (Klassen- und Einkommensteuer waren nun zu einer einheitlichen Steuer verschmolzen).

Jahr[86)]	1895	1900	1905	1910	1914
Bevölkerung (in Mio)	30,81	33,46	26,36	39,14	41,22
Einkommensteuerpflichtige					
a) in Millionen	2,79	3,64	4,72	6,84	8,26
b) Bev.-Anteil in %	9,0	10,9	13,0	17,5	20,0
ESt-Aufkommen					
a) insgesamt (Mio)	116,51	158,39	188,03	260,35	341,12
b) pro Person (Mark)	41,75	43,50	39,80	38,06	41,19

Die Zahl der einkommensteuerpflichtigen Personen nahm zwischen 1895 und 1914 wesentlich schneller zu als die Bevölkerung. Setzt man Einkommensteuerpflichtige und das Einkommensteueraufkommen in Relation, so sank das durchschnittliche Steueraufkommen pro Person zwischen 1900 und 1910 und erreichte 1914 erst wieder den Stand von 1895. Die meisten Einkommensteuerpflichtigen wurden mit einem Einkommen zwischen 900 und 3.000 Mark veranlagt. 1893/94 fielen 87,12 % in diese Einkommenskategorie, 1910 waren es 88,72 %. Diese Gruppe trug durchschnittlich 30 % zum Einkommensteueraufkommen bei.[87)]

Zusammenfassend kann gesagt werden, daß zwischen 1892 und 1917 die Gesamtzahl der Censisten um 192,98 %, die veranlagte Steuer (nicht das Ist-Aufkommen) um 278,76 %, die zu erhebende Steuer mit Zuschlägen um 475,39 % zunahmen, das Einkommen aber nur um 243,86 % wuchs.[88)]

86) Bevölkerungszahlen nach der Personenstandsaufnahme, Einkommensteuerpflichtige ohne Angehörige; Quelle: Anlage 8

87) Vgl. Stat. Jahrbuch Preußen 1905 und 1910

88) Vgl. Conrad 1919:46

1.3 Die Einkommensteuergesetzgebung im Königreich Sachsen

1.3.1 Das direkte Steuersystem bis 1874

Die Staatsbesteuerung in Sachsen zu Beginn des 19. Jahrhunderts war, mit wenigen Änderungen, noch wie im 17. Jahrhundert aufgebaut. Der Schwerpunkt lag bei der Ertragsbesteuerung, daneben spielten Akzisen und Grenzzölle eine wichtige Rolle. Stempelabgaben dienten eher der Ergänzung. Die Ertragsbesteuerung in Form von Grundsteuern ging auf Bestimmungen in den Jahren 1628 und 1660 zurück. Die wichtigsten der drei Arten von Grundsteuern waren die Schock- und Quatembersteuern. Die Schocksteuer bildete die Grundlage. Sie wurde nach Bedarf aufgrund der Schätzung des Grundstückwertes erhoben. Die Quatembersteuer war ursprünglich eine Art Gewerbe- und Kopfsteuer, die im 18. Jahrhundert auf den Grundbesitz ausgedehnt wurde. In den Städten wurde sie seit 1707 durch die Generalakzise ersetzt. Die Akzise, z.T. in Form einer direkten Steuer, dehnte sich auch auf dem Land aus. Neben den Steuereinahmen stützte sich der Staat auf ansehnliche Einnahmen aus Staatsbesitz und -betrieben.

Da das bestehende System nicht mehr den Erfordernissen der Zeit entsprach, wurde durch die am 4. September 1831 erlassene 'Verfassungsurkunde'[89) eine umfassende Steuerreform eingeleitet. § 39 kündigte an:

> "Es soll ein neues Abgabensystem festgestellt werden, wobei die Gegenstände der direkten und indirekten Besteuerung nach möglichst richtigem Verhältnisse zur Mitleidenheit gezogen werden. Die bisher bestandenen Realbefreiungen sollen gegen angemessene Entschädigung, deren Modalität unter Vernehmung mit den Ständen durch die künftige Gesetzgebung näher zu bestimmen ist, aufgehoben werden."

Als erstes wurden im 'Gesetz, die indirekten Steuern betreffend' vom 4. Dezember 1833[90) diese einer "zeitgemäßen Reform" unterworfen. Außer den Zöllen, einer Branntwein-, Bier-, Wein- und Tabaksteuer wurden alle bislang erhobenen indirekten Abgaben, wie das Amtsgeleit in den Erblanden, die städtische Generalakzise, die Mahlsteuer in den Städten, die Grenzakzise, die Leipziger Handelsabgaben usw., aufgehoben. Das neue System der indirekten Abgaben war auch wegen des Eintritts Sachsens in den Zollverein (später in den Norddeutschen Bund)[91) notwendig.

Unter Aufhebung der Personalsteuer in den alten Erblanden und der Quatembersteuer wurde eine Gewerbe- und Personalsteuer am 22. November 1834[92) einge-

89) GV Sachsen 1831:241

90) GV Sachsen 1833:213

91) Vgl. dazu Kap. 3.1.1

92) GV Sachsen 1834:349

führt. Gewerbe- und Handeltreibende, landwirtschaftliche Pächter, Beamte, Vertreter der 'liberalen' Berufsarten[93], alle Zins- und Rentenbezieher usw. wurden danach nach ihrem reinen Einkommen besteuert, wobei ein Eindringen in die Vermögens- und sonstigen Verhältnisse zu vermeiden war. Bei Gewerbe- und Handeltreibenden war zur Einschätzung ein 'Klassenmechanismus' üblich, ansonsten wurden die äußerlich wahrnehmbaren Verhältnisse und Personen, die Orts- und Individualverhältnisse kannten, zur Einschätzung herangezogen. Die Steuersätze waren progressiv und durch den Versuch, den Verhältnissen jeder Berufsart auf besondere Weise gerecht zu werden, wurde jede Einkunftsart nach anderen Kriterien besteuert. Zweck der Gewerbe- und Personalsteuer war es,

> "... das Gleichgewicht in der Besteuerung zwischen Stadt und Land, welches durch die Aufhebung der Generalakzise gestört wurde, dadurch wieder herzustellen, daß in gleichem Maße, wie die Quelle des ländlichen Erwerbs, nämlich die Grundrente, vorzugsweise der Grundsteuer unterliegt, so auch die Quellen des städtischen Erwerbs einer Besteuerung unterworfen werden, welche für die Aufhebung der bisherigen Abgaben von Städten vorzugsweise zu Theil werdenden Erleichterungen Ersatz leistet" (Gensel 1874:1376).

Erst nach neunjähriger Vorbereitungszeit, die zur Erstellung des Parcellarkatasters genutzt wurde, erfuhr die Grundsteuer am 9. September 1843[94] eine gesetzliche Regelung. Besteuert wurde der objektive Ertrag bei mittlerer Bewirtschaftung des Grund und Bodens, abzüglich der Produktionskosten aber ohne Berücksichtigung der wirtschaftlichen Verhältnisse. Von jeder Steuereinheit wurden 9 Pfennige (d.h. 9 %) des festgelegten Reinertrags erhoben.

Obwohl die Gewerbe- und Personalsteuer 1845 und 1850 wesentliche Änderungen erfuhr, erwies sie sich den sich rasch entwickelnden wirtschaftlichen Verhältnissen, der Industrialisierung und der durch die 1861 eingeführte Gewerbefreiheit ausgelösten Mobilität nicht gewachsen. Die zu detaillierten Regelungen bei der Besteuerung der verschiedenen Einkunftsarten und die zu geringe Elastizität waren auf Dauer nicht haltbar. Vor allem das Verhältnis zwischen Gewerbe- und Personalsteuer auf der einen und der Grundsteuer auf der anderen Seite war zunehmend unausgeglichen. Während die Gewerbe- und Personalsteuer einen stetigen Steueraufkommenzuwachs zu verzeichnen hatten, der auf den Aufschwung in Handel und Gewerbe und des allgemeinen Wohlstands aber auch die schärfere Heranziehung zur Steuer zurückzuführen war, blieb das Steueraufkommen der Grundsteuer trotz der Blüte der Landwirtschaft weit zurück. Die Steuerbelastung des

93) Z.B. Ärzte, Wissenschaftler und Künstler

94) GV Sachsen 1843:97

Einkommens aus Grund und Boden blieb hinter der Belastung des Einkommens durch die Gewerbe- und Personalsteuer zurück.

Jahr[95]	1844	1873	1875
Grundsteuer			
a) Solleinnahmen	4.377.000	5.313.000	5.427.000
b) prozentualer Anteil	78,7 %	49,9 %	44,0 %
Gewerbe-und Personalsteuer			
a) Solleinnahmen	1.184.000	5.343.000	6.907.000
b) prozentualer Anteil	21,3 %	50,1 %	56,0 %

Den Steuern war die Deckung des Staatsbedarfs zugedacht, was sie aber trotz des steigenden Steueraufkommens nicht leisten konnten. Vor allem die Gewerbe- und Personalsteuerpflichtigen wurden deshalb mit Zuschlägen belegt. Zusätzlich wurde mit der 'Verordnung, die Schätzung für eine außerordentliche Einkommensteuer betreffend' vom 27. April 1848[96] die Vorbereitung zur einmaligen Hebung einer Einkommensteuer eingeleitet. Interessant war die Berechnung und Veranlagung der Einkommensarten. Einkommen aus Kunst, Wissenschaft, Privatdienstleistungen, Pachtungen, Handel und Gewerbe wurden nur zu 70 % in Ansatz gebracht, während Einkünfte aus Geldkapitalien und Zinsberechtigungen zu 100 % angesetzt wurden. Ausschlaggebend für diese Veranlagung war die Sicherheit der Einkünfte. Eine Regelung, die sicherlich auf die Situation nach der 1848er Revolution zurückzuführen war. Von diesen in Ansatz gebrachten Einkünften wurden dann die progressiven Steuersätze erhoben.
Insgesamt kann die außerordentliche Einkommensteuer, ebenso wie die Gewerbe- und Personalsteuer, nur als Vorläufer einer Einkommensteuer bezeichnet werden. Die Erfahrungen mit diesen Steuern sollten bei der Ausgestaltung des Einkommensteuergesetzes 1874 eine wichtige Rolle spielen.

1.3.2 Die Steuerreform von 1868 bis 1874/78

Während und nach dem Deutschen Krieg (1866) wurden die Staatsausgaben in Sachsen wesentlich erhöht. Der Anschluß an den Norddeutschen Bund erforderte, neben der Anpassung der inneren Verhältnisse an die der anderen Mitgliedsstaaten (vor allem Preußen), auch die Erhöhung der Staatsausgaben, hauptsächlich für Militärzwecke.

95) Steuereinnahmen: a) Solleinnahmen in Mark, b) prozentualer Anzeil der Steuer: vgl. Anlage 11
96) GV Sachsen 1848:99

Das Finanzministerium legte daher dem Landtag zur Sanierung der Staatsfinanzen eine Kombination aus Grundsteuer- (20 % des Jahressteuersatzes) und Gewerbe- und Personalsteuerzuschlägen (80 % des Jahressteuersatzes) zur Genehmigung vor. Wegen der ungünstigen Erfahrungen mit der außerordentlichen Einkommensteuer 1848 und der schlechten Resonanz in der Öffentlichkeit wurde diese nicht in Erwägung gezogen. Die Zuschläge wurden erst nach einem längeren Kampf im Landtag angenommen. Gleichzeitig brachte der Landtag den Antrag ein, nach § 39 der Verfassungsurkunde, "ein den veränderten Zeitverhältnissen angemessenes direktes Besteuerungsverfahren" (Hoffmann 1906:73) zu schaffen. Daraufhin legte die Regierung mit Dekret vom 30. Oktober 1868 einen Ergänzungsteuergesetzentwurf zum Gewerbe- und Personalsteuergesetz vor, der aber keine Billigung im Landtag fand.

Erst der Antrag von 40 Abgeordneten der II. Kammer[97] des Landtags, ein neues Gewerbe- und Personalsteuergesetz einzuführen und die Grundsteuer zu reformieren, brachte die langwierigen Auseinandersetzungen über die Steuerreform ins Rollen. Auf Antrag des Landtags wurde eine Revisionskommission von der Regierung eingesetzt, die zu der Überzeugung gelangte, nur die vollständige Umgestaltung des direkten Steuersystems sei sinnvoll. Sie schlug vor, eine Einkommensteuer einzuführen und Grund-, Gewerbe- und Personalsteuer aufzuheben. Dieser Vorschlag fand bei der Regierung keine Billigung. Gegen Ende der Legislaturperiode ersuchte die II. Kammer - trotz der Mißbilligung der I. Kammer - die Regierung bis zur nächsten Sitzungsperiode einen Gesetzesentwurf vorzubereiten, der die Aufhebung der direkten Steuern und die Einführung einer Einkommensteuer beinhalte.

Das Dekret vom 15. Dezember 1871 enthielt den Gesetzentwurf der Regierung, der, zu Beginn der nächsten Sitzungsperiode vorgelegt, überraschenderweise die Abschaffung der Grundsteuer und die Erhebung einer einzigen Ertragsteuer vorschlug. Ohne Angabe von Gründen rückte die Regierung von ihrer bisherigen Meinung ab. Doch der Gesetzentwurf wurde von der I. und II. Kammer abgelehnt. Daraufhin erarbeitete jede Kammer einen Gegenvorschlag. Die II. Kammer legte - nach längeren Beratungen - einen Einkommensteuergesetzentwurf vor. Daneben sollte die Grundsteuer eine Neuregelung erfahren und nur noch zu einem Drittel erhoben werden. Die I. Kammer vertrat dagegen die Einführung einer Ertrag- und Einkommensteuer ab 1.800 Mark Jahreseinkommen. Wiederum gegen Schluß der

---

97) Der Landtag setzte sich aus der I. und II. Kammer zusammen, In der II. Kammer saßen die nach dem Dreiklassenwahlrecht gewählten Volksvertreter, in der I. Kammer die volljährigen Prinzen des Königlichen Hauses, je ein Vertreter der Schönburgschen Rezeßherrschaften und Lehnsherrschaften, der Universität, der evangelische Oberhofprediger usw. und zwölf auf Lebenszeit gewählte Besitzer von Rittergütern und solche, die mit mindestens 4.000 Steuereinheiten belegt wurden.

Legislaturperiode (1872/73) wurde die Regierung um die Ausarbeitung eines Gesetzentwurfs gebeten. Die Vorlage der Regierung[98] enthielt fünf Gesetzentwürfe:

- das Gesetz die direkten Steuern betreffend,
- ein Grundsteuergesetz,
- ein Gebäudesteuergesetz,
- ein Gewerbe- und Personalsteuergesetz,
- das Einkommensteuergesetz.

Doch auch damit war die II. Kammer nicht einverstanden. Die Gesetzentwürfe zum Grundsteuer- zum Gebäudesteuer- und zum Gewerbe- und Personalsteuergesetz wurden abgelehnt. Um aber diese Landtagsperiode nicht ohne Einigung vergehen zu lassen, schlug das Finanzministerium vor, von einer durchgreifenden Reform der direkten Steuern abzusehen, die bestehenden teilweise beizubehalten und eine Einkommensteuer einzuführen. Welcher Teil aber in Zukunft fortbestehen, welcher modifiziert oder aufgehoben werden sollte, solle erst im nächsten Landtag entschieden werden. Vorläufig werde nur die Einkommensteuer eingeführt (vgl. Hoffmann 1906:84). Dieser Vorschlag wurde beifällig aufgenommen, so daß die Regierung daran ging, einen weiteren Einkommensteuergesetzentwurf, orientiert an den Vorlagen der II. Kammer, auszuarbeiten, der nach heftigen Debatten und einigen Änderungen von der II. Kammer angenommen wurde. Die I. Kammer stimmte unter dem Druck der Notwendigkeit einer Steuerreform ebenfalls zu.

Neben der Einkommensteuer blieben Grund-, Gewerbe- und Personalsteuer bestehen. Doch, wie schon angeführt, sollte die Steuerreform erst nach der ersten Einschätzung und der Auswertung der dabei gemachten Erfahrungen zum Abschluß gebracht werden. Ursprünglich sollte die Einkommensteuer an die Stelle des Ertragsteuersystems treten, zunächst wurde sie nur als Ergänzungsteuer erhoben.

1.3.3 Das Einkommensteuergesetz von 1874[99]

1.3.3.1 Subjektive Steuerpflicht

Unbeschränkt steuerpflichtig waren alle sächsischen Staatsangehörigen (in Sachsen und im Ausland wohnhaft), deutsche Reichsangehörige (ausschließlich in Sachsen wohnhaft) und Ausländer (sofern länger als ein Jahr in Sachsen wohnhaft) mit ihrem gesamten Einkommen (§ 2). Ebenso waren alle juristischen Personen, also auch juristische Personen des öffentlichen Rechts[100] unbeschränkt steuerpflichtig.

---

98) Dekret vom 1. November 1873

99) 'Einkommensteuergesetz' vom 22. Dezember 1874 (GV Sachsen 1874:471)

100) Z.B. Gemeinden, Stiftungen und Anstalten

Sofern sächsische Staaatsangehörige im Deutschen Reich wohnten oder Reichsangehörige und Ausländer im Deutschen Reich oder Ausland wohnten, waren sie beschränkt steuerpflichtig, d.h. sie hatten nur das Einkommen aus sächsischem Grundbesitz, sächsischem Gewerbebetrieb oder aus der sächsischen Staatskasse bezogene Gehälter, Pensionen und Wartegelder in Sachsen zu versteuern. Juristische Personen mit Sitz außerhalb Sachsens mußten ebenfalls die sächsischen Einkünfte versteuern. In § 6 wurde die allgemeine subjektive Steuerpflicht eingeschränkt: König und Königin, Deutsches Reich, Staatsfiskus, Landesuniversität, Landesschulen, Diplomaten, das Militärdiensteinkommen der Mannschaften und Unteroffiziere sowie Ärzte, Beamte und Offiziere im Fall der Mobilmachung, das umherziehende Gewerbe und die unter achtzehnjährigen Personen, sofern sie in der untersten Klasse besteuert wurden, waren danach nicht einkommensteuerpflichtig.

1.3.3.2 Objektive Steuerpflicht

Auch in Sachsen wurde von einer Definition des Einkommens abgesehen; festgemacht wurde das Einkommen anhand allgemeiner Grundsätze und Beschreibungen. Als Einkommen galten die Summe aller in Geld- oder Geldeswert bestehenden Einnahmen (§ 17) einschließlich der Naturalleistungen und des Mietwerts im eigenen Haus. Außerordentliche Einnahmen wie Erbschaften galten nicht als steuerpflichtiges Einkommen, sondern als Vermehrung des Stammvermögens. Die Einnahmen aus verschiedenen Quellen wurden addiert und als ein Steuerobjekt behandelt. Die Veranlagung der Steuer wurde jährlich vorgenommen; im festgesetzten Veranlagungszeitraum war eine Veränderung des Steuersatzes, sei es eine Erhöhung oder eine Ermäßgigung, nicht möglich. § 18 des Gesetzes zählte die einzelnen Einkommensquellen auf:

- **Einkommen aus Verpachtung von Grundstücken, Vermietung von Gebäuden** oder Benutzung der eigenen Wohnung und Betrieb der Land- und Forstwirtschaft auf eigenen Grundstücken.
- **Einkommen aus Kapitalzinsen, Renten, Apanagen, Dividenden oder Aktien,** Kuxen, Naturalgefällen und Auszüge oder Gerechtsame.
- **Gehalt oder Lohn.**
- **Einkommen aus Handel und Gewerbe,** einschließlich des Betriebs der Landwirtschaft auf fremden Grundstücken und sonstige Erwerbstätigkeit.

Besteuert wurde nur das reine Einkommen; folgende Ausgaben konnten vom Einkommen abgezogen werden (§ 17):

- die auf Erhaltung, Erlangung oder Sicherung der Einnahmen verwandten Ausgaben, z.B. Schuldzinsen;
- Grund-, Gewerbe- und Personalsteuerbeträge, Beiträge zur Landes-, Immobilar-Brandkasse, Versicherungsprämien und indirekte Abgaben, sofern sie den geschäftlichen Unkosten zuzurechnen waren.

Nicht abzugsfähig waren Lebensversicherungsprämien und Beiträge zu Pensions-, Sterbe- und Krankenkassen. Bei beschränkt Steuerpflichtigen konnten nur die den Einnahmen zuordenbaren Abzüge geltend gemacht werden. In Sachsen wurden zudem Ehefrauen und Kinder mit eigenem Einkommen oder Vermögen immer einzeln veranlagt (§ 3).

1.3.3.3 Die Bemessung der Steuer

Die Steuer wurde nach Klassen erhoben. Ein steuerfreies Jahreseinkommen existierte nicht. Jeder Steuerklasse war ein Grundsteuersatz zugeordnet. Im Finanzgesetz (alle zwei Jahre im Gesetzes- und Verordnungsblatt veröffentlicht) wurde für jedes Jahr bestimmt, welches Vielfache vom Grundsteuersatz erhoben wurde. Die Steuersätze konnten daher von Jahr zu Jahr variieren.
Die Einschätzungskommissionen waren nach § 16 ermächtigt, bei Einkommen bis zu 1.600 Mark besondere, die Leistungsfähigkeit wesentlich verminderende wirtschaftliche Verhältnisse zu berücksichtigen und den Steuersatz um eine Stufe zu ermäßigen. Als mindernde wirtschaftliche Verhältnisse galten nur eine große Zahl von Kindern, andauernde Krankheit, besondere Unglücksfälle und die Verpflichtung zum Unterhalt armer Angehöriger.

1.3.3.4 Die Veranlagung

An seinem Wohn- bzw. Aufenthaltsort, dem letzten Wohnort (sofern der Steuerpflichtige außerhalb Sachsens lebt) oder am Gewerbeort wurde der Steuerpflichtige zur Einkommensteuer eingeschätzt. Die jährliche Veranlagung/Einschätzung zur Einkommensteuer begann mit der Aufstellung eines Verzeichnisses der ansässigen Personen durch den Gemeinde- oder Stadtrat (§ 33). Daneben wurden von den Hausbesitzern, Haushaltungsvorständen und Arbeitgebern Listen angefordert. Die Hausbesitzer mußten Auskunft über die bei ihnen wohnenden Personen, die Haushaltsvorstände über die steuerpflichtigen Familienmitglider und die Arbeitgeber (auch Staat und Gemeinden) über Name, Wohnung, Gehalt oder Lohn der bei ihnen Beschäftigten geben.

Die Ausfertigung des Ortskatasters[101] wurde für jeden Steuerbezirk von der Bezirkssteuereinnahme - auf der Grundlage der oben genannten eingesandten Materialien - erledigt, sofern dies nicht den Gemeindebehörden durch das Finanzministerium auferlegt worden war. Die Ortskataster und sämtliche Unterlagen waren in dann an den Bezirkssteuerinspektor[102] zu übersenden (§ 37).
Die Gemeindebehörden hatten alle Steuerpflichtigen, deren Einkommen nicht zweifelsfrei unter 1.600 Mark lag, zur Deklaration ihres Einkommens aufzufordern. Diese Deklarationspflicht wurde als eine indirekte bezeichnet, da bei Nichtabgabe der Deklaration innerhalb der vorgeschriebenen Frist der Steuerpflichtige sein Recht auf Reklamation verlor. Die Deklarationen wurden ebenfalls an den Bezirkssteuerinspektor weitergegeben. Er konnte alle eingegangenen Unterlagen prüfen und - genau wie die Einschätzungskommission - Auskünfte bei Gerichts- und Gemeindebehörden einholen, Flurbücher, Vormundschafts- oder Nachlaßakten, Grund-, Gewerbe- und Personalsteuerkataster einsehen.
Daraufhin trat die **Einschätzungskommission** unter dem Vorsitz des Bezirkssteuerinspektors zusammen und trug nach genauer Prüfung der Unterlagen den von ihr als richtig erachteten Steuersatz in das Kataster ein. Das Finanzministerium legte danach die endgültigen Steuersätze fest.
Die Feststellung und Katastration des Einkommens der einzelnen Beitragspflichtigen erfolgte unter der Oberaufsicht und Oberleitung des Finanzministeriums durch die Einschätzungskommission. Für mindestens 1.000 Einwohner wurde eine Einschätzungskommission gebildet. Die Mitglieder der Kommission wurden zu zwei Dritteln vom Stadtrat bzw. den Stadtverordneten oder vom Gemeinderat gewählt. Ein Drittel wählte die Bezirksversammlung aus dem Kreise der Bezirksangehörigen. Die Zahl der Mitglieder der Einschätzungskommission wurde vom Finanzministerium festgelegt, sie betrug zwischen sechs und achtzehn Personen.

1.3.3.5 Rechtsmittel

Nachdem dem Steuerpflichtigen durch die Ortssteuereinnahme schriftlich seine Steuerklasse und der zu entrichtende Steuerbetrag zugegangen war (§ 45), konnte er innerhalb von drei Wochen Reklamation gegen die Einschätzung bei der Bezirkssteuereinnahme einlegen (§ 49). Diese wurde vom Bezirkssteuerinspektor der betreffenden Einschätzungskommission vorgelegt. Sofern die Einschätzungskommission die Reklamation anerkannte, konnte sie die Einschätzung ändern. Auf Antrag des Steuerpflichtigen konnte auch eine Vertrauenskommission aus den

101) Verzeichnis aller eingeschätzten Personen
102) den Vorstand der Bezirkssteuereinnahme

Mitgliedern der Einschätzungskommission gebildet werden, die dann die Reklamation zu prüfen hatte.
Wenn die Einigung auf diesem Weg nicht gelang, oblag es der Reklamationskommission, über die Reklamation zu entscheiden. Wenn der Bezirkssteuerinspektor mit der Einschätzung der Einschätzungskommission nicht übereinstimmte, konnte er Berufung gegen die Einschätzung bei der Reklamationskommission einlegen (§ 44).
Der Vorsitzende der Reklamationskommission war ein vom Finanzministerium ernannter Beamter. Die sechs Mitglieder wurden aus den Kreisbewohnern zu zwei Dritteln vom Kreisausschuß gewählt und zu einem Drittel vom Finanzministerium ernannt (§ 54).
Gegen die Entscheidung der Reklamationskommission war nur noch eine Beschwerde an das Finanzministerium wegen unrichtiger Anwendung der bestehenden gesetzlichen Regelungen möglich (§ 60).

1.3.3.6 Die Steuererhebung

Den Gemeinden oblag die Erhebung der Einkommensteuer durch einen von ihnen ernannten Einnehmer.[103] Dafür erhielten sie einen Prozentsatz (ein bis vier Prozent) der Ist-Einnahmen (§ 70).

Wegen wissentlich unrichtiger oder unvollständiger Angaben bei der Einkommensdeklaration oder sonstigen Befragungen oder anderer Vergehen, die eine **Steuerhinterziehung** nach sich zogen oder beabsichtigten, konnte der Steuerpflichtige "je nach Grad der Böswilligkeit" mit einer Geldstrafe belegt werden, die den vier- bis zehnfachen Betrag der hinterzogenen Steuer betrug. Es konnten auch Geldstrafen zwischen 50 und 100 Mark auferlegt werden. Die **Verjährung der einzufordernden Steuerrückstände** trat nach drei bis fünf Jahren ein.

Nach der Hansestadt Hamburg war das Königreich Sachsen der erste deutsche Staat, der eine moderne progressive Einkommensteuer einführte, bei welcher die Leistungsfähigkeit jedes Steuerpflichtigen genau festgestellt wurde (vgl. Schmidt 1980:118). Wagner (1901:107) bezeichnete die sächsische Einkommensteuer "auf diesem Gebiete der direkten Besteuerung in Deutschland (als) den Pionier des steuerpolitischen und steuertechnischen Fortschritts", die in den verschiedenen Staaten als Muster diente.

103) An die Einkommensteuer wurde auch die Besteuerung durch die Gemeinden gekoppelt.

1.3.4 Der Abschluß der Steuerreform 1878

Die erste versuchsweise allgemeine Einschätzung zur Einkommensteuer wurde 1875 angegangen. Die Erledigung der "gewaltigen Zahl der dagegen eingelaufenen Reklamationen und die Zusammenstellung der Resultate" (Conrad 1879:448) verzögerte die Fertigstellung der Einschätzung bis 1876. Von der Erhebung der Steuer wurde 1876 abgesehen, erstmals wurde sie 1877 zu vier Fünfteln des Grundsteuersatzes erhoben.

Die Einkommensteuer war in der Bevölkerung noch nicht akzeptiert. Geklagt wurde vor allem über die Be- bzw. Überlastung der unteren Einkommensklassen, die Härte der Deklarationspflicht und die bedeutende Steigerung der Steuerlast für "Kapitalisten" (Conrad 1879:450). Auch die als sehr hoch empfundene Zahl der Reklamationen (34.911 oder 3,6 % der Eingeschätzten) wurde als Indiz für die allgemeine Unzufriedenheit mit der Einkommensteuer gewertet.

Doch der Landtag war für die Vollendung der Steuerreform, die auch in Form dreier Gesetze in Angriff genommen wurde: Durch das 'Gesetz, die direkten Steuern betreffend' vom 3. Juli 1878[104)] wurde die Gewerbe- und Personalsteuer aufgehoben. Sie hatte sich der Einkommensteuer als zu ähnlich erwiesen, zu Doppelbesteuerungen und zu einer völligen Überlastung der Einschätzungskommissionen geführt. Außerdem wurde festgelegt, daß der durch die direkten Steuern zu deckende Staatsbedarf nur noch durch die Einkommensteuer, die Grundsteuer und die Steuer vom Gewerbebetrieb im Umherziehen erhoben werden durfte. Fehlbeträge im Staatshaushalt durften von nun an nur noch durch Zuschläge zur Einkommensteuer gedeckt werden, Ermäßigungen mußten aber gleichmäßig auf alle Steuern verteilt werden. Die Einführung einer Steuer vom Gewerbe im Umherziehen am 1. Juli 1878 war das Überbleibsel der Gewerbesteuer. Ihr Aufkommen war gering.

Der Grundsteuersatz wurde im 'Gesetz, einige durch die Reform der direkten Steuern bedingte Änderungen gesetzlicher Vorschriften betreffend' vom 2. August 1878[105)] von neun auf vier Pfennig pro Steuereinheit gesenkt. Ansonsten erfuhr die Grundsteuer keine wesentlichen Änderungen. Nach 1886 wurde wegen der (vorübergehend) günstigen Finanzverhältnisse des Staates die Hälfte des Grundsteueraufkommens an die Schulgemeinden überwiesen.

Das 'Einkommensteuergesetz' vom 2. Juli 1878[106)] stimmte in den wesentlichen Punkten mit dem vorherigen überein. Die Änderungen, vorwiegend im Sinne der Mehrheit der II. Kammer, doch auch mit Konzessionen der II. Kammer an die I., waren im wesentlichen folgende:

---

104) GV Sachsen 1878:153

105) GV Sachsen 1878:211

106) GV Sachsen 1878:129

- Bislang waren Personen unter 18 Jahren, sofern sie in der untersten Klasse veranlagt wurden, steuerfrei; diese Grenze wurde auf 16 Jahre herabgesetzt.
- Die Steuerpflicht setzte nun erst bei einem Jahreseinkommen von über 300 Mark ein. Ein steuerfreies Existenzminimum wurde also eingeführt.

Außerdem werden die Steuersätze neu geregelt. In der untersten Stufe (300 bis 400 Mark) mußte der Steuerpflichtige 50 Pfennige an Steuern entrichten. Dies waren durchschnittlich 0,14 % seines Jahreseinkommens. In der Einkommensteuerstufe 950 bis 1.100 Mark durchschnittlich 0,78 % und bei 2.800-3.300 Mark durchschnittlich 1,93 %. Der Höchststeuersatz betrug 3 %.[107)] Der Steuersatz konnte durch das Finanzgesetz in Form von Zuschlägen zur Einkommensteuer geändert werden. (§ 12) In den folgenden Jahren wurden Zuschläge zwischen 20 und 50 % des Jahressteuersatzes erhoben.[108)]
Weiterhin wurde die in § 19 geregelte Berücksichtigung der persönlichen Leistungsfähigkeit auf Einkommen bis zu 3.300 Mark ausgedehnt. Die bisherigen Vorschriften zur Bildung und Besetzung der Einschätzungskommissionen hatten sich dahingehend geändert, daß die Zahl der Mitglieder auf drei bis sechs begrenzt wurde, daß Gemeinden mit weniger als 500 Einwohnern mit einer anderen zur Bildung einer Einschätzungskommission zusammengelegt werden konnten. Bis auf ein Mitglied, das vom Bezirksausschuß gewählt wurde, wurden alle Mitglieder der Einschätzungskommission von den Gemeindeorganen gewählt.
Die vom Bezirkssteuerinspektor eingelegten Berufungen konnten nun durch Absprache mit dem Steuerpflichtigen beigelegt werden. War dies nicht möglich, gingen die Beschwerden weiterhin an die Reklamationskommission. Der Vorsitzende der Reklamationskommission konnte Beschwerde beim Finanzministerium einlegen.

Insgesamt kann - abgesehen von der Herabsetzung der Steuerfreiheit in der untersten Klasse auf 16 Jahre - von einem Ausbau der sozialen Elemente (vgl. steuerfreies Existenzminimum und Berücksichtigung der persönlichen Leistungsfähigkeit bis 3.000 Mark) gesprochen werden. Die Einkommensteuer war für den Steuerpflichtigen nach der Neuregelung der Steuersätze berechenbarer geworden. Ein vorläufiger Abschluß der Reform des direkten Steuersystems war erreicht. In wenigen Worten kann man sie folgendermaßen beschreiben:

> "Das Königreich Sachsen hat in der letzten Zeit sein älteres, kaum den Zeitverhältnissen angemessenes Steuersystem in eine einzige, allgemeine Einkommensteuer aufgelöst, neben welcher nur mehr ein Rest der Grundsteuer fortbesteht" (v.Heckel 1890:64)

107) Vgl. Anlage 12
108) Vgl. Anlage 19

1.3.5 Die 'reformfreie' Zeit und die Gesetzesänderung von 1894

In den folgenden Jahren gestalteten sich die finanziellen Verhältnisse des sächsischen Staates recht positiv. 1886 waren diese sogar so gut, daß die Hälfte der Grundsteuereinnahmen an die Schulgemeinden überwiesen wurde. Das Einkommensteuergesetz selbst erwies sich als praktikabel, so daß eine Änderung des bestehenden direkten Steuersystems über Jahre hinweg als nicht notwendig erschien.

Wegen des erhöhten Steuerbedarfs, d.h. der Anspannung der finanziellen Lage des Staates zu Beginn der 90er Jahre, beantragte die Regierung beim Landtag die Grundsteuer wieder ausschließlich in die Staatskasse fließen zu lassen. Dieser Vorschlag fand im Landtag keinen Beifall, so daß die Regierung nur noch die Möglichkeit sah, Zuschläge zur Einkommensteuer zu erheben. Da dies auf Dauer keine Lösung der finanziellen Probleme darstellte, wurde beschlossen, das Einkommensteuergesetz v.a. bezüglich des Tarifs zu ändern.

Das 'Gesetz, die Abänderung des Einkommensteuergesetzes vom 2. Juli 1878 betreffend' vom 10. März 1894[109)] legte fest, daß der maximale Steuersatz auf 4 % bei Einkommen über 100.000 Mark erhöht wurde. Gleichzeitig wurden die Steuerstufen verengt, so daß bei mittleren Einkommen die relativ rasch ansteigende Progression des bisherigen Tarifs vermieden werden konnte und sich dennoch durch die gleichmäßigere Ausgestaltung der Progression das Steueraufkommen erhöhte.

Die II. Kammer nutzte die Gelegenheit der Geseztesänderung, um ihren Wunsch, die unteren Klassen von der Einkommensteuer zu befreien, durchzusetzen. Neben den sozialpolitischen Gründen und Gerechtigkeitsüberlegungen[110)] spielten durchaus auch zweckmäßige und praktische Überlegungen mit (vgl. Schanz 1895:285f). Zwischen 1886 und 1892 wurden zwischen 30 und 39 % der Steuerpflichtigen in den beiden unteren Steuerklassen veranlagt, sie erbrachten aber nur zwischen 1,6 und 2,3 % des Steueraufkommens.[111)] Der erhebliche Aufwand bei der Veranlagung und vor allem bei der Erhebung[112)] standen in keinem Verhältnis zum Steuerertrag.

Dennoch entschloß sich der Landtag, nur die unterste Steuerklasse aufzuheben, so daß nun ein Jahreseinkommen bis 400 Mark steuerfrei war. Außerdem wurde die Berücksichtigung der persönlichen wirtschaftlichen Verhältnisse bei Einkommen

---

109) GV Sachsen 1894:53; zu dessen Tarif vgl. Schanz 1895:286f

110) Die Belastung der unteren Einkommensklassen mit indirekten Steuern war prozentual gesehen wesentlich höher als in den gehobenen Einkommenstufen.

111) Vgl. Anlage 13

112) Hier mußten die meisten Mahnungen verschickt und die meisten Beitreibungen vorgenommen werden.

bis zu 3.000 auf Einkommen bis zu 5.800 Mark erweitert. Die Befugnis der Einschätzungskommission in Bezug auf die Höhe der Ermäßigung wurde vergrößert. Sie konnte nun maximal drei Klassen nachlassen statt bislang eine Klasse.
Neben einer Erhöhung des Steuersatzes[113)] und der Ausdifferenzierung der Progression wurden die sozialen Elemente des Einkommensteuergesetzes - wenn auch teilweise aus praktischen Gesichtspunkten - weiter ausgestaltet.

1.3.6 Die Steuerreform von 1897/98

"Finanzielle sowohl als finanzpolitische Gründe" veranlaßten "die sächische Regierung mit Dekret Nr. 3 vom 9. November 1897 dem Landtag einen umfassenden Steuerreformplan vorzulegen" (Hoffmann 1906:185). Die Regierung glaubte, die ständig steigenden Finanzbedürfnisse des Staates nur noch mit einer "organischen Steuerreform" auffangen zu können.
Sie schlug vor, die Grundsteuer ganz den Schulgemeinden zu überweisen und somit eine Basis für die einheitliche Höherbelastung der fundierten Einkünfte in Form einer Vermögen- bzw. Ergänzungsteuer zu schaffen. Daneben war eine Reform der Einkommensteuer und der Urkundenstempelsteuer geplant. Die Einführung einer Vermögensteuer wurde von beiden Kammern des Landtags abgelehnt. Zustimmung fanden - wenn auch nur teilweise - die anderen Reformvorschläge: Das Urkundenstempelgesetz wurde zum 10. Juni 1898 verabschiedet, am 20. Juli 1900 das 'Gesetz, einige weiter Abänderungen des Einkommensteuergesetzes vom 2. Juli 1878 betreffend'[114)] und am 24. Juli 1900 das 'Einkommensteuergesetz'[115)]. Ersteres Einkommensteueränderungsgesetz bestimmte nur, daß die Steuerpflichtigen und die Vorsitzenden der Reklamationskommission gegen die Entscheidung der Reklamationskommission beim Oberverwaltungsgericht Anfechtungsklage erheben konnten. Die Anfechtungsklage war binnen vier Wochen schriftlich bei der Bezirkssteuereinnahme einzureichen.
Das Einkommensteuergesetz vom 24. Juli 1900 war eine Neufassung, doch Änderungen waren in geringerem Umfang als geplant darin aufgenommen. Die wichtigsten Änderungen waren folgende:

- Die beschränkte und unbeschränkte Steuerpflicht der physischen Personen wurde in § 2 neu, zeitgemäßer formuliert.
- Die beschränkte und unbeschränkte Steuerpflicht juristischer Personen erfuhr in § 4 einige Änderungen.

113) Vgl. Anlage 14
114) GV Sachsen 1878:513
115) GV Sachsen 1900:561

- Neben den bisherigen Steuerbefreiungen (z.B. für den König und die Königin) waren nun auch infolge reichs- oder landesrechtlicher Vorschriften errichtete Berufsgenossenschaften, Kranken- und Pensionskassen und die zum Ersatz dienenden Kassen und Verbände sowie die kirchlichen und gemeinnützigen, wohltätigen, Besoldungs- und Pensionszwecken dienenden juristischen Personen (§ 6) steuerfrei.
- Vom steuerpflichtigen Einkommen konnten neben Beiträgen zur Grundsteuer, Landes- und Immobilarbrandkasse zusätzlich gesetzes- und verträgsmäßige Beiträge zu Kranken-, Unfall-, Alters- und Invalidenversicherungs-, Witwen-, Waisen-, Pensions- und Sterbekassen als Werbungskosten abgezogen werden.
- Die Beschreibung der Einkommensquellen wurde präzisiert.
- Sogenannte Nachschätzungen, d.h. Erhöhung oder Minderung des Steuersatzes während des Veranlagungszeitraumes, sind nunmehr unter bestimmten Bedingungen zulässig. Bei einer Verminderung des Einkommens um 25 % kann vom nächsten Erhebungstermin an eine Ermäßigung des Steuertarifs beantragt werden. Bei der Erhöhung der Einnahmen durch Erbschaft oder Schenkung um mehr als zwei Steuerklassen ist vom nächsten Erhebungstermin eine höhere Steuer einzuziehen. Nachschätzungen werden von den Gemeindebehörden oder Bezirksteuereinnahmen vorgenommen.

Neu- oder Ergänzungsregelungen erfuhren vor allem Paragraphen mit sozialpolitischer Bedeutung, z.B. Ausdehnung der abzugsfähigen Werbungskosten und die Möglichkeit der Nachschätzung. Eine Neuregelung der Steuerpflicht und die teilweise Steuerbefreiung juristischer Personen war schon länger in Betracht gezogen worden, aber jetzt erst zur Ausführung gekommen.
Die geplante 'organische Steuerreform' hatte damit mit einer halbherzigen Reform der Einkommensteuer geendet, die zur Sanierung der Staatsfinanzen wenig beitrug. Daß schon sehr bald neue Reformabsichten auftauchten, kann daher nicht verwundern.

1.3.7 Ein weiterer Steuerreformversuch 1902 und die Entwicklung des direkten Steuersystems bis 1918

Die II. Kammer des Landtags ergriff die Initiative zu einem erneuten Sanierungsversuch des Staatshaushalts, denn Einkommensteuerzuschläge erwiesen sich als immer weniger haltbar. Die Regierungsvorlage von 1901, die Abänderung des Einkommensteuergesetzes, die Einführung einer Vermögensteuer und die Aufhebung der Grundsteuer betreffend, wurde nach einer langen und heftigen Debatte von beiden Kammern größtenteils abgelehnt. Nach weiteren längeren Verhandlungen konnte dann ein Kompromiß zwischen der I. und II. Kammer und zwischen Landtag und Regierung gefunden werden.

Ein 'Ergänzungssteuergesetz' wurde am 2. Juli 1902[116] verabschiedet. Besteuert wurden physische Personen mit ihrem beweglichen Vermögen. Das unbewegliche Vermögen (Grund und Boden) wurde nach wie vor mit der Grundsteuer belastet. Die Beibehaltung der Grundsteuer war ein Zugeständnis der II. Kammer an die I.. Diese hatte wiederum in Fragen der Einkommensteuergesetzänderung nachgegeben. Das Einkommensteuergesetz erfuhr durch das 'Gesetz, die Abänderung des Einkommensteuergesetzes vom 24. Juli 1900 betreffend' vom 1. Juli 1902 erneut einige Modifikationen:
Der Einkommensteuertarif in § 12 wurde erhöht. Die unterste Steuerstufe (400-500 Mark) entrichtete nach wie vor durchschnittlich 0,22 %. Doch bereits bei Einkommen ab 800 Mark wurde der Steuersatz von 0,68 % auf durchschnittlich 0,8 % erhöht. Die sogenannte Horizontale, d.h. Erhebung eines Steuersatzes zwischen 9.400 und 25.000 Mark Einkommen, wurde durch die weitere Einrichtung von Progressionsstufen beseitigt. Einkommen von über 100.000 Mark wurden mit maximal 5 % belastet (das bedeutete eine Anhebung um 1 %). Dieser Tarif[117] sollte aber nur bis 1907 gelten und solle dann erneut gesetzlich geregelt werden. Im Falle der Sanierung der Staatsfinanzen sollte er ermäßigt werden.
Des weiteren wird der sogenannte Kinderparagraph ebenfalls in § 12 eingeführt. Für jedes nicht selbst zur Einkommensteuer veranlagte Familienmitglied zwischen sechs und 14 Jahren konnte der Steuerpflichtige 50 Mark von seinem zu versteuernden Einkommen abziehen, sofern dieses nicht über 3.100 Mark lag. Hat der Steuerpflichtige drei oder mehr sechs- bis 14-jährige Familienmitglieder, so wird der Steuertarif um mindestens eine Stufe ermäßigt. Dieser Paragraph war sehr umstritten, die I. Kammer stimmte erst zu, als die II. Kammer bereit war, das Alter der Familienmitglieder auf sechs bis 14 Jahre einzuschränken. Nicht untypisch war die Meinung des Staatsministers Rüger, der den Kinderparagraphen für überflüssig hielt,

> "... wer von der Vorsehung die Gnade erhalten habe, Kinder zu haben, der solle sich für diese Gnade dadurch dankbar erweisen, daß er seine Pflicht, die Kinder zu erziehen, getreulich nachkomme, man habe durchaus keine Veranlassung, die Spartaner zu spielen und die Kindererziehung auf Kosten des Staates zu übernehmen."[118]

Doch die II. Kammer konnte sich weitgehend durchsetzen. Die nächste Änderung des Einkommensteuergesetzes war mit dieser Regelung bereits vorbereitet. Es mußte nach 1907 über die Neureglung des Steuertarifs entschieden werden. Dies geschah im 'Gesetz, die Abänderung des Einkommensteuergesetzes betreffend' vom

116) GV Sachsen 1902:259
117) Vgl. Anlage 15
118) Zit. nach Schanz 1903:238

15. Juni 1908[119]. Der Steuertarif von 1902 blieb unverändert in Kraft, denn die finanzielle Lage des Staates ließ keine Ermäßigung des Tarifs zu. Außerdem wurde in § 2, die beschränkte und unbeschränkte Steuerpflicht der physischen Personen betreffend, eine sprachliche Neuregelung getroffen. Die Steuerpflicht der juristischen Personen wurde leicht modifiziert. Während im Einkommmensteuergesetz von 1908 neben der Beibehaltung des Tarifs nur eine sprachlich ungenaue Regelung ausgeräumt wurde, wurden im Einkommensteuergesetz von 1902, wie schön häufiger, Vorschriften mit sozialpolitischer Bedeutung eingebaut bzw. ausgedehnt. Die Tariferhöhung setzte erst bei den mittleren Einkommen an und wurde erst bei den hohen Einkommen voll ausgebildet. Der Kinderparagraph konnte nur von kleinen und mittleren Einkommen in Anspruch genommen werden und brachte für diese sicherlich einige Erleichterung in der Besteuerung.

Bis zum Beginn des Ersten Weltkrieges wurde das sächsische Einkommensteuergesetz keinen Reformen mehr unterzogen. Erst 1916, also acht Jahre nach der letzten Gesetzesänderung, wurde es wieder modifiziert. Dabei wurde von der Einzelveranlagung der Eheleute abgerückt. Sofern diese nicht dauernd getrennt lebten und nicht mehr als 3.100 Mark zusammen verdienten, wurden sie gemeinsam zur Einkommensteuer veranlagt. Eventuell steuerpflichtige Kinder wurden weiterhin alleine besteuert.
Zudem wurde die Möglichkeit der Nachschätzung in § 47a ausgedehnt, d.h. die Erhöhung des Einkommens durch Eheschließung und durch Hinzutritt einer oder mehrerer Einkommensquellen bzw. Minderung des Einkommens durch Auflösung der Ehe oder Rückgang der Einnahmen der Ehefrau werden schon im Veranlagungsjahr ab dem nächsten Steuererhebungstermin berücksichtigt.

Zusammengefaßt: Eine Vorform des sächsischen Einkommensteuergesetzes war die 1834 eingeführte Gewerbe- und Personalsteuer. Das 1874 verabschiedete Einkommensteuergesetz sollte an die Stelle des bisherigen Ertragsteuersystems treten, wurde dann aber nur als Ergänzungsteuer genutzt. Erst im Gesetz vom 2. Juli 1878 wurde die Einkommensteuer die hauptsächliche direkte Steuer. Bis zum Ersten Weltkrieg blieb dieses direkte Steuersystem erhalten. Das Einkommensteuergesetz wurde mehrfach geändert, doch der ursprüngliche Aufbau und die meisten Regelungen blieben erhalten.

119) GV Sachsen 1908:245

1.3.8 Daten zum Gewicht der Einkommensteuer im sächsischen Steuersystem

In diesem Abschnitt wird versucht, anhand des vorliegenden statistischen Materials denselben Überblick über Aufkommen und Gewicht der Einkommensteuer, Zahl der Steuerpflichtigen usw. wie im vorausgegangenen Abschnitt über Preußen zu vermitteln.[120] Allerdings können in Sachsen nach 1910 die Daten nicht mehr für alle Bereiche erfaßt werden. Das Statistische Jahrbuch gibt nur noch teilweise Auskunft. Die regelmäßigen Publikationen von Böhmert in der Zeitschrift des königlich statistischen Bureaus über die Resultate der sächsischen Einkommensteuer[121] enden noch vor Beginn des Ersten Weltkriegs. Die vorliegende Literatur ist ebenfalls meist vor dem Ersten Weltkrieg erschienen, ihr Datenmaterial endet daher auch um 1910 oder früher, wobei schon damals die Untugend des 'Abschreibens', d.h. die Wiedergabe von Texten oder Tabellen ohne Angabe der Zitatstelle, auftaucht.[122]

Das Einkommensteueraufkommen[123] von 1879 lag bei 17,24 Millionen Mark.[124] In diesem Jahr wurde ein Zuschlag zur Einkommensteuer von 50 % erhoben. Da dieser Zuschlag die Betrachtung bei der Entwicklung des Einkommensteueraufkommens verzerren würde (z.B. könnte die Erhöhung des Einkommensteueraufkommens wegen der Zunahme der steuerpflichtigen Personen so nur schlecht ausgemacht werden), sollen nur die Ist-Beträge des Einkommensteueraufkommens berücksichtigt werden.[125]

Zwischen 1879 und 1890 stieg das Steueraufkommen von 11,48 auf 20,13 Millionen Mark, d.h. um 75,1 %. In den folgenden 11 Jahren (von 1890 bis 1901) stieg es um 71,8 % von 20,13 auf 34,59 Millionen Mark und bis 1914 auf 72,74 Millionen Mark. In 13 Jahren erfolgte also mehr als eine Verdoppelung des Aufkommens. Dabei gab es erst einen langsamen Anstieg und nach den Änderungen des Steuertarifs 1894 und 1902 sprunghafte Steigerungen. Zu Beginn des 20. Jahrhunderts wuchs das Auskommen schneller und erreichte 1918 sogar 133,03 Millio-

120) Quellen sind hier, wie auch für Preußen, die Statistischen Jahrbücher und einige Darstellungen in der zeitgenössischen Literatur (vgl. Literaturverzeichnis). Die Systematik der Jahrbücher, die Aufarbeitung und selektive Weitergabe der Daten weicht in den einzelnen Staaten voneinander ab. Trotz der Bemühungen der Verfasserin (eigene Berechnungen, Erstellung eigener Tabellen) - zur Aufteilung der Arbeit zwischen den Verfassern vgl. die Einleitung - kann nur eine beschränkte Vergleichbarkeit der Daten hergestellt werden.

121) Vgl. Böhmert 1875, Böhmert 1880, Böhmert 1882, Böhmert 1887, Böhmert 1891 und Böhmert 1894/95 im Literaturverzeichnis.

122) Hoffmann (1906:164f) hat z.B. die Tabelle 'Die wirklichen Erträgnisse der Einkommensteuer aufgrund der Rechenschaftsberichte' von Nositz (1903) übernommen, ohne die Fundstelle zu zitieren.

123) Zahlen vgl. Anlage 16 und 17

124) Ist-Aufkommen ohne Abzug der Veranlagungs- und Erhebungskosten

125) Die Höhe der erhobenen Zuschläge kann im Anhang 19 nachgesehen werden.

nen Mark (zu Beginn des Ersten Weltkriegs waren es noch 72,74 Millionen Mark gewesen).

Anhand der im Staatshaushaltsetat in Anschlag gebrachten Beträge der direkten und indirekten Steuern[126] soll nun das Gewicht der Einkommensteuer im Steuersystem Sachsens dargestellt werden. Wie in allen deutschen Bundesstaaten wurden neben den indirekten und direkten Steuern, die für die sächsische Staatskasse erhoben wurden, auch noch indirekte Steuern und Zölle für die Reichskasse erhoben. Diese sind in der folgenden Übersicht nicht berücksichtigt. Die Urkundenstempel- und Erbschaftsteuer wurde im Staatshaushaltsetat nur bis zu Beginn des 20. Jahrhunderts bei den direkten Steuern in Anschlag gebracht. In den selbst angestellten Berechnungen wird sie aber bis zum Ende des Betrachtungszeitraumes zu den direkten Steuern gerechnet, um die Vergleichbarkeit zu erhalten.

Steueranteil am Staatssteueraufkommen:[127]

Jahr	direkte Steuern	indirekte Steuern	Einkommensteuer
1882	84,67 %	16,05 %	63,24 %
1890	85,12 %	4,88 %	65,52 %
1895	88,32 %	11,68 %	70,38 %
1900	87,19 %	2,81 %	71,63 %
1905	90,91 %	9,01 %	71,38 %
1910	92,31 %	7,69 %	72,40 %
1915	93,53 %	6,49 %	76,48 %

Aus der Aufstellung ist zu entnehmen, daß die Einkommensteuer **die** direkte Steuer war, und die anderen direkten Steuern ein vergleichsweise geringeres Aufkommen hatten. Die für die sächsische Staatskasse erhobenen indirekten Steuern haben zwar absolut gesehen zwischen 1882 und 1914 eine Aufkommenssteigerung von 71,1 % zu verzeichnen, doch in Relation zu den direkten Steuern ging ihr Anteil an den Staatssteuern um mehr als die Hälfte zurück. Um 1900 machte das direkte Steueraufkommen ca. 43 % der Gesamteinnahmen des Staates aus.[128]

Bei der Ermittlung der beitragspflichtigen Personen in Sachsen treten einige Besonderheiten hervor, welche die Auswertung des Zahlenmaterials erschweren. Die Berechnung der beitragspflichtigen Personen, deren Einkommen und der Steuersätze kann mit Hilfe der Individual- oder Ortssteuerkarten vorgenommen

126) Vgl. Anlage 16

127) Jeweils prozentualer Anteil; direkte Steuern inklusive der Urkundenstempel- und Erbschaftsteuer. Zum realen Aufkommen vgl. die Anlagen 17 und 18

128) Vgl. Hoffmann 1906:145

werden. Das Ergebnis ist theoretisch dasselbe. Doch wegen Ungenauigkeiten bei der Anfertigung dieser Karten durch die lokalen Steuerbehörden weichen die Ergebnisse teilweise erheblich voneinander ab. In den oben genannten Quellen werden die Daten nicht durchgehend nach der einen oder anderen Karte ermittelt und veröffentlicht, so daß bei der Auswertung der Jahrgänge Abweichungen entstehen. Das Statistische Jahrbuch für das Königreich Sachsen hat das Zahlenmaterial zumeist nach den Individualkarten ermittelt. Für die folgende Auswertung hat die Verfasserin versucht, das Material des Statistischen Jahrbuchs zu bereinigen und ergänzende Daten nur nach den Individualkarten aufzunehmen. Es wird dennoch kleinere Unstimmigkeiten geben, doch der Gesamtzusammenhang und die Entwicklungstendenzen können vermittelt werden.

1879 wurden in Sachsen 3.251 juristische Personen[129)] und 1,084 Millionen physische Personen zur Einkommensteuer eingeschätzt. 1890 waren es schon 5 383 juristische und 1,398 Millionen physische Personen, eine Steigerung um 65,5 % bzw. 28,9 %. Bis 1900 war eine weitere Zunahme auf 6.947 juristische und 1,739 Millionen physische Personen, 1910 auf 2,105 Millionen physische und 1914 auf 6.432 juristische und 2,323 Millionen physische Personen zu verzeichnen. Es zeigt sich eine Zunahme der physischen Personen um 114,2 % zwischen 1879 und 1914; die juristischen Personen konnten 'nur' eine Zunahme von 97,8 % aufweisen.

Die Bevölkerung war in diesem Vergleichszeitraum von 2,972 Millionen (1880) auf 4,806 Millionen[130)] gewachsen, also nur um 61 %. Der Bevölkerungsanteil der zur Einkommensteuer eingeschätzten Personen hat stärker zugenommen als das Bevölkerungswachstum. Waren es 1880 noch 38,98 % der Bevölkerung, so stieg der Prozentsatz 1890 auf 41,6 %, 1900 auf 41,3 % und 1910 auf 43,8 %.

In Sachsen war es üblich, auch die nicht steuerpflichtigen Personen[131)] mit in die Statistik aufzunehmen, da diese auch zur Einkommensteuer eingeschätzt wurden, so daß sie, um z.B. eine Vergleichbarkeit mit Preußens steuerpflichtiger Bevölkerung herzustellen, von den eingeschätzten Personen abgezogen werden müssen. Von den eingeschätzten Personen waren steuerfrei:[132)]

Jahr	Eingeschätzte physische Personen	davon steuerfreie Personen insgesamt	prozentualer Anteil
1880	1 115 918	72 832	6,97 %
1890	1 398 686	74 918	5,36 %
1900	1 739 461	186 062	10,70 %
1914	2 323 757	194 613	8,37 %

129) Zwei Drittel davon waren Gemeinden.

130) 1910; andere Bevölkerungszahlen liegen nicht vor.

131) Mit Einkommen bis 300/400 Mark

132) Quelle: eigene Berechnungen; vgl. Anlage 20

Interessant ist es, nach der anfangs steilen Zunahme der steuerfreien Personen ihren allmählichen Rückgang nach 1900 zu beobachten. Dies ist sicherlich teilweise auf den steigenden Wohlstand der Bevölkerung zurückzuführen. Ausschlaggebend könnte auch eine strengere Heranziehung zur Einkommensteuer sein[133]. Der Anstieg der steuerfreien Personen zwischen 1890 und 1900 ist mit der Erhöhung des steuerfreien Einkommens von 300 auf 400 Mark 1894 zu erklären.

Wenn man die Zahl der Steuerpflichtigen zu der des Steueraufkommens in Relation setzt, so steht die beinahe Vervierfachung des Steueraufkommens zwischen 1879 und 1914 einer Verzweieinhalbfachung der eingeschätzten Personen (einschließlich der steuerfreien) gegenüber.

1879 wurden die meisten Steuerpflichtigen (751.626 oder 69,29 %) mit einem Jahreseinkommen zwischen 300 und 800 Mark eingeschätzt, sie brachten 9,37 % des Steueraufkommens auf. Dagegen brachten 0,46 % der Steuerpflichtigen mit einem Einkommen über 9.600 Mark 32,05 % des Einkommensteueraufkommens auf. Wenn man die 77.060 steuerfreien Personen 1879 noch zu der Einkommensgruppe 300 bis 800 Mark hinzurechnet, so hatten 76,09 % der eingeschätzten Personen ein Einkommen, das sie, der Kategorisierung der Regierung folgend, der unbemittelten oder armen Klasse zuordnet. 1890 waren 'nur noch' 67,75 %, 1908 39,27% und 1914 26,31 % der Einkommensklasse 440 bis 800 Mark.[134] zuzuordnen.

In den sogenannten mittleren bis wohlhabenderen Einkommensklassen mit Einkommen zwischen 800 und 12.000 Mark wurden 1878 24,77 % der Steuerpflichtigen und 1908 schon 50,65 % eingeschätzt. Auch die Zahl der Reichen (Einkommen über 12.000 Mark) nahm stark zu.

Die Entwicklungstendenzen sind deutlich geworden. Die Zahl der Steuerpflichtigen mit niedrigem Einkommen nahm im Laufe des Betrachtungszeitraums nach zeitweiliger Steigerung ziemlich ab. Zusammenfassend kann gesagt werden, daß zwischen 1879 und 1914 sich die Bevölkerung um 61 %, die Zahl der eingeschätzten Personen um 114 %, die der Steuerfreien um 152 % und das Steueraufkommen nach dem Staatshaushaltsetat um 288 % vermehrt haben.

---

133) Aus der zeitgenössischen Literatur ist dies aber nicht nachvollziehbar.

134) Vgl. Anlagen 21 und 22

1.4 Die Einkommensteuergesetzgebung im Königreich Württemberg

1.4.1 Das direkte Steuersystem bis 1903

Die württembergischen Grafen (bis 1495) deckten ihren Staatsbedarf aus den Kammergütern, den Einnahmen aus dem Floß-, Berg- und Münzregal, mit den vogteilichen Gebühren, Zehnten und Zöllen. Im 13. Jahrhundert waren die ersten Anfänge einer Grundsteuer zu vermerken. Im 16. Jahrhundert wurde die Ablösungshilfe eingeführt: sie war teils Ertrag-, teils Vermögensteuer, wenn auch noch unvollkommen ausgebildet. Wegen der Übernahme der herzoglichen Schulden durch das Land, erhob der Landtag nun diese Ablösungshilfe von Grundeigentum, Gebäuden, Gewerben, Geldgütern und verzinslichen Kapitalien. Die ursprünglich nur zur Schuldentilgung erhobene Steuer wurde immer wieder und allmählich ständig erhoben. Sie erhielt dann den Titel Ordinaristeuer (Pistorius 1904:3). 1704 wurde die Kapitalsteuer aus der Ordinaristeuer herausgetrennt, sie wurde somit eine Quotitätssteuer.[135)]

In engem Zusammenhang stand die Schuldentilgung durch das Land mit der 1565 vereinbarten Übernahme der Steuerkasse durch die Stände. Das bedeutet, daß die Erhebung und Verwaltung der Ordinaristeuer und der sonstigen außerordentlich erhobenen Umlagen wie der Türkenhilfe, der Schanzkosten, auch Extraordinaristeuer genannt, den Ständen oblag. Die seit 1638 erhobene Akzise auf Kaufmannswaren, Konsumartikel, Liegenschaftsverkäufe usw., wie auch die anderen v.a. im 17. Jahrhundert eingeführten indirekten Steuern, z.B. Kesselgeld, Halbtalergeld von Bierbrauereien und ähnliches, flossen ebenfalls in die Kasse der Stände, während die Konzessionsgelder, Zölle und das Ungelt[136)] weiterhin für die herzogliche Kasse erhoben wurden. Daneben hatte die württembergische Bevölkerung noch Naturalleistungen zu entrichten.

Im 18. Jahrhundert fand keine planmäßige Weiterentwicklung des Steuersystems statt. Neue Steuern wurden - bis auf die 1709 eingeführten Sporteln - meist nur für kurze Zeit erhoben. König Friedrich (1797-1816) führte, nach der Vereinigung Neuwürttembergs mit dem Herzogtum zum Königreich 1806, neue Steuern ein, die teilweise, wenn auch sehr stark modifiziert, bis zum Ende des 19. Jahrhunderts bestanden. Zudem ging die Steuerverwaltung und -erhebung wieder an die königliche Regierung über. Den Ständen oblag weiterhin das Recht der Steuerbewilligung. So wurde z.B. 1808 die Hundesteuer eingeführt, die zwischen 1818 und 1824 und nach 1905 den Gemeinden überlassen wurde. Zwischen 1808 und 1820 wurde

135) Vgl. Denkschrift Württemberg 1909:394f

136) Seit 1312, später 'Umgeld'

ein Tabakmonopol erhoben, 1808 bis 1813 eine Kapitalsteuer und ab 1808 eine allgemeine Vermögen- und Besoldungsteuer.

Erst unter König Wilhelm I. (1816-1864) gelang es, ein Besteuerungssystem zu schaffen, das trotz einiger inhaltlicher Änderungen bis zur Einführung der Einkommensteuer und darüber hinaus fortbestand. Grundlage war die unter König Friedrich begonnene Steuerreform. Im Gesetz vom 15. Juli 1821, betreffend die Herstellung eines provisorischen Steuerkatasters, wurde die Grund-, Gebäude- und Gewerbesteuer so weiterentwickelt, daß eine allgemeine Steuerpflicht eingeführt, bei den Grundstücken der reine Ertrag, den Gebäuden der Kapitalwert und bei den Gewerben die Kapital- und Arbeitsrente besteuert wurden (vgl. Pistorius 1904: 8). Letztere war eine reine Ertragsteuer, ein Schuldenabzug war beispielsweise nicht gestattet.

Die Grundsteuer hatte 17/24, die Gebäudesteuer 3/24 und die Gewerbesteuer 4/24 zum Gesamtsteueraufkommen (welches im Finanzgesetz fixiert war) beizutragen. Zu dieser Zeit war Württemberg noch ein reiner Agrarstaat, d.h. die Grundbesitzer (zumeist Landwirte) mußten den größten Teil der Steuer aufbringen. Der Wandel zum Industriestaat ließ das Beitragsverhältnis immer unausgeglichener werden, zudem war das Kataster (als Grundlage der Besteuerung) den Zeitverhältnissen nicht mehr angepaßt.

> "So fehlte es den damaligen Ertragssteuern in Württemberg vor allem an jeder Vergleichbarkeit der teils durch Fassion (*Deklaration; d.Verf.*), teils durch mehr oder weniger willkürliche Schätzung ermittelten Ertrags- bzw. Katastergrößen mit der Folge einer willkürlichen, sachlich nicht zu begründenden Verteilung der direkten Gesamtsteuerbelastung auf die einzelnen Steuerquellen. Die Festhaltung einer unveränderlichen Quotenverteilung des Gesamtaufbringens der Katastersteuern auf die darunter begriffenen Steuerglieder aber brachte den Gebäude- und Gewerbesteuerpflichtigen mit der Zunahme des Gebäudebesitzes und der gewerblichen Entwicklung eine stetig wachsende Steuererleichterung auf Kosten des Grundbesitzes, dessen Beschwerung außerdem mit jeder Erhöhung des Gesamtaufbringens weiter verschärft wurde" (Schall 1895:8).

Das Katastergesetz von 1873 änderte das Beitragsverhältnis: Die Grundsteuer mußte nur noch 11/24, die Gebäude- und die Gewerbesteuer 13/24 des gesamten Steueraufkommens aufbringen. Vor allem aber wurde die Anlegung eines neuen Katasters nach gleichmäßigen Normen, einheitlich für das ganze Land angeordnet. Erst 1887 wurde dazu übergegangen, einen einheitlichen Steuersatz, der durch das zweijährliche Finanzgesetz festgesetzt wurde, zu erheben: 1887 waren es 3,9 % vom Reinertrag der Gewerbesteuer und 4,8 % von der Kapital- und Arbeitsrente des Gewerbes und vom Kapitalwert des Gebäudes.

Durch das Gesetz vom 15. Dezember 1899 wurde die Wandergewerbesteuer, d.h. die Besteuerung des Gewerbes im Umherziehen, aus der Gewerbesteuer herausgetrennt und fortan selbständig erhoben. Neben der direkten Steuer von Grund, Gebäuden und Gewerben wurde 1820 die direkte Steuer von Kapitalien, Grundgefällen und Renten, Besoldungen und Pensionen als Ergänzungssteuer eingeführt. Bereits am 21. Juni 1821 wurde sie erstmals reformiert.

> "Von der Einkommensteuer im eigentlichen Sinn haben die württembergischen Steuern ... nur den Namen, die Selbstschätzung durch die Fassion und die Dienst- und Berufseinkommensteuer auch die Degression, die Berücksichtigung eines sogenannten Existenzminimums entlehnt" (v.Riecke 1878:332).

Im Jahr 1849 wurden die zuvor schon kurze Zeit erhobene Apanagensteuer mit einem 20-prozentigen Steuersatz eingeführt sowie die Steuersätze der Kapitalsteuer und der Pensionssteuer stark erhöht. Der als maßlos empfundenen Besteuerung[137] wurde durch das 'Gesetz, betreffend die Steuer vom Kapital-, Renten-, Dienst- und Berufseinkommen' vom 19. September 1852 begegnet. Anfangs wurden aber im Finanzgesetz noch sehr hohe Steuersätze festgelegt.
Durch das Gesetz von 1852 verlor die Ertragsteuer die Natur der Ergänzungssteuer. Bis zur Einführung der Einkommensteuer erfuhr sie vielfache Änderung; aber die wichtigsten inhaltlichen Regelungen waren die folgenden:
Gegenstand der Steuer war:

- die auf dem Kammergut haftenden Bezüge der Mitglieder des königlichen Hauses an Apanagen, Sustentationen, Nadelgeldern und Witumen,
- das Einkommen aus Kapitalien und Renten und
- das Dienst-und Berufseinkommen aller im öffentlichen Dienst angestellten Personen, Militärpersonen, Ärzte, Rechtsanwälte, Notare, Architekten, Künstler, Literaten, Diener, Verwalter, Geschäftsführer usw..

Steuerpflichtig waren alle württembergischen Landesangehörigen, Angehörige des Deutschen Reichs und Ausländer mit Wohnsitz in Württemberg mit dem gesamten Einkommen. Sofern der Wohnsitz der oben genannten Personengruppen außerhalb Württembergs lag, waren nur die Einkommen aus württembergischen Quellen zu versteuern. Steuerfrei blieben die Einkommen des Staates, der öffentlichen Anstalten, Stiftungen und Fonds. Bei einem Einkommen aus Zinsen und Renten bis 350 Mark[138] waren auch Witwen, Waisen und geschiedene und verlassene Frauen steuerfrei, ebenso wie gebrechliche Personen und Waisen mit einem Dienst- und

137) Vgl. Riecke 1878:333

138) ab 1887 500 Mark

Berufseinkommen von maximal 350 Mark[138]. Generell steuerfrei war die Löhnung und Verpflegung der Soldaten, Unteroffiziere und Landjäger.

Die Steuer wurde nach der Deklaration der Steuerpflichtigen bemessen, einen besondere Einschätzung fand nicht statt. Bei der Berufs- und Diensteinkommensteuer wurden bei einem Jahreseinkommen bis 850 Mark nur ein Zehntel, bis 1.700 Mark zwei Zehntel, bis 2.500 Mark vier Zehntel, bis 3.400 Mark acht Zehntel des Einkommens zur Besteuerung in Ansatz gebracht. Höhere Einkommen wurden für den gesamten Betrag besteuert. Beim Berufs- und Diensteinkommen blieben Aufwendungen zum Erhalt der Einnahmen und Werbungskosten bei der Ermittlung des Einkommens außer Ansatz. Generell, bei allen Steuerarten, wurde die persönliche Leistungsfähigkeit der Steuerpflichtigen nicht berücksichtigt, Schulden konnten nicht vom Einkommen abgezogen werden.

Der Steuersatz wurde in jedem einzelnen Finanzgesetz neu festgelegt: 1852 bis 1858 werden zwischen 5 % und 8 % erhoben; 1858 bis 1868 4 %; 1868 bis 1871 und 1889 bis 1894 4,4 %; 1871 bis 1889 und 1894 bis 1905 4,8 %.

Die Steuer war allgemeine **Ertragsteuer** und besaß die bei der Definition der Einkommensteuer aufgeführten Merkmale nicht oder nur teilweise, sie kann daher nur als **Vorläufer der Einkommensteuer** bezeichnet werden. Die Steuer von Apanagen, Kapital-, Renten-, Dienst- und Berufseinkommen wurde in der zweiten Hälfte des 19. Jahrhunderts in Relation zur Grund-, Gebäude- und Gewerbesteuer aber auch absolut wesentlich aufkommensstärker.

Das direkte Steuersystem in Württemberg war bis zu Beginn des 20. Jahrhunderts ein reines Ertragsteuersystem, ein Ergebnis jahrhundertelanger Entwicklungen und eines der letzten dieser Art in den deutschen Bundesstaaten. Bis 1894 wurde seitens der Regierung kein Versuch unternommen, dies zu ändern. Im Landtag wurden schon Ende der 80er Jahre Stimmen laut, die eine Änderung des Ertragsteuersystems forderten in Richtung Einführung einer Einkommensteuer. Dies wird im folgenden Abschnitt näher beleuchtet.

Zuvor noch ein kurzer Blick auf die Entwicklung der indirekten Steuern: Diese hatten bis ins 19. Jahrhundert hinein keine große finanzielle Bedeutung im Steuersystem. 1824 wurde das Akzisegesetz reformiert und 1890 wurde diese Art der Besteuerung endgültig aufgehoben. Das Wirtschaftsabgabengesetz von 1827 belegte den Ausschankerlös von Wein und Obstmost mit einem Umgeld, das geschrotete Malz mit einer Steuer usw.. Es wurde 1900 umfassend geändert. Ebenso wurde die Erhebung von Sporteln und Gerichtsgebühren mehrfach geändert. 1881 wurden eine Erbschaft-und Schenkungsteuer, die im Finanzetat immer zu den indirekten Steuern rechnete, und 1899 eine Umsatzsteuer eingeführt.

1.4.2 Die Steuerreformpläne 1895 bis 1903 - die Einführung einer Einkommensteuer

> "Mit den fortgesetzt wachsenden Anforderungen an die Leistungen des Reichs, der Amtskörperschaften und der Gemeinden fast auf allen Gebieten der materiellen wie geistigen Interessen, der Rechts- und Wohlfahrtspflege, der wirtschaftlichen und sozialen Politik, zur Wahrung der Sicherheit nach innen und gegen außen, ist die Weiterentwicklung der direkten Steuern auch für Württemberg zur unabweislichen Notwendigkeit geworden." (Denkschrift Württemberg 1895:214).

Der Antrag der Abgeordneten Göz, Schall und 22 weiterer Parlamentarier, der erste ernsthaft diskutierte Antrag dieser Art in der Kammer der Abgeordneten[139)], forderte wegen der günstigen Finanzlage die Einführung einer ergänzenden allgemeinen Personalsteuer mit der Möglichkeit des Schuldzinsenabzugs und einem steuerfreien Jahreseinkommen von 500 Mark, um eine gerechtere Verteilung der Steuerlast zu erreichen. An die allgemeine Personalsteuer sollte die Neuordnung der Besteuerungsrechte der Gemeinden geknüpft werden. Die Kammer der Standesherren richtete sich nach diesem Antrag an die Regierung mit der Bitte, diesen ernstlich zu erwägen.
Das Finanzministerium stellte daraufhin die Einsetzung einer Kommission (vom Finanzministerium und dem Ministerium des Innern besetzt) in Aussicht. Doch

> "... die Stellungnahme der Finanzverwaltung zur Frage der allgemeinen Einkommensteuer ist von einer stark konservativen Strömung beherrscht, in welcher die Rücksichtnahme auf das mit Opfern zustande gebrachte Katasterwerk für die Ertragssteuern eine bedeutende Rolle spielte" (v.Mayr 1891:262).

Doch auch beim Finanzministerium setzte sich zusehends die Meinung durch, daß die bestehenden Nachteile des Ertragsteuersystems durch die Einführung einer Einkommensteuer ausgeglichen werden könnten und diese eine tragfähige Grundlage für die Kommunalbesteuerung bilden würde. Die auszugleichenden Nachteile wären z.B. die Besteuerung des mittleren Reinertrags ohne Schuldzinsenabzug, keine entsprechende Schonung der kleinen Einkommen, da jede Einkommensquelle einzeln besteuert würde, und keine höhere Belastung des fundierten Einkommens. Zudem begann sich die finanzielle Situation des Staates zu verschlechtern.

Nun wurde eine sorgfältige Materialsammlung über die Einkommensteuergesetze in den anderen Bundesstaaten, v.a. in Sachsen und Baden, auch über deren Erfahrungen und deren Statistiken zur Einkommensteuer eingeleitet. In der Thronrede vom 22. Oktober 1891 und vom 20. Februar 1895 wurde dann die Neuordnung des

---

139) Der württembergische Landtag bestand aus zwei Kammern: Die Kammer der Abgeordneten und die I. Kammer, auch Kammer der Standesherren genannt

Steuersystems in Aussicht gestellt. 1895 wurde erstmals der Versuch unternommen, eine allgemeine Einkommensteuer als Hauptsteuer einzuführen und die Ertragsteuern nur noch als Ergänzungssteuern auf das fundierte Einkommen zu erheben. Dieses Unterfangen scheiterte letztlich, da die beiden Kammern des Landtags sich nicht über das Mitwirkungsrecht der I. Kammer bei der Festsetzung des Steuerfußes für die neu einzurichtende Einkommensteuer einigen konnten.
Erst 1901 wurde der Plan wieder aufgegriffen und am 8. August 1903 wurde "nach preußischem Muster" (Schneider 1912:99) das 'Gesetz, betreffend die Einkommensteuer'[140)] verabschiedet. Sie wurde zur "Hauptsteuer" des direkten Steuersystems (Denkschrift Württemberg 1910:401) und sollte ca. drei Fünftel des direkten Steueraufkommens decken.
In der Einkommensteuer ging die Dienst- und Berufseinkommensteuer auf, um einer Doppelbesteuerung zu begegnen. Nur noch eine Kapitalsteuer wurde nach dem Kapitalsteuergesetz vom 8. August 1903[141)] erhoben. Besteuert wurde der Ertrag von Kapitalien und Renten mit 2 % des steuerbaren Jahreseinkommen. Die Grund-, Gebäude- und Gewerbesteuer wurde mit verminderten Sätzen von vorläufig 2 % weiter erhoben und im Gesetz vom 8. August 1903[142)] dem direkten Steuersystem angepaßt: Bei der Besteuerung des Arbeitsverdienstes (Gewerbesteuer) wurde bei Einkommen bis 850 Mark nur ein Zehntel des Einkommens besteuert und erst bei Einkommen ab 3 400 Mark kam der volle Betrag in Ansatz. Die Steuer wurde anstelle einer Vermögenssteuer zur höheren Belastung des fundierten Einkommens erhoben. Die Erhebungsdauer der Grund-, Gebäude- und Gewerbesteuer war auf fünf Jahre (bis 31. März 1910) beschränkt, um dann eine Vermögensteuer einzuführen.

1.4.3 Das Einkommensteuergesetz von 1903

1.4.3.1 Subjektive Steuerpflicht

Der unbeschränkten Steuerpflicht unterlagen nach Art. 1 des Gesetzes alle württembergischen Staatsangehörigen, Angehörige des Deutschen Reichs und Ausländer, sofern sie länger als ein Jahr ihren Wohnsitz (auch dienstlicher Art) in Württemberg hatten. Ebenfalls unbeschränkt steuerpflichtig waren juristische Personen jeder Art, wie rechtsfähige Körperschaften, Anstalten des öffentlichen Rechts, rechtsfähige Stiftungen und Vereine, Aktiengesellschaften, Kommanditgesellschaften auf Aktien, Gesellschaften mit beschränkter Haftung, Erwerbs- und

140) RBl. Württemberg 1903:261
141) RBl. Württemberg 1903:389
142) RBl. Württemberg 1903:344

Wirtschaftsgenossenschaften sowie Personenvereine mit nicht geschlossener Mitgliederzahl. (Art. 2)

Einer beschränkten Steuerpflicht unterlagen ohne Rücksicht auf Staatsangehörigkeit, Wohnsitz oder Aufenthaltsort alle Personen mit Einkommen aus in Württemberg gelegenem Grund- und Gebäudebesitz und dort betriebenen Gewerben, sowie aus der württembergischen Staatskasse bezahlten Besoldungen, Wartegeldern, Ruhegehalten, Pensionen und Unterstützungen (Art. 3). Die allgemeine subjektive Steuerpflicht (nach Art. 1 und 2) wurde in Art. 4 eingeschränkt. Steuerfreiheit genossen der König und Königin, Diplomaten, Anstalten, die vom Staat aufgrund einer öffentlichen Verpflichtung unterstützt wurden, sowie Realgemeinden und Personen, deren Jahreseinkommen nicht mehr als 500 Mark betrug.
Sofern ein Einkommen nach Art. 3 bezogen wurde, galt die Steuerbefreiung der oben genannten Personen nicht. Allerdings mußten erst Einkünfte ab 200 Mark versteuert werden.

1.4.3.2 Objektive Steuerpflicht

Wie in den beiden vorangegangenen Ländern gab es auch im württembergischen Einkommensteuergesetz keine Definition des Einkommens. Steuerpflichtig war grundsätzlich das reine Jahreseinkommen in Geld und Geldeswert nach dem Stand bei Beginn des Rechnungs- bzw. Steuerjahres. Das reine Einkommen aus den verschiedenen Einkommensquellen wurde addiert und als ein Steuerobjekt behandelt. Die Veranlagung erfolgte für das nächste Steuerjahr, sie konnte aber unter bestimmten Bedingungen korrigiert werden. Ehegatten wurden nach Art. 11, sofern sie nicht dauernd getrennt lebten, zusammen veranlagt. Erwerbstätige Kinder wurden separat zur Einkommensteuer veranlagt.
Die Einkommensquellen wurden in Art. 6 aufgezählt und in Art. 12 bis 17 näher erläutert. Sie umfaßten:

- **Einkommen aus Grundstücken, Gefällen und Gebäuden** einschließlich des Mietwerts der Wohnung im eigenen Haus, sowie aus dem Betrieb der Land- und Forstwirtschaft,
- **Einkommen aus dem Betrieb eines Gewerbes** inklusive Handel und Bergbau sowie aus Spekulationsgewinnen,
- **Einkommen aus Kapitalien und Renten** und
- **Einkommen aus Dienst- und Arbeitsverhältnissen**, aus wissenschaftlichen und künstlerischen Berufen, aus sonstigen gewinnbringenden Beschäftigungen, aus wiederkehrenden Bezügen und sonstigen Vorteilen.

Außerordentliche Einnahmen, die der Vermehrung des Stammvermögens dienen, wie Erbschaften, Schenkungen, Lebensversicherungen, Erwerb und Veräußerung von Grundstücken und Aktien, waren nicht zu versteuern, sofern sie nicht in einem Gewerbebetrieb anfielen.
Steuerpflichtig war nur das reine Jahreseinkommen, d.h. folgende Abzüge sind vom rohen Einkommen nach Art. 9 möglich:

- Ausgaben, die zur Erwerbung, Sicherung und Erhaltung verwendet werden, v.a. Betriebs- und Verwaltungskosten und die indirekten Abgaben, sofern sie zu den Geschäftskosten zu rechnen sind.
- Absetzungen für die Abnutzung von Gebäuden, Maschinen, lebendem und totem Inventar.
- Schuldzinsen und Renten und die auf öffentlich rechtlichen oder privatrechtlichen Verpflichtungen ruhenden dauernden Lasten.
- Beiträge zur Kranken-, Unfall-, Invalidenversicherungs-, Witwen-, Waisen- und Pensionskassen, die aufgrund gesetzlicher oder im Arbeitsvertrag begründeter Verpflichtung entrichtet werden.
- Verluste, die bei einer Einkommensquelle auftreten, können von den Einnahmen der anderen Einkommensquellen abgezogen werden.

Nicht abzugsfähige Ausgaben waren dagegen die Ausgaben, die zur Vermehrung und Verbesserung des Vermögens getätigt wurden, die für die Gemeinden und Amtskörperschaften erhobenen Ertrag- und Einkommensteuern und die allgemeinen Lebensaufwendungen. In Art. 8 des württembergischen Einkommensteuergesetzes wurden die steuerfreien Einkommen nochmals gesondert aufgezählt:

- Einkommen aus Grund- und Gebäudebesitz außerhalb Württembergs,
- Einkommen, das der Wandergewerbesteuer unterliegt,
- Einkommen aus Anteilen, aus Erwerbs- und Wirtschaftsgenossenschaften,
- Militäreinkommen der Unteroffiziere und des Gemeinstandes des aktiven Heers und der Marine,
- alle Einkommen des mobilisierten Heers und der Marine,
- Kriegs- und Verstümmelungszulagen sowie Ehrenzulagen,
- Einkommen aus Kapitalien und Renten der allgemein kirchlichen Fonds, der unter öffentlicher Verwaltung stehenden Stiftungen für gottesdienstliche Zwecke, der unter öffentlicher Verwaltung stehenden Stiftungen und Anstalten zur Unterstützung der öffentlichen Beamten und ihrer Familien, der Kranken-, Unfall-, Invalidenkassen, Berufsgenossenschaften und Versicherungsanstalten,

der öffentlichen Unterrichts- und Erziehungsanstalten, der Sparkassen und Wohltätigkeitsvereine,

- das gesamte, nicht aus privatwirtschaftlichen Quellen fließende Einkommen der Körperschaften und Anstalten des öffentlichen Rechts

Für die Bemessung des steuerpflichtigen Einkommens der juristischen Personen waren besondere Vorschriften heranzuziehen.

1.4.3.3 Die Bemessung der Steuer

Art. 19 legte den Steuertarif fest. Der Steuertarif wurde jeweils für eine Einkommensstufe festgelegt. Er war bei Einkommen bis 200.000 Mark progressiv und danach gleichbleibend proportional mit einem Steuersatz von 5 % ausgelegt. Bei einem Einkommen von 500-650 Mark betrug der durchschnittliche Steuersatz 0,35 %, bei

Einkommen	von	bis	durchnittlicher Steuersatz
	950	1.100	0.49 %
	2.000	2.150	1.00 %
	3.050	3.200	1,57 %
	5.000	5.200	2,51 %
	10.000	10.500	3,50 %
	20.000	21.000	3,84 %
	30.000	35.000	4,00 %
		ab 200.000 durchgehend	5,00 %.

Für jede Etatsperiode wurde durch das Finanzgesetz bestimmt, wieviele Prozent des Einheitssatzes der Einkommensteuer zur Erhebung kommen sollten (Art. 19; vgl. Pistorius 1904:27,49). Während bis 1908 100 % des obengenannten Steuertarifs erhoben wurden, waren es 1909/1910 112 %, 1911 bis 1915 105 %, 1916 105-125 % (bei Einkommen ab 5.000 Mark) und 1917 105-130 % (bei Einkommen ab 20.000 Mark).

Im ermittelten reinen Einkommen wurde nur die durchschnittliche Leistungsfähigkeit des Steuerpflichtigen berücksichtigt. In Art. 20 und 21 wurden besondere, die Leistungsfähigkeit wesentlich beeinflußende Verhältnisse berücksichtigt, die eine Minderung des zu entrichtenden Steuerbetrages zur Folge haben konnten. Art. 20 sah vor, daß verheiratete und verwitwete Steuerpflichtige mit einem Einkommen von maximal 2.000 Mark bei ein oder zwei Kindern unter 15 Jahren eine Steuerstufe niedriger einzuschätzen waren, bei drei oder mehr Kindern zwei Steuerstufen zu erlassen waren. Betrug das Einkommen 2.000-3.200 Mark, so

konnte für drei oder mehr Kinder unter 15 Jahren der Erlaß einer Steuerstufe beantragt werden.
Nach Art. 21 konnten bei außergewöhnlichen Belastungen durch Unterhaltung und Erziehung der Kinder, Verpflichtung zum Unterhalt mittelloser Angehöriger, andauernder Krankheit, besonderen Unglücksfällen und der Erfüllung der aktiven Dienstpflicht im stehenden Heer oder der Marine besondere, die Leistungsfähigkeit wesentlich beeinflußende Verhältnisse geltend gemacht werden, sofern das Einkommen 5.000 Mark nicht überstieg. Es konnten bis zu drei Steuerstufen erlassen werden.

1.4.3.4 Die Veranlagung

Die oberste Aufsicht und Leitung bei der Veranlagung, Erhebung und Einschätzung der Einkommensteuer oblag dem Finanzministerium, das Steuerkollegium hatte die obere Leitung, und die unmittelbare Leitung des Einschätzungsverfahrens lag beim Vorstand des Bezirkssteueramtes (Art. 23). Die Einschätzung zur Einkommensteuer wurde am Wohnsitz oder am Sitz der juristischen Person vorgenommen (Art. 38).
Zu Beginn der jährlichen Veranlagung hatten die Gemeinden ein Personenstandsverzeichnis zu erstellen (Art. 40). Dazu mußten sie Informationen über die Besitz-, Erwerbs- und Vermögensverhältnisse der Steuerpflichtigen und die für die Ermäßigung des steuerbaren Einkommens wichtigen Nachrichten und Merkmale sammeln. Hausbesitzer und Arbeitgeber hatten auf Verlangen die bei ihnen wohnenden bzw. beschäftigten Personen mit Namen, Wohnort, Beruf und Gehalt (nur der Arbeitgeber) anzugeben (Art. 41 und 43). Bei den Gemeinden mußten auch die Schuldzinsen, Renten und Lasten, für die ein Anspruch auf Abzug vom steuerpflichtigen Einkommen beantragt werden sollte, angemeldet werden.
Daraufhin forderte das Bezirkssteueramt öffentlich alle Steuerpflichtigen mit einem Einkommen über 2.600 Mark auf, eine Deklaration abzugeben und sandte die Formulare zu (Art. 44). Steuerpflichtige, die auch nach Anmahnung ihre Steuerdeklaration nicht abgaben, verloren ihr Beschwerderecht gegen die Einschätzung zur Einkommensteuer (Art. 49).
Die Gemeindebehörden sandten sämtliche Unterlagen, die Personenstandsnachweisung und die Deklarationen an das zuständige Bezirkssteueramt. Dieses legte aufgrund der erhaltenen Unterlagen die Einkommensteuerliste an, prüfte alle Unterlagen und konnte in Zweifelsfällen bei den Steuerpflichtigen und den Staats- und Gemeindebehörden Auskunft einholen bzw. Einblick in Akten, Bücher und Urkunden nehmen (Art. 50 und 52). Daraufhin wurde die **Einschätzungskommission** tätig.

Die Steuerbezirke (je ein Bezirkssteueramt) wurden in Steuerdistrikte (Gemeindegröße) unterteilt, für die je eine Einschätzungskommission eingesetzt wurde. Zum Zweck der Bildung der Einschätzungskommission waren für jeden Steuerbezirk neun Bezirksschätzer und, je nach Größe des Steuerdistrikts, ein bis drei Ortsschätzer zu bestellen. Die Bezirksschätzer wurden vom Steuerkollegium aus den von der Amtsversammlung vorgeschlagenen Personen bestellt, die Ortsschätzer durch den Gemeinderat aus der Mitte der steuerpflichtigen Gemeindemitglieder (Art. 26 und 27). Die Einschätzungskommission bestand dann aus dem Vorsitzenden des Bezirkssteueramtes oder einem vom Finanzministerium ernannten Beamten, der als Vorsitzender der Einschätzungskommission tätig war, und - je nach Größe der Gemeinde - aus einem bis sechs Ortsschätzern und der gleichen Anzahl von Bezirksschätzern.
Die Einschätzungskommission legte mit Hilfe der Unterlagen aufgrund von Schätzungen die Höhe des zu versteuernden Einkommens fest (Art. 52). Sofern keine Bedenken gegen die Steuererklärung vorlagen, war diese der Einschätzung zugrunde zu legen, ansonsten konnten Auskünfte an den oben genannten Stellen oder direkt beim Steuerpflichtigen eingeholt werden. Außerdem konnten Zeugen und Sachverständige hinzugezogen werden (Art. 52 und 54). Das Ergebnis war in die Einkommensteuerliste einzutragen (Art. 55) und dem Steuerpflichtigen schriftlich mitzuteilen (Art. 56).

1.4.3.5 Rechtsmittel

Gegen das Ergebnis der Einschätzung standen dem Steuerpflichtigen und der Einschätzungskommission das Rechtmittel der Beschwerde zu. Sie mußte binnen zwei Wochen schriftlich und begründet beim Bezirkssteueramt, vom Vorsitzenden der Einschätzungskommission beim Steuerkollegium, eingereicht werden (Art. 57 und 58).
Aufgrund der Beschwerde des Steuerpflichtigen hatte die Einschätzungskommission ihre Einschätzung zu überprüfen und, falls sie diese als begründet erachtete, zu ändern. Ansonsten wurde die Beschwerde unter Abgabe einer Gegenerklärung an das Steuerkollegium weitergegeben. Beschwerden des Vorsitzenden der Einschätzungskommission wurden direkt beim Steuerkollegium behandelt. Außerdem konnte der Steuerpflichtige gegen die Entscheidung über die Beschwerde bei der Einschätzungskommission binnen zwei Wochen Beschwerde beim Steuerkollegium einlegen (Art. 59 und 60). Die nächste Beschwerdeinstanz war das Finanzministerium (Art. 62); gegen dessen Entscheidung stand dem Steuerpflichtigen nur noch die Rechtsbeschwerde beim Verwaltungsgerichtshof offen (Art. 64).

Die **Abänderung des Steuersatzes innerhalb des Steuerjahres** war nur unter bestimmten Bedingungen möglich. Vermehrte sich das Einkommen innerhalb eines Steuerjahres wegen Einnahmen aus einer Erbschaft, wurde der Steuersatz vom nächsten Monat an erhöht (Art. 66). Bei einer Minderung der Einnahmen um 25 % konnte vom nächsten Monat an eine Herabsetzung des Steuersatzes beansprucht werden (Art. 67). Wenn wegfallende Einnahmen andersweitig zur Einkommensteuer herangezogen wurden, galt dies ebenfalls.

Die **Steuererhebung** erfolgte dreimal jährlich. Sie wurde durch die Staatssteuerbehörden oder, wenn sich die Gemeinden dazu bereit fanden, von diesen vorgenommen. Am Sitz des Bezirkssteueramtes wurde die Steuer durch dieses eingezogen (Art. 76). Die Gemeinden erhielten für den Steuereinzug 2 % der Ist-Einnahmen und hafteten für die Steuer.[143)] Betrug die Vergütung mehr als 10.000 Mark, konnte auch nur noch 1 % für den Steuereinzug entrichtet werden. Personen, welche Besoldungen, Wartegelder, Ruhegehälter, Pensionen und Unterstützungen aus der Staatskasse bezogen, hatten die Einkommensteuer grundsätzlich an die Staatsbehörden zu entrichten.

Das württembergische Einkommensteuergesetz sah folgende **Strafbestimmungen** vor: Bei einer Steuergefährdung aufgrund wissentlich unrichtig oder unvollständig gemachter Angaben wurde der **sieben- bis zehnfache Betrag der hinterzogenen Steuer** angesetzt (Art. 70). War eine Steuerhinterziehung nicht beabsichtigt gewesen, wurde sie mit einer Geldstrafe zwischen einer und 300 Mark geahndet (Art. 74). Außerdem wurde die Auskunftsverweigerung dritter Personen und die Verletzung der Geheimhaltungspflicht der Steuerbeamten und der Mitglieder der Einschätzungskommission bestraft. Das **Recht der Nachforderung** der hinterzogenen Steuer verjährte nach zehn Jahren, ansonsten nach drei Jahren (Art. 80).

Die Einkommensteuer wurde nach diesen Vorschriften erstmalig im Jahre 1905 erhoben.

Als Zweck der Reform war auch hier wieder ein sozialer verkündet worden: "Besteuerung nach der Leistungsfähigkeit, und darum Verschiebung der Steuerlast auf die starken Schultern" gleichzeitig war "eine weitreichende Milderung der Mängel der Ertragsbesteuerung und damit eine Verbesserung der auch in Württemberg an die Staatsbesteuerung sich anschließenden Gemeindebesteuerung..." (Siebert 1912:30f) erreicht.

---

143) Bereits vor der Einführung der Einkommensteuer war in Württemberg die Gemeindebesteuerung eng an die Staatsbesteuerung angelehnt. Zwar bildete der Gemeindeschaden die Grundlage der Gemeindebesteuerung, doch das Zuschlagsrecht zu den Staatssteuern konnte, wie z.B. bei der Einkommensteuer, bis 125 % betragen.

1.4.4 Die weitere Ausbildung des direkten Steuersystems bis zum Ersten Weltkrieg

Das württembergische Einkommensteuergesetz erfüllte hinsichtlich seiner Ergebnisse die Erwartungen: "Was die Reform von 1903 versprochen hat, hat sie gehalten." (Denkschrift Württemberg 1910:407). Auch deshalb erfuhr das Gesetz bis zu Beginn des Ersten Weltkriegs keine inhaltlichen Änderungen. Lediglich der durch die Finanzgesetze festgelegte Steuerfuß wurde erhöht.[144)]

Da das Grund-, Gebäude- und Gewerbesteuergesetz nur bis zum 31. März 1910 galt, legte die Regierung dem Landtag eine Denkschrift über die Möglichkeiten einer Fortbildung der Ertragssteuern vor. Die I. Kammer verhielt sich generell ablehnend gegen die Fortbildung der Ertragsbesteuerung und nahm bis 1910 keine Stellung zur Denkschrift. Daher schlug die Regierung vor, die Gültigkeitsdauer des Grund-, Gebäude- und Gewerbesteuergesetzes vom 8. August 1903 um weitere drei Jahre, bis zum 31. März 1913, zu verlängern. Der Vorschlag wurde angenommen und das Gesetz wurde danach nochmals bis zum 31. März 1915 verlängert.

Neben den bestehenden direkten Steuern wurde am 3. Dezember 1913[145)] eine Vermögenszuwachssteuer und am 31. Juli 1915[146)] eine allgemeine Vermögensteuer eingeführt.

Zusammengafaßt: Bis ins 20. Jahrhundert hinein bestanden in Württemberg vor allem zwei Arten von Ertragsteuern:

- die Grund-, Gebäude- und Gewerbesteuer und
- die Steuer von Apanagen-, Kapital-, Renten-, Dienst- und Berufseinkommen.

Letztere führte zwar den Titel einer Einkommensteuer, kann aber nach der Definition der Einkommensteuer nur als **Vorläufer** einer solchen bezeichnet werden. Eine Einkommensteuer nach preußischem Muster wurde erst **1903** eingeführt. Sie erfuhr keine Änderung bis zum Ersten Weltkrieg. Typische Merkmale waren auch hier die Besteuerung nach der Leistungsfähigkeit, ein steuerfreies Existenzminimum und der progressive Steuersatz.

---

144) Vgl. Kap. 1.4.3.3

145) RBl. Württemberg 1913:521

146) RBl. Württemberg 1915:107

1.4.5 Daten zum Gewicht der Einkommensteuer im württembergischen Steuersystem

Auch für Württemberg gilt, was für die Erhebung der sächsischen Daten gesagt wurde: Die Herstellung der Vergleichbarkeit der Daten zu denen der anderen Ländern erweist sich teilweise als schwierig.[147] Zudem fällt es schwer, die Entwicklungstendenzen in Württemberg herauszuarbeiten, denn zwischen der ersten Erhebung der Einkommensteuer und dem Ersten Weltkrieg liegen nur neun Jahre (1905 bis 1914). Da die Ermittlung des statistischen Datenmaterials bis 1918 keinen zusätzlichen Aufwand bedeutete und dieses trotz der Kriegsauswirkungen eine gewisse Aussagekraft besitzt, ist es in den Tabellen mitaufgenommen worden, wird aber allenfalls zur Bekräftigung der Aussagen herangezogen.
Das Aufkommen der Einkommensteuer kann nach drei Datengruppen ermittelt werden:
- nach dem Voranschlag im Finanzetat,
- nach der Summe des Einheitssatzes und
- nach der Summe der Staatssteuer.[148]

Letztere Datengruppe ist zur Herausarbeitung der Entwicklungstendenzen wenig geeignet, da ab 1909 der Einheitssatz der Einkommensteuer nicht mehr mit 100 % festgelegt wurde, sondern zwischen 105 und 130 lag. Danach hat sich das Ist-Aufkommen zwischen 1905 und 1914 von 16,44 Millionen Mark auf 26,44 Millionen Mark gesteigert: eine Zunahme um 66,7 %. 1918 betrug das Ist-Aufkommen 71,62 Millionen Mark. Zwischen der ersten Erhebung und Kriegsende ist das (in nur 13 Jahren) eine Steigerung um 335,6 %.[149] Dagegen hat sich die Summe des Einheitssatzes[150] nur um 53,1 % im untersuchten Zeitraum vermehrt, von 16,44 Millionen Mark 1905 auf 25,18 Millionen Mark 1914. Zwischen 1914 und 1918 war auch wieder ein kräftiger Anstieg des Einkommensteueraufkommens zu verzeichnen; 1905 bis 1918 von 16,44 Millionen Mark auf 59,16 Millionen Mark, also eine Steigerung um 259,76 %. Zwischen dem Aufkommen des Einheitssatzes und der Staatssteuer lagen 1914 1,25 Millionen Mark und 1918 12,46 Millionen Mark.[151]

147) In den Württembergischen Jahrbüchern für Statistik und Landeskunde und den Statistischen Handbüchern für das Königreich Württemberg wird besonders sorgfältig die Verteilung des Einkommensteueraufkommens auf die Gemeinden und Städte je nach Größe und die anteilige Aufbringung der Einkommensteuer durch die verschiedenen Berufsgruppen ermittelt. Andere Aspekte, wie z.B. die Höhe des durch Steuern gedeckten Staatsbedarfs, werden überhaupt nicht berücksichtigt.

148) Dies ist das Ist-Aufkommen

149) Vgl. Anlage 23

150) Ist-Aufkommen bei fortwährender Erhebung des Steuersatzes von 100 %

151) Vgl. Anlage 24

Der Voranschlag im Finanzetat sah für 1905 Einkommensteuereinnahmen von 14,86 Millionen Mark vor, 1914 waren es 25,60 Millionen Mark und 1918 48,16 Millionen Mark. Während der Finanzetat für 1905 und 1914 um ca. 1,5 bis 2 Millionen Mark unter dem tatsächlichen Aufkommen lag, unterschritt der Voranschlag von 1918 das tatsächliche Aufkommen um 24,18 Millionen Mark.[152)]

Um die Relation zwischen dem direkten und indirekten Steueraufkommen herzustellen, werden hier die Daten des Finanzetats zur Hilfe genommen. Die für die Reichskasse erhobenen indirekten Steuern und Zölle werden auch hier nicht berücksichtigt:

Jahr[153)]	Steueraufkommen in Mio Mark			Aufkommen der
	insgesamt	direktes	indirektes	Einkommensteuer
1905	41,63	22,56	19,04	14,86
1908	45,63	26,67	18,96	17,71
1910	50,39	31,82	18,57	21,01
1912	57,48	33,24	24,24	22,22
1914	65,87	37,30	28,37	25,60

Jahr[154)]	Steueraufkommen in %			Aufkommen der
	insgesamt	direktes	indirektes	Einkommensteuer
1905	100	54,3	45,7	35,7
1908	100	58,4	41,6	38,8
1910	100	63,1	36,9	41,7
1912	100	57,8	42,2	38,7
1914	100	56,9	43,1	38,9

Das direkte Steueraufkommen machte zwischen 1905 und 1914 ungefähr 57 % des gesamten Steueraufkommens aus. Ausnahme war das Jahr 1910, in dem 63,1 % erreicht wurden. Eindeutig war die Stellung der Einkommensteuer. Im direkten Steuersystem brachte sie kontinuierlich ca. **zwei Drittel des Steueraufkommens** auf, sie war eindeutig die wichtigste Steuer. Selbst wenn man das gesamte Steueraufkommen betrachtet, waren es noch 36 bis 42 %.

1905 wurden 583.035 physische Personen zur Einkommensteuer veranlagt. In Württemberg wurden Personen mit einem Einkommen bis 500 Mark, welches ja steuerfrei war, nicht zur Einkommensteuer veranlagt. Sie tauchen also nicht in der Statistik auf. Von der oben genannten Zahl war außerdem schon der Anteil der

152) Zahlen vgl. Anlage 23

153) Quelle: Anlage 23

154) Quelle: Anlage 23

Personen abgezogen, der wegen der Art. 20 und 21[155] steuerfrei wurde. 1905 waren dies 24.201 Personen oder 3,99 % der insgesamt Veranlagten. Der Anteil der wegen der Art. 20 und 21 steuerfreien Personen ging bis 1914 auf 17.862 Personen zurück; dies waren noch 2,27 % der insgesamt Eingeschätzten.[156] Insgesamt hat die Zahl der tatsächlich zur Einkommensteuer veranlagten physischen Personen zwischen 1905 und 1914 von 583.035 auf 769.165 Personen kontinuierlich zugenommen: eine Steigerung um 31,9 %. Die Zahl der tatsächlich zur Einkommensteuer veranlagten juristischen Personen betrug 1905 3.987, 1914 4.453, eine Steigerungsrate um 14,2 %. Sie lag weit hinter jener der physischen Personen zurück.

Eine Relation zum Bevölkerungswachstum in Württemberg herzustellen, ist schwierig, da in den Württembergischen Jahrbüchern für Statistik und Landeskunde und den Statistischen Handbüchern (vgl. Literaturverzeichnis) nur die Ergebnisse der Volkszählung (alle fünf bis zehn Jahre) mitgeteilt werden. Gleichzeitig werden aber Angaben über den Prozentsatz der eingeschätzten Bevölkerung gemacht, ohne anzugeben, ob die Bevölkerungszahlen für die einzelnen Jahrgänge bereinigt wurden oder nicht. Doch so viel: 1905 wurden 28 % der 2,16 Millionen Württemberger zur Einkommensteuer veranlagt, 1909 waren es 30 % und 1914 32 %, eine stetige Zunahme ist zu verzeichnen. In den Jahren zwischen 1905 und 1911 wuchs die württembergische Bevölkerung um 12,3 %, die Zahl der insgesamt eingeschätzten physischen Personen aber um 20,5 %, also überdurchschnittlich. Mit einem Einkommen zwischen 500 und 950 Mark wurden 1905 281.479 physische Personen eingeschätzt, dies waren 48,28 % der tatsächlich veranlagten. Sie erbrachten 5,37 % des Einkommensteueraufkommens. Die weitere Entwicklung sah folgendermaßen aus:[157]

Jahr	Steuerpflichtige mit einem Einkommen von 500-950 Mark	in %	Steueraufkommen dieser Einkommensgruppe	in %
1905	281.479	48,28	788.822	5,37
1908	298.923	45,97	842.198	4,97
1910	305.138	44,49	875.957	4,23
1912	313.328	42,39	878.953	4,23

155) Berücksichtigung der wirtschaftlichen Leistungsfähigkeit, Begünstigung kinderreicher Familien

156) Vgl. Anlage 24

157) Linke Prozentspalte: Anteil der Steuerpflichtigen mit diesem Einkommen an der Gesamtzahl der zur Einkommensteuer eingeschätzten Personen; rechte Prozentspalte: Anteil des Steueaufkommens dieser Einkommensgruppe am gesamten württembergischen Steueraufkommen. Quelle: vgl. Anlage 25

Zahlen über 1912 hinaus liegen nicht vor, aber die Entwicklungstendenz wird deutlich: Die Zahl der mit einem Einkommen zwischen 500 und 950 Mark veranlagten Personen nimmt absolut gesehen zu, in Relation zu den insgesamt eingeschätzten Personen aber ab. Beinahe gleich, um die 92 %, blieb der prozentuale Anteil der Veranlagten mit einem kleinen Einkommen.[158] Es gab also eine leichte Verschiebung innerhalb dieser Einkommensgruppe hin zu den etwas höheren Einkommen. Auch der prozentuale Anteil der mittleren Einkommen (3.500-10.000 Mark), der großen Einkommen (10.000-30.000 Mark) und der sehr großen Einkommen (über 30.000 Mark) blieb ungefähr gleich.

Zusammenfassend kann gesagt werden, daß sich die Zahl der steuerpflichtigen physischen Personen um 31,9 %, die der juristischen Personen um 14,2 %, das Einkommensteueraufkommen nach dem Einheitssatz um 53,1 % im untersuchten Zeitraum vermehrt hatten. Das sich schneller als die Steuerpflichtigen erhöhende Einkommensteueraufkommen weist auf einen wachsenden Wohlstand in Württemberg hin, kann aber auch durch Inflation oder von beidem verursacht sein. Ein Indiz dafür ist auch die Abnahme der Einkommensteuerpflichtigen mit einem Einkommen zwischen 500 und 950 Mark um 12,7 % bei gleichzeitiger Stagnation der Einkommen zwischen 500 und 3.500 Mark.

1.5 Ein zusammenfassender Überblick über die deutschen Einkommensteuergesetze des 19. Jahrhunderts

Das Königreich Sachsen gehörte zu den deutschen Bundesstaaten, die relativ frühzeitig eine Einkommensteuer einführten. Nach dem vorläufigen Versuch, die Einkommensteuer 1874 als eine Art ergänzende Steuer einzusetzten, um eine Sanierung der Staatsfinanzen zu erreichen, brach Sachsen 1878 mit dem bislang bestehenden Steuersystem (das sich vor allem auf Realsteuern stützte) und bestimmte die Einkommensteuer zur Hauptsteuer des direkten Steuersystems. Ursache für diese Entwicklung ist die Mitte des 19. Jahrhunderts versäumte Anpassung der Realsteuern an die Erfordernisse der Zeit. Die an der Vermögens-, Einkommens- und Besitzstruktur in der Gesellschaft vorbeigehenden Steuerarten und die maroden Staatsfinanzen forderten entweder die umfassende Reformierung der bestehenden Steuern oder die Einführung einer völlig neuen Steuer.

> "In den süddeutschen Staaten hatte die Entwicklung sich vorzugsweise in der Richtung besserer Ausbildung der Realsteuern, insbesondere der Steuer von Grund und Boden, von Gebäuden und Gewerben bewegt, welchen sich zur Vervollständigung des Steuersystems Kapitalrenten- und partielle Ein-

158) In Württemberg waren dies 500 bis 3.500 Mark !

kommensteuern von dem durch jene Objektsteuern nicht getroffenen Einkommen aus persönlichen Leistungen anschlossen" (Schall 1895:2).

So auch in Württemberg: Der Stolz auf eines der letzten Realsteuersysteme in Deutschland ist in Regierungschriften unverkennbar. Doch auch hier zwangen sanierungsbedürftige Staatsfinanzen 1903 zu einer umfassenden Reform des direkten Steuersystems. Die neue Einkommensteuer wurde zur aufkommenstärksten Steuer.
Im Gegensatz dazu kann Preußen auf eine 'kontinuierliche Einführung' der Einkommensteuer verweisen. Erster Schritt war die Verabschiedung des Gesetzes zur Klassen- und klassifizierten Einkommensteuer von 1851. In den folgenden Jahrzehnten wurden immer mehr Regelungen in das Gesetz aufgenommen, die hin zur 'reinen' Einkommensteuer führten. Der Zeitpunkt, von dem an es eine reine Einkommensteuer gab, oder bei welchen Abweichungen noch von einer Einkommensteuer gesprochen werden kann, ist nur schwer festzulegen. Mit Sicherheit kann aber nach der Steuerreform von 1891 von einer Einkommensteuer gesprochen werden.

Trotz Unterschiede in den inhaltlichen Detailregelungen kann in den untersuchten Ländern eine einheitliche Linie in der Ausgestaltung der Einkommensteuergesetze festgestellt werden. In allen Einkommensteuergesetzen wurden zunehmend Regelungen mit **wirtschafts- und sozialpolitischer Zielsetzung** (z.B. Steuerfreibeträge, Berücksichtigung der persönlichen wirtschaftlichen Leistungsfähigkeit, progressiver Steuersatz und steuerfreies Existenzminimum) eingebettet. Auch der Umfang der Gesetzestexte nahm allmählich zu.[159)]

In allen drei Ländern waren die Einkommensteuern die **Hauptsteuern** im direkten Steuersystem, wenn auch die württembergische Einkommensteuer ein prozentual wesentlich geringeres Aufkommen hatte und im gesamten Steuersystem keine Vorrangstellung einnahm.

159) Vgl. Metzger 1987:130f

2. Steuerverwaltungen in Deutschland bis 1918

2.1 Ansätze zu übergreifenden Steuerverwaltungen in Deutschland seit dem Ausgang des Mittelalters

2.1.1 Steuerbehörden im römisch-deutschen Kaiserreich

Der Aufbau einer Reichsfinanzverwaltung ist im alten deutschen Reich über "dürftige Anfänge" (Mayer 1926:229; ders. 1952:263) nicht hinausgekommen. Das lag im wesentlichen daran, daß das Heilige Römische Reich bis zu seinem Verlöschen im Jahre 1806 auch niemals eine eigenständige Finanzwirtschaft entwickelt hat (Klein 1974:3). Zudem waren die Finanzverwaltungen der mittelalterlichen Staaten - im Gegensatz zu den gegliederten Abgabenverwaltungen einiger Staaten des Altertums (vgl. Boochs 1985) - generell kaum ausgeprägt:

> "Denn das Vorherrschen der domanialen Naturalwirtschaft und die völlige Vermischung des landesherrlichen Hofhaushaltes mit dem Staatshaushalt liess für eine besondere Verwaltung nur beim Zollwesen Raum, und diese scheint vermutlich auf den Ueberresten der römischen Zolleinrichtung aufgebaut worden zu sein." (v.Heckel 1900:995)

Zudem fiel das für ein ausgebautes Steuersystem notwendige Aufkommen der Geldwirtschaft im Hoch- und Spätmittelalter in Deutschland mit dem beginnenden Zerfall der Reichsgewalt und der zunehmenden Souveränität der Einzelstaaten zusammen. (Arndt/Zierlinger 1986:23) Der Kaiser war selbst in Notfällen nicht befugt, einseitig Steuern zu erheben; sein Besteuerungsrecht war - außerhalb seiner eigenen Erblande - an die mehrheitliche Zustimmung der Stände gebunden. (Weber-Fas 1979:9) Mit dieser zunehmenden Souveränität der Territorien und Staaten ab dem 14. und 15. Jahrhundert verschwanden dann auch die bescheidenen Anfänge der Reichssteuerverwaltung wieder:

> "Die Reichsgewalt geht allmählich bergab, die meisten Reichsdomänen entgleiten ihren Händen, eine bleibende Reichsbesteuerung kommt nicht zustande, die Zölle gehen an die Territorialgewalten über, und es fehlen überhaupt die Voraussetzungen für ein eigentliches Reichsfinanzwesen". (v.Heckel 1898:142)

Die Entwicklung der modernen Finanzverwaltung in Deutschland erfolgte danach ab dem 16. Jahrhundert im wesentlichen auf der Ebene der Staaten. Am Hof des Kaisers hat es nie dauerhafte Finanzbehörden gegeben. Zudem verfielen in der Periode der Herausbildung fester Verwaltungsstrukturen die Reichseinkünfte stark. Da der eigentliche Reichsbesitz davon genauso betroffen war, verschwand mit ihm auch die lokale Verwaltungsstruktur des Reiches. (Mayer 1926:229)

Im Zuge der Reichsreform wurde auf dem Reichstag im Worms **1495** neben dem Reichskammergericht auch die Behörde der **Reichsschatzmeister** in Frankfurt als oberste Reichssteuerbehörde geschaffen. Sie bestand indes nur vier Jahre bis zum Jahr 1499. Die Reichsschatzmeister wurden von den unterschiedlichen Ständen getragen: "König, Kurfürsten, Fürsten, Prälaten, Grafen, Ritterschaft und Städte" hatten je einen der Schatzmeister zu ernennen (Ziehen 1940:229; vgl. auch BMF 1969:52). Aufgabe der sieben Reichsschatzmeister war die Verwaltung der eingehenden Reichssteuern, insbesondere des zum Unterhalt des Reiches dienenden 'Gemeinen Pfennigs'. Der Gemeine Pfennig war eine auf vier Jahr befristete allgemeine Reichssteuer, die zur rückwirkenden Finanzierung von Militärausgaben und dem Unterhalt des Reichskammergerichtes diente. Zu seiner Eintreibung wurde eigens mit Hilfe der Stände eine dreistufige Steuerbehörde geschaffen: Die Steuern wurden von Kommissionen in den einzelnen Pfarreien eingenommen, denen jeweils ein Kommissar für jedes Territorium o.ä. übergeordnet war. Diese unterstanden den Reichsschatzmeistern. (Moraw 1986:139)

Die Reichsschatzmeister waren für die Rechnungslegung gegenüber der Reichsversammlung und die Auszahlung der Gelder auf deren Anweisung zuständig. (vgl. Leidel 1964:26) Die neue Reichsbehörde war aber nie in der Lage, dieser Aufgabe nachzukommen. Die Trennung zwischen Reichsvermögen und Vermögen des Kaisers war noch nicht klar vollzogen und der amtierende Kaiser Maximilian I. griff ohne Rücksprache mit den Reichsständen auf die Bestände der Reichsschatzmeister zur Finanzierung seiner Kriegszüge zurück. Nach Konflikten mit dem Kaiser stellten die Reichsstände schließlich im Mai 1499 die Zahlungen an die oberste Reichssteuerbehörde ein. Schon vorher war die Zahlungsmoral nicht sehr groß gewesen.[1] Damit hörte die Spitze der 'Reichsfinanzverwaltung' auf, zu existieren. Unter der Dominanz eines nach dynastisch-habsburgischem Maßstäben handelnden Kaiserhauses einerseits und uneinigen Reichsständen andererseits war dieser Teil der Reichsreform nicht durchsetzbar. (Leidel 1964:28) Die Interessen der Territorien und Stände standen dem gegenüber:

> "Die Stände wollten niemanden mehr einen Einblick in ihre Macht an Land, Leuten und Gut verstatten. Der Verzicht des Reiches auf jede Kontrolle über das Maß und die Art der Steuererhebung in den einzelnen Territorien war um so bedenklicher, als diese ausschließlich in das Belieben der Landesobrigkeiten gestellt worden war. Die Territorialherren hatten richtig erkannt, daß sie mit einer eigenen Finanzverwaltung am besten ihre eigene Staatsautorität fördern und wahren könnten ... Das Beispiel der Reichsschatzverwaltung war ein Abbild der Zeit; der Gemeingeist der sich zu Anfang der Reform geregt hatte, ging wieder unter; weder wurde der Partikularismus der Stände rückgängig gemacht, noch das Königtum dem Reiche untergeordnet." (BMF 1969:56)

---

1) Vgl. Müller 1902:657; Klein 1974:9

Was weiter existierte, war eine Steuerverwaltung des Reiches, die am Ende des 16. Jahrhunderts aus dem Reichspfennigmeister und einer verschwindenden Zahl von Steuereinnehmern bestand:

> "An Beamten und Bediensteten, die mit der Verwaltung der Reichsfinanzen zu tun hatten, gab es einschließlich der 4-5 Steuereinnehmer in den Legstädten am Ende des XVI. Jahrh. ca. 36, eine Zahl deren Besoldung und Zehrungskosten bei ihren vielfachen Reisen die einzigen Erhebungskosten der Reichssteuer bildeten." (Müller 1902:678)

Der Reichspfennigmeister - sein Name leitete sich von der ersten allgemeinen Reichssteuer, dem 'Gemeinen Pfennig' ab - amtierte nur für bestimmte Aufgaben (etwa die Finanzierung von Kriegszügen) und wurde vom Reichstag gewählt. (vgl. BMF 1969:58f) Dessen Bedienstete waren zudem nicht eigentlicher Teil der Verwaltung des Reiches,

> "... denn das Personal, das teils im Dienste des Reichspfennigmeisters selbst, teils im Dienste der Obrigkeiten der Legstädte die Perzeption und die Verschickung der Reichssteuern an die Hauptzahlorte besorgte, stand zu dem Vertreter des Reiches, dem Kaiser, in keinem Abhängigkeitsverhältnis, sondern empfing seine Stellung und Aufträge durch die genannten Behörden." (Müller 1902:666)

Damit konnten sich weder die Reichsschatzmeister noch der Reichspfennigmeister zu einer "die Reichsfinanzen ordnenden und sichernden Institution entwickeln". (Klein 1970:19; genauso BMF 1969:59)
Mit dem späteren Verfall der Reichsautorität bis zur fast vollständigen Souveränität der deutschen Länder nach dem Westfälischen Frieden von 1648 wurde die Bedeutungslosigkeit der Reichsrechte auch auf dem Gebiet des Finanzwesens deutlich: "Der Niedergang der Finanzgewalt des Kaisers war eine Parallelerscheinung zum staatlichen Verfall des Reiches." (Leidel 1964:30)

2.1.2 Die Finanz- und Steuerverwaltungen der deutschen Länder

2.1.2.1 Die Überwindung lokaler und ständischer Finanzzuständigkeiten

Nach der Zunahme der Geldwirtschaft und angesichts des steigenden Finanzbedarfs der Territorien in Deutschland sicherten sich zunächst die **Stände** das Steuerbewilligungsrecht. Damit entstand eine Zweiteilung der Finanzverwaltung: Die Einnahmen der Domänen, die Zölle und Sporteln fielen regelmäßig den landesherrlichen Verwaltung zu, "welche sich hierfür in der landesherrlichen oder Kammerkasse ein administratives Organ schafft(e)". Die Steuern und steuerartigen Einkünfte flossen hingegen in die Steuerkassen der Stände und wurden von diesen selbständig verwaltet. Mit dieser Teilung begann auch die Spezialisierung in der Staatsverwaltung: der höhere und niedere Finanzdienst schied aus der allgemeinen Verwaltung aus.[2]

Nach dem Beispiel anderer Verwaltungszweige[3] entwickelte sich auch die Finanzverwaltung in Deutschland vorwiegend auf der Ebene der Länder. Diese Entwicklung war kein regional übergreifender, einheitlicher Prozeß, sondern spiegelt sich - im Rahmen der regional unterschiedlichen Verwaltungsstrukturen und Verwaltungskulturen - in regional und zeitlich verschiedenen Entwicklungsschüben wider. Sie ging einher mit dem allgemeinen Aufbau einer effektiveren Verwaltung in den deutschen Territorien im 16. Jahrhundert, mit dem Aufbau fester Kollegien zur Beratung des Fürsten und dem Einsatz von juristisch geschulten Berufsbeamten in diesen Ratskollegien. (vgl. Klein 1974:16)

Am Ausgang des Mittelalters war die lokale Finanzverwaltung in der Regel deckungsgleich mit der grundherrlichen Lokalverwaltung: bis auf die Reste alter Verwaltungsstrukturen des Reiches im Südwesten Deutschlands glich sich die Finanzverwaltung zumeist an die Gerichtsbezirke und Ämter[4] oder an die Domänenverwaltung[5] an. Der staatliche Bedarf an finanziellen Mitteln wurde ohnehin bis zum Beginn der Neuzeit aus dem Ertrag der Domänen und Regalien gedeckt. (Peters 1927:18)

Auf der lokalen Ebene gab es mit einigen Ausnahmen (Rentmeister in Bayern) zumeist keine speziellen Behörden zur Einziehung der Steuern. Auch auf der Mittelinstanz existierten generell nur wenige Verwaltungsstellen.[6] Auf der obersten Verwaltungsebene standen die Landesfürsten als eigentliche Chefs an der Spitze der Verwaltung. Ihnen waren verschiedene Verwaltungsteile untergeordnet. Finanzstelle war gewöhnlich die **Kammer**, der einzelne Geschäfte (etwa das Münzwesen) zugeordnet waren, die aber keine eigentliche Zentralverwaltungsstelle bildete. Für diese Aufgabe bildeten sich allmählich eigene Zentralämter für die Finanzverwaltung aus. Damit ging auch die Formierung eines eigenen Beamtenstabes für diese Aufgabe einher: in die Zentralämter wurden Schreiber aus der Kanzlei versetzt, "die dann in den meisten Territorien aus dieser heraustraten und selbständige Leiter des Finanzwesens wurden" (Mayer 1926:230). Diese Formierung einer eigenen Finanzverwaltung - der **1. Reformschritt** - vollzog sich zuerst in Österreich und Tirol:

---

2) v.Heckel 1898:145f; ders. 1900:996; weiter dazu in Kap. 2.1.2.2

3) Beispielsweise der Gesundheitsverwaltung

4) Bayern, Salzburg, Nordwesten Deutschlands

5) im Nordosten Deutschlands; vgl. Mayer 1926:229f

6) Rentämter in Bayern; höhere Verwaltungsstellen für die einzelnen Landesteile Österreichs; vgl. Mayer 1926:330

"In Österreich kam zuerst die Trennung von Finanzverwaltung und Kassenführung auf, dort wurde zuerst ein Amtmann als den Landesverwaltungen übergeordnetes Zentralorgan eingesetzt." (Mayer 1926:230)

Diese Einrichtung wurde dann auch auf Tirol übertragen. 1527 wurde unter Ferdinand I. die **Hofkammer** als Zentralstelle für die Kassenverwaltungen der habsburgischen Länder eingesetzt und ihr die einzelnen Länder untergeordnet. Diese österreichischen Reformen waren dann auch in anderen Ländern zu beobachten. Sie war Ausdruck der Bemühungen, eine staatliche Finanzverwaltung zu schaffen, die "der Willkür des Landesfürsten nicht allzusehr ausgeliefert war" (Mayer 1926:231). Eine eigenständige Finanzverwaltung wurde beispielsweise noch im 15. Jahrhundert in Sachsen geschaffen. Aber die österreichische Steuerverwaltung war noch bis ins 18. Jahrhundert hinein - jedenfalls bei den von den Landständen zu bewilligenden Kontributionen - von der ständischen Finanzverwaltung abhängig: die Veranlagung, Erhebung und Verwendung der Kontributionen war Sache der eigenständigen ständischen Finanzverwaltung.[7)]
Der **2. Reformschritt**, die Schaffung einer rein staatlichen Finanzverwaltung unter Verdrängung der ständischen Kompetenzen im Finanzwesen, wurde im 18. Jahrhundert zuerst in Preußen vollzogen. Schon seit dem Ausgang des 17. Jahrhunderts wurden in Preußen die Stände aus der Erhebung und Bewilligung der Steuern hinausgedrängt. Die Bildung der Kriegskommissariate verkörperte dann endgültig "den Sieg der landesherrlichen Autorität über die Stände auf dem Gebiete der Steuern" (Grabower 1932:87). Unter König Friedrich Wilhelm I. wurde aus dem Generalkriegskommissariat eine Finanz- und Verwaltungsbehörde geschaffen. Zusätzlich bestand seit 1689 die Geheime Hofkammer, die 1713 in das Generalfinanzdirektorium umgewandelt wurde. Zur Abwicklung der Kassengeschäfte bestand außerdem noch seit 1696 die 'Hofrentei' oder 'Generaldomänenkasse'. Mit der Vereinigung der beiden Finanzorgane 1722 zum 'General-Ober-Finanz-, Kriegs- und Domänendirektorium' (Generaldirektorium) entstand eine einheitliche staatliche Zentralverwaltungsstelle, die auch das Finanzwesen mit umfaßte (vgl. Mayer 1926:231). In gleicher Weise wurden im Jahr darauf auch in den Provinzen die Kommissariate (Ständische Steuerverwaltung) und die Kammern (Finanzverwaltung des Landesfürsten) zu 'Kriegs- und Domänenkammern' vereinigt: "Damit war der Dualismus im Finanzwesen zugunsten der einheitlichen staatlichen Verwaltung endgültig überwunden." (Mayer 1926:231; vgl. auch v.Heckel 1898: 150f)

---

7) Vgl. Klein 1974:28; genauso in Bayern, vgl. Kap. 2.5.1

In Österreich war die Macht der Stände zum selben Zeitpunkt noch nicht so gebrochen. Zudem war die jeweilige regionale Verwaltungsstruktur auch unterschiedlicher als in den preußischen Ländern. Dennoch wurde auch in den österreichischen Ländern 1749 die Trennung zwischen landesfürstlichen und ständischem Finanzwesen überwunden. Damit war in der Mitte des 18. Jahrhunderts die Erhebung und Verwaltung der Steuern weitgehend zur rein staatlichen Aufgabe geworden:

> "Im allgemeinen ... läßt sich das Urteil dahingehend zusammenfassen, daß von der territorialen Finanzverwaltung des Mittelalters ein ununterbrochener Weg zu den modernen Organisationen führt und daß die beiden größten Staaten des alten deutschen Reiches das Verdienst haben, in den verschiedenen Stadien der Entwicklung die leitenden Gedanken gefaßt und auch durchgeführt zu haben." (Mayer 1926:232)

2.1.2.2 Die Herausbildung eines spezialisierten Beamtenapparates

Mit der Zurückdrängung der Stände aus der Verwaltung der Steuern im 15. und 16. Jahrhundert und den Reformen des 18. Jahrhunderts waren die Grundlagen für die Herausbildung eines eigenständigen Beamtenapparates gegeben. Dies galt insbesondere für die Finanzverwaltung, in der "früher als in den übrigen Verwaltungszweigen das reine Beamtentum in Erscheinung trat" (Mayer 1926:232).

> "Der höhere und niedere Finanzdienst wird von der allgemeinen Verwaltung abgetrennt und für denselben werden eigene 'Kameralbeamte' (Rentmeister, Kammermeister, Landschreiber etc.) bestellt, unter welchen wieder Unterbeamte (Amtskassner, Amtsverwalter) stehen." (v.Heckel 1900:996)

Schon früh wurden spezielle Anforderungen an die Person der mit der Verwaltung und Steuern Beauftragten gestellt. Schon im 13. Jahrhundert achteten die österreichischen Herzöge bei der Bestellung der Landschreiber darauf, nur Geistliche oder Bürger, nicht aber Adelige zu berufen, um das Erblichwerden der Ämter zu verhindern - was andererseits wiederum das Problem der Besoldung dieser 'Beamten' nach sich zog. (Mayer 1926:232) Dieser Sold bestand dann zum Teil aus Naturalleistungen, zum Teil auch aus der direkten Beteiligung an Sporteln und Taxen. Eine andere Möglichkeit war die Verleihung von kirchlichen Pfründen an beamtete Geistliche. Letztlich setzte sich dabei die Entlohnung durch reine, fixierte Geldbeträge in den Zentralstellen und in den Städten zuerst durch, während sich die Besoldung durch Naturalien oder durch den Genuß von Sporteln und Taxen bei den unteren Stellen und den eigentlichen Hofangestellten am längsten hielt. In Preußen versuchte schon der Große Kurfürst, die reine Geldbesoldung durchzusetzen, erreicht wurde dieses Ziel aber erst im **18. Jahrhundert**, in Österreich erst unter Maria Theresia (Mayer 1926:232). Eine Verbesserung der

Besoldung ergab sich in Preußen auch aus der Beteiligung der Steuerbeamten an den Strafgeldern (Instruktion vom 1. September 1741; vgl. Grabower 1932:115)[8)]

2.2 Die integrierte Steuerverwaltung in Preußen

2.2.1 Die Gliederung der preußischen Steuerverwaltungsbehörden bei der Verwaltung der direkten Steuern

2.2.1.1 Die Ministerialebene

Auf die Entwicklung der preußischen zentralen Finanzverwaltung bis zur Schaffung des Generaldirektoriums 1722 wurde schon im Kap. 2.1.2.1 eingegangen. Im 19. Jahrhundert machte dann die Ministerialebene der preußischen Finanz- und Steuerverwaltung alle Umordnungen und Veränderungen mit, die die preußische Zentralverwaltung insgesamt betrafen:

> "In der Reformepoche nach 1806 und in der Zeit der Neugestaltung des preußischen Staates nach 1815 wurden die älteren Behörden und insbesondere das Generaldirektorium aufgehoben." (v.Heckel 1898:152)

Das Publikandum vom 16. Dezember **1808**, mit dem der Grundstein zur modernen preußischen Staatsverwaltung mit der Gliederung in Ministerien gelegt wurde, ordnete in den §§ 21 - 28 an, daß das Finanzministerium die gesamten Staatseinnahmen leiten und verwalten solle; für die Verwaltung der direkten und indirekten Steuern war eine der drei Sektionen des Ministeriums zuständig. (vgl. Grabower 1932:610f) In den folgenden Jahren wurde die äußere und die interne Zuordnung der Steuerverwaltung mehrmals verschoben: 1810 wurde das Finanzministerium in zwei Hauptabteilungen (darunter eine für alle Geschäfte des Staates, unter anderem also auch die direkten und indirekten landesherrlichen Abgaben) gegliedert und dem Staatskanzler übertragen. Zwei Jahre später wurde das Ministerium auf drei Departements verteilt. In den Jahren von 1813 bis 1820 wurde es noch mehrmals umorganisiert, wobei seine Zuständigkeit teilweise auf andere Gebiete ausgedehnt, teilweise auf die Leitung des gewöhnlichen Staatshaushaltes beschränkt wurde. (vgl. v.Rönne 1883:99) Nachdem die Domänenverwaltung 1835 vom Finanzministerium abgetrennt worden war, wurde sie im Zuge der Veränderung nach 1848 wieder auf diese übertragen. Dreißig Jahre später, im August 1878 wurde die Trennung endgültig vollzogen. Danach bildete das Finanzministerium den Mittelpunkt für das gesamte Etats- und Kassenwesen des preußischen Staates. Ihm unterstand dazu

---

8) Mit der Spezialisierung des Beamtentums wurden auch detaillierte Ausbildungsregelungen immer bedeutender. (vgl. für Preußen Grabower 1932:107 ff und für das ausgehende 19. Jahrhundert Kap. 2.2.4)

"... die Leitung der gesammten Finanzgewalt des Staates, die Aufstellung des Staatshaushaltsetats und der Rechnungen über den Staatshaushaltsetat und die Ausübung der fortlaufenden Kontrolle über die Staatseinnahmen und -ausgaben." (v.Rönne 1883:100)

Zudem hatte das Ministerium die vollständige Verwaltung der direkten und indirekten Steuern inne (ders. 1883:100). Organisatorisch gliederte es sich nach 1878 in drei Abteilungen:

- die für das **Etats- und Kassenwesen**;
- die für die **Verwaltung der direkten Steuern** (Generaldirektion der direkten Steuern;
- die für die **indirekten Steuern** (Generaldirektion für die indirekten Steuern).[9)]

Zur Ermittlung der Steuern wurden zusätzlich spezielle Gremien eingesetzt. So existierte seit 1861 eine 'Centralkommission zur Regelung der Grundsteuer' als dem Finanzministerium unmittelbar nachgeordnete Behörde. In ihr wurden die vier Schätzungskommissionen und die vier mit den Abschätzungsarbeiten zur Regelung der Grundsteuer beschäftigten Sachverständigen des Ministeriums zusammengefaßt.[10)] Dem Ministerium unterstand als Abteilung die 'Generaldirektion für die Verwaltung der direkten Steuern'.[11)] Zu deren Ressort gehörten u.a.

- die Einschätzungskommissionen für die klassifizierte Einkommensteuer und
- die Beschwerdekommission für die klassifizierte Einkommensteuer.[12)]

2.2.1.2 Die mittlere Verwaltungsebene: Die Regierungen

Charakteristisch für die preußische Steuerverwaltung zwischern 1818 und 1819 war der **Dualismus in der Verwaltung der direkten und indirekten Steuern**. Die zweigleisige Steuerverwaltung kann aus der Geschichte der beiden Steuerarten abgeleitet werden. Bei den indirekten Steuern war (und ist) der Steuerbetrag bereits festgelegt. Die Aufgabe der Steuerbehörde bestand lediglich in der Ermittlung der einzelnen Steuerfälle durch ständige Überwachung (Leesch 1981/82:414). Die selbständige und vorbildliche, bis heute gültige Sonderverwaltung der indirekten Steuern und Zölle wurde nach französisch-westfälischem Vorbild 1818 geschaffen.

---

9) Vgl. v.Rönne 1883:101

10) Vgl. v.Rönne 1883:101, Anm.2

11) Die seit 1689 bestand, seit 1851 'Gewerbesteueramt', und danach 'Hauptsteueramt für direkte Steuern' genannt wurde.

12) Vgl. v.Rönne 1883:103

Anfangs wurden die indirekten Abgaben auf der mittleren Verwaltungsebene von der II. Abteilung (für Staatseinkünfte aus direkten und indirekten Steuern, Domänen und Forsten, auch zuständig für die Gewerbepolizei und das Bauwesen) der Bezirksregierungen bearbeitet. Zwischen 1823 und 1827 gingen diese Kompetenzen an die neugegründeten **Provinzialsteuerdirektionen**[13] über. Diese waren dem Oberpräsidenten nachgeordnet und den Bezirksregierungen gleichgestellt. (vgl. v.Heckel 1900:1002; Leesch 1981/82:416).

Als Unterbehörden der Provinzialsteuerdirektionen sind zum einen die an der Grenze gelegenen Hauptzollämter, und zum anderen die im Landesinnern gelegenen Hauptsteuerämter zu nennen. Den ersteren waren die Nebenzollämter I. und II. Klasse, die Ansageposten und die Grenzaufseher nachgeordnet. In den kleineren Städten gab es zudem Untersteuerämter und auf dem flachen Land Steuerrezepturen.[14]

Mittelbehörde der Steuerverwaltung bei den **direkten Steuern** waren in Preußen die Bezirksregierungen. Auf der Ebene der **Regierungen** oblag die Steuerverwaltung den **Kassenräthen** bei den Bezirksregierungen. Zuständig war dabei die Abteilung III der Bezirksregierung für direkte Steuern, Domänen und Forsten, die in Bezug auf die direkten Steuern dem Finanzministerium unterstand (Bühler 1927:292; Leidel 1964:44). Ihre Stellung wurde durch die Instruktion vom 23. Oktober 1817 näher bestimmt, deren Anordnungen durch die Kabinettsorder vom 31. Dezember 1825 umgeordnet und ergänzt wurden. Diese Order bestimmte, daß der Kassenrat alle einschlägigen Angelegenheiten selbständig unter dem Regierungspräsidenten bearbeiten solle. U.a. umfaßte die Zuständigkeit des Kassenrates:

- die 'Kuratel' über die Regierungshauptkasse;
- die Kontrolle über alle regelmäßigen Abgaben;
- die Revision aller der Regierung unterstellten Kassen;
- die Bearbeitung der allgemeinen Kassen- und Rechnungssachen.[15]

Durch eine Kabinetts-Order vom 5. Juli 1823 (vgl. Amtsbl. der Regierung zu Münster 1823:225f) wurde die Abtrennung der Verwaltung der indirekten Abgaben von der allgemeinen inneren Verwaltung angeordnet und Provinzial-Steuer-Direk-

13) 1908 in Oberzolldirektionen umbenannt

14) Ab 1873 unterstanden den Provinzialsteuerdirektionen auch die Erbschaftsteuerämter. Die 1867 gegründeten Salzsteuerämter waren direkt bei den Salinen angesiedelt und wurden dem nächstgelegenen Steuer- oder Nebenzollamt untergeordnet.

15) Vgl. v.Rönne 1883:229f

tionen eingerichtet, denen später u.a. auch die Leitung bei der Verwaltung des Erbschaftsteuerwesens durch besondere Erbschaftsteuerämter übertragen wurde.[16)]

2.2.1.3 Die Lokalebene

Die erste Instanz der Steuerverwaltungsbehörden für die direkten Steuern bildeten in den Landkreisen die Landratsämter, die unterste Ebene der Steuerverwaltung die **Kreissteuereinnehmer**. Die Pflicht zur ersten oder 'elementaren' Erhebung der direkten Steuern lag bei den **Kommunen** oder den vom Finanzministerium besonders bezeichneten Empfangsstellen.[17)]
In der örtlichen Verwaltung wurden Veranlagung und Erhebung der direkten Steuern voneinander getrennt:

> "Die Veranlagung erfolgte durch Kreis - und Gemeindebehörden, wobei Kommissionen und Ausschüsse mitwirkten, die aus Steuerpflichtigen oder Vertretern der Selbstverwaltungskörper zusammengesetzt waren. Die Steuererhebung war den Kreiskassen und Gemeinden zugewiesen." (Leidel 1964:43)

Bei der Einkommen- und Ergänzungssteuer oblag die Veranlagung in Preußen **590 Veranlagungskommissionen**, die bei den unteren Verwaltungsbehörden gebildet wurden. Vorsitzender der Veranlagungskommission war in den Landkreisen der **Landrat**, in kreisfreien Städten der Bürgermeister oder ein staatlicher Kommissar (Groth 1944:15). Gerade in den Großstädten wurden in zunehmendem Maß staatliche Veranlagungsbehörden eingerichtet (Bühler 1927:293). Das preußische Einkommensteuergesetz von 1891 schuf die Möglichkeit, anstelle des Landrates einen von der betreffenden Regierung zu ernennenden **Kommissar** zum Vorsitzenden der Einschätzungskommission zu berufen. In den letzten Jahren vor dem Krieg wurden dann auch auf dem Lande in immer größerer Zahl für die Steuerverwaltung besondere Steuerkommissare bestellt (Bühler 1927:293).

Bei der Besetzung der Veranlagungskommissionen war auf eine möglichst gleichmäßige Vertretung "des Grundbesitzes, des Kapitals und des Gewerbes und der verschiedenen Steuerstufen" zu achten (Leesch 1981/82:464). Das in Preußen angewandte Verfahren zeichnete sich - obwohl es Vocke (1884:173) als "ganz bureaukratisch" und "zum grossen Nachteil für den Erfolg ganz in der Hand der Behörde" bezeichnete und es in einen Gegensatz zu den süddeutschen Ländern brachte, wo die Betroffenen auch an der Auswahl beteiligt wurden, - durch eine starke

---

16) Vgl. FN 14

17) Dies galt zunächst nur für die Provinzen Rheinland und Westphalen, nach 1867 auch für Schleswig-Holstein und Hannover, wo "Elementarsteuerempfänger" (v.Rönne 1883:318; Anm.3) angestellt waren.

Beteiligung von Laien aus. Der Vorsitz bei den preußischen Ausschüssen und Kommissionen lag - da sie den Landratsämtern angegliedert waren - bei den Landräten, die diesen Vorsitz aber nur selten persönlich ausübten. (vgl. Kap. 2.2.2.4)

> "In den kleineren und mittleren Städten bildeten Kommissionen und Ausschüsse mit Steuerkommissaren an der Spitze einen Teil der städtischen Kommunalverwaltung. Lediglich in größeren preußischen Städten gab es in der Lokalinstanz eine abgetrennte Verwaltung für direkte Steuern ." (Leidel 1964: 43)

2.2.2 Die Verwaltung der Einkommensteuer in Preußen

2.2.2.1 Allgemeine Zuordnung

Kennzeichnend für die direkte Steuerverwaltung in Preußen war die organisatorische Trennung der Veranlagung von der Erhebung der Steuern.
Auf ministerieller Ebene war im preußischen Finanzministerium für die Verwaltung die Abteilung für direkte Steuern (bis 1867 die Abteilung für das Abgabenwesen) zuständig. Im Verantwortungsbereich der II. Abteilung für Staatseinkünfte aus direkten Steuern, Domänen und Forsten, Gewerbepolizei und Bauwesen[18] der Bezirksregierung liegt auf mittlerer Ebene die Verwaltung der direkten Steuern. Lokalbehörden waren die verschiedenen Kommissionen. In der Folge des Klassensteuergesetzes von 1851 wurde in Preußen die Einkommensabgabe in einem bestimmten Verfahren festgesetzt, "das sich vom Jahre 1851 an bis zum Jahre 1919 auch in Struktur und Ausstattung der Behörde" nur wenig änderte (v.d. Groeben 1975:514).

Das **Gesetz zur Klassen- und klassifizierten Einkommensteuer von 1851** unterschied zwischen klassen- und einkommensteuerpflichtigen Personen. Nach der Ermittlung der zur Besteuerung notwendigen Daten durch die Gemeindevorsteher wurde die Veranlagung zur Klassensteuer von der **Voreinschätzungskommission** vorbereitet, die dann der Bezirksregierung Vorschläge hinsichtlich der Steuersätze übermittelte. Diese setzte daraufhin die Steuersätze fest. Reklamationen mußten bei der Regierung eingereicht werden, die nach Anhörung der Kreiskommissionen ihre Entscheidungen fällte. Daraufhin war noch ein Rekurs beim Finanzministerium möglich. Die Gesetzesänderung von **1873** ließ die Veranlagung unverändert. Lediglich bei der Reklamation an die Regierung mußte - sofern die Meinung der

18) Als Ausgangspunkt einer allmählichen Einengung des Aufgabenkreises der II. Abteilung auf die Verwaltung der direkten Steuern

Regierung von der der Kreiskommission abwich - die Entscheidung der Bezirkskommission eingeholt werden.

Die Schwächen dieser Form der Veranlagung sind offensichtlich. Das **Verbot des tieferen Eindringens in die Privatsphäre der Steuerpflichtigen** und die **fehlende Deklarationspflicht** führten vielfach zu ungenauen Einschätzungen. Aber auch das "Fehlen einer zentralen Instanz für die Veranlagung und das Rechtsmittelverfahren" mußte "regionalen Ungleichmäßigkeiten Vorschub leisten" (Leesch 1981/82: 465).
Zudem beklagten die Steuerverwaltungsbehörden (die Bezirksregierungen) ihren geringen Einfluß auf das Veranlagungsgeschäft, da die Veranlagungsbehörden aus Wahlen der kommunalen Körperschaften hervorgingen. Die Bezirksregierungen konnten aber - wenn auch in der Regel nur begrenzt - Einfluß auf den Vorsitzenden der Kommission nehmen, dessen Aufgabe es ja war, die Staatsinteressen zu wahren, der aber gleichzeitig nicht weisungsgebunden arbeitete.

Ein wesentlicher Einschnitt in die Praxis der Einkommensbesteuerung in Preußen bildete das preußische **Einkommensteuergesetz vom 24. Juni 1891**. Noch nach dem Gesetz über die preußische Klassen- und klassifizierte Einkommensteuer von 1851 (und dessen Änderung von 1873) hatten die Einschätzungskommissionen immer noch ein 'tieferes, lästiges Eindringen in die Vermögens- und Einkommensverhältnisse' der Bürger zu unterlassen. In einer amtlichen Instruktion dazu hieß es:

> "Das Gesetz enthält keine Bestimmungen über eigene Deklarationen ihrer Einkommensverhältnisse seitens der Steuerpflichtigen, es will jeden Zwang in dieser Hinsicht ausgeschlossen wissen. Der Steuerpflichtige darf daher, abgesehen von dem Verfahren in der Rekursinstanz, niemals genötigt werden, irgendeine Auskunft über seine Einkommensverhältnisse zu erteilen." (Pausch 1979:366)[19]

Das Einkommensteuergesetz von 1891 räumte den Regierungen nun einen gewissen Einfluß auf das Veranlagungsgeschäft ein, da die Kommissionen teilweise mit von der Regierung ernannten, wiederum nicht weisungsgebundenen Mitgliedern besetzt wurden. Die Organisation der Steuerveranlagung wurde grundsätzlich neu geordnet. Die Gemeinden nahmen nach wie vor die Personenbestandsaufnahme und die Aufstellung der Einkommensnachweise vor. Nach den Vorschlägen der Voreinschätzungskommissionen und unter Berücksichtigung der Steuererklärungen der Steuerpflichtigen mit Einkommen über 3.000 Mark, legte dann die Veranlagungs-

19) Eine vereinfachte Form der Pauschalbesteuerung mit Richtsätzen wurde übrigens in Österreich noch nach dem ersten Weltkrieg beibehalten, vgl. Spitaler 1935.

kommission die Steuersätze fest. Berufung war bei der Berufungskommission einzulegen. Als Revisionsinstanz war das Oberverwaltungsgericht anzurufen.

Nun wurden in das preußische EStG von 1891 auch erste Bestimmungen über eine **Deklarationspflicht** aufgenommen: Durch § 24 des Gesetzes wurde jeder mit einem Einkommen von mehr als 3000 Mark veranlagte Steuerpflichtige zur **Abgabe einer Steuererklärung** verpflichtet. Dies galt auch für Unternehmen und Betriebe, die verpflichtet waren, ihre Geschäftsberichte und Jahresabschlüsse einzureichen - eine Voraussetzung für die später im Deutschen Reich eingeführte Betriebsprüfung.[20)] Diese Vorschriften hatten auch unmittelbare Folgen für die Buchführung der betreffenden Betriebe: anstelle der alten Einnahmeüberschußrechnung wurden nun die kaufmännische Vermögensrechnung (Bilanz) eingeführt (vgl. Walz 1980:75). Zur praktischen Anwendung dieser gesetzlichen Bestimmungen wurden auch umfangreiche Ausführungsbestimmungen und Anweisungen erlassen, die mit den heutigen 'Richtlinien' vergleichbar sind (vgl. Pausch 1979:67f). Die preußischen Landräte und Regierungsassessoren, die ja mit der Prüfung der Betriebe betraut waren, "waren so ziemlich alle Laien in dieser Materie" (Pausch 1979:369) die sich an Buchprüfungen nicht "heranwagten" (Witt 1973:213). Eine reguläre Buchprüfung oder gar ein Betriebsprüfungsdienst hat sich deshalb nicht herausgebildet.

2.2.2.2 Die Veranlagungskommissionen

Durch die Veranlagungskommissionen bzw. die Voreinschätzungskommissionen war das **Laienelement** in der preußischen Steuerverwaltung ziemlich stark vertreten. Insbesondere bei Einkommen bis 3.000 Mark war die Voreinschätzung der Steuerpflichtigen praktisch ganz den Berufsbeamten entzogen und oblag den Gemeinden unter hoher Beteiligung von Laien. Es ist davon auszugehen, daß zumindest in den Großstädten die Einschätzung nicht "aus wirklicher Kenntnis der Einzelpersonen und ihrer Lebensverhältnisse, sondern nach Berufsbezeichnung in den Listen erfolge". Das System funktionierte in der Regel dennoch ohne Probleme; "Beanstandungen gehörten offenbar zu den größten Seltenheiten" (Ball 1927:544).
Die Veranlagung von Steuerpflichtigen mit einem Einkommen über 3.000 Mark unter der Mitwirkung von Laien geschah in zwei Formen: Zum einen durch den Auftrag des Amtes an ein Mitglied der Veranlassungskommission, durch persönliche Verhandlungen mit dem Steuerpflichtigen dessen Einkommensverhältnisse zu klären, zum anderen durch "Äußerungen von Mitgliedern in den Veranlagungssitzungen über das Einkommen einzelner Steuerpflichtiger, deren Lebensverhält-

20) Vgl. Kap. 4.3.2

nisse Mitgliedern der Kommission bekannt waren" (Ball 1927:544). Durch eine mehrmalige Heranziehung von Kommissionsmitgliedern zu solchen Veranlagungen als Hilfsorgan des Amtes bildete sich auch auf diese Weise ein gewisses 'Spezialistentum' heraus. Die andere Form der Veranlagung kann weder besonders streng, noch übermäßig effektiv gewesen sein:

> "Die Sitzungen fanden so statt, daß die gesamte Masse der Veranlagungen, die formell durch die Kommission vorgenommen werden mußten, in großen gebündelten Akten in die Sitzungskammer gelegt wurden, und daß dann der Vorsitzende einige Fälle, die entweder besonders interessant waren oder in denen das Amt glaubte, tatsächlich irgend etwas von den Mitgliedern erfahren zu können, vortrug. Dann wurde den Mitgliedern anheimgestellt, sich die Listen und Akten, die sonst noch vorhanden wären, durchzusehen, und eventl. noch einzelne Steuerpflichtige zu fragen. Schließlich galt der gesamte Rest aller nicht vorgetragenen Veranlagungen als in Bausch und Bogen genehmigt ... in der Regel verhinderte schon die Größe der Bezirke der Veranlagungskommissionen eine wirkliche Einzelarbeit der Kommissionen und der Sitzungen." (Ball 1927:544f)

2.2.2.3 Die Kassenorganisation

Die Kommunen und die anderen Steuereinnehmer lieferten die erhobenen Steuergelder an die **Kreiskassen** ab, die die nach Bestreitung der Verwaltungskosten bestehenden Überschüsse monatlich an die jeweilige Regierung abführten. In einigen Regierungsbezirken wurden diese Gelder direkt von den Elementarsteuereintreibern an die Regierungshauptkasse überwiesen. Nach der Reform der Einkommensteuer im Jahr 1891 verstärkte sich der Einfluß der Steuerverwaltung auf die Kommissionen dadurch, daß nun ein Teil der Mitglieder von der Regierung oder dem Finanzminister ernannt werden mußten (Leesch 1981/82:479).
Die Elementarerhebung der direkten Steuern wurde zwischen 1818 und 1839 als Auftragsarbeit von den Gemeindeeinnehmern erledigt. Diese lieferten die Steuern bei der beim jeweiligen Landrat angesiedelten Kreiskasse ab. Die Regierungshauptkassen, die seit 1816 bei den Bezirksregierungen ressortierten, zogen dann das Steueraufkommen von den Kreiskassen ein. Diese Art der Steuererhebung galt auch nach 1839 in den **östlichen Provinzen** Preußens weiter.
Dagegen besaßen die **westlichen Provinzen** Preußens spätestens ab 1839 (unter französisch-westfälischem Einfluß) eine andere Kassenorganisation. Die Gemeinden wurden von der Verpflichtung der Elementarsteuererhebung der direkten Steuern befreit. Die von Seiten der Bezirksregierungen ernannten **Steuerempfänger** (ab 1885 Königliche Rentmeister) leiteten die Steuerkassen, deren jeweilige Bezirke kleiner als die der auf die Landkreise abgestimmten Kreiskassen waren. Die Steuereinnahmen wurden hier bei der Regierungshauptkasse abgeliefert.

Als vom 1. April 1895 an die Grund- und Gebäudesteuer und die Gewerbesteuer den Gemeinden überlassen wurden, mußten diese als Gegenleistung die unentgeldliche Elementarerhebung aller direkten Steuern (zu diesem Zeitpunkt die Einkommen- und Ergänzungssteuern) übernehmen. Die Steuerkassen der westlichen Provinzen wurden wieder aufgelöst und der Instanzenzug von 1839 (der ja in den östlichen Provinzen immer noch galt) wieder in ganz Preußen zur Regel gemacht.

Der "Geschäftsablauf" der steuereinnehmenden Behörden (vgl. Kap. 1.2.4.5) bestand in der Einbeziehung und der Verrechnungen der direkten Steuern. Sie waren zugleich aber verpflichtet, "alle diejenigen Geschäfte ohne einen Anspruch auf besondere Entschädigung zu übernehmen, welche ihnen von ihrer vorgesetzten Behörde überwiesen" wurden (v.Rönne 1883:318). Die den Kreissteuereinnehmern vorgesetzte Behörde war die Bezirksregierung; der Landrat war ihnen gegenüber nur eingeschränkt weisungsbefugt. Die Dienstpflichten der Kreissteuereinnehmer waren in der Geschäftsanweisung vom 18. Februar 1856 geregelt.

2.2.2.4 Die Rolle des Landrates bei der Verwaltung der Einkommensteuer

Alles in allem führten die Steuersachen aber bei den Landratsämtern "ein wahres Aschenbrödeldasein":

> "Wo in einem größerem Kreis ein Assessor dem Landrat als Vertreter beigegeben war, mußte er regelmäßig die Steuern übernehmen. Da er in dieser Stellung nie allzulange blieb, vertiefte sich auch der Assessor nicht allzusehr in diesen 'Spezialistenkram'. So war es in vielen Fällen einer der Sekretäre, der auf diesem Gebiet allein sachverständig war." (Institut Finanzen und Steuern 1956:17)

Obwohl den meisten Landräten steuertechnische Kenntnisse fehlten, aber auch eine allgemeine Unkenntnis des Einkommensteuergesetzes und seiner Ausführungsanweisungen zu beklagen war, wurden die Landräte auch nach der Einkommensteuer-Reform von 1891 bewußt weiter als Vorsitzende der Veranlagungskommission eingesetzt. Man erwartete von ihnen - weit mehr als von staatlichen Kommissaren - 'Zurückhaltung' bei der Beurteilung der Einkommensverhältnisse der Steuerpflichtigen; zudem sollte der Eindruck einer schärferen Veranlagung in der Folge der Miquelschen Gesetze bewußt vermieden werden. (vgl. v.d.Groeben 1975:515)

Der Landrat hielt sich ohnehin aus den schwierigen Steuergeschäften heraus, seit im Gefolge des EStG von 1891 die Fachfragen im Zusammenhang mit den Buchführungs- und Bilanzfragen an Bedeutung gewannen (Pausch 1979:370). Dies auch, zumal der Landrat bei der Ausübung seiner Pflichten auch nicht anders konnte, als die Interessen der in seinem Bereich ansässigen Steuerzahler - und insbesondere der Gutsbesitzer oder Industriellen - bei seiner Veranlagungstätigkeit zu berücksichtigen; letztlich war er daneben auch für alle anderen Sachfragen der Verwaltung des Kreises zuständig:

> "Daß ihnen solche Fragen mehr am Herzen liegen wie, ob der Staat ein paar Tausend Mark mehr oder weniger Einkommen- und Ergänzungssteuer aus dem Kreise erhält, und ob jeder Steuerpflichtige auch wirklich sein Einkommen und Vermögen bis zur letzten Mark versteuert, liegt in der Natur der Stellung des Landrats begründet. Er ist, will er die Aufgaben, die er sich zum Wohle des Kreises gestellt hat, erreichen, darauf angewiesen, seine einflußreichen Kreisinsassen nicht zu verstimmen, und es gibt deren recht viele, bei denen hierzu schon ein Anziehen der Steuerschraube genügt." (Strutz 1912:228)

Die Konservativen im Preußischen Abgeordnetenhaus waren sich dieser Tatsachen bei der Ausgestaltung des preußischen Einkommensteuergesetzes von 1891 mit dieser spezifischen Form der Veranlagung und Verwaltung der Steuern, durchaus bewußt, das zeigen die Belege von Witt (1973:208f; 209, Anm.19).

Daß die Landräte durchaus eine milde Heranziehung der Einkommensteuer praktizierten - und in vielen Fällen Bereitschaft zur Unterstützung von Steuerhinterziehungen zeigten - belegen die Untersuchungzeigten von Dehlbrück[21] die ein deutliches Mißverhältnis zwischen der Entwicklung des Volksvermögens und der des Einkommensteueraufkommens zeigt.
Aber es hat bei der Heranziehung zur Einkommensteuer auch signifikante Unterschiede gegeben: Die Landräte, überwiegend von adeliger Herkunft[22] und häufig aus gleichen sozialen Klasse wie die Grundbesitzer stammend (Witt 1973:218), bevorzugten bei der Steuerveranlagung deutlich die gesellschaftlichen Schichten, aus denen sie selbst stammten. Grobe Ungereimtheiten und als falsch zu erkennen-

21) Dehlbrück, H.: Die Finanzreform, der Kampf um die Nachlaßsteuer, in: Pr. Jahrb. (135. Jg.) 1909, S. 559-565 und ders. Volksvermögen und Steuerdeklaration in: Pr. Jahrb. (135. Jg.) 1909, S. 166-187; vgl. die Besprechung bei Witt (1973:219 ff). Witt führt auch die verschiedenenen dabei praktizierten Formen von Steuerhinterziehungen (Rechnungsbetrügereien, Überhöhung der Ausgaben, Nichtangabe oder Falschdeklaration von Zinseinkünften und Pachterträgen usw.) detailliert auf; vgl. ders. 1973:215f. Eine abschwächende Darstellung dieser Probleme findet sich bei v.d.Groeben 1975:518f; kritische Anmerkungen zu Witt (1973) finden sich ebd.:519, Anm. 24.
Eine zeitgenössische Auseinandersetzung hierzu spielte sich zwischen Meisel (1911) und Waldecker (1913) ab. Meisel (1911:313) ging von durchschnittlich 25 % falschen Steuerdeklarationen aus, die von den Behörden bei der Veranlagung korrigiert wurden. Waldecker kritisierte diese pauschale Gleichsetzung von Abänderung der Erklärungen und bewußter Steuerhinterziehung.

22) Obwohl die Zahl der adeligen Landräte in Preußen laufend abnahm, waren noch 1919 mehr als die Hälfte aller preußischen Landräte von adeliger Herkunft! (Witt 1973:207)

de Angaben in den Steuerdeklarationen wurden von den Landräten bei der Veranlagung häufig nicht beanstandet.

> "Daß bei einem solchen Verfahren lediglich die abhängig beschäftigten Lohn- und Gehaltsempfänger - jedenfalls für das ziffernmäßig genau feststellbare jährliche Arbeitsentgelt - die Einkommensteuer in voller Höhe entrichteten, ist evident." (Witt 1973:213)

Dies galt vor allem nach dem **Einkommensteueränderungsgesetz von 1906**, nach dem die Arbeitgeber zur Auskunft über die Zahl der der bei ihnen beschäftigen Arbeitnehmer und deren Lohn verpflichtet wurden.[23)]

Dienstliche Untersuchungen dieser Vorgehensweisen, die der preußische Finanzminister Lentze - auch angeregt von den Vorwürfen Dehlbrücks - 1910 anordnete, förderten so niederschmetternde Ergebnisse zutage, daß sie unterdrückt und nur auf hoher Regierungsebene erörtert wurden: Sie enthülten deutliche Fälle von "Steuerhinterziehung seitens der Großgrundbesitzer mit Billigung und aktiver Förderung durch die Landräte" (Witt 1973:214):

> "Die von Lentzes Kommissaren festgestellten Steuerhinterziehungen der Großgrundbesitzer und die Amtspflichtverletzungen der Landräte waren so allgemein üblich, daß sie von denjenigen, die sie betrieben - das geht aus zahllosen Erklärungen von Landräten wie Steuerpflichtigen hervor -, subjektiv gar nicht mehr als solche empfunden wurden, sondern daß man ihnen im Gegenteil die richtige und vom Gesetzgeber gewollte Auslegung des Gesetzes sah, die sich freilich auf eine bestimmte soziale Schicht zu beschränken hatte." (Witt 1973:217)

Schon die - zumeist in den größeren Städten angesiedelte - Industrie wurde bei der Veranlagung kritischer beurteilt, denn in den Städten wurden verstärkt **hauptamtliche Kommissare** zu Vorsitzenden der Veranlagungskommissionen bestellt, die weit mehr als die Landräte ihre Aufgabe in einer Erhebung der annähernd richtigen Steuerleistung sahen.

Dem Landrat - als Vorsitzendem der Veranlagungskommission - wurde um 1900 ein Steuerbeamter des mittleren Dienstes (Steuersekretär) und in größeren Kreisen auch noch ein (meist häufig wechselnder) Regierungsassessor als 'Hilfsarbeiter' beigegeben. Weiteres Bürohilfspersonal konnte er nur im privaten Angestelltenverhältnis beschäftigen und aus seinem "fast immer zu gering bemessenen" Dienstaufwand (Aversum) bezahlen (v.d.Groeben 1975:517). Das oftmals mangelnde Interesse des Landrates am Veranlagungsgeschäft und die zunehmende Kompli-

23) Diese Vorschrift bildete die unmittelbare Vorstufe zu dem mit dem reichseinheitlichen Einkommensteuergesetz von 1920 eingeführten Lohnsteuerabzug vom Arbeitseinkommen; vgl. hierzu Kap. 3.3.1

zierung der Materie, aber auch die Überlastung der Landräte mit anderen (in den Augen der Landräte meist wichtigeren) Aufgaben, führte in einigen Kreisen dazu, daß die beigeordneten **Steuersekretäre** die Veranlagungsarbeit fast selbständig erledigten. Da auch ihnen teilweise das fachliche Wissen (und - wenn sie sich auch in jahrelanger Arbeit das Fachwissen angeeignet hatten - die notwendige Autorität!) fehlten, wurde die Veranlagung dadurch keineswegs gleichmäßiger.

> "Nur in bestimmten Einzelfällen, wenn nämlich die Steuersekretäre vorschlugen, die Steuererklärungen von Großgrundbesitzern zu beanstanden und eine eingehende Beweiserhebnung über deren Einkünfte durchzuführen, entwickelten die Landräte eine bemerkenswerte Aktivität; sie verboten ihren Steuersekretären kurzerhand jede Beanstandung oder blockierten dahingehende Weisungen der Vorsitzenden der Einkommensteuerberufungskommission beim Regierungspräsidenten." (Witt 1973:213)

Das Steuerbüropersonal der Landräte wurde zwar nach 1911 um ein bis zwei Beamte des mittleren Dienstes verstärkt, jedoch wurden diese zusätzlichen Steuerhilfsbeamten nur auf Zeit bewilligt. (v.d.Groeben 1975:521, Anm. 29) Es wurden ansonsten von Seiten der Staatsregierung keine weiteren Schritte unternommen, um die quantitative Unterbesetzung oder die mangelnde fachliche Ausbildung in den 'Steuerbureaus' der Landräte zu beheben.

Berufungsinstanz in Steuersachen war die bei der Bezirksregierung angesiedelte Berufungskommission, unter deren ehrenamtlichen Mitgliedern die verschiedenen Arten des Einkommens "möglichst gleichmäßig vertreten sein sollten" (v.d.Groeben 1975:516). Gegen die Entscheidung der Berufungskommission konnte Rechtsbeschwerde eingelegt werden, über die seit der Steuerreform von 1891 der **Steuersenat am Preußischen Oberverwaltungsgericht** entschied. (vgl. Leidel 1964:44)

Die preußische Steuerverwaltung unterstand demnach zwar einem eigenen Fachministerium, ihre Mittel- und Unterinstanzen waren aber in die allgemeine preußische Innenverwaltung integriert. **Eine spezielle, organisatorisch eigenständige Steuerverwaltung gab es in Preußen bis 1918 nicht.** Entsprechende Reformbestrebungen in dieser Richtung konnten sich bis zum Ende des ersten Weltkriegs nicht durchsetzen, auch wenn bis zum Krieg vermehrt professionelle Steuerkommissare eingesetzt wurden. Aber insbesondere in den ostelbischen Provinzen Preußens behielten die Landräte ihre einflußreiche Stellung als Organe der Steuerverwaltung bis zum Zusammenbruch der Monarchie bei. (Witt 1973:218). Eine Aufstellung der an Stelle der Landräte von eingesetzten Staatskommissaren geleiteten Veranlagungskommissionen findet sich - für den Stand von 1911 - bei Buck (1911:386f). Eine vollständige Umstellung wurde zu dieser Zeit - wegen der befürchteten Kosten von sechs bis acht Millionen Mark - auch von Buck, dem

Vorsitzenden der Einkommensteuerveranlagungskommission von Beuthen/OS., skeptisch eingeschätzt. Dies insbesondere auch, weil für den Fall der Errichtung einer 'professionellen' Steuerverwaltung eine starke Vermehrung der mittleren Beamten befürchtet wurde, da auch für diesen Fall nicht geplant war, von dem Grundsatz abzugehen, "keine Bureaugeschäfte durch höhere Beamte erledigen zu lassen, die von mittleren Beamten erledigt werden können" (Buck 1911:92).

Eine Änderung ergab sich erst, als 1919 - kurz vor dem Übergang der Steuerverwaltung auf die neu geschaffenen Reichsbehörden - die Veranlagungskommissionen verstärkt eigene Vorsitzende erhielten und die Veranlagungsbezirke zusammengelegt wurden. Die Kommissionen wurden damit auch in 'Staatssteuerämter' umbenannt. (vgl. v.d.Groeben 1975:521, Anm. 29)

2.2.3 Die Personalentwicklung der Einkommensteuerverwaltungsbehörden in Preußen bis 1918

Wie die Beschreibung der preußischen 'Einkommensteuerverwaltung' gezeigt hat, hat sich die Organisationsstruktur nur wenig geändert, die Grundstruktur blieb ohnehin immer konstant. Aber die alleinige Betrachtung der Organisationsstruktur wäre einseitig. Erhellend kann in diesem Zusammenhang auch die Überprüfung der Personalentwicklung in der Einkommensteuerverwaltung sein. Denn trotz der wenig geänderten Organisationsstrukturen hätte ja in der **Erhöhung des Personalbestandes** eine relativ einfache Möglichkeit bestanden, um dem Mehr an Steuerfällen oder auch nur der (gleichzeitig auftretenden) Komplizierung der Gesetzesmaterie entgegenzutreten.
Die Zahl der Beamten der preußischen Ministerialverwaltung ist nur wenig belegt. Möller (1929) nennt folgende Zahlen für diesen Verwaltungszweig:

(Jahr)	1875	1900	1913
Finanzministerium allgemein	3226	4839	6075
Ministerium	186	176	192
Oberpräsidien, Regierungen	1070	2966	4079
Kreiskassenverwaltungen	271	526	441

Möller macht hier aber keine Angaben darüber, welche Verwaltungszweige oder Beamtenkategorien mit aufgenommen wurden. Einzig die Personaldaten für das Ministerium selbst lassen sich anhand der Preußischen Staatshaushalte belegen. Hierin sind alle im Ministerium beschäftigten und vom Finanzminister besoldeten Beamten aufgeführt.[24] Die Zunahme der Beamten wird zwar in Möllers Statistik

24) Vgl. Anlagen 27 und 28

deutlich belegt, hinsichtlich der Steuerverwaltung an sich ist ihr Aussagewert aber zu gering.[25)]
Eine vollständige Statistik der Personalentwicklung der mit der Verwaltung der direkten Steuern befaßten Beamten kann hier kaum erstellt werden, da es nur ansatzweise Aufstellungen über diese besonderen Verwaltungsstellen gibt. Die Erfassung muß sich deshalb auf eine feste Gruppe, die Beamten, die bei der Finanzverwaltung angestellt sind und aus dem Etat des Finanzministers besoldet wurden, beschränken.[26)]

Das gesamte beamtete Personal des Finanzministeriums (alle Abteilungen, Buchhaltung, Kanzlei, Kasse usw.) bestand 1850 aus 115 Beamten, 1879/89 aus 158 Beamten, 1900 aus 176 Beamten und **1914** aus **196 Beamten**. Zwischen 1850 und 1914 ist also eine **Zunahme um 70,4 %** zu verzeichnen, die weitgehend kontinuierlich erfolgte.
In der Abteilung für die Verwaltung der direkten Steuern des Finanzministeriums wurden 1875 18, 1900 27 und 1920 26 Beamte beschäftigt. Der größte Anstieg der Beschäftigten ist zwischen 1875 und 1880/81 von 18 auf 23 Beamte festzustellen; dies entspricht lediglich einer Steigerung von 27,7 % im genannten Zeitraum. Insgesamt vermehrte sich die Beamtenzahl von 1875 bis 1910 um **44,4 %**. Die Zunahme der Beamten im letzten Viertel des 19. Jahrhunderts in der Abteilung für direkte Steuern liegt also **deutlich niedriger** als die Zunahme der Beamtenzahlen im preußischen Finanzministerium insgesamt.
Stark zugenommen hat hingegen die Zahl der vom Finanzministerium besoldeten Beamten der direkten Steuerverwaltung auf der Ebene der Oberpräsidien und Regierungen. Ihre Zahl betrug:

Jahr:	1854	1879/80	1900	1914
Beamte:	1414	1992	2989	4124

Das bedeutet also in sechs Jahrzehnten eine Anstieg um **191,6 %**. Während in den ersten zwei Jahrzehnten zwischen 1854 und 1873 das Wachstum nur 20,7 % betrug, gab es besonders in den Jahren zwischen 1900 und 1914 einen sprunghaften An-

25) Dieselben Probleme zeigen sich bei der Auswertung der periodisch erschienenen Preußischen Staatshaushalte (Anlagebände) und der Staats-, Hof- und Kommunalhandbücher. Unter die Verwaltung der direkten Steuern fielen neben neben der Einkommensteuer auch noch die Grund- und Gebäudesteuer, die Gewerbe- und Betriebssteuer und - nach der Steuerreform von 1891/93 - die Ergänzungsteuer. Die Zuordnung des Personals auf die einzelnen Zweige der direkten Steuerverwaltung ist aus dem hier vorliegenden Material nicht möglich; Aussagen können also nur für die direkte Steuerverwaltung gemacht werden. Im Finanzministerium wird sogar dies erst nach der Trennung von 1866 der Abteilung für Abgaben in je eine Abteilung für direkte und indirekte Steuern möglich.

26) Zu den Gesamtaufstellungen vgl. Anlagen 27, 28 und 29

stieg. Nicht ganz so ausgeprägt stellt sich die Personalvermehrung dar, wenn man nur die Abteilung für die Verwaltung der direkten Steuern, Domänen und Forsten bei den Regierungen betrachtet. Wie der Titel der Abteilung schon zeigt, wurden in dieser Abteilung auch die Angelegenheiten der Domänen und Forsten bearbeitet. Am Beispiel von vier ausgewählten Regierungen[27)] zeigt sich, daß hier zwischen 1855 und 1910 ein Beamtenzuwachs von 109 % bis 157 % stattfand, wobei die **höchsten Zuwachsraten zwischen 1890 und 1895** zu verzeichnen waren:

	1855	1875	1890	1895	1900	1910[28)]
Königsberg	12	14	19	35	37	28
Gumbinnen	11	11	18	27	36	23
Danzig	9	13	14	20	20	22
Marienwerder	14	16	16	25	28	36

Für die **lokale Ebene** der Einkommensteuer- oder direkten Steuerverwaltung ist eine solche Zusammenstellung aus mehreren Gründen kaum zu erbringen bzw. auch wenig sinnvoll. Es ist gezeigt worden, daß die Einkommensteuerverwaltung auf der lokalen Ebene organisatorisch zweigeteilt war: in die **Veranlagung** und die **Erhebung** der Steuern. In den östlichen Provinzen waren die Gemeinden für die Erhebung der Steuern zuständig, in den westlichen Provinzen war dies zwischen 1828 und der Miquelschen Steuerreform die Sache von Steuereinnehmern oder Rentmeistern.[29)] Davor und danach waren auch hier die Gemeinden für die Erhebung der Steuern zuständig.

Über die personelle Besetzung der verschiedenen Kommissionen zur Veranlagung der Steuern kann - aufgrund der hier untersuchten Materialien - wenig gesagt werden, da deren Mitglieder ehrenamtlich tätig waren und deshalb in keinen Besoldungslisten auftauchten. Nur die Vorsitzenden der Kommissionen waren haupt- oder nebenamtlich tätig und erscheinen im Besoldungsetat des Finanzministers. Dem Bericht des Finanzministers (Preußisches Finanzministerium 1900:67f) ist zu entnehmen, daß sich die Zahl der den Landräten und den besonderen Kommissarien beigegebenen **Steuersekretäre** zwischen 1897 und 1899 von 170 auf 638 vermehrte. Die Zahl der Kanzlisten stieg im gleichen Zeitraum von 7 auf 36, während sich die Zahl der 'Hilfsarbeiter' von 756 auf 354 verminderte.

27) Quelle: eigene Zusammenstellung; vgl. als Beispiel die Angaben zur Regierung von Danzig in Anlage 30.

28) Alle vier Regierung gehörten zunächst zur Provinz Preußen, nach der Teilung Danzig und Marienwerder zu Westpreußen, Königsberg und Gumbinnen zu Ostpreußen

29) Davon gab es 1890/91 noch 800, 1896/97 nur noch 435 Kräfte.

Der stärkste Anstieg der Personalvermehrung in der Verwaltung der direkten Steuern in Preußen ist also auf der **mittleren Verwaltungsebene** festzustellen. Insbesondere nach der Miquel'schen Steuerreform ist dieser Anstieg deutlich wahrzunehmen.

Die Schlußfolgerung, daß die Personalbesetzung der reinen Einkommensteuerverwaltung sich genau parallel zur Vermehrung der Verwaltung der direkten Steuern verhalten hat, ist direkt nicht belegbar. Aber es spricht einiges dafür. So wird im bereits erwähnten Bericht des Finanzministers (Preußisches Finanzministerium 1900:146) beklagt, daß die Einkommensteuerreform von 1891 eine Fülle von neuen und schwierigen Aufgaben mit sich gebracht hatte, was eine Verstärkung des Beamtenpersonal notwendig mache. Außerdem trat "mehr und mehr das Bedürfnis nach einem technisch geschulten Bureaupersonal behufs Bearbeitung der Steuersachen" (dass. 1900:147) hervor.

2.2.4 Ausbildungsanforderungen der Steuerbeamten in Preußen

Auch für diesen Aspekt der Verwaltung der preußischen Einkommensteuer liegen nur lückenhafte Daten vor. In der zugänglichen Literatur wird außer bei Bitter (1906:524f) und Schwarz/Strutz (1902) auf die Ausbildungsvoraussetzungen nicht eingegangen. In den Mitteilungen aus der Verwaltung der direkten Steuern sind nur zwischen 1890 und dem Anfang des 20. Jahrhunderts Prüfungsordnungen für mittlere Beamte der direkten Steuerverwaltung abgedruckt.
Als Einstellungsvoraussetzung wurde von den **höheren Beamten** der direkten Steuerverwaltung keine besondere Fachausbildung gefordert. (Bitter 1906:524) Seit 1879 war für die Befähigung zum höheren Verwaltungsdienst ein abgeschlossenes dreijähriges Studium der Rechts- und Staatswissenschaften Voraussetzung; danach trat der Kandidat als Referendar zu einer vierjährigen Vorbereitungszeit[30)] an. Nach einer zweiten Prüfung wurde er als Regierungsassessor angestellt. (vgl. Schwarz/Strutz 1902)
Für die **mittleren Beamten** gab es - sofern sie eine Anstellung als Sekretäre oder als Sekretärassisstenten bei der Direktion für die Verwaltung der direkten Steuern in Berlin oder als Sekretäre bei den Vorsitzenden der Einkommensteuerveranlagungskommissionen anstrebten - ab 1894 eine besondere Prüfung.[31)] Die Zulassung zu dieser Prüfung war erst nach einer zwei- bis dreijährigen Tätigkeit in der Verwaltung der direkten Steuern möglich. Während dieser Zeit erhielt der Bewerber im übrigen **kein Gehalt**, mußte seinen Lebensunterhalt also selbst finanzieren!

30) Zwei Jahre Justizdienst und zwei Jahre Dienst in dem später angestrebten Verwaltungszweig.
31) Runderlaß des preußischen Finanzministers vom 19. Juni 1894

Geprüft wurden bei der Zulassung neben der Allgemeinbildung auch Kenntnisse über die Einrichtung der direkten Steuerverwaltung, die entsprechenden Gesetzestexte und die Vertrautheit mit den allgemeinen Aufgaben der Subalternbeamten.
Zugleich befähigte - nach einem Erlaß vom 21. August 1891 (MBl. für die innere Verwaltung 1891:161) - auch die Ablegung der Prüfung "für die im Bureau- und Kassendienst bei der Regierung anzustellenden Beamten" zur Anstellung als Steuersekretär; gleiches galt umgekehrt. (Bitter 1906:525)
Zwischen 1893 und 1903 wurde keine Prüfung für die Anstellung als **Rentmeister** verlangt. Zu diesem Amt zugelassen wurden aber nur mittlere Beamte, die sich in etatsmäßiger Anstellung befanden oder eine Anstellungsberechtigung erworben hatten. Nach 1903 wurde eine zusätzliche **Rentmeisterprüfung** Voraussetzung zur Anstellung. Nach weiteren gesetzlichen Bestimmungen mußte ganz allgemein in allen Verwaltungszweigen die Hälfte aller unteren und mittleren Beamtenstellen mit Militäranwärtern besetzt werden. (vgl. Schwarz/Strutz 1902)

Insgesamt läßt sich festhalten, daß bei den **höheren Beamten** der direkten Steuerverwaltung keine besonderen Fachkenntnisse bei der Anstellung in der Verwaltung der direkten Steuern verlangt wurden; bei den **Steuersekretären** und **Steuerassistenten** ist eine Verschärfung der Ausbildungsanforderungen (und damit der Fachkenntnisse) ab 1894 festzustellen. Der Zusammenhang mit der Steuerreform von 1891/93 und den damit gestiegenen Anforderungen an die Finanzverwaltung ist augenfällig.

2.3 Die spezialisierte Steuerverwaltung in Sachsen

2.3.1 Die Organisation der sächsischen Finanzverwaltung bis 1918

Seit 1589 gab es in Sachsen ein mit Finanzfragen beschäftigtes Kollegium als Behörde, als dem kurfürstlichen Rent- und dem Kammermeister eine eigene Instruktion verliehen wurde. (Haug 1897:169) Die Obliegenheiten des bisherigen Kammerkollegiums, des Kammer- und Bergkollegiums und der Generalhauptkasse wurden 1782 vereinigt und der neuen Behörde die Bezeichnung 'Geheimes Finanzkollegium' verliehen, "um in dem gesamten Finanzwesen den nötigen Zusammenhang, Ordnung, Vereinfachung und Uebersicht des Ganzen zu bewirken", wie es in einem Reskript vom 30. Oktober 1782 heißt.[32)]
Das kollegialisch organisierte Finanzkollegium hatte drei Departements:

- das I. Departement für das allgemeine Finanzwesen, Kassensachen, Bergwesen sowie das Münz- und Salzwesen, die Post, den Straßen- und den Wasserbau;
- das II. Departement für die Land- und Generalacccisesachen, die Handels-, Gewerbe- und Verbrauchsabgaben und die Zölle;
- das III. Departement für die Ämter, die Kammergüter, das Jagd- und Forstwesen u.a.;
- sowie ein Kammerarchiv und eine Buchhalterei.

1783 wurden auch eine Hauptsportelkasse eingerichtet und daraus die Sportelanteile der Beamten (als Bezahlung) festgeschrieben; vorher waren die Beamten nur sehr niedrig bezahlt worden und hatten deshalb ihren Erwerb durch vielerlei Nebengeschäfte gesichert. (Haug 1897:185)

Trotz mancher organisatorischer Änderungen blieb das Geheime Finanzkollegium bis zur Verkündung der Verfassungsurkunde vom 4. September 1831 in seiner Grundstruktur erhalten. Mit der Verfassungsurkunde wurden sechs Ministerialdepartements eingeführt; die Geschäfte des Geheimen Finanzkollegiums gingen damit auf das neu gegründete **Finanzministerium** über.

Neben dem Geheimen Finanzkollegium bestand zusätzlich noch das **Obersteuerkollegium**, das ab 1570 zu einer selbständigen Behörde ausgebaut worden war. Es war paritätisch mit Beamten der Stände und der Landesregierung besetzt, denn den **Ständen** stand neben der Bewilligung der Steuern auch eine Mitwirkung bei der Erhebung, Verwaltung und Verwendung dieser Abgaben zu. In einer Verordnung vom 2. November 1833 wurde nun bestimmt, daß das Obersteuerkollegium aufge-

32) Zit. nach Haug 1897:183

löst und seine Geschäfte auf das **Finanzministerium** und die drei **Kreissteuerräte** übertragen würden.

Neben dieser Umorganisation auf der Ministerialebene wurde auch die gesamte Verwaltung der direkten und indirekten Abgaben neu gestaltet. In der 'Verordnung, die Organisation der Verwaltungsbehörden für indirekte Staatsabgaben betreffend' vom 10. Dezember 1833 (GV Sachsen 1833:457) wurde auf der mittleren Verwaltungsebene in Dresden eine **Zoll- und Steuerdirektion** errichtet. Dieser Zoll- und Steuerdirektion unterstanden auf der Bezirksebene Hauptzollämter (an der Grenze) und Hauptsteuerämter (im Innern des Landes). Ihre Bezirke wurden jeweils in mehrere **Hebedistrikte** geteilt, in denen sich Nebenzollämter I. und II. Klasse und **Untersteuerämter** (teilweise auch Steuerrecepturen und Ansageposten) befanden.
In einer Verordnung, 'die Bildung und Einrichtung der Behörden für Erhebung der direkten Steuern betreffend' vom 1. November 1834 (GV Sachsen 1834:311) wurde bestimmt, die Kreissteuerräte auf der mittleren Ebene beizubehalten. Ihnen wurden zusätzlich zwei **Bezirkssteuereinnehmereien** unterstellt, die für die Einnahme der direkten Steuern, die Rechnungslegung und zum Teil auch für die Bemessung der Steuern zuständig waren. Die Primärerhebung wurde nach wie vor von **Ortssteuereinnehmern** vorgenommen. Die Organisationsstruktur der direkten und indirekten Steuerverwaltung[33] blieb somit in den wesentlichen Teilen bis zum Ende des sächsischen Königreiches erhalten.

Um 1870 unterteilte sich das Finanzministerium in drei Abteilungen, deren Geschäftskreise auch später unverändert Bestand behielten:[34]

- Die I. Abteilung des Finanzministerums war für den Staatshaushalt, das Staatskassen und -rechnungswesen bezüglich des Budgets, den Rechenschaftsbericht, die münzpolitischen Angelegenheiten, die Verfassungssachen und Personalbesetzungen im Finanzministerium, die Lotteriesachen, das Staatsschuldenwesen, die Land-, Landescultur- und Altersrentenbank, die Hofapotheke und das Abgaben- und Steuerwesen zuständig.
- Die II. Abteilung übernahm die Verwaltung des staatlichen Grundeigentums, der Kammergüter, Forste, Grundstücke, Staatsbetriebe,[35] der Münz-, Floß- und Jagdsachen, die Aufsicht über die Berg- und Forstakademien und die allgemeine Verwaltung der Stein- und Braunkohlenbergwerke.
- Die II. Abteilung war für die öffentlichen Arbeiten, die Verkehrsanstalten des Staates, den Straßen-, Brücken-, Eisenbahn-, Wasser- und Hochbau, das

33) Vgl. Anlage 31

34) Vgl. Annalen 1870:263 ff und Fischer 1910:160

35) Bergwerke, Porzellanmanufakturen u.a.

Chausseegeld, den Brückenzoll, die Strompolizeisachen, den Betrieb der Staatseisenbahnen und das Post- und Telegraphenwesen (sofern es nicht dem Deutschen Reich zugewiesen war) zuständig.

Daneben bestanden noch eine Finanzbuchhalterei, die Finanzrechungsexpedition, das Finanzvermessungsbureau und das Finanzarchiv. Dem Finanzministerium unmittelbar zugeordnet waren darüber hinaus die Zentralkassen[36] und die Forstvermessungsanstalt.

Auf der mittleren Verwaltungsebene wurde die Zahl der mit der Verwaltung der direkten Steuern befaßten **Kreissteuerräte** durch eine Verordnung vom 22. Juni 1876 auf **vier** ausgedehnt, um deren geographische Einteilung mit den für die allgemeine innere Verwaltung zuständigen **Kreishauptmannschaften** in Einklang zu bringen. Gleichzeitig wurde auch die Zahl der **Bezirkssteuereinnehmereien** (in Übereinstimmung mit der Ausdehnung der **Amtmannschaften**) auf **25** erhöht. Später wurden noch jeweils ein Kreissteuerrat und eine Bezirkssteuereinnehmerei eingefügt. Die Primäererhebung der direkten Steuern wurde weiterhin von den **Ortssteuerbeamten** vorgenommen. Diese wurden von den Gemeindebehörden ernannt.

2.3.2 Die Organisation der Einkommensteuerverwaltung in Sachsen

In Sachsen war, wie in den anderen Ländern auch, die Einkommensteuerverwaltung[37] ein Teil der **direkten Steuerverwaltung**. Ihre Organisationsstruktur wurde in Kap. 1.3 schon ausführlich beschrieben und soll hier nur noch einmal knapp umrissen werden.

Die oberste Leitung der Verwaltung der direkten Steuern - auch hinsichtlich der Veranlagung und Erhebung der Einkommensteuer - lag beim sächsischen Finanzministerium.

Die jährliche Veranlagung begann mit der Aufstellung eines Verzeichnisses der im Ort Ansässigen durch die Gemeindebehörden oder den Stadtrat. Dazu wurden Aufstellungen von Arbeitgebern, Haushaltungsvorständen und Hausbesitzern eingeholt. Nach diesen Daten fertigte die Bezirkssteuereinnehmerei - sofern das Finanzministerium diese Arbeit nicht den Gemeinden übertragen hatte - das **Ortskataster** an. Danach hatten die Gemeindebehörden diejenigen Steuerpflichtigen, die über ein Einkommen von mehr als 1.600 Mark verfügten, zur **Deklaration** aufzufordern. Die gesamten Unterlagen gingen an den **Bezirkssteuer-**

36) Finanzhauptkasse, Finanzzahlamt und Depositenkasse

37) D.h. die mit der Verwaltung der Einkommensteuer beauftragten Steuerbehörden.

inspektor,[38] der diese Unterlagen prüfte und eventuell von dritter Stelle Einkünfte dazu einholte.
Unter dem Vorsitz des Bezirkssteuerinspektors trat danach die Einschätzungskommission zusammen[39] und legte den Steuersatz fest. Dieser Steuersatz mußte vom Finanzministerium bestätigt werden.

Der Einzug der Einkommensteuer geschah durch einen von der Gemeindebehörde ernannten **Ortssteuereinnehmer**, der dafür eine prozentuale Beteiligung am Ist-Aufkommen der Steuer (1 % - 3 %) erhielt.

Die Einführung einer Einkommensteuer in Sachsen brachte **keine feststellbaren Änderungen** der zwischen 1831 und 1833 geschaffenen Organisationsstrukturen mit sich. Es kamen lediglich zwei Kreissteuerräte und drei Bezirkssteuereinnehmereien hinzu, deren Errichtung wohl eher in der internen Angleichung der Verwaltungsstruktur an andere Behörden der inneren Verwaltung in Sachsen begründet ist.

2.3.3 Die Personalentwicklung der sächsischen Finanzverwaltung bis 1914

Zur Personalentwicklung der sächsischen Finanz- und insbesondere der Steuerverwaltung gibt es in der verfügbaren (verwaltungsgeschichtlichen) Literatur kaum Andeutungen. Einzige Anhaltspunkte sind hier (wie schon bei der preußischen Finanzverwaltung) die Staatshaushaltsetats und die Staatshandbücher für das Königreich Sachsen.
Die nach den Staatshaushaltsetats ermittelten Daten für das Finanzministerium geben keine Auskunft über die personelle Besetzung der direkten Steuerverwaltung, da als detailliert aufgeschlüsselten Organisationseinheiten nur die **Abteilungen des Ministeriums** aufgeführt werden. In der mit der Verwaltung der Steuern betrauten I. Abteilung des sächsischen Finanzministeriums waren aber noch etliche andere Aufgaben angesiedelt.[40]
Nach dem Staatshaushaltsetat wurden aus dem Etat des Finanzministers folgende Beamte im Ministerium selbst besoldet:

Jahr	Besoldete Beamte im Ministerium
1870	200
1875	178
1880	213
1885	206

38) den Vorstand der Bezirkssteuereinnehmerei
39) Die Mitglieder der Einschätzungskommissionen wurden zu zwei Dritteln von den Gemeindevertretungen gewählt und zu einem Drittel vom Finanzministerium ernannt.
40) Vgl. die detaillierte Aufführung der Aufgaben in Kap. 2.3.1

1890	196
1895	206
1900	244
1905	248
1910	---
1914	271[41)]

Hier ist also eine kontinuierliche Steigerung zu verzeichnen. Wenn man bei den ab 1890 nicht mehr aufgeführten Hilfsbeamten von rund 10 Beamten ausgeht, ist insgesamt von 1870 bis 1914 eine **Steigerung von 40 - 45 %** zu verzeichnen.

Für die Kreissteuerverwaltung, d.h. für die personelle Besetzung der Kreissteuerräte läßt sich nach den Staatshandbüchern und den Staatshaushaltsetats folgendes sagen: Während bis Ende der 80er Jahre des 19. Jahrhunderts die vier Kreissteuerräte allein tätig waren, erhielten sie zu Beginn der 80er Jahre zur Unterstützung je einen juristischen Hilfsarbeiter. Gegen Ende der 80er Jahre wurden ihnen zusätzlich Sekretäre, Bureauassisstenten, Expedienten, Aufwärter und Diener zugeordnet, deren Zahl fortwährend anstieg, so daß sich die Personalentwicklung folgendermaßen darstellt:[42)]

Jahr	Besoldete Beamte bei den Kreissteuerräten
1870	4
1875	4
1880	7
1885	7
1890	18
1895	28
1900	38
1905	45
1910	45
1914	37

Die hier ersichtliche starke Personalvermehrung setzte um 1890 ein; zwischen 1870 und 1910 ist eine Verelffachung des Personalbestandes zu verzeichnen, der aber bis 1914 wieder leicht zurückgeht. Noch deutlicher zeigt sich die Personalvermehrung auf der Ebene der Bezirkssteuereinnehmereien:[43)]

---

41) Für 1910 sind keine Beamtenzahlen nachgewiesen. Ab 1890 fehlen in dieser Aufstellung die juristischen Hilfsbeamten der Vortragenden Räte, deshalb das Absinken in 1890; Quelle vgl. Anlage 32

42) Quelle: Anlage 33

43) Für 1910 sind keine Beamtenzahlen nachweisbar; Quelle vgl. Anlage 34

Jahr	Besoldete Beamte bei den Bezirkssteuereinnehmereien
1870	24
1875	26
1880	61
1885	64
1890	160
1895	241
1900	197
1905	337
1910	---
1914	418

Zu Beginn des Betrachtungszeitraumes hatte nur ein Bezirkssteuerinspektor einen Bureauassistenten, alle anderen waren allein tätig. Nach zunehmender Unterstützung der Bezirkssteuerinspektoren durch Bureauassistenten und Sekretäre wurden Ende der 80er Jahre auch Expedienten eingestellt. Die personelle Besetzung der Bezirkssteuereinnehmereien hat sich durch all diese Neueinstellungen von 1870 bis 1914 mehr als **versiebzehnfacht**.

Als Fazit dieser Betrachtung bleibt festzuhalten, daß auf der ministeriellen Ebene der sächsischen Finanzverwaltung die Beamtenzahl im ausgewerteten Zeitraum kontinuierlich (aber selten sprunghaft) anstieg. Sehr große Zuwachsraten sind in diesem Zeitraum auf der mittleren Ebene und der Bezirksebene der direkten Steuern auszumachen. Diese sprunghafte Steigerung ist sicherlich nicht nur auf die zunehmende Fülle der mit der Einkommensteuer verbundenen Tätigkeiten zurückzuführen, da auch die anderen direkten Steuern Arbeitskräfte banden. Doch die Einkommensteuer war in Sachsen die wichtigste und im Aufkommen stärkste direkte Steuer und sie verursachte bei der Veranlagung einen erheblichen Arbeitsaufwand.

2.3.4 Ausbildungsvoraussetzungen der Steuerbeamten in Sachsen

In Sachsen wurde der niedere Finanzdienst durch eine Verordnung vom 12. September 1835 (GV Sachsen 1835:454) geregelt, deren Bestimmungen aber später nicht mehr durchgängig eingehalten wurden. Als Vorbereitung für den Finanzdienst wurde in der zweiten Hälfte des 19. Jahrhunderts durchgängig die mittlere Reife gefordert. (Kirsch 1887:30)

In der Verordnung 'die Beförderung der Expedienten und Bureauassistenten der direkten Steuerverwaltung betreffend' vom 5. November 1891 (GV Sachsen 1891: 103) wurde vorgeschrieben, daß nur solche Kandidaten als Bureauassistenten anzustellen waren, die einen Realschulabschluß nachweisen konnten, drei Jahre im Steuerfach gearbeitet hatten und die Assistentenprüfung erfolgreich absolviert hatten. Für diese Prüfung waren drei Arbeiten anzufertigen:

- ein Aufsatz über eine praktische Frage aus dem Gebiet der Einkommensteuer oder der Grundsteuer,
- eine Entscheidung in erster Instanz über eine Reklamation oder die Berufung in einer Einkommensteuersache,
- die Bearbeitung einer Aufgabe aus dem Gebiete der die Verwaltung der direkten Steuern betreffenden Kassen- und Rechnungssachen.

Den Aufstieg zum **Sekretär** konnte nur der Bureauassistent schaffen, der den Gymnasialabschluß erworben hatte, längere Zeit als Bureauassisstent arbeitete und die zweite Prüfung (für Sekretäre) bestand. Auch hier mußten wieder Arbeiten angefertigt werden:

- die oben angegebenen Arbeiten,
- die Bearbeitung einer Aufgabe aus der Bauverwaltung oder der Besteuerung des Gewerbes 'im Umherziehen',
- und die Bearbeitung einer Aufgabe aus dem staatlichen Kassen- und Berechnungswesen.[44)]

Auch bezüglich des höheren Dienstes in der sächsischen Steuerverwaltung war lange Zeit die angesprochene Verordnung vom 12. September 1835 bestimmend, die für den "um Access bei der Zoll- oder Steuerdirektion Nachsuchende" eine juristische und kameralistische Vorbildung auf einer Universität und die Ablegung einer praktischen Prüfung vorschrieb. (Kirsch 1887:77)
Diese Vorschriften wurden über fünfzig Jahre lang nicht verändert und verloren zunehmend ihre Bedeutung, wurden aber nicht durch neue ersetzt. (ebd.:77)

44) Vgl. GV Sachsen 1891:103

2.4 Die spezialisierte Steuerverwaltung in Württemberg

2.4.1 Die Organisation der württembergischen Finanzverwaltung im 19. Jahrhundert

2.4.1.1 Die Ministerialebene

Wie bereits angesprochen,[45] oblag in Württemberg bis zum Beginn des 19. Jahrhunderts die Verwaltung der direkten und der meisten indirekten Steuern **der Kasse der Stände**. Der königlichen Rentkammer unterstand im 17. und 18. Jahrhundert die Leitung der Verwaltung des Kammergutes und die Kontrolle über das Zahlungs-, Kassen- und Rechnungswesen der verrechnenden Amtsleute (Wintterlin 1906:81). Außerdem bestanden als spezielle Behörden eine Akzisedeputation und eine Kameral- und Militärschuldenregulierung.

Auf dem Gebiet Neuwürttembergs experimentierte König Friedrich mit den Möglichkeiten des späteren Staatsaufbaues und begann gleich nach der Vereinigung zum Königreich Württemberg (1806), die gesamte Staatsverwaltung Württembergs neu- bzw. umzuordnen. (vgl. Grube 1975:11) Durch einen Erlaß vom 12. Februar 1806 wurde eine Ministerialverfassung eingeführt, die unter sechs Ministerien auch die Bildung eines Finanzministeriums vorsah. Damit war ein Finanzministerium gegründet; es wurde auch eine einheitliche Zoll- und Steuerverwaltung geschaffen.

Das Finanzministerium, die neu geschaffenen Landeskollegien und die Bezirks- und Lokalbehörden wurden bis 1817 vielfach um- und neuorganisiert. Auf der mittleren Verwaltungsebene gründete König Friedrich analog zu den 12 Kreisen 12 **Kreissteuerräte**, die 1810 in Landvogteisteuerräte umbenannt und 1817 in **Kreisfinanzkammern** umgewandelt wurden. Ihre Aufgabe bestand in der Beaufsichtigung des Steuerrechnungswesens und in der Vermögensermittlung. Als Mittelinstanzen waren sie aber nur unzureichend mit Personal und Kompetenzen ausgestattet und faktisch ohne große Macht. (vgl. Dehlinger 1950/51:122)

Die eigentliche unmittelbare Verwaltungstätigkeit ging von den **Kameralämtern** aus, die 1807 in möglichst großer geographischer Übereinstimmung mit den Oberämtern gegründet wurden. Sie waren Bezirksfinanzbehörden neben und unter denen die Verwaltung der indirekten Steuern bestand.

Dem württembergischen Finanzministerium oblag nach § 56 der Verfassungsurkunde von 1819 die Leitung des Staatshaushaltes, die gesamte Verwaltung des Staatvermögens und des Staatseinkommens aus den Domänen, Grundgefällen, Forsten, Jagden, Holzgärten, Berg- und Eisenwerken, Salinen, der Münze, den

45) Vgl. Kap. 1.4.1

Regalien und Steuern, sowie die Aufsicht über das Hochbauwesen an Staatsgebäuden, soweit diese aus dem allgemeinen Hochbaufonds bestritten wurden. Es führte die Aufsicht über das Etats-, Kassen- und Rechnungswesen des Staates und über die allgemeine Statistik.[46] Die Verwaltung der Verkehrsanstalten wurde durch eine königliche Verordnung vom 21. Oktober 1864 aus dem Finanzministerium ausgegliedert, ansonsten behielt es seine Struktur bei.[47]

2.4.1.2 Die Mittelbehörden

Dem Finanzministerium waren als Mittelbehörden oder Landeskollegien mit Sitz in Stuttgart u.a. die Oberfinanzkammer, das Steuerkollegium und die Staatskassenverwaltung untergeordnet.

1849 wurde das Oberfinanzkollegium mit den Kreiskammern zur **Oberfinanzkammer** vereinigt; der bisher selbständige Bergrat wurde ihr als eine Abteilung zugeordnet. Bis 1915 bestand die Oberfinanzkammer aus den Abteilungen:

- der Domänendirektion,[48] die die allgemeine Dienstaufsicht über die Bezirksbauämter und (bis 1904) auch über die Kameralämter hatte;
- der Forstdirektion, der die Aufsicht über die Forstämter und die Forstpolizei oblag;
- dem Bergrat, dem - neben anderem - die Leitung der Münze unterstand.

Bis 1864 gab es auch noch eine Abteilung für die Verkehrsanstalten. **1915** wurde die Oberfinanzkammer aufgelöst und es entstanden zwei neue Landeskollegien, die Bau- und Bergdirektion und die Forstdirektion; beide waren gleichzeitig auch Ministerialabteilungen.

Die **Staatskassenverwaltung** verwaltete die Staatshauptkasse, in die alle Einnahmen des Staates flossen. Die Staatshauptkasse bestand aus einer Obereinnehmerei und einer Oberzahlmeisterei. Sie war die Landeshauptkasse gegenüber dem Reich. Die **Oberrechungskammer** war die Aufsichtsbehörde über das gesamte Staatsrechnungswesen und hatte die oberste Leitung und Aufsicht über die Berechnungsgeschäfte und die ihr in dieser Beziehung unterstellten Finanzverwaltungsstellen.

Das **Steuerkollegium** bestand seit 1817. Es war nach seiner Instruktion vom 7. Februar 1892 für die Verwaltung der direkten und indirekten Steuern sowie der Zölle zuständig. (Gaupp 1895:212) Zwischen 1828 und 1849 war die Verwaltung

---

46) Dies erst ab 1820.

47) Vgl. Anlage 35

48) Auch 'Abteilung für Domänen und Bauten'; 1858 zu einer Abteilung vereinigt.

der indirekten Steuern und Zölle auf ein anderes Landeskollegium, die Zoll-Direktion, ausgegliedert worden, wurde danach aber wieder an das Steuerkollegium gegeben.
Bis 1892 bestand das Steuerkollegium aus einer Abteilung. Mit "Rücksicht auf die Vorarbeiten und die spätere Einführung einer allgemeinen Einkommensteuer durch die Verordnung vom 7. Februar 1892" (Dehlinger 1950/51:785) wurde diese einfache Organisation geändert. Es wurde ein Gesamtkollegium gebildet, das sich aus Mitgliedern der zwei neugebildeten Abteilungen[49] zusammensetzte. Sein Geschäftskreis war eher allgemeiner Natur und bestand u.a. aus der Erarbeitung von Vorschriften und aus Disziplinarsachen. Seit 1882 unterstand zudem die militärisch organisierte **Steuerwache** der Abteilung für indirekte Steuern und Zölle des Steuerkollegiums. Die Steuerwache hatte die Befolgung der Landes- und Reichssteuergesetze zu überwachen und Übertretungen zu ahnden bzw. ihnen durch Belehrungen vorzubeugen. (Gaupp 1895:213) Sie unterstand hierzu den Weisungen der örtlich zuständigen Kameralämter.

Die Abteilung für die direkten Steuern des Steuerkollegiums war die Zentralbehörde für die Verwaltung der Grund-, Gebäude- und Gewerbesteuer, der Kapitalsteuer, der Renten-, Dienst- und Berufseinkommensteuer,[50] der Einkommensteuer,[51] der Umsatzsteuer,[52] der Akzise und Hundeabgabe,[53] der Erbschaft- und Schenkungsteuer,[54] der Sporteln und Gerichtsgebühren. Der Abteilung unterstand auch das Katasterbureau, dessen Aufgabe die Fortführung des Steuerkatasters war.

Der Abteilung für die indirekten Steuern oblag die Verwaltung der Wirtschaftsabgaben,[55] der Zölle und der Reichssteuern. Der Dienstaufsicht dieser Abteilung unterstehende Bezirksbehörden waren vier Hauptsteuerämter an der Grenze und im Innern des Landes, denen die Nebenzollämter an der Grenze und die Zollämter im Innern des Landes untergeordnet waren.[56]

---

49) Für direkte Steuern und für indirekte Steuern und Zölle. Zum vollständigen Geschäftskreis der Abteilung für direkte Steuern vgl. Gaupp 1895:213.

50) Bis 1905

51) Ab 1905

52) Seit 1899

53) Bis 1905

54) Diese wurde 1906 der Abteilung für indirekte Steuern des Kollegiums zugeschlagen.

55) Abgaben vom Wein und Obstmost, Malzsteuer u.a.

56) Zudem gab es noch Salzsteuerämter und Zuckersteuerstellen; bei den Postämtern wurden Wechselstempelmarken und Wechselblankets erhoben.

2.4.1.3 Die Bezirksebene: Die Kameralämter

Die Bezirksverwaltungsebene für das Steuerkollegium, Abteilung für **direkte Steuern**, stellten die **63 Kameralämter** (ab 1904 Bezirkssteuerämter) und das **Hauptsteueramt Stuttgart** dar. 1904 ging auch die allgemeine Dienstaufsicht über die Bezirkssteuerämter von der Domänendirektion auf das Steuerkollegium über.
Die Bezirkssteuerämter hatten einen großen Geschäftskreis, der u.a. auch die Beaufsichtigung und Verwaltung eines großen Teiles des wirtschaftlich nutzbaren staatlichen Besitzes und die Erhebung und Verrechnung der Einnahmen daraus umfaßte. Im Bereich der Steuerverwaltung oblag ihnen die Feststellung und Überwachung der Grund-, Gebäude- und Gewerbesteuer, die Fortführung des dazugehörenden Katasters, Aussetzung, Einzug und Verrechnung der Wandergewerbesteuer, der Kapitalsteuer, der Akzise und Hundeabgabe, die Erhebung der Erbschaft- und Schenkungsteuer und zum Teil auch der Sporteln und Gerichtsgebühren. Dazu kamen die Vorbereitung und Ausführung der Einschätzung zur Einkommensteuer und teilweise deren Erhebung, unter der Mitwirkung der Umgeldkommissare die Feststellung, Überwachung und Erhebung des Umgeldes, der Malzsteuer und der Reichsbranntweinsteuer und letztlich auch die Strafrechtspflege in erster Instanz.
Den Vorstehern der Kameralämter waren als selbständige Gehilfen und als gesetzliche Stellvertreter Finanzamtmänner beigegeben. (Zeller 1893:206)

2.4.1.4 Die Lokalebene

Den Bezirkssteuerämtern waren auf lokaler Ebene die **Ortssteuerbeamten** (Acciser, Stadtacciser, später Ortssteuerämter) untergeordnet. Die Ortssteuerbeamten waren zumeist nur im Nebenamt mit der Erhebung der Steuern und mit allgemeinen Ermittlungen für das Bezirkssteueramt betraut.
Als Mitglieder der Ortssteuerkommissionen waren sie auch an der jährlichen Aufnahme des steuerpflichtigen Kapital-, Renten und Berufseinkommens beteiligt. (Gaupp 1985:216)

2.4.2 Die Verwaltung der Einkommensteuer in Württemberg

Oberste Verwaltungsinstanz bei der Verwaltung der württembergischen Einkommensteuer war das Finanzministerium. Die eigentliche Leitung der Verwaltung oblag aber der Abteilung für direkte Steuern beim Steuerkollegium (Pistorius 1904:79).

Auf der Bezirksebene war das Bezirkssteueramt mit der Vorbereitung der Einschätzung zur Einkommensteuer betraut, nachdem die Gemeindebehörden die Personalnachweisungen und die Deklarationen eingesandt hatten. Das Bezirkssteueramt legte daraufhin die Einkommensnachweisung an und veranlaßte den Zusammentritt der Einschätzungskommission. Für jeden Steuerdistrikt (insgesamt ca. 1.905) bestand eine Einschätzungskommission. Vorsitzender der Kommission war der Vorstand des Bezirkssteueramtes oder ein vom Finanzministerium bestimmter Beamter. Mitglieder waren die **Orts- und Bezirksschätzer**. Die Einschätzungskommissionen legten den Steuersatz der Steuerpflichtigen fest:

> "Die Einschätzungskommission besteht aus dem Vorsitzenden und in Gemeinden bis zu 1.000 Einwohnern aus zwei, in Gemeinden mit 1.000-5.000 Einwohnern aus vier und in Gemeinden mit mehr als 5.000 Einwohnern aus sechs Schätzern. Je die Hälfte der Schätzer besteht aus Orts-, die andere Hälfte aus Bezirksschätzern. Die ersteren werden vom Gemeinderat des betreffenden Orts gewählt, die letzteren vom Steuerkollegium aus den von der Amtsversammlung (Vertretung des Oberamtsbezirks) vorgeschlagenen Personen bestellt. Für jeden Steuerdistrikt (Gemeinde) besteht hiernach eine besondere Einschätzungskommission. Doch ist der Vorsitzende wenn nicht in allen, so doch in den meisten Kommissionen ein und dieselbe Person." (Pistorius 1904:79f)

Die Erhebung der Einkommensteuer erfolgte durch die Ortssteuerbeamten, sofern sich die Gemeinden dazu bereit fanden. Für den Steuereinzug erhielten sie 2 % des Ist-Steueraufkommens. Fand sich eine Gemeinde nicht dazu bereit, die Steuern zu erheben, erfolgte die Erhebung durch staatliche Steuerbehörden. Am Sitz des Bezirkssteueramtes wurde die Einkommensteuer ohnehin auf jeden Fall von diesem erhoben. (Pistorius 1904:86) Die Einkommensteuer von Bezügen aus der Staatskasse wurde gleichfalls immer von einer staatlichen Steuerbehörde erhoben.

2.4.3 Die Personalentwicklung der Finanzverwaltung bis 1914

Für diesen Abschnitt treten dieselben Schwierigkeiten zutage wie in den vorangegegangenen Abschnitten für Preußen und Sachsen. Die wenigen Abhandlungen (Zeller 1889; Riecke 1882) betrachten nur sehr frühe Personalzusammensetzungen. Deshalb mußte auch hier wieder auf die Finanzetats und die Hof- und Staatshandbücher des Königreich Württemberg zurückgegriffen werden.

Nach dem Finanzetat wurden aus dem Etat des Finanzministers im Finanzministerium und in den Landeskollegien 1890 221, 1901 240, 1905 267, 1910 266 und 1914 239 Beamte besoldet. Nach einem Anstieg des Personals zwischen 1901 und 1905 um 27 Beamte (oder 11,25 %) wurde die Beamtenschaft zwischen 1910 und 1914 wieder abgebaut. Insgesamt sind aber keine allzu großen Schwankungen in der Besetzung zu verzeichnen.[57)]

57) Vgl. Anlage 36

Mit Hilfe der Hof- und Staatshandbücher kann auch die Beamtenzahl für das Steuerkollegium ermittelt werden.:

Jahr	1895	1900	1905	1910	1914
Steuerkollegium insgesamt	86	90	80	104	106
Abteilung für dir. Steuern	35	37	34	52	57[58)]

Während die Beamtenzahl im Steuerkollegium zwischen 1900 und 1905 um 11,22 % sank, fiel sie in der Abteilung für direkte Steuern nur um 8,11 %. Danach ist ein kräftiger Anstieg zwischen 1905 und 1910 zu verzeichnen: Im Steuerkollegium insgesamt um rund 53 %. In den folgenden Jahren ergab sich eine weitere Steigerung, so daß sich die Zahl der Beamten in dem knappen Jahrzehnt zwischen 1905 und 1914 um rund 68 % erhöhte.

Es sei hier nochmals darauf verwiesen, daß in der Abteilung für direkte Steuern neben der Einkommensteuer auch noch andere direkte wie indirekte Steuern bearbeitet wurden, so daß die Zunahme wirklich nur als Indiz gewertet werden kann. Auffallend ist aber der Zeitpunkt der Zunahme: Relativ kurz nach der ersten Erhebung der Einkommensteuer.

Interessant ist der Personalstand der Bezirksfinanzämter und des Hauptsteueramtes in Stuttgart:[59)]

Jahr	1890	1895	1901	1905	1910	1914
Bezirkssteuerämter u.Hauptsteueramt	209	198	214	401	586	620

Hier kann ab 1901 eine rasche Stellenvermehrung verzeichnet werden: Zwischen 1901 und 1905 um 87,3 % und zwischen 1905 und 1914 nochmals um mehr als 54,6 %. Doch auch in diesem Zusammenhang sei auf die vielfältigen Aufgaben der Bezirkssteuerämter verwiesen.

Im Württembergischen Jahrbuch für Statistik und Landeskunde wurde ab 1908 regelmäßig über die Zahl der als Gemeindebeamten für die Einkommensteuer tätigen Orstvorsteher und Beamten berichtet. Die Zahl der berufsmäßigen Ortssteuerbeamten sank von 225 im Jahre 1900 auf 37 Beamte in 1914. Auch die Zahl der nebenberuflichen Ortssteuerbeamten sank im gleichen Zeitraum von 1.928 auf 1.795 Beamte.

Abschließend: Während sich der Personalbestand im Finanzministerium und den Landeskollegien zwischen 1900 und 1914 nur unwesentlich veränderte, kann im

58) Quelle: Anlage 37

59) Quelle: Anlage 38

Steuerkollegium, Abteilung für direkte Steuern und in den Bezirkssteuerämtern eine starke Zunahme festgestellt werden, die mit der Einführung der Einkommensteuer zeitlich zusammenfällt.

2.4.4 Ausbildungsvoraussetzungen der württembergischen Steuerbeamten

Bereits König Friedrich führte ab 1806 für jeden Verwaltungszweig einen planmäßigen Vorbereitungsdienst und eine Prüfung für die Beamten ein. Bis 1833 reichte aber für jede Art des Finanzdienstes eine **rein praktische Ausbildung** aus. Durch eine königliche Verordnung vom 10. Februar 1837 wurde für den nicht technischen höheren Finanzverwaltungsdienst eine **höhere Finanzdienstprüfung** vorgeschrieben. Die Unterscheidung zwischen höherem und niederem, später auch mittlerem Finanzdienst ist damit erstmalig getroffen worden.
Mit der Einführung der höheren Finanzprüfung durch eine Königliche Verordnung vom 10. Februar 1837 (RBl. Württemberg 1837:92) wurde auch ein besonderer Universitätsstudiengang eingerichtet, der neben Kenntnissen der Rechtswissenschaften auch wirtschafts- und finanzwissenschaftliche Inhalte vermittelte. Nach der Absolvierung dieses Studienganges (eine 'Regelstudienzeit' gab es übrigens nicht) mußte die erste Prüfung abgelegt werden. Prüfungsfächer waren: Staatsrecht, württembergisches Privatrecht, bürgerliche und Strafprozeßregeln, Nationalökonomie, Finanzwissenschaft, Etat- und Rechnungswesen, aber auch die Organisation der württembergischen Finanzverwaltung und die württembergischen Finanzgesetze, sowie Gewerbekunde, Land- und Forstwirtschaft. Nach dieser schriftlichen Prüfung folgten eine mündliche Prüfung, dann das Dienstjahr in der Finanzverwaltung und schließlich die zweite Dienstprüfung.

Voraussetzung für den Beginn der Ausbildung war die bestandene akademische Vorprüfung (was dem heutigen Abitur entspricht) und die Vollendung des 21. Lebensjahres. Da aber auch eine akademische Vorprüfung ohne Griechischkenntnisse anerkannt wurde, die Noten der Absolventen relativ schlecht waren und die Zahl derjenigen Absolventen wuchs, deren Väter nicht dem Beamtenstand oder den "scientifischen Berufsarten" (Schall 1875:112), also dem Akademikerstand angehörten, zog Schall den Schluß, daß in jener Zeit der höhere Finanzdienst nicht eben von den besten Nachwuchskräften angestrebt wurde. Andererseits berichtet Zeller (1893:208, Anm. 1), daß von den Anforderungen an die Beamten nach 1837 im Grundsatz nicht abgegangen wurde, und 1983 befand sich schon "seit geraumer Zeit kein 'Unstudierter' mehr im höheren Finanzdienst".

Ungünstig waren auch die Anstellungsverhältnisse: Viele Stellen waren schlecht dotiert und die Aufstiegschancen waren gering. (Schall 1875:112) Zwischen 1838 und 1875 gab es jährlich ca. 13 Absolventen des Ausbildungsganges, was dem Bedarf der Finanzverwaltung an höheren Finanzbeamten ungefähr entsprach.

In einer Verordnung vom 16. Februar 1892 wurden die Ausbildungsanforderungen verschärft. Die wissenschaftliche Bildung an der Universität mußte mindestens drei Jahre betragen. Nach der ersten Dienstprüfung war nun ein zweijähriger Vorbereitungsdienst als Finanzreferendar II. Klasse in der Finanzverwaltung Voraussetzung. Nach der zweiten Dienstprüfung wurde der Bewerber als Referendar I. Klasse eingestellt. Die Dienstprüfung im Deputat der Finanzen des Finanzministeriums wurde durch eine Königliche Verordnung vom 16. Juli 1892 geregelt. (Gaupp 1895:211)
Durch eine Verordnung vom 7. Dezember **1903** erfuhren die Ausbildungsvorschriften für den höheren Finanzdienst eine völlige Umgestaltung. Die erste Dienstprüfung wurde durch die erste höhere Justizprüfung ersetzt. Damit wurde das **Hochschulstudium mit seiner staatswissenschaftlichen Ausrichtung**, das speziell für die Belange der Finanzverwaltung 1837 eingerichtet worden war, **aufgehoben** bzw. der rechtswissenschaftlichen Ausbildung eingegliedert. Württemberg schloß sich damit der in Preußen, Bayern und Elsaß-Lothringen eingeführten Art der Ausbildung an, wo für alle Beamten des höheren Staatsdienstes eine einheitliche rechts- und staatswissenschaftliche Universitätsausbildung eingeführt war; nur kleinere deutsche Staaten - darunter am konsequentesten Hessen und Baden - führten noch eine eigene kameralistische Ausbildung durch. (Zeller 1893:205)
Nun begann auch in Württemberg nach der ersten Dienstprüfung ein 30-monatiger Vorbereitungsdienst[60]; erst durch diesen Dienst wurden die Anwärter mit der Finanzverwaltung vertraut gemacht. Nach der zweiten Staatsprüfung erfolgte dann die Anstellung als Referendar I. Klasse (später **Finanzassessor**). Voraussetzung zur Zulassung zur höheren Dienstprüfung war schon seit 1892 das Reifezeugnis gewesen. Es wurde auch ausdrücklich Wert darauf gelegt, daß nach 1892 auch die Vorstände der Kameralämter eine akademische Bildung aufwiesen, weil für ihre umfassenden Aufgaben "eine bloß routiniermäßige Vorbildung nicht zu genügen schien" (Zeller 1893:206).

Als Voraussetzung für den Eintritt in die **niedere Laufbahn** der Finanzverwaltung - für den nach der Verordnung von 1837 ein Zeugnis über die Ableistung einer der praktischen Ausbildung dienenden Probezeit ausreichte - war seit 1892 das freiwillige einjährige Zeugnis[61] notwendig. Zu Beginn der Ausbildung war eine zunächst zweijährige, seit 1892 dreijährige Finanzgehilfenzeit in der Finanz-

60) Neun Monate in einem Amtsgericht und 21 Monate in der Finanzverwaltung.

61) Entsprechend dem heutigen Realschulabschluß.

verwaltung zu absolvieren, um dann die **niedere Finanzprüfung** abzulegen. Prüfungsgebiete waren u.a. die Reichsverfassung, württembergisches Staatsrecht, württembergische Finanzverwaltung, Etat- und Rechnungswesen und Privatrecht. Danach wurden die Kandidaten als Revisions- und Kanzleipersonal der Kollegien oder als Expeditoren[62)] angestellt.
1911/12 erhielt die niedere Finanzprüfung durch eine Verordnung die Bezeichnung 'Prüfung für den mittleren Finanz- und Justizdienst'. Und 1913 wurde neben einer neuen Prüfungsordnung für den mittleren Verwaltungdienst eine zusätzliche Prüfung vor dem Eintritt in die Finanzverwaltung als **Finanzgehilfe** eingeführt, womit auf allen Ebenen der württembergischen Finanzverwaltung detaillierte Ausbildungs- bzw. Prüfungsordnungen vorlagen.

2.5 Andere spezialisierte Steuerverwaltungen: Bayern und Baden

2.5.1 Die Steuerverwaltung in Bayern

Die Organisation der Finanzbehörden in **Bayern** kann als "beispielhaft für die Verhältnisse in Süddeutschland" (Leidel 1964:40) gelten.
Steuern sind in Bayern seit der Erhebung einer Vieh- und Klauensteuer auf dem oberbaierischen Rittertag zu Schnaitpach belegt. (Rosenthal 1889:399) In den nächsten Jahrhunderten waren die Bewilligung und die Verwaltung der Steuern zum größten Teil Sache der Stände. In der oberbaierischen Steuerordnung von 1396 wurde hierzu eine Steuerkommission von 21 Vertretern der Stände gebildet, in der mit 4 Prälaten erstmalig auch "dem Beamtenelement Vertretung gegönnt" wurde (Rosenthal 1889:400). Zwar wurden später zunehmend herzogliche Beamte mit der Einziehung der Steuern beauftragt, aber sie handelten durchweg "kraft ständischer Delegation" (Rosenthal 1889:407).

An der Spitze der bayerischen staatlichen Finanzverwaltung stand seit 1550 die als Ausschuß des Hofrates gegründete **Hofkammer**, die im Jahre 1572 zur unabhängigen Zentralbehörde umgebildet wurde; sie hatte bis zur Einführung der Ministerialverfassung im Jahre **1799** Bestand. Darunter bestanden als Mittelbehörden **Rentämter** und unter diesen spezialisierte Kasten-, Pflege- und Mautämter; auch die entsprechende, gleichzeitig bestehende ständische Finanzverwaltung war dreistufig organisiert (vgl. Klein 1974:63 ff). Nach der Verordnung vom 9. Dezember 1825 (§§ 86-88) unterstand die gesamte Steuer- und Zollverwaltung in Bayern dem Staatsministerium der Finanzen. (Seydel 1888:193)
Die Erhebung und Verwaltung der Steuern durch ständische Einnehmer und ständische Steuerkassen wurde durch die Verordnung vom 8. Juni **1807** (Bay.RBl.

62) Das waren Revisoren, Registratoren oder Kanzleiräte.

1807:969) für Bayern beendet. Für die Verwaltung der direkten Steuern wurde eine neue Steuer- und Domänensektion im bayrischen Finanzministerium als oberster Landesbehörde geschaffen. Entsprechend der regionalen Gliederung Bayerns in zuerst 15 und später acht Kreise wurden als Oberbehörden[63] besondere **Kreisfinanzdirektionen**[64] geschaffen.[65]

Am Ende des 19. Jahrhunderts wurde die Verwaltung der direkten Staatssteuern von den Rentämtern unter der Leitung der **Regierungsfinanzkammern** geführt. (Seydel 1888:193) Die Finanzkammern waren unter der Leitung eines Direktors mit einer Anzahl steuerrechtskundiger Referenten besetzt. Ihre Aufgabe war die allgemeine Leitung der Finanzverwaltung in den Kreisen und dabei u.a.

- die Aufsicht über die Rentämter und die Verwaltung der einzelnen Staatssteuern;
- die Aufsicht über das Staatseinkommen und den Staatsaufwand;
- die Kontrolle über die Direktion der Kassen, das Etat- und Rechnungswesen und das Dienstpersonal der Finanzverwaltung.[66]

Als **Lokalbehörden** der Finanzverwaltung gab es in Bayern **219 Rentämter**, "deren Hauptaufgabe in der Erhebung und Verwaltung der direkten Staatssteuern" bestand (Leidel 1964:41). Die Rentämter waren für einen oder mehrere Amtsgerichtsbezirke zuständig und untergliederten sich selbst in mehrere Steuerbezirke. Sie unterstanden einem **Rentamtmann** als Vorstand, dem einige Rentamtsoffizianten und Gehilfen als Unterpersonal beigegeben waren. Im Laufe der Zeit wurden den Rentämtern zunehmend die in ihren Bezirken nötigen staatlichen Ausgaben übertragen, so daß die Finanzorganisation ziemlich dezentralisiert war (Vocke 1884: 173). Zwar wurden die Einkommensteuererklärungen der Bürger durch die Rentämter bearbeitet und geprüft,

> "... die eigentliche Veranlagung, d.h. das Festsetzen der Grundlagen für die Berechnung der Steuer, insbesondere also die Ermittlung des steuerpflichtigen Einkommens, erfolgte jedoch auf Beschluß eines mehrgliedrigen Steuerausschusses, der für jeden Steuerbezirk gebildet werden mußte." (Leidel 1964:41)

Nach dieser Veranlagung oblag den Rentämtern die Errechnung der Einkommensteuer jedes Steuerpflichtigen. Zunächst wurden die Steuerausschüsse durch direkte Wahl bestimmt, da jedoch danach "Ertrag und Gleichmäßigkeit" der Steuerzahlungen zu wünschen übrig ließen, wurde der Einfluß der Staatsorgane verstärkt.

---

63) Genauer: als "aufsichtsführende Zentralmittelinstanzen"; Leidel 1964:40

64) Die späteren Kammern der Finanzen

65) Durch das Edikt vom 8. August 1808; Bay. RBl. 1808:1869

66) Vgl. Leidel 1964:41

Die Mitglieder der Steuerkommissionen wurden durch Tagegelder entlohnt (Vocke 1884:17).

Auf dem Gebiet des Steuerwesens war dabei der Verwaltungsrechtsweg durchgängig ausgebaut: Gegen den Beschluß des Steuerausschusses konnte die Berufungskommission, gegen deren Bescheid wiederum die Oberberufungskommission beim Staatsministerium der Finanzen angerufen werden.[67] Insgesamt war die bayerische Steuerverwaltung dadurch gekennzeichnet,

> "... daß sie dreiinstanzlich-dezentralisiert und mit zwei Rechtsmittelinstanzen ausgestattet war und von fachmännischen Steuerbeamten durchgeführt wurde. Sie war reine Fachverwaltung und von der inneren Verwaltung als verselbständigte Finanzverwaltung völlig losgelöst." (Leidel 1964:42)

Bei den bayerischen Steuerbeamten waren die Stellen der Mitglieder der Finanzkollegien und des Finanzministeriums ausschließlich den akademisch vorgebildeten Beamten vorbehalten. Die Stellen der Rentamtsvorstände waren in der Regel Beamten des höheren Dienstes zugewiesen, nur in Ausnahmefällen wurden hierzu auch Beamte des niederen Dienstes berufen. (vgl. Zeller 1893:2121)

Anwärter des höheren Dienstes mußten nach einem drejährigen Studium und einer dreijährigen allgemeinen Praktikantenzeit vor der Ablegung der Finanzdienstprüfung noch eine weitere sechsmonatige Praktikantenzeit bei einem Rentamt absolvieren. Beim niederen Finanzdienst wurde die Absolvierung eines Gymnasiums verlangt - das stellte die höchste Anforderung auf diesem Gebiet in den deutschen Staatsen dar! (Zeller 1893:213) Für die Kandidaten, die in den niederen Finanzdienst eintraten (für den Zolldienst galten andere Bestimmungen), folgte eine dreijährige Praxis bei einem Rentamt als Kameralpraktikant und danach die niedere Finanzdienstprüfung.[68]

2.5.2 Die Steuerverwaltung in Baden

In Baden existierte seit Mitte des 17. Jahrhunderts das Geheimratskollegium in Karlsruhe, von dessen drei Deputationen eine als 'Rentkammer' die Finanzfragen behandelte (Klevenz 1916:8f). Nach 1803 hatte der 'Geheime Finanzrath' als Teilbehörde des Kollegiums die staatswirtschaftlichen und finanziellen Angelegenheiten zu regeln, sofern diese nicht einem Zentral- oder Provinzialkollegium

---

67) Bayerisches Einkommensteuergesetz Art. 49-64; vgl. Leidel 1964:41

68) Finanzdienstprüfung Abteilung I; Abteilung II galt für den niederen Kassendienst, an den geringere Anforderungen gestellt wurden. Gleiche Prüfungsbedingungen galten nach 1903 bei der Teilung in einen höheren und einen niederen Finanzdienst in Bayern; vgl. die 'Bayerische Allerhöchste Verordnung, die Vorbedingungen für den höheren und mittleren Finanzdienst betr.' vom 10. Mai 1903, abgedruckt im Finanzarchiv, (20. Jg.) 1903, Bd. 2, S. 443f.

unterstellt waren; darunter fielen auch die Steuersachen (ebd.:50). Nach den Veränderungen, die die Napoleonischen Kriege für Baden mit sich brachten, wurde **1807/09** die Einteilung des Kollegiums geändert und ein eigenes **Finanzdeputat** (Finanzministerium) eingerichtet und mit umfassenden Kompetenzen ausgestattet (Klevenz 1916:68). In Bezug auf die Steuerverwaltung unterstanden ihm die Kreisdirektionen als Aufsichtsbehörden und auf der unteren Ebene die Steuereinnehmereien, die durch ein Edikt vom 3. Februar **1812** zur Erhebung der direkten Steuern vollends auf der örtlichen Ebene (Ortssteuererheber) in staatliche Hände übergingen (vgl. Klevenz 1916:88f).
Nach der Verkündung der badischen Verfassung wurde die Steuerverwaltung auf der mittleren Ebene den Kreisdirektionen abgenommen und einer neuen Zentralmittelstelle, der **Steuerdirektion** zugewiesen. In Baden war danach dem Finanzministerium (neben anderen) die Steuerdirektion nachgeordnet. Dieser unterstanden die **Finanzämter** als Bezirksinstanz. Den Finanzämtern oblag die Verwaltung und - in der Funktion als Bezirkssteuerkassen - auch die Verrechnung der direkten und indirekten landeshoheitlichen Abgaben. Sie bedienten sich in den Gremien der Hilfe von Steuererhebern (vgl. Boenicke 1928:710f; Leidel 1964:42). Neben den Finanzämtern existierten auch Steuerkommissäre, die aber an die Mitwirkung der in den einzelnen Gemeinden gebildeten **Schätzungsräte** gebunden waren. Auf der untersten Ebene setzte die Finanzverwaltung Steuererheber ein, die teils als **Steuereinnehmer**, teils als **Untererheber** angestellt wurden (Walz 1909:126). Die Beitreibung der Steuern erfolgt denn auch in der Regel durch die Steuereinnehmereien "und nur ausnahmsweise durch die Bezirkssteuerstellen" (ders. 1909:257). Die Ermittlung der vom Steuerpflichtigen zu zahlenden Einkommensteuer erfolgte aufgrund einer von ihm abzugebenden Erklärung (Fassion), die unter Zuhilfenahme eines entsprechenden Formulares mit aufgegliederten Einkommensarten zustande kam (vgl. Walz 1909:263).

Auch in Baden war der Referentendienst bei den Mittelbehören und in den Zentralbehörden ausschließlich den akademisch vorgebildeten Beamten vorbehalten. Für den höheren Finanzdienst war ein dreieinhalbjähriges kameralistisches Universitätsstudium vorgeschrieben, das mit der höheren Finanzdienstprüfung endete. (Zeller 1893:214)
Für den niederen Finanzdienst ('Finanzverwaltungsdienst') wurde der erfolgreiche Besuch der sieben ersten Klassen eines Gymnasiums oder Realgymnasiums vorgeschrieben. (vgl. Kirsch 1887:14) Die Fachausbildung wurde durch eine mindestens dreijährige Tätigkeit als Finanzgehilfe erworben, wozu die Zulassung (Ernennung) durch die Steuerdirektion notwendig war. An die Tätigkeit als Finanzgehilfe schloß sich eine mündliche Prüfung vor einer von der Steuerdirektion berufenen

Kommission an. (vgl. Zeller 1893:214) Danach wurde dem Prüfling der Titel 'Finanzassistent' verliehen.

2.5.3 Konsequenzen aus der Verschiedenheit der Steuerbehörden für die Steuerermittlung und die Steuergerechtigkeit in Deutschland

Auch in den kleineren deutschen Einzelstaaten war die Organisation der Steuerverwaltung sehr unterschiedlich ausgeprägt.[69] Aus diesen verschiedenen Organisationsformen ergab sich ein "Bild, von dessen Vielfalt man sich heute gar keine Vorstellung machen kann" (Leidel 1964:45). Insbesondere der Gegensatz zur (in die innere Verwaltung) integrierten Steuerverwaltung der direkten Steuern in Preußen war deutlich:

> "In weiten Teilen Süddeutschlands existierte ... eine Steuerverwaltung, die sich in der Zeit der Umbildung des absoluten Fürstenstaates zum Verfassungsstaat des 19. Jahrhunderts von der inneren Verwaltung freigemacht hatte und als Spezialverwaltung mit Fachbeamten unter dem Gesichtspunkt der Dezentralisation aufgebaut war." (Leidel 1964:42)

Die organistorische Vielfalt der Steuerverwaltung hatte dabei aber nicht nur **unterschiedliche Verwaltungsergebnisse** zur Folge, sondern zog auch - dank der unterschiedlichen Qualität der eingesetzten Steuerbeamten - **Ungleichbehandlungen und Ungerechtigkeiten** zwischen den verschiedenen Staaten nach sich. "Dabei ist anerkannt, daß im ganzen gesehen die Veranlagung in Süddeutschland höher war als in Preußen", wodurch die Bildung von "Steueroasen..., die der Weiterentwicklung des deutschen Wirtschaftslebens nicht gerade förderlich waren" gefördert wurde (Leidel 1964:45f).

Die Veränderungen der Finanzzusammenhänge innerhalb des Deutschen Reiches - mit einem - mit vielen Widerständen behafteten - Ausbau der dem Reich zugeordneten direkten Steuern[70] - paßte zudem immer weniger zu den zersplitterten Steuerverwaltungen der Länder. Die Finanzierung der Reichsausgaben durch von den Ländern erhobene und an das Reich überwiesene Beiträge war dauerhaft nicht aufrecht zu erhalten. Im Rahmen einer Veränderung war aber auch zu erwarten, daß die Frage "nach einer Neuverteilung der Steuerkompetenz zur Steuerverwaltung früher oder später zwingend an Reich und Staaten herantreten" würde (Leidel 1964:52).

---

69) Vgl. hierzu Leidel 1964:45

70) Vgl. Kap. 3.1

2.6 Reichsfinanzbehörden von 1870-1918

2.6.1 Die Beamten des Deutschen Zollvereins

Erste Unitarisierungsversuche auf dem Gebiet des Finanzwesens zwischen den deutschen Ländern zeigten sich um die Mitte es 19. Jahrhunderts im **Zollwesen**. Der im März 1833 geschlossene Vertrag über die Bildung des Deutschen Zollvereins schrieb vor, daß die Verwaltungsstruktur zur Ermittlung und Aufbringung der (indirekten) Abgaben in allen Ländern des Gesamtvereins angeglichen werden sollte: Nach preußischem Vorbild sollte ein Ministerium als oberste Landesbehörde, "Direktivbehörden als Mittelinstanz und als Lokalbehörden die Hauptzollämter an der Grenze und die Hauptsteuerämter im Innern" errichtet werden (Leidel 1964:31f).

Zur gegenseitigen Kontrolle der Zollvereinsmitglieder wurde ihnen in Art. 31 und 32 des Zollvereinsvertrages von 1833 das Recht zugestanden, an den Grenzen anderer Vereinsstaaten 'Stationscontroleure' und Bevollmächtigte zu stationieren.[71)] Aufgrund des Vereinszollgesetzes von 1869 in der Fassung vom 8. April wurde für die Zöllner - die Landesbeamten blieben - eine einheitliche Behördenorganisation geschaffen (Hartmann 1961:669).
Obwohl die eigentliche Verwaltung der Zölle Ländersache blieb, war damit zum ersten Mal seit dem 15. und 16. Jahrhundert wieder der erfolgreiche Versuch gemacht worden, über die Landesgrenzen hinweg finanz- und zollpolitisch dauerhafte Absprachen zu treffen (ders. 1964:33). Nach dem Zollvereinigungsvertrag vom 8. Juli 1867 erstreckte sich die Vereinskontrolle auf die Verwaltung aller gemeinschaftlichen Abgaben.[72)] Die Zollvereinsbeamten waren danach befugt, bei Meinungsverschiedenheiten direkt den Bundesrat des Zollvereins anzurufen, was ihre Position deutlich verbesserte (vgl. v.Aufseß 1873:297). Nach der Gründung des Deutschen Reiches wurden die Kontrollbefugnisse Kaiserlichen Reichsbeamten zugewiesen.[73)] Zu diesem Zeitpunkt (1873) gab es im Deutschen Reich 12 Bevollmächtigte bei 19 Zolldirektionen und 45 ihnen beigegebene Vereinskontrolleure (vgl. v.Aufseß 1873:308).

---

71) Nach den Absprachen in Art. II des Vertrages vom 22. März 1883 schickte Preußen zunächst solche Beamte nach München und Kassel, Bayern nach Köln, Magdeburg oder Erfurt, Württemberg nach Darmstadt, Kurhessen nach Münster und das Großherzogtum Hessen nach Stuttgart. (v.Aufseß 1873:292) Nach dem Beitritt anderer deutscher Staaten zum Zollvereinsvertrag (Braunschweig, Schaumburg, Luxemburg) wurde die Verteilung geändert.

72) Zölle, die Salzabgabe, die Rübenzuckersteuer und die Tabaksteuer

73) Vgl. dazu den folgenden Unterabschnitt.

2.6.2 Das Reichsschatzamt und die Reichskommissare

Das Deutsche Reich nach seiner Verfassung von 1871 war als föderativer Bundesstaat organisiert, was sich auch und vor allem auf finanzpolitischem Gebiet zeigte.[74] Für die Erhebung und Verwaltung der Zölle und Verbrauchsteuern waren die Bundesstaaten - sofern sie diese vor Schaffung des Reiches auch schon erhoben hatten - selbst zuständig (Art. 35 und 36 der Reichsverfassung). Die Funktion der Einhaltungskontrolle ging dabei vom frühen Zollverein auf Reichsbeamte im Auftrag des Kaisers über.

Auf dem Gebiet der **indirekten Steuern** (Verbrauchsteuern) lag danach die Kompetenz zu Steuerrechtsetzung beim Reich, die Verwaltung und Rechtsprechung aber bei den Bundesstaaten. Dies hat zur Folge, daß dort "wohl eine einheitliche Gesetzgebung, nicht aber eine einheitliche Verwaltung und Rechtsprechung des Bundesgesamtstaates bestand." (Leidel 1964:35) Bei den **direkten Steuern** lag ohnehin die gesamte Steuerkompetenz bei den Ländern. An dieser vollständigen Zuständigkeit änderte sich auch nichts, als das Reich nach 1906 verstärkt eigene Steuern erhob.[75]

Einzige oberste Reichsbehörde war nach der Verfassung von 1871 das dem Reichskanzler unterstehende **Reichskanzleramt**. Später wurde wegen der Zunahme der Reichsaufgaben eine Untergliederung diese Amtes notwendig. Dabei wurde 1877 auch eine selbständige **Finanzabteilung** eingerichtet. Zwei Jahre später wurde diese Abteilung - im Zusammenhang mit der Bismarckschen Schutzzollpolitik - aus dem Kanzleramt ausgegliedert und zum **Reichsschatzamt** umgewandelt (vgl. Morsey 1957:198 ff). Eine eigenständige Reichsfinanzverwaltung wurde damit aber nicht geschaffen:

> "Das Reichsschatzamt, als erste selbständige oberste Behörde für die Finanzverwaltung im Deutschen Reich errichtet, blieb bis zum Ende des Kaiserreiches eine reine Gesetzesfabrik ohne eigenen organisatorischen Unterbau, d.h. ohne eine nachgeordnete Finanzverwaltung." (Leidel 1964:38)

An der Steuerverwaltung in Deutschland änderte sich durch die Reichsgründung mithin nichts, da das Reich die Verwaltung seiner Abgaben weiterhin den Bundesstaaten überließ und sich zur Sicherung einer einheitlichen Verwaltung mit der Aufsicht durch Delegierte begnügte (Leesch 1981/82:455), die sich an die (im letzten Unterkapitel angesprochenen) Vereinskontrolleure des Deutschen Zollvereins anschlossen.

Es mangelte den dort wirkenden Räten oft an Erfahrung und Verbindung mit der praktischen Verwaltungsarbeit, da der dazu nötige Austausch mit Mittel- oder

---

74) Vgl. die Ausführungen hierzu in Kap. 3.1.1

75) Vgl. Bühler 1930:322f und Kap. 3.1.2

Unterbehörden nicht stattfinden konnte. Immerhin wurde durch die Schaffung des Amtes anerkannt, daß die mit der Finanzverwaltung beschäftigten Beamten eine spezialisierte Gruppe innerhalb der bisherigen Zentralverwaltung des Reiches bildeten und dementsprechend auch organisatorisch zusammenzufassen waren (Morsey 1957:203). Das Reichsschatzamt war damit zwar ein "Haupt ohne Glieder", gleichzeitig aber auch die "erste Keimzelle einer späteren eigenen Finanzverwaltung des Reiches" (Leidel 1964:38).

Dem Reichsschatzamt waren als erste Finanzbeamte des Deutschen Reiches 15 **Reichsbevollmächtigte** (Reichskommissare) für Zölle und Steuern und 45 Stationskontrolleure (Aufsichtsbeamte) zugeordnet, deren Aufgabe es war, die Einhaltung der gesetzlichen Verfahren bei den Zoll- und Steuerverwaltungen der Einzelstaaten zu überwachen:

> "So wurden 'Reichsbevollmächtigte' und 'Stationskontrolleure' eingesetzt, die vom Kaiser unter Berücksichtigung der Wünsche der einzelstaatlichen Regierungen im Einvernehmen mit dem Bundesratsausschuß für Zoll- und Steuerwesen aus allen Bundesstaaten ernannt und aus der Reichskasse besoldet wurden." (BMF 1969:91)

Direkte Eingriffe in die Verwaltung standen den Bevollmächtigen aber nicht zu. Sie durften den Zoll- und Steuerbeamten keine Befehle erteilen oder Anordnungen treffen.

> "Den Stationscontrolleuren soll ... nicht ein unmittelbarer Einfluß auf die Geschäftsführung selbst zustehen, vielmehr sollen sie gehalten sein, diejenige Kenntniß von der Geschäftsführung zu nehmen, deren sie zur Erfüllung ihrer Pflichten bedürfen." (Hartung 1888:20)

Zur Erfüllung ihrer Aufgaben wurde ihnen aber das Recht zugestanden, in alle "die gemeinschaftliche Zoll- und Steuerverwaltung betreffenden Akten, Bücher Register und Prozeßakten" Einsicht zu nehmen (Hartung 1888:20), desgleichen in die Korrespondenz der Landesbeamten.

Die Zahl der beim Reichsschatzamt beschäftigten Beamten erhöhte sich von etwa 45 Beamten um 1877 auf 145 Beamte am Ende des Ersten Weltkrieges (vgl. Leidel 1964:38f; Bühler 1930:323)[76].

76) Neben dem Reichsschatzamt bestanden mit der Reichsschuldenverwaltung, der Verwaltung des Reichsinvalidenfonds, dem Rechnungshof des Deutschen Reiches und der Reichsschuldenkommission noch vier weitere selbständige Reichsfinanzbehörden (v.Heckel 1898:174), die aber sämtlich nicht mit der Verwaltung von Steuern befaßt waren.

Teil II: Die Reform des Steuerrechts und die Schaffung einer einheitlichen Reichsfinanzverwaltung nach 1919

3. Die Reichsfinanz- und -steuerpolitik von 1871 bis 1945 und die Schaffung eines einheitlichen deutschen Einkommensteuergesetzes

3.1 Veränderungen und Umschichtungen der Steuern im Reich nach 1871

3.1.1 Die Reichseinnahmen nach der Verfassung von 1871

Der an Stelle des in den Napoleonischen Kriegen untergegangenen Heiligen Römischen Reiches Deutscher Nation aus 35 souveränen Fürstentümern und vier Freien Städten 1815 gegründete Deutsche Bund hat nie eine eigene finanz- oder steuerpolitische Bedeutung erlangt. Er besaß weder ein angemessenes Vermögen noch eigene Steuern und konnte mit den ihm zugewiesenen Matrikularbeiträgen nur ein "kümmerliches Dasein" (Häuser 1977:43) fristen.

Demgegenüber erlangte der 1833 gegründete Deutsche Zollverein schon eine gewisse finanzpolitische Eigenständigkeit. In Kap. 2.6. ist aber darauf hingewiesen worden, daß sich größere Kompetenzen damit noch nicht verbanden; auch die an den Zollverein gehenden Zölle und (ab 1844) die Zuckersteuer verblieben - nach einem an der Bevölkerungszahl orientierten Schlüssel - bei den Zollvereinsmitgliedern.[1)]

Wie gleichfalls in Kap. 2.6 angedeutet, besaß das Deutsche Reich nach der Verfassung von 1871 keine eigenständige Finanzhoheit auf der Einnahmenseite. Es wurden ihm keine eigenen, sondern nur die in Art. 70 der Reichsverfassung so bezeichneten 'gemeinsamen Steuern' zugewiesen, die verfassungsrechtlich gesehen, gemeinsamer Besitz von Reich und Bundesmitgliedern (also den Ländern) waren. (Häuser 1977:45) Dem Reich standen danach die Zölle, die Post- und Telegraphengebühren (Reichspost) und die Bahneinnahmen des Reichslandes Elsaß-Lothringen zu. Dazu kamen an Steuereinnahmen die Salz- und Tabaksteuer (für inländischen Tabak) sowie die Zucker-, Wechsel-, Branntwein- und Biersteuer.[2)] Weitere **direkte Steuereinnahmen** wurden dem Reich nicht zugestanden. Entstehende Defizite sollten durch - nach der Kopfzahl der einzelnen Bundesländer zu berechnenden - **Matrikularbeiträge der Länder** ausgeglichen werden. Damit

---

1) Vgl. Häuser 1977:43f

2) An einigen indirekten Abgaben wie den Reservatrechten auf Bier und Branntwein nahmen zudem noch die süddeutschen Staaten teil; vgl. Respondek 1921:58

sollte der zentralstaatlichen Ebene eine ausreichende finanzielle Ausstattung gesichert werden. Tatsächlich zeigte sich aber schon bald,

> "... daß das finanzielle Kleid, das dem jungen Deutschen Reich durch die Verfassung vom 16. April 1871 zugeschnitten wurde, von vorneherein zu eng bemessen war, und je mehr das Reich und seine Ausgaben wuchsen, um so mehr wurde es in dieser Jacke eingeschnürt." (Röpke 1928:217)[3)]

Die Matrikularbeiträge waren von Bismark selbst stets als "Verlegenheitsprodukt" (Terhalle 1952:279) angesehen worden. Aber Bismarcks Bestrebungen, das Reich aus der Rolle eines 'Kostgängers' der Einzelstaaten heraus und in eine politisch und finanziell führende Position zu bringen, mißlangen. Obwohl die Einnahmen des Reiches aus Zöllen - durch den Übergang Deutschlands nach 1879 zur Schutzzollpolitik[4)] - deutlich gesteigert wurden, konnte die finanzielle Ausstattung des Reiches mit den neuen, finanzintensiven Aufgaben nicht mithalten. Diese Reform (mit den damit zusammenhängenden Reichsüberweisungen an die Einzelstaaten) ermöglichte es den Ländern aber, ihre einzelnen, an unterschiedlichen Punkten ansetzenden Steuersysteme neu zu ordnen. In Preußen geschah dies im wesentlichen durch die Miquel'schen Reformen in den Jahren 1891-1893 mit der Neuordnung der preußischen Einkommensteuer.[5)]

Dem Reich halfen die aber nicht weiter: Die Rüstung, der Flottenbau, die Kolonialpolitik und der Aufbau einer eigenen Beamtenschaft forderten stets höhere Kosten. So schloß das Reich in keinem Jahr[6)] seinen Haushalt ausgeglichen ab, stets wies der Reichshaushalt Defizite auf (Röpke 1928:218). Damit stieg auch die **Verschuldung des Reiches** immer mehr an und erreichte schon vor dem Krieg die Höhe von über 5 Milliarden Mark.[7)] Und die Länder waren keineswegs bereit, die kaum vermeidbaren Defizite des Reiches zu übernehmen (Häuser 1977:46) Im Gegenteil: Durch die 'Frankensteinsche Klausel' im Zolltarifgesetz sicherten sie sich einen eigenen Anteil an der Haupteinnahmequelle des Reiches, den Zöllen. Alle 130 Millionen Mark übersteigenden Einnahmen aus den Zöllen und der Tabaksteuer waren an die Bundesratsmitglieder nach der Maßgabe ihres Bevölkerungsanteils zu überweisen.[8)].

---

3) Kruse 1973:10 spricht von einer "nahezu chronischen Finanznot" des Reiches.

4) Insbesondere durch die Erhebung von Getreidezöllen.

5) Hensel 1927:6; vgl. hierzu Kap. 1.2.3

6) Mit Ausnahme des Jahres 1896

7) Bei einer Bilanzsumme von rund 3,5 Milliarden Mark 1913

8) Vgl. Häuser (1977:46). 1896 wurde die Überweisungsgrenze auf 143 Millionen Mark erhöht (Conrad 1906:265). Die Franckensteinsche Klausel galt letztlich noch bis 1904, als sie durch die sog. 'Lex Stengel' aufgehoben wurde. (vgl. Schanz 1906:189)

"Mit einem eingeengten, einseitigen und starren Steuersystem, dazu noch belastet mit Überweisungspflichten, stand das Reich vor der Aufgabe, einem wachsenden Bedarf im wesentlichen unveränderliche Einnahmen entgegenzusetzen. Aus eigener Kraft war das Gleichgewicht nicht zu halten. Es verblieben daher dem Reich in dieser Lage nur zwei Wege:
1. die erforderlichen Mittel durch Erhöhung der Matrikularbeiträge von den Einzelstaaten zu erlangen, so wie es die Reichsverfassung vorschrieb, oder
2. Schulden zu machen.
Das Reich beschritt den zweiten Weg, weil sein Verlangen nach erhöhten Matrikularbeiträgen im Bundesrat kein Gehör fand; und dies, obwohl nach der Verfassung die Matrikularbeiträge das Reich vor Schulden bewahren sollten." (Respondek 1921:58)

3.1.2 Die Zuweisung von reichseigenen Steuereinnahmen bis zum Ersten Weltkrieg

Noch Bismarck bemühte sich, dem Reich ein eigenes Branntwein- und Tabakmonopol zu übertragen, scheiterte jedoch damit. Damit war sein Bestreben, dem Reichshaushalt eine ausreichende finanzielle Grundlage zu geben, gescheitert. (Terhalle 1952:279) In der Folge dieser Bemühungen wurde 1887 lediglich die Branntweinsteuer angehoben. Zudem wurden dem Reich - zusammengefaßt unter dem Reichsstempelsteuergesetz - einige unbedeutende Stempelsteuern[9] übertragen. Weitergehende Beteiligungen des Reichs an den direkten Steuern waren nicht durchzusetzen.[10] Solche Bemühungen mußten an der strikten Ablehnung der Länder scheitern, die, wie es der preußische Finanzminister Freiherr v.Rheinbaben 1907 ausdrückte, befürchteten, die Überantwortung der direkten Steuern an das Reich werde "die Axt an die Wurzel der finanziellen und politischen Selbständigkeit der Einzelstaaten legen".[11] Anträge der Sozialdemokraten und der Freisinnigen Volkspartei, eine Reichseinkommen- und -vermögensteuer einzuführen, fanden auch deswegen im Reichstag keine Mehrheit (vgl. Schanz 1906:184). Erst im Jahre **1906** wurde mit der Einführung einer Reihe von neuen **Reichssteuern** (Zigaretten-, Erbschaft- Automobil-, Tantiemen- und Frachturkundensteuer) ein direkter Schritt zu bedeutenderen Steuereinnahmen des Reiches getan. (Röpke 1928:218) Hinsichtlich der Besteuerung der Kraftwagen war schon seit 1897 eine Besteuerung sowohl der Rad- als auch der Autofahrer gefordet worden, die letzlich aber wegen der wirtschaftlichen Bedeutung des Fahrrades auf die Automobile eingeschränkt wurde:

9) U.a. die Spielkarten-, Lotterie-, und Wertpapieremissionssteuern.

10) Dies, obgleich der Abgeordnete Richter schon im April 1872 im Reichstag zum ersten Mal die Forderung nach einer direkten Reichseinkommensteuer aufgestellt hatte; vgl. Strutz 1927:106

11) Zit. nach Strutz 1927:102

> "Nachdem ... das Fahrrad ein sehr gebräuchliches Verkehrsmittel geworden und namentlich zu Berufs- und Geschäftszwecken verwendet wird, auch zum Teil schon von Einzelstaaten und Gemeinden besteuert wird, hat man sich wohl mit Recht nur auf die Kraftfahrzeuge, also auf die Krafträder (Fahrräder mit Motorführung) und auf die Kraftwagen (Automobile) beschränkt." (Schanz 1906:220)

Da bis dahin nur Hessen eine solche Steuer auf Landesebene erhoben hatte, war es relativ einfach, die Einnahmen aus dieser neuen Gesamtsteuer dem Reich zuzuschlagen. Die Tantiemensteuer, eine Stempelabgabe auf die Tantiemen von Aufsichtsratsmitgliedern, war gleichfalls relativ einfach durchzusetzen. Sie war schon deshalb populär, "weil die erdrückende Mehrheit der Bevölkerung sie nicht zu bezahlen hatte", wie Schanz (1906:228) anmerkt.

Zur gleichen Zeit wurde die Tabaksteuer, deren Einnahmen erst seit 1879 in größerem Umfang (40 bis 70 Millionen Mark jährlich; Manicke 1906:290) zum Reichshaushalt beitrugen, ausgiebiger gestaltet und mit einem eigenen Anteil des Reiches an der Erbschaftsteuer endlich aus der "dogmatisch begründeten Begrenzung des Reiches auf die indirekten Steuern" (Häuser 1977:47) ausgebrochen; möglich gemacht wurde ein solches Erbschaftsteuergesetz aber erst durch die Vereinheitlichung des Güter- und Erbrechts im Deutschen Reich durch das wenige Jahre zuvor in Kraft getretene Bürgerliche Gesetzbuch (Schanz 1906:196).
Aber auch weitere Finanzreformen der Jahre 1908 und 1909 (vgl. Schumann 1910) konnten die Misere der Reichsfinanzen, insbesondere den immer bedrohlicher ansteigenden Schuldendienst, nicht dauerhaft eindämmen, konnten aber für zwei Haushaltsjahre den Finanzbedarf des Reiches stabilisieren (Köppe 1914:257).

> "Gleichzeitig wuchsen mit der bedrohlichen Zuspitzung der außenpolitischen Lage die Reichsausgaben. In dieser Lage verwirklicht endlich der neugewählte Reichstag den Gedanken einer steuerlichen Heranziehung des Besitzes zugunsten des Reiches." (Röpke 1928:218)

Die Heeres- und Flottenverstärkungen des Jahres 1912 machten endgültig deutlich, daß eine Steigerung der Reichseinnahmen in einer größeren Reform unumgänglich war. Deshalb wurde zur Deckung des gestiegenen Rüstungsbedarfes 1913 "unter dem schweren Druck der politischen Verhältnisse" (Respondek 1921:57) einerseits der am Einkommen und Vermögen bemessene Wehrbeitrag, andererseits mit der 'Besitzsteuer' eine Vermögenszuwachssteuer zugunsten des Reiches erhoben.[12] Es handelte sich dabei aber nicht um eine planvolle Reichssteuerrefrom, sondern um

12) Zu diesem Zeitpunkt blieb allein Sachsen noch hart und wandte sich entschieden gegen eine Besitzsteuer des Reiches, wurde aber "von dem nachgiebigen preußischen Finanzminister Lentze im Stiche gelassen"; so Strutz (1927:102).

einen Versuch, zur Deckung der gewaltig gestiegenen Rüstungskosten die Mittel "so gerecht, so zweckmäßig und so rasch als möglich" (Köppe 1914:254) zu beschaffen.

Der durch das 'Gesetz über einen einmaligen außerordentlichen Wehrbeitrag' vom 3. Juli 1913 erhobene **Wehrbeitrag** stellte "eine Verbindung von Vermögenstands- und zusätzlicher Steuer auf höhere und hohe Einkommen" (Terhalle 1952: 286) dar. Er war ausdrücklich nicht als dauerhafte Steuer, sondern nur als einmalige, spezielle Abgabe zur Deckung der Kosten der Wehrvorlage von 1913 gedacht. Durch die Vermögensabgabe des Wehrbeitrages wurden Vermögen von über 10.000 Mark einem - in neun Stufen - vom 0,15 bis 1,5 % steigenden Tarif (mit einem Höchstsatz bei Vermögen über 5 Millionen Mark) der Abgabe unterworfen. Die einmalige Einkommensteuer des Reiches setzte bei einem Einkommen von 5.000 Mark ein und hatte ihren Höchstsatz bei Einkommen über 500.000 Mark. Dazwischen wurde eine ein- bis achtprozentige Steuer in fünfzehn Stufen erhoben (vgl. Köppe 1914:303; Terhalle 1952:286). Die Vermögensabgabe belastete neben den natürlichen Personen auch die Aktiengesellschaften und die Kommanditgesellschaften auf Aktien, die Einkommensabgabe hingegen nur die natürlichen Personen. Eine große individuelle Belastung brachte die neue Steuer aber - auch in Verbindung mit der geplanten Vermögensabgabe - nicht mit sich:

> "Da die zusätzliche Einkommensteuer höchstens 8 % (genauer 7,6 %) war, die normale einzelstaatliche Einkommensteuer einschließlich der gemeindlichen Zuschläge aber kaum häufig mehr als 15 % betragen konnte, war das Vermögenseinkommen bei einer vierprozentigen Verzinsung höchstens mit 35,1 % belastet, also etwa mit einem Steuersatz, der 1925 Höchstsatz der Einkommensbesteuerung des Reiches war." (Terhalle 1952:286)

Die neben den Wehrbeitrag durch das Besitzsteuergesetz vom 3. Juli 1913 erhobene **Vermögenzuwachssteuer** besteuerte den im Veranlagungszeitraum eingetretenen Vermögenszuwachs bei Vermögen über 20.000 Mark; sie sollte erstmalig zum 1. April 1917 für den vom 1. Januar 1914 bis zum 31. Dezember 1916 entstandenen Vermögenszuwachs erhoben werden. (Köppe 1914:307f)

Diese Besteuerung des Vermögenszuwachses erfolgte dann zwar nicht mehr - ihre erste Veranlagung, die schon in die Zeit des Ersten Weltkrieges fiel, konnte nicht mehr verwirklicht werden - aber der Wehrbeitrag erbrachte in der ersten Rate bis 1916 immerhin rund eine Milliarde Mark. Mit dem Wehrbeitrag war zwar "endlich in höchster Not ein großer Wurf getan", aber um welchen Preis:

> "... die Tatsache, daß mitten im Frieden eine einmalige Vermögensabgabe in Höhe von 1 Milliarde Mark erhoben wurde, war zugleich eine Art Bankrotterklärung des bisherigen Systems und ein deutliches Alarmzeichen für die

> Katastrophe von 1914, die für die Finanzen Deutschlands und der anderen Länder eine gigantische Belastungsprobe darstellte." (Röpke 1928:218)

Aber auch steuersystematisch änderte sich damit etwas: Jahrzehntelang hatte die Regel gegolten: 'dem Reiche die indirekten, den Einzelstaaten die direkten Steuern'.[13] Dies ändert sich nun. Ohnehin nahm die Bedeutung der **direkten Steuern** zu: Das Schwergewicht bei der Besteuerung neigte sich immer mehr ihnen zu, wenn man die Bedeutung der Steuereinnahmen im Reiche betrachtet. Im Jahr 1923 stammten 7 % aller Steuereinnahmen aller Ebenen aus Verkehrsteuern, 5 % aus Verbrauchsteuern, aber 61 % aus Einkommen- und 27 % aus Ertrag- und Vermögensteuern (vgl. Häuser 1977:49). Die überragende Bedeutung der direkten Steuern, zumal der Einkommensteuer, ist also keine neue Entwicklung. Damit näherten sich auch die Steuerstrukturen der einzelnen Bundesstaaten immer mehr an. In einzelnen Ländern lag die Quote der Personal- und besonders der Einkommensteuereinnahmen noch höher: So deckte Baden um 1900 rund 90 % seines Steueraufkommens aus der Personalbesteuerung, nur der bescheidene Rest resultierte aus Objektsteuern (Häuser 1977:50).
Auf der Reichsebene wurde dennoch - trotz des Eindringens des Reiches in die 'Länderdomäne' der direkten Besteuerung - kein Weg hin zu einer umfassenden Reichsfinanzreform gefunden. "Diese Unvollkommenheit rächte sich bitter im ersten Weltkrieg." (Terhalle 1952:287)

3.1.3 Die Kriegssteuerreformen von 1916 bis 1918

So stark die militärische Rüstung in den letzten Jahren vor dem Kriegsausbruch gewesen war, finanztechnisch war das Reich auf die Führung eines Krieges nicht vorbereitet:

> "Die gesamtdeutsche Finanzpolitik vor dem ersten Weltkrieg war offenkundig wenig oder gar nicht kriegsorientiert. Es war weder das Steuersystem noch das methodische Vorgehen bei einer Reihe von Steuern zweckmäßig, vor allem aber war der sogenannte Finanzausgleich nicht so geregelt, daß er den Ansprüchen einer befriedigenden Kriegsfinanzierung nur einigermaßen genügen konnte." (Terhalle 1952:289)

So griff das Reich zunächst nach anderen Formen der Kriegsfinanzierung. 1915 wurden die Heeresausgaben aus dem ordentlichen Reichshaushalt gestrichen und in einen **außerordentlichen Haushalt** als Kriegsausgaben übernommen. Damit waren sie nicht mehr über Steuereinnahmen zu decken. Und schon im August 1914

13) Hensel 1927:7; genauso Terhalle 1952:280

wurde die Goldeinlösungspflicht für Banknoten der Reichsbank[14] aufgehoben (vgl. Terhalle 1952:290f). Die wesentliche Deckung der Kriegsausgaben erfolgte aber durch die Ausgabe von Kriegsanleihen über den außerordentlichen Haushalt. Obwohl diese Anleihen von der Bevölkerung gut aufgenommen wurden (Kruse 1973:11), reichten sie bei weitem nicht aus, um die Kosten zu decken.

So wurden in den Jahren 1916, 1917 und 1918 nacheinander drei **Kriegssteuerreformen** im Reich durchgeführt. Die erste Vorlage wurde im März 1916 von dem Staatssekretär des Reichsschatzamtes im Reichstag begründet. Sie sollte durch eine Kriegsgewinnsteuer, eine Erhöhung der Tabakabgaben, einen Quittungsstempel, die Erhöhung des Frachturkundenstempels und eine mit den Postgebühren zu erhebenden Reichsabgabe auf den Gebieten der direkten und indirekten Abgaben rund 500 Millionen Mark an jährliche Mehreinnahmen bringen;[15] die Versuche der Sozialdemokratischen Partei, statt dessen eine Wiederholung des Wehrbeitrages für das Steuerjahr 1916 durchzusetzen, scheiterten (vgl. v.d.Borght 1916:265f). Der Vermögenszuwachs seit dem 1. August 1914 wurde danach zugunsten des Reiches mit einer 20-fach gestaffelten Abgabe in einer Spannweite von 5 % (Vermögenszuwachs über 10.000 Mark) bis 48,75 % (Zuwachs über 10 Millionen Mark) besteuert (vgl. v.d.Borght 1916:275). Mit der zweiten Reform wurden 1917 u.a. eine Kohlensteuer und eine Beförderungsabgabe für Personen und Güter erhoben. Die Einführung einer Reichseinkommen- oder -vermögensteuer wurde zu diesem Zeitpunkt als "mitten im Kriege nicht möglich" (Terhalle 1952:293) abgelehnt; zudem wurde die Belastung mit Abgaben vom Einkommen und Vermögen in Deutschland mit rund 37,1 % des Steueraufkommens des Reiches und der Bundesstaaten schon als "scharf angespannt" (v.d.Borght 1916:301) angesehen.
Den größten Umfang aller Kriegssteuerreformen hatte die dritte Reform vom Juli 1918. Sie umfaßte zwölf Steuergesetze, die ein jährliches Volumen von einmalig 2,875 Mrd. Mark und 1,125 Mrd. Mark dauernd erbringen sollten. Das waren im ersten Jahr immerhin drei Viertel des Betrages, der 1913/14 bei allen Gebietskörperschaften zusammen als Steuern einging. (Terhalle 1952:294) Aber gemessen an der gigantischen Verschuldung des Reiches konnte auch dieser Betrag nicht ausreichen: Die Gesamteinnahmen der Reichsfinanzverwaltung in den fünf Jahren von 1914 bis einschließlich 1918 machten rund 16,25 Mrd. Mark aus. Diesem Betrag stand allein schon ein Schuldendienst von 13,87 Mrd. Mark gegenüber (Terhalle 1952:294).

---

14) Die erst seit 1909 gesetzliche Zahlungsmittel waren

15) Dies bedeutete keine nennenswerte Mehreinnahme, wenn man bedenkt, daß allein in den Monaten zwischen der Einbringung der Steuervorlagen im Reichstag und der Verabschiedung der Gesetze die Reichsschuld für Kriegszwecke von 32 Mrd. Mark auf rund 40 Mrd. Mark gestiegen war; vgl. Terhalle 1952:293.

Entscheidende Eingriffe in die Hoheit über die direkten Steuern zugunsten des Reiches brachte auch diese Steuerreform nicht mit sich, wenn auch in der dritten Kriegssteuervorlage mit der in Richtung auf eine allgemeine Umsatzsteuer ausgebauten Quittungsstempelsteuer weitere Ansätze zu einer Beteiligung des Reiches an den direkten Steuern gemacht wurden:

> "Das Reich blieb, von Anfängen einer Vermögens- und Einkommensbesteuerung sowie einer allgemeinen Umsatzsteuer abgesehen, bis zum Kriegsende von den großen Steuerquellen ausgeschlossen. Erst nach dem Zusammenbruch, dem Ende der Monarchie und dem Verlust der weitgehenden souveränen Rechte der Einzelstaaten eröffneten sich die verfassungsmäßigen Voraussetzungen für eine reichseinheitliche Besteuerung und Finanzverwaltung." (Häuser 1977:51)

Vor dem Kriegsende gab es jedenfalls keine systematische Sicherung der Kriegskosten oder auch der Reichsfinanzen im allgemeinen: die "Finanzpolitik im ersten Weltkrieg 1914/18 (war) kein Ruhmesblatt!" (Bühler 1953:31).
Ein Teil der neu eingeführten Steuern hielt sich aber noch eine Weile: so blieb die Weinsteuer bis 1923, die Mineralwassersteuer bis 1931 bestehen; die Beförderungsteuer wurde gar erst 1969 durch eine Straßengüterverkehrsteuer abgelöst (Kruse 1973:11).

3.2 Die Reichsfinanzreform von 1919 und die Steuerreform von 1920

3.2.1 Die Reichsfinanzen in der unmittelbaren Nachkriegszeit

3.2.1.1 Die Finanzsituation des Reiches 1918

Mit der Dauer des Krieges nahmen die Ausgaben und damit die geschilderte Verschuldung des Reiches immer mehr zu. 1913 hatte das Reich noch Gesamtausgaben von rund 3,2 Mrd. Mark zu decken. Auf dem Höhepunkt des Krieges wurden die Ausgaben für 1918 auf 48 Mrd. und für 1919 auf 63 Mrd. Mark veranschlagt. Daran war der außerordentliche Haushalt mit jeweils rund zwei Dritteln beteiligt.[16] Allein die Aufwendungen für den Schuldendienst stiegen immer weiter; der Schuldenberg wuchs bis Ende 1918 auf rund **150 Mrd. Mark** an. Die unzureichende Planung bei der Umstellung der Finanzpolitik in Deutschland seit Beginn des Krieges wurde immer deutlicher. Die deutsche Kriegssteuerpolitik war "im ganzen und namentlich im Gegensatz zu anderen kriegführenden Ländern schwächlich und unzureichend" (Hensel 1927:7) geblieben.
Noch nicht einmal die 'ordentlichen' Haushaltsausgaben konnten gedeckt werden: Ordentlichen Ausgaben von 7,3 Mrd. Mark für 1918 und 15,8 Mrd. Mark für 1919

16) Vgl. die Angaben bei Terhalle 1952:295

standen nach Berechnungen der Regierung vom Frühjahr 1919 nur jeweils 5,8 Mrd. Mark an Steuereinnahmen gegenüber.[17)]

3.2.1.2 Steuerpolitische Sofortmaßnahmen

Durch das Kriegsende und die gestellten Reparationsforderungen wurde eine weitere Steigerung des Finanzbedarfes absehbar. Auch die nach dem Zusammentritt der Nationalversammlung im Januar 1919 eingeleiteten Maßnahmen konnten diese Situation, die durch die fortsteigende Inflation noch verschlimmert wurde, zunächst nicht ändern. Im September und Dezember 1919 wurden die ersten Steuermaßnahmen der neuen Republik verkündet. Eine abschließende Kriegsbesteuerung sollte in einer 'Kriegsabgabe vom Vermögenszuwachs' als abschließende Kriegsgewinnsteuer mit Sätzen bis zu 100 % und durch ein Reichsnotopfer erfolgen. Die zusätzliche außerordentliche Kriegsabgabe des Jahres 1919 erfolgte nach Art der von 1918, aber mit Sätzen von 70 und 80 %. Das Reichsnotopfer stellte hingegen eine einmalige Vermögensteuer von 10 bis 65 % dar - bemessen an der Gesamtsubstanz! Die Durchführung des Reichsnotopfers scheiterte aber an der steigenden Inflation (Bühler 1953:32) und die Ergebnisse der Vermögenszuwachsabgabe und der außerordentlichen Kriegsabgabe von 12 Mrd. Mark wurden auch bis Ende des Rechnungsjahres 1921 nicht erreicht (Terhalle 1952: 297f). Die großen Hoffnungen, die in das Reichsnotopfer gesetzt wurden, erfüllten sich damit nicht. Das Notopfer sollte einerseits fiskalischen Zielen dienen und die Schulden des Reiches abtragen, andererseits stand der politische Wille dahinter, durch die Überleitung eines Teils der Privatvermögen in Reichsbesitz den Wiederaufbau zu ermöglichen und dazu die finanzstarken Kräfte heranzuziehen. Tatsächlich blieb aber der Eingang der Zahlungen hinter den Erwartungen zurück. Obwohl die Reichsregierung durch eine Gesetzesänderung vom Dezember 1920 noch einmal die Zahlungsmodalitäten und -fristen genau klärte[18)], überrannte die Inflation diese Bemühungen. Durch die rasch fortschreitende Geldentwertung blieb diese große Vermögensabgabe weithin nur ein "Scheinwerk":[19)]

> "Schon das rechnerische Ergebnis des Notopfers war kümmerlich. Die Regierung rechnete mit 'wahrscheinlich 40-45 Mrd. M.', also der Hälfte des Betrages der Ende 1919 bestehenden schwebenden Reichsschulden. Tatsächlich kamen in den Rechungsjahren 1920 bis 1922 zusammen 15,6 Mrd. auf. In

17) Diese berechneten Steuereinnahmen gliederten sich in jeweils 1,76 Mrd. Mark an Vorkriegssteuereinnahmen und 4,04 Mrd. Mark an Einnahmen durch die Kriegssteuerreformen. (vgl. Terhalle 1952: 295).

18) 10 % des steuerbaren Vermögens, mindestens aber ein Drittel der Steuerschuld sollten bis zum 1. März 1921 überwiesen werden

19) Jéze, zit. nach Terhalle 1952:298

> Gold gerechnet war das kaum viel mehr als 1 Mrd. M., also selbst im ganzen Betrag nicht allzuviel für den 'Wiederaufbau', die zweite Begründung des Notopfers." (Terhalle 1952:298)

1922 wurde dann die noch verbleibende Schuld verringert, nachdem offensichtlich geworden war, daß die weitere Durchführung der Abgabe in ihrer ursprünglich geplanten Form nicht möglich war. Gegen Zahlung von weiteren 10 % des abgabepflichtigen Vermögens, mindestens aber einem Drittel der Steuerschuld[20] wurden die Forderungen eingestellt und das Reichsnotopfer durch einen Zuschlag zur Vermögensteuer abgelöst.
Die Reichsregierung versuchte, auch durch Steuererhöhungen auf anderen Gebieten dem Reich ein Mehr an Einnahmen zu verschaffen. So wurde die Umsatzsteuer erhöht und die seit 1918 bestehende Luxusbesteuerung für die Dinge, die 'über die notwendigen Bedürfnisse hinausgingen', ausgebaut. Auch die Erbschaftsteuer wurde erweitert. Der Versuch, neben die Erbschaftsteuer eine zusätzliche Nachlaßsteuer zu setzen, wurde gleichfalls im September 1919 unternommen, das entsprechende Gesetz aber schon 1922 wieder zurückgezogen.
Erhebliche Mehreinnahmen brachten dem Reich die Einnahmen aus der ausgebauten Tabaksteuer nach dem Tabaksteuergesetz vom 12. September 1919: Die Einnahmen aus der Tabaksteuer stiegen von 500 Millionen Mark 1919 auf über 2,75 Mrd. Mark 1920. (Terhalle 1952:299) Gleichfalls kräftig erhöht wurden die Reichseinnahmen durch die im Dezember 1919 eingeführten Ausfuhrabgaben, welche die Differenz von Binnen- und Außenwert der Mark dem Reich zuführen sollten. Die Ausfuhrabgaben erbrachten 1920 immerhin 9 % der Reichssteuereinnahmen. (Terhalle 1952:299)

3.2.2 Die Neuordnung der Reichsfinanzen durch die Nationalversammlung

Die Notwendigkeit einer grundsätzlichen Klärung der Finanzfragen im Reich, der Steuerverteilung und der Verwaltung dieser Steuern war im Krieg immer deutlicher geworden. Schon die Kriegssteuerreformen hatten die Notwendigkeit der Standardisierung deutlich werden lassen:

> "Da die Bundesstaaten außer ihren eigenen Steuern auch die Reichssteuern verwalteten, wirkte die Besteuerung in den einzelnen Staaten ganz unterschiedlich. Reichsrechtliche Vorschriften über Festsetzung und Veranlagung gab es so gut wie überhaupt nicht. Auch der Rechtsmittelzug war in den Einzelstaaten verschieden." (Kruse 1973:11)

Als einziges gemeinsames Element existierte gegen Ende des Krieges nach dem Durchlaufen des landesrechtlichen Rechtsmittelzuges in bestimmten Steuersachen

20) Bei höheren Vermögen 40 %

eine Rechtsbeschwerde an den Reichsfinanzhof. Daher entschloß sich das Reichsfinanzamt schon im Sommer 1918, ein **Mantelgesetz für die einheitliche Steuererhebung** ausarbeiten zu lassen. Es sollte die bestehenden Einzelgesetze entlasten, "Ungleichmäßigkeiten und Lücken der bisherigen Regelungen beseitigen und Normativbestimmungen des landesrechtlichen Verfahrens enthalten" (Kruse 1973:11). Der Entwurf einer solchen 'Reichsabgabenordnung' wurde dem Oldenburger Richter Enno Becker übertragen. Zunächst war also nur an eine reichsgesetzliche Regelung des Veranlagungswesens gedacht; die eigentliche Verwaltung der Steuern sollte weiter durch Landesbehörden (unter Reichsaufsicht) erfolgen. (vgl. Becker 1928:2)
An diese Vorarbeiten konnte die Nationalversammlung in Weimar anknüpfen, als sie den Entwurf der Reichsabgabenordnung beriet, den Enno Becker Ostern 1919 fertiggestellt hatte. Noch vorher verabschiedet wurde das **Gesetz über die Reichsfinanzverwaltung** vom 10. September 1919, das wegen der Dringlichkeit einer einheitlichen Regelung der Steuerverwaltung im ganzen Reich und des Aufbaus einer eigenständigen Reichsfinanzverwaltung vorgezogen, als eigenständiges Gesetz beschlossen und erst später in die Abgabenordnung eingefügt wurde.[21] Gleichzeitig beriet die Nationalversammlung - als gesetzgebende Körperschaft des Reiches - seit dem 29. November 1919 den **Entwurf eines Einkommensteuergesetzes.**

3.2.3 Die Erzbergersche Finanzreform

Der Erlaß des Reichseinkommensteuergesetzes bildete nur einen Teil einer umfassenden Finanzreform des Reiches in den Jahren 1919 und 1920, für die der Reichsfinanzminister **Matthias Erzberger** verantwortlich war.[22] An die Reform wurden vor allem zwei Forderungen gestellt: sie sollte den Reichshaushalt formell und materiell von den Gliedstaaten unabhängig machen und die Reichseinnahmen sollten ein Finanzsystem darstellen, "das ergiebig und beweglich, aber auch gerecht" (Respondek 1921:62) sein sollte. Diese Reform war vor allem durch eine "Verreichlichung der Einkommensbesteuerung" (Terhalle 1952:300) gekennzeichnet: So wurden aufgrund von Art. 8 der Weimarer Reichsverfassung gleichzeitig das erste Einkommensteuergesetz des Reiches,[23] das erste Körperschaftsteuer- und schließlich ein Kapitalertragsteuergesetz erlassen. **Die direkte, einheitliche Besteuerung der Einkommensseite nahm also nach 1919 stark zu.** Durch die Erzbergersche Finanzreform wurden - auch unter Berücksichtigung späterer Ände-

21) Vgl. hierzu Kap. 4.1
22) Vgl. auch Kap. 4.1.1
23) Vgl. Kap. 3.3.1

rungen[24] - "die Grundlagen des bis 1945 geltenden Reichssteuersystems" (Kruse 1973:12) gelegt.

Mit dem Landessteuergesetz vom 30. März 1920 griff das Reich zudem durch die erstmalige Aufnahme einer besonderen Finanzausgleichsgesetzgebung in die Steuerhoheit der Länder und Gemeinden ein und verlagerte das Schwergewicht des Steuersystems auf das Reich. Dem Reich wurden zu den ihm bisher zustehenden Zöllen und Verbrauchsteuern die Einkommen-, Körperschaft- und Vermögensteuer übertragen. Als Ausgleich erhielten die Länder und Gemeinden vom Reich Überweisungen. Die Länder bekamen 75 % der Einkommen- und Körperschaftsteuer, sowie 30 % der Umsatzsteuer, dazu die Gesamteinnahmen der Grunderwerbsteuer, der Kraftfahrzeugsteuer und der Rennwettsteuer.[25] Gleichzeitig wurde auch die restliche Finanzhoheit der Unterverbände reichseinheitlichen Bestimmungen unterworfen, "um nach Möglichkeit einen gleichmäßigen Gesamtsteuerdruck zu gewährleisten" (Hensel 1927:7). Die Situation, die das alte Reich nach der Verfassung von 1871 so geschwächt hatte,[26] drehte sich nun um - zugunsten des Reiches: "Die Länder wurden nunmehr Kostgänger des Reiches und durch Steuerüberweisungen vom Reich gespeist." (Meilicke 1965:25)

---

24) Vgl. Kap. 3.3

25) Vgl. Bühler 1953:32

26) Vgl. Kap. 3.1.1

3.3 Das erste Reichseinkommensteuergesetz von 1920 und seine endgültige Fassung von 1925

3.3.1 Das Reichseinkommensteuergesetz von 1920

3.3.1.1 Die Ziele des neuen Einkommensteuergesetzes

Mit dem verlorenen Krieg war die Finanzausstattung des Reiches in ihrer bisherigen Form nicht mehr beizubehalten. Dieser Tatsache wurde durch die geschilderten Veränderungen um 1919/20 hinsichtlich der Finanzausstattung der einzelnen Körperschaften und hinsichtlich der Verwaltungshoheit auf dem Gebiet der Finanzen Rechnung getragen. Aber auch ohne die drückenden Lasten des verlorenen Krieges wäre eine Finanzreform in Deutschland mit der ausdrücklichen Einbeziehung einer Reform der Einkommensteuer(n) unausbleiblich geworden:

> "Ohne eine ungeheure Kriegsentschädigung wäre aber auch bei günstigem Kriegsausgang eine derartige Umkehrung in den Verhältnissen des Finanzbedarfs des Reiches zu dem der Länder und Gemeinden eingetreten, daß es nicht mehr möglich gewesen wäre, die ergiebigste direkte Steuer dem geldbedürftigsten Gemeinwesen, dem Reiche vorzuenthalten, wenn man sich nicht entschlossen hätte, den Finanzbedarf des Reiches durch ins Ungeheure gesteigerte Matrikularumlagen auf die Länder nach einem veredelten Maßstabe aufzubringen. Dann aber hätten die Landeseinkommensteuern derart gesteigert werden müssen, daß ihre territorialen Verschiedenheiten unerträglich geworden wären." (Strutz 1927:103)

Die Schaffung eines einheitlichen Einkommensteuergesetzes war damit - unabhängig von der letztlichen Ertragshoheit - unumgänglich geworden. Unter dem 29. November 1919 wurde der Nationalversammlung als Drucksache Nr. 1624 der Entwurf eines Reichseinkommensteuergesetzes vorgelegt. Gegenüber den bisherigen Landeseinkommensteuergesetzen brachte der Entwurf einige wesentliche Neuerungen mit sich:[27)]

- der Entwurf beschränkte die Besteuerung nach dem EStG auf **natürliche Personen**; die Besteuerung anderer Einkommen, etwa der juristischer Personen wurde speziellen Gesetzen (etwa dem Körperschaftsteuergesetz) zugewiesen;
- bei der Definition des Einkommens wurde zur sogenannten **Reinvermögenstheorie** übergegangen;[28)]
- statt des Einkommens des Steuerjahres selbst wurde nun das **Einkommen des Vorjahres** besteuert;

27) Vgl. Strutz 1927:105

28) Vgl. Kap. 3.3.1.2

- die **Ehefrau** wurde in die sich auf den Haushalt beziehenden Ermäßigungen mit einbezogen;
- anstatt des Durchrechnungssystems wurde bei der Steuerskala zum **Durchstaffelungs- (Anstoß-) System** übergegangen;
- bei der Erhebung der Steuer auf **Lohneinkommen** wurde der **Steuerabzug seitens des Arbeitgebers** eingeführt;
- die (für das Vorjahr veranlagte) Steuer wurde nun **fortlaufend** bis zur nächsten Veranlagung erhoben.

3.3.1.2 Besteuerungsgrundlagen und Steuertarif

Die bis 1919/20 geltenden Landeseinkommensteuergesetze hatten neben den natürlichen Personen sämtlich auch die Einkommen der juristischen Personen[29] besteuert. Nach dem Entwurf des Reichseinkommensteuergesetzes wurde hiervon abgesehen und die **Besteuerung ausschließlich auf natürliche Personen beschränkt**. Nach § 29 EStG 1920 erstreckte sich die persönliche Steuerpflicht auf alle Reichsangehörigen (Respondek 1921:161). Auch dies stellte eine öffnende Neuerung dar: nach den alten Landeseinkommensteuergesetzen bestand eine "ausgedehnte persönliche Steuerfreiheit",[30] die u.a. die regierenden deutschen Fürsten, sowie im Mobilmachungsfall die militärischen Diensteinkommen aller Angehörigen des aktiven Heeres und im Friedensfall das Militäreinkommen der Mannschaften und Unteroffiziere umfaßte. Das neue EStG kannte solche Vorrechte nicht mehr.

Auch hinsichtlich der Definition dessen, was 'Einkommen' darstellte, änderte sich die Besteuerung. Historisch hatten sich zum damaligen Zeitpunkt zwei Arten der Einkommensdefinition herausgebildet.[31] Zum einen die Quellentheorie, die Einkommen über die Voraussetzungen der Regelmäßigkeit definierte und dem Einkommen eine Quelle zuordnete. Danach stellte also Einkommen eine "mit gewisser Regelmäßigkeit wiederkehrende Vermehrung des Vermögens" (Strutz 1927: 110) aus einer bestimmten Quelle dar. Diese Art der Einkommensbesteuerung war vor allem dort notwendig, wo das wahrscheinliche Einkommen des Steuerjahres zu versteuern war und dies durch eine dem Steuerjahr vorausgehende Veranlagung geschah. Auf der anderen Seite gab es die auf **Schanz** zurückgehende Definition, die einen Unterschied zwischen einer Vermögensvermehrung über das Einkommen und einer Vermögensvermehrung ohne das Einkommen nicht zuließ und bestimmte, "daß vielmehr alles, was eine Person vereinnahmte, ihr Einkommen sei" (Strutz

29) U.a. Aktiengesellschaften, GmbHs, aber auch Berggewerkschaften und Genossenschaften
30) Respondek 1921:162; vgl. dazu für Preußen Kap. 1.2.4.1.
31) Vgl. auch Kap. 1.2.4.2, FN 61 und Raupach 1985:92.

1927:111). Diesem sehr umfassenden Einkommensbegriff kamen vor 1919 die Einkommensteuergesetze der **Hansestädte** (Hamburg, Bremen und Lübeck) am nächsten. Die meisten anderen Staaten (darunter Preußen, Bayern, Sachsen, Württemberg, Baden und Hessen) zogen nur solche Einnahmen heran, die aus bestimmten, an einem bestimmten Tage fließenden Quellen herrührten. Aber auch in diesen Ländern gab es Durchbrechungen und auch außerordentliche Einnahmen wurden zur Einkommensteuer herangezogen. Während beispielsweise das preußische Einkommensteuergesetz mit der Heranziehung von Spekulationsgewinnen die **Quellentheorie** durchbrochen hatte, ging das württembergische Einkommensteuergesetz soweit, auch Schenkungen, Erbschaften, Vermächtnisse und Kapitalempfänger der Einkommenbesteuerung zu unterwerfen (vgl. Strutz 1927:113). Auch Bayern hatte in sein Einkommensteuergesetz (Artikel 66 III bayer. EStG; vgl. Strutz 1927:114) die Bestimmung aufgenommen, bei bestimmten unvorhergesehenen Vergrößerungen der veranlagten Einnahmen die Veranlagung zu ändern. Aus diesen Durchbrechungen heraus verzichtete der Entwurf des Reichseinkommensteuergesetzes auf eine Einkommensbesteuerung nach der Quellentheorie und übernahm grundsätzlich den Schanz'schen Einkommensbegriff; dies aber mit wesentlichen Einschränkungen (Respondek 1921:164).[32)]

> "Nach dem Gesetz von 1920 gehören grundsätzlich alle Einkünfte, gleichviel wie sie sich charakterisieren, zum steuerbaren Einkommen, soweit sie nicht im Gesetz ausdrücklich ausgenommen sind." (Strutz 1927a:326)

Diese Übernahme wurde dadurch erleichtert, daß grundsätzlich das Einkommen des **vorangegangenen Jahres** besteuert werden sollte, auf eine Veranlagung des wahrscheinlichen Einkommens des eigentlichen Steuerjahres also verzichtet werden konnte (vgl. Strutz 1927:114). Einmalige Vermögensanfälle in Form von Erbschaften, Schenkungen etc. wurden in dem Entwurf für steuerfreies Einkommmen erklärt.

Neuartig war die Vorschrift, wonach bei **Arbeitseinkommen** eine **Abschöpfung der Steuerlast an der Quelle** erfolgen sollte und die Steuern direkt vom Arbeitgeber abgeführt werden sollten. Sie wurde weniger aus prinzipiellen als aus rein fiskalischen Gründen eingeführt - hier sind die Parallelen zur heute geplanten Quellenbesteuerung auf Kapitaleinkünfte unübersehbar:

32) Raupach (1985:93) lehnt die Zuordnung des Schanz'schen Einkommensbegriffes zum EStG 1920 ab, da im neuen reichseinheitlichen Einkommensteuergesetz alle einmaligen Vermögensanfälle, insbesondere solche aus privaten Veräußerungsgeschäften, nicht der Besteuerung unterworfen wurden. Zudem lehnte sich das EStG 1920 an die schon im preußischen EStG von 1891 entwickelten vier (nun fünf) Einkommensarten an; vgl. den Überblick bei Raupach 1985:94 (Anm. 44)

> "Da bei der ungeheuren Finanznot des Reiches, der Länder und der Gemeinden nicht nur auf das Steuersoll, sondern auch auf das Steuerist sorgsamer Bedacht genommen werden muß, kann in der künftigen Gesetzgebung des Reiches auf das Schöpfen an der Quelle nicht ganz verzichtet werden." (Strutz 1927:119)

Außerdem stellte der Quellenabzug eine gute Möglichkeit dar, den Steuerwiderstand der Betroffenen einzuschränken - auch das eine Parallele zur Quellenbesteuerungsdiskussion von heute:

> "Das Prinzip des Lohnabzugs beruht auf der steuerpolitischen Überlegung, daß die Stellen, die anderen Einkommen auszuzahlen haben, weniger Widerstand leisten dürften, einen Teil der Steuern zu entrichten, als die Empfänger des Einkommens selbst." (Respondek 1921:185).

Die Erhebung der Steuer war im Gesetz so vorgesehen, daß der **Arbeitgeber von jeder Lohnzahlung 10 % einbehalten** und als Steuer des Arbeitnehmers an die Steuerbehörde abführen sollte. Dazu waren Steuermarken zu entwerten und in das Steuerbuch bzw. die **Steuerkarte** des Arbeitnehmers (Lohnsteuerkarte) einzukleben, die dieser sich auf der Gemeindebehörde seines Wohn- oder Beschäftigungsortes auszustellen lassen hatte. Diese Lohnabzüge stellten nur eine Vorauszahlung der Steuer dar. Nach Ablauf des Jahres sollte, wie für alle anderen Steuerpflichtigen, eine reguläre Veranlagung erfolgen. (Strutz 1927:129)

Bei den Steuerpflichtigen, die nicht unter diesen Quellenabzug fielen, blieb es bei der selbständigen Begleichung der Steuerschuld. Nach § 39 EStG 1920 war jeder, dessen steuerpflichtiges Einkommen den Betrag von 3000 Mark überschritt, zur Deklaration, also zur Abgabe einer Einkommensteuererklärung verpflichtet. (Respondek 1921:180f) Die Steuer bezog sich auf das Einkommen des Vorjahres und war in vier Raten in den Monaten Mai, August, November und Februar zu zahlen. Diese Monate wurden gewählt, "weil in den Monaten, in die ein Quartaltermin fällt, meistens andere größere Zahlungen, wie z.B. Miete zu leisten sind und daher die gleichzeitige Bezahlung der Steuer Schwierigkeiten machen könnte". (Strutz 1927:120) An der aus den Landeseinkommensteuern stammenden Besteuerung nach Haushalten wurde dabei festgehalten; nach § 16 des Gesetzes wurde das Einkommen der Ehefrau dem des Ehemannes hinzugerechnet und dieser dann nach dem beiderseitigen Einkommen veranlagt.

Der **Tarif** des Einkommensteuergesetzes wurde in § 21 EStG 1920 nach dem Durchstaffelungs- oder Anstoßsystem gestaltet, war also "progressiv und durchgestaffelt" (Respondek 1921:177). Danach wurde der Steuerprozentsatz der höchsten

Stufe, in die das Einkommen noch hineinragte, nicht vom Gesamteinkommen berechnet, sondern dieses Einkommmen in die den einzelnen Stufen zuzuordnenden Teilbeträge aufgeteilt. Nach § 21 des EStG 1920 begann der Steuersatz bei 10 % und stieg zunächst vierzehn mal um 1 % für jede 1.000 Mark mehr an Einkommen bis auf 24 % und vergrößerte sich dann "um je 1 v.H., 5 mal für je 2.000, 5 mal für je 3.000, 10 mal für je 5.000, 5 mal für je 10.000, 2 mal für jede 20.000, 2 mal für jede 30.000, 1 mal für jede 40.000 und vier mal für je 50.000 M. Mehreinkommen" bis auf 59 %, alle darüber liegenden Einkommensanteile waren mit 60 % zu versteuern.[33)]

Bei der Beratung des Gesetzes wurde die Überschrift - da es ohnehin nur noch ein EStG geben sollte - in 'Einkommensteuergesetz' verkürzt. Es wurde am 29. März 1920 vollzogen und in der Nr. 57 des Reichsgesetzblattes vom 31. März 1920 veröffentlicht.

3.3.1.3 Ergänzende Gesetze und Verordnungen zum EStG von 1920

Die heute in vielfältiger Weise geäußerte Kritik an den häufigen Änderungen des Einkommensteuergesetzes durch den Gesetzgeber verweist auf ein altbekanntes Problem, das schon mit dem EStG von 1920 entstand; Strutz konstatierte 1927 (ebd.:129), man habe mit der Zahl der Änderungen des EStG von 1920 "innerhalb so kurzer Zeit ... einen Rekord unter den Steuergesetzen aufgestellt". In seiner ursprünglichen Form hat das Einkommensteuergesetz von 1920 "nie, nicht einmal für 1920, gegolten"[34)] Allerdings muß man dabei berücksichtigen, daß zwar zum Zeitpunkt der Verabschiedung des Gesetzes das Wesen eines Einkommensteuergesetzes in Deutschland nichts Neues mehr war, aber doch mit der Einführung neuer Formen der Steuererhebung und -verwaltung (in zumeist organisatorischen Fragen) Neuland betreten wurde. Und ganz generell fiel das Einkommensteuergesetz in eine Phase gesellschaftlicher Umbrüche und wirtschaftlicher Not, was auch auf seine Regelungen Auswirkungen hatte und diese Änderungen unterwarf.

Dennoch ist es bemerkenswert, daß das am 31. März 1920 verkündete Gesetze das erste Mal schon am Tage seiner Verkündigung geändert wurde: das zu diesem Zeitpunkt beschlossene 'Gesetz zur Durchführung des Einkommensteuergesetzes' war als Übergangsgesetz gedacht und änderte das EStG in § 58 in dem Sinn, daß die Besteuerung für 1920/21 noch in Anlehnung an die bisherigen landesrecht-

33) Strutz 1927:128; vgl. Anlage 39

34) So der amtliche Text der Einführung zum EStG von 1925 (vgl. Strutz 1927:171). Die Berechnungen von Raupach (1985:22; zehn Gesetzesänderungen in fünf Jahren) verzerren hier (vgl. auch FN 38 und 40).

lichen Regelungen erfolgen sollte. Einen tieferen Hintergrund hatte das 'Gesetz zur Regelung des Steuerabzugs vom Arbeitslohn' vom 21. Juli 1920[35]: Gegen den Steuerabzug vom Arbeitslohn bei den Unternehmen hatte sich Widerstand geregt, weil nach dem ursprünglichen Gesetzeswortlauf dabei das (steuerfreie) Existenzminimum nicht berücksichtigt werden sollte. Dadurch hatten viele Arbeitnehmer (insbesondere die kinderreichen) zunächst einmal mehr Steuern zu zahlen, als sie später zu entrichten hatten. Dies wurde nun korrigiert. Eine weitere Änderung wurde (gleichzeitig) beraten und durch das 'Gesetz zur Änderung des Einkommensteuergesetzes' vom 11. Juli 1921[36] vollzogen: Die Bemessung der Steuerlast wurde vom vergangenen Jahr wieder auf das **eigentliche Steuerjahr** bezogen. Zugleich wurde die vereinfachte Besteuerung des Arbeitslohnes in der Weise geregelt, daß diese Zahlungen nicht mehr als Abschlagszahlungen auf die endgültig geschuldete Einkommensteuer galten, sondern bei der großen Mehrzahl der Arbeitnehmer bereits die endgültige Tilgung der Einkommensteuerschuld darstellten. Im März 1921 wurde durch Gesetzesänderung für Einkommen bis zu 24.000 Mark der einheitliche Steuersatz von 10 % festgeschrieben; wurde hierbei die Steuerschuld überwiegend aus dem Lohnabzug gedeckt, fiel gleichfalls der Anspruch auf eine reguläre Veranlagung weg (vgl. Stutz 1927:133).

Die in diesen Zeitraum fallenden Gesetzesänderungen, die durch die Inflation bedingt waren und der Anpassung der Steuersätze und Geldbeträge an diese dienten, sollen hier nicht besprochen werden. Interessant ist aber beispielsweise eine Gesetzesänderung vom Dezember 1921, die der Anhebung der Steuerstufe auf der untersten Ebene von 24.000 auf 50.000 Mark diente. Das Ziel war, die befürchtete, durch die starke Inflation bedingte Überschreitung der Grenze durch eine große Zahl von Arbeitern, Angestellten und Beamten zu verhindern:

> "... da man daran festhalten wollte, daß auch künftig für die größte Zahl der Lohn- und Gehaltsempfänger keine Veranlagung zur Einkommensteuer erfolgen solle, damit die Steuerbehörden ihre umfangreichen sonstigen Aufgaben erfüllen und sich insbesondere der Veranlagung der hohen Einkommen und der rechtzeitigen Festsetzung und Einziehung der hierauf entfallenden Steuern mit der nötigen Sorgfalt widmen könnten." (Strutz 1927:134f)

Denn für die Reichsfinanzverwaltung stand fest, daß "der Lohnabzug einer der glücklichsten Gedanken in der Einkommensteuergesetzgebung sei" und daß an dieser Erhebungsform festgehalten werden müsse:

35) RGBL. 1920:1463
36) RGBL. 1921:845

> "Sie trägt in sich den Vorteil, daß dem Reiche laufend, regelmäßig und sicher die Steuereinnahmen aus einem Teil der Einkommensteuer zufließen, sie verlegt einen Teil der Arbeitslast auf die Schultern der Arbeitgeber, erspart also damit dem Reich in einem gewissen Umfang Beamte. ... Mit dem Steuereingang aus den untersten Einkommenstufen hatte die Steuerverwaltung ja im allgemeinen keine sehr guten Erfahrungen gemacht. ... Mit der partiellen Erhebung der Einkommensteuer an der Quelle konnte daher die Erwartung gehegt werden, daß die Steuerzahlung gerade dieser Steuerpflichtigen gewährleistet wurde." (Respondek 1921:188f).

Mit dieser Novelle zum EStG wurde auch das Rechnungsjahr (1. April bis 31. März) vom **Kalenderjahr** als das der Veranlagung zugrunde liegende Steuerjahr abgelöst.[37)] Damit wurde die Veranlagung zeitnäher an das Entstehen des Einkommens gebracht.
Die Folgen der Inflation spiegelten sich im 'Gesetz zur Änderung des Einkommensteuergesetzes' vom 23. Dezember 1922 wider.[38)] Welche Dimensionen die Inflation mittlerweile erreicht hatte, läßt sich aus den aus diesem Gesetz folgenden Steuersätzen entnehmen.[39)] Die zunehmende Inflation zwang zu immer neuen Änderungen des Gesetzes, die Rechtslage wurde immer unübersichtlicher:

> "... mit den sich alle paar Monate wiederholenden, das Gesetz immer komplizierter gestaltenden Änderungen des EinkStG., denen weder die Steuerpflichtigen noch die Steuerbehörden zu folgen vermögen, und auf die sich die Wirtschaft nicht einstellen kann, treibt man zum Zusammenbruch der ganzen Einkommensteuer, und trotz aller Änderungen und Künsteleien blieb diese dann in Zeiten so unsteten Geldwertes ein Zerrbild einer gerechten Steuer ..." (Strutz 1927:148)

Um nicht immer wieder das Gesetz ändern zu müssen, ging der Gesetzgeber schließlich im eben erwähnten Änderungsgesetz vom 23. Dezember 1922 auch dazu über, dem Reichsfinanzminister die Befugnis einzuräumen, bei den durch die steigende Inflation zunehmend notwendig werdenden Ermäßigungen der Abzüge vom Arbeitslohn, mit Zustimmung des Reichsrates und eines Reichstagsausschusses auf dem Verordnungswege Gesetzesänderungen vorzunehmen; eine Praxis, der der Minister allein im Jahre 1923 noch neun Mal nachkam![40)]

Mehr und mehr ging der Gesetzgeber auf dem Höhepunkt der Inflation dazu über, der Geldentwertung durch Steuervorauszahlungen der Steuerpflichtigen zu entgehen. Als der Währungsverfall für die öffentliche Hand dramatische Formen

37) Danach sollte beispielsweise das Einkommen, das im Kalenderjahr 1921 erzielt wurde, im Rechnungsjahr 1921 (1. April 1921 bis 31. März 1922) versteuert werden; Respondek 1921:195

38) Der siebten Änderung des Gesetzes innerhalb von zweieinviertel Jahren (vgl. Strutz 1927:141).

39) Vgl. Anlage 40

40) Vgl. die Aufstellung bei Strutz 1927a:236

annahm, reagierte die Reichsregierung mit der Hilfe des Reichspräsidenten auf steuerpolitischem Gebiet 1923/24 mit **Steuernotverordnungen**, um die Gefahr abzuwenden. Die weitestgehenden Regelungen wurden durch die **II. Steuernotverordnung** vom 19. Dezember 1923 getroffen, durch die auf die Veranlagung der Einkommen- und der Körperschaftsteuer für 1923 gegen eine in Goldmark zu leistende Abschlußzahlung verzichtet wurde. Die für die späteren deutschen Einkommensteuergesetze charakteristische Auflistung der verschiedenen steuerpflichtigen Einkommensarten fand sich auch schon in dieser Verordnung.
Durch die II. Steuernotverordnung wurde auch Arbeitgebern mit mehr als drei Arbeitnehmern das Überweisungsverfahren vorgeschrieben: die Verwendung von Steuermarken wurde nur für Arbeitgeber mit bis zu drei Arbeitnehmern zugelassen. Der Arbeitnehmer wurde verpflichtet, über den ihm gezahlten Lohn ein 'Lohnkonto' zu führen und diese Unterlagen drei Jahre lang aufzubewahren.[41)]

3.3.2 Die Reform der Reichssteuern 1925

3.3.2.1 Die Reichsfinanzen in der ersten Häfte der zwanziger Jahre

Trotz der unvollständigen Umsetzung des EStG und der durch die Inflation gemachten Schwierigkeiten entwickelte sich die neue Einkommensteuer umgehend zur stärksten finanziellen Stütze des Reiches. Umgerechnet über den Lebenshaltungsindex (zur Herausrechnung der Inflationsrate) ergab sie schon 1921 über anderthalb Milliarden Goldmark an Steuereinnahmen für das Reich. Dennoch blieben die Einnahmen hinter den Erwartungen zurück. Insgesamt erbrachte die Einkommensteuer in den Jahren vor der Währungsreform im Minimum 20 % (1920) und im Maximum 35 % (1922) der gesamten Steuereinnahmen im Reich.[42)]
Aber bei all den inflationären Steigerungen kam die Einkommensteuer "einfach nicht mehr mit": 1922 stieg zwar das Monatsaufkommen aus der ESt um das 14-fache an, die Lebenshaltungskosten stiegen aber um das 35-fache, die Großhandelspreise gar um das 49-fache. Zudem stiegen die Kosten des Reiches: Die Zuschußkosten des Reiches zur Reichsbahn und Reichspost beanspruchten 1922 allein drei Viertel der Gesamteinnahmen aus der Einkommen- und Körperschaftsteuer ab.[43)] Die direkten kassenmäßigen Reichsfinanzen gerieten aber immer mehr

41) Vgl. Strutz 1927a:263

42) Vgl. die Berechnungen bei Terhalle 1952:303 und Anlage 41

43) Insgesamt kam das Reich aber aus der Inflation stärker heraus, als es hineingegangen war: Einerseits konnte es seine Arbeiter, Angestellten und Beamten relativ immer 'billiger' bezahlen. Andererseits konnte es 1920 das Eigentum der bisherigen Landeseisenbahnen übernehmen, wurde aber gleichzeitig durch die Inflation seine Schuldenlast los. "Der deutsche Fiskus war nicht nur Verursacher, sondern auch größter Gewinner der Marktinflation." (Terhalle 1952:304)

ins Trudeln. "Der Zeitpunkt war nahe, wo die Kassen des Reiches buchstäblich leer sein würden. Das Chaos stand tatsächlich vor der Tür." (Strutz 1927:153).
Auf steuerpolitischem Gebiet reagierte das Reich mit den geschilderten Steuernotverordnungen.[44] Aber ohne einschneidende währungspolitische Maßnahmen war eine Konsolidierung kaum möglich, schon gar nicht bei der Einkommensbesteuerung:

> "Eine Einkommensbesteuerung ist bei gleitender Währung überhaupt ein Ding der Unmöglichkeit, wenn nicht wenigstens die Berechnung der gesamten Einnahmen und Ausgaben in einer festen Währungseinheit erfolgt, nach der dann auch die Besteuerung vorgenommen wird. Vor dieser Maßnahme schreckte das Reich zurück, und so kam es, daß die Einkommensteuer trotz aller Hilfsmaßnahmen des Gesetzgebers etwa schon im Jahre 1922 völlig versagte." (Hensel 1927:90)

Nun endlich wurde durch eine Verordnung der Reichsregierung am 15. Oktober 1923 auf dem Höhepunkt der Inflation die Deutsche Rentenbank eingerichtet und die **Rentenmark** eingeführt. Der Haushaltsplan für 1923 wurde für den Rest des Haushaltsjahres außer Kraft gesetzt und ein 'Wirtschaftsplan' mit einem Umfang von rund 2 Mrd. Goldmark aufgestellt, der etwa zur Hälfte aus Besitz- und Verkehrsteuern und zu über einem Viertel aus Krediten der Rentenbank gedeckt wurde.[45] Die tatsächliche Kassenlage des Reiches besserte sich aber erst ab Ende 1924. Und erst im August 1925 konnte für 1924 wieder ein ordentlicher Reichshaushaltsplan festgestellt werden.

3.3.2.2 Ziel und Umfang der Steuerreform

Die Besserung der Reichsfinanzen war zu einem wesentlichen Teil auch der "unerwartet günstigen" (Terhalle 1952:305) Entwicklung der Steuereinnahmen zu danken. Diese Steuereinnahmen konnten ab Anfang 1924 sogar in Teilbereichen wieder zurückgeschraubt werden.
Das Steuerrecht hatte zwischenzeitlich immer wieder Veränderungen mitgemacht. Schon im April 1922 waren in der Wirth'schen Finanzreform das Süßstoffmonopol und die Vermögensteuer dem Reich zugeordnet worden. Gleichzeitig wurde das frühere Reichsstempelgesetz in verschiedene getrennte Steuern aufgeteilt.[46] Vor dem Hintergrund der haushaltsmäßigen Entspannung konnte das bis dahin eher provisorische und schon vielfach 'ausgebesserte' System der Besteuerung nun auf

---

44) Vgl. Kap. 3.3.1.3
45) Vgl. die Angaben bei Terhalle 1952:304
46) Kapitalverkehr-, Kraftfahrzeug-, Versicherungs-, Rennwett- und Lotterie-, Frachturkundensteuer; vgl. Hensel 1927:8

eine neue dauerhafte Basis gestellt werden. Die Reform verfolgte dabei nach der amtlichen Erklärung **drei Ziele**:

> "Zunächst sollte der bisherige steuerliche 'Rohbau' aus der ersten Zeit nach der Währungsreform überwunden werden, um 'die steuerliche Belastung in Übereinstimmung zu bringen mit den wirtschaftlichen Verhältnissen'. Mindestens mußte jedenfalls ein Übergang von der Notstands- zu einer Dauerregelung stattfinden. Zweitens war eine klare Grenzziehung auf dem Gebiete des Steuerwesens im Verhältnis von Reich, Ländern und Gemeinden erstrebt, eine Grenzziehung, 'die allen Teilen Bewegungsfreiheit, Selbstverantwortung und Entwicklungsmöglichkeiten gibt'. ... Schließlich sollte den Steuerpflichtigen durch technische Überarbeitung der Steuergesetze, durch eine Befreiung vom Übermaß an Steuererklärungen und -zahlungen und durch einen vollen Rechtsschutz geholfen werden." (Terhalle 1952:308)[47]

In der Finanzreform von 1925 ('Schlieben-Popitz'sche Finanzreform') wurden zur Erreichung dieser Ziele verschiedene Gesetze überarbeitet und am 10. August 1925 neu verabschiedet, so das Einkommensteuergesetz, das Körperschaftsteuergesetz und das Gesetz über die Vermögen- und Erbschaftsteuer. In einer weiteren Reihe von Gesetzen vom selben Tag wurden die Verkehr- und Verbrauchsteuern, sowie das Besteuerungsverfahren "dem neu geordneten Zustande angepaßt (Hensel 1927: 10). Durch das Reichsbewertungsgesetz, das gleichfalls am 10. August 1925 verabschiedet wurde, wurde den in der Inflationszeit gemachten negativen Erfahrungen Rechnung getragen und das materielle Bewertungsrecht und das Bewertungsverfahren für das Gebiet der auf einer Vermögensgrundlage erhobenen Steuern neu geordnet. Nicht gelöst wurden in der Steuerreform die bestehenden Probleme hinsichtlich des Finanzausgleichs zwischen dem Reich und den Ländern. Hier wurde am Überweisungssystem des Reiches festgehalten und es wurden lediglich die Überweisungsquoten geändert. Ein Zuschlagsrecht der Länder und Gemeinden zur Einkommen- und Körperschaftsteuer des Reiches wurde auf die Zukunft verschoben und zunächst abgelehnt.[48]

---

47) Auch hier ist bemerkenswert, daß die drei Elemente 'gerechte Steuerlast', 'Wahrung der föderalistischen Existenz' und 'Vereinfachung des Steuerrechts' auch noch mehr als sechs Jahrzehnte später sowohl Hauptzielrichtung als auch Hauptstreitpunkt jeder Steuerreform sind.

48) Vgl. Hensel 1927:10; Terhalle 1952:308.

3.3.3 Die Neufassung des Einkommensteuergesetzes von 1925

3.3.3.1 Die Umgliederung des Gesetzes

In der Schlieben-Popitz'schen Finanzreform wurde auch das Einkommensteuergesetz von 1925 neu gefaßt und grundsätzlich überarbeitet. Bei der Neufassung des Gesetzes wurde auch seine gesamte innere Ordnung umgestellt[49], zugleich **vergrößerte sich auch sein Umfang um fast die Hälfte**: Das ursprüngliche Einkommensteuergesetz von 1920 hatte aus 70 Paragraphen bestanden. Und selbst all die geschilderten Änderungen und Umstellungen in den ersten Jahren seines Bestehens hatten es nur auf 75 Paragraphen anwachsen lassen. Die Neufassung des Gesetzes brachte es nun auf stolze **117 Paragraphen**. Aber der Gesetzeskommentator Strutz lieferte gleich eine Begründung für das Anwachsen mit:

> "Eine solche Steuer läßt sich nicht, und am wenigsten, wenn sie zu so hohen Steuersätzen greifen muß wie die, zu denen wir heute genötigt sind, so einfach gestalten, wie sich der Fernerstehende und der im Wirtschaftsleben Stehende und der nichtfachmännische Parlamentarier vielleicht vorstellt, es sei denn, man räumt der Finanzverwaltung ein ungemein weites diskretionäres Ermessen ein. ... Einfache, summarische Steuergesetze und gerechte Gleichmäßigkeit der Besteuerung sind zwei Forderungen, die sich nur schwer vereinigen lassen, und von denen bei einer Steuer von solch tief einschneidender Wirkung wie der Einkommensteuer die erstere der letzteren weichen muß." (Strutz 1927:239)

Das neue Gesetz nahm in § 1 gewissermaßen das "Programm des Gesetzes" (Strutz 1927:239) vorweg: die **Besteuerung** des **Einkommens** der **natürlichen Personen**. Die Ausgliederung der Einkommen der Körperschaften wurde "nach eingehender kritischer Prüfung" (Terhalle 1952:309) beibehalten. Die übrigen 116 Paragraphen gliederten sich in acht mit römischen Ziffern bezeichnete Hauptabschnitte: I. Persönliche Steuerpflicht, II. Einkommen, III. Die einzelnen Einkommensarten, IV. Besteuerung nach dem Verbrauch, V. Steuertarif, VI. Verfahren, VII. Entrichtung der Steuer.

> "Von den vier grundlegenden Fragen jeder Personalsteuer 1. Wer ist steuerpflichtig?, 2. Was ist steuerpflichtig?, 3. Welcher Bruchteil des Steuerobjekts wird als Steuer in Anspruch genommen? und 4. wie ist das Besteuerungsverfahren zu gestalten? beantworten also Abschnitt I die erste, Abschnitt II, III und IV die zweite, Abschnitt V die dritte und Abschnitt VI und VII die vierte." (Strutz 1927a:289)

49) Vgl. die Gegenüberstellung der einzelnen Paragraphen in Anlage 42

In seinen Grundzügen gilt dieses Gesetz in dieser Form bis heute. Auch durch die Reform vom 16. Oktober 1934[50)] wurde es nicht wesentlich verändert (Neumark 1961:68).

3.3.3.2 Einkommensbegriff und Steuertarif des EStG von 1925

Das neue Einkommensteuergesetz unterschied sich gegenüber dem bisherigen vor allen Dingen in zwei Punkten: Im Einkommensbegriff und im Steuertarif (Terhalle 1952:308). Beim Einkommensbegriff wandte sich die Neufassung des Gesetzes von der bisherigen Definition ab: Die Schanz'sche Theorie des Reinvermögens wurde eindeutig aufgegeben. Um klar zu machen, für welche Einkommensfälle eine Besteuerung überhaupt in Frage kam, und das Steuergesetz sowohl für die Betroffenen als auch die Verwaltung besser handhabbar zu machen (Terhalle 1952: 308f), wurden **diejenigen Einkunftsarten, die zu besteuerbarem 'Einkommen' führen konnten, im Gesetz genau festgeschrieben**. Das Einkommensteuergesetz kehrte damit zum **Quellenprinzip** der preußischen Einkommensbesteuerung zurück.[51)]

Im Abschnitt II des EStG 1925 wurde in § 6 demgemäß bestimmt, welche Einkünfte nach ihrer Herkunft und Art der Erwerbung zum Gesamteinkommen im Sinne des Gesetzes gehörten:

> "Im neuen Gesetz werden acht Einkommensarten unterschieden, nämlich Einkünfte 1. aus dem Betriebe von Land- und Forstwirtschaft, 2. aus Gewerbebetrieb, 3. aus sonstiger selbständiger Berufstätigkeit, 4. aus nicht selbständiger Arbeit (Arbeitslohn), 5. aus Kapitalvermögen, 6. aus Vermietung und Verpachtung von unbeweglichem Vermögen, Sachinbegriffen, einschließlich des Mietwerts der Wohnung im eigenen Hause, 7. andere wiederkehrende Bezüge und 8. 'sonstige Leistungsgewinne nach Maßgabe der §§ 41, 42', das sind nur Einkünfte aus außerhalb einer der anderen Einkommensarten getätigten spekulativen Veräußerung und aus nicht unter die Gruppen 1-4 und 6 fallenden Tätigkeiten, insbesondere aus gelegentlichen Vermittlungen und aus Vermietung beweglicher Gegenstände." (Strutz 1927a:327)

Diese acht Einkommensgruppen ließen sich in fünf Hauptgruppen zusammenfassen:[52)]

- **selbständige Berufstätigkeit** (Gruppen 1-3)

---

50) Vgl. Kap. 3.4.2

51) So Hensel (1927:92). Blümich (1938:34) spricht von einer dritten Form, der selbständigen Orientierung an den "Bedürfnissen der praktischen Durchführbarkeit der Besteuerung". Diesen eher pragmatischen Einkommensbegriff bestätigt auch Raupach (1985:92), macht ihn aber gleichzeitig schon für das preußische EStG von 1891 geltend; vgl. auch FN 32 und die historische Herleitung der im Gesetz festgelegten Einkommensarten in Anlage 44.

52) Vgl. Strutz 1927a:327

- **unselbständige Berufstätigkeit** (Gruppe 4),
- nichtberufsmäßige **Vermögensnutzung** (Gruppen 5 und 6),
- sonstige **wiederkehrende Bezüge** (Gruppe 7) und
- bestimmte nicht **wiederkehrende Einkünfte** (Gruppe 8).

Vor der Feststellung des Gesamteinkommens war zunächst der Reinertrag der einzelnen Einkommensarten aus den einzelnen Einkommensquellen zu ermitteln. Erst danach war aus diesem Reinertrag durch Zusammenfassung das Gesamteinkommen festzustellen (Hensel 1927:92f).

Hinsichtlich der **persönlichen Steuerpflicht** wurde in den §§ 2-5 im ersten Abschnitt des EStG 1925 dem Gedanken Rechnung getragen, daß sich die Einkommensteuerpflicht "vor allem auf gewisse territoriale Beziehungen des Steuerpflichtigen zum Deutschen Reiche" gründen sollte (Hensel 1927:91): für die unbeschränkte Einkommensteuerpflicht war der **Wohnsitz** oder der gewöhnliche Aufenthaltsort im deutschen Reich maßgebend, und nicht mehr wie im EStG 1920 die Staatsbürgerschaft. Einzig die Beamten des Reiches und der Länder sowie die Wehrmachtsangehörigen waren auch dann einkommensteuerpflichtig, wenn sie ihren dienstlichen Wohnsitz im Ausland hatten. Deutsche und Nichtdeutsche wurden damit im Einkommensteuergesetz gleichgestellt. Die beschränkte Einkommensteuerpflicht galt für Einkommen, das aus dem Inland bezogen wurde, gleichgültig, ob deren Bezieher im Deutschen Reich wohnte oder dessen Staatsangehörigkeit hatte.

Die Umgestaltung des **Steuertarifs** geschah mit dem ausdrücklichen Hinweis auf Adolph Wagner, der Jahrzehnte zuvor einen Tarif von 33 1/3 % als vernünftigen Höchstsatz der Einkommensteuer bezeichnet hatte. Die amtliche Begründung bezeichnete den bisherigen, bis auf 60 % hinaufgehenden Tarif in seiner "Überspannung" eindeutig als "Fehler" und stellte fest, daß die Erfahrung gezeigt habe, daß eine Besteuerung bis zu dieser Höhe schlechterdings nicht durchführbar" sei.[53)] Die nun verabschiedete Novelle des Gesetzes besteuerte das Einkommen in **acht verschiedenen Sätzen** bis zu einer Höhe von 40 % (für Einkommensbeträge über 80.000 Reichsmark; vgl. Terhalle 1952:308).[54)] An der Formulierung eines festen Staffelungssystems wurde festgehalten. Nach einer Umgestaltung durch das 'Gesetz über die Senkung der Lohnsteuer vom 19. Dezember 1925' betrug der allgemeine Tarif nach § 55 EStG 1925 für die ersten 8.000 Reichsmark 10 %, für

---

53) Vgl. den Abdruck bei Strutz 1927:171 ff; hier S.173

54) Die ursprüngliche Regierungsvorlage hatte sechs Sätze mit einer Staffelung von 10 bis 35 % vorgesehen; gegenüber dieser Vorlage wurden im verabschiedeten Gesetz die höheren Einkommensbeträge etwas entlastet, die mittleren stärker belastet; Terhalle 1952:308

weitere 4.000 Reichsmark 12 ½ %, für weitere 4.000 Reichsmark 15 %, für weitere 4.000 Reichsmark 20 %, für weitere 8.000 Reichsmark 25 %, für die darüber hinausgehende 18.000 Reichsmark 30 %, für weitere 34.000 Reichsmark 35 % und für alle weiteren Beträge 40 % (vgl. Strutz 1927a:418).

Hinsichtlich des **Steuerabzugs vom Lohneinkommen** blieb es bei den Regelungen, die sich schon in der Folge des Einkommensteuergesetzes von 1920 und besonders auch in der II. Steuernotverordnung herausgebildet hatten; lediglich die Grenzbeträge änderten sich:

> "Der Steuerabzug vom Arbeitslohn ersetzt die ordentliche Veranlagung, sofern das Gesamteinkommen entweder ausschließlich aus solchen und dem Steuerabzug vom Kapitalertrag unterworfen gewesenen Einkünften besteht oder das neben diesen Einkünften bezogene Einkommen 500 RM (*Reichsmark, der Verf.*) nicht übersteigt, in allen Fällen aber nur, wenn das Gesamteinkommen nicht höher als 8000 RM ist." (Strutz 1927a:431)[55]

Als Hilfsmittel bei der Steuerbestimmung wurde 1927 hierzu auch die **Lohnsteuertabelle** eingeführt (Plückebaum u.a. 1978:25). Das ertragliche Übergewicht lag aber zu diesem Zeitpunkt noch deutlich beim veranlagten Einkommensteueraufkommen[56]: 1926 wurden vom Gesamtaufkommen an der Einkommensteuer von 2,28 Mrd. Reichsmark rund 996 Mio Reichsmark von den 12,5 Mio (ausschließlich) Lohnsteuerpflichtigen erbracht, hingegen stammten ca. 1,28 Mrd. Reichsmark von den 2,95 Mio zur Einkommensteuer veranlagten Bürgern.[57]

Beim **Steuerabzug** an der Quelle bei **Kapitalerträgen** blieb es gleichfalls bei den Vorschriften der II. Steuernotverordnung, die bestimmte Arten von Kapitaleinkünften einem solchen Quellenabzugsverfahren unterworfen hatte. Darunter fielen Einkünfte aus:

- Dividenden, Zinsen, Ausbeuten und sonstigen Gewinnen, sowie aus Aktien, Genußscheinen, ferner aus Anteilen an der Reichsbank, an Kolonialgesell-

55) Die durch den Lohnabzug erbrachte Steuer war zu diesem Zeitpunkt schon eine feste Stütze des Reichshaushaltes. Deshalb betonte der Vertreter der Reichsregierung bei der Beratung der 'August-Gesetze' von 1925 deutlich, daß das zu erwartende Lohnsteueraufkommen "unter keinen Umständen 1200 Mill. RM unterschreiten" dürfe, weil sonst die Haushalte von Reich, Ländern und Gemeinden nicht ausbalanciert werden könnten. Eine Forderung aus den kleineren Parteien, das Lohnsteueraufkommen zu begrenzen, wurde deshalb strikt abgelehnt; vgl. Strutz 1927:191.

56) Einschließlich der auch Lohnsteuerpflichtigen über der Einkommensgrenze

57) Vgl. Anlage 43; in dieser Statistik sind aber als Lohnsteuerpflichtige nur die Lohnsteuerpflichtigen aufgenommen, die ausschließlich (wegen eines 10.000 Reichsmark nicht übersteigenden Einkommens) im Lohnabzugsverfahren zur Einkommensteuer herangezogen wurden. Lohnsteuerpflichtige die ein höheres Einkommen hatten, wurden ja noch einmal zusätzlich zur Einkommensteuer veranlagt und tauchten deshalb in dieser Statistik nicht auf.

schaften, an bergbautreibenden Vereinigungen in der Form einer juristischen Person und aus Genossenschaften, wenn bei letzteren die Zinsen je Mitglied und Jahr 10 Reichsmark überschritten;

- Beteiligungen an einem Handelsgewerbe als stiller Gesellschafter;
- Zinsen und Anleihen, die in öffentlichen Schuldbüchern eingetragen oder über Teilschuldverschreibungen ausgegeben wurden, wenn die Eintragung nach Einführung der Rentenmark (15. November 1925) erfolgt war oder es sich um wertbeständige Anlagen handelte.

Der Steuerabzug betrug hierbei stets 10 % des vollen Kapitalertrages ohne Anrechnung (d.h. Abzug) von Schuldenzinsen o.ä. Dieser Betrag war vom Schuldner der Steuer auf Rechnung des Gläubigers bei Fälligkeit des Kapitalertrages einzubehalten und innerhalb einer Woche nach Fälligkeit an das für den Schuldner zuständige Finanzamt abzuführen (vgl. Strutz 1927a:433). Analog zu den Bestimmungen über den Quellenabzug bei Lohneinkommen galt nach § 89 EStG auch hier die Grenze von 8.000 Reichsmark Einkommen, bis zu der keine gesonderte Veranlagung neben dem Quellenabzug erfolgte, sofern höchstens 500 Reichsmark aus anderen Einkunftsarten bestanden. Nach § 94 EStG fanden Erstattungen von Steuerabzügen vom Kapitalertrag übrigens nur dort statt, wo das Gesamteinkommen 1.300 Reichsmark nicht überstieg!
Bei allen anderen Einkommensbeziehern blieb es bei den Steuervorauszahlungen, wobei wiederum das tatsächliche Einkommen des abgelaufenen Steuerabschnittes zum Gegenstand der Besteuerung gemacht wurde. Diese Steuervorauszahlungen waren bis zum Empfang eines neuen Steuerbescheides am 15. Februar, 15. Mai, 15. August und 15. November, nach der Verabschiedung des Steuermilderungsgesetzes vom 31. März 1926 (Art. IV) am 10. April, 10. Juli, 10. Oktober und 10. Januar, in Höhe von je einem Viertel der zuletzt festgestellten Steuerschuld zu leisten (Strutz 1927a:436).

3.3.3.3 Ergänzende Verordnungen zum neugefaßten Einkommensteuergesetz

Auch zum EStG in der Fassung vom 10. August 1925 ergingen zahlreiche Ausführungsverordnungen. Diese Richtlinien teilten sich in Verordnungen und Runderlasse auf und beschäftigten sich größtenteils mit dem Steuerabzug vom Arbeitslohn, mit Vorauszahlungen der Einkommensteuer und mit Einkommensteuerfragen in bezug auf landwirtschaftliches Eigentum.[58)] In den ersten dreizehn Monaten nach Verabschiedung dieses Gesetzes ergingen vom 18. August 1925 bis zum 14. September 1926 37 solcher Runderlasse und Verfügungen.

58) Vgl. die Auflistung bei Strutz 1927a: 292-295

3.4 Das Einkommensteuergesetz im NS-Staat

3.4.1 Die Steuerpolitik in der ersten Hälfte der dreißiger Jahre

3.4.1.1 Steuerrechtsänderungen zwischen 1925 und 1933

In Kap. 3.3.2 wurde schon ausgeführt, daß sich die Steuereinnahmen im Reich nach der Überwindung der Krise von 1922/23 im Jahre 1924 wieder normalisierten und ab diesem Zeitpunkt sogar wieder teilweise vermindert werden konnten. 1926 wurden in einer Neufassung des Steuermilderungsgesetzes einige Steuern wieder abgebaut, da deren Aufkommen "unverhältnismäßig groß" (Bühler 1953:33) geworden war.

Deshalb zeigte die Steuerreform von 1925 auch keine sofortige Wirkung hinsichtlich der Steuereinnahmen. Die Gesamtsteuer- und Zolleinnahmen, die 1924 7,31 Mrd. Reichsmark betragen hatten, sanken in 1925 auf 6,85 Mrd. Reichsmark. 1926 stiegen sie aber bereits auf 7,17 Mrd. Reichsmark und übertrafen **1927** mit rund **8,49 Mrd. Reichsmark erstmals** wieder den Stand von 1924.[59] Diese Zunahme der Einnahmen war nicht nur ein Ergebnis der Steuerreform von 1925, sondern zum großen Teil die Folge eines "allgemeinen volkswirtschaftlichen Aufstiegs" (Terhalle 1952:309).

Aber diese kurze 'Blütezeit' der Reichsfinanzen und der Wirtschaft in Deutschland war schnell vorbei. 1928 waren die wirtschaftlichen Verhältnisse halbwegs konsolidiert, die Reparationsfrage wurde auf realistischer Grundlage neu gestaltet bzw. eine Neugestaltung war abzusehen und der Kapitalimport erreichte mit 4,2 Mrd. Reichsmark einen Höhepunkt (Terhalle 1952:309). Aber schon ein Jahr später erfaßte die Wirtschaftskrise auch das Reich. Mit dem Zusammenbruch der Wirtschaft ab 1929 und dem Hochschnellen der Arbeitslosenzahlen wurden die öffentlichen Haushalte wieder bedroht. Steigende Ausgaben standen sinkenden Einnahmen gegenüber; ein Ausgleich konnte nicht gefunden werden. "Es entstanden hohe, notstandsbedingte Ausgabenverpflichtungen, für die weder durch Einsparungen noch durch höhere Steuereinnahmen die nötigen Geldmittel verfügbar gemacht werden konnten." (Terhalle 1952:310)

Erst Ende 1930 reagierte das Reich auf die neue Notsituation mit der Erschließung neuer Geldquellen und erhöhte bestehende bzw. schuf neue Abgaben durch vier **Notverordnungen des Reichspräsidenten** in der Zeit vom 1. Dezember 1930 bis 8. Dezember 1931. Der "Wettlauf mit dem Defizit" (Terhalle 1952:310) begann. Die erste Notverordnung vom Dezember 1930 fror die Reichsausgaben für 1932 und 1933 auf dem Stand von 1931 ein ('Plafondgesetz'), kürzte die Beamtengehälter um 6 % und brachte u.a. eine Tabaksteuererhöhung sowie eine Verlängerung der

---

59) Zahlen vgl. Terhalle 1952:309

Einkommensteuerzuschläge für 1931. Mit der zweiten Notverordnung vom Juni 1931 wurde neben anderen Abgabenerhöhungen eine Krisenlohnsteuer und eine Krisensteuer der Veranlagten, "praktisch also eine Erhöhung der Einkommensteuer" (Terhalle 1952:311) verordnet. Auch die beiden anderen Verordnungen kürzten auf diese Weise die Ausgaben und erhöhten die Einnahmen.
Schon 1930 war die Bürgersteuer mit einem Zuschlag für Ledige mit einem Einkommen über 8.000 Reichsmark eingeführt worden; diese Bürgersteuer wurde erst 1942 wieder abgeschafft.[60] Nun wurde durch die vierte Notverordnung von 1931 auch eine **Reichsfluchtsteuer** eingeführt, "die der Abwanderung wohlhabender Deutscher ins Ausland ... durch Abgabe von 25 % des Vermögens entgegenwirken sollte" (Meilicke 1965:25).

3.4.1.2 Die Steuerpolitik im NS-Staat als Mittel zur Beseitigung der Arbeitslosigkeit

Gerade als sich - nach einer Beendigung der drückenden Reparationslasten durch den Vertrag von Lausanne und eine sich langsam erholende Weltkonjunktur - das Blatt zu wenden begann, kam in Deutschland der Faschismus an die Macht: "Das neue Regime hatte das unverdiente Glück, nach dem Krisentief und im Momente einer sich langsam anbahnenden wirtschaftlichen Wende die andere Politik beginnen zu können." (Terhalle 1952:313) Neue Steuern und andere Einnahmequellen waren in den Jahren seit 1928 zur Genüge ausgeschrieben worden. Nun galt es, sie durch eine Belebung der Wirtschaft und den Abbau der Arbeitslosigkeit zum Tragen zu bringen. Dabei wurde aber das Ziel der Aufrüstung von Anfang an nicht aus den Augen verloren (vgl. Ries 1964:39). Nach der Machtübernahme wurden sofort in größerem Umfange Kredite des Reichsfinanzministers an die Gebietskörperschaften für Maßnahmen zur Arbeitsbeschaffung bereitgestellt. Mit dem sog. 'I. Reinhardt-Programm' wurden dann Mittel aus dem 'Gesetz zur Minderung der Arbeitslosigkeit' als Darlehen oder in Form von Zuschüssen (Wohnungsbauaufträge) - zu großen Teilen zugunsten des öffentlichen Baus - ausgegeben (vgl. Terhalle 1952:314; Ries 1964:28). Weitere Finanzmittel wurden im 'II. Reinhardt-Programm' vom September 1933 zugunsten solcher Maßnahmen bereitgestellt. Dieses Programm brachte auch Steuererleichterungen (insbesondere für die Landwirtschaft) mit sich (Terhalle 1952:315).
Alle diese ausgeschütteten Mittel zur Bekämpfung der Arbeitslosigkeit wurden durch eine **Verschuldung des Reiches** gedeckt. Insgesamt stellt so das Reich in der

60) Vgl. Blümich 1938:34; Bühler 1953:33. Besondere Zuschläge für Ledige hatte es vor 1918 schon im Fürstentum Reuß ä.L. nach dessen Einkommensteuergesetz vom 21. Dezember 1911 in Form einer Junggesellensteuer gegeben, die von allen über 30 Jahre alten Ledigen beiderlei Geschlechts als Zuschlag zur Einkommensteuer zu begleichen war; vgl. Strutz 1927:86.

Zeit von Anfang 1933 bis Ende 1934 insgesamt 3,023 Mrd. Reichsmark zur Finanzierung von Arbeitsbeschaffungsmaßnahmen zur Verfügung.[61)]

Auch die Steuerpolitik wurde in zunehmendem Maße für diesen Zweck eingesetzt. Die erste Maßnahme in dieser Richtung war die Abschaffung der Kfz-Steuer für neue Pkw und Motorräder durch das 'Gesetz über die Änderung der Kraftfahrzeugsteuer' vom 14. April 1933. Zweck des Gesetzes war zur Bekämpfung der Arbeitslosigkeit "offensichtlich die Förderung der Autoindustrie" (Ries 1964:35). In einem Gesetz vom 1. Juni 1933 wurden zudem gewisse Ersatzbeschaffungen in Landwirtschaft und Gewerbe als Werbekosten anerkannt und damit steuerlich prämiert (Terhalle 1952:315). Diese Prämierung wurde im Einkommensteuergesetz von 1934[62)] weiter ausgebaut. Für bestimmte Instandsetzungen und Ergänzungen an Betriebsgebäuden wurde in einem Gesetz über Steuererleichterungen vom 15. Juli 1933 unter bestimmten Voraussetzungen ein Einkommen- oder Körperschaftsteuernachlaß von 10 % gewährt. Der Wert dieser steuerlichen Maßnahmen wurde amtlicherseits auf 440 Millionen Reichsmark beziffert. Dazu kam nach der Steuerreform von 1934 eine weitere Verminderung der Abgabenlast um ca. 320 Millionen Mark jährlich. (Terhalle 1952:315)

Auf der anderen Seite stiegen die Ausgaben des Reiches geradezu explosionsartig an: Betrugen sie in der Weimarer Republik 1927 rund 7 Mrd. und 1932 gar nur 5,7 Mrd. Reichsmark, erreichten sie noch 1933 8,1 Mrd. und im letzten 'Friedensjahr' 1938 schon 31,8 Mrd. Reichsmark. Hier machten sich schon die gigantischen Rüstungsausgaben bemerkbar. 1944, auf dem Höhepunkt des Krieges, verfünfachten sich die Ausgaben noch einmal auf rund 171,3 Mrd. Reichsmark.[63)]

---

61) Zahlen nach Schiller, Arbeitsbeschaffung und Finanzordnung in Deutschland, Berlin 1936, zit. nach Terhalle 1952:315

62) Vgl. Kap. 3.4.2

63) Zahlen vgl. Meilicke 1965:25 in Anlehnung an Vialon, Haushaltsrecht (2. Aufl.) Berlin/Frankfurt, 1959, S.57

3.4.2 Die Steuerreform von 1934 und die Neufassung des Einkommensteuergesetzes

3.4.2.1 Umfang und Ziel der Steuerreform von 1934

Mit den finanziellen Verhältnissen in den öffentlichen Kassen und dem wirtschaftlichen Aufschwung als externen Faktoren hatten sich bis 1934 auch die internen Faktoren der Reichsfinanz- und -steuerpolitik geändert: Mit der faktischen Entmachtung der Länder durch das Gesetz über den Neuaufbau des Reiches vom 30. Januar 1934 wurde Deutschland zum zentralisierten Einheitstaat. Gleichzeitig wurde der Reichstag zur "Kulisse oder Dekoration" (Terhalle 1952:315) degradiert; es bestand schließlich nur noch die von der Diktatur instrumentalisierte Exekutive.[64)]

Generell richtete sich die nationalsozialistische Steuerpolitik an drei Orientierungspunkten aus:[65)]

- der Nutzbarmachung der Steuerpolitik für die staatliche Wirtschaftspolitik, zunächst für die Bekämpfung der Arbeitslosigkeit;
- der "Intensivierung der Besteuerung auf der ganzen Linie", um die gewaltigen Kosten für die Aufrüstung aufbringen zu können;
- dies alles aber unter Beibehaltung des übernommenen Steuersystems ohne größere Vereinfachungen.

Unter dieser Prämisse ist auch die Steuerreform von 1934 zu sehen. Sie bildete mit der Neuregelung der Einkommen-, Körperschaft-, Vermögen-, Erbschaft-, Umsatz- und Kapitalverkehrsteuern, der Bürgersteuer und des Reichsbewertungsgesetzes den **I. Teil der Reinhardtschen Steuerreform**. Der II. Teil der Reform folgte 1936 mit der Reichsregelung der Realsteuern, in der u.a. die Grund- und die Gewerbesteuer ganz den Gemeinden zugewiesen wurde, deren Regelung aber dem Reich verblieb (vgl. Bühler 1953:34).

3.4.2.2 Die Neufassung des Einkommensteuergesetzes 1934

In der Steuerreform wurde auch das Einkommensteuergesetz zum 16. Oktober 1934 neu gefaßt und am 24. Oktober 1934 verkündet.[66)] In seiner neuen Form bildet es bis heute die Grundlage des geltenden Einkommensteuergesetzes. (Klein 1985:25; Raupach 1985:89) Grundsätzlich wurde die Struktur des EStG nicht geändert, wie es sich überhaupt bei der Steuerreform von 1934 "mehr um eine steuerpolitische

64) Zur Einschränkung und späteren Abschaffung der Rechtsprechung in Steuersachen vgl. Kap. 4.3.4.

65) Vgl. Bühler 1953:33f

66) RGBl. I 1934:1261

Normalisierung und um eine Weiterbildung als um einen revolutionären Umsturz" (Terhalle 1952:316) handelte, wenngleich sich dies propagandistisch verbrämt anders liest:

> "Ziel der Steuerreform 1934 war, unter Verwendung der brauchbaren Teile des alten Steuerrechts den wirtschaftspolitischen und bevölkerungspolitischen Anforderungen zu entsprechen, die vom nationalsozialistischen Standpunkt aus an die Einkommensbesteuerung zu stellen sind." (Blümich 1938:34)

Wenn auch Aufbau und Zielsetzung des Einkommensteuergesetzes nahezu gleich blieben, ergaben sich in einigen Punkten Änderungen. Materiell wurden die Bewertungsvorschriften unter der Einbeziehung zwischenzeitlich vom Reichsfinanzhof gebildeter Richtlinien (Teilwertbegriff) neu gefaßt. Nicht nur die Ersatzbeschaffung von Wirtschaftsgütern, sondern auch die Anschaffung kurzlebiger Wirtschaftsgüter an sich wurde steuerlich begünstigt.[67] Dagegen wurden die seit 1930 der Land- und Forstwirtschaft zugestandenen Vergünstigungen stark gemildert.
Eine der wesentlichen Änderungen war die **Änderung des Steuertarifs**. Zum einen wurde die Abgabe zur Arbeitslosenhilfe in das Einkommensteuergesetz hineingearbeitet. Zum anderen wurden das Existenzminimum und die Kinderermäßigungen für kleine und mittlere Einkommen erhöht. Die dadurch fehlenden Einnahmen wurden durch Mehrbelastungen der Ledigen, der kinderlos Verheirateten und auch der Verheirateten mit einem höheren Einkommen, sofern sie nur ein oder zwei Kinder hatten, wieder hereingeholt.[68]
Die Abgaben des Reiches hinsichtlich des Einkommens insgesamt hatten sich bis dahin in einer Spannbreite von 11½ % bis 46 % bewegt, darunter befand sich das EStG mit 10 % bis 40 %. Nun wurden durch eine Vereinheitlichung der Abgaben eine **Abgabenspanne von 8 % bis 40 %** durchgesetzt. "Mithin trat mit der Vereinheitlichung eine wesentliche Ermäßigung und eine sozialere Ausgestaltung aller Einkommensbesteuerung ein" (Terhalle 1952:316). Bei der Gestaltung der Tarife wurden bewußt "bevölkerungspolitische () Rücksichten" (Kühn 1938:9) genommen.

> "Insgesamt brachte die Steuerreform Reinhardts erhöhte Steuersätze, steuerliche Maßnahmen als Mittel der Wirtschafts- und Bevölkerungspolitik und (eine) intensive Schulung der Beamtenschaft durch (die) Einrichtung von Reichsfinanzschulen. Daneben enthielt die Reform Maßnahmen der Rassendiskrimi-

---

67) Diese Vorschriften wurden durch ein Änderungsgesetz zum EStG vom 1. Februar 1938 wieder aufgehoben; vgl. Blümich 1938:34

68) Vgl. Terhalle 1952:316; Ries 1964:56. Diese Änderungen der Familienbesteuerung stellten den deutlichsten Ausdruck nationalsozialistischer Vorstellungen im EStG 1934 dar (Raupach 1985:89f, Anm. 293).

nierung und zur Durchsetzung anderer typisch nationalsozialistischer Ziele". (Kruse 1973:13)

Spätestens die teilweise Neufassung des EStG durch ein Gesetz vom 6. Februar 1938 ließ keinen Zweifel daran, was im Faschismus unter solchen 'bevölkerungspolitischen Rücksichten' verstanden wurde: "... Außerdem sind die Kinderermäßigungen für solche Kinder beseitigt, die Juden im Sinn der Reichsbürgergesetzgebung sind." (Blümich 1938:34)

Schon durch die Neufassung des EStG 1938 wurden die Tarife der Einkommensteuer bis **äußerstenfalls 50 %** erhöht. (Bühler 1953:34) Die Tarifspanne erstreckte sich danach von 1,66 % als niedrigstem Satz bis zu 40 % bei Ledigen 50 % des Einkommens (Kühn 1938:9). Im Jahre 1939 wurde zusätzlich eine **Mehreinkommensteuer** von **15 %** für das Mehreinkommen von 1938 gegenüber 1937 erhoben (Bühler 1953:34).

Bei der Definition des Einkommens blieb das EStG in der Fassung von 1934 bei der seit 1925 üblichen Form, die Einkommensarten (nunmehr sieben) im Gesetz zu benennen. Darin nicht aufgeführte Einkommensfälle[69)] fielen nicht unter das Gesetz (Kühn 1938:8). Das Gesetz unterschied dabei zwischen 'Einkünften' (aus dem einzelnen Einkommensarten) und 'Einkommen' (als Oberbegriff). Einkünfte konnten danach grundsätzlich stammen:[70)]

- aus **Land- und Forstwirtschaft,**
- aus einem **Gewerbebetrieb,**
- aus **selbständiger Arbeit,**
- aus **nicht selbständiger Arbeit,**
- aus **Kapitalvermögen,**
- aus **Vermietung** und **Verpachtung** oder
- aus Einnahmen im Sinne des **§ 22 EStG.**

Die Ergebnisse wurden weiterhin aus den einzelnen Einkommensarten errechnet und dann miteinander addiert bzw. ausgeglichen. Grundlage der Einkommensbemessung war danach das **Kalenderjahr**. Einkommen aus der Land- und Forstwirtschaft wurden in der Regel nach dem Wirtschaftsjahr (1. Juli bis 30. Juni) berechnet. Hinsichtlich der Veranlagung der Einkommensteuer blieb es gleichfalls bei der Selbsteinschätzung. Einzig die beiden bekannten Quellenabzugsverfahren,

69) Lotteriegewinne, einmalige Vermögensanfälle mit Ausnahme von Spekulationsgeschäften u.ä.

70) Blümich 1938:36; vgl. auch die historische Herleitung der Einkommensarten aus dem preußischen EStG von 1891 in Anlage 44.

der 'Lohnsteuer-Abzug' und der 'Kapitalertragsteuer-Abzug' für bestimmte Einkünfte aus Kapitalvermögen blieben eine Ausnahme von diesem Verfahren (vgl. Kühn 1938:9).

Für die Bestimmung des Einkommens war es im übrigen unerheblich, ob die Einkünfte "aus erlaubter oder verbotener, sittlicher oder unsittlicher Tätigkeit " bezogen wurden:

> "Der Steuerpflicht aus Einnahmen aus unsittlicher Tätigkeit entspricht die Abzugsfähigkeit der Ausgaben zu unsittlichen Zwecken, wenn sie Betriebsausgaben oder Werbungskosten, z.B. Schmiergelder, darstellen. Bezüglich der Schmiergelder ist durch § 205 a AO, der durch § 21 Ziff. 21 StAnpG eingefügt ist, die Verpflichtung zu eingehendem Nachweis eingeführt." (Blümich 1938:36)

3.4.3 Die Finanz- und Steuerpolitik im Zweiten Weltkrieg

Die Kriegsfinanzierung des Deutschen Reiches im Zweiten Weltkrieg unterschied sich von der Finanzierung des Ersten Weltkrieges in drei Punkten:[71)]

- die Finanzierung erfolgte weit mehr als im Ersten Weltkrieg durch **laufende Einnahmen**, vor allem durch Steuern: bis Ende 1941 zu rund 40 %;
- zunächst wurden keine besonderen Kriegssteuern eingeführt, sondern nur **Zuschläge** zu bestehenden Steuern erhoben;
- der **Preisstopp** vom 18. Oktober 1936 wurde beibehalten und die Preiskontrolle verschärft; dadurch und durch die Gewinnabschöpfung wurde das Anschwellen der Ausgaben in Teilen verlangsamt.

Allerdings stiegen die Reichsausgaben mit Kriegsbeginn dennoch sprunghaft an: betrugen sie 1939 noch 52,1 Mrd. Reichsmark und 1940 78,0 Mrd. Reichsmark, überschritten sie 1941 mit 101,9 Mrd. Reichsmark erstmals die 100-Milliarden-Grenze. 1942 betrugen die Ausgaben des Reiches schon 129 Mrd. Reichsmark und 1943 153 Mrd. Reichsmark, ehe sie 1944 auf die schon erwähnte gigantische Summe von **171,1 Mrd. Reichsmark** stiegen. Diese Ausgaben betrafen nur die Rüstungsgüter: Zwischen 1939 und 1944 stiegen die nichtmilitärischen Ausgaben des Reiches von rund 20 Mrd. Reichsmark auf 43,0 Mrd. Reichsmark auf mehr als das Doppelte an. In dieser Steigerung sind allerdings rund achteinhalb Milliarden Reichsmark an Schuldendienst für 1944 enthalten, die sich ihrerseits auf Kriegsausgaben zurückführen ließen. Zudem mußte das Reich schon 1941 rund fünf Milliarden Reichsmark jährlich an Kosten für den Familienunterhalt der

71) Vgl. Bühler 1953:35

Wehrmachtsangehörigen aufbringen.[72] Dennoch dämpften die wirtschaftspolitischen Maßnahmen das Defizit noch ab:

> "Die unmittelbaren Kriegsausgaben des Reiches wären sicher noch erheblich höher gewesen und noch entschieden schneller gestiegen, wenn dem nicht mit verschiedenen wirtschaftspolitischen Maßnahmen energisch entgegengetreten worden wäre." (Terhalle 1952:320)

Wie im Ersten Weltkrieg finanzierte das Reich diese Ausgaben neben den Krediten auch über eine weitere Verschlechterung der Goldeinwechselpflicht: Nachdem die Goldumlaufswährung an sich schon seit 1914 nicht mehr bestanden hatte, war die Deutsche Reichsbank nach § 14 II des 'Gesetzes über die Deutsche Reichsbank' vom 15. Juni 1939 nur noch zum Umtausch von Gold zum gesetzlichen Preis gegen Barzahlung verpflichtet, wenn ihr die Verwendung 'für volkswirtschaftlich gerechtfertigte Zwecke' gewährleistet schien.[74] Zudem wurde der Reichsbank 'erlaubt', Reichsschatzwechsel bis zu einem von Hitler zu bestimmenden Betrag in ihrem Bestand zu haben und dem Reich Betriebskredite zu gewähren, deren Höhe Hitler gleichfalls bestimmen konnte. "Insoweit fehlte es also für den Fiskus des nun kriegführenden Reiches an nichts." (Terhalle 1952:321) Mit der Dauer des Krieges wurden auch beträchtliche Beträge aus den besetzten Gebieten herausgepreßt: 1943/44 beliefen sich diese 'Einnahmen' auf rund 28 Mrd. Reichsmark (vgl. Terhalle 1952:323).

Trotzdem stiegen auch die Reichsschulden insgesamt immer mehr an: Betrugen sie noch 1939/40 47,9 Mrd. Reichsmark und ein Jahr später 86 Mrd. Reichsmark, erreichten sie 1941/42 137,7 Mrd. Reichsmark und 1942/43 196 Mrd. Reichsmark. In den letzten beiden Kriegsjahren steigerten sich die Reichsschulden noch einmal um fast 80 bzw. über 100 Mrd. Reichsmark und erreichten 1943/44 273,4 Mrd. Reichsmark und 1944/45 379,8 Mrd. Reichsmark (Terhalle 1952:325). Von den Reichsschulden bestanden bei Kriegsende rund 290 Mrd. Reichsmark, also rund 3/4 der Gesamtschulden, bei inländischen Kreditinstituten (ebd.: 326).

Auf dem Gebiet der Einkommenssteuer wurden bis 1944 kaum größere Veränderungen zur Kriegsfinanzierung vorgenommen. Lediglich durch die Kriegs-Wirtschafts-Verordnung vom 4. September 1939 wurde ein Kriegszuschlag zur Einkommensteuer eingeführt. Dieser Kriegszuschlag traf das Einkommen der unbeschränkt Steuerpflichtigen, deren Einkommen 2.400 Reichsmark überschritt. Er betrug 50 %, durfte aber 15 % des Gesamteinkommens nicht übersteigen und zusammen mit der Einkommensteuer das Einkommen des Steuerpflichtigen nicht

72) Zahlen vgl. Terhalle 1952:320

74) Zit. nach Terhalle 1952:321

mit mehr als 65 % belasten. Der Einkommensteuerzuschlag wurde mit Drittelwirkung für 1939 und voller Wirkung ab 1940 in Kraft gesetzt.[75)]
Auch zur Körperschaftsteuer wurden in den Jahren 1941 und 1942 Kriegszuschläge erhoben. Letztlich erreichte die Einkommensteuer einen **Höchstsatz von 67 %** und die Körperschaftsteuer einen Höchstsatz von 55 % (Kruse 1973:13). Zusätzlich wurden in den Jahren 1942 bis 1944 Gewinnabführungen in Höhe von 25 bis 30 % des erzielten Gewinnes erhoben; 1943 wurde auch die Gewerbesteuer durch eine Angleichung an die Einkommensteuer vereinfacht (Bühler 1953:35).

Während der Schlußphase des Krieges wurde die ganze bis dahin praktizierte Form der Einkommensbesteuerung durch die **Steuervereinfachungs-Verordnung** vom 14. September 1944 aufgehoben und durch eine Form der Pauschalbesteuerung ersetzt.[76)]

75) Vgl. Terhalle 1952:321f; Bühler 1953:35

76) Vgl. zu dieser Verordnung Kap. 4.3.4.3. Die Einschränkung des Rechtsweges in Steuersachen 1939 und deren Zerschlagung 1944 werden in Kap. 4.3.4.2 behandelt.

4. Die Verwaltung der Steuern innerhalb der Reichsfinanzverwaltung 1919-1945

4.1 Die Errichtung der Reichsfinanzverwaltung 1919

4.1.1 Die Neuordnung der Finanzzuständigkeiten im Deutschen Reich durch die Verfassungsbestimmungen von Weimar und die Reichsabgabenordnung

4.1.1.1 Kriegsbedingte Organisationsänderungen in den Steuerbehörden

Wie schon ausgeführt, wurden zur Finanzierung der Kriegsausgaben im Ersten Weltkrieg für das Reich in den Jahren von 1916 bis 1918 mehrmals neue direkte Reichssteuern eingeführt.[1] Beginnend mit dem Wehrbeitragsgesetz von 1913 hatte sich das Reich aber auch schon vorher an den Einnahmen aus direkten Steuern beteiligt. Die im Gefolge des Wehrbeitrages von 1913 erhobenen Kriegsabgaben wurden von den **26 selbständigen Landessteuerverwaltungen** aber "offensichtlich ungleichmäßig" (Hettlage 1985:178) erhoben; so waren die Veranlagungen in Süddeutschland höher als im übrigen Reichsgebiet (Leidel 1964:53). Zudem brach sich im Sommer 1918 immer mehr die Überzeugung Bahn, "daß nach Kriegsende auf alle Fälle eine gewaltige Vermehrung der für das Reich zu erhebenden Steuern kommen müsse" (Bühler 1930:323). Erste Folge dieser Überlegungen war die Schaffung des **Reichsfinanzhofes** - gegen den vergeblichen Widerstand des Bundesrats (Lassar 1929:217) - durch das Gesetz vom 26. Juli 1918, um die für die Durchführung der neuen Gesetze wichtige einheitliche Rechtsprechung in Steuersachen zu sichern. Zunächst war der Reichsfinanzhof aber nicht als allgemeine Rechtsprechungsinstanz, sondern nur als "Spruch- und Beschlußbehörde für gesetzlich im einzelnen bestimmte Reichssteuern" (Hettlage 1986:178) angelegt. Dennoch war der Reichsfinanzhof "Schrittmacher für die reichseigene Finanzverwaltung", seine Schaffung "ein besonders klarer Ausdruck der in der Weimarer Verfassung zum mindesten auf finanziellem Gebiet stabilisierten Hegemonie des Reiches."[2]

Im März 1919 wurde das bisherige Reichsschatzamt in 'Reichsfinanzamt' umbenannt und ein besonderes Reichsministerium als Reichsschatzamt mit der Verwaltung des reichseigenen Besitzes und der Verwertung der reichseigenen Güter beauftragt (Boenicke 1926:708). Gleichzeitig wurde die Aufsicht des Reiches über die Landesverwaltungen, die für die Einziehung der Reichssteuern verantwortlich waren, verstärkt: nun wurden - im Einklang mit dem Artikel 36 der alten Reichsverfassung - für alle betroffenen Zölle und Verbrauchsteuern Reichskommissare

---

1) Vgl. Kap. 3.1.3

2) Popitz 1928:971; vgl. hierzu auch Kap. 4.2.2

eingesetzt. (Bühler 1930:323) Trotz der sich abzeichnenden neuen Finanzstrukturen im Reich war es aber "... durchaus nicht von vorneherein beschlossene Sache, die für das Reich nutzbar zu machenden Steuern auch sämtlich durch Reichsbehörden verwalten zu lassen." (Bühler 1930:323)

Allerdings waren auch in den Landessteuerverwaltungen Reformen zu erwarten; so unterstellte Preußen ab dem Sommer 1918 die wichtigsten Einkommensteuer-Veranlagungskommissonen der Leitung juristisch vorgebildeter hauptamtlicher Kommissare; die vollkommene Loslösung der Steuerverwaltung von der inneren Verwaltung durch die Bildung besonderer Staatssteuerämter - unter Zusammenfassung mehrerer Kreise - wurde ab Januar 1919 in die Wege geleitet; die Staatssteuerämter waren sachlich aber nur für die Besitzsteuern zuständig.[3)]

Diese Reformen wiederum stellte das Reich in der Umbruchsituation der Jahre 1918/19 vor die Wahl, sofort zu handeln und eine eigene Finanzverwaltung einzuführen oder auf längere Zeit darauf zu verzichten:

> "Die Wahl bestand infolge der politischen Verhältnisse in Deutschland nur dazwischen, 1919 sofort auch die reichseigene Verwaltung zu schaffen oder sie überhaupt nicht zu schaffen. Daß später die erstarkende Gewalt der Länder eine solche Reform verhindert hätte, konnte der vorausschauende staatsmännische Blick schon 1919 übersehen."[4)]

4.1.1.2 Die Beratungen über die Finanzbestimmungen der Weimarer Verfassung und die Organisationsgrundsätze der Reichsabgabenordnung (RAO)

Richtungweisende Vorgaben für die Entwicklung einer modernen reichseinheitlichen Steuerverwaltung wurden schon in der Periode zwischen dem Zusammenbruch des alten Systems im November 1918 und der Verabschiedung der Verfassung von Weimar im August 1919 getroffen. Zunächst wurde aber noch nicht an die Einführung einer reichseinheitlichen Verwaltung gedacht: in dem im Dezember 1918 von der Reichsregierung veröffentlichten Programm zur Neuordnung des Steuerrechts, des Steuerverfahrens und der Steuerverwaltung war zunächst nur die Einführung einer reichsgesetzlichen allgemeinen Abgabenordnung vorgesehen. (Hettlage 1985:179) Auch der erste Verfassungsentwurf von Hugo Preuß enthielt nur den Vorschlag für eine reichseinheitliche Verwaltung ausschließlich der Zölle und Verbrauchsteuern; der amtliche Entwurf der Verfassung vom Januar 1919 behielt diese Bestimmung ebenfalls bei. Da in diesem Zusammenhang auch die Frage der Gesetzgebungskompetenz für das Steuerwesen zwischen Reich und Ländern zu klären war, herrschten insbesondere in den süddeutschen Ländern große Vorbehalte gegen weitergehende Lösungen. Direkt in

---

3) Vgl. RMF 1920:5; Lassar 1926:133

4) Ball 1927:525; genauso Hensel 1927; Schwandt 1929:241

die Verfassung aufgenommen wurde so auch nur die reichseigene Verwaltung der Zölle und Verbrauchsteuern (Art. 83 I WRV). Allerdings wurden die Aufsichtskompetenzen des Reiches weit gefaßt (vgl. Lassar 1926:134). Obwohl die Verfassung damit einen eher engen Rahmen für die künftigen Reichskompetenzen in der Steuerverwaltung vorgegeben hatte, erwies sich die "Macht der Verhältnisse" (Popitz 1919:779) als stärker, zumal bis zur abschließenden Klärung der Reichskompetenzen auch die Arbeiten an der gleichzeitig beratenen **Reichsabgabenordnung** (RAO) nicht weiterlaufen konnten. Unstrittig war,[5] daß überall im Reich eine dreigliedrige, fachlich spezialisierte Steuerverwaltung geschaffen werden sollte (vgl. Leidel 1964:82f). Die Situation klärte sich erst, als im Juni 1919 der Zentrumsabgeordnete **Matthias Erzberger** zum Reichsfinanzminister berufen wurde. In einer Konferenz mit den Landesfinanzministern im Juli 1919 in Weimar legte Erzberger der Ministerrunde die zur Sicherung des gewaltigen Finanzbedarfes des Reiches notwendigen organisatorischen Bedingungen dar:

> "Nur eine einheitliche Reichsfinanzverwaltung gewährleiste die gleichmäßige Durchführung der Steuergesetze. Die bestehende Steuerverwaltung durch die Landesbehörden könne nicht das Fünffache des früheren Steueraufkommens bewältigen. Zwanzig Landesfinanzämter sollten als Mittelinstanz eingerichtet werden, die ihrerseits die örtlichen Finanzämter einzurichten hatten. Die Neuordnung der Finanzbehörden sollte zum 1. Oktober 1919 wirksam werden." (Hettlage 1985:181)[6]

Während Preußen, Baden und einige kleinere norddeutsche Länder dem Vorschlag vorbehaltlos oder unter gewissen Bedingungen zustimmten, gab es insbesondere in den Ländern Bayern und Württemberg, die ja vollständig ausgebildete Fachsteuerverwaltungen besaßen, große Vorbehalte dagegen (Hettlage 1985:181). Erzberger setzte in den Verhandlungen alles auf eine Karte:

> "Als sich nach harten Verhandlungsstunden auf der Länderseite eine Verzögerungstaktik bemerkbar machte, erklärte Erzberger zur großen Überraschung seines anwesenden AO-Referenten Enno Becker gegen Abend: Noch im Laufe der Woche werde der Entwurf der Abgabenordnung mit der reichseigenen Verwaltung dem Staatenausschuß zugehen. In diesem Augenblick waren vom Verfasser der Reichsabgabenordnung noch keinerlei Vorschriften dafür ausgearbeitet." (Möller 1971:33)

Dennoch wurde der Entwurf über die Behörden der RAO neu gefaßt und wenige Tage später die gesamte RAO in der neuen Form vom Kabinett verabschiedet. Die Organisationsänderung wurde durch Art. 14 WRV gedeckt, der die Aufhebung des Grundsatzes der Ausführung der Reichsgesetze durch die Länder durch ein ein-

---

5) Das belegt der Entwurf einer vorläufigen Reichsabgabenordnung vom 5. Juni 1919.

6) Vgl. auch Institut Finanzen und Steuern 1956:20f

faches Reichsgesetz zuließ, womit das Reich durch ein einfaches Gesetz "seinen Behördenorganismus in das bisher harte und für es praktisch so gut wie undurchdringliche Gestein der Gliedstaaten keilartig hineintreiben und dies allmählich sprengen" konnte (Kaufmann 1919:212). In jedem Fall handelte es sich bei der Schaffung der neuen Reichsverwaltung um eine "den staatsrechtlichen Charakter des neuen Reichs ganz entscheidend berührende Neuerung" (Popitz 1919:779). Letzlich war aber die Umwandlung der Steuerverwaltung für den einheitlichen Vollzug der Reichsgesetze und die Überwindung der immer größer werdenden Ertragsunterschiede zwischen dem Norden und dem Süden des Reiches, "die so groß waren, daß sie nicht allein auf den Verschiedenheiten der Vermögensverhältnisse beruhen konnten" (Leidel 1964:67), unumgänglich:

> "... endlich kann aber auch ... nur die reichseigene Verwaltung die bereits betonte Forderung nach Gleichmäßigkeit der Veranlagung, nach unbedingt einheitlicher Leitung erfüllen. Dieser Forderung gegenüber müssen denn auch die weit schwereren Bedenken zurücktreten, auch die für viele in der Aufgabe eines guten Stücks von Selbständigkeit und Eigenart durch dieses Hineinbauen eigener Reichsbehörden in die Organisation der Länder liegen." (Popitz 1919: 781)

Um die Widerstände der Länder gegen die Reichsfinanzverwaltung zu verringern, schloß Erzberger zusätzlich mit einigen süddeutschen Ländern "das Weimarer Abkommen", in dem die Bezirke und der Sitz der Landesfinanzämter festgelegt wurden. Auch wurde die Leitung der Landesfinanzämter den Landesfinanzministern in Personalunion übertragen. Durch das gleiche Abkommen wurden die Länderfinanzverwaltungen auf einen Schlag die gesamten Lasten ihrer Pensionsfonds los: das Reich übernahm die gesamten Pensionsetats der Länderfinanz verwaltungen mit allen pensionsähnlichen Unterstützungen (Institut Finanzen und Steuern 1956:25). In das Gesetz über die Reichsfinanzverwaltung[7)] wurde zudem die Beteiligung der Länder am Aufkommen der künftigen Reichseinkommensteuer aufgenommen. "Ohne diesen 'Kaufpreis' wäre die Zustimmung der Länder, vor allem Preußens, nicht zu erreichen gewesen." (Hettlage 1985:182)

Aber auch nach dieser Entscheidung war die Zulässigkeit der Bestimmungen der RAO im Rahmen der Verfassungsbestimmungen von Weimar umstritten. Düringer (1920:3) sprach wegen der vermuteten Überschreitung der Reichskompetenzen in Art. 84 WRV von einem "unvereinbaren Widerspruch" und bezeichnete die RAO als verfassungswidrigen und nichtigen "Gewaltakt".

Dennoch: Nach den Regelungen mit den Ländern wurde die Schaffung der einheitlichen Reichsfinanzverwaltung, immerhin "eines der größeren Reformwerke der deutschen Verwaltungsgeschichte" (Hettlage 1985:182) innerhalb von zwei-

---

7) Vgl. Kap. 3.2.2

einhalb Monaten nach Verabschiedung des Gesetzes geschaffen: am 1. Oktober 1919 trat die neue Reichsfinanzverwaltung ihren Dienst an.

4.1.2 Die Reform der Steuerverwaltung 1919

4.1.2.1 Das Gesetz über die Reichsfinanzverwaltung vom 10. September 1919

Im Juli 1919 übermittelt Reichsfinanzminister Erzberger den fertigen 'Entwurf der Reichsabgabenordnung' der Reichsregierung und den Landesregierungen. In diesem Entwurf waren die Organisationsfragen in seinem, auf der Konferenz der Finanzminister am 13. Juli 1919 dargelegten, Sinne geregelt. Nach dem Abschluß des in Kap. 3.1.2 beschriebenen 'Weimarer Abkommens' standen der reichseigenen Steuerverwaltung keine Widerstände mehr entgegen. Deshalb - und um das rechtzeitige Inkrafttreten der organisatorischen Normen zu gewährleisten - wurden die §§ 8 bis 50, 441, 443 und 451 des Entwurfes als eigenständiges 'Gesetz über die Finanzverwaltung' (RGBl. 1919:1591) am 19. August 1919 von der Nationalversammlung verabschiedet und am 10. September 1919 durch den Reichspräsidenten ausgefertigt. Am 1. Oktober 1919, dem "Geburtstag der Reichsfinanzverwaltung" (Leidel 1964:129), trat es in Kraft - eine epochale Veränderung in der deutschen Verwaltungsgeschichte:

> "Seit Jahrhunderten zum ersten Male hatte das Deutsche Reich in der Reichsfinanzverwaltung wieder eigene Verwaltungsbehörden in der Lokalebene mit unmittelbarer Zuständigkeit gegen seine Reichsunterworfenen für steuerliche Zwecke geschaffen." (Leidel 1964:130)

Johannes Popitz hat das (im Vorwort zu Boenicke 1928) in bezug auf den einzelnen Steuerbürger noch deutlicher formuliert:

> "Die Bedeutung dieses engmaschigen reichseigenen Behördenkörpers liegt vor allem darin, daß das Reich nunmehr selbsthandelnd überall in Deutschland auftritt, sich von dem Mittler zwischen ihm und dem einzelnen freimachte und zwar auf einem Gebiete, das fast jeden einzelnen angeht, ihn aber wieder mit dem Inhaber der Staatsgewalt in Berührung bringt."

Neben der Reichswehr, der Reichsbahn und der Reichspost wurde die Reichsfinanzverwaltung zu "einer Hauptklammer des nach dem ersten Weltkrieg erschütterten Reiches" (Breyhan 1959:801). Das Gesetz bildete den ersten Pfeiler des insgesamt 16 Gesetzeswerke umfassenden Reformwerks der Reichsfinanzen in den Jahren 1919/1920 mit den Septembergesetzen von 1919 (Verwaltungsreform), den Dezembergesetzen von 1919 (Reichsabgabenordnung) und den Märzgesetzen von 1920 (Finanzausgleich).[8)]

---

8) Vgl. die Gesamtaufstellung bei Möller 1971:26f

§ 1 des Gesetzes über die Reichsfinanzverwaltung bestimmte, daß die Reichssteuern, also alle Steuern, die ganz oder zum Teil zugunsten des Reiches erhoben wurden, von den Reichsbehörden zu verwalten waren. Als oberste Behörde fungierte das **Reichsministerium der Finanzen**, dem die **Landesfinanzämter**[9] als Oberbehörden und die Finanzämter mit ihren Hilfsstellen untergeordnet waren. Eine besondere Vorbildung der Finanzbeamten wurde in § 2 gefordert.

Die Bezirke der Landesfinanzämter waren zunächst im 'Einvernehmen' mit den beteiligten Ländern so zu bilden, daß sie mit den bisherigen Länder- oder Bezirksgrenzen nach Möglichkeit zusammenfielen (§ 4); nachdem es aber bei der Aufgliederung Probleme gegeben hatte, wurde diese Bestimmung in der RAO dahingehend abgeändert, daß nur noch das 'Benehmen' mit den Ländern notwendig war und eine reichsgesetzliche Einteilung der Bezirke angeordnet. (Becker 1928:98) Die Landesfinanzämter hatten die obere Leitung der Finanzverwaltung in ihrem Bezirk und beaufsichtigten die Geschäftsführung der Finanzämter (§ 6). Bei den Landesfinanzämtern wurden Finanzgerichte eingerichtet, denen auch ehrenamtliche Mitglieder angehörten, von denen "tunlichst eines dem Beruf oder Erwerbszweig des Steuerpflichtigen angehören sollte" (§ 7). In § 25 wurde die Rolle des Reichsfinanzhofes ausgeweitet: "Der Reichfinanzhof ist oberste Spruchbehörde in Steuersachen."

Der Sitz und der Bezirk der einzelnen Finanzämter sowie der Umfang ihrer Geschäfte wurden vom Reichsfinanzministerium bestimmt (§ 14). Gleichzeitig wurde verordnet (§ 15), daß Gemeinde-, Ortspolizei- oder sonstige Ortsbehörden diesen Finanzämtern zur Hilfeleistung verpflichtet waren. Mit der Bezeichnung 'Finanzamt' wurde der Name übernommen, der seit 1895 in Baden und seit 1908 in Hessen für die lokalen Steuerbehörden verwandt worden war. (BMF 1969:87)

Für die Veranlagung zur Einkommen- und zur Vermögensteuer wurden bei den einzelnen Finanzämtern Ausschüsse gebildet, die von Laien besetzt wurden, die von den Organen der Selbstverwaltung zu wählen waren (§ 19). Abschließend wurden für Änderungen des Gesetzes dieselben Voraussetzungen angesetzt, die für Verfassungsänderungen festgeschrieben waren.

Mit der Einführung der Reichssteuerverwaltung wurde der gesamte Apparat der Landessteuerverwaltungen auf das Reich übertragen. In Preußen waren das die Behörden und Kommissionen für die Einkommensteuer- und Vermögensteuerveranlagung sowie die Erbschaft- und Stempelsteuerämter, die Zollbehörden und die Steuerabteilungen bei den Regierungen. In **Bayern** (Rentämter), **Sachsen** (Bezirkssteuerinspektionen), **Württemberg** (Bezirkssteuerämter) und **Baden** (Finanzämter) gingen die speziellen Steuerbehörden (vgl. Anlage 46) an das Reich über. Durch die 'Verordnung zur Einführung der Reichsfinanzverwaltung' vom 27. Septem-

9) Die Namensgebung war eine "unschädliche Konzession an die besorgten Länder" (Breyhan 1959:801).

ber 1919 (RGBl. 1919:1766) wurde die vorläufige Grundlage für die Umwandlung der Landessteuerbehörden in Behörden der Reichsfinanzverwaltung geschaffen: Ab dem 1. Oktober 1919 galten danach deren Unterbehörden "bis auf weiteres als Finanzämter im Sinne des Gesetzes" (§ 2), die Oberbehörden der Länder gleichzeitig als "Landesfinanzämter im Sinne des Gesetzes" (§ 2); sie übernahmen damit die Veranlagung und Erhebung der Reichssteuern und Zölle. Gleichzeitig wurden die Befugnisse der bisherigen Reichsbevollmächtigten und Stationskontrolleure[10] aufgehoben (§ 7).

4.1.2.2 Die Reichsabgabenordnung (RAO) vom 23. Dezember 1919

In Kap. 3.1.2 ist schon dargestellt worden, unter welchen Bedingungen die Reichsabgabenordnung[11] als Gesamtheit am 18. Dezember 1919 verabschiedet wurde. Ein Jahr vorher hatte Ministerialdirektor Moesle im Reichskabinett am 15. Dezember 1918 die Gründe dargelegt, die eine einheitliche Abgabenordnung mit einer einheitlichen, fachlich gebildeten Steuerverwaltung notwendig machten:

> "Ich muß diese Abgabenordnung schon deshalb haben, um den Landrat als Veranlagungsbehörde eliminieren zu können... Die Veranlagung muß peinlich genau sein. In den meisten Fällen werden wir verlangen müssen, daß der Steuerpflichtige auf das Amt kommt. Hierzu brauche ich eine besondere Steuerbehörde. Ich muß den Landrat draußen haben, ich muß auch in Preußen eine eigene Steuerverfassung haben, ebenso, wie in Württemberg. Dort arbeitet sie tadellos. Ich will jede politische Behörde draußen haben. Wir haben das Kreissteueramt, das Kameralamt; auch in der zweiten Instanz muß die politische Behörde heraus. Da muß eine Steuerbehörde ohne politischen Charakter geschaffen werden."[12]

Ähnlich formuliert es Kaufmann (1919:216), der die Herausnahme der Steuerverwaltung aus der allgemeinen inneren Verwaltung mit der Sonderrolle der Schulverwaltung unter fachmännischer Aufsicht und der Unabhängigkeit der Justiz vergleicht, allerdings auch vor zuviel 'Fachmännischkeit' warnt:

> "... so besteht die Möglichkeit, daß überall da, wo es sich um wichtige Ermessensentscheidungen handelt, ein einseitiger und für das persönliche und wirtschaftliche Leben bedenklicher, volksfremder und engherziger Ressortgeist, beim Abgabenwesen ein Geist des Fiskalismus, zur Herrschaft kommt."

Nach der Verabschiedung des Gesetzes über die Reichsfinanzverwaltung wurden dessen Paragraphen als I. Abschnitt 'Behörden' in die RAO eingearbeitet. Bei der

10) Vgl. zu diesen Reichsbevollmächtigten Kap. 2.6.2

11) Abgedruckt bei Mrozek 1926:1-263

12) Protokoll des Reichskabinetts, Bundesarchiv R 43 I/1324; zit. nach Leidel 1964:68f

Beratung der RAO ergaben sich gegenüber dem ersten Gesetz nur noch geringe Änderungen: so wurde die Zahl der ehrenamtlichen Mitglieder der Finanzgerichte von vier auf drei herabgesetzt, um neben dem Vorsitzenden ein weiteres ständiges Mitglied in den mit fünf Mitgliedern besetzten Senat aufnehmen zu können (vgl. Leidel 1964:68f).

Fehl schlug der Versuch, die Finanzverwaltungen der Länder in noch größerem Umfang als im schon verabschiedeten Gesetz in der Reichsfinanzverwaltung aufgehen zu lassen. Angestrebt wurde, auch die mit der Verwaltung der landeseigenen Abgaben beschäftigten Verwaltungsteile einzugliedern, falls die verwalteten Abgaben 'in engem Zusammenhang' mit den Reichssteuern stünden. Diese Bestrebungen scheiterten aber, da sie offensichtlich nicht in Übereinstimmung mit den Verfassungsbestimmungen über die Aufteilung der Verwaltungskompetenzen zu bringen waren. Die Reichsregierung zog ihre Anregung zurück - eine weitere Ausdehnung der Reichskompetenzen in der Steuerverwaltung war nicht durchzusetzen (vgl. Leidel 1964:133f). Dennoch spiegelte der Behördenteil der RAO das Interesse des Staates an einer starken Verwaltung "zur Beschaffung der Mittel für den außerordentlich angestiegenen Finanzbedarf" des Reiches (Möller 1971:17) wider.

Neben dem Abschnitt **Behörden** gliederte sich die RAO noch in den Abschnitt II (Besteuerung) mit den Kapiteln:

- Allgemeine Vorschriften,
- Wertermittlung,
- Ermittlung und Festsetzung der Steuer,
- Rechtsmittel,
- Beitreibung,

und den III. Abschnitt, der **Strafrecht und Strafverfahren** behandelte.

Diesen drei Teilen waren einige einleitende Vorschriften vorangestellt. Deren erste enthielt die bekannte Grundsatzdefinition des Begriffs 'Steuern' (vgl. Mrozek 1926:3). Wo die Behörden Ermessensentscheidungen zu fällen hatten, wurden sie auf "Recht und Billigkeit" verpflichtet (§ 6 RAO).

Der Abschnitt Behörden wurde schon anhand des Gesetzes über die Reichsfinanzverwaltung in Kap. 3.2.1 erörtert. Der Abschnitt 'Besteuerung' regelte sodann die praktische Steuerarbeit der Behörde und des Steuerpflichtigen, "angefangen von der Entstehung der Steuerschuld bis zu ihrer Beendigung mit der vollkommenen

Bezahlung".[13] Bei der Ermittlung und Festsetzung der Steuern wurde nicht nur den Bedürfnissen der Steuerbehörden Rechnung getragen:

> "Zwei Gesichtspunkte werden hierbei vom Gesetz verfolgt: das Gesetz will einmal dem Reich die Befugnisse geben, die zur nachdrücklichen Verfolgung seines Steueranspruchs erforderlich sind, und es will auf der anderen Seite den Steuerpflichtigen vor einem Übereifer der Steuerbehörden schützen." (Respondek 1921:236)

Der vorläufig Entwurf der RAO von Juni 1919 war in § 10 sogar noch weiter gegangen. Darin wurden die Steuerbehörden sogar verpflichtet, 'die Steuerpflichtigen über die Begünstigungen zu belehren, die ihnen nach den Gesetzen zustehen'- eine Vorschrift, die, wenn sie Geltung erlangt hätte, unübersehbare Auswirkungen auf das gesamte Steuerwesen gehabt hätte:

> "Dies war in der Tat eine... sehr weitgehende Vorschrift, die zwar zu unübersehbaren Auswirkungen für den Umfang der Verwaltungsarbeit geführt, aber zumindest auch den Vorteil gebracht haben würde, daß Steuergesetzgebung und Steuerverwaltung infolge Ausnutzung dieser gesetzlichen Möglichkeiten durch die Steuerpflichtigen über den Umweg einer 'staatlichen Steuerberatungsverwaltung' sehr bald dazu gezwungen gewesen wären, klare, verständliche und vor allem in ihrer Auswirkung für den Steuerzahler übersehbare steuerliche Vorschriften zu erlassen." (Leidel 1964:83f)

Dazu kam es aber nicht. In der RAO wurden im Gegenteil auch die Rechte der Steuerbehörden festgeschrieben. Neben allen Reichs- und Landesbehörden wurden auch alle Beamten und Notare sowie die Vertretungen der Betriebs- und Berufszweige verpflichtet, den Finanzämtern bei der Durchführung der Besteuerung Hilfe zu leisten. Obwohl dabei die Unverletzbarkeit der Post-, Telegraphen- und Fernsprechgeheimnisse zu wahren war, "so darf gesagt werden, daß die Nachforschungsbefugnisse sehr weit gehen" (Respondek 1921:238).
Schon am 9. Dezember 1918 hatte der damalige Staatssekretär - und spätere Reichsfinanzminister - Schiffer in einem Vortrag vor der Berliner Handelskammer angekündigt, daß die zu schaffende Reichsfinanzverwaltung zur Sicherstellung einer gleichmäßigen Besteuerung einen eigenen Betriebsprüfungsdienst einrichten wolle. Der eigentlich gefaßte Plan, die Betriebsprüfungen durch nichtbeamtete Sachverständige durchführen zu lassen (vgl. Grabower 1932a:99), konnte zwar nicht umgesetzt werden, aber auf der Grundlage der §§ 162 IX und 198 RAO 1919 erhielten die Finanzämter die Befugnis, die Bücher und Aufzeichnungen der Steuerpflichtigen zu prüfen und zu diesem Zweck auch ihre Geschäftsräume zu betreten. (Tipke 1968:9) Erweitert wurden die Kompetenzen der Buch- und

13) Respondek 1921:233; vgl. auch die Aufgliederung bei Schwandt 1929:256 ff.

Betriebsprüfung 1925, als im Rahmen der Steuerreformen vom 8. August die Bestimmung, wonach Großbetriebe alle drei Jahre zu prüfen waren, in die RAO eingefügt wurde. Ein weitergehender Antrag aus dem Reichstag, der - in Anlehnung an die ehedem in Preußen üblichen Formen der Steuerkontrolle - auf eine völlige Offenlegung der Steuerlisten hinausgelaufen wäre, fand keine Mehrheit, da in der damaligen politischen Situation starke Proteste gegen eine solche Maßnahme befürchtet wurden (vgl. Tipke 1968:10, Anm. 53).

Das Berufungsverfahren bei Steuerbescheiden wurde ebenfalls in der RAO geregelt. Bei Verfahren der Einkommen- und Vermögensteuer wurde ein mehrgliedriges Berufungsverfahren eingerichtet. Gegen die Steuerbescheide des Finanzamtes wurde ein Einspruch zugelassen, über den vom zuständigen Finanzamt entschieden wurde. Gegen dessen Einspruchsbescheid konnte Berufung an das 'Landesfinanzamt' und gegen das Berufungsurteil die Rechtsbeschwerde beim Reichsfinanzhof eingelegt werden.[14)]
Im Abschnitt III (Strafrecht und Strafverfahren) wurde unterschieden zwischen dem **Verwaltungsstrafverfahren** und einem **gerichtlichen Verfahren**. Das Verwaltungsstrafverfahren lag in den Händen der Finanzämter, die nach ihrem Ermessen aber auch befugt wurden, die Sache an die zuständige Staatsanwaltschaft zu übergeben (vgl. Respondek 1921:242).

Die Bestimmungen der RAO galten generell für alle Steuergesetze, die ganz oder zum Teil zugunsten des Reiches erhoben wurden; später erlassene Reichsgesetze wurden an ihre Vorschriften angepaßt (Respondek 1921:231). Am 27. November 1919 wurde die RAO von der Nationalversammlung verabschiedet. Sie trat nach der Ausfertigung durch den Reichspräsidenten Ebert und ihrer Veröffentlichung (RGBl. 1919:1993 ff) am **23. Dezember 1919** in Kraft:

> "Die Reichsfinanzbehördenorganisation hatte damit ihren ursprünglichen, im Entwurf der Reichsabgabenordnung vorgesehenen Platz wiedererhalten. Das große einheitliche Gesetzeswerk war vollendet." (Leidel 1964:134)

In seinem umfassenden Anspruch bildete es nächst der Verfassung von Weimar das "wichtigste Stück zur Neuordnung des Reiches" (ders.1964:145). Mit der 'Verordnung zur Einführung der Reichsabgabenordnung' vom 18. Dezember 1919[15)] wurden die RAO in Kraft gesetzt und die Übergangsbestimmungen veröffentlicht.

14) Vgl. Respondek 1921:240 und Anlage 51

15) Abgedruckt bei Mrozek 1926:263-273.

4.2. Der Aufbau der Reichssteuerverwaltung

4.2.1 Die Eingliederung der Landesbehörden

4.2.1.1 Die Eingliederung des vorhandenen Personals

In § 2 der Einführungsverordnung zur RAO[16] wurde angeordnet, daß die bisher für die Abgaben zuständigen unteren Behörden als Finanzämter im Sinne der Abgabenordnung zunächst weiter amtieren sollten.

Die Ämter der Länder, die über ausgeprägte Steuerverwaltungen verfügten, wurden bei der Einrichtung der Reichsfinanzverwaltung weitgehend übernommen, zumal die Reichsfinanzverwaltung "sachkundige Beamte zunächst nur in den alten Steuerverwaltungen vorfand" (Leidel 1964:130). Insbesondere in Norddeutschland reichten die übernommenen Finanzbeamten der Länder aber nicht aus, um die neuen Aufgaben zu erfüllen. Die Übernahme der Verwaltung der Steuern gestaltete sich in diesen Ländern erst allmählich: Da bisher die Verwaltung der Umsatz- und Grunderwerbsteuer - etwa in Preußen und Sachsen - in den Händen der Gemeinden (als Unterbehörden) gelegen hatte, konnte eine Umgliederung erst vonstatten gehen, als "genügend eingearbeitete Beamte der Kommunalverwaltung für den Reichsdienst in diesen Steuerzweigen gewonnen" werden konnten (RMF 1920:7). Die Übernahme der Beamten erfolgte durch eine einfache "formularmäßige Mitteilung" (ebd.:10).

Bei der Übernahme - und den notwendigen regionalen Umstellungen - stellten sich neben den innerorganisatorischen Problemen auch zeitbedingte Versorgungsprobleme, etwa bei der Bereitstellung von Dienstwohnungen:

> "Da es auf das Dienstinteresse der Beamten und damit auf den gesamten Dienstbetrieb der neuen Behörden geradezu lähmend wirkte, wenn es den Beamten nicht möglich war, am Beschäftigungsort für sich und ihre Familien in absehbarer Zeit geeignete Unterkunft zu finden, war es daher mehrfach erforderlich, von Reichs wegen durch Beteiligung an örtlichen Baugenossenschaften oder, wenn das nicht möglich war, durch Ankauf oder Bau von Häusern für die Unterbringung der Beamten zu sorgen." (RMF 1920:10)

Auch die einheitliche Entlohnung der Beamten war nicht problemlos. Da die Besoldungsordnungen des Reiches und der Länder Unterschiede aufwiesen, verbreitete sich unter den übergetretenen ehemaligen Landesbeamten "erhebliche Beunruhigung, ... die ihren Niederschlag in zahlreichen Eingaben der größeren Beamtenverbände an das Reichsfinanzministerium fand"; dennoch war die Umstellung bereits im Oktober 1920 "in der Hauptsache durchgeführt."[17]

---

16) Vgl. Kap. 3.2.2

17) RMF 1920:11; weiter hierzu in Kap. 4.3.1

4.2.1.2 Die regionale Umgliederung

Im Norden, in der Mitte und im Osten Deutschlands mußte die Reichssteuerverwaltung völlig neu eingerichtet werden. Schon frühzeitig hatte deshalb Popitz (1919:784) auf die kurze Vorbereitungszeit zur Schaffung der neuen Verwaltung hingewiesen:

> "Die Finanzverwaltung, wie sie das Gesetz vorsieht, wird nun selbstverständlich nicht am 1. Okt. 1919 fertig dastehen. Sie kann sich erst allmählich entwickeln; vor allem die unteren Stellen, die Finanzämter werden wohl einige Zeit brauchen, ehe sie überall wirklich da sind und arbeiten."

Popitz konnte aber noch nicht absehen, welche Schwierigkeiten sich bei der Eingliederung ergeben würden. Besonders die Gemeinden, namentlich in Preußen und Sachsen, hielten "mit äußerster Zähigkeit" (Boenicke 1928:726) an den von ihnen bearbeiteten Grunderwerb- und Umsatzsteuern fest:

> "Aus den Organisationsübersichten des Ministeriums geht hervor, daß anfangs die Übernahme der oben erwähnten Geschäfte bei 550 Finanzämtern nicht erfolgt war. Im Jahre 1920 war die Überleitung bei 240 Finanzämtern durchgeführt, 1921 bei weiteren 220, 1922 kamen 69 hinzu, 1923 folgten noch 14 Finanzämter, 1924 noch 3 und 1925 noch 4 Ämter. Erst als Ende des Jahres 1925 Dresden, Köln und Flensburg als letzte Städte die Geschäfte an die Finanzämter abgaben, konnte der Kampf, der mehr als sechs Jahre gedauert hatte, als abgeschlossen gelten." (Boenicke 1928:726f)

Durch die im 'Weimarer Abkommen' vereinbarte Kooperation mit den Ländern bei der Einrichtung der neuen Reichssteuerverwaltung wurde ein weiteres Stück Kontinuität geschaffen: Württemberg, Hessen, Bayern und Baden erhielten aufgrund der Absprachen vor Erlaß der Reichsabgabenordnung für eine Übergangszeit bis 1922 das Recht zur Mitwirkung bei der Oberleitung der Finanzbehörden. In der Realität lief dies auf eine **Personalunion der Landesfinanzminister mit dem Amt des Präsidenten eines Landesfinanzamtes** hinaus.[18] In den süddeutschen Staaten konnte zudem die dort bestehende Bezirksabgrenzung der Unterbehörden im wesentlichen bestehen bleiben (RMF 1920:8).

Landes- und Gemeindesteuerbehörden bestanden auch nach dem Erlaß der RAO weiter. Ihre Aufgabe war die Verwaltung der Landessteuern. Einzig die Grunderwerbsteuer wurde von ihnen unter Weisung der Reichsfinanzverwaltung durchgeführt. Dies blieb aber eine Ausnahme. Der umgekehrte Fall - die Verwaltung von Landes- und Gemeindesteuern durch die Reichssteuerverwaltung - herrschte weit öfter vor, so z.B. in großem Maß in Bayern, aber auch in Preußen.[19]

---

18) vgl. Leidel 1964:149

19) Vgl. Bühler 1930:342; Hensel 1927:127

Darunter fielen auch die durch das Landessteuergesetz vom 30. März 1920 den Ländern überlassenen Steuern vom Grundvermögen und vom Gewerbebetrieb, die den Ländern oder Gemeinden (bzw. Gemeindeverbänden) zugestandenen Zuschläge zu Reichssteuern oder die Kirchensteuer (vgl. RMF 1920:21). Die Beseitigung des "zusammenhanglosen Nebeneinanders" (Ball 1927:543) der Steuerverwaltungen bildete jedenfalls dauernden Anlaß zur Kritik, wurde aber bis zur angestrebten Reform des Finanzausgleiches im Reich verschoben und somit in den zwanziger Jahren nicht mehr realisiert.

4.2.2 Der Aufbau der Reichssteuerverwaltung und des Reichsfinanzhofes

4.2.2.1 Das Reichsfinanzministerium

Der oberste Leiter der Finanz- und Steuerverwaltung des Reiches war der **Reichsminister der Finanzen**. Seine verfassungsrechtliche Stellung und seine politische Machtfülle war mit der Position seines unmittelbaren Vorgängers, des Staatssekretärs des Reichssschatzamtes, "nach Umfang und Größe des Einflusses" nicht vergleichbar (Lassar 1926:125); er gebot über mehr als 80 vH des gesamten Steueraufkommens und war der Dienstherr einer geschlossenen Beamtenschaft auf allen drei Verwaltungsebenen (Hettlage 1985:186). Nach dem Erlaß der - auf Druck der alliierten Mächte eingeführten - **Reichshaushaltsordnung** vom 31. Dezember 1922 vergrößerte sich sein Einfluß noch: ihm stand danach gemeinsam mit dem Reichskanzler ein absolutes Veto in Ausgabenfragen und anderen haushaltsrechtlichen Problemen zu (Lassar 1926:125).
Der Reichsfinanzminister stand auch an der Spitze der reichseigenen Finanzverwaltung. In dieser Position war er zum Erlaß allgemeiner und spezieller Anordnungen gegenüber der Verwaltung befugt, was insbesondere in der ersten Periode der Reichsfinanzverwaltung unbedingt nötig war:

> "In den vergangenen Jahren wäre die im Aufbau befindliche und zugleich in Tätigkeit gesetzte, traditionslose Verwaltung, die sich einer Fülle schwierigster Aufgaben gegenüber sah, ohne straffste Zusammenfassung nicht zu irgendeiner Wirkung gelangt ... Diese Unfertigkeit der Verwaltungsorganisation ... veranlaßte das Reichsfinanzministerium, die nachgeordneten Instanzen in sehr großem Umfang mit Anweisungen zu versehen, um dadurch zu einer einheitlichen Verwaltungspraxis zu gelangen." (Lassar 1926:127)

Von besonderer Bedeutung ist hierbei auch das Organisationsrecht des Reichsfinanzministers nach den §§ 21 ff RAO, das ihn ermächtigte, die örtliche und sachliche Zuständigkeit der Landesfinanzämter und Finanzämter "unter Mitwirkung der obersten Landesfinanzbehörden" (Lassar 1926:127f) zu bestimmen.

Die Personalzahlen des Reichsfinanzministeriums stiegen nach seiner Gründung stark an: Das alte Reichsschatzamt hatte im Jahre 1918 über 145 Beamte verfügt; nach der Neugründung des Finanzministeriums stieg diese Zahl auf 186 an. In den wenigen Jahren bis zum April 1922 vergrößerte sich das Haus auf 892 Beamte. Nach einem allgemeinen Personalabbau wurde es bis zum 1. März 1926 auf 696 Beschäftigte verkleinert[20].

Das Ministerium wurde zuerst durch den Reichsfinanzminister, zwei Staatssekretäre und vier Abteilungsdirektoren geleitet und bestand aus den Abteilungen:

Abt. I: Haushalt,
Abt. II: Zölle und Verbrauchsteuern,
Abt. III: Besitz- und Verkehrsteuern,
Abt. IV: aufgelöst (die ehemalige zentrale Buch- und Betriebsprüfung),
Abt. V: ein historisch begründetes Konglomerat aus Reichsschuld, Währung, Reparationen, ehemaligem Wiederaufbauministerium etc.

Dem Staatssekretär I unterstanden die Abteilungen I und V, dem Staatssekretär II die Abteilungen II und III. (vgl. Ball 1927:534). In der I. Abteilung gab es für die Einzelpläne des Reichshaushaltes Unterabteilungen mit Fachreferaten. Auch die Angelegenheiten des öffentlichen Dienstrechts und des Besoldungswesens waren der Haushaltsabteilung zugeordnet. Die Personalien der Reichsfinanzverwaltung (Steuerverwaltung und Zollverwaltung) wurden in einer gemeinsamen Unterabteilung verwaltet. (Hettlage 1985:187)

Um die Mängel dieser Struktur zu überwinden, wurde in den Jahren 1926/27 unter dem Minister Dr. Reinhold eine Organisationsänderung durchgeführt[21]. Die Zahl der Staatssekretäre wurde auf einen reduziert und die Abteilung V aufgelöst; die Zahl der Referate von 128 auf 79 reduziert[22]. Fortan gliederte sich das Ministerium in vier neu zugeschnittene Abteilungen:

I. Haushaltsabteilung
II. Zollabteilung (incl. Verbrauchsteuern und Monopole)
III. **Steuerabteilung** (ohne Finanzausgleich, die RAO und die Verbrauchsteuern)
IV. Abteilung für gemeinsame und Rechtsangelegenheiten (incl. Finanzausgleich, Rechtsangelegenheiten, RAO und Auslandsangelegenheiten).[23]

Die Zuständigkeit des Reichsfinanzministeriums in Einzelsteuersachen beschränkte sich auf zwei Gebiete:

20) Vgl. Boenicke 1928:708f
21) Die sog. 'Reinholdsche Reform'
22) Vgl. Bühler 1927:305, Anm. 25; zu weiteren Organisationsänderungen vgl. Anlage 50.
23) Vgl. Ball 1927:536

- es war Beschwerdeinstanz in den (wenigen) Fällen, in denen das Landesfinanzamt erste Instanz war und Verfügungen auf dem Gebiete des formellen Rechts erlassen hatte;
- in ausdrücklich normierten Fällen (so betreffend den Billigkeitserlaß nach § 108 RAO) konnte das Ministerium auch primäre Verfügungen treffen.[24)]

4.2.2.2 Der Reichsfinanzhof und die Rechtsprechung in Finanzsachen

In all diesen Fällen war kein Rechtsmittel (etwa die Anrufung des Reichsfinanzhofes) gegen das Reichsfinanzministerium möglich:

> "Der RFinH. (*Reichsfinanzhof; der Verf.*) hat nur eine indirekte Kontrolle über den RFinMin (*Reichsfinanzminister*) vermöge seines Rechts der Nachprüfung der Gültigkeit von Verordnungen, wenn sie von den unteren Instanzen angewendet worden sind, und von Anweisungen, die der RFin.Min. gemäß § 13 AO. gab, wenn die auf Grund der Anweisung ergangene Verfügung angefochten wird." (Bühler 1927:306)

Andererseits war der RFH dem Ministerium dahingehend unterstellt, daß er ihm ressortmäßig zugeteilt war und die richterlichen Mitglieder des RFH zwar vom Reichspräsidenten, aber unter der parlamentarischen Verantwortung des Reichsfinanzministers ernannt wurden; alle übrigen Beamten wurden ohnehin in aller Form vom Reichsfinanzminister ernannt (ebd.:306).[25)]

Eine Rechtsprechung in Finanzsachen hatte sich in Deutschland seit dem Ende des 19. Jahrhunderts entwickelt, als den in der zweiten Hälfte des Jahrhunderts gebildeten Verwaltungsgerichtshöfen (in Preußen z.B. dem Preußischen Oberverwaltungsgericht) auch die letztinstanzlichen Entscheidungen in Abgabenangelegenheiten übertragen wurden. (Hellwig 1977:215)
Der RFH war durch ein Gesetz vom 26. Juli 1918 geschaffen worden;[26)] durch einen Bundesratsbeschluß vom 8. August 1918 (RGBL. 1918:1062) wurde der Sitz des RFH in München festgelegt. Der RFH bestand aus dem Präsidenten ('Chefpräsidenten'), den erforderlichen Senatspräsidenten und den Räten, die vom Reichspräsidenten auf Lebenszeit ernannt wurden. Die richterlichen Mitglieder mußten über 35 Jahre alt sein und mindestens zur Hälfte die Befähigung zum Richteramt besitzen. Sie waren nach § 36 RAO - als einzige Organe der Finanz-

---

24) Vgl. Bühler 1927:306

25) Die Möglichkeiten, auf der Grundlage der Reichsabgabenordnung gegen Maßnahmen der verschiedenen Ebenen der Finanzverwaltung die Finanzgerichte und den RFH anzurufen, werden in Anlage 51 dargestellt.

26) Vgl. Kap. 4.1.1

rechtsprechung - mit allen Garantien richterlicher Unabhängigkeit versehen (Bühler 1927:309).

Der Reichsfinanzhof war in erster Linie **oberste Spruchbehörde**. Dabei wurde er mit Rechtsbeschwerden angegangen, "die das Endstück sowohl in Berufungs- und Anfechtungs-, als auch im Beschwerdeverfahren bildet(en)" (Bühler 1927:310). Vorgelagerte Instanzen waren die Steuerausschüsse bei den Finanzämtern und die Finanzgerichte bei den Landesfinanzämtern. Die hauptamtlichen Richter der Finanzgerichte (zwei, neben drei nebenamtlichen Richtern) gehörten gleichzeitig als Verwaltungsbeamte dem Landesfinanzamt an. Außerdem erließ der RFH in Beschlußverfahren teils primäre, teils Beschwerdeentscheidungen. Zusätzlich wurde die Möglichkeit geschaffen, den RFH in Auslegungsverfahren der Steuergesetze durch **Gutachten** entscheiden zu lassen[27].

4.2.2.3 Als Mittelbehörden: die Landesfinanzämter

Als Mittelbehörden der Reichsfinanzverwaltung wurden nach 1919 insgesamt 25 - nach der Teilung des Landesfinanzamtes (LFA) Berlin 26 - Landesfinanzämter im Reich eingerichtet.[28]

Ursprüngliche Absicht Erzbergers war es, daß die Bezirke der Reichsfinanzämter "die nach wirtschaftlichen Gesichtspunkten festgelegten Grenzen der Reichsprovinzen eines kommenden Einheitsstaates sein sollten" (Boenicke 1028:715). Daraus ist nie etwas geworden: im Zuge der Beratungen über die Behördenorganisation wurde beschlossen, die Bezirke der Landesfinanzämter an den Grenzen der Länder zu orientieren (Hettlage 1985:188). Dies brachte erhebliche Probleme hinsichtlich der Ungleichgewichtigkeit der Zuständigkeitsbezirke und der Zersplitterung zusammengehöriger Wirtschaftsräume mit sich:

> "Wenn man bedenkt, daß Lübeck als selbständiger Abteilung nur drei Finanzämter unterstellt sind, von denen eines die Freie Hansestadt Lübeck umfaßt, während das Finanzamt Eutin politisch zu Oldenburg und das Finanzamt Schönberg mit nur 15 000 Einwohnern zu Mecklenburg-Strelitz gehört, so dürfte klar sein, daß eine solche Einrichtung auf die Dauer schwer erträglich ist." (Boenicke 1928:715)

Eine schon im September 1919 ergangene Bekanntmachung, wonach die zahlreich vorhandenen Exklaven den umschließenden Landesfinanzämtern anzugliedern seien, wurde in der Praxis nicht überall durchgeführt (ebd.:715). Eine gesetzliche

27) Zur quantitativen Aufteilung der einzelnen Tätigkeiten innerhalb der Arbeit des Reichsfinanzhofes vgl. Bühler 1927:310

28) Vgl. Anlagen 47 und 48

Regelung der Bezirksgrenzen und der -behörden wurde in den zwanziger Jahren mehrmals angestrebt, aber nicht erreicht.[29)]

Die innere Organisation der Landesfinanzämter regelte sich zunächst nach der **vorläufigen Geschäftsordnung** vom 7. Juni 1920 (Amtsbl. der RFinVerw. 1920: 311). Bei allen Ämtern wurden unter der Leitung eines Präsidenten eine Oberfinanzkasse und drei Abteilungen eingerichtet:

Abt. I:	Besitz- und Verkehrsteuern
Abt. II:	Zölle und Verbrauchsabgaben
Abt. III:	Bau- und Liegenschaftsverwaltung (zunächst dem Reichsschatzministerium zugeteilt)[30)]

Die Oberfinanzkasse regelte den gesamten Kassenverkehr des Landesfinanzamtes und faßte die gesamten Haushaltseinnahmen der ihr nachgeordneten Finanz- und Zollkassen zusammen (Boenicke 1928:721).
Die für die eigentliche Reichssteuerverwaltung zuständige **Abteilung I** (Besitz- und Verkehrsteuern) gliederte sich in der Regel in die Gruppe Organisation und Verwaltung, Haushalts-, Kassen- und Rechnungswesen, die Gruppe für Einkommen- und Vermögensteuer und die Gruppe für die übrigen Steuern (Boenicke 1928:722f).
In allen Angelegenheiten der Reichsfinanzverwaltung waren sowohl der Präsident als auch die Abteilungen ausschließlich dem Reichsminister der Finanzen unterstellt. Die Stellung der Abteilungen gegenüber dem Präsidenten war zunächst sehr selbständig. Auch die Stellung der Abteilungsleiter[31)] gegenüber den Präsidenten und die innere Organisation der Abteilungen war relativ autonom. Bei den Haushaltsberatungen des Jahres 1922 wurden die Stellen der Präsidenten als zum 1. April 1925 wegfallend bezeichnet (Lassar 1926:145). Diese Organisationsweise wurde schon früh kritisiert:

> "Dreistufig müßte ... der Aufbau des Landesfinanzamtes sein (Referent, Gruppenleiter oder Abteilungsdirektor, Präsident). Statt dessen ist der Aufbau bei den größeren Landesfinanzämtern fünfstufig: Referent, Hauptreferent, Gruppenleiter, Abteilungsdirektor (ehemals Abteilungspräsident), Präsident (Chefpräsident). Das ist eine so typische Überorganisation, daß darüber kein Wort zu verlieren ist." (Ball 1927:539)

Die schwache Stellung der Präsidenten änderte sich mit der **Geschäftsordnung für die Landesfinanzämter (LFGO)** vom 18. August 1924, die eine Reform der Organisation der Landesfinanzämter mit sich brachte. Sie brachte die Stärkung der

29) Vgl. Lassar 1926:143; Boenicke 1928:716

30) Vgl. Lassar 1926:144

31) Damals 'Abteilungspräsidenten'

Leitung der Ämter durch die Präsidenten. Die Bau- und Liegenschaftsverwaltung blieb - wie schon seit der Umorganisation der Reichsschatzverwaltung - zusätzlich zur 'Allgemeinen Verwaltung' bei der Präsidialstelle, die beiden anderen Abteilungen blieben in ihrem Bestand erhalten. Der Präsident überwachte "den Geschäftsbetrieb der Behörde, die Gleichmäßigkeit der Gesetzesanwendung und Verwaltung und die Geschäftsführung der nachgeordneten Dienststellen".[32] Bei kleineren Landesfinanzämtern übernahmen die Präsidenten zuweilen auch die Aufgaben des Abteilungsleiters, die Abteilungsleiter zuweilen die eines Finanzgerichtsdirektors (ders. 1928:718). Welche Aufgaben sie übernahmen, hing in der Regel von der Herkunft und der Vorliebe der einzelnen Präsidenten ab. (vgl. Ball 1927:541f) Jedenfalls kam durch diese bürokratisch klare Organisation

> "... der Unfug in Fortfall, der sich eingeschlichen hatte, daß ein richtiger Schriftwechsel zwischen den Abteilungen und dem Chefpräsidenten wie zwischen verschiedenen Behörden stattfand, mit Anfragen und Antworten, Einforderungen von Berichten usw." (Ball 1927:540)

Nach dieser Organisation und nach ihren Arbeitsinhalten waren die Landesfinanzämter also "Oberbehörden der Reichsfinanz- und Vermögensverwaltung" (Lassar 1926:147). Ihre Organisation war danach eher bürokratisch. "Von der Möglichkeit, wenigstens Anfechtungs- und Beschwerdeentscheidungen kollegial ergehen zu lassen, ist kein Gebrauch gemacht" worden (Bühler 1927:302).

In enger Zusammenarbeit mit den Landesfinanzämtern wurden zum 1. April 1922 Finanzgerichte eingerichtet. Ihre Einrichtung hatte sich verzögert, da zunächst dem Aufbau der Behördenorganisation Priorität beigemessen wurde.

> "Dem Landesfinanzamt war das Finanzgericht angegliedert mit Kammern zu je 5 Mitgliedern, von denen 3 ehrenamtlich waren. Den Vorsitz in allen Kammern führte der Finanzgerichtsdirektor. Zu beamteten Mitgliedern der Kammer wurden Referenten des Landesfinanzamtes bestellt; die ehrenamtlichen Mitglieder wurden von den Gemeindevertretungen und berufsständischen Vertretungen für je 6 Jahre gewählt." (Hettlage 1985:188)

4.2.2.4 Die Finanzämter als lokale Behörden

Als untere Finanzbehörden waren den Landesfinanzämtern die **Finanzämter** unterstellt. Da in der früheren Steuerverwaltung der Länder die Lokalbehörden völlig verschieden waren, lagen hier die größten organisatorischen Probleme, zumal unter dem Zeitdruck der kurzfristigen Umorganisation und der Belastung der Steuer- und Finanzverwaltung durch die staatlichen Finanzprobleme:

32) Bonicke 1928:716; genauso Becker 1928:99

"Bei der Schaffung der Reichsfinanzverwaltung mußten die Lokalbehörden, so wie sie bestanden, mit ihren Einrichtungen, mit ihrer Geschäftsverteilung, mit ihren Kassen auf das Reich übernommen werden. Denn die Hauptsache war zunächst, daß ihre Arbeiten überhaupt geleistet wurden. Alle weiteren Organisationsarbeiten mußten zurückgestellt werden, da jede Zeit für Umänderungen fehlte." (Boenicke 1928:723)

Erst später ging man an eine neue Einteilung der Finanzamtsbezirke. Die in Preußen bestehenden, regelmäßig mehrere Kreise umfassenden Staatssteuerämter wurden aufgehoben. Ausgehend von dem "Prinzip der Identität der politischen und Finanzamtsbezirke" schuf man angelehnt an jeden unteren politischen Verband ein Finanzamt und ließ Ausnahmen nur in Fällen eines sehr geringen Steueraufkommens und problemloser Verkehrsverbindungen zu (Boenicke 1928:723). Zu Beginn der Reichssteuerverwaltung wurden somit **986 Finanzämter** eingerichtet.[33] Nach einer Verordnung vom Mai 1927 wurden in Bayern 40 Finanzämter aufgehoben. Ende der zwanziger Jahre gliederten sich die Ämter in 309 große, 373 mittlere und 309 kleinere Finanzämter auf (ders. 1928:734). Bei der Einteilung der Finanzämter ging man von einer Größe von höchstens 200 000 bis 250 000 Einwohnern pro Finanzamtsbezirk aus. Tatsächlich entfielen Ende der zwanziger Jahre in Preußen auf ein Finanzamt 79 991 Einwohner, in Sachsen 82 982 und in Bayern 41 692. Der Berliner Bezirk besaß bei 4 Millionen Einwohnern 35 große Finanzämter, der Münchner Bezirk (vor der bayerischen Reform) bei 3,2 Millionen Einwohnern 88 Finanzämter.[34] Allerdings war der Geschäftskreis der süddeutschen Finanzämter durch die Übertragung von Landes- und auch artfremden Aufgaben größer als der der norddeutschen Ämter.

Zur Regelung der inneren Organisation und zur Arbeitsweise der Finanzämter wurde zunächst die vorläufige Geschäftsordnung der Finanzämter (FGA) vom 20. August 1921[35] erlassen. Sie wurde ersetzt durch die **Geschäftsordnung für die Finanzämter** (FGO) vom 10. August 1925,[36] in der insbesondere die einheitliche Leitung der Finanzämter durch die Vorsteher betont wurde. (Becker 1928:111)
In den ersten Jahren ihres Bestehens neigten die Finanzämter zu einer "starken Untergliederung" (Lassar 1926:150), deren unmittelbare Folge eine - zuweilen von oben verordnete - "Überorganisation" (Ball 1927:541) war. Die FGO führte daher in die Organisation der Finanzämter eine stärkere Straffung und größere Befugnisse des **Amtsleiters** ein: das selbständige Zeichnungsrecht der Kassenbeamten fiel

33) Hettlage (1985:188) spricht von "1025, später 923" Finanzämtern im Deutschen Reich

34) Vgl. Boenicke 1928:724; Bühler 1927:296 und Anlage 48

35) Amtsbl. der RFinVerw. 1921:131

36) Amtsbl. der RFinVerw 1925:127

weg, das der Referenten wurde eingeschränkt, dem Amtsleiter fiel das Recht zu, den Geschäftsverteilungsplan aufzustellen, und er bekam die Befugnis, ausscheidenden Mitarbeitern Zeugnisse auszustellen (vgl. Lassar 1926:150). Der Amtsleiter war danach für alle Geschäfte des Finanzamtes verantwortlich, ihm stand die Entscheidung in allen Sachen zu. Zudem vertrat er das Amt nach außen. Hierarchisch wurden - unterhalb des Amtsleiters - nur zwei Stufen unterschieden: der **Expedient** (Bezirksbearbeiter) und der **Dezernent** (Sachbearbeiter).[37] Die einzelnen Geschäfte wurden von den Bezirksbearbeitern vorbereitet und von den Sachbearbeitern gezeichnet.

> "Jede Verfügung, sofern der Sachbearbeiter sich nicht selbst die Bearbeitung einzelner Sachen vorbehält, geht also durch zwei Hände, und nur in besonders wichtigen Fällen ist als dritte Stufe die endgültige Unterzeichnung durch den Amtsleiter vorgesehen." (Ball 1927:541)

Damit wurde bei den Finanzämtern auch das **Ein-Mann-System** prinzipiell eingesetzt: Derselbe Beamte des Finanzamtes bearbeitete also alle beim Finanzamt anliegenden Steuern eines Steuerpflichtigen, also die Einkommen- oder Körperschaftsteuer, Vermögensteuer, Umsatzsteuer u.ä. Diesem Zweck entsprach auch die Büroorganisation der Steuerverwaltung: In Preußen wurde schon seit 1891 mit der 'Expedientenregistratur' gearbeitet, bei der jeder Bezirksbearbeiter alle Akten der von ihm zu veranlagenden Steuerpflichtigen "in seinem Zimmer zur Hand" hatte (Boenicke 1928:745); dies stellte damals einen "Übergang von der sachlichen zur bezirksmäßigen Geschäftsteilung" (Leesch 1983:243) dar.

Auch die technische Ausstattung der Steuerbehörden war beachtlich. 1928 existierten in der Reichssteuerverwaltung:

- **196 Buchungsmaschinen** bei 166 Finanzämtern zur Entlastung vor allem der Kassen bei mechanischen Arbeiten;
- **260 Adressier- und Listendruckmaschinen** in 764 Finanzämtern;
- **1400 Addier- und Rechenmaschinen**;
- **1800 Vervielfältigungsapparate** zur Vervielfältigung von Rundverfügungen, Anfragen, Formularen usw.;
- und **4500 Schreibmaschinen**.[38]

Sogar eine 'Technologieberatung' gab es: Im Einvernehmen mit dem Reichssparkommissar sorgte die 'Auskunftsstelle für Büromaschinen' für Informationen, wo welche Maschinen mit Erfolg eingesetzt wurden, vermittelte entsprechende

37) Vgl. auch Kap. 4.3 und die Aufstellungen in den Anlagen 54 und 55.

38) Vgl. Boenicke 1928:747

Besichtigungen, koordinierte Bestellungen und achtete darauf, daß von den einzelnen Dienststellen des Reiches nicht verschiedene Preise für gleiche Maschinen bezahlt wurden. In ähnlicher Weise wurde für praktische und abgestimmte Formulare durch 'Formularausschüsse' gesorgt. (vgl. Boenicke 1928:747f)
Die Aufgaben der Veranlagung und Festsetzung der Steuer oblagen der **Veranlagungsabteilung** des Finanzamtes. Daneben bestanden noch die Finanzkasse zur Erhebung der Steuer und für das Kassen- und Rechnungswesen, sowie die Vollstreckungsabteilung für den Innendienst. Damit umfaßte jedes Finanzamt im wesentlichen drei **Abteilungen** (vgl. Lassar 1926:150). Die Gliederung der Finanzkasse richtete sich nach der 'Amtskassenordnung', die am 1. April 1928 die bis dahin gültige vorläufige Finanzkassenanweisung ersetzt hatte. An der Spitze der Finanzkasse stand danach der Kassenleiter, dem Buchhalter und Kassiere beigegeben waren (Boenicke 1928:738).
Als Außenstellen der Finanzämter wurden zunehmend auch die **Buch- und Betriebsprüfungsdienste** und der **Fahndungsdienst** ausgebaut; für bestimmte Wirtschaftszweige wurden spezielle Branchenprüfer ausgebildet (Hettlage 1985:189).

Bei den einzelnen Finanzämtern wurden zur Mitwirkung bei der Veranlagung der Einkommens- und Vermögenssteuer **Steuerausschüsse** gebildet, in denen Laien unter dem Vorsitz des jeweiligen Finanzamtsvorstehers amtierten. Die Steuerausschüsse wurden beibehalten, weil sich "der Gedanke der Selbstverwaltung im Sinne der ehrenamtlichen Mitwirkung von Laien bei der dem Staat obliegenden Veranlagung seit Einführung der modernen Einkommensteuern durchgesetzt und im ganzen auch bewährt" hatte (Bühler 1927:299). Nach der Steuerausschußverordnung vom 5. Mai 1920 und 10. März 1923[39] standen den Finanzbeamten vier bis acht von den Gemeindevertretungen auf drei Jahre gewählte Mitglieder zur Seite, zu denen halb so viele vom Landesfinanzamt ernannte Mitglieder traten; der Finanzamtsvorsteher nahm mit vollem Stimmrecht an den Ausschußsitzungen teil. (Bühler 1927:299; Boenicke 1928:740) Seit 1924 hatten auch die Gemeinden in den Ausschüssen zur Veranlagung der Steuern vom Einkommen und Vermögen eine beratende Stimme (Bühler 1930:341). Die Ausschüsse waren dabei nicht unabhängige Selbstverwaltungsorgane, sondern Organe der Finanzämter, mithin also an die Gesetze und Ausführungsbestimmungen gebunden (Lassar 1926:155); sie waren nur für die Veranlagung bei der Einkommensteuer und die Körperschaftsteuer zuständig (Bühler 1927:300; Becker 1928:117). Während der ersten Jahre der Reichsfinanzverwaltung und der Inflationszeit hatten die Steuerausschüsse praktisch keine tatsächliche Bedeutung, "weil sich damals kaum jemand ein zutreffendes Bild von den wirtschaftlichen Verhältnissen eines anderen machen

---

39) RGBL. 1920:118, bzw. RGBL. I 1923:191

konnte" (Lassar 1926:155). Auch später spielten sie ihre Rolle naturgemäß nur innerhalb der existierenden 'sozialen Zusammenhänge', um es vorsichtig auszudrücken:

> "In den Städten sind die Ausschüsse fähig, die Einkommensverhältnisse der kleineren und mittleren Gewerbetreibenden, erforderlichenfalls auch den Aufwand von Bezirksangehörigen, zu beurteilen. Sie sind im allgemeinen geneigt, über den Vorschlag des Finanzamtes hinauszugehen. Auf dem Lande ist zwar eine genaue Kenntnis der Verhältnisse möglich und führt zu einer intensiven Veranlagung des steuerpflichtigen Aufkommens. Die Interessengemeinschaft der agrarischen Beisitzer ist aber so stark, daß die Ausschüsse oft verhältnismäßig niedrig veranlagen ... sind sie anscheinend tatsächlich zu Organen geworden, in denen die Verwirklichung des Gesetzes durch Interessenten stark beeinträchtigt wird. Der überstimmte Finanzamtsvorsteher ist dagegen verhältnismäßig machtlos; auch die Einlegung eines Rechtsmittels nützt sich bei häufigem Gebrauch zu sehr ab, als daß dadurch eine bedeutsame Gegenwirkung möglich wäre." (Lassar 1926:155)

Neben diesen subjektiven Gründen gab es auch objektive Grenzen für die Beteiligung von Laien bei der Steuerveranlagung: "Die Beurteilung von Kapitaleinkommen und Spekulationseinkommen entzieht sich der Beurteilung der Ausschüsse ganz, ebenso die Beurteilung des Einkommens bei ordnungsmäßig geführten Handelsbüchern." (Ball 1927:545). Deshalb beschränkte sich die Mitwirkung von Laien bei der Steuerveranlagung im wesentlichen auf Einkommensschätzungen bei kleinen und mittleren Gewerbetreibenden. Natürlich hing die Effizienz der Ausschüsse zu einem Teil auch von der Einstellung der sie leitenden Berufsbeamten gegenüber der Beteiligung von Laien bei der Veranlagung ab. Aber bei den oft relativ jungen Beamten der gleichfalls 'jungen Reichssteuerverwaltung' war im allgemeinen "eine positive Schätzung der Laienmitwirkung festzustellen." (Ball 1927:546) Insgesamt wurde damit in Deutschland ein anderer Weg gewählt als in Österreich, wo die Finanzverwaltung sehr stark mit Pauschalisierungen arbeitete (vgl. Spitaler 1935).

In der Finanz- und Währungskrise der Weimarer Republik 1922/23 konnte auch unter der Beteiligung von Laien keine Rede von einer geordneten Steuerverwaltung sein:

> "Man bemühte sich zwar, die Steuersätze in gewissen Abständen an den gegenwärtigen Stand der Mark anzupassen, aber schon die Zeitspanne zwischen einem solchen Anpassungsbeschluß und dessen Veröffentlichung war so groß, daß die Geldentwertung längst davongelaufen war." (Schulze 1986:214)

4.2.3 Personalstruktur und Organisationsänderungen der Reichssteuerverwaltung bis 1933

4.2.3.1 Das Personal der Steuerverwaltung

Durch eine Verordnung des Reichspräsidenten vom 15. September 1919 (RGBl. 1919:1708) war die Übernahme der Landessteuerbeamten in den Reichsdienst ermöglicht worden. Die Schaffung einer einheitlichen Reichsfinanzverwaltung verursachte auch auf dem Personalgebiet innerhalb der sehr kurz bemessenen Zeit große Schwierigkeiten. Nur etwa **11 700** Beamte konnten aus den Landessteuerverwaltungen übernommen werden, davon nur etwa 2000 in Norddeutschland. Da von einem Bedarf von etwa 30 000 Beamten ausgegangen worden war, ergab sich zu Beginn also ein **Fehlstand von rund 18 000 Kräften** (Boenicke 1928:727). An eine planvolle Auswahl qualifizierter Bewerber war unter diesen Umständen gar nicht zu denken:

> "Man mußte das Personal nehmen, woher man es bekam. Es strömte ungesichtet von allen Seiten herzu: aus anderen Verwaltungszweigen, aus Gemeindeverwaltungen, aus freien Berufen, aus dem Heere und der Marine. Die Schwierigkeiten, aus diesen zuflutenden Mengen einigermaßen brauchbare Kräfte auszusondern, waren ungeheuer. Den aus der Privatwirtschaft stammenden Personen fehlte meist jegliches Verständnis für gemeinschaftliche Belange. Fast alle Neueingestellten entbehrten der notwendigen Vorbereitung." (Boenicke 1928:727)

Zum Teil konnte der Fehlbestand durch frühere Kolonialbeamte gedeckt werden. Zur Ergänzung wurde auch ehemaliges Heerespersonal (Offiziere, Zahlmeister, Intendanturpersonal) übernommen. Die Finanzverwaltung übernahm gleichzeitig "fast restlos die Kommunalbeamten aus den verlorenen Ostgebieten und die deutschen Fachbeamten der elsaß-lothringischen Verwaltung" (RMF 1920:13). In dieser heterogenen Beamtenschaft war die Begeisterung über den neuen Arbeitsplatz nicht überall groß; die bisherigen Angehörigen der Landesverwaltungen traten zum großen Teil nur widerstrebend in den Reichsdienst ein:

> "Man wehrte sich gegen 'Berlin'. Alle deutschen Beamten waren damals unter der Nachwirkung des Krieges, unter dem täglichen Einfluß drängendster wirtschaftlicher Sorgen verhältnismäßig wenig dienstfreudig und dienstfähig." (Lassar 1926:138).

Zugleich durfte aus staatspolitischen Gründen auch bei der Übernahme der Landesbeamten das Prinzip der 'landsmannschaftlichen Reinerhaltung' nicht zu stark vertreten werden, um das für eine so junge Reichsverwaltung unbedingt nötige gesamtstaatliche Bewußtsein und die überregionale Mobilität aufrechtzuerhalten (Leidel 1964:130).

Schon Erzberger hatte in seiner Rede vor der Nationalversammlung am 12. August 1919, in der er der Versammlung die Notwendigkeit einer reichseigenen Steuerverwaltung dargelegt hatte, auf die Bedeutung der Beamtenschaft verwiesen. Eine gleichmäßige Veranlagung könne nur erfolgen, wenn eine "im einheitlichen Geist geschulte und erzogene Beamtenschaft" geschaffen werden könne, bei der "man unmittelbaren Einfluß auf die Beamten selbst besitzt" (zitiert nach Institut Finanzen und Steuern 1956:21). Und Kaufmann (1919:217) gab der Hoffnung Ausdruck, daß der Geist, in dem die neu eingeführte Reichsabgabenordnung angewandt werden würde, ein wirtschaftlicher und sozialer sei, "oder allmählich werden wird, wenn das große Erziehungsproblem an einer neuen Art Beamtentum, das damit zugleich gestellt ist, gelöst sein wird". Zunächst verlief diese Anpassung aber nicht problemlos - wenn auch nicht von seiten der Beamten:

> "Die örtlichen Beamten der neuen Finanzämter stehen dem Publikum ihrer Bezirke und den wirtschaftlichen Verhältnissen in ihnen meist fremd gegenüber. Jeder einzelne von ihnen wird Ende des Jahres vor einem Berg von Steuererklärungen mit unzähligen Anlagen sitzen, der ihm undurchdringlich scheinen muß." (Roedern 1920:41)

Es ist klar, daß dabei auch "das Zusammenspiel der Behörde mit den Steuerpflichtigen ... noch nicht so gestaltet (war), wie es im Interesse beider Beteiligten liegt." (Respondek 1921:250) Nach Überwindung dieser Schwierigkeiten wurde aber deutlich, daß es der Steuerverwaltung gelungen war, "diese Kräfte in kürzester Zeit so einzuarbeiten, daß die Fülle der großen Aufgaben von ihnen gelöst werden konnte." (Boenicke 1928:727f) Durch die nunmehr auch gegebene Möglichkeit einer einheitlichen Ausbildung aller Steuerbeamten gelang es verhältnismäßig schnell, "die buntscheckige Personalflut im Organismus der Steuerverwaltung aufzusaugen." (Pausch 1965:50f) Nach der Überwindung dieser Schwierigkeiten konnte auch die personelle Durchorganisation der neuen Steuerverwaltung umgesetzt werden: Aufgrund von statistischen Angaben über die einzelnen Finanzamtsbezirke wurden die Planstellen der Finanzverwaltung, die vorher relativ wahllos auf Anforderung vergeben worden waren, gezielt auf die einzelnen Ämter verteilt. 1925 und - nach Erlaß der neuen Steuergesetze im selben Jahr - noch einmal 1927 wurde ein 'Normalstellenplan' aufgestellt, um eine einheitliche Besetzungsgrundlage zu haben (Boenicke 1928:730f).

Am 31. März **1928** waren in Deutschland **42 456 Reichssteuerbeamte** beschäftigt. Sie verteilten sich auf folgende Gruppen:

B 6 bis A 2:	2.820	Beamte
A 3 bis A10:	37.855	Beamte
A11 bis A12:	1.781	Beamte
Insgesamt	42.456	Beamte[40]

Die Bewirtschaftung sämtlicher Stellen wurde zunächst im Ministerium zentralisiert; später wurde ein Teil dieser Kompetenzen an die Präsidenten der Landesfinanzämter übertragen.
Neben dem Amtsleiter und den Beschäftigten der Finanzkasse bestand die eigentliche Steuerverwaltung der Finanzämter aus den **Bezirksbearbeitern** und den **Sachbearbeitern**. Die Bezirksbearbeiter waren die eigentlichen Veranlagungsbeamten. Ihnen oblag die Feststellung der Steuerpflichtigen, die Führung der Steuerlisten, die Prüfung der Steuererklärungen und die Aufstellung der Berechnungsbogen. Sie erteilten die Auskünfte und hielten den Kontakt zu dem Publikum.[41]

Den Bezirksbearbeitern übergeordnet waren die Sachbearbeiter. Ihre Position wurde mit gehobenen Beamten, also Regierungsräten, Steueramtmännern, Regierungsassessoren und Obersteuerinspektoren besetzt (Boenicke 1928:735). Deren Aufgabe bestand u.a. in der Nachprüfung der Arbeiten der Bezirksbearbeiter, in der eigenen Bearbeitung schwieriger Fälle und in der Aufstellung von Richtsätzen für die Veranlagung gewisser Typen von Steuerpflichtigen. In Vertretung des Vorstehers übernahmen sie auch den Vorsitz in den Steuerausschüssen.[42]

> "Besonderen Wert legt die Geschäftsordnung für die Finanzämter weiter auf die Mitarbeit der Sachbearbeiter in den schwierigen Fragen des Reichsbewertungsgesetzes, auf die Nachprüfung der Ergebnisse der Buch- und Betriebsprüfung, auf die Entscheidung über wichtige Maßnahmen des Steueraußendienstes sowie auf die Selbstbearbeitung schwieriger Straffälle." (Boenicke 1928:736)

4.2.3.2 Strukturveränderungen bis 1933

Die Reform des Finanzwesens des Deutschen Reiches war nicht mit der Schaffung der Reichssteuerverwaltung innerhalb der neuen reichseigenen Verwaltung und dem Erlaß neuer Steuergesetze um 1919/20 abgeschlossen. Abgesehen von der Überwindung der in Kap. 4.2 geschilderten Probleme bei der Eingliederung der

40) Vgl. Boenicke 1928:731

41) Boenicke 1928:731

42) Vgl. Boenicke 1928:735f

alten Steuerbehörden auf kommunaler und auf Landesebene, bedurfte es auch der **Steuerreformgesetze von 1925,**[43] um die Wirkung einer reichseinheitlichen Verwaltung der Steuern voll zu entfalten. Nach der Umsetzung dieser neuen Steuergesetze innerhalb der Steuerverwaltung arbeiteten die Reichsfinanzbehörden "auch in der Krise in vollem Umfange gesetzestreu und wirksam" (Hettlage 1985:195), zumal es gelang, "den Mittel- und Unterbehörden die notwendige Selbständigkeit anzuerziehen" (Hensel 1927:127). Damit wurde die Finanzverwaltung auch ihrer - von Anfang an beabsichtigten - staatspolitischen Funktion gerecht:

> "Unbeschadet mancher Funktionshemmungen und Mängel im einzelnen hat sich die Reichsfinanzverwaltung als Ganzes bisher als ein Stück öffentlicher Verwaltung erwiesen, welches einen machtvollen Beweis für die Lebenswirklichkeit des Deutschen Reiches darstellt." (Lassar 1929:219)

Durch ein Gesetz vom 10. August 1925 wurde der **Betriebsprüfungsdienst** als eigenständiger Dienstzweig in die Steuerverwaltung eingegliedert. Durch das Gesetz wurde in die Reichstagsabgabenordnung die Bestimmung eingefügt, daß Großbetriebe mindestens alle drei Jahre einmal einer ordentlichen Buch- und Betriebsprüfung 'durch entsprechend vorgebildete Beamte oder Sachverständige der Reichsfinanzverwaltung' unterworfen werden sollten (BDSt 1970:35). Die Einzelheiten wurden durch eine Verordnung vom 9. November 1925 geregelt. Schon im selben Jahr wurden 79.725 Fälle untersucht und ein Betrag von 98 Millionen Reichsmark an Mehrsteuern festgesetzt (BDSt 1970:36).

Organisatorisch wurden bis zum Beginn der NS-Diktatur nur wenige Dinge geändert: Nach der Neugliederung des Reichsfinanzministeriums 1926 in vier Abteilungen[44] wurde das Ministerium 1931 auf drei Abteilungen verkleinert. Es bestand danach aus:

- der **Haushaltsabteilung,**
- der **Abteilung für Zölle und Verbrauchsabgaben**
- und der **Abteilung für Steuern vom Einkommen, Vermögen etc.**

Die Zahl der 26 Landesfinanzämter wurde hingegen seit 1920 nicht verändert. Von den 1025 Finanzämtern[45] bei der Gründung der Reichsfinanzverwaltung wurden bis Mai 1932 102 aufgehoben. Von den vorher als Nebenstellen der Finanzämter

---

43) Die u.a. das neugefaßte Einkommensteuergesetz von 1925 enthielten; vgl. dazu Kap. 3.3.2 und 3.3.3

44) Vgl. Kap. 4.2.1

45) Laut Medicus (1932:51)

geführten Hilfsstellen existierten zu diesem Zeitpunkt noch 9 Stück (Medicus 1932:51).

Auf Grund der Verordnungen des Reichspräsidenten vom 1. Dezember 1930 und 22. Mai 1931 wurde die Reichsabgabenordnung - als das zentrale Gesetz des Besteuerungsprozesses - neu gefaßt und verkündet (Krein 1977:9), direkte organisatorische Änderungen ergaben sich daraus nicht.

4.3 Die Steuerverwaltung im NS-Staat

4.3.1 Organisationsreformen in der Folge des Vereinfachungsgesetzes von 1934

Wie auch in anderen Verwaltungszweigen wurde die (annähernde) Vereinheitlichung der deutschen Finanz- und Steuerverwaltung erst unter der nationalsozialistischen Diktatur erreicht. Im zentral verwalteten Einheitsstaat konnte die Restautonomie der Länder - die sich ohnehin nur noch auf die Ebene der Kooperation mit dem Reich in Fragen der regionalen Organisation der Finanzämter beschränkte - endgültig gebrochen werden. Schon durch das Steueranpassungsgesetz vom 16. Oktober 1934 wurde die Beteiligung der Länder bei der Bildung von Landesfinanzämtern aufgehoben (Henkelmann 1947:11). Vollständige Einheit und Gleichheit konnte aber auch hier nicht errreicht werden: Noch bis Kriegsende führten die Finanzämter in Süddeutschland auch die steuerlichen Aufgaben der Länder und Gemeinden durch, in Norddeutschland taten sie das nicht (vgl. Groth 1944:11f).
Durch das **Gesetz zur Vereinfachung und Verbilligung der Verwaltung** vom 27. Februar 1934 (RGBL.I 1934:130) und die Ausführungsverordnungen dazu vom 28. Februar 1934 (RGBL.I 1934:171) und vom 23. März 1934 (RGBL.I 1934:241) wurden erste Schritte in dieser Richtung unternommen und verschiedene Landesfinanzämter aufgelöst sowie mehrere Bezirke zusammengelegt. Gleichzeitig wurden auch regionale Änderungen durchgeführt und bisherige, aufgrund der politischen Einteilung beibehaltene, 'Finanzenklaven' in die anliegenden Bezirke überführt.[46)] Später wurde die Reichsfinanzverwaltung in diesem Sinne endgültig dem Reich zugeordnet. Die Bestimmungen, wonach Sitz und Grenzen der Landesfinanzämter 'im Benehmen mit den jeweiligen obersten Landesbehörden'[47)] zu bestimmen waren, wurden aufgehoben und die Regelungen, wonach Sitz und Bezirke der einzelnen Finanzämter nur nach Anhörung der obersten Landesfinanzbehörden festzulegen waren, aus der Reichsabgabenordnung gestrichen[48)]. Die Landesfinanzämter wurden 1934 im Zuge der Gleichschaltung der Länder in 'Reichsbehörden' umbenannt.[49)] Durch einen Erlaß Hitlers vom 16. März 1937 (RGBL.I 1937:311) wurde die Behördenbezeichnung 'Landesfinanzamt' aufgehoben und an ihre Stelle die Behördenbezeichnung 'Der Oberfinanzpräsident' gesetzt; danach bürgerte sich für die Mittelbehörden der Reichsfinanzverwaltung der Name **Oberfinanzpräsidien** ein. Durch eine Ausführungsbestimmung des Reichsfinanzministers vom 30. März wurden gleichzeitig die neuen Bezeichnungen für die Mittelbehörden festge-

46) Zur regionalen Gliederung ab 1. April 1934 vgl. RGBL. I 1934:241
47) Also den Landesfinanzministerien
48) Vgl. Groth 1944:36 bzw. 69
49) Vgl. Caesar/Hansmeyer 1985:840

schrieben. So wurde beispielsweise das Landesfinanzamt in Stuttgart in 'Der Oberfinanzpräsident Württemberg in Stuttgart' umbenannt.[50)]
Danach gab es 1938 im "Altreich" nach Bühler (1953:329) genau 1.072 Finanzämter. Durch die territoriale Ausdehnung des Reiches nach 1935 weiteten sich auch die Zuständigkeiten der Reichssteuer- und Zollverwaltung aus. Wie bei den anderen Verwaltungszweigen folgten also den Panzern stehenden Fußes auch die Finanzbeamten. So wurde im März 1935 eine Zweigstelle des Oberfinanzpräsidenten (OFP) Würzburg in **Saarbrücken** für das Saargebiet errichtet. Nach der Eingliederung Österreichs in das Deutsche Reich wurden die bis dahin bestehenden sieben österreichischen Finanzlandesdirektionen in die fünf Oberfinanzbezirke **Wien, Niederdonau** (Sitz Wien), **Oberdonau** (Sitz Linz), **Graz** und **Innsbruck** umgewandelt und nach der Eingliederung des Sudetenlandes im Oktober 1938 die Oberfinanzbezirke **Karlsbad** und **Troppau** eingerichtet (vgl. Groth 1944:37). Nach dem Wiederanschluß Danzigs an das Reich wurden in **Danzig** und im **Wartheland** (Sitz Posen) solche Bezirke errichtet. Höhepunkt der finanzpolitischen 'Eroberungen' war die Errichtung des Oberfinanzpräsidums in **Prag** für das 'Protektorat Böhmen und Mähren' in den okkupierten tschechischen Gebieten (vgl. Groth 1944:38).
In den Jahren **1942/43** wurden auf der mittleren Leitungsebene größere Veränderungen durchgeführt und insgesamt sechs Oberfinanzpräsidien aufgehoben. Danach bestand die Reichsfinanzverwaltung auf der mittleren Verwaltungsebene aus **18 Oberfinanzpräsidien mit 1114 Finanzämtern**.[51)]
Die Grenzen der Oberfinanzpräsidien gingen z.T. auch über historisch gewachsene Grenzen hinweg. So bestand etwa der Oberfinanzbezirk **Westfalen** in Münster aus der preußischen Provinz Westfalen, dem Land Lippe und dem ehemaligen Fürstentum Pyrmont; der Oberfinanzbezirk **Mitteldeutschland** in Magdeburg umfaßte die preußische Provinz Sachsen, den preußischen Kreis Schmalkalden und die Länder Thüringen und Anhalt.[52)]

50) Vgl. Gürsching 1941, Blümich 1938 und Anlage 49

51) Vgl. Anlage 49

52) Vgl. die Gesamtaufstellung bei Groth 1944:52 ff

4.3.2 Die sachliche Gliederung der Finanzverwaltung auf den oberen Ebenen

4.3.2.1 Das Reichsfinanzministerium

Die dreistufige Gliederung der Steuerverwaltung (innerhalb der Finanzverwaltung) wurde auch im NS-Staat beibehalten. Allerdings wurde sie nach dem herrschenden Führerprinzip uminterpretiert. Die Steuerverwaltung gliederte sich demzufolge in:

- den **Reichsminister der Finanzen,**
- die **Oberfinanzpräsidenten** (Mittelstufe),
- die **Vorsteher der Finanzämter** mit ihren Unterstellen (Unterstufe).[53)]

Das Reichsfinanzministerium gliederte sich am Ende der NS-Zeit in nunmehr **acht Abteilungen**[54)], von denen die **Abteilung III** für die Besitz- und Verbrauchssteuern zuständig war. Sie unterhielt eine besondere Unterabteilung U III, die die Steuern vom Einkommen, vom Ertrag und vom Umsatz bearbeitete.
Die Organisation des Ministeriums wurde während des Krieges stark ausgeweitet: Die Abteilungen des Ministeriums teilten sich 1944 in insgesamt **115 spezielle Sachgebiete** auf; 1937 waren es erst 80 Fachreferate gewesen.[55)] Leiter eines jeden Sachgebietes war ein Referent im Range eines Ministerialrates.
Im Herbst 1944 wurde dem Reichsfinanzministerium auch noch das **Preußische Finanzministerium** einverleibt, das bis dahin als einziges preußisches Ministerium bestehen geblieben war (Caesar/Hansmeyer 1985:841). Da das Finanzministerium von allen Reichsministerien "wohl noch am ehesten ein gewisses Eigenleben geführt" hat, blieb die Reichsfinanzverwaltung auf allen Ebenen in einem Spannungsverhältnis zu den Dienststellen der Partei. In den entstehenden Konflikten zog das Ministerium aber in der Regel - besonders auf kommunaler Ebene - den kürzeren.[56)] An umfangreichen Säuberungen im Sinne der Partei hatte es nach 1933 nicht gefehlt.[57)]

4.3.2.2 Die Oberfinanzpräsidenten

Mittelstufe der Steuer- und Finanzverwaltung des Reiches waren die Oberfinanzpräsidenten (Oberfinanzpräsidien). Ihre Aufgabe war die Überwachung des Geschäftsbetriebes in den nachgeordneten Behörden, der Gleichmäßigkeit der

53) Vgl. Groth 1944:17
54) Vgl. Anlage 50
55) Nach Caesar/Hansmeyer 1985:840
56) Caesar/Hansmeyer 1985:842; ein Beispiel findet sich ebd.:845f
57) Vgl. BMF 1969:115f; Caesar/Hansmeyer 1985:844

Gesetzesanwendung und der korrekten Geschäftsführung der Behörden. Die Behörden der Oberfinanzpräsidenten gliederten sich in **vier Abteilungen**[58]:

- Abteilung Steuer (Abt. St),
- Abteilung Zoll (Abt. Z),
- Abteilung Vermögen (Abt. V),
- Abteilung Personal und Verwaltung (Abt. P).

Ihre Geschäftsführung wurde durch eine spezielle Dienstordnung geregelt. Die einzelnen Abteilungen gliederten sich in **Referate**, die von Referenten geleitet wurden und denen mehrere Sachbearbeiter zugeteilt waren.
Die **Abteilung Steuer** des OFP verwaltete alle Reichssteuern mit Ausnahme der Zölle und Verbrauchssteuern und alle Sachen der Familienlastenerleichterung. An der Spitze der Abteilung stand als Abteilungsleiter ein **Finanzpräsident**. In der Regel gliederten sich die Steuerabteilungen der OFPs in vier Referate;[59] in größeren OFPs konnte ihre Zahl auf fünf oder sechs vermehrt werden. Die Oberfinanzpräsidenten waren dafür verantwortlich, "daß der äußere Aufbau des Oberfinanzpräsidiums und aller nachgeordneten Dienststellen klar und einfach gegliedert" war, und sie hatten "ständig die innere Arbeitsweise und den inneren Aufbau der ihnen unterstellten Behörden zu überwachen" (Groth 1944:64).
Dem Oberfinanzpräsidenten war unmittelbar die Oberfinanzkasse zugeordnet, die von einem Steuer- oder Zollamtmann geleitet wurde und die die haushalts- und kassenmäßigen Geschäfte des OFP abwickelte.

4.3.3. Aufgaben, Personal und Hilfsmittel der Finanzämter

Die zentralistische Gliederung der Steuerverwaltung im NS-Staat spiegelt sich auch auf der unteren Ebene wider: "Träger der Verwaltung im örtlichen Verwaltungsbezirk (war) nicht das Finanzamt ..., sondern der Vorsteher des Finanzamts" (Groth 1944:68); ihm stand beispielsweise die alleinige Entscheidung über Erlaß, Anrechnung oder Erstattung von Steuern u.ä. bis zum Antragsgegenstand von 20.000 RM zu. Groth (1944:71) nennt die Zahl von 1000 Finanzämtern zu Beginn der Reichsfinanzverwaltung.[60] Diese Zahl hatte sich auf ca. 900 vermindert. Durch die Angliederung der angeschlossenen oder besetzten Gebiete an das Reich mit der dort erfolgten Eingliederung in das System der Reichssteuerverwaltung[61] erhöhte sich die Zahl der Finanzämter bis 1944 auf 1.114. Dabei waren seit

58) Vgl. Groth 1944:59

59) Vgl. die Aufstellung in Anlage 52

60) Vgl. die davon abweichenden Angaben in Kap. 4.2.3

61) Vgl. Kap. 4.3.1

Bestehen der reichseigenen Steuerverwaltung **225 Finanzämter aufgehoben** und ihre Bezirke an andere Ämter angegliedert worden; 102 davon seit Kriegsbeginn, 81 davon allein im Kriegsjahr 1943 (Groth 1944:75). Bei der Größe der Finanzämter wurden unterschieden:[62)]

- **besonders wichtige** Finanzämter mit erweiterter Zuständigkeit und einem Regierungsdirektor als Vorsteher;
- **große** Finanzämter mit einem Oberregierungsrat als Vorsteher;
- **mittlere** Finanzämter mit einem Regierungsrat als Vorsteher;
- **kleine** Finanzämter mit einem Regierungsrat, Steuerrat oder Steueramtmann als Vorsteher.

An diese Größeneinteilung schloß sich auch die Zahl der Arbeitskräfte an. Als Leiter des Finanzamtes war der **Vorsteher** für den Arbeitsablauf und die 'inhaltliche Ausrichtung' der Steuerverwaltung verantwortlich:

> "Der Vorsteher pflegt kameradschaftliche Zusammenarbeit mit den Dienststellen der anderen Zweige der Reichsfinanzverwaltung und mit den Dienststellen der Nationalsozialistischen Deutschen Arbeiterpartei und deren Gliederungen und Verbänden sowie mit den anderen Reichsbehörden und den Landes- und Gemeindebehörden." (Groth 1944:82)

Selbständige Bearbeiter der Sachgebiete waren weiterhin die 'Sachbearbeiter', ihre Mitarbeiter weiterhin die 'Bezirksarbeiter'. Die Sachbearbeiter hatten für eine ordnungsgemäße und zweckentsprechende Geschäftsführung innerhalb ihres Sachgebietes zu sorgen. Dabei hatten sie darauf zu achten, daß bei Stundungen, Niederschlagungen, Erlassen und bei wichtigen Beitreibungsfällen "eine Bearbeitung nach einheitlichen Gesichtspunkten" erfolgte (Groth 1944:83). Mit speziellen Dienstaufgaben (etwa einzelnen Steuerarten) betraute Sachbearbeiter konnten zu Hauptsachbearbeitern ernannt werden. Die Bezirksbearbeiter (Obersteuerinspektoren, Steuerinspektoren, Obersteuersekretäre und außerplanmäßige Steuerinspektoren) waren weiterhin für die ihnen zugeteilten Arbeitsgebiete zuständig.[63)] Für einfache Dienstgeschäfte (Betrieb der Rechenmaschinen, Vorbereitung der Berechnungsbögen der Steuerbehörde, statistische Arbeiten) wurden bei den Finanzämtern Steuersekretäre, Steuerassistenten und Steuerbetriebsassistenten eingestellt. Die Geschäftsführung der Finanzämter orientierte sich am jeweiligen Geschäftsverteilungsplan.[64)]

---

62) Vgl. Groth 1944:71 und die Aufstellung in Anlage 53

63) Vgl. Kap. 4.3.2

64) Vgl. den Musterabdruck in Anlage 54

Die Vorbereitung und Durchführung der Veranlagung oblag den Bezirksbearbeitern. Sie stellten den Kreis der Steuerpflichtigen aus den Unterlagen zusammen, ermittelten daraus diejenigen Steuerpflichtigen, die zur Abgabe einer Steuererklärung aufzufordern waren, und stellten den Eingang der Erklärungen fest. Ihnen wurde dabei ein umfassendes Wissen und ein eindeutiges Bekenntnis abgefordert:

> "Der Bezirksbearbeiter muß, ebenso wie Sachbearbeiter und Vorsteher, die Steuergesetze, die Buchführung, das Abschluß-Bilanzwesen und das Handelsrecht beherrschen. Er muß in die allgemeine Rechtskunde und Verwaltungskunde gut eingeführt sein, volkswirtschaftlich und betriebswirtschaftlich zu denken vermögen und mit Hirn und Herz Nationalsozialist sein."
> (Groth 1944:92)

Die Finanzverwaltung hat nach 1945 großen Wert darauf gelegt, daß das letzte Bekenntnis so ernst nicht gewesen sei. Ob auch die ersten Voraussetzungen (genaue Gesetzeskenntnis etc.) so vollständig zutrafen, läßt sich aus der zeitgenössichen Literatur nicht belegen.

Überliefert ist jedenfalls die Verfügung des Oberfinanzpräsidenten in Düsseldorf vom 7. Mai 1937, in der alle Beamten ersucht wurden, rücksichtslosen Einsatz für 'Führer und Staat' zu zeigen:

> "In allen Fällen, wo mir zukünftig von der Gauleitung mitgeteilt wird, daß ein Beamter sich noch nicht in diesem Sinne rückhaltlos in der neuen Zeit eingefügt hat, wird künftig eine Beförderung nicht mehr in Frage kommen. Gegebenenfalls werde ich mich zu disziplinierenden Maßnahmen gezwungen sehen."[65)]

Der gleiche Erlaß wies dazu an, im Dienst und innerhalb der dienstlichen Gebäude 'durch Erheben des rechten Armes' zu grüßen, mit der Erwartung, dies auch außerhalb des Dienstes so zu praktizieren. Ein Erlaß des Reichsfinanzministeriums bestimmte zudem, daß im Schriftverkehr der Reichsfinanzverwaltung hinfort anstelle der üblichen Höflichkeitsfloskeln 'die Worte Heil Hitler anzuwenden' seien.[66)]
1933 wurden denn auch sofort über 100 Entlassungen und über 1000 Versetzungen in den Ruhestand ausgesprochen, während andererseits rund **1000 bevorzugte Beförderungen** oder Voranstellungen in der Beförderungsreihenfolge aus politischen Gründen durchgeführt wurden. (BMF 1969:115f)

---

65) Zit. nach BDSt 1970:57

66) Vgl. BDSt 1970:57

Die Bearbeitung der Steuererklärung (Zusendung von Vordrucken, Übernahme des fristgemäßen Eingangs, Prüfung und evtl. Beanstandung, Kontrolle) oblag ebenfalls den Bezirksbearbeitern. Nach Abschluß der Ermittlungen setzte das Finanzamt die Steuer auf einem besonderen Berechnungsbogen fest. Bei Unklarheiten oder Gesetzesverstößen wurden **Betriebsprüfungen** durchgeführt bzw. die **Steuerfahndung** aktiviert. Gerade die Betriebsprüfungen der Finanzverwaltung lagen der NS-Führung besonders am Herzen, da sie sich von ihnen eine restlose Erfassung der Steuern erhoffte. Steuerhinterziehungen wurden als 'Vergehen gegen die Volksgemeinschaft' eingeschätzt und bekämpft. Zu diesem Zweck wurde das System der Kontrollmitteilungen ausgedehnt und verfeinert. (Tipke 1968:11f)

Zur Durchführung dieser Aufgaben wurde auch die **technische Ausrüstung** der Finanzämter ausgebaut. **1944** wurden in der Reichsfinanzverwaltung benutzt:

- **15.000 Schreibmaschinen,**
- **2.400 Addiermaschinen,**
- **2.200 Rechenmaschinen,**
- **2.400 Vervielfältiger.**[67)]

Besonders die Rechenmaschinen waren für die Rationalisierung in der Steuerverwaltung - insbesondere im Kassenwesen - wichtig:

> "Bei der Ausstattung mit Buchungsmaschinen verhält es sich ähnlich. Die zahlreichen gleichförmigen Buchungen in den großen Finanzkassen würden eine Unsumme von Arbeitsstunden für die Nachprüfung und die Abrechnungsarbeiten mehr erforderlich machen, wenn die Maschinen nicht klar und übersichtlich buchen würden. Die Maschinen schreiben und rechnen. Durch Einstellung der entsprechenden Tasten für Zahlen- und Buchungsmerkmale werden der Buchungsstreifen (Einnahmebuch), die Sollkarte und die Quittung selbständig gedruckt, die aufgekommenen Beträge insgesamt und nach 25 bis 36 Gruppen, getrennt nach Einnahmearten und Einzahlungsvorgängen, aufgerechnet. Es ist dadurch in kürzester Zeit ein Kassenabschluß fertig. Die Einnahmen können daher rechtzeitig und ordnungsgemäß abgeführt werden. Es sind zur Zeit 600 Finanzämter mit 800 Buchungsmaschinen ausgestattet. Die großen Finanzämter, die oft rund 1500 bis 2000 Buchungen im Tagesdurchschnitt aufweisen, würden - abgesehen von der Kassensicherheit - ohne eine oder mehrere dieser Maschinen kaum mehr auskommen können. Es werden künftig noch weitere Finanzämter mit Maschinen ausgestattet werden."
> (Groth 1944:121f)

Zur Unterstützung ihrer Arbeit wurden durch das **Steueranpassungsgesetz** vom 16. Oktober 1934 (RGBL. I 1934:925f) bei den Finanzämtern - in Abänderung der

67) Groth 1944:121; vgl. dazu auch die entsprechenden Angaben für 1928 in Kap. 4.3.2

Reichsabgabenordnung - Beiräte aus ehrenamtlichen Mitgliedern gebildet; sie traten an die Stelle der früheren Steuerausschüsse. Diese Beiräte berieten die Finanzämter bei der Festsetzung der Steuern, der inhaltlichen Feststellung der Besteuerungsgrundlagen (Einheitswerte für Grundstücke) und der Steuermeßbeträge (bei der Gewerbesteuer). Auch bei der Festlegung der Steuern vom Einkommen und Umsatz konnten sie gehört werden, wenn es sich dabei nicht um Steuern handelte, die durch regelmäßigen Steuerabzug eingezogen wurden (vgl. Geisler 1940:4). In den Beiräten waren u.a. kraft ihres Amtes die Bürgermeister derjenigen Gemeinden vertreten, die ganz oder zum Teil im Bezirk des betreffenden Finanzamtes lagen (vgl. Groth 1944:102f). Tatsächlich aber haben diese Beiräte nie praktischen Bezug erlangt. (Bühler 1953:330)

Zur Aus- und Fortbildung der Steuerbeamten wurden in den Jahren von 1935 bis 1944 12 **Reichsfinanzschulen** eingerichtet[68)] und im März 1938 in Berlin-Tegel eine Finanzakademie zur Weiterbildung der höheren Beamten eröffnet. (vgl. Jürgens 1986:130) Nach den Vorstellungen des Staatssekretärs Reinhardt vom Reichsfinanzministerium sollten sie "Musterschule(n) zur Ausbildung nationalsozialistischer Beamter" werden (BDSt 1970:58f); die Absolventen wurden nicht nur in nationalsozialistischer Weltanschauung geschult, sondern auch in HJ- und SA-Einheiten organisiert (Henkelmann 1947:14).

4.3.4 Die Eingriffe des Reichsfinanzministers in den Verfahrensablauf bei den Finanzämtern und die Zerschlagung der Finanzrechtsprechung

4.3.4.1 Verwaltungsanweisungen und Sonderbestimmungen

Nach der Zustimmung des Reichstages zum Ermächtigungsgesetz wurde bis 1945 kein einziges Steuergesetz mehr vom 'Parlament' beraten oder beschlossen (Möller 1971:22).

Nach § 12 RAO war der Reichsminister der Finanzen befugt, mit Zustimmung des Reichsrats zu den vom Reichstag beschlossenen Steuergesetzen Ausführungsbestimmungen zu erlassen. Nach einer Neuordnung dieses Paragraphen durch das Steueranpassungsgesetz vom 16. Oktober 1934 konnte der Reichsfinanzminister dann auch Bestimmungen zur Durchführung und **Ergänzung** dieser Steuergesetze erlassen:

> "Durch die Ausschaltung des Reichsrats - seine Mitwirkung hätte dem Wesen des Führerstaats widersprochen - war die Stellung des RdF ganz erheblich verstärkt worden. Er konnte nunmehr ohne Mitwirkung von dritter Seite auf dem Verordnungswege steuerliche Regelungen treffen, die für den Steuer-

68) Henkelmann 1947:13; der BDSt (1970:58) spricht von 14 Schulen

pflichtigen von großer Bedeutung waren. Die scharfe Trennung zwischen Gesetzgebung und Verwaltung, ein wesentliches Merkmal des Weimarer Staates, bestand nicht mehr. Die Verwaltung hatte auf dem Gebiete der Rechtsetzung umfangreiche Vollmachten erhalten." (Henkelmann 1947:46f)

Auf dem Gebiet der Billigkeitserlasse ging der Reichsfinanzminister gleichfalls nach 1940 zunehmend dazu über, allgemeine Verordnungen zu erlassen.[69)]

Auch bei der Versorgung der eigenen Klientel wurden Sonderbestimmungen geschaffen: Der nach dem Umsturz neu eingesetzte Münchner Oberfinanzpräsident wies das für den Reichskanzler Hitler zuständige Finanzamt an, an Hitler keine Steuererklärungsvordrucke mehr zu senden. Der zuständige Veranlagungsbeamte und sein Vorsteher akzeptierten diese Weisung nicht und berichteten darüber an das zuständige Landesfinanzamt. Dennoch wurde Hitler von 1934 an von der Steuerpflicht befreit - ein klarer Verstoß gegen die Abschaffung der Steuerprivilegien durch § 1 RAO (BDSt 1970:54). Auch später erließen die Nazis im Einzelfall immer wieder Steuern oder verringerten sie, so durch das 'Gesetz über die Befreiung des Reichspräsidenten von Hindenburg von Reichs- und Landessteuern für das Rittergut Neudeck' vom 27. August 1933, das 'Gesetz über die Abgabenbefreiung einer Dotation an den Generalfeldmarschall August von Mackensen' vom 22. Oktober 1933 oder den Führer-Erlaß vom 12. November 1943, in dem das Reichsfinanzministerium ermächtigt wurde, dem Unternehmen Friedrich Krupp eine Sonderbesteuerung zu gewähren (vgl. BDSt 1970:55).

4.3.4.2. Die Zerschlagung der Finanzgerichtsbarkeit

Schon bald nach der Machtergreifung änderten die neuen Machthaber auch die Rolle der Rechtsprechung in Steuersachen: In einer Rede vom April 1935 wies der Staatssekretär im Reichsfinanzministerium Reinhardt dem Reichsfinanzhof nur eine 'dienende Rolle' als 'Gehilfe des Reichsfinanzministers' zu (vgl. Henkelmann 1947: 138f). In dieses Bild paßt auch ein Erlaß des Reichsfinanzministeriums vom 6. Oktober 1933, in dem - ähnlich wie bei den Behörden der Steuerverwaltung - vor den Finanzgerichten der 'deutsche Gruß' vorgeschrieben wurde und die Gerichtsvorsitzenden zudem angehalten wurden, in Erwiderung dieses Grußes "klar, deutlich, straff und würdevoll die Worte 'Heil Hitler'" auszusprechen.[70)]
Bei Kriegsbeginn setzte dann der "Hauptschlag gegen die Steuerrechtsprechung" (Henkelmann 1947:140) ein: Durch einen Führer-Erlaß vom 28. August 1939 wurden die **Finanzgerichte erster Instanz abgeschafft** und durch 'Anfechtungsabteilungen' der Verwaltungen ersetzt, die dann in eigener Zuständigkeit - und

69) Sogenannte 'Milderungserlasse'; vgl. das Schreiben im RStBl. 1940:756 und List 1975:159

70) Zit. nach BDSt 1970:61

mit Zustimmung des ja jeweilig betroffenen Oberfinanzpräsidenten - in ganz wenigen Ausnahmefällen Rechtsbeschwerden zulassen konnten (Henkelmann 1947: 142). **Die Zahl der entschiedenen Rechtsbeschwerden sank dann auch von 1938 bis 1944 von 3168 auf 778.**[71)]

> "Damit war die Dritte Gewalt im Steuerrecht weitgehend ausgeschaltet; die restliche Rechtsprechung wurde dem zunehmenden Druck des Fachministers ausgesetzt." (Möller 1971:24)

Durch die Steuervereinfachungsverordnung vom 14. September 1944[72)] wurden die Rechtsmittel in Steuersachen noch weiter beschnitten: Den Steuerbehörden wurde nun ganz allgemein das Recht gegeben, Fehler auch in rechtskräftig gewordenen Steuerbescheiden nachträglich zu korrigieren, "was das Ende des Rechtsschutzes für den Steuerpflichtigen bedeutete" (Bühler 1950:14).

Das Ergebnis nationalsozialistischer Steuerpolitik war - neben vielfältigen Formen des Unrechts, der Bevorzugung und willkürlichen Benachteiligung - eine Systemlosigkeit der Rechtsquellen und die Beseitigung des Rechtsschutzes zugunsten einer starken, straff durchorganisierten Steuerverwaltung (Henkelmann 1947:151).

4.3.4.3 Die Vereinfachung des Steuerwesens am Ende des Krieges

Gegen Ende des Krieges wurde die Situation der Steuerverwaltung zunehmend schwieriger. Zum einen mußte sie personelle Einschränkungen hinnehmen: Ende 1944 war die Zahl der Beschäftigten in der Reichsfinanzverwaltung nur mehr halb so groß wie bei Kriegsbeginn 1939 (Reinhardt 1944:365). Auch bei der Erhebung der Steuern ergaben sich immer mehr kriegsbedingte Schwierigkeiten. Viele Einkommensteuererklärungen wurden mangelhaft oder fehlerhaft ausgefüllt abgegeben:

> "Viele Steuerpflichtige können ihre Einkommensteuererklärung nicht mehr selbst abgeben. Sie befinden sich im Wehrdienst oder in anderem Kriegseinsatz. Sie lassen die Einkommensteuererklärung durch ihre Ehefrau oder durch eine andere Person abgeben, die mit den vorkommenden Fragen nicht oder nur wenig vertraut ist. Andere Steuerpflichtige geben zwar ihre Einkommensteuererklärung selbst ab, es fehlt ihnen aber an der genügenden Ordnung in der Aufzeichnung der für die Besteuerung maßgebenden Vorgänge, die im Laufe des Jahres vorgekommen sind." (Reinhardt 1944:365)

---

71) Vgl. Henkelmann 1947:141, Anm.1; Bühler 1950:13

72) Vgl. Kap. 5.4.3

Vor diesem Hintergrund wurde durch eine **Steuervereinfachungs-Verordnung** des Reichsministers der Finanzen vom 14. September 1944[73] eine grundsätzliche Vereinfachung insbesondere des Einkommensteuerwesens eingeleitet. Natürliche Personen und Körperschaften, die im Jahre 1943 nicht mehr als 12.000 Reichsmark an Einkommen- bzw. Körperschaftsteuer zu zahlen hatten, wurden für die Rechnungsjahre 1944 und 1945 grundsätzlich mit dem gleichen Betrag wie 1943 veranlagt (§§ 1 bzw. 2 der Verordnung); eine detaillierte Veranlagung wurde hier nicht mehr vorgenommen. Gleichzeitig wurden einige Detailregelungen bei der Besteuerung (Anrechnungsbeträge etc.) ebenfalls vereinfacht. In § 18 wurde die Steuerverwaltung allgemein ermächtigt, Besteuerungsgrundlagen pauschal zu ermitteln und die Steuern auf dem gleichen Wege festzulegen. Gleichzeitig wurden die Grenzen für Berufungsverfahren verändert. Die Finanzämter konnten Einsprüche im Rechtsmittelverfahren endgültig bescheiden, wenn der Streitwert nicht mehr als fünfhundert (bisher einhundert) Reichsmark umfaßte. Nach eigenem Ermessen - ohne Stellungnahme zu den Einzelheiten - konnten die Rechtsmittelbehörden entscheiden, wenn der Streitwert eintausend (bisher ebenfalls einhundert) Reichsmark betrug (§ 19).

Durch diese Verordnung wurden 3,3 Millionen Einkommensteuerpflichtige von der Pflicht zur Abgabe einer Einkommensteuererklärung entlastet; 90 % aller Gewerbetreibenden waren von der Steuerbuchführung "grundsätzlich enthoben" (Reinhardt 1944: 366).

Die materiellen Entlastungen der Steuervereinfachung bezifferte Reinhardt - der NS-Staatssekretär im Reichsfinanzministerium - für 1944 und 1945 auf[74]:

- 37,5 Millionen Vordrucke,
- 420 000 kg Papier,
- 18,5 Millionen Briefsendungen und
- "viele Millionen von Geldüberweisungen".

Welche negativen Folgen diese Pauschalbesteuerung für die Arbeit der Steuerverwaltungen und insbesondere für die Arbeitsmotivation der Steuerbeamten haben sollte, zeigte sich aber erst nach Kriegsende.[75]

Die Finanzverwaltung an sich arbeitete aber weiter, bis zum bitteren Ende - und darüber hinaus: das letzte Reichssteuerblatt erschien am 31. März 1945 (Bühler 1953:330), die letzte Verfügung des Reichsfinanzministeriums ging gar erst am 17. Mai 1945 an die Reste der Finanzverwaltung hinaus.

73) Abgedr. bei Reinhardt 1944:371-373

74) Vgl. Reinhardt 1944:370

75) Vgl. Kap. 6.2.5

Teil III: Einkommensteuergesetz und Steuerverwaltung in der Bundesrepublik

5. Das Einkommensteuerrecht der Bundesrepublik Deutschland

Die Entwicklung des Einkommensteuergesetzes seit Ende des Zweiten Weltkrieges steht im Mittelpunkt der folgenden Kapitel. Doch ist es unmöglich auf die zahlreichen inhaltlichen Änderungen des bundesdeutschen Einkommensteuerrechts einzugehen, ohne den Rahmen des Buches zu sprengen. Der Überblick zur Ausgestaltung der Einkommensteuer fällt daher kurz aus.

Die Entwicklungslinien des Regelungsgehaltes seit dem 19. Jahrhundert werden mit Hilfe der exemplarischen Darstellung des Einkommensteuergesetzes von 1983 herausgearbeitet.

Daneben sollen die Steuerreform 1988/90 und die aktuelle Kritik an der Einkommensteuergesetzgebung und -ausgestaltung sowie der Steuerpolitik thematisiert werden.

5.1 Die Nachkriegszeit

Im Berliner Abkommen vom 10. Juni 1945 legten die vier Besatzungsmächte fest, daß Steuerangelegenheiten nur gemeinsam in Form von Kontrollratsgesetzen zu regeln seien (vgl. Bühler 1950:15). Bereits im Oktober 1945 erging das Kontrollratsgesetz Nr. 3[1], das für 1945 eine 25-prozentige Erhöhung der Einkommensteuer vorschrieb.

Zu Beginn des Jahres 1946 ergingen Kontrollratsgesetze zur Verschärfung der Verbrauchsteuern, der Vermögen- und Erbschaftsteuer sowie der Einkommen- und Körperschaftsteuer. "Gemeinsam war allen neuen Steuergesetzen des KR (*Kontrollrats, d.Verf.*) von 1946 der Verzicht auf grundlegende Eingriffe in die Struktur des deutschen Steuersystems" (van Scherpenberg 1984:202).

Das Kontrollratsgesetz Nr. 12 vom 11. Februar 1946[2], das rückwirkend zum 1. Januar 1946 in Kraft trat, schaffte u.a. im Einkommensteuerrecht die "Vergünstigungen, die bestimmten wirtschafts- und bevölkerungspolitischen Zielsetzungen" (Kolms 1976:23) der nationalsozialistischen Herrschaft folgten, ab.

Generell wurden steuerliche Vergünstigungen, Steuerermäßigungen wegen erlittener Verluste, Werbungskosten und Sonderausgaben sowie Steuererleichterungen aus familienpolitischen Gründen weitgehend eingeschränkt bzw. ganz abgeschafft.

---

1) Amtsbl. Kontrollrat, Nr. 5, 1946:98

2) StuZBl. 1946:2

Die sehr scharfe Tariferhöhung führte zu einem Staffelsatz von 90 % ab 24.000 Reichsmark Einkommen bzw. 95 % ab einem Einkommen von 60.000 Reichsmark. Zudem mußten die Steuerpflichtigen vierteljährliche Einkommensdeklarationen abgeben.
Bei der Handhabung und Anwendung des Kontrollratsgesetzes Nr. 12 konnten "praktisch sehr fühlbare Verschiedenheiten in den vier Zonen" (Bühler 1950:3) festgestellt werden. Die Anwendung war v.a. im süddeutschen Raum großzügiger (vgl. van Scherpenberg 1984:261).

Bereits das im Anschluß an die Währungsreform erlassene Erste Gesetz zur vorläufigen Neuordnung von Steuern vom 22. Juni 1948 ermöglichte spürbare Verbesserungen für mittlere und kleine Einkommen und erweiterte wieder den Katalog der steuerfreien Einkünfte und Sonderausgaben. Für die nächsten Jahre wurde der Weg der steuerlichen Entlastung kontinuierlich vom Gesetzgeber weiter beschritten. So auch im Zweiten Gesetz zur vorläufigen Neuordnung von Steuern vom 20. April 1949[3)]. § 7 b regelte erstmals die Begünstigung des Wohnungsbaus. Dieser Paragraph, ja die ganze 'Siebener-Gruppe', werden bis in die heutige Zeit den politischen und wirtschaftlichen Bedürfnissen permanent angepaßt.

Über die Einbindung der Finanzverfassung in das Grundgesetz wurden langwierige Diskussionen und Verhandlungen geführt.[4)] Ein zentraler Diskussionspunkt war die Verteilung des Aufkommens der einzelnen Steuern auf Bund und Länder. Nach dem Grundgesetz von 1949 floß der Ertrag der Einkommen- und Körperschaftsteuer den Bundesländern zu. Dem Ertrag nach waren Einkommen- und Körperschaftsteuer also Landessteuern. Das jährliche Tauziehen um den Bundesanteil[5)] an der Einkommensteuer wurde erst mit dem Finanzverfassungsgesetz vom 23. Dezember 1955[6)] abgeschlossen: Der Bund erhält seit 1955 einen festen Anteil[7)] am Einkommen- und Körperschaftsteueraufkommen. Seit der Finanzreform 1969 werden auch die Gemeinden am Einkommensteueraufkommen[8)] beteiligt.

---

3) WiGBl. 1949:69

4) Vgl. Höpker-Aschoff 1949:316 und detailliert Kap. 6.2

5) 1951 betrug der Bundesanteil am Einkommensteueraufkommen 27 %, 1953 und 1954 waren es 38 %.

6) BGBl. I 1955:87

7) Der Bundesanteil betrug zwischen 1955 und 1958 33,3%,

1958	"	1963	35 %,
1963			38 %,
1964	"	1966	39 %.

8) Seit 1969 mit 15 %; Bund und Länder erhalten je 42,5 %.

Die zahlreichen Reformversuche der folgenden Jahrzehnte führten meist nur zu kompromisshaften Teiländerungen des jeweils geltenden Einkommensteuergesetzes (vgl. Kolms 1976:24). Die Einkommensteuergesetzgebung stürzte sich auf die permanente Änderung, Erweiterung und Verengung der Regelungen zu den Sonderausgaben, steuerfreien Einnahmen, Steuerbefreiungen, der siebener Gruppe, Werbungskosten, Alters-, Weihnachts- und Arbeitnehmerfreibeträge und der familienbegünstigenden Regelungen. Auch Tarifänderungen wurden zu einem beliebten Betätigungsfeld. Doch eine 'organische Steuerreform' wurde nie durchgeführt.

Strukturelle Änderungen erfolgten 1958: Zum einen mit dem Steueränderungsgesetz vom 18. Juli[9]. Nach der Entscheidung des Bundesverfassungsgerichts, daß die Haushaltsbesteuerung verfassungswidrig sei, wurde die Ehegattenbesteuerung, das sogenannte 'Splitting-Verfahren' eingeführt. Zum anderen ging man 1958 dazu über, die Ermittlung der Einkommensteuerschuld anhand von Formeln vorzunehmen. Die bisherige Ermittlung mit Hilfe von Tabellen hatte zu ungleichen Sprüngen in der Progression geführt (vgl. Kirchgässer 1985:330). Die Steuertarifformeln wurden mehrfach, teilweise aus sozialpolitischen Gründen, teilweise auch um die 'kalte Progression'[10] abzuschwächen, geändert.
Durch die zahlreichen, den unterschiedlichsten Zielsetzungen dienenden Änderungen verlor das Einkommensteuergesetz allmählich für die Steuerzahler und die Finanzverwaltung an Übersichtlichkeit. "Insbesondere die Verbesserung der Steuersystematik muß(te) regelmäßig hinter der Verfolgung wirtschafts- und sozialpolitischer Ziele zurückstehen" (Stratmann 1987:87).

5.2 Das geltende Einkommensteuerrecht

Nachdem im letzten Abschnitt ein grober Überblick über die Ausgestaltung des Einkommensteuergesetzes in der Bundesrepublik gegeben wurde, werden nun anhand des Einkommensteuergesetzes 1983 in der Fassung vom 24. Januar 1984[11] die detaillierten inhaltlichen Regelungen dargestellt, um die Vergleichbarkeit zu den Einkommensteuergesetzen des 19. Jahrhunderts und der Weimarer Republik herzustellen.
Am Aufkommen der bundesrepublikanischen Einkommensteuer sind Bund, Länder und Gemeinden beteiligt, sie ist also eine Gemeinschaftsteuer.[12] Die Gemeinden erhalten erst seit der Finanzreform von 1969 ihren Anteil, der seit 1980 bei 15 %

9) BGBl. I 1958:412

10) Kalte Progression: Durch die Inflation kommen immer weitere Schichten der Bevölkerung in immer höhere Progressionsstufen; es entsteht ein sogenannter 'Mittelstandsbauch'.

11) BGBl. I 1984:114

12) Vgl. Kap. 5.2

des Gesamtaufkommens liegt. Bund und Länder erhalten je 42,5 % (vgl. Andel 1983:489f).

Neben dem Einkommensteuergesetz bestehen noch zahlreiche rechtliche und unterrechtliche Regelungen zur Aus- und Durchführung des Gesetzes. Nach § 51 des Einkommensteuergesetzes 1983 ist die Bundesregierung ermächtigt, mit Zustimmung des Bundesrates die Einkommen- und Lohnsteuerdurchführungsverordnung (EStDV, LStDV) zu erlassen.
Um eine einheitliche Veranlagung durch die Finanzämter zu gewährleisten, kommen umfangreiche Verwaltungsvorschriften hinzu: Die Einkommen- (EStR) und die Lohnsteuerrichtlinien (LStR). Sie enthalten Anweisungen, wie in Zweifels- und Härtefällen oder zum Zwecke der Verwaltungsvereinfachung zu verfahren ist. Ergänzende Vorschriften existieren ferner in Form von Verordnungen des Bundesfinanzministeriums und gemeinsamer Erlasse der Länderfinanzministerien (vgl. Ellwein 1988).

Auch in der Bundesrepublik ist "die Erfassung der Wirtschaftsleistungsfähigkeit nicht natürlicher (juristischer) Personen in einem besonderen Gesetz, dem Körperschaftsteuergesetz, geregelt" (Arndt/Zierlinger 1986:76). Neben den juristischen Personen werden auch bestimmte nicht rechtsfähige Personenvereinigungen und Vermögensmassen, wie Aktiengesellschaften, Kommanditgesellschaften auf Aktien, Gesellschaften mit beschränkter Haftung, bergrechtliche Gewerkschaften, Versicherungsvereine a.G., Vereine, Betriebe gewerblicher Art und Körperschaften des öffentlichen Rechts besteuert (vgl. Schöberle 1984:497).

5.2.1 Der Regelungsgehalt[13)] des Einkommensteuergesetzes 1983 i.d.F. vom 24. Januar 1984

5.2.1.1 Persönliche bzw. subjektive Steuerpflicht

Der Einkommensteuer unterliegen alle natürlichen Personen (§ 1). Dabei wird zwischen beschränkter und unbeschränkter Steuerpflicht unterschieden:

- Natürliche Personen, die ihren Wohnsitz oder gewöhnlichen Aufenthalt im Inland haben, sind unbeschränkt steuerpflichtig. Sie versteuern nach dem Welteinkommenprinzip ihre sämtlichen Einkünfte, auch wenn sie im Ausland erworben wurden. Aufgrund der Doppelbesteuerungsabkommen werden im Ausland gezahlte Steuern auf die zu entrichtende Einkommensteuer angerechnet (§ 34c).

---

13) Vgl. Arndt/Zierlinger 1986:77-98; Kolms 1976:30-48; Raupach 1985:86-89 und Schöberle 1984:487-497.

- Beschränkt steuerpflichtig dagegen sind Personen, die im Inland weder einen Wohnsitz, noch ihren gewöhnlichen Aufenthalt haben (§ 1 IV). Sie versteuern nur die im Inland erzielten Einkünfte (z.B. aus Gewerbebetrieb, Kapitalvermögen oder Vermietung und Verpachtung), soweit diese unter den Katalog des § 49 fallen. Auch hier greift wieder § 34c, um eine Doppelbelastung zu vermeiden.

5.2.1.2 Sachliche bzw. objektive Steuerpflicht

Der Einkommensteuer unterliegen die natürlichen Personen mit ihrem gesamten Einkommen (§ 2). Trotz vorhandener Elemente aus der Quellen- und Reinvermögenstheorie folgt das Einkommensteuergesetz keiner der beiden Theorien. Der Einkommensbegriff ist rein pragmatisch festgelegt und orientiert sich an den praktischen Bedürfnissen. Danach setzt sich das zu versteuernde Einkommen aus sieben Einkunftsarten zusammen (§ 2 I):

Der Einkommensteuer unterliegen	**	Einkünfte sind	***
1. Einkünfte aus Land- und Forstwirtschaft	§ 13		
2. Einkünfte aus Gewerbebetrieb	§ 15	der Gewinn	§§ 4-7f
3. Einkünfte aus selbständiger Arbeit	§ 18		
4. Einkünfte aus nichtselbständiger Arbeit	§ 19		
5. Einkünfte aus Kapitalvermögen	§ 20	Überschuß der	
6. Einkünfte aus Vermietung und Verpachtung	§ 21	Einnahmen über die Werbungs-	§§ 9-9a
7. Sonstige Einkünfte	§ 22	kosten	

**: Zuordnung der Einkunftsarten zu den Einkunftsarten in den Paragraphen.
***: genauere Regelung der Einkünfte in den genannten Paragraphen.

Sofern Einnahmen den hier genannten Einkunftsarten nicht zuzuordnen sind, bleiben sie steuerfrei (z.B. Lottogewinne, Preisgelder und z.T. private Veräußerungsgewinne). Nach dem Jahresprinzip ist der maßgebliche Zeitraum für die Besteuerung des erzielten Einkommens das Kalenderjahr (§ 2 VII und § 25).

5.2.1.3 Die Einkunftsarten

Einkünfte aus Land- und Forstwirtschaft (§§ 13,14a):
Die wirtschaftliche Betätigung muß im Rahmen eines der nachfolgenden Betriebe erfolgen (§ 13 I):
Land- und Forstwirtschaft, Wein-, Garten-, Obst- und Gemüsebau, Baumschulen, Gewinnung von Pflanzen und Pflanzenteilen mit Hilfe der Naturkräfte, nichtgewerbliche Tierzucht und Tierhaltung, Binnenfischerei, Teichwirtschaft, Fischzucht, Imkerei, Wanderschäferei und Jagd und andere mehr.
Einkünfte aus landwirtschaftlicher Tierzucht und Tierhaltung liegen nur vor, wenn ein bestimmtes Maß an Tierbestand nicht überschritten wird (§ 13 I 1.). Ansonsten führt die Tätigkeit zu gewerblichen Einkünften. Zur Besteuerung werden Einkünfte aus Land- und Forstwirtschaft nur herangezogen, wenn sie den Betrag von 2.000 DM (4.000 DM bei Zusammenveranlagung) überschreiten (§ 14 III).

Einkünfte aus Gewerbebetrieb (§§ 15-17):
Als Gewerbebetrieb gilt "eine selbständige nachhaltige Betätigung, die mit der Absicht Gewinn zu erzielen unternommen wird und sich als Betätigung am allgemeinen wirtschaftlichen Verkehr darstellt" (§ 15 II).
Das Gesetz unterscheidet bestimmte Gruppen gewerblicher Einkünfte: Einkünfte gewerblicher Unternehmen (Einzelunternehmen), Gewinnanteile und Sondervergütungen der Mitunternehmer von Personengesellschaften (z.B. OHG und KG), der persönlich haftenden Gesellschafter von Kommanditgesellschaften auf Aktien (KGaA), Gewinne aus der Veräußerung eines gewerblichen Betriebes oder Teilbetriebes, eines Mitunternehmeranteils und einer wesentlichen Beteiligung an Kapitalgesellschaften.

Bei den Veräußerungsgewinnen handelt es sich um außergewöhnliche Einkünfte (§§ 16,17), die doppelt begünstigt sind: Neben Freibeträgen kommt nur der halbe Steuersatz zur Anwendung (§ 34 II 1.).

Einkünfte aus selbständiger Arbeit (§ 18):
Dies sind Einkünfte aus freiberuflicher Tätigkeit (z.B. Ärzte, Anwälte; § 18 I 1.), der Einnehmer einer staatlichen Lotterie (§ 18 I 2.), aus sonstiger selbständiger Arbeit (z.B. Aufsichtsratstätigkeit; § 18 I 3.), Gewinne aus der Veräußerung des Vermögens oder eines Teils davon, das der selbständigen Arbeit dient (§ 18 III).
Zum Bereich der freiberuflichen Tätigkeit zählen (§ 18 I 1.) auch die selbständig ausgeübten wissenschaftlichen, künstlerischen, unterrichtenden oder erzieherischen Tätigkeiten u.a. mehr.

Überwiegen die Einkünfte aus selbständiger Arbeit andere Einkünfte, so wird ein Freibetrag in Höhe von maximal 1.200 DM gewährt (§ 18 IV).

Einkünfte aus nichtselbständiger Arbeit (§ 19):
Einkünfte aus nichtselbständiger Arbeit erzielen nur Arbeitnehmer, d.h. sie beziehen aus einem bestehenden oder früheren Dienstverhältnis (privater oder öffentlicher Natur) Arbeitslohn in Form von Gehältern, Löhnen, Gratifikationen, Warte- und Ruhegeldern, Witwen- und Waisengeldern oder anderen Bezügen (Sachbezüge) und Vorteilen (§ 19 I). Bei der Einkunftsermittlung sind hier - unabhängig von den Werbungskosten - verschiedene Freibeträge zu beachten: Versorgungs-, Weihnachts- und Arbeitnehmerfreibetrag.

Einkünfte aus Kapitalvermögen (§ 20):
Hierbei handelt es sich um Vermögenseinkünfte. Es sollen Erträge erfasst werden, die aus der Überlassung von Kapitalvermögen stammen. Diese Erträge können in drei Gruppen eingeteilt werden:
Vermögenseinkünfte aus Beteiligungen an Kapitalgesellschaften sowie Erwerbs- und Wirtschaftsgenossenschaften, aus typisch stillen Beteiligungen sowie aus sonstigen Kapitalforderungen. Bestimmte Erträge werden direkt an der Quelle besteuert, d.h. der Fiskus fordert die auf die Kapitalerträge entfallende Einkommensteuer bereits beim Auszahlenden ein (Kapitalertragsteuer: § 43).

Einkünfte aus Vermietung und Verpachtung (§ 21):
Die Erträge aus der entgeltlichen Überlassung von Sachvermögen an andere zur Nutzung sind Einkünfte aus Vermietung und Verpachtung:
Vermietung und Verpachtung von unbeweglichem Vermögen (z.B. Grundstücke und Gebäude; § 21 I 1.), von Sachinbegriffen (z.B. Büroeinrichtung; § 21 I 2.), die zeitlich begrenzte Überlassung von Rechten (z.B. Lizenzen; § 21 I 3.) und die Veräußerung von Miet- und Pachtzinsforderungen (§ 21 I 4.).

Sonstige Einkünfte (§ 22):
Dazu gehören die Einkünfte aus wiederkehrenden Bezügen (z.B. Lebensversicherung; § 22 1.), aus Unterhaltsleistungen des geschiedenen oder dauernd getrennt lebenden Ehegatten (§ 22 1.a), aus Spekulationsgeschäften (sofern der An- und Verkauf innerhalb von sechs Monaten getätigt wird; § 23 1.,2.), Abgeordnetenbezüge (§ 22 4.) und anderes mehr.
"Mit Ausnahme der Einkünfte aus nichtselbständiger Arbeit sind alle Überschußeinkünfte gegenüber den Gewinneinkünften subsidiär" (Arndt/Zierlinger 1986:79): Es gibt also Haupt- und Nebeneinkunftsarten. Anfallende Mieteinnahmen eines

Gewerbebetriebes beispielsweise, werden den Einkünften aus Gewerbebetrieb zugeordnet.
Nach dem Nettoprinzip können grundsätzlich alle Aufwendungen, die mit der Einkunftserzielung in Zusammenhang stehen, abgezogen werden.

Einkünfte aus Liebhaberei und Hobby, die der Absicht entbehren, positive Erträge zu erzielen, sind bei der Veranlagung zur Einkommensteuer unbeachtlich.

5.2.1.4 Die Ermittlung der Einkünfte

Wie in der Abbildung bereits gezeigt, kennt das Einkommensteuergesetz zwei Möglichkeiten zur Ermittlung der Einkünfte (sogenanntes duales System, § 2 Abs. II):

- **Überschuß der Einnahmen über die Ausgaben** (§ 2 II 2.): Zu den Überschußeinkunftsarten gehören die Einkünfte aus nichtselbständiger Arbeit, aus Kapitalvermögen, aus Vermietung und Verpachtung und die sonstigen Einkünfte. Die Einnahmen in Geld oder Geldeswert werden den aufgewendeten 'Werbungskosten' gegenübergestellt. Werbungskosten sind Aufwendungen, die der Erwerbung, Sicherung und Erhaltung dieser Einnahmen dienen (§ 9). Dies sind z.B. Fahrtkosten zwischen Wohnung und Arbeitsstätte, Mehraufwendungen für doppelte Haushaltsführung, Aufwendungen für Arbeitsmittel und vieles mehr. Aufwendungen, die der privaten Lebensführung dienen, sind keine Werbungskosten. Aus Vereinfachungsgründen sieht das Gesetz für jede Einkunftsart einen pauschalen Abzug der Werbungskosten vor, falls keine höheren Beträge nachgewiesen werden.
- **Gewinn** (§ 2 II 1.): Zu den Gewinneinkünften gehören Einkünfte aus Land- und Forstwirtschaft, Gewerbebetrieb und selbständiger Arbeit. Gewinn ist nach § 4 I der Unterschiedsbetrag zwischen dem Betriebsvermögen am Ende des Wirtschaftsjahres und dem Betriebsvermögen am Ende des vorangegangenen Wirtschaftsjahres, vermehrt um den Wert der (privaten) Entnahmen (z.B. Auto) und vermindert um den Wert der (privaten) Einlagen (z.B. Privatgrundstücke). Ausgangspunkt für den Vergleich der Vermögensbestände ist die betriebliche Buchführung. Sie ermöglicht zum jeweiligen Stichtag das neue Vermögen festzusetzen.

Ohne auf die komplizierten Richtlinien zur Bilanzierung und die Bewertung der Wirtschaftsgüter eingehen zu können, soll darauf hingewiesen werden, daß Wirtschaftsgüter, die länger als ein Jahr genutzt werden und nicht geringwertig sind (weniger als 800 DM), in der Bilanz abgeschrieben werden müssen. In § 7 werden die verschiedenen Formen der **Absetzung für Abnutzung** aufgeführt.

Der Gewinn kann nach vier Methoden ermittelt werden:

- Betriebsvergleich nach § 4 I (Land- und Forstwirte, Gewerbetreibende und andere mehr); hier besteht keine Verpflichtung zur Buchführung.
- Überschuß der Betriebseinnahmen über die Betriebsausgaben nach § 4 III.
- Betriebsvermögensvergleich nach § 5 (Gewerbetreibende).
- Durchschnittsätze nach § 13a (Land- und Forstwirte).

5.2.1.5 Die Ermittlung des steuerpflichtigen Einkommens

Die vorhandenen Einkunftsbeträge werden summiert. Bei negativen Einzelergebnissen tritt ein sogenannter Verlustabzug ein. D.h. von den positiven Einkunftsbeträgen werden die negativen abgezogen. Die Summe der einzelnen Einkunftsbeträge ist für die tatsächliche Steuerschuld nur eine Rohgröße, von der über mehrere Stufen verschiedene Abzugsposten zu berücksichtigen sind:

- Als Gesamtbetrag der Einkünfte bezeichnet das Einkommensteuergesetz die um den Altersentlastungsbetrag, den Ausbildungsplatz-Abzugsbetrag sowie um die abgezogenen ausländischen Steuern verminderte Summe der Einkünfte (§ 2 III).
- Nach Abzug der **Sonderausgaben** (§ 10) und der **außergewöhnlichen Belastungen** (§ 33) entsteht das Einkommen nach § 2 IV.
- Auf der letzten Stufe zum versteuernden Einkommen werden bestimmte **Sonderfreibeträge** nach § 2 V abgezogen: Aufwendungen für den Unterhalt und die Berufsausbildung von Kindern sowie die Beschäftigung einer Haushaltshilfe (§ 33a), Pauschbetrag für Körperbehinderte und Hinterbliebene (§ 33b) und die Aufwendungen für Dienstleistungen zur Betreuung von Kindern eines Alleinerziehenden (§ 33c).

Aufwendungen, die der Privatspäre des Steuerpflichtigen zuzurechnen sind, sind nach § 12 nicht abzugsfähige Ausgaben (z.B. Aufwendungen für den Haushalt und für den Unterhalt von Familienangehörigen). Dennoch berücksichtigt der Gesetzgeber aus wirtschafts- und sozialpolitischen Gesichtspunkten bestimmte Privataufwendungen. Sie werden in § 10 als Sonderausgaben aufgeführt:

- Unterhaltsleistungen an den geschiedenen oder ständig getrennt lebenden Ehegatten, Beiträge zu Kranken-, Unfall-, Haftpflichtversicherungen und Bausparkassen, Kirchensteuer, Steuerberaterkosten, Ausgaben zur Förderung mildtätiger kirchlicher, religiöser, wissenschaftlicher, staatspolitischer und teilseise auch gemeinnütziger Zwecke.

Aufwendungen, die die Privatsphäre betreffen, können steuerlich abzugsfähig sein, wenn sogenannte außergewöhnliche Belastungen nach § 33 vorliegen. Voraussetzung ist die Zwangsläufigkeit und Außergewöhnlichkeit der Aufwendungen, die den Steuerpflichtigen belasten (z.B. Krankheitskosten, der Ausbildungsfreibetrag und Pauschbeträge für Behinderte und Hinterbliebene). Einen Teil der Aufwendungen muß der Steuerpflichtige als zumutbare Belastung jedoch selbst tragen (§ 33 III).

5.2.1.6 Die Veranlagung

§ 35 regelt das Veranlagungsverfahren, um die Einkommensteuerschuld festzusetzen:

- Der Steuerpflichtige hat für den Veranlagungszeitraum eine Steuererklärung abzugeben.
- Die Finanzbehörde ermittelt auf der Grundlage der Steuererklärung die Besteuerungsgrundlage und erläßt daraufhin den schriftlichen Steuerbescheid, der die vierteljährlichen Vorauszahlungen und die Abzugsteuern anrechnet.

Neben der Einzelveranlagung von Steuerpflichtigen sieht das Einkommensteuergesetz auch wahlweise die Zusammenveranlagung von Ehegatten vor, sofern beide Ehegatten unbeschränkt steuerpflichtig sind, nicht dauernd getrennt leben und diese Voraussetzungen bereits zu Beginn des Veranlagungszeitraums vorgelegen haben. Der Vorteil einer Zusammenveranlagung besteht im sogenannten **Splitting-Verfahren** (§ 32a V). Die Einkommenssumme beider Ehegatten wird halbiert und die Steuer von der Hälfte des Gesamteinkommens berechnet. Dieser Steuerbetrag wird dann verdoppelt. Insbesondere bei Ehegatten mit stark differierenden Einkünften wird dadurch die tarifliche Progression abgeflacht.

5.2.1.7 Der Tarif

Der Steuersatz, der auf die Bemessungsgrundlage 'zu versteuerndes Einkommen' anzuwenden ist, ergibt sich aus dem Steuertarif (§ 32a). Der Tarifverlauf ist in vier Bereiche gegliedert:

- **Nullzone**: Nicht zu versteuernder Grundfreibetrag von 4.536/9.072 DM (Ledige/Verheiratete).
- **Untere Proportionalzone**: 22 % bei einem Einkommen von 4.537/9.073 DM bis 18.000/36.000 DM.
- **Progressionszone**: 22 % - 56 % bei einem Einkommen von 18.001/36.001 DM bis 130.000/260.000 DM.
- **Obere Proportionalzone**: 56 % bei einem Einkommen von über 130.000/260.000 DM.

Die genaue tarifliche Einkommensteuer ist den eigens dem Einkommensteuergesetz beigefügten Steuertabellen (Grund- und Splittingtabellen) zu entnehmen. Das Einkommensteuergesetz begünstigt verschiedene Einkünfte im Tarifbereich, indem es einen ermäßigten Steuersatz vorschreibt (§ 34).

5.2.1.8 Besondere Erhebungsformen

Bei den Einkünften aus nichtselbständiger Arbeit sowie teilweise bei den Einkünften aus Kapitalvermögen wird die Steuer im Wege des Quellenabzugs erhoben.
Die durch den Arbeitgeber vom Bruttolohn einbehaltene und an das Finanzamt abzuführende Einkommensteuer wird als **Lohnsteuer** bezeichnet (§§ 38 ff). Die Mitwirkungspflicht des Arbeitgebers äußert sich in seiner Haftung für die einzubehaltende Lohnsteuer (§ 42d). Die im Laufe des Kalenderjahres zuviel erhobene Lohnsteuer wird dem Arbeitnehmer im Rahmen des Lohnsteuerjahresausgleichs im nächsten Jahr erstattet.
Kapitalschuldner haben für die fälligen Zahlungen an die Gläubiger **Kapitalsteuer** einzubehalten und abzuführen (§§ 43 ff).

5.3 Das Gewicht der Einkommensteuer im Steuersystem der Bundesrepublik

5.3.1 Die Struktur der Einkommensteuerpflichtigen und das Ergebnis der Einkommensbesteuerung nach dem EStG

Lohn- und Einkommensteuerstatistiken werden in der Bundesrepublik auf der Grundlage des Gesetzes über die Steuerstatistiken vom 6. Dezember 1966[14] alle drei Jahre durchgeführt.[15]

Im Jahre **1983** hat es in der Bundesrepublik **21,8 Millionen Lohn- und Einkommensteuerpflichtige** gegeben, rund 400.000 mehr als 1980.[16] Sie erbrachten aus Einkünften von 834,8 Mrd. DM eine **Lohn- und Einkommensteuersumme von 155,6 Mrd. DM**. Von diesen 21,8 Millionen Steuerpflichtigen waren rund 9,69 Millionen nichtveranlagte Lohnsteuerpflichtige, 12,13 Millionen unbeschränkt Einkommensteuerpflichtige; nur rund 1,56 Millionen Steuerpflichtige waren 'reine' Einkommensteuerzahler.

---

14) BGBl. I 1966:665

15) Wegen der Veranlagungszeiträume und der Übermittlungsdauer liegen zum gegenwärtigen Zeitpunkt (Januar 1988) erst die Ergebnisse der Lohn- und Einkommensteuerstatistik des Jahres 1983 vor; die Ergebnisse aus der ESt-Statistik für 1986 werden erst 1989/90 vorliegen.

16) Zahlen vgl. Statistisches Jahrbuch 1987:456

Von den 12,1 Millionen veranlagten Lohn- und Einkommensteuerpflichtigen bildeten mit 9,6 Millionen die veranlagten Lohnsteuerpflichtigen mit überwiegenden Einkünften aus nichtselbständiger Arbeit die größte Gruppe; rund 3,7 Millionen Steuerpflichtige aus dieser Gruppe hatten ausschließliche Einkünfte aus nichtselbständiger Arbeit. Diese 'reinen' Arbeitnehmer erbrachten rund 33,7 Mrd. Mark an Einkommensteuer.[17)]

Aus der Gesamtzahl aller Lohn und Einkommensteuerpflichtigen waren 1983 44,7 % der Steuerpflichtigen (rund 9,8 Millionen) Alleinstehende, 25,5 % (5,6 Millionen) verheiratete Alleinverdiener und 29,7 % (6,5 Millionen) verheiratete Doppelverdiener (Rosinus 1987:938).

Bei den in § 2 I EStG festgehaltenen sieben Einkommensarten zeigen sich sowohl bei der Verteilung auf die Steuerpflichtigen, als auch bei den durchschnittlich daraus gezogenen Einkünften deutliche Unterschiede:

Einkünfte überwiegend aus[18)]	prozentuale Anteile	durchschnittliches Einkommen
Land- und Forstwirtschaft	1,0	32.290
Gewerbebetrieb	5,0	85.130
Selbständiger Arbeit	1,2	120.240
Nichtselbständiger Arbeit	88,6	35.100
Kapitalvermögen	0,9	55.120
Vermietung u. Verpachtung	1,3	31.500
Sonstigen Einkünften	1,9	10.290[19)]
insgesamt	100	38.270

Die Lohneinkommensbezieher machen danach mit 88,6 % aller Lohn- und Einkommensteuerpflichtigen den weitaus größten Teil aus; nur die Streuerpflichtigen mit einem Einkommen aus einem Gewerbebetrieb ergeben mit 5,0 % noch eine nennenswerte Anzahl.[20)] Ein anderes Bild ergibt sich bei der Betrachtung der

17) Rosinus 1987:937; vgl. auch Anlage 57

18) Bei der Ordnung der Steuerpflichtigen nach der 'überwiegender Einkunftsart' ist feststellbar, daß diese Einteilung durchaus zutreffend ist. Die jeweils überwiegende Einkunftsart macht überall zwei Drittel und mehr der Summe der positiven Einkünfte aus. (Rosinus 1987:941; Anm. 10)

19) Die Durchschnittseinkünfte aus dieser Einkommensart sind deshalb so gering, weil sich hinter dieser Kategorie vor allem Ertragsanteile von Renten verbergen, die "nur als steuerliche Einkünfte, nicht als ökonomische, reale Einkünfte" (Rosinus 1987:941) zu werten sind.

20) Eine nennenswerte Rolle spielen dabei die 10.318 Einkommensmillionäre der Bundesrepublik (1983), die zwar nur 0,5 Promille aller Steuerpflichtigen ausmachten, aber mit Einkünften von rund 27 Mrd. Mark (3,2 % der Gesamteinkünfte) rund 13 Mrd. DM an Einkommensteuer aufbrachte, das waren 8,4 % der Gesamtsumme. (vgl. Rosinus 1987:938)

Durchschnittseinkünfte. Hier stehen nicht die Einkünfte aus nichtselbständiger Arbeit (35.100 DM), sondern die Einkünfte aus selbständiger Arbeit mit dem vierfachen des dort erworbenen Einkommens (120.240 DM) an der Spitze. Die relativ wenigen Selbständigen (1,2 % der Steuerpflichtigen) haben damit "weit höhere Durchschnittseinkünfte als alle übrigen Steuerpflichtigen" (Rosinus 1987:940f). Ähnlich große Einkünfte erzielten nur die Gewerbetreibenden mit 85.100 DM.
Die 88,6 Prozent der Steuerpflichtigen, die ihr Einkommen überwiegend aus nichtselbständiger Arbeit beziehen, erbringen (nur) 81,3 % der Gesamteinkünfte und 70,6 % der Lohn- und Einkommensteuersumme.

5.3.2 Entwicklungslinien der Einkommensbesteuerung nach dem EStG

Die Zahl der Lohn- und Einkommensteuerzahler hat sich seit Bestehen der Bundesrepublik stark erhöht. Von 13,3 Millionen Steuerpflichtigen 1950 stieg sie über 18,4 Millionen 1957 auf die Höchstzahl von 22,4 Millionen im Jahre 1965. Da Ehegatten mit beiderseitigem Bruttolohn seit 1968 grundsätzlich als ein Steuerpflichtiger statistisch erfaßt werden, sank die statistische Zahl der Pflichtigen in diesem Jahr auf 18,7 Millionen. Aber auch nach dieser Umdefinition stieg die Zahl wieder an: von 20,8 Millionen 1974 über 21,1 Millionen 1980 auf rund 21,8 Millionen Steuerpflichtige 1983.[21)] Während die Zahl der Lohn- und Einkommensteuerpflichtigen insgesamt damit zwar stetig, aber nur mäßig anstieg, versechsfachte sich im gleichen Zeitraum die **Zahl der zur Veranlagung herangezogenen Personen**. 1950 wurden rund 2,9 Millionen Personen zur Einkommensteuer veranlagt. Fünfzehn Jahre später, 1965, war ihre Zahl auf knapp 4 Millionen Steuerpflichtige gestiegen. Weitere 15 Jahre später, 1980, wurden schon 10,5 Millionen und im Jahre 1983 schon rund 12,1 Millionen Steuerpflichtige veranlagt.[22)]

Die Steuerbelastung in der Bundesrepublik erweist sich beim Vergleich von absoluter Höhe und Zuwachsraten des Bruttosozialproduktes mit der Entwicklung der Steuereinnahmen insgesamt als weitgehend konstant: die volkswirtschaftliche Steuerquote (der prozentuale Anteil der kassenmäßigen Steuereinnahmen in einem Jahr am nominalen Bruttosozialprodukt dieses Jahres) schwankt seit zwei Jahrzehnten um 23,5 % mit einem Höchststand von 25,0 % 1975 und einem Tiefststand von 22,7 % 1970; auch 1988 soll er um 22,8 % liegen.[23)] Im gleichen Zeitraum

---

21) Zahlen aus dem Statistischen Jahrbuch 1971:408 und 1987:451 bzw. 456.

22) Zahlen vgl. Statistisches Jahrbuch 1977:407 und 1987:451;456.

23) Zahlen vgl. die jährlichen Finanzberichte des Bundesfinanzministeriums, zuletzt 1988:76.

stieg aber die Lohnsteuerquote von 7,18 % 1961 über 10,01 % 1969, auf 15,54 % 1980 und 16,60 % 1983.[24]

Der Anteil der Steuern vom Einkommen insgesamt[25] betrug 1984 46,9 %. Aus den dargestellten statistischen Angaben läßt sich für das gleiche Jahr ein Anteil der Einkommensteuer am Steueraufkommen insgesamt von rund **38,2 %** errechnen.

Im internationalen Vergleich liegt die Bundesrepublik damit auf einem Mittelplatz. Mit einem - nach den Maßstäben der OECD - gemessenen Besteuerungssatz der Löhne und Gehälter[26] von 45,2 % liegt sie beispielsweise hinter Schweden und der Schweiz, wo die Gesamtbelastung jeweils rund 51 % beträgt; in den USA[27] beträgt die Quote sogar 74,3 %, in Frankreich[28] hingegen nur 22,6 %. Ein anderes Bild ergibt sich, wenn man nur die Belastung der höheren Einkommen betrachtet: hier setzt der Spitzensteuersatz der bundesdeutschen Einkommensbesteuerung im internationalen Vergleich relativ früh ein: bei 130.031 DM.[29]

5.4 Die Steuerreformen 1988 und 1990

Tipke (1976:295) hat darauf verwiesen, daß es kaum eine Regierungserklärung in der Bundesrepublik gab, in der nicht eine Steuerreform in Aussicht gestellt wurde. Von dieser Tradition wich auch Bundeskanzler Kohl in seiner Regierungserklärung vom 4. Mai 1983 nicht ab: Er stellte die Neugestaltung des Lohn- und Einkommensteuertarifs in Aussicht. Die gleichmäßige Ausgestaltung der Progression sollte eine deutliche und nachhaltige Senkung des leistungshemmenden Anstiegs der Grenzbelastung herbeiführen (vgl. Fecht 1985:67). Das Problem des 'Mittelstandsbauchs'[30] mußte wieder einmal beseitigt werden.

Das Steuerentlastungsgesetz 1984 brachte der gewerblichen Wirtschaft Steuerentlastungen, die aus dem Mehraufkommen der schon im Dezember 1982 verabschiedeten Umsatzsteuererhöhung finanziert wurden.[31] Dagegen bedeutete das

---

24) Für 1984 wurde 17,16 %, für 1985 gar eine Steigerung auf 17,79 % geschätzt; vgl. Finanzbericht 1985:81; seit diesem Zeitpunkt wird die Lohnsteuerquote nicht mehr im Finanzbericht des Bundesfinanzministeriums ausgewiesen.

25) Lohnsteuer, veranlagte Einkommensteuer, nicht veranlagte Steuern vom Ertrag, Körperschaftsteuer, Ergänzungsabgabe zur Einkommensteuer und zur Körperschaftsteuer

26) Zahlen vgl. Handelsblatt Nr. 104/1987, 2.6.1987

27) Die USA kennen keine generelle Umsatzbesteuerung.

28) Frankreich hat innerhalb seines Besteuerungssystems ein starkes Übergewicht bei den indirekten Steuern

29) Japan: 1.033.200 DM, Schweiz 512.209 DM, USA 191.617 DM, Frankreich 75.691 DM; Zahlen nach Handelsblatt Nr. 104/1987, 2.6.1987

30) Vgl. FN 4.

31) Vgl. dazu genauer Stratmann 1987:91

Steuersenkungsgesetz 1986/88 vom Mai 1985 v.a. für Bezieher kleiner und mittlerer Einkommen eine gewisse Steuerentlastung.

Die Steuerpolitik der Koalitionsparteien CDU/CSU und FDP war zwischen 1983 und 1987 sehr vorsichtig, da die Gesundung der öffentlichen Finanzen und eine günstige gesamtwirtschaftliche Lage als Voraussetzung für eine umfangreiche Steuerreform galten (vgl. Lietmeyer 1987:2).

Noch in der letzten Legislaturperiode kündigte Finanzminister Stoltenberg in einem Interview im Juli 1985 eine große Steuerreform mit einem Volumen von 35 - 40 Mrd. DM an. Vorbild für dieses Vorhaben sollte die amerikanische Steuerreform[32] sein, die sich zu jener Zeit im Entscheidungsprozeß befand.

Die Ausgestaltung dieser großen Steuerreform wurde zu einem der zentralen Themen der Koalitionsverhandlungen im Frühjahr 1987. Die Koalitionsvereinbarungen zur Steuerpolitik sahen folgende Änderungen des Einkommensteuergesetzes vor:

- die Einführung eines linear-progressiven Einkommensteuertarifs (Mindereinnahmen: 23,7 Mrd. DM);
- die Senkung des Eingangsatzes bei der Einkommensteuer von 22 % auf 19 % und zugleich die Verkürzung der unteren Proportionalzone von 18.000/36.000 DM (Ledige/Verheiratete) auf 8.100/16.200 DM (Mindereinnahmen: 7 Mrd. DM);
- die Senkung des Einkommensteuer-Spitzensatzes von 56 % auf 53 % bei gleichzeitiger Vorverlegung des Beginns der oberen Proportionalzone von zur Zeit 130.000/260.000 DM auf 120.000/240.000 DM (Mindereinnahmen: 1 Mrd. DM);
- Erhöhung des Grundfreibetrags von 4.536/9.072 DM auf 5.616/11.232 DM (Mindereinnahmen: 7 Mrd. DM);
- Anhebung des Kinderfreibetrags von 2.484 auf 3.024 DM (Mindereinnahmen: 2 Mrd. DM);
- die Anhebung sonstiger familienbezogener Freibeträge (z.B. Haushaltsfreibetrag, Ausbildungsfreibetrag) und Einführung eines Freibetrags für besonders schwere Fälle häuslicher Pflege (Mindereinnahmen: 0,6 Mrd. DM);
- die Verbesserung des Vorwegabzugs für Versorgungsaufwendungen (Mindereinnahmen: 0,6 Mrd. DM);
- die Erweiterung der Sonderabschreibungen für kleine und mittlere Betriebe gemäß § 7g (Mindereinnahmen: 0,5 Mrd. DM) und

32) Die amerikanische Steuerreform bereinigte die Bemessungsgrundlage der Einkommensteuer und baute Steuervergünstigungen zugunsten einer Tarifsenkung ab (vgl. Tipke 1986:152).

- die Absenkung des Körperschaftsteuersatzes für einbehaltene Gewinne von 56 % auf 50 % (Mindereinnahmen: 2,3 Mrd. DM).

Das gesamte (Brutto-) Volumen aller Entlastungsmaßnahmen wird für 1990 auf rd. 44 Mrd. DM beziffert. Davon sollen die Steuerzahler 25 Mrd. DM als 'echte Steuerentlastung' erhalten (Borell/Stern 1987:7). Problematisch erweist sich dabei die Finanzierung der Steuerreform, denn dem Steuerreformkonzept 1990 liegen bindende Vereinbarungen für eine solide Finanzierung zugrunde (vgl. Lietmeyer 1987:4). Vorgesehen ist eine Begrenzung des Ausgabenanstiegs in den öffentlichen Haushalten, der Abbau steuerlicher Subventionen und sonstiger steuerlicher Ausnahmeregelungen sowie die Einführung einer Quellensteuer auf Zinserträge ab 1989.

Die Steuerreform wird in letzter Zeit zunehmend wegen ihrer bislang unklaren Finanzierung kritisiert:

> "Teilweise werden die geplanten Entlastungen selbst in den Reihen der Koalitionsparteien in Frage gestellt, weil eine solide Finanzierung - zumindest ohne Anhebung der Mehrwertsteuer - nicht für möglich gehalten wird" (Borell/Stern 1987:8).

5.4.1 Das Steuersenkungs-Erweiterungsgesetz 1988

Trotz kritischer Anmerkungen aus den 'eigenen Reihen' ist ein Teil der für 1990 vorgesehenen Steuerreform auf 1988 vorgezogen worden. Ausschlaggebend war das Louvre-Abkommen vom 22. Februar 1987, in dem sich die Bundesregierung gegenüber den sechs großen Industrienationen verpflichtet hat, die vorgesehene Steuerentlastung für 1988 durch ein teilweises Vorziehen der Steuerreform um 13,7 Mrd. DM zu erhöhen. Erwartet wurde hiervon die Ankurbelung der Wirtschaft.

Das am 14. Juli 1987 verabschiedete Steuersenkungs-Erweiterungsgesetz 1988 (BGBl. I 1987:1629) sah bereits für 1988 die folgenden Steuererleichterungen vor:

- Die Anhebung des Grundfreibetrags um 216/432 auf 4.752/9.504 DM sowie des Haushaltsfreibetrages für Alleinstehende mit mindestens einem Kind um 216 auf 4.752 DM (Mindereinnahmen: 1,4 Mrd. DM);
- die Abflachung der Einkommensteuerprogression über den gesamten Progressionsbereich (Mindereinnahmen: 3 Mrd. DM);
- die Anhebung der Ausbildungsfreibeträge (Mindereinnahmen: 0,3 Mrd. DM);
- eine Einkommensteuerbefreiung der nach dem Kindererziehungsleistungss-Gesetz an Mütter (Jahrgänge 1921 und älter, 'Trümmerfrauen') gewährten

Leistungen durch eine Erweiterung des § 3 Nr. 67 Einkommensteuergesetz (geringfügige Mindereinnahmen);

- die Erweiterung der Sonderabschreibung für kleine und mittlere Betriebe (Mindereinnahmen: 0,5 Mrd. DM).

5.4.2 Grundlinien des Steuereformgesetzes 1990[33)]

Das Steuerreformgesetz 1990 geht diesen Weg weiter. Seine Eckpunkte sind die spürbare *Senkung der Ertragsteuer* (Senkung des Spitzensteuersatzes bei der ESt auf 53 %, Einführung des linear-progressiven Tarifs), die *Entlastung der Familien und der niedrigen Einkommen* (Erhöhung des Grundbetrages, Senkung des Eingangssatzes auf 19 %, Erhöhung der Kinderfreibeträge, des Haushaltsfreibetrages und einiger Freibeträge im Bereich der außergewöhnlichen Belastungen),der *Abbau von Außnahmen* bei der Erfassung von Einkünften (Beseitigung von Freibeträgen, Quellenbesteuerung für Zinseinkünfte), der *Abbau von Subventionen* und der Wegfall bestimmter Verwaltungshemmnisse mit dem Ziel der *Steuervereinfachung* (u.a. Zusammenfassung von Arbeitnehmer- und Weihnachtsfreibetrag und Werbungskostenpauschbetrag zu einer erhöhten Arbeitnehmer-Pauschale, Abschaffung der Lohnzettel).[34)] Unabhängig von der überwiegend negativ beantworteten Frage nach der Verteilungsgerechtigkeit der Steuerreform 1990 ist auch ihr Beitrag zu einer grundlegenden Verbesserung der Systematik und Praktikabilität der Einkommenbesteuerung vielfach in Frage gestellt worden. Stellvertretend für viele hier Frotscher (vgl. FN 34):

> "Das Steuerreformgesetz hat seine selbstgesteckten Ziele in sehr unterschiedlichem Maße erreicht. Uneingeschränkt positiv zu beurteilen ist die Tarifreform. Die Einführung des linear-progressiven Tarifs war stets eine Forderung der Finanzwissenschaft, die jetzt verwirklicht werden konnte. Die Tarifreform ist das einzige Stück des Steuerreformgesetzes, das wirklich die Bezeichnung 'Reform' verdient; in allen anderen Bereichen ist das Steuerreformgesetz letztlich nichts anderes als ein besonders umfangreiches Steueränderungsgesetz."

Welches die strukturellen Probleme des Einkommensteuergesetzes und der Einkommensteuergesetzgebung sind, an denen auch die vollendete Steuerreform vorbeigeht, soll im nächsten Kapitel kurz skizziert werden.

---

33) Das Steuerreformgesetz 1990 (StRefG 1990) nahm erst nach Manuskriptabschluß konkrete Gestalt an. Über die Inhalte und Regelungsschwerpunkte der Steuerreform 1990 informieren Roland (1987) und Pauka (1988; dort finden sich auch die parlamentarischen Abänderungen zum Regierungsentwurf). Eine graphische Darstellung des ab 1990 gültigen linearen Einkommensteuertarifs (Grenzbelastung) findet sich in Anlage 58 dieses Buches.

34) Vgl. Frotscher, G., Steuerreform 1990, Kurzkommentar für den Steuerfachmann, Freiburg 1988.

5.5 Aktuelle Kritik an Einkommensteuergesetz und Steuerpolitik

5.5.1 Die Kritik

Die Einkommensteuer wurde einst wegen ihres finanziellen Aufkommens, ihrer finanzpolitischen Bedeutung aber auch wegen ihrer Anpassungsmöglichkeiten[35] als "Königin der Steuer"[36] bezeichnet. Doch seit den 1950er Jahren mehren sich die kritischen Stimmen.

Vier Argumentationsstränge können unterschieden werden:

- Die mangelnde Gerechtigkeit der Einkommensteuer.
- Die Gesetzesflut im Einkommensteuerrecht.
- Der sprunghafte Anstieg des Gesetzesumfangs.
- Die mangelnde Qualität der Gesetzesänderungen.

5.5.1.1 Zur Frage der Gerechtigkeit

Die Auseinandersetzung mit den kritikwürdigen inhaltlichen Regelungen des Einkommensteuergesetzes ist nicht unser Thema. Zur Illustration sei aber angemerkt, daß Schmölders (1953) bereits vor 35 Jahren klagte, daß "die Einkommensteuer, als Ideal der Gerechtigkeit und 'Königin der Steuer' einst überschwenglich gefeiert, heute zu einer der ungerechtesten und ungleichmäßigsten Steuern geworden ist, deren Ausgestaltung eine Fülle höchst bedenklicher Neben- und Folgewirkungen gezeigt hat"[37].

5.5.1.2 Die Gesetzesflut

Steuerrechtler, Steuerwissenschaftler, die Steuerverwaltung und die betroffenen Bürger beobachten mit Unbehagen ein 'Steuerchaos', einen Steuerdschungel, verursacht durch eine Gesetzesflut (Raupach 1985:21) oder Gesetzesinflation (Schlicht 1982:1), die zu einer hoffnungslosen Überlastung der Steuerverwaltung und der Steuergerichte führen.

Was steckt hinter diesen Schlagworten?

Nach Raupach (1985:21) wollen wir unterscheiden:

- Eine fast explosionsartige Zunahme der Gesetzesänderungen.

---

35) Vgl. Arndt 1986:76 und Zech 1967:19

36) J. Popitz, zit. nach Zech 1967:19

37) Zit. nach Nöll von der Nahmer 1964:103

- Die Verteilung der Änderungen auf zahlreiche Gesetze innerhalb eines Jahres, anstatt der Bündelung in einem Jahressteuergesetzbuch.
- Sogenannte 'Dezembergesetze'; d.h. kurzfristige Gesetzesänderungen zum Jahresende gewinnen an Bedeutung.
- Immer häufigere Änderungen einzelner Paragraphen.

Die Auswertung des Einkommensteuergesetzes seit der Gründung der Weimarer Republik ergibt, daß bis 1949 sechs Einkommensteuergesetzneufassungen und 28 Änderungsgesetze verabschiedet wurden, und die Paragraphen dieser Gesetze insgesamt 375 einzelne Änderungen erfuhren (eigene Auswertung). Zwischen dem Einkommensteuergesetz 1948[38)] und dem 31. Dezember 1985 wurden **19 Neufassungen und 110 Änderungsgesetze** verabschiedet. Allein zwischen 1980 und 1985 sind es drei Neufassungen und 22 Änderungsgesetze, davon 12 wiederum im Dezember erlassen.[39)]
Für 125 der 138 Paragraphen (einschließlich Buchstabenparagraphen) des Einkommensteuergesetzes 1985 kann die Änderungshäufigkeit seit dem 10. August 1949 ausgemacht werden:[40)]

Paragraphen	Zahl der Änderungen
25	--
25	1
34	2 bis 5
27	6 bis 10
9	11 bis 20
3	21 und mehr.

Seit 1920 steigt die Zahl der Gesetzesänderungen also sprunghaft an. Diese Änderungen konzentrieren sich zunehmend auf die letzten Wochen des Kalenderjahres. Immer mehr Paragraphen werden immer häufiger geändert. Das führt soweit, daß beispielsweise § 2 des Einkommensteuergesetzes 1950 innerhalb einer Woche dreimal geändert wurde (vgl. Raupach 1985:24).

5.5.1.3 Der Gesetzesumfang

Die beinahe gleichbleibende Paragraphenzahl von 1934 (53 Paragraphen) und 1987 (56 Paragraphen) täuscht darüber hinweg, daß das Einkommensteuergesetz unter Mitzählung der Buchstabenparagraphen 1987 141 Paragraphen umfaßt, 1961 waren

38) WiGBl. 1948:166

39) Vgl. Anlage 56 und Ellwein 1988.

40) Quelle: Eigene Berechnung nach Frotscher 1987; vgl. Anlagen 76 und 77.

es noch 78, 1971 87 und 1982 131 Paragraphen.[41] Darüber hinaus werden auch die einzelnen Paragraphen länger.

Fazit: Trotz fast gleichbleibender Paragraphenzahl von 1934 bis 1987 ist der Umfang des Einkommensteuergesetzes **um das 10-fache angewachsen**. Eigene Auszählungen belegen den ausufernden Gesetzesumfang[42]. Das

Einkommensteuergesetz	1957	umfaßt	3.315	Zeilen,
"	1969	"	4.712	" und das
"	1987	"	8.288	" [43]

5.5.1.4 Die Qualität des Gesetzes

Mit dieser sich ständig beschleunigenden Gesetzesproduktion nimmt fast zwangsläufig die formale Qualität des Regelungswerkes ab. So werden Mängel in Paragraphengliederung und -aufbau unübersehbar. Bei der sprachlichen Ausgestaltung sind oft ein unangemessener Abstraktionsgrad, Techniken der doppelten und dreifachen Verneinung sowie komplizierte Ausnahme-Regel-Verhältnisse zu kritisieren. Begriffe werden in derselben Vorschrift uneinheitlich oder auch nur als vage Tatbestandsmerkmale verwendet. Aber auch der unklare Gebrauch gesetzlicher Analogien und die Bevorzugung von Generalklauseln lassen die Qualität der Gesetzgebung in schlechtem Licht erscheinen.[44]
Die erwähnten Dezembergesetze fallen hierbei besonders unrühmlich auf, da sie oft unter Zeitdruck ohne ausreichende Sorgfalt verabschiedet und daher schon bald wieder geändert werden müssen.

5.5.2 Die Ursachen

Für die oben geschilderten Fehlentwicklungen werden eine Reihe von Ursachen verantwortlich gemacht, die jedoch überwiegend der populären Diskussion um Gesetzes- und Normenflut (vgl. Ellwein 1980:7) in verschiedenen Politikfeldern entlehnt und nur zu kleinem Teil einkommensteuergesetzspezifisch sind.

Zunächst dient die Einkommensteuer immer weniger dem Ziel, dem Staat Finanzmittel zur Erfüllung seiner Aufgaben zu beschaffen. Zunehmend wird sie für außerfiskalische Ziele - z.B. aus den Bereichen Wirtschafts-, Sozial- und

41) Vgl. Anlage 56

42) Ausgezählt wurde der Zeilenumfang der Einkommensteuergesetze ohne Inhaltsverzeichnis, Tabellen oder Anhang zu berücksichtigen.

43) Vgl. dazu die Anlagen 56, 76 und 77.

44) Vgl. Raupach 1985:25 ff und Schlicht 1982:72 ff

Kulturpolitik - instrumentalisiert.[45] Dafür eignet sich insbesondere die Einkommensteuer, da sie nach mehrheitlicher Meinung nicht überwälzbar ist. Der Steuerpflichtige muß die Steuerlast tatsächlich tragen; Steuerwirkungen können also dort erzielt werden, wo sie beabsichtigt sind.

> "Sobald die Einkommensteuer als Mittel der Wirtschafts- und Sozialpolitik anerkannt wird ..., nimmt die Besteuerung des Einkommens, wenn sie auch keine Ausschließlichkeit beanspruchen kann, den ersten Platz unter derartigen Manilpulationen ein" (Laufenburger 1956:452).

Jenetzky (1982:274) sieht das Steuerrecht als Spielwiese reformfreudiger Politiker, die das Einkommensteuergesetz überfrachten: Die sozial-, wirtschafts- und kulturpolitischen Ziele werden von der Politik immer wieder neu formuliert, revidiert und modifiziert, so daß die politische Willensbildung eine Unzahl von Gesetzesänderungen nach sich zieht.[46]

Eine weitere Ursache kann im hohen technologischen und wirtschaftlichen Entwicklungsstand der Bundesrepublik Deutschland gesehen werden, dessen ständiger Wandel zu einer wachsenden Komplexität der Lebensverhältnisse führt. Der Gesetzgeber versucht, den damit steigenden Regelungsbedarf mit immer neuen Detailregelungen zu befriedigen und kompliziert damit auch die Gesetze, hier das Einkommensteuergesetz. Auch "die Herausbildung der moderen Industriegesellschaft, vor allem aber die Entwicklung der Bundesrepublik Deutschland zum sozialen Leistungsstaat, bewirken eine explosionsartige Steigerung der staatlichen Aufgaben und Verpflichtungen" (Flämig 1985:XI), die gesetzlich geregelt werden müssen.

Desweiteren werden durch den Einfluß von Interessengemeinschaften und Verbänden auf Regierung und Parlament immer wieder Änderungsgesetze durchgesetzt, die meist nur Einzel- oder Ausnahmeregelungen enthalten. Bürger und Bürgerinteressengruppen drängen auf die Schließung jeder Gesetzeslücke: Ein weiterer Schritt zur Detaillierung.

Der Föderalismus in der Bundesrepublik Deutschland, der keine klare Aufgaben- und Finanztrennung von Bund und Ländern kennt, sowie die Mitgliedschaft in der Europäischen Gemeinschaft führen zu einer weiteren Zunahme der gesetzlichen Regelungen.[47]

---

45) Vgl. die schon in der Einleitung exemplarisch benannten Gebiete, in denen durch die Steuerpolitik Einfluß genommen wird.

46) Vgl. Tipke 1976a:295

47) Vgl. generell Ellwein 1988.

5.5.3 Die Reaktionen

Wie reagieren die Betroffenen, die Bürger (Steuerpflichtige), die Finanzverwaltung (Gesetzesanwender) und die Finanzgerichte auf wachsende Zahl, wachsenden Umfang und steigende Komplexität der Normen, die zudem auch gesetzestechnisch immer schlechter werden? In einem Satz:

> "Das Steuerrecht, das wir uns leisten, überfordert die Steuerbürokratie, verlangt eine aufwendige Steuerberatung und provoziert allzu viele Steuerprozesse" (Tipke 1976a:294).

Auch Aufsatztitel wie 'Finanzgerichte in Not' (v. Schönberg 1978), 'Misere der Steuerverwaltung' (Jenetzky 1982), 'Steuerrecht - Chaos, Konglomerat oder System?' (Tipke 1971) und 'Der Niedergang des deutschen Einkommensteuerrechts - Möglichkeiten der Neubesinnung' (Raupach 1985) lassen ahnen, welche Auswirkungen die Gesetzesflut hat.

5.5.3.1 Die Finanzverwaltung[48)]

Dieser muß im Kontext der genannten Entwicklungen eine ambivalente Rolle bescheinigt werden: Einerseits ist sie völlig überlastet, andererseits trägt sie selbst kräftig zu einer weiteren Vergrößerung des Vorschriftenberges bei.
Ihr obliegt die Herausgabe der Verwaltungsvorschriften, also die Formulierung der Durchführungsanweisungen und Richtlinien, um die unzureichenden gesetzlichen Vorschriften auszulegen. "Die Bedeutung der Verwaltungsvorschriften als zweite Ebene ersatzweiser Rechtsgewinnung besitzt im Steuerrecht einen höheren Stellenwert als in anderen Verwaltungsrechtsgebieten" (Jenetzky 1982:273). Schlicht geht sogar soweit, daß er im Einkommensteuergesetz nur noch ein Rahmengesetz sieht, das durch Vorschriften der Verwaltung ausgefüllt wird. "Die Gesetzesflut zieht also eine Erlaßflut nach sich"[49)], in der Raupach (1985:53) die Gefahr einer Rechtszersplitterung mit der Folge sieht, daß Gesetz und Vorschriften nicht mehr einheitlich und gleichmäßig angewendet werden können.[50)]

Auch für die Finanzverwaltung muß also Wageners These gelten, daß "die genaue Beachtung und strikte Anwendung aller Gesetze und Verordnungen, Richtlinien

48) Dieses Unterkapitel soll nur einen Einstieg in die Probleme bieten, vor denen die Steuerverwaltung heute steht und andeuten, welche internen 'Lösungsmöglichkeiten' gesucht werden. Aufbau, Verfahren und Probleme der Steuerverwaltungen in der Bundesrepublik werden ausführlich in Kapitel 6 behandelt; zu den hier angesprochenen Reaktionen der Steuerverwaltungen und ihrer einzelnen Beamten auf die sich steigernde Normen- und Fallflut vgl. Kap. 6.4.3.

49) Koch, zit. nach Raupach 1985:49

50) Zahlen dazu bei Ellwein 1988

und Erlasse, Pläne und Programme durch den öffentlichen Dienst auf nahezu jedem Verwaltungsgebiet die Tätigkeit der Verwaltung zum Stillstand kommen lassen würde".[51)]

Entscheidend ist nun, wie die Steuerverwaltung mit den Vorgaben der Personalknappheit, der Gesetzes- und Erlaßflut und deren nicht vorhandener Dokumentation, der Überkompliziertheit und Systemlosigkeit des Steuersystems, der mangelnden Praktikabilität der Steuergesetze im allgemeinen und des Einkommensteuergesetzes im besonderen und der steigenden Zahl der Steuerfälle fertig wird.[52)] Sie erreicht dies nicht durch eine verbesserte Qualifikation ihrer höheren Beamten. Die mangelnde Vorbereitung für die Tätigkeit in der Steuerverwaltung während des juristischen Studiums ist vielmehr Gegenstand der Klage.[53)]

Um einen flüssigen Arbeitsablauf zu gewährleisten, ohne in zeitlichen Verzug zu geraten, haben die Finanzbeamten nach der Darstellung Jenetzkys (1982:276) - er verweist auf seine Erfahrungen als Finanzbeamter - bestimmte 'Arbeitsbewältigungsmethoden' entwickelt: Bei der Bearbeitung von Steuerfällen wird auf Rückfragen, Verprobungsrechnungen und Schlüssigkeitsprüfungen verzichtet, die Beweiskraft des ersten Anscheins wird überdehnt, typische Geschehensabläufe werden unterstellt, "offensichtliche aber nicht offenkundige Falschdarstellungen" des Steuerbürgers werden hingenommen und "quengelnden" Steuerpflichtigen wird nachgegeben.

Zudem werden "aus der Gesamtzahl der Gesetzesparagraphen ... ganze Bereiche als nicht praktikabel und deshalb nicht existent behandelt" (Jenetzky 1982:281). Darüber hinaus sollen die Praktiker diesen seit langem bestehenden Zustand nach dem Motto "Bis jetzt ist es gegangen, dann geht es auch weiterhin" behandeln.

5.5.3.2 Bürger und Finanzgerichtsbarkeit

Der Steuerbürger sieht sich dem Steuerchaos meist nur noch mit der Unterstützung eines Steuerberaters gewachsen. Gleichzeitig finden "immer mehr Bürger über die Rechtsmittelbelehrung in ihrem Steuerbescheid und in der Einspruchsentscheidung den Weg zu den Finanzgerichten" (v.Schönberg 1978:264). Die Richter sehen die Ursache für die wachsenden Eingangsziffern beim Gesetzgeber, da "die Normie-

51) Zit. nach Schlicht 1982:16f

52) Vgl. Tipke 1976a:303 und Raupach 1985:53

53) Vgl. Uelner 1977:119 und Raupach 1985:100; zur Ausbildung der Steuerbeamten vgl. detailliert Kap. 6.3.3.1

rungen, ihrem ureigenen Zweck zuwider, die eigentlichen Absichten der Norm vielfach eher verschleiern denn enthüllen".[54)]

So sind auch die Finanzgerichte hoffnungslos überlastet. Am 31. Dezember 1984 sind 33.267 Klagen und 4.603 Verfahren beim Bundesfinanzhof unerledigt. Die große Zahl der anhängenden Verfahren und die lange Prozeßdauer führen dazu, daß die Kontrolle der Legislative und Exekutive nicht mehr zeitnah funktionieren kann.[55)]

Diese Ausführungen verdeutlichen, warum der Ruf nach einer organischen Steuerreform immer lauter zu vernehmen ist. Die Verantwortlichen für die Steuerreform 1988/90 haben ihn aber ungehört verhallen lassen.

54) Groll, zit. nach Schlicht 1982:25

55) Vgl. Schönberg 1978:264

6. Steuerverwaltung in der Bundesrepublik Deutschland

6.1 Dezentralisation und Neuorganisation der Finanzverwaltung nach 1945

6.1.1 Die Übernahme der Finanzgewalt durch die alliierten Militärbehörden

Nach der Kapitulation des Reiches am 8. Mai 1945 befand sich die Steuerverwaltung in einer völlig ungewohnten Notsituation:

- zum einen fiel durch den Zusammenbruch der Kommunikationsstränge im Reich und später durch die Auflösung der Reichsregierung durch die Alliierten das Reichsfinanzministerium als 'Kopf' der Verwaltung aus; die koordinierende Funktion einer obersten Finanzbehörde wurde nicht mehr ausgeübt;
- zum anderen unterlagen sämtliche sachlichen Ressourcen einer nie gekannten Beschränkung; "die Beschaffung jeden Raumes, jeder Schreibmaschine, ja jeden Blattes Papier" konnte für die Behördenleiter zu einem "fast unlösbaren Problem" werden (Schweigert 1970:28).

An der fast ununterbrochenen Weiterarbeit haben diese Behinderungen die Steuer- und übrigen Finanzbehörden aber nicht gehindert:

> "Die Finanzämter, Zollämter und Hauptzollämter waren die ersten mit der Abgabenverwaltung betrauten Behörden, die bereits im Juni 1945 ihre Tätigkeit fortsetzten, wenn sie sie in den letzten Kriegs- oder ersten Nachkriegswochen überhaupt hatten aufgeben müssen." (Schweigert 1970:29)

Oder wie das Bühler (1950:3) so prägnant formuliert hat: "Es dauerte fast überall nach dem 8. Mai 1945 keine 14 Tage, bis das Steuerzahlen ganz brav weiterging." Zuweilen ging es sogar noch schneller: In Bonn marschierten am 9. März 1945 amerikanische Truppen ein. Schon ab dem 13. März 1945 gingen so bedeutende Steuerzahlungen ein, daß dann am 5. April 1945 "der erste Kassenabschluß der neuen Ära" erfolgen konnte (Bühler 1950:4, Anm. 1).

Durch eine Deklaration der Alliierten vom 5. Juni 1945 ging auf dem Gebiet der Finanzverwaltung die Hoheit auf die **Besatzungsmächte** über. Die Finanzbehörden wurden in der Folge zu ausführenden Organen der Besatzungsbehörden; als Verbindung zu den Militärregierungen wurden Finanzoffiziere (Military Government Financial Officers) eingesetzt.
Ein wichtiges Anliegen der Militärregierungen war die sofortige **Entnazifizierung** der Finanzbehörden. In der im Juli 1945 in Kraft getretenen Direktive Nr. 3 der 'Militärregierung Deutschland' wurde "allen Mitgliedern der NSDAP, die sich aktiv in der Politik betätigt haben, allen aktiven Unterstützern des Nationalsozialismus sowie allen andern Personen, die den Absichten der Alliierten feindlich gesinnt

(waren)..., jede Tätigkeit in der Finanzverwaltung" untersagt.[1] In der Folge der Anweisung Nr. 24 des Alliierten Kontrollrates vom 12. Januar 1946[2] wurden die Entnazifizierungsverfahren fortan auf einheitlicher Grundlage nach einem Verfahren vor deutschen Spruchkammern vollzogen. Die Finanzverwaltung fand dann aber auch Wege, um ihre eigene Funktionsfähigkeit nicht zu sehr durch politische oder moralische Einflüsse behindern zu lassen:

> "Seit Mitte 1946 versuchte die Finanzverwaltung planmäßig, eigene Bedienstete in die Fach- und Untersuchungsausschüsse der Entnazifizierungsbehörden zu entsenden, um sicherzustellen, daß bei der politischen Überprüfung ihrer Verwaltungsangehörigen ihre Fachinteressen ausreichend Berücksichtigung fänden." (Schweigert 1970:35)

Nach Schweigert (1970:36) fiel dies der Finanzverwaltung auch leichter als anderen Behörden, da sie als "technische Sonderverwaltung dem bis 1945 herrschenden politischen Druck nicht in dem Maße ausgesetzt war".[3]

Schon im Herbst 1945 hatten die alliierten Behörden begonnen, auch inhaltliche Anweisungen an die Finanzbehörden zu geben, dies auch in Fragen der Anwendung von Steuergesetzen: Durch das **Gesetz Nr. 3 des Kontrollrates** vom 20. Oktober 1945[4] wurden die Lohn- und Einkommensteuern erhöht. In der Folge wurden durch den Kontrollrat verstärkt Reichssteuergesetze geändert und neu gefaßt. Da aber gleichzeitig - mangels einer entsprechenden Koordination der Finanzverwaltungen der verschiedenen Besatzungszonen - keine gemeinsame Durchführung der Gesetze gesichert war, begann damit eine Phase der Zersplitterung der Steuerverwaltung,[5] die (in dem Bemühen um gemeinsames Vorgehen) noch Jahre lang einer der Hauptpunkte der Diskussion im Steuerwesen sein sollte. Schon sehr bald begannen sich diese Probleme abzuzeichnen (vgl. Mattes 1946:1f).

---

1) Zit. nach Schweigert 1970:32

2) Amtsblatt d. Kontrollrats, Nr. 5, 1946:98 ff

3) Ein Druck, der aber nach dem in Kap. 4.3.3 Gesagten durchaus vorhanden war.

4) Amtsblatt d. Kontrollrats, Nr. 1, 1945:23

5) Diese "Desintegration der Steuerverwaltung" (Meilicke 1965:26) wurde noch dadurch verstärkt, daß in den ersten Nachkriegswirren 1945 auch einige Gemeinden dazu übergingen, Steuern zu erheben; vereinzelt wurden regelrechte Kopfsteuern (bei der Entgegennahme der Lebensmittelmarken) gefordert; in Berlin wurde eine Gebäudeinstandsetzungssteuer erhoben. Einige Gemeinden erließen auch eigene Steuerordnungen (ebd.:26)

6.1.2 Die Länderfinanzverwaltungen unter der Oberhoheit der Alliierten

6.1.2.1 Die russische Besatzungszone

In einem Fall waren diese Bemühungen überhaupt nicht mehr erfolgreich: Schon im Jahre 1946 riß die Verbindung zwischen den Finanzverwaltungen der Länder und Provinzen in den westlichen Besatzungszonen und der für die sowjetische Besatzungszone errichteten Zentralfinanzverwaltung in Ostberlin völlig ab (Schweigert 1970:40); das BMF (1969:120) wertet die Begründung der Zentralfinanzverwaltung durch den Oberbefehlshaber der sowjetischen Zone 1946 gar als Beginn der Aufspaltung in eine östliche und eine westliche Finanzverwaltung, obwohl sich in dieser Zeit ja auch in den westlichen Besatzungszonen verschiedene Formen der Finanzverwaltung (jedenfalls auf den oberen Ebenen) herausbildeten.
Der 'Deutschen Zentralverwaltung' wurde neben der Leitung der Landessteuerverwaltungen (die auf den Resten der Reichsfinanzverwaltung aufgebaut worden waren) und der kommunalen Steuerämter und Steuerkassen 1948 auch das Recht eingeräumt, Verordnungen und Anordnungen zu erlassen und die Aufsicht und die Kontrolle über die Durchführung und Handhabung der Steuergesetze auszuüben; dennoch hatte die Zentralverwaltung nur vorübergehenden Bestand (BDSt 1970:92).
Nach Errichtung der DDR wurde durch das Abgabengesetz von 1950 (GBl. DDR 1950:130) auf ihrem Gebiet eine 'republikeigene' Finanzverwaltung aufgebaut. Unterhalb der 'Deutschen Zentralfinanzdirektion' wurden in jedem Stadt- und Landkreis Finanzämter und in den fünf Landeshauptstädten Schwerin, Potsdam, Dresden, Halle und Erfurt **Landesfinanzdirektionen** eingerichtet. (Frenkel 1953: 10f)
Nach der Verwaltungsumgliederung von 1952 - durch welche die Regierungen der fünf nach 1945 gebildeten Länder der Sowjetischen Besatzungszone[6] aufgehoben wurden - wurde dort die spezielle Steuerverwaltung abgeschafft und die Erhebung der Steuern in die Stadt- und Bezirksverwaltungen eingegliedert (Breyhan 1959:802). Für das gesamte Gebiet der russischen Zone (bzw. der DDR) wurde ab 1. Januar 1950 das **Ministerium der Finanzen** zuständig, für die Bearbeitung der Steuern auf der Ebene der Räte der Bezirke (Mittelinstanz), Kreise und Gemeinden (Lokalinstanz) die **Abgabenverwaltung**: An die Stelle der Landeszentralbehörde und der Landesfinanzdirektion trat im Herbst 1952 der Rat des Bezirkes, Abt. Finanzen, Unterabt. Abgaben, an die Stelle des Finanzamtes der Rat des Kreises, der Stadt oder des Stadtbezirks, Abt. Finanzen, Unterabt. Abgaben. (Kitsche 1960:50) Die mit der Verwaltung der Finanzen und Steuern betrauten Finanzorgane wurden also auf der Mittel- und Lokalstufe Bestandteil der **allgemeinen Verwaltung** (BDSt 1970:128f); die Finanzverwaltung war damit "zu einem

6) Sachsen, Thüringen, Sachsen-Anhalt, Brandenburg und Mecklenburg

Teil der allgemeinen Exekutivorgane des Staates" (Kitsche 1960:50) geworden - eine (wenn auch anders motivierte) Rückkehr zum preußischen Konzept der in die allgemeine Verwaltung integrierten Steuerverwaltung. Die Erfassung der Steuern erfolgte nun zentral mit Hilfe der privaten und volkseigenen Betriebe; für jeden Steuerpflichtigen existierte hinfort nur eine Steuerakte (vgl. Hartmann 1961:673). Die Finanzorgane unterstanden danach fachlich dem Ministerium der Finanzen, in allen anderen Beziehungen wurden die 'Abteilungen Finanzen' dem Rat des betreffenden Kreises bzw. Bezirkes unterstellt (Kaemmel 1958:418).

Nachdem schon Anfang 1950 die einzigen drei 'Steuergerichte' der DDR ihre Arbeit einstellen mußten, gingen auch die Befugnisse der Rechtsprechung auf die Finanzorgane der DDR über; zu der im Abgabengesetz vom 9. Februar 1950 vorgesehenen Errichtung von fünf republikeigenen Landesfinanzgerichten und einem übergeordneten Zentralfinanzgericht in Ostberlin ist es nie gekommen (BDSt 1970: 135f).

6.1.2.2 Die amerikanische Besatzungszone

Die Verwaltungsaufgaben für die amerikanische Zone wurden auf zentraler Ebene durch das **Office of Military Government of Germany (OMGUS)** ausgeübt; für das Finanzwesen war dabei die Finance Division des OMGUS zuständig.

Der Reichsfinanzhof nahm schon im Juli 1945 seine Tätigkeit als 'Oberster Finanzgerichtshof' für Bayern wieder auf. Durch Vereinbarungen mit Württemberg-Baden (1947) und Hessen (1948) wurde sein Wirkungskreis später ausgedehnt (vgl. Bühler 1950:17). Nach der Schaffung von Ländern in der amerikanischen Besatzungszone im September 1945 wurden dort auch Finanzbehörden auf zentraler Ebene eingerichtet;[7] die Reste der Reichsfinanzverwaltung wurden in **Landesfinanzverwaltungen** umgewandelt (Höpker-Aschoff 1948:21).

In **Bayern** wurden schon unter dem zweiten Nachkriegskabinett unter Wilhelm Hoegner die Finanzbehörden wieder aufgebaut, so daß sie sich schon Ende 1945 wieder in funktionsfähigem Zustand befanden und im Sommer 1946 in ausreichender Zahl vorhanden waren. Zu diesem Zeitpunkt arbeiteten in Bayern unter dem Staatsministerium der Finanzen bereits wieder zwei Oberfinanzpräsidien (München und Nürnberg) mit 69 bzw. 59 ihnen unterstellten Finanzämtern.[8]

Im neu geschaffenen Land **Groß-Hessen** konnte nicht - wie in Bayern - an eine bestehende territoriale Verwaltungseinheit angeknüpft werden,

7) Die lokalen Finanzämter hatten ja nie aufgehört, zu bestehen (vgl. Kap. 6.1)

8) Vgl. Schweigert 1970:44 und 45, Anm. 24

"... so daß die Regierung für die zu bildende groß-hessische Finanzverwaltung weder die Reste eines eingearbeiteten Beamten- oder Behördenapparates noch irgendwelche sonstigen Grundlagen vorfand, auf denen sie ihr schwieriges Aufbauwerk hätte beginnen können." (Schweigert 1970:45)

Hessen erhielt deshalb bis zu seiner Eingliederung in die Bundesrepublik nur eine zweistufige Finanzverwaltung; Mittelbehörden fehlten dort, ihre Aufgaben wurden durch das Finanzministerium miterfüllt.
Im französisch besetzten Württemberg wurde nach der ersten Regierungsbildung im Juni 1945 auch eine 'Landesverwaltung der Finanzen' mit einem Landesdirektor an der Spitze eingerichtet. Nach der Revision der Besatzungsgrenzen und der Schaffung des amerikanisch besetzten **Württemberg-Baden** wurde diese Landesverwaltung beibehalten, die danach also sowohl für französisches als auch amerikanisches Besatzungsgebiet zuständig war (Schweigert 1970:47). Nach dem Erlaß eines neuen Landesstatus im Dezember 1945 wurde im Rahmen der Neuformierung der Regierung auch ein württembergisch-badisches Finanzministerium errichtet. Erst 1948 wurde ihm mit dem Landesfinanzamt in Stuttgart auch eine Mittelbehörde zugeordnet.
Die Freie Hansestadt **Bremen** wurde nach vorheriger britischer Besetzung durch eine Verordnung der Militärregierung im Januar 1947 Teil der amerikanischen Besatzungszone. Durch einen Beschluß der Bürgerschaft vom November 1946 wurde in Bremen eine oberste Finanzverwaltung unter dem Namen 'Der Senator der Finanzen' eingerichtet.

"Als einziges Land der amerikanischen Besatzungszone beteiligte Bremen in Fortführung einer hanseatischen Tradition auch auf der obersten Verwaltungsebene das Laienelement bei der Finanzverwaltung und bildete durch das am 24. Februar 1947 verkündete Deputationsgesetz beim Senator der Finanzen zum Zwecke seiner Beratung die traditionelle 'Finanzdeputation' als gemeinschaftlichen Ausschuß des Senats und der Bürgerschaft."[9]

Allgemein wurde die alte Reichsfinanzverwaltung **in der amerikanischen Zone in Länderfinanzverwaltungen überführt** (Höpker-Aschoff 1948:21). Die Finanzverwaltungsbehörden wurden vollständig aus der Kommunalverwaltung herausgelöst und als landeseigene Sonderverwaltungen geführt (Schweigert 1970:48).

Zur Koordinierung der Länderfinanzverwaltungen wurde auf Anweisung der Amerikaner im Oktober 1945 der 'Länderrat der amerikanischen Besatzungszone' gebildet, der auf dem Gebiet des Finanzwesens allerdings wenig Wirkung entfaltete - das Mißtrauen der Amerikaner gegen länderübergreifende Behörden war zu diesem Zeitpunkt offenbar noch zu groß:

9) Schweigert 1970:48; vgl. auch Carstens 1947:230

> "Die Länder behielten ihre Selbständigkeit, erhoben und verwalteten die Steuern und die öffentlichen Abgaben, auch wenn deren Ertragshoheit dem Deutschen Reich zugestanden hatte, und waren durch kein verwaltungsmäßiges Band miteinander verbunden." (Schweigert 1970:52)

Bis zur Bildung des Gemeinsamen Deutschen Finanzrates[10)] fehlte jegliche Koordination der Steuerverwaltungen der Länder.

6.1.2.3 Die britische Besatzungszone

In der britischen Besatzungszone verlief die Entwicklung entgegengesetzt: statt wie in der amerikanischen Zone föderalistisch, wurde die Steuer- und Finanzverwaltung hier eher **zentralistisch** organisiert. Im Grunde wurde "die alte Reichsfinanzverwaltung aufrecht erhalten" (Höpker-Aschoff 1948:21).
Die britische Zone bestand aber auch - im Gegensatz zur amerikanischen - nicht aus geschlossenen, historisch gewachsenen Gebieten, sondern aus kleinen Ländern, großen preußischen Provinzen und einer Hansestadt. Damit

> "... fehlte in der britischen Besatzungszone eine für einen echt demokratischen Verwaltungsaufbau erforderliche ethnologische Gliederung ebenso wie ein geeigneter Behördenapparat, an dessen Struktur sich die zu ordnende Finanzverwaltung orientieren und an den sie anknüpfen konnte." (Schweigert 1970: 56)

Zunächst blieb nur die lokale Behördenorganisation bestehen, genauso wie die Mittelstufe, die als Spitze der preußischen Provinzialverwaltung Bestand behalten hatte. Im Jahr 1946 arbeiteten so bereits wieder **191 Finanzämter unter 6 Oberfinanzpräsidenten** (Schweigert 1970:58). An die Spitze dieser weiterbestehenden Steuerbehörden trat an die Stelle des Reichsfinanzministeriums die **Zonenhauptkasse** in Hamburg.
Bereits ab Ende 1946 begann die britische Militärregierung, für überregionale Verwaltungsaufgaben (den Reichsministerien vergleichbare) **Zentralämter** einzurichten. Eines davon war die **Leitstelle für die Finanzverwaltung (FLSt)**, die im März eingerichtet wurde. Sie unterhielt unter anderem auch eine **Abteilung St** (Besitz- und Verkehrssteuern). Aufgabe der Leitstelle war u.a. "die Sicherstellung einer einheitlichen Steuererhebungspraxis für alle Länder in der britischen Besatzungszone" (Schweigert 1970:63). Zudem führte sie auch - unter dem Genehmigungsvorbehalt der Militärbehörden vom Oberinspektor an - Personalaufgaben und Stellenbesetzungen aus. Ab Juni 1946 war die FLSt vorgesetzte Dienststelle der

---

10) Vgl. Kap. 6.1.3.2

Mittelbehörden der Finanzverwaltung der britischen Zone (also der Oberfinanzpräsidien Düsseldorf, Hamburg, Kiel, Köln und Münster).

In der britischen Zone war die FLSt in die **Control Commission for Germany/ British Element (CCG/BE)** eingegliedert. Dort unterstand sie der Zonal Tax Administration Section (ZTAS), einem speziellen Referat der Finance Division (vgl. Schweigert 1970:66). Die britischen Behörden kontrollierten die Arbeit der FLSt genau; sie war im wesentlichen nur für die einheitliche Durchführung der vom Alliierten Kontrollrat beschlossenen Steuergesetze zuständig, Gesetzgebung und allgemeine Finanzpolitik waren ausschließlich der Militärregierung vorbehalten (vgl. van Scherpenberg 1984: 252). Nach der Stärkung der Länder und der Errichtung eigener Finanzministerien wurde die FLSt zum 1. April 1948 aufgelöst. Sie wurde durch eine allgemeine Koordinierungsstelle ohne weitergehende Vollmachten, die 'Gemeinsame Steuer- und Zollabteilung der Finanzminister der Länder Niedersachsen, Nordrhein-Westfalen und Schleswig-Holstein und des Finanzamtes der Hansestadt Hamburg' (GemStuZAbt) in Hamburg ersetzt (Schweigert 1970:77).

Später scherten die beteiligten Länder auch aus der GemStuZAbt aus: Beispielsweise nahm Nordrhein-Westfalen mit Wirkung zum 1. Oktober 1949 "die Angelegenheiten selbst in die Hand"; das Finanzministerium in Düsseldorf regelte - zuerst in einer speziellen Steuergruppe, ab Oktober 1951 durch eine eigene Steuerabteilung (Abt. V) - die steuerlichen Fragen auf der obersten Landesebene (Nordbeck 1967:27f).

6.1.2.4 Die französische Besatzungszone

In der französichen Besatzungszone wurde erst ab 1948 eine weitergehende Abstimmung der Länderregierungen zugelassen. Die französischen Militärbehörden behielten die Kontrolle in ihrer Hand; die Verwaltungsbehörden waren nur "Hilfsorgane der Besatzungsmacht" (Schweigert 1970:81).

In **Württemberg-Hohenzollern** wurde im März 1946 eine 'Landesdirektion der Finanzen' mit Sitz in Tübingen errichtet. Diese Landesdirektion wurde erst im Juli 1947 in ein Landesfinanzministerium umgewandelt. Neben Hessen (amerikanische Besatzungszone) wurde auch in Württemberg-Hohenzollern (als den beiden einzigen Ländern der Westzonen) **keine Mittelbehörden** der Finanzverwaltung eingerichtet (Schweigert 1970:82).

Im Land **Baden** wurde schon am 13. Mai 1945 (!) ein 'Badisches Finanzministerium' in Freiburg eingerichtet, das aber - wie die gesamte Landesregierung - nur Beamtencharakter hatte. Mittelbehörde der Finanzverwaltung war das Landesfinanzamt Baden in Karlsruhe.

Das **Saarland** wurde im Juli 1945 aus dem Bezirk Hessen-Pfalz ausgegliedert und in das französische Kontrollgebiet direkt eingebunden. Nach der Errichtung einer 'Verwaltungskommission' für das Saarland im Oktober 1946 wurde dort - ähnlich wie in Württemberg-Hohenzollern - eine Direktion für Finanzen ernannt.

Rheinland-Pfalz erhielt bei der Aufstellung einer vorläufigen Regierung Ende 1946 auch ein gemeinsamens Ministerium für die Finanz- und Wirtschaftsverwaltung. Die Mittelstufe bildeten zwei Landesfinanzämter in Neustadt/Weinstraße und Koblenz, die mit Wirkung zum 20. März 1950 zu einem einzigen Amt, dem 'Oberfinanzpräsidium Rheinland-Pfalz' vereinigt wurden. (Schweigert 1970:85)

Allgemein war die Steuerverwaltung in der französischen Zone zersplittert und regional unterschiedlich gegliedert. Die Besatzungsmacht war zudem an einer weitergehenden Koordination nicht interessiert.

6.1.2.5 Exkurs: Unklare Rechtsgrundlagen und Steuermoral - Probleme der Finanzverwaltung im Nachkriegsdeutschland am Beispiel der britischen Besatzungszone

In der britischen Zone arbeiteten sechs Oberfinanzpräsidien mit den ihnen untergeordneten Finanzämtern, die "nach einer kurzen Unterbrechung von einigen Tagen bis zu mehreren Wochen ... in begrenztem Umfang relativ kontinuierlich" (van Scherpenberg 1984:151) die Aufgaben der Finanzverwaltung weiterführten. Die Arbeit der Steuerverwaltungsbehörden war durch die Nachwirkungen der Vereinfachungsbestimmungen des Reichsfinanzministeriums von 1944[11)] und durch die personellen Ausdünnungen der Jahre 1943 und 1944 stark beeinträchtigt; zudem waren in hohem Maß Aktenverluste zu vermelden.[12)] In den letzten Kriegswochen brachen dann auch die Kommunikationsstrukturen zusammen. So erreichte beispielsweise der letzte Vereinfachungserlaß vom 17. Mai 1945 (!) nicht mehr alle Oberfinanzpräsidien. Bis ins Jahr 1947 hinein handelten die einzelnen Oberfinanzpräsidien danach "quasi autonom" (van Scherpenberg 1984:155) und konnten die weitere Anwendung solcher Erlasse nach eigenem Ermessen entscheiden.

In der Folge des Vereinfachungserlasses vom September 1944[13)] ließ offenbar auch die Arbeitsmoral der Steuerverwaltung nach. So heißt es in einem Prüfungsbericht des Rechnungshofes des Deutschen Reiches für die britische Besatzungszone über die Einnahmen und Ausgaben des Rechnungsjahres 1945, der Erlaß dieser Verordnung habe sich "auf die Arbeitsweise der Beamten dahingehend ausgewirkt, daß die Beamten teilweise ein genaues und peinliches Arbeiten verlernt" hätten.[14)]

---

11) Vgl. Kap. 4.3.4.3

12) Vgl. van Scherpenberg 1984:153f

13) Vgl. Kap. 4.3.4.3

14) Zit. nach van Scherpenberg 1984:157

Dazu kamen in dieser Zeit auch große Versorgungsprobleme, etwa bei der Beschaffung von Papier oder der Herstellung von Vordrucken.
Gleichzeitig lag - neben der Unklarheit über die anzuwendenden Steuernormen - auch die Fähigkeit zur Durchsetzung dieser Normen im argen. Von einer Steuerüberwachung, als der Überprüfung der abgegebenen Steuererklärungen konnte "kaum die Rede sein" (van Scherpenberg 1984:296). Im Rahmen der Vereinfachungsmaßnahmen des Jahres 1944 war die Steuerüberwachung weitgehend stillgelegt worden. Zumal in Zeiten zunehmender Schwarzmarktgeschäfte wandelte sich der Anspruch der Steuerverwaltung auch von 'moralischen' zu eher 'praktischen' Gesichtspunkten. Immer deutlicher war festzustellen,

> "... daß weder die gesetzwidrigen Geschäfte auf charakterlose Elemente beschränkt blieben, noch der Steuerfahndungsdienst sich als Kämpfer gegen die illegale Wirtschaft verstand, vielmehr den Anspruch des Fiskus hochhielt, an ihr steuerlich zu partizipieren." (van Scherpenberg 1984:309)

Die Schwierigkeiten der Steuerbehörden bei der Ermittlung von Steuerhinterziehungen waren enorm. Überall wurden kleine 'Gewerbebetriebe' zur Verschleierung von Schwarzmarktgeschäften gegründet; bei Überprüfungen häuften sich die Fälle von 'unaufgeklärtem Vermögenszuwachs'. Die "gewisse Großzügigkeit in Steuersachen, die während des Krieges geherrscht hatte" (Hopf 1947:49) - es gab ohnehin wenig zu kaufen, damit fehlte auch der Anreiz zu Steuerhinterziehungen -, ließ nun nach. Deshalb konzentrierten sich die Steuerfahnder auf die Orte, in denen ein solchermaßen erworbenes Vermögen in Konsum umgesetzt werden konnte. Das waren zum einen die Pferderennplätze, auf denen illegales Geld legal 'gewaschen' werden konnte. Dazu gehörten auch die Nordseekurorte, wo sich auch 1945/46 "mit größeren Geldbeträgen den Sommer über ein vergleichsweise außerordentlich angenehmes Leben verbringen ließ" (van Scherpenberg 1984:314).
Generell verlor die Steuerverwaltung aber ihren Anspruch, die wirtschaftlichen Betätigungen der Bürger gleichmäßig und gerecht zu besteuern. Die Steuermindereinnahmen durch Hinterziehungen wurden von der Finanzleitstelle Mitte 1947 auf **40-60% der eigentlichen Einkommen- und Körperschaftsteuer** geschätzt; das Steueraufkommen hatte jede Beziehung zu den Steuertatbeständen des Wirtschaftslebens verloren (van Scherpenberg 1984:320). Tatsächlich war aber das - zeitweise irreale - Beharren der Steuerverwaltung eine sinnvolle Leistung, bildete es doch nach der Währungsreform von 1948 die Grundlage für den Wiederaufbau einer funktionierenden Abgabenverwaltung (ders. 1984:321).
Die Steuermoral 'ruhte' bis zur Währungsreform also nur. Ihr Wiedererwachen bezeugt auch das gute Gespür der Steuerbürger für kommende wirtschaftliche Veränderungen ab Anfang 1948. Nun

> "... konnten die Oberfinanzpräsidien schließlich sogar von einer umgekehrten Tendenz berichten, dem zunehmenden Bedürfnis der Steuerpflichtigen, alte Steuerrückstände auszugleichen, neue gar nicht erst entstehen zu lassen und darüber hinaus größere Beträge auf in Zukunft fällig werdende Steuern freiwillig vorauszuzahlen. Da damit zu rechnen war, daß solche Steuerguthaben in der nun kurzfristig erwarteten Währungsreform keiner Abwertung unterliegen würden, wollte man so die Möglichkeit nutzen, mit Reichsmark Steuerschulden in Nach-Reform-Geld zu zahlen." (van Scherpenberg 1984:305)

6.1.3 Der Weg zur einheitlichen Verwaltung der Steuern

6.1.3.1 Erste Koordinierungsversuche zwischen den Besatzungszonen

Erste Versuche, eine halbwegs einheitliche Steuerverwaltung in Deutschland zu erhalten und wenigstens die **Anwendung der Kontrollratgesetze** hinsichtlich der Steuern einheitlich zu treffen, wurden schon Ende 1945 unternommen. Seit November dieses Jahres trafen Vertreter der süd- und westdeutschen Finanzverwaltungen in Bad Boll zu Gesprächen zusammen. Ab der dritten Tagung im Mai 1946 nahmen neben den Finanzministern der Länder der US-Zone und Abgesandten der Oberfinanzpräsidien der amerikanischen und französischen Zone (außer des OFP Saar-Pfalz) auch Vertreter der FLSt der britischen Zone teil; damit war die Voraussetzung für eine gewisse Koordination der Steuerverwaltung in den drei Westzonen gegeben.
Die frühen Koordinationsbemühungen des Jahres 1946 zeigten aber dann, daß die Westalliierten solchen Bestrebungen "wie allen von deutscher Seite ausgehenden Reorganisationsbemühungen mit großer Skepsis" gegenüberstanden (Schweigert 1970:90). Diese Haltung begann sich erst Ende 1946 zu ändern.

6.1.3.2 Der Gemeinsame Deutsche Finanzrat (GDF)

Die Bemühungen der amerikanischen Besatzungsmacht Mitte 1946, den wirtschaftlichen Zusammenschluß zu forcieren, scheiterten am Widerspruch der Sowjetunion und Frankreichs, die keine überzonalen Verwaltungseinheiten zulassen wollten. Dagegen stand die britische Militärregierung solchen Bemühungen positiver gegenüber. Auf dieser Grundlage wurden im September 1946 fünf Abkommen über gemeinsame Verwaltungszonen zwischen Vertretern der amerikanischen und britischen Zonen geschlossen, darunter das Abkommen vom 13. September 1946 über die Bildung eines **Verwaltungsrates für Finanzen**[15] als bizonales Verwaltungsgremium für das Finanzwesen. Sinn des 'vorläufigen' Abkommens war

15) Später 'Deutscher Finanzrat', dann 'Gemeinsamer Deutscher Finanzrat' (GDF); vgl. die Gesamtaufstellung der Abkommen bei Schweigert (1970:95).

es, eine Übergangslösung bis zur Schaffung einer einheitlichen deutschen Finanzverwaltung einzurichten.

Im hier behandelten steuerlichen Verwaltungszusammenhang war die Aufgabe des GDF vor allem die Lösung der Finanzfragen, die mehr als eine Zone betrafen; einer der vier nach Art. 4 des Abkommens einzurichtenden Unterausschüsse des GDF war demnach auch für 'Steuern und Zölle' zuständig (vgl. Schweigert 1970: 100). Die Zusammensetzung des GDF "spiegelte die Unterschiedlichkeit der staatsrechtlichen Entwicklungen in der britischen und in der amerikanischen Besatzungszone wider" (Schweigert 1970:98): Von seiten der Länder der US-Zone gehörten ihm von Anfang an die drei süddeutschen Finanzminister dieser Zone an. Die Briten hingegen entsandten zunächst nur von der Militärregierung beauftragte Beamte der Finanzverwaltung; erst später rückten in den Rat auch die Finanzminister dieser Zone ein.

Problematisch für die Arbeit des GDF war, daß seine Beschlüsse von vornherein keine bindende Wirkung hatten; seine Wirkung beschränkte sich danach nur auf Koordinierungsvorschläge an die Finanzverwaltungen der angeschlossenen Länder oder auf Empfehlungen an die Militärregierungen. Der GDF war also

> "... lediglich eine den Landesfinanzbehörden und den Zentralämtern der Finanzverwaltung nachgeordnete Verwaltungsvereinigung mit einem gewissen Sozietätscharakter." (Schweigert 1970:108f)

Zudem bestanden auch zwischen den Militärregierungen der beiden Zonen durchaus Meinungsverschiedenheiten bezüglich der zukünftigen wirtschafts- und finanzpolitischen Entwicklungen. Der GDF als lediglich beratendes Organ konnte diese Meinungsverschiedenheiten nicht überwinden und scheiterte schließlich daran. Er trat ab April 1947 nicht mehr zu Besprechungen zusammen.

6.1.3.3 Die 'Verwaltung für Finanzen' des Frankfurter Wirtschaftsrates

Mit der Schaffung des Wirtschaftsrates in Frankfurt in der Folge eines Abkommens der britischen und amerikanischen Militärbefehlshaber vom 29. Mai 1947 wurde zum ersten Mal auch wieder ein Gesetzgebungsorgan oberhalb der Länderebene, "gleichsam ein beschränktes Parlament" (Höpker-Aschoff 1948:9) in Deutschland eingesetzt. Nach der Berufung des Wirtschaftsrates wurden auch die fünf bestehenden bizonalen Verwaltungsämter neu organisiert und zusammengefaßt. Darunter befand sich auch die **Verwaltung für Finanzen (VfF)** in Bad Homburg v.d.H., quasi die "Funktionsnachfolgerin" (Schweigert 1970:115) des seit April 1947 nicht mehr zusammengetretenen GDF.

Die Befugnisse der VfF - die nunmehr einem vom Wirtschaftsrat bestellten Direktor unterstand - überstiegen diejenigen des alten GDF. Als koordinierende Finanzverwaltungsbehörde im Vereinigten Wirtschaftsgebiet hatte die VfF "die Exekutive zu leiten und sämtliche Entscheidungen in sachlicher, finanzieller und personeller Hinsicht zu treffen" (Schweigert 1970:115). Sie unterstand aber strenger Kontrolle der Finance Panel[16] und später der **Finance Group** des **Bipartite Control Office (BICO)**: über jedes Schreiben mit politischem Inhalt oder wirtschaftspolitischer Bedeutung war diesem Gremium schriftlich Bericht zu erstatten (Schweigert 1970:116).

Ihre Koordinierungsaufgaben löste die VfF - nach einer Umgestaltung des Wirtschaftsrates im Februar 1948 - vor allem durch organisierte Zusammenkünfte der Landesfinanzminister und -senatoren der Bizone in Bad Homburg v.d.H.. Solche Zusammenkünfte waren dringend notwendig, da eine einheitliche Handhabung der Steuergesetze infolge der steigenden Abgabenlast dringend notwendig wurde:

> "Solange die Steuersätze niedrig waren, konnte eine mannigfache Landesgesetzgebung in Kauf genommen werden. Ich erinnere an glückliche Zeiten. Die Preußische Einkommensteuer erreichte bei einem Einkommen von M.100.000 den Höchstsatz von 4 %. Dazu kamen dann freilich noch die Zuschläge der Gemeinden, die in den Industriestädten 250 bis 300 % ausmachten. Beides zusammen bedeutete eine Belastung der obersten Stufe mit höchstens 16 %. Heute, nach dem Kontrollratsgesetz Nr. 12, geht die Belastung auf der obersten Stufe über 90 % hinaus." (Höpker-Aschoff 1948:20)

Nach der Währungsreform vom 20. Juni 1948 verstärkten sich zunehmend auch die Aufgaben der Steuerverwaltung (durch die Bewertung der Altgeldguthaben u.ä.). Die Steuerverwaltung war aber auf diesen Aufgabenzuwachs - neben der mißlichen räumlichen Situation - auch personell kaum vorbereitet:

> "Ein Großteil der jüngeren Kräfte war nach wie vor infolge des Krieges ausgefallen und hatte noch nicht ersetzt werden können, und ein intensiver Einsatz der verbliebenen älteren und erfahrenen diensttauglichen Beamten scheiterte entweder an ihrer nach Abschluß der Entnazifizierungsverfahren eingetretenen Unverwendbarkeit im öffentlichen Dienst oder an ihrer ernährungsbedingten verminderten Leistungsfähigkeit." (Schweigert 1970:130)

Auch deshalb war die Steuerverwaltung bis in das Jahr 1949 hinein durch die Umstellung belastet, zumal für 1948 bei der Einkommen-, Körperschaft-, Gewerbe- und Umsatzsteuer jedesmal zwei Veranlagungen[17] vorzunehmen waren;

16) Eines alliierten Sachverständigenausschusses

17) Jeweils eine Veranlagung für die Zeit vom 1. Januar bis 20. Juni und vom 21. Juni bis 31. Dezember 1948.

eine solche Doppelbelastung war "in der Geschichte der Finanzverwaltung ohne Beispiel" (Schweigert 1970:135).

6.2. Steuerverwaltung unter dem Grundgesetz

6.2.1. Die Beratungen des Parlamentarischen Rates

6.2.1.1 Die Diskussion um die zukünftige Finanzverwaltung nach 1947/48

Nach der Aufforderung der Besatzungsmächte an die Ministerpräsidenten der westlichen Besatzungszonen, für das politische und wirtschaftliche Leben Westdeutschlands eine Verfassung zu erarbeiten, begannen die Arbeiten am Grundgesetz im Juli 1948.
Schon vorher hatte die Diskussion um das künftige Aussehen einer einheitlichen deutschen Finanz- und Steuerverwaltung begonnen: Bereits im Februar 1948 hatte die Finanzleitstelle der britischen Zone (FLSt) eine Denkschrift vorgelegt, die aus Gründen der Einheitlichkeit der Gesetzesanwendung und der Besteuerung in allen Ländern eine einheitliche Finanzverwaltung über die Ländergrenzen hinweg forderte. Im Gegensatz dazu sprachen sich die süddeutschen Finanzminister in einem Gegenentwurf vom April 1948 für eine föderalistische Organisation der Steuerverwaltung aus: Eine 'reichseinheitliche' Steuerverwaltung wurde wegen der damit einhergehenden 'Neigung zur Typisierung und Schematisierung' abgelehnt. Und:

> "Eine einheitliche Finanzverwaltung verursache darüber hinaus, durch sonst entbehrliche Dienstreisen zwischen der Zentralverwaltung und den Landesfinanzministerien sowie durch Rückfragen der mit den örtlichen Verhältnissen nicht vertrauten Zentralverwaltung, vermeidbare Verzögerungen in der Behandlung des einzelnen Steuerfalles. Weder die Wirtschaft noch die Steuerpflichtigen hätten ein Interesse an einer schematisierenden Besteuerung, die die regionalen Verschiedenheiten der Produktion, der Marktverhältnisse und der Umsatz- und Absatzmöglichkeiten außer acht lassen müsse und den Grundsatz der Gleichmäßigkeit der Besteuerung nicht gewährleiste, sondern ihm zuwiderlaufe." (Schweigert 1970:152)[18)]

Zusammenschlüsse der Industrie- und Handelskammern sprachen sich zunächst für eine einheitliche Reichsverwaltung, später für eine Landesfinanzverwaltung mit Weisungsrecht des Bundes aus; das Fachinstitut der Steuerberater unterstützte die Vorschläge der FLSt (vgl. Schweigert 1970:148 ff).

---

18) Mit dieser Argumenation auch Fischer-Menzeshausen 1948:15

Die Argumente, die für eine einheitliche Reichs- oder Bundesfinanzverwaltung ins Feld geführt wurden, gewinnen anhand der aktuellen Diskussion um den Länderfinanzausgleich in der Bundesrepublik überraschende Aktualität:

> "Nach den Erfahrungen aus der Zeit der partikularen Steuerverwaltungen mindert sich der Nachdruck, mit dem die Steuergesetze in der Veranlagung durchgeführt werden, erheblich, wenn man die Verwaltung in die Hände der Länder gibt. Es besteht die ernste Gefahr, daß ein Überschußland in der Steuererhebung nachläßt, da seine Behörden keine Interesse daran haben, Unterschußländer zu finanzieren." (Kruft 1947:7)[19]

Die Erfordernisse des Finanzausgleichs mit einer starken steuerlichen Zentralgewalt sprachen demnach dafür, "das britische System auf das ganze Reichsgebiet auszudehnen und die Reichsfinanzverwaltung zu erhalten" bzw. neu zu schaffen (Höpker-Aschoff 1947:2).

6.2.1.2 Die Mehrheit für eine ungeteilte Bundesfinanzverwaltung

Erste Ergebnisse der Diskussion zeigten sich in dem Verfassungsentwurf des 'Herrenchiemseekonvents', eines Arbeitskreises des Verfassungsausschusses der Ministerpräsidenten vom August 1948. In der mit der Ausarbeitung der Finanzbestimmungen hinsichtlich der Verwaltung der Finanzen beauftragten Kommission wurden Experten zur Frage der Zuordnung der Steuerverwaltung gehört. Letztlich konnte sich der Verfassungskonvent nicht für eine bestimmte Lösung entscheiden, sondern schlug dem parlamentarischen Rat drei Möglichkeiten vor:

- die Landesfinanzverwaltung als eigene Angelegenheit der Länder auch für die Steuern, die dem Bund zufließen sollten;
- einc Landesfinanzverwaltung, aber als Auftragsverwaltung für die dem Bund zufließenden Steuern;
- eine Bundesfinanzverwaltung auch für die den Ländern zufließenden Steuern.[20]

Nach der Vorformulierung am Herrenchiemsee wurden die einzelnen Verfassungsbestimmungen dann im Parlamentarischen Rat eingehend diskutiert. Nach erneuter Anhörung von Sachverständigen kam der **Finanzausschuß** des parlamentarischen Rates nun zu einem anderen Ergebnis. Am 7. Oktober 1948 stellt der 1. Referent des Finanzausschusses, der frühere preußische Finanzminister Höpker-Aschoff, den Entwurf eines Art. 123 zum Grundgesetz vor, in dem - angelehnt an das Vorbild der Weimarer Finanzverwaltung - die Verwaltung der Bundessteuern dem

---

19) Ähnlich Gerloff 1948:38

20) Vgl. Institut Finanzen und Steuern 1957:53

Bund zugesprochen wurde.[21] Insbesondere die Fraktionen der SPD und der FDP (5 Stimmen) erwiesen sich als Gegner einer föderalistischen Finanzverwaltung; CDU und DP (4 Stimmen) sprachen sich für eine - durch Bundesanweisung vereinheitlichte - Landesverwaltung der Steuern und Zölle aus. Die Entscheidung, den von Höpker-Aschoff gemachten Vorschlag dem Hauptausschuß in dieser Form vorzuschlagen, fand also nur deshalb eine knappe Mehrheit, weil sich der CSU-Vertreter der Stimme enthielt (vgl. Fischer 1970:133f).

Noch vor der Beratung des Ausschußvorschlages in der 1. Lesung des Grundgesetzes im Parlamentarischen Rat mischten sich Besatzungsmächte in die Diskussion um die Finanzverwaltung ein. Wissend, daß "der Inhalt der Finanzgewalt und Besitz der Finanzverwaltungshoheit in einem Bundesstaat den Kern der Staatsgewalt überhaupt darstelle" (Schweigert 1970:173f), machten sie "von ihrer Befugnis Gebrauch ..., diesem Dokument das Gepräge ihres eigenen Willens aufzudrücken" (Bräuer 1955:584): In einer Denkschrift, die dem Präsidenten des Parlamentarischen Rates, Konrad Adenauer, am 22. November 1948 übergeben wurde, gaben sie ihren Bedenken gegen eine zentralistische Finanzverwaltung - als einem mit dem föderativen Staatsaufbau unvereinbaren Prinzip - Ausdruck (griffen aber noch nicht direkt in die Verhandlungen ein).

Dennoch blieb der Parlamentarische Rat bei der eingeschlagenen Linie und der Hauptausschuß verabschiedete die beratene Version des Art. 123 in der vorgeschlagenen Fassung. In der Diskussion wurde von den Vertretern verschiedener Bundesländer noch einmal die Vorteile einer einheitlichen Finanzverwaltung aufgezählt:

> "... die Möglichkeit, für alle Länder eindeutige und verbindliche Entscheidungen zu treffen, die Notwendigkeit einer zentralen Verwaltung der Besatzungskosten und aller direkten und indirekten Kriegsfolgelasten, das auf Grund seiner weitreichenden Verwaltungsaufgaben höherrangige Steuerinteresse des Bundes und schließlich das wirtschafts- und finanzpolitische Erfordernis einer in allen Ländern gleichmäßigen Besteuerung."[22]

Am 15. Januar 1949 wurde der Abschnitt XI 'Finanzwesen' des Verfassungsentwurfs vom Hauptausschuß des PR in zweiter Lesung verabschiedet. Versuche der CDU/CSU, doch noch eine föderalistische Finanzverwaltung durchzusetzen, schlugen wiederum fehl.[23] Danach änderte sich jedoch die Haltung der Union. In Anerkennung ihrer aussichtslosen Position und in dem Bemühen, eine möglichst breite Basis für die Verabschiedung des Grundgesetzes zu finden, stimmte sie bei der dritten Lesung im Hauptausschuß am 10. Februar 1949 dem vorliegenden Ent-

21) Vgl. den Abdruck bei Schweigert 1970:170

22) Zit. nach Schweigert 1970:177

23) Vgl. auch Matz 1949:76

wurf zu, der danach einstimmig verabschiedet und dem Plenum des Parlamentarischen Rates zur Ratifizierung vorgelegt wurde.

6.2.2 Die Lösung des Grundgesetzes nach dem Einspruch der Alliierten: die geteilte Finanzverwaltung

Nun zeigte sich die begrenzte Entscheidungsfähigkeit der 'Väter und Mütter des Grundgesetzes' in deutlicher Weise. In einem Memorandum vom 2. März 1949 lehnten die Militärgouverneure das Beratungsergebnis ab und machten klar, daß eine Bundesfinanzverwaltung "nicht akzeptiert werden könne und nur eine geteilte Finanzverwaltung Aussicht auf die Erteilung ihrer Genehmigung haben würde." (Schweigert 1970:187) - Bräuer (1955:584) sah diese Entscheidung vom 'Geist Morgenthaus umweht'.
Spätestens jetzt war die Frage der Organisation der Finanzverwaltung auf deutscher Seite "zum Kernproblem des gesamten Verfassungswerks überhaupt geworden" (Schweigert 1970:188). Ein deutscher Kompromißvorschlag in dieser Sache wurde im März 1949 von den Alliierten abgelehnt. Insbesondere die SPD sah sich zunächst außerstande, in der Sache grundsätzlich nachzugeben; damit geriet das ganze Verfassungswerk in Gefahr. Im Interesse der Sache zeigte die SPD aber den gleichen Realitätssinn, wie zuvor die Abgeordneten der Union, als diese in der Minderheitenposition gewesen waren: Um die Verabschiedung des Gesamtwerkes nicht zu gefährden, enthielten sich die sozialdemokratischen Abgeordneten in der entscheidenden letzten Sitzung des Finanzausschusses jeglicher Mitarbeit. Mit den Stimmen der Union wurde daraufhin dem Hauptaussschuß eine Neufassung des Artikel 123 zugeleitet, in welchem dem Bund die Verwaltung der Zölle und Finanzmonopole sowie der bundesgesetzlicher Regelung unterliegenden Verbrauch- und der Beförderungsteuern übertragen wurde. Die Länder sollten für die Verwaltung der übrigen Steuern zuständig sein. Damit war dem Druck der Besatzungsmächte Rechnung getragen worden. Es hatte sich gezeigt, daß eine ungeteilte Finanzverwaltung im angestrebten Sinn gegen die Besatzungsmächte nicht durchsetzbar war, der Parlamentarische Rat mußte "in den sauren Apfel der geteilten Finanzverwaltung beißen" (Höpker-Aschoff 1949:329). Somit

> "... war eine Aufteilung der Finanzverwaltung - wenn man nicht den bisherigen Aufbau völlig zerstören wollte - nur in der Weise möglich, daß die Verwaltung der Zölle und Verbrauchssteuern (also in der unteren Instanz Hauptzollämter und Zollfahndungsstellen, in der mittleren Instanz die Abteilungen Zölle und Verbrauchsteuern bei den Landesfinanzämtern) Bundesfinanzverwaltung, die Verwaltung der Besitz- und Verkehrssteuern (also in der unteren Instanz die Finanzämter, in der mittleren Instanz die Abteilungen Besitz- und Verkehrssteuern bei den Landesfinanzämtern) Landesfinanzverwaltung wurde." (Höpker-Aschoff 1950/51:728)

Die vom Finanzausschuß so beschlossene Fassung wurde - mit geringen Änderungen versehen - vom Hauptausschuß in vierter Lesung mit dem Konzept einer zwischen Bund und Ländern geteilten Finanzverwaltung einstimmig als **Art. 108** des Grundgesetzes verabschiedet.[24] Im Kern enthielt der Artikel 108 GG folgende, die Steuern betreffende Regelungen:

- neben der Verwaltung der Zölle und Finanzmonopole wurde dem **Bund** die Verwaltung der (der konkurrierenden Gesetzgebung unterworfenen) **Verbrauchsteuern**, der Beförderungsteuer, der Umsatzsteuer und der einmaligen Vermögensabgaben zugesprochen (Art. 108 I);
- die Verwaltung dieser Abgaben wurde auf Bundesbehörden gelegt, deren Aufbau und Verfahren durch Bundesgesetz zu regeln waren;
- falls der Bund einen Teil der Einkommen- und Körperschaftsteuer für sich in Anspruch nehmen sollte, stünde ihm auch hier die Verwaltung zu, wenn er diese nicht den Ländern als Auftragsverwaltung zuweisen sollte;
- alle **übrigen Steuern** waren durch **Landesbehörden** zu verwalten.

Damit war nach dem Grundgesetz - im Ansatz - eine Scheidung in eine **Zoll- und Verbrauchsteuerverwaltung** auf der einen und eine **Besitz- und Verkehrsteuerverwaltung** auf der anderen Seite getroffen (vgl. Wacke 1950:56).
Letztlich war somit ein Modell erreicht worden, "das in dieser Form kein einziger Abgeordneter des PR gewünscht hatte"; das sich in der Folge aber als "Entscheidung von vorausschauender Klugheit und politischem Weitblick" herausstellen sollte" (Schweigert 1970:176). Zudem wurden dem Bund in Art. 108 III GG Befugnisse eingeräumt, "die geeignet waren, die Steuerbehörden der Länder im Sinne einer einheitlichen Finanzverwaltung weitgehend zusammenzuhalten" (Breyhan 1959:802):
Aufbau und Verfahren der Finanzbehörden und die Ausbildung der Steuerbeamten wurden der Kompetenz des Bundes zugeordnet. Zudem wurde ihm zugestanden, für alle von ihm normierten Steuern (auch falls sie den Ländern zufallen), Ausführungsvorschriften[25] zu erlassen (Höpker-Aschoff 1949:331).

> "Alles in allem, man wird dem Parlamentarischen Rat nicht vorwerfen können, daß der nicht alles nur mögliche getan habe, dem Bunde auf dem Gebiete des Finanzwesens eine starke Stellung einzuräumen. Daß diejenigen, die für eine ungeteilte Bundesfinanzverwaltung gekämpft haben, nicht ganz zufrieden sind, bleibt bestehen." (Höpker-Aschoff 1949:331)

24) Vgl. Anlage 59

25) Rechtsverordnungen und allgemeine Verwaltungsvorschriften

Durch die Finanzverwaltungsgesetze von 1950 und 1952[26)] und die Verordnungen über die Mitwirkung des Bundes bei der Verwaltung der Einkommensteuer und Körperschaftsteuer von 1952 und 1956 hat der Bund von dieser Kompetenz auch ausgiebig Gebrauch gemacht.

6.2.3 Kritik an der Teilung der Finanzverwaltung

Die in diesen widrigen Umständen zustande gekommene Teilung der Finanzverwaltung wurde schon früh als "unglückselige Lösung" in einem "Zustand der Zerrissenheit" (Bräuer 1955:586) gekennzeichnet. Es zeigt sich, daß eine Formel, die letztlich etwas anderes brachte, als es SPD und FDP, Teile der CDU, die Gewerkschaften, der Bundesverband der deutschen Industrie und andere Verbände wollten, auch nach ihrer Festschreibung im Grundgesetz nicht allgemein akzeptiert wurde. Die "indiskutable Kompromißlösung" (Wacke 1950:59) oder "unglückliche Zwitterlösung" (Hettlage 1953/54:462) wurde als Gefahr für den inneren Zusammenhalt der Bundesrepublik gesehen - um so mehr, als die Reichsfinanzverwaltung als eine der wenigen stabilen Klammern der Reichseinheit in der Weimarer Republik gegolten hatte:

> "Zur Hoheit über das Steuerobjekt und über den Steuerertrag gehört aber auch, soll eine wirkliche Selbständigkeit geschaffen werden, die Hoheit über die Steuerverwaltung: Im anderen Falle läuft die entstandene Finanzgewalt Gefahr, ohnmächtig zu bleiben." (Wacke 1950:59)

Insbesondere wurde nach den Erfahrungen der Besatzungszeit eine Zersplitterung der Gesetzesanwendung im Steuerrecht befürchtet:

> "Die Vergangenheit hat bewiesen, daß die Reichsverwaltung einheitliche Grundsätze auf dem Papier wohl erlassen kann, aber wenn 25 verschiedene Verwaltungen zur Durchführung dieser einheitlichen Grundsätze herangezogen werden, dann braucht sich niemand zu wundern, wenn die Auslegung dieser Grundsätze 25mal verschieden ist." (Institut Finanzen und Steuern 1957:53)

Die Gegner der geteilten Finanzverwaltung führten in diesem Sinn das Argument ins Feld, daß allein im Jahre 1951 im Teil II des Bundessteuerblattes über 150 Ländererlasse abgedruckt waren, die als Verwaltungsanweisungen zur Ausführung der Bundessteuergesetze ergingen - eine Arbeit, die bei der Schaffung einer einheitlichen Bundesfinanzverwaltung vollständig in Wegfall geraten wäre. Gemessen an diesem Aufwand sei die Forderung nach einer Verwaltungshoheit der Länder auf dem Gebiet des Finanzwesens nur eine Frage des "Prestige" (Institut Finanzen und Steuern 1952:26f).

---

26) Vgl. Kap. 6.3.1

Die geteilte Finanzverwaltung wurde aber auch aus anderen Gründen der Effizienz und der Anwendungsgerechtigkeit abgelehnt. An ihrer Stelle wurde eine **einheitliche Bundesfinanzverwaltung** gefordert, da die gespaltene Finanzverwaltung:

> "a) ursprünglich vom Parlamentarischen Rat abgelehnt und lediglich von den damaligen Besatzungsmächten erzwungen worden ist,
> b) die einheitliche Verantwortung für die Steuergesetzgebung und ihren Vollzug verhindert,
> c) die unmittelbare Verbindung zwischen Theorie (Gesetzgebung, gesetzesvorbereitende Stellen) und Praxis (Finanzämter) unmöglich macht,
> d) zu uneinheitlicher Besteuerungspraxis und Verwaltungserschwernissen führt,
> e) die Reglementiersucht fördert,
> f) der Ungleichmäßigkeit und Ungerechtigkeit der Besteuerung sowie der Wettbewerbsschädlichkeit Vorschub leistet,
> g) die Oberfinanzdirektionen in eine Zwitterstellung drängt,
> h) zu unterschiedlichem Personalstand führt und einen dauernden Austausch von Beamten der Praxis und der Theorie erschwert,
> i) keine politische und schon gar keine föderalistische Frage ist."[26a)]

Ein Aufstellung von Schriften von Verbänden und Organisationen mit ähnlichem Inhalt findet sich im Bericht der Sachverständigenkommission für die Vereinfachung der Verwaltung (1960:101).

Letztlich fanden sich aber im Bundestag keine Mehrheiten für eine Revision der verfassungsrechtlichen oder sonstigen gesetzlichen Grundlagen der Finanzverwaltung. Im Mai 1951 brachte die FDP im Bundestag den Entwurf eines Gesetzes zur Änderung des Grundgesetzes ein, mit dem die Einführung der Bundesfinanzverwaltung angestrebt wurde. Bei der namentlichen Abstimmung fand dieser Entwurf zwar mit 195 von 334 abgegebenen Stimmen eine klare Mehrheit, dieses Votum erreichte aber nicht das erforderliche verfassungsändernde Quorum (Institut Finanzen und Steuern 1962:182); die Festlegung der Finanzverwaltung durch Verfassungsregelungen (oder durch verfassungsähnliche Bestimmungen wie die RAO) sorgte damit wie schon nach 1919 für die nötige Kontinuität.

26a) BDSt 1959:18; vgl. auch Sachverständigenkommission 1960:113

6.3. Organisation und Personal der Steuerverwaltung in der Bundesrepublik

6.3.1 Die Bundesgesetze über die Finanzverwaltung und -gerichtsbarkeit

6.3.1.1 Die Bundesgesetze über die Finanzverwaltung von 1950 und 1952

Zur näheren Klärung der Verfassungsbestimmungen des Grundgesetzes wurde am 5. September 1950 das **Gesetz über die Finanzverwaltung**[27] beschlossen. Das Gesetz klärte u.a. die Verteilung der Finanzbehörden auf Bund und Länder und die grundsätzliche Organisation der Mittel- und Unterbehörden. **Bundesfinanzbehörden** waren nach dem Gesetz

- als Mittelbehörden die Oberfinanzdirektionen
- als örtliche Behörden die Hauptzollämter und die Zollfahndungsstellen einschließlich der Hilfsstellen (§ 1I):

Die "oberste Leitung" dieser Bundesfinanzbehörden wurde dem Bundesminister der Finanzen übertragen (§ 1 II). Nach der Neufassung des Finanzverwaltungsgesetzes 1971[28] kam als Bundesbehörde das Bundesamt für Finanzen dazu.[29]

Als **Landesfinanzbehörden** fungierten:

- als Mittelbehörden die Oberfinanzdirektionen,
- als örtliche Behörden die Finanzämter (§ 2 I);

die "oberste Leitung" dieser Landesfinanzbehörden oblag der jeweils zuständigen Obersten Landesbehörde (§ 2 II).
Die Mittelbehörde der staatlichen Finanzverwaltung trägt demnach nach den Bezeichnungen 'Landesfinanzamt'[30] und 'Oberfinanzpräsident' (bzw. 'Oberfinanzpräsidium')[31] seit 1950 den Namen **Oberfinanzdirektion (OFD)** - was aber die OFD in Münster nicht daran hinderte, bis 1969 über dem Portal ihres Dienstgebäudes die Bezeichnung 'Oberfinanzpräsidium Westfalen' zu führen (vgl. Leesch 1983:235; Anm.17). Die Bezirke der Oberfinanzdirektionen waren so zu bilden, "daß sie sich tunlichst mit den Ländern oder mit größeren Verwaltungsbezirken der Länder decken" (§ 4).
Der Leiter der Oberfinanzdirektion, der **Oberfinanzpräsident**, trägt seitdem "einen Januskopf" (Institut Finanzen und Steuern 1952:23): er ist nach § 5 II - genau wie

27) FVG; BGBl. 1950:448 ff

28) Vgl. Kap. 9.1.2

29) Zum Bundesamt für Finanzen (BfF) vgl. Hartmann/Walter 1984:48; Schöberle 1984:473f und Kap. 6.4.1.2

30) nach 1919

31) seit 1937

der Leiter der Oberfinanzkasse bis zum 3. September 1971 - sowohl Bundes- als auch Landesbeamter; seine Dienstbezüge erhält er je zur Hälfte vom Land und vom Bund (Leesch 1983:271). Damit wurde an eine Situation angeknüpft, wie sie schon in der Frühzeit der Reichsfinanzverwaltung Bestand gehabt hatte, als in Baden, Bayern und auch den norddeutschen Ländern die Finanzminister dieser Länder gleichzeitig Oberfinanzpräsidenten (Präsidenten der Landesfinanzämter) des Reiches in ihrem Gebiet waren.[32] Für diese Lösung hatte sich Höpker-Aschoff schon im Sommer 1949 eingesetzt, um

> "... die organisatorischen Schwierigkeiten der jungen Finanzverwaltung durch eine Personalunion zwischen dem Leiter der Behörden der Finanzverwaltung des Bundes und der Länder in der mittleren Instanz, wenn nicht zu lösen, so doch zu mildern." (Schweigert 1970:199)

Ein Kritiker dieser Lösung, G. Wacke, sah die Position der Oberfinanzpräsidenten - wegen ihrer zwei Dienstherren - demgegenüber als zu weit verselbständigt:

> "So kann jetzt ein OFPr (*Oberfinanzpräsident; d.Verf.*) sehr selbstherrlich regieren. Er kann sich als betont bundesfreundlich oder als betont landesfreundlich, als Unitarier oder als Föderalist erweisen: er bleibt im Amt, solange ihn nur die Abneigung eines seiner Väter trifft. Erst wenn er von beiden enterbt wird, hat seine letzte Stunde geschlagen. Aber das wird kaum geschehen, weil die Abneigung des einen gerade die Liebe des andern hervorruft." (Wacke 1950/51:715)[33]

Allgemein wurde aber nicht bezweifelt, daß das FVG verfassungsgemäß war, da es "eine vom Grundgesetz zwar nicht ins Auge gefaßte, aber auch nicht verbotene Regelung getroffen hat" (Institut Finanzen und Steuern 1962:179).

Die Gliederung der Finanzbehörden wurde dadurch erschwert, daß nach Art. 108 I die Verwaltung der Umsatz- und Beförderungssteuer dem Bund zugeordnet wurde, aber nicht - wie die Verwaltung der dem Bund zustehenden Teile der Einkommensteuer und der einmaligen Vermögensabgabe (Frankfurter Lastenausgleich) - den Landesfinanzverwaltungen als Auftragsverwaltung übertragen werden sollten. Deshalb wählte man hier einen "krummen Weg", um "den Bestimmungen des Grundgesetzes und zugleich den praktischen Bedürfnissen zu genügen" (Höpker-Aschoff 1950/51:728): Die Verwaltung dieser Steuern wurde Bundesbeamten bei den Oberfinanzdirektionen übertragen, die direkt dem Oberfinanzpräsidenten zugeordnet wurden (§ 9 I FVG). An der praktischen Erhebung dieser Steuern wurden dann wiederum die Finanzämter (also reine Landesbehörden) beteiligt. Das betreffende Amt fungiert dann beispielsweise als 'Finanzamt, zugleich Umsatz-

32) Wacke 1950:10; vgl. auch Kap. 4.2.1.2

33) Vgl. auch ders. 1950:56

steuerstelle der Oberfinanzdirektion' (vgl. Leesch 1983:271). Damit blieb die aus der Weimarer Republik bekannte Einheit der Finanzverwaltung auf der unteren Ebene gewahrt. (Jürgens 1986:131)

Die Zusammenlegung ist in der zeitgenössischen Literatur auch kritisiert worden: Beispielsweise merkte der Düsseldorfer Oberfinanzpräsident Haslinde an, daß "die Oberfinanzdirektion als Mittelbehörde Steuerverwaltungsstelle geworden sei". Er befürchtete, daß die Oberfinanzpräsidenten "durch ihre sachliche Einschaltung in die Verwaltung der Umsatzsteuer und Beförderungssteuer ihren eigentlichen Aufgaben als Leiter der Gesamtbehörde sehr entzogen" würden (ders. 1952:401). G. Wacke bezeichnete die getroffene Lösung - die nicht die Forderung des Grundgesetzes nach einer eigenen Bundesverwaltung für diese Steuern erfülle - als "wider das Grundgesetz der Demokratie".[34)]

Andererseits vereinfachte diese Lösung die Steuerverwaltung deutlich:

> "Diese an einer Stelle zusammengefaßte Bearbeitung aller dieser Steuern ... liegt übrigens auch im wohlverstandenen Interesse der Stpfl. selbst, weil über Stundungs- und Erlaßanträge ein möglichst zutreffendes Urteil nur gewonnen werden kann aus einer möglichst weitgreifenden Beurteilung der steuerlichen Gesamtbelastung ..." (v. Kalm 1950:741)

Auf der Grundlage des § 40 FVG wurden 1950 und 1952 drei Verwaltungsanordnungen erlassen, die insbesondere die innere Organisation der Oberfinanzpräsidien regelten.[35)] Die 'Erste Verwaltungsanordnung zur Durchführung des Gesetzes über die Finanzverwaltung' vom 23. November 1950[36)] ordnete die inneren Angelegenheiten der Oberfinanzpräsidien: Insbesondere wurden die bisher für Personal- und Verwaltungsangelegenheiten zuständigen 'P-Abteilungen' (Präsidialabteilungen) aufgelöst und die Einzelheiten der Bundesbeteiligung bei der Verwaltung der Umsatz- und Beförderungssteuern geklärt. In der 2. DAFVG vom 21. Mai 1952[37)] wurde die Zuordnung der Bundesvermögens- und Bauabteilungen zu den Oberfinanzpräsidien festgehalten. Durch die 3. DAFVG vom 4. Dezember 1952[38)] wurde die Geschäftsordnung für die Oberfinanzdirektionen eingeführt.[39)]

In Ergänzung des FVG wurde am 15. Mai 1952 ein **Zweites Gesetz über die Finanzverwaltung**[40)] erlassen. In diesem Gesetz wurde in § 1 die Mitwirkung des Bundes bei der Verwaltung der Einkommen- und Körperschaftsteuer geregelt.

---

34) Ders. 1950/51:720

35) Vgl. Vialon 1956:221; Anm. 1

36) 1. DAFVG; BAnz Nr. 232/1950:1f

37) BAnz Nr.102/1952:3

38) BStBl. I 1952:999 ff

39) Vgl. hierzu Kap. 8.2.2

40) BGBl. I 1952:293f

Unter anderem wurde dem Bundesfinanzminister in Sachfragen ein Mitwirkungsrecht bei der Erstellung von allgemeinen Verwaltungsanordnungen eingeräumt (§ 1). Zudem wurde bestimmt, daß der Bundesminister für Finanzen bei der Verwaltung dieser Steuern "die Gleichmäßigkeit der Gesetzesanwendung und die Ordnungsmäßigkeit der Verwaltung" überwachen konnte (§ 2). Auch an Betriebsprüfungen konnte er durch Bundesbedienstete teilnehmen. Das zweite Finanzverwaltungsgesetz bildete auch die Grundlage für die Errichtung einer Zentralen Betriebsprüfungsstelle des Bundes mit Sitz in Bad Godesberg (vgl. BDSt 1970:107).

6.3.1.2 Die gesetzliche Regelung der Finanzgerichtsbarkeit

Die Wiedereinführung der Finanzgerichtsbarkeit begann schon kurz nach dem Zusammenbruch der NS-Diktatur: Ein Führererlaß hatte 1939 die Finanzgerichte aufgehoben und durch 'Anfechtungsbehörden' ersetzt. Durch das **Kontrollratsgesetz Nr. 36** vom 10. Oktober 1946 (Amtsbl. Kontrollrat 1946:136) wurde dieser Erlaß aufgehoben und die Verwaltungsgerichtsbarkeit wieder ins Leben gerufen, mit ihr zugleich die Finanzgerichtsbarkeit. Allerdings war die britische Militärregierung nicht mit einer Wiedererrichtung der alten Finanzgerichte einverstanden (Leesch 1983:272). So wurden erst durch eine Verordnung vom Februar 1949 in der britischen Zone die Finanzgerichte wieder eingesetzt. Gegenüber den alten Gerichten ergaben sich aber dabei zwei wesentliche Neuerungen:[41)]

- Finanzgerichte und Finanzverwaltung wurden streng voneinander getrennt: kein Mitglied der Finanzgerichte durfte bei der Verwaltung beschäftigt sein;
- die Zuständigkeit der Gerichte wurde auch auf die Zölle und Verbrauchsteuern ausgedehnt.

Durch das Gesetz über die Maßnahmen auf dem Gebiet der Finanzgerichtsbarkeit vom 22. Oktober 1957[42)] wurde einheitlich für die gesamte Bundesrepublik die organisatorische Unabhängigkeit der Finanzgerichte und die persönliche Unabhängigkeit der Finanzrichter sichergestellt. Damit wurden die Finanzgerichte und die Finanzrichter "aus ihrem gliederungsmäßigen Zusammenhang mit der Finanzverwaltung gelöst" (Hellwig 1977:216):

> "Die Finanzgerichte sind unabhängige, von den Verwaltungsbehörden getrennte Gerichte der Länder. Die ständigen Richter werden auf Lebenszeit gewählt und sind nicht versetzbar." (Leesch 1983:272)

41) Vgl. Leesch 1983:272

42) BGBl. I 1957:1746

An einer Vereinheitlichung der Finanzgerichtsbarkeit auf der unteren Ebene wurde seit den fünfziger Jahren gearbeitet (vgl. Weisensee 1955). Schließlich konnte am 6. Oktober 1965 die **Finanzgerichtsordnung (FGO)**[44] verabschiedet werden. Durch sie wurden die Prinzipien des allgemeinen verwaltungsrechtlichen Verfahrens hinsichtlich der Berufsgänge in die Finanzrechtsprechung aufgenommen (vgl. Leesch 1983:273).

Mit den Finanzgerichten als oberen Landesgerichten und dem BFH ist die Finanzgerichtsbarkeit in der Bundesrepublik zweistufig aufgebaut. Die Finanzgerichte sind damit den Oberlandesgerichten, Oberverwaltungsgerichten und Landessozialgerichten gleichgestellt. Sie sind als Kollegialgerichte gebildet. Ihre Spruchkörper (Senate) sind - bei der Urteilsfassung - mit drei Richtern und zwei ehrenamtlichen Finanzrichtern besetzt. (Hellwig 1977:217)

Nach §§ 33 FGO ist der Finanzrechtsweg vor allem gegeben bei:

- öffentlich-rechtlichen Streitigkeiten über Abgabenangelegenheiten, soweit die betroffenen Abgaben der Bundesgesetzgebung unterliegen und durch Bundes- oder Landesfinanzbehörden verwaltet werden;
- in öffentlich-rechtlichen und berufsrechtlichen Streitigkeiten nach dem Steuerberatungsgesetz. (Arndt/Zierlinger 1986:36)

6.3.1.3 Das Gesetz über den Bundesfinanzhof von 1950

Für die amerikanisch besetzten Länder war in der Folge des Kontrollratsgesetzes von 1946 als oberste Instanz der Finanzrechtsprechung der 'Oberste Finanzgerichtshof' in München als Entscheidungsinstanz für Rechtsbeschwerden eingesetzt worden. Das Grundgesetz hatte in Art. 108 V GG eine Regelung der Finanzgerichtsbarkeit durch Bundesgesetz vorgesehen. Art. 96 I GG (a.F.) wies den Bund zusätzlich an, ein oberstes Bundesgericht für diesen Bereich der Rechtsprechung einzurichten. Am 29. Juni 1950 wurde das **Gesetz über den Bundesfinanzhof**[43] verkündet. Nach § 2 des Gesetzes übernahm der in München angesiedelte Finanzhof die Aufgaben des alten Reichsfinanzhofes nach der Reichsabgabenordnung. Seit dem 27. Juli 1952 ist der BFH auch für das Land Berlin zuständig (Hellwig 1977:216).

Die Senate beim Bundesfinanzhof entscheiden in einer Besetzung von fünf Richtern, bei Beschlüssen außerhalb der mündlichen Verhandlung mit drei Richtern. Neben den einzelnen Senaten wurde beim BFH auch ein Großer Senat gebildet,

---

44) BGBl. I 1965:1477

43) BGBl. 1950:257

dessen Aufgabe es ist, "die Einheitlichkeit der höchsten Rechtsprechung zu wahren" (Hellwig 1977:218). Der Große Senat besteht aus dem Präsidenten und sechs Richtern.

6.3.2. Die Organisation der Steuerbehörden

6.3.2.1 Das Bundesministerium der Finanzen

Am 20. September 1949 wurde die erste Bundesregierung der Bundesrepublik Deutschland ernannt. Da zu diesem Zeitpunkt die Überleitung der in die Bundeszuständigkeit fallenden Finanzverwaltungsaufgaben auf das Bundesministerium der Finanzen noch nicht möglich war, blieb zunächst die Verwaltung für Finanzen (VfF) des Frankfurter Wirtschaftsrates[45)] weiter im Amt. Sie besaß nun aber keine Rechtsetzungsbefugnis mehr und wurde dem Finanzministerium unterstellt. Die Mitarbeiter der VfF bildeten später auch den Personalkern des Ministeriums (vgl. Schweigert 1970:208f).
Mit dem Inkrafttreten des ersten Finanzverwaltungsgesetzes wurden auch die Aufgaben der früheren Reichszollverwaltung von den Ländern und von der bisherigen Zolleitstelle der Verwaltung für Finanzen auf den Bund übertragen. Damit wurden auch die Beamten dieser Verwaltungen am 1. Oktober 1950 Bundesbeamte. Nach seiner Errichtung wurde das Finanzministerium in insgesamt 8 Sektionen aufgeteilt;[46)] eine davon war die **Abteilung III** (Zölle und Verbrauchsteuern), eine andere die **Abteilung IV** (Besitz- und Verkehrsteuern). Der Plan zur Schaffung einer besonderen 'Generalfinanzdirektion' für Koordinierungsaufgaben zwischen dem Ministerium und den nachgeordneten Finanzbehörden wurde nicht umgesetzt (vgl. BMF 1969:133).
Die innere Organisation des Bundesfinanzministeriums blieb bis zur Neubildung der Bundesregierung im Herbst 1957 bestehen, als ein Teil der Dienstgeschäfte (u.a. auf dem Gebiet des Tarif- und Besoldungsrechts) an das Bundesinnenministerium abgegeben werden mußte. Die Aufgaben hinsichtlich der Beteiligung des Bundes an wirtschaftlichen Unternehmungen wurden dem Bundesschatzministerium übertragen (vgl. Klein 1970:42f).
Nach der Neubildung der Bundesregierung im Herbst 1969 wurden die dem Bundesschatzministerium übertragenen Aufgaben wieder dem Bundesministerium der Finanzen zugeteilt. Zugleich wurde die Zuständigkeit für den **Bundesfinanzhof** und die **Finanzgerichtsordnung dem Bundesjustizministerium** übertragen (Klein 1970:43).

45) Vgl. Kap. 6.1.3.3

46) Vgl. Anlage 64

Nach der Umorganisation von 1969 gliederte sich das Ministerium in nunmehr neun Abteilungen; die **Abteilung III** war weiterhin für die Zölle und Verbrauchsteuer, außerdem auch noch für die Monopole zuständig.[47] Die **Abteilung IV** verwaltete weiterhin die Besitz- und Verkehrsteuern.[48] Ihr waren die "beschränkten Hoheitsrechte des Bundes" auf diesem Gebiet zugewiesen; sie überwachte "die ordnungsgemäße Verwaltung der dem Bunde zufließenden Steuern" (Klein 1970:78). Die Abteilung gliederte sich in die

- Unterabteilung IV A (Bearbeitung der Umsatzsteuer);
- Unterabteilung IV B (Allgemeine Fragen der Besitz- und Verkehrsteuern);
- Unterabteilung IV C (Internationales Steuerrecht, Besteuerung des Vermögens, Automation).[49]

Zu diesem Zeitpunkt umfaßte das Ministerium rund 1.400 Mitarbeiter, darunter **879 Beamte** und **449 Angestellte** (sowie 59 Arbeiter), die sich wie folgt aufgliederten:

- höherer Dienst:	369 Beamte/21 Angestellte
- gehobener Dienst:	368 Beamte/35 Angestellte
- mittlerer Dienst:	108 Beamte/375 Angestellte
- einfacher Dienst:	34 Beamte/18 Angestellte.[50]

Heute gliedert sich die Abteilung IV (Besitz- und Verkehrsteuern) in drei Unterabteilungen. Sie sind nun zuständig für:

- Unterabteilung IV A: Umsatzsteuer, Verkehrsteuern, Abgabenordnung, Betriebsprüfung, Steuerfahndung, Steuerberatungswesen;
- Unterabteilung IV B: Steuern vom Einkommen und Ertrag, sowie Sparförderung;
- Unterabteilung IV C: Allgemeine Fragen der Besitz- und Verkehrsteuern, Automation, Bewertung und Besteuerung des Vermögens, Internationales Steuerrecht.

Der Untergruppe IV C sind auch das Grundsatzreferat für die Besitz- und Verkehrsteuern (IV C 1) und das Referat für die Automation in der Steuerverwaltung (IV C 2) zugeordnet (vgl. Bund 1987:184 und Anlage 66). Die große Bedeutung der Veranlagungsfälle innerhalb der Einkommensteuer zeigt sich an der Tatsache, daß

47) Der Abteilung III des Ministeriums unterstand damit die gesamte - hier nicht zu besprechende - Bundeszollverwaltung mit (1970) mehr als 2.500 Dienststellen (Klein 1970:72).

48) Vgl. Anlage 65

49) Zur Bearbeitung der geplanten Steuerreform wurde zusätzlich 1969 die Gruppe IV D eingerichtet (vgl. Anlage 66)

50) Vgl. BMF 1969:140

die - in Fallzahlen bei weitem dominierende - Erhebung durch den Lohnsteuerabzug nur in einem Referat (IV B 6, zusammen mit dem Vermögensbildungsgesetz) bearbeitet wird, während für die - im Veranlagungsfall weit bedeutsameren - speziellen Regelungen (Einkunftsarten, Bilanzfragen, Abschreibungen) und die Gesamtfragen des Einkommensteuerrechts (Tarif, Familienfragen) fünf Referate (IV B 1 - IV B 5) zuständig sind (vgl. Anlage 66).

Die Ministerien der Länder sind ähnlich dem Bundesfinanzministerium in Fachabteilungen und Fachreferate gegliedert; in einigen Ländern schieben sich Unterabteilungen[51)] oder Gruppen[52)] dazwischen. Der Schwerpunkt der Arbeit der Ministerien liegt bei den Besitz- und Verkehrsteuern, für die eigene Steuerabteilungen gebildet sind. Die in der Bundeskompetenz liegenden Zölle und Verbrauchsteuern werden - soweit sie Länderinteressen berühren - in eigenen Fachreferaten bearbeitet.[53)]

6.3.2.2 Die Oberfinanzdirektionen

Bis Mai 1945 hatten als Vorgänger der Oberfinanzdirektionen die 'Oberfinanzpräsidenten' existiert. Unter den geschilderten Bedingungen der zwischen Bund und Ländern geteilten Finanzverwaltung hatten die Oberfinanzdirektionen nach 1950 andere Aufgaben zu erfüllen. Die Position des sowohl dem Bund als auch dem jeweiligen Land unterstellten Präsidenten der OFD war dabei einem historischen Vorbild nachgestaltet: der Präsident der Preußischen Schuldenverwaltung leitete vordem auch die Reichsschuldenverwaltung (Schweigert 1970:211). In der Bundesrepublik aber bildet diese "für einen föderalistischen Verwaltungsaufbau höchst merkwürdige Erscheinung" (Rasenack 1985:325) einer gemeinsamen Mittelinstanz eine Besonderheit. Die sechzehn Oberfinanzdirektionen verbinden hier Bundes- und Landesverwaltungen in enger Weise. Wie sehr sich die sechzehn Oberfinanzdirektionen in der Zahl der zu betreuenden Einwohner (Steuerzahler) ihres Gebietes, der unterstellten Finanzämter und des beschäftigten Personals unterscheiden, ergibt sich aus Anlage 67: Während der OFD Bremen mit 1.587 Beschäftigten (Bereich Steuern) 5 Finanzämter unterstehen, hat die OFD Münster in Nordrhein-Westfalen mehr als 13.000 Beschäftigte im Steuerbereich und unterteilt sich in 51 Finanzämter.

Probleme gab es bei der Gestaltung der inneren Organisation der Oberfinanzdirektionen hinsichtlich der Präsidialabteilungen. Diese bestanden seit 1938 als

---

51) Saarland

52) Hessen, Nordrhein-Westfalen

53) Pausch 1972:386

vierte Abteilung neben den drei Fachabteilungen der OFP. Weil das Bundesfinanzministerium die Schaffung dieser Personal- und Verwaltungsabteilung für eine Maßnahme zur Durchsetzung der politischen Willkür innerhalb der Finanzverwaltung hielt, weigerte es sich, diese innere Gliederung beizubehalten.[54] Die P-Abteilungen wurden dann durch die 2. DAFVG vom November 1950 aufgelöst.

In der Steuerverwaltung oblag den OFDs im wesentlichen die Kontrollfunktion der Mittelbehörden: "Die Oberfinanzdirektionen überwachen die Gleichmäßigkeit der Gesetzesanwendung und beaufsichtigen die Geschäftsführung aller nachgeordneten Dienststellen." (Hartmann 1961:670) Ihre innere Gliederung richtete sich nach den Bestimmungen der **Geschäftsordnung für die Oberfinanzdirektionen (OFDGO)** in der 3. DAFVG vom 4. Dezember 1952.[55] § 2 der OFDGO hielt noch einmal fest, daß die jeweilige OFD von den Oberfinanzpräsidenten geleitet wurde und daß diese Präsidenten "in Angelegenheiten der Bundesfinanzverwaltung dem Bundesminister der Finanzen und in Angelegenheiten der Landesfinanzverwaltung der für die Finanzverwaltung zuständigen obersten Landesbehörde" unterstanden. In Einklang mit § 6 FVG gliedern sich die Oberfinanzdirektionen in:

- eine Zoll- und Verbrauchsteuerabteilung;
- eine Bundesvermögens- und Bauabteilung;
- eine **Besitz- und Verkehrsteuerabteilung**;
- (falls gebildet) eine Landesvermögens- und Bauabteilung (§ 3).

Zur persönlichen Unterstützung der Oberfinanzpräsidenten kann ein Präsidialbüro (anstelle der aufgelösten P-Abteilung) eingerichtet werden, das aus Verwaltungsangehörigen sowohl des Bundes als auch des Landes gebildet werden kann, dem aber keine sachlichen Arbeitsgebiete zugeordnet werden durften (§ 3 IV OFDGO). Die einzelnen Abteilungen wurden von Abteilungsleitern geleitet. Sie wurden aus Referaten zusammengesetzt und mit Referenten besetzt (§ 4). Für die Verteilung der Aufgaben innerhalb der jeweiligen OFD waren Geschäftsverteilungspläne aufzustellen, aus denen die sachliche Gliederung der Arbeitsgebiete klar hervorzugehen hatte (§ 5 I).

Neben weiteren Einzelheiten des Geschäftsganges (Eingänge, Zeichnungsrecht u.ä.) wurde auch der Kontakt zu den Bürgern geregelt:

> "Alle Schriftstücke sollen höflich, in der Form knapp, klar und leicht verständlich abgefaßt sein und dennoch die Sache erschöpfend darlegen. Besondere Einleitungen und ersetzbare Fremdwörter sind im allgemeinen zu vermeiden." (§ 10 OFDGO)

---

54) Schweigert 1970:214f; vgl. auch die gegenteilige Meinung bei Bispinck 1949:408

55) BStBl. I 1952:999 ff

6.3.2.3 Die Finanzämter

Das Gesetz über die Finanzverwaltung (FVG) hatte in § 20 angeordnet, daß die für die Finanzverwaltung zuständige oberste Landesbehörde den Bezirk und den Sitz der Finanzämter festzulegen hatte. Gleichzeitig wurden auch die Aufgaben der Finanzämter definiert:

> "Die Finanzämter sind als örtliche Landesbehörden (...) für die Verwaltung der den Ländern ganz oder zum Teil zufließenden Besitz- oder Verkehrsteuern und für die ihnen sonst übertragenen Aufgaben zuständig." (§ 21 FVG)

Anfang der 50er Jahre bestanden 560 Finanzämter. (Bühler 1953:331)
Ausgiebig beschäftigt sich das FVG mit den **Steuerausschüssen**. Sie waren in der NS-Zeit durch beratende Beiräte ersetzt worden (Leesch 1983:271). Nun wurden - je nach den örtlichen Bedürfnissen - wieder einer oder mehrere Steuerausschüsse gebildet. Nach § 24 FVG waren sie beratend an der Feststellung von Besteuerungsgrundlagen und bei der Festsetzung der Steuern vom Einkommen zu beteiligen. Die Steuerausschüsse bestanden aus einem Vorsitzenden, gewählten Gemeindevertretern und vier bis acht sonstigen gewählten Mitgliedern (§ 25). Die Mitglieder der Ausschüsse versahen diese Tätigkeit nach § 30 FVG ehrenamtlich. Sie waren vor der Aufnahme ihrer Tätigkeit zu verpflichten und hatten Unabhängigkeit und die Wahrung des Steuergeheimnisses zu geloben (§ 31 FVG). Die Verhandlungen des Steuerausschusses wurden vom Vorsteher des Finanzamtes geleitet (§ 32 I FVG); die Einzelheiten der Verhandlungen wurden in dem Abschnitt 7 der 1. DAFVG[56] näher geregelt. Entscheidungen über Veranlagungen kamen den Ausschüssen aber nicht mehr zu. (Bühler 1953:331)

Nach der Finanzreform hatte sich die Belastung der Finanzämter verstärkt, ohne daß eine Personalverstärkung in gleichem Maß stattgefunden hätte. So steigerte sich der Personalbestand im Oberfinanzbezirk Düsseldorf von 1939 bis 1952 um 113 %, der Arbeitsanfall aber um "mindestens 130 bis 150 %" (Haslinde 1952:402). Eine der Konsequenzen aus dieser Entwicklung war die Gründung von Finanzschulen zur Schaffung eines geeigneten Nachwuchses.

Durch gleichlautende Erlasse wurde im Frühjahr 1954 die **Geschäftsordnung für die Finanzämter (FAGO)**[57] in Kraft gesetzt,[58] die bis zum 31. Dezember 1985 Gültigkeit behielt. Als Leiter der Dienstgeschäfte des Finanzamtes wurde darin der **Vorsteher** festgelegt. Nach § 2 des Erlasses war er u.a. für

56) BAnz Nr. 232/1950:1f

57) BStBl. II 1954:65 ff

58) Hier zitiert: Erlaß für Nordrhein-Westfalen vom 18. Januar 1954

- den sachgemäßen Einsatz der Arbeitskräfte;
- die ordnungsgemäße und rechtzeitige Erledigung der Amtsgeschäfte;
- regelmäßige Amtsbesprechungen;
- die Leitung der Verhandlungen des Steuerausschusses

zuständig. Die Vorsteher der Finanzämter konnten danach je nach Geschäftsumfang, Personalstärke und Aufkommenshöhe des Finanzamtes vom Regierungsrat bis zum Leitenden Regierungsdirektor eingestuft werden (Pausch 1972:387). Innerhalb der Arbeit des Finanzamtes wurden Sachgebiete gebildet, die von **Sachgebietsleitern** (Beamte des höheren Dienstes, Steuerräte und Steueramtmänner) geleitet wurden. Die Sachgebietsleiter waren für die "zweckentsprechende Geschäftsführung" innerhalb ihres Sachgebietes verantwortlich und erteilten allen Verwaltungsangehörigen ihres Geschäftsbereiches die erforderlichen dienstlichen Anweisungen (§ 6 III FAGO); Sachgebiete waren im Geschäftsverteilungsplan des Finanzamtes[59] mit römischen, Arbeitsgebiete mit arabischen Ziffern zu bezeichnen. Die Sachgebiete wurden dabei in Arbeitsgebiete geteilt, die von **Sachbearbeitern** (Obersteuerinspektoren, Steuerinspektoren und außerplanmäßige Steuerinspektoren) zu erledigen waren. In Ausnahmefällen konnten auch Obersteuerinspektoren zu Sachgebietsleitern und Obersteuersekretäre zu Sachbearbeitern bestellt werden. Dienstgeschäfte einfacherer Art wurden Beamten des mittleren Dienstes und Steuerbetriebsassistenten zugeordnet; einfache Arbeiten (Boten-, Zustell- und Versendungsdienste u.ä.) waren von Steuerwachtmeistern auszuführen (§ 8 III bzw. IV FAGO). Neben diesen personellen und organisatorischen Grundsatzfragen enthielt die FAGO auch Bestimmungen über den Arbeitsablauf und die Form des Verkehrs mit dem Bürger und anderen Dienststellen (Zeichungsbefugnis etc.)

Fachlich lassen sich die Arbeitsgebiete in den Finanzämtern - auch heute noch - in der Regel in folgende Bereiche teilen:[60]

- den Veranlagungsbereich,
- die Lohnsteuerstelle,
- die Einheitsbewertung (Bewertungsstelle),
- die Verkehrsteuern,
- den Prüfungsdienst (Außenprüfungsstelle),
- die Bußgeld- und Strafsachen,

---

59) Vgl. Anlage 68

60) Vgl. BMF 1977:19; Bolk/Deppe 1980:39; zur Neuordnung des Veranlagungsbereichs der Finanzämter durch die GNOFÄ vgl. Kap. 6.4.2.1

- die Finanzkasse und
- die Vollstreckung

Die Arbeitsgebiete der Veranlagung waren in den Finanzämtern herkömmlich in **Teilbezirke** gegliedert, denen ein bestimmter Kreis von Steuerpflichtigen zugeordnet war; diese Zuordnung erfolgte entweder nach regionalen oder sachlichen Gesichtspunkten (Löbich 1981:20). Die Gliederung mit einer durchgehenden "Allzuständigkeit des Teilbezirks" (Rasenack 1985:333) als dem kleinsten organisatorischen Teilbereich der Finanzämter war eines der wesentlichsten Organisationsprinzipien der FAGO 1954. Nach § 4 I FAGO galt diese Zuordnung vor allem auch für die Veranlagung. Der Teilbezirk war

> ... sowohl unterste Arbeits- als auch unterste Kontrollebene (im Verhältnis zwischen Sachbearbeiter und Mitarbeiter) für alle veranlagungsbezogenen Arbeiten und damit allein aktenführende Stelle." (Rasenack 1985:333, Anm. 4)

Das Hauptgewicht bei der Veranlagung lag (und liegt bei herkömmlicher Organisation auch noch heute) in den Händen der Sachbearbeiter:

> "Von ihrem fachlichen Können und Leistungswillen hängt weitgehend die Arbeit des Finanzamts ab. Sie sind es, die die steuerlichen Tatbestände ermitteln und auswerten. Dabei handeln sie teils selbständig im Rahmen ihres Zeichnungsrechts, teils bereiten sie die Entscheidungen der Sachgebietsleiter vor." (Raatz/Podschwadek 1962:2)

Dieses fachliche Können wurde durch eine "weitgehende Delegation des Zeichnungsrechts vom zuständigen Sachgebietsleiter auf den einzelnen Sachbearbeiter" noch verstärkt (Löbich 1981:21). Karlsen (1978:21) beschreibt die herkömmliche Form der Arbeitsteilung in den Finanzämtern am Beispiel der 'G-Bezirke' der hessischen Finanzämter, in denen die Veranlagung derjenigen Steuerpflichtigen durchgeführt wird, deren Einnahmen ausschließlich aus einem Gewerbebetrieb stammen:

> "Die G-Bezirke bestehen aus einem Sachbearbeiter, einem ersten Mitarbeiter und einem zweiten Mitarbeiter, deren Aufgaben relativ stark strukturiert sind. Der Sachbearbeiter unterzeichnet und kontrolliert alle Steuerfälle, die im Bezirk bearbeitet werden, und bearbeitet die Post, die der Bezirk vom Sachgebietsleiter zugeteilt bekommen hat. Der erste Mitarbeiter führt die meisten Veranlagungen des Bezirks aus (60 bis 90 %). Diese Zahl hängt stark damit zusammen, ob der Sachbearbeiter Tätigkeiten als Hauptsachbearbeiter wahrzunehmen hat. Der zweite Mitarbeiter ist in jedem Bezirk nur halbtags (beschäftigt), führt Listen, ordnet Akten und schreibt Maschine."

In den meisten Bundesländern ist auch die **Steuerfahndung** auf der Ebene der Finanzämter angesiedelt. Die Steuerfahndung ist ein besonderer Prüfungsdienst der Finanzverwaltung zur Bekämpfung der Steuerkriminalität; ihre Befugnisse ergeben sich aus den §§ 208 und 404 AO sowie den Einzelbestimmungen der Strafprozeßordnung. Die Steuerfahndung soll der Durchsetzung der Grundsätze der Gesetzmäßigkeit und der Gleichmäßigkeit der Besteuerung (aus § 85 AO) dienen. (Klos 1985:322) 1983 haben die **944 Fahndungsprüfer** der Steuerfahndung 14.693 Überprüfungen durchgeführt. Dabei wurden rechtskräftige Mehrsteuern in einer Höhe von rund 790 Millionen Mark eingezogen. Die dabei erhobenen Geldstrafen betrugen rund 20 Millionen Mark, die Geldbußen 4,1 Millionen Mark. Insgesamt wurden 564 Jahre an Freiheitsstrafen gegen die Straftäter verhängt.[60a)]

Die Steuerfahndungsstellen sind - ähnlich wie die Bußgeld- und Strafsachenstellen - keine eigenständigen Finanzbehörden im Sinne der Abgabenordnung. Sie haben ihre Wurzeln im steuerlichen Außendienst, der zu Beginn der zwanziger Jahre eingesetzt wurde. Der Begriff der 'Steuerfahndung' wurde 1934 durch einen Erlaß des Reichsfinanzministers eingeführt. Die Organisation der Steuerfahndungsstellen liegt im Rahmen der Verwaltungshoheit der Länder. Aufgrund dieser Tatsache haben sich verschiedene Organisationsmodelle herausgebildet:

- in den meisten Bundesländern (Bayern, Baden-Württemberg, Hessen, Rheinland-Pfalz, Saarland und Schleswig-Holstein) sind die Steuerfahndungsstellen als selbständige Dienststellen in der Finanzämtern angesiedelt; Behördenleiter ist dort der Finanzamtsvorsteher;
- in Bremen und Nordrhein-Westfalen wurden die Steuerfahndungsstellen als Außenstellen der Oberfinanzdirektionen eingerichtet; Behördenleiter ist hier der OFP;
- in Hamburg besteht ein selbständiges Finanzamt für Steuerfahndung und Prüfungsdienste:
- in Niedersachsen gibt es Finanzämter, die ausschließlich für Fahndung und Strafsachen zuständig sind. (vgl. Klos 1985:323)

Durch die GNOFÄ wurde der **Veranlagungsbereich** der Finanzämter mit dem Ziel einer schnelleren Durchführung der Besteuerung mit Hilfe der EDV neu geordnet. (Bolk/Deppe 1980:39; vgl. dazu Kap. 6.4.2.1) Im März 1983 legten die Organi-

60a) Zahlen vgl. Klos 1985:322 und DStG Nr. 11/1984:148. (1984: 14.523 Fälle, Mehrsteuern 744 Millionen Mark, Zahl der Steuerfahnder: 965; vgl. DStG Nr. 11/1986:159.) Direkte Zusammenhänge zwischen den Überprüfungen und den Strafverhängungen bestehen hier wegen der zeitlichen Verzögerung nicht; vgl. auch FN 88. Wegen des bundesweiten Operationsfeldes der Steuerfahndung fordert die Deutsche Steuergewerkschaft eine bundesweite Organisation der Steuerfahndungsbehörden. Ein Ansatzpunkt hierfür könnte das - bei bestimmten Betriebsprüfungen ohnehin beteiligte - Bundesamt für Finanzen sein; vgl. DStG Nr. 6/1984:78 (zum BfF vgl. Kap. 6.4.1.2).

sationsabteilungen des Bundes und der Länder eine neue Geschäftsordnung für die Finanzämter vor, welche die alte FAGO von 1954 ablösen sollte. Das Ziel war, auch die Geschäftsordnung an die neuen organisatorischen Gegebenheiten anzupassen (DStG Nr. 3/1983:18). Diese **Neufassung der 'Geschäftsordnung für die Finanzämter' (FAGO)** wurde am **2. Dezember 1985** veröffentlicht (BStBl. I 1985: 685) und durch gleichlautende Erlasse der obersten Finanzbehörden der Länder in Kraft gesetzt.

§ 1 FAGO 1985 schreibt die Gliederung der Finanzämter in **Sachgebiete** und die Teilung dieser Sachgebiete in **Arbeitsgebiete** vor. Die Arbeitsgebiete sind - in Abstimmung mit der Neufassung der GNOFÄ (vgl. Kap. 6.4.2.2) - nach § 2 III FAGO 'die kleinste Organisationseinheit, der bestimmte, abgegrenzte Aufgaben zugewiesen sind'. Die zentrale Rolle des Vorstehers wurde auch in der Neufasung der FAGO beibehalten. Er ist für die einheitliche Rechtsanwendung in seinem Haus verantwortlich und übt die Fach- und Dienstaufsicht aus (§ 3 III S.1); ihm ist die regelmäßige Abhaltung von Dienstbesprechungen mit den Sachgebietsleitern (und erforderlichenfalls weiteren Amtsangehörigen) zugewiesen (§ 3 IV S.1). Nach § 3 VI ist der Finanzamtsvorsteher Sachgebietsleiter für Organisation, Haushalt und Personal (Geschäftsstellenleitung).

In ähnlicher Weise wie der Finanzamtsvorsteher ist der **Sachgebietsleiter** für die Belange des ihm zugeteilten Sachgebietes verantwortlich. (§ 5 FAGO) Er sorgt für die einheitliche Rechtsanwendung in seinem Sachgebiet und hält zu diesem Zweck dort Dienst- und Fachbesprechungen ab. Die Aufgaben eines Arbeitsgebietes werden von einem **Sachbearbeiter** (Bearbeiter) in eigener Verantwortung erledigt. (§ 6 FAGO). So wie der Sachgebietsleiter gegenüber dem Finanzamtsvorsteher, hat auch der Sachbearbeiter eine Informationspflicht gegenüber seinem Vorgesetzten, der er in regelmäßigen Unterrichtungen nachzukommen hat. (§ 6 III S.2) Für Aufgaben, die mehrere Sachgebiete betreffen, sind **Hauptsachgebietsleiter** einzusetzen. Zu ihren Aufgaben gehören nach § 7 II FAGO vor allem die Vorbereitung von Amtsverfügungen, die Steuerung von Arbeitsabläufen, die Klärung steuerrechtlicher Zweifelsfälle und der Entwurf von Berichten, soweit sie das jeweilige Fachgebiet betreffen. Zur Zuweisung der einzelnen Aufgaben hat der Vorsteher des Finanzamtes jährlich einen Geschäftsverteilungsplan aufzustellen, der von der OFD zu genehmigen ist. (§ 9 I und II FAGO)

Im Verhältnis der Steuerbeamten zum Bürger werden in der Neufassung der FAGO einerseits grundsätzliche Anweisungen hinsichtlich eines höflichen, sachgerechten und die Angelegenheit nach Möglichkeit beschleunigenden Verhaltens gegeben (§ 10), andererseits wurden auch spezielle Regelungen hinsichtlich des Schriftverkehrs (§ 16) getroffen, wonach alle Schreiben des Finanzamts "höflich, knapp, klar und leicht verständlich" abzufassen und Abkürzungen und nicht verständliche Gesetzesfundstellen zu vermeiden sind und auf einen Fremdwortgebrauch nach Möglichkeit zu verzichten ist.

Den Ländern wurde in § 29 FAGO das Recht zugewiesen, ergänzende Bestimmungen zu dieser Geschäftsordnung zu erlassen. Die neue Geschäftsordnung trat nach § 30 zum 1. Januar 1986 in Kraft; damit wurde die alte FAGO mit allen Anlagen hinfällig.

6.3.3. Das Personal der Steuerverwaltung

6.3.3.1 Die Ausbildung der Steuerbeamten

Nach 1945 war die Aus- und Fortbildung der Zoll- und Steuerbeamten zunächst Sache der einzelnen Landesfinanzverwaltungen. Die Grundsätze und Methoden der Ausbildung entwickelten sich in der Folgezeit vielfach auseinander.[61] Ab 1950 übernahm der Bund die Ausbildung in den drei Dienstzweigen der Bundesfinanzverwaltung (Bundeszoll-, Bundesvermögens- und Bundessteuerverwaltung), ab 1951 wurden dem Bundesfinanzministerium auch Bildungsaufgaben im Bereich der Landessteuerverwaltungen zugewiesen (BMF 1969:154). Dieses Zugeständnis war eine Gegenleistung für die Zuweisung der eigentlich dem Bund zustehenden Verwaltung der Beförderungs- und Umsatzsteuer an die Finanzämter der Länder. (vgl. Kap. 6.3.1.1)

Die einheitliche Ausbildung aller Steuerbeamten wurde vom Bund zuerst durch das **Steuerbeamten-Ausbildungsgesetz (StBAG)** vom 16. Mai 1961 (BGBl. I 1961:603) einheitlich geregelt. Die Erkenntnis, "daß ein gleicher, hoher Leistungsstand aller Steuerbeamten nur durch eine im gesamten Bundesgebiet einheitliche Ausbildung und Fortbildung erreicht und gewahrt werden kann" (BMF 1969:156), führte zu dieser bundeseinheitlichen Regelung. Die Kompetenz zur gesetzlichen Regelung des Ausbildungswesens hatte das Grundgesetz in Art. 108 II, Satz 2 dem Bund zugewiesen (Kohlrust/Heilmann 1968:4). Das StBAG regelte im wesentlichen die Voraussetzungen für den Zugang der Beamten und Anwärter für die Steuerverwaltungen der Länder, der an einheitliche Grundlagen gebunden wurde. Es behielt dabei die Gliederung in vier verschiedene Laufbahngruppen bei. Unterschieden wurden danach die Laufbahnen des

- **einfachen Dienstes** (Zugangsvoraussetzung: Volksschule; Vorbereitungszeit sechs Monate);
- **mittleren Dienstes** (Zugangsvoraussetzung: 'Mittelschul'-Abschluß, Vorbereitungsdienst achtzehn Monate);

61) Kohlrust/Heilmann 1968:3f; Arlt 1973:38; vgl. auch Sachverständigenkommission 1960:111

- **gehobenen Dienstes** (Zugangsvoraussetzung: Reifezeugnis oder mittlere Reife und zweijährige Handelsschule; Vorbereitungsdienst: drei Jahre);
- **höheren Dienstes** (Zugangsvoraussetzung: abgeschlossenes Studium; dreijähriger Vorbereitungsdienst, Ablegung der zweiten Staatsprüfung).[62)]

In § 7 StBAG wurden dem Bund die notwendigen Kompetenzen für die Unterhaltung einer **Bundesfinanzakademie** zur Durchführung der den Laufbahnbewerbern des höheren Dienstes vorgeschriebenen fachwissenschaftlichen Lehrgänge und zur Fortbildung der Beamten des höheren Dienstes der Steuerverwaltungen der Länder zugewiesen. Die bereits seit 1951 bestehende Bundesfinanzakademie in Siegburg dient dem Bund seit dem Beginn der systematischen Schulungen im Jahre 1953 dazu, die Ausbildung der Beamten des höheren Dienstes, "die als Führungskräfte im besonderen Maße dazu berufen sind, die gleichmäßige Rechtsanwendung im Steuerrecht zu gewährleisten" (BMF 1969:158), aber damals wie heute wenig von steuerrechtlichen Fragen verstehen (Jürgens 1986:132), zu koordinieren.[63)] Die Lehrgänge an der Bundesfinanzakademie teilen sich heute in solche der Einführungsfortbildung (Einführung in die Aufgaben der Finanzverwaltung) und der Anpassungsfortbildung (Vertiefung für bestimmte Aufgabengebiete). (Jürgens 1986:132)

Der Bundesminister der Finanzen erhielt in § 7 StBAG die Ermächtigung, mit Zustimmung des Bundesrates eine Ausbildungs- und Prüfungsordung für die Laufbahnen der Steuerbeamten zu erlassen, was am 30. April 1962 geschah (vgl. Kohlrust/Heilmann 1968:57 ff).
Ein Problem der Ausbildung ist sicherlich, daß gerade die für den höheren Dienst ausgebildeten Beamten der Steuerverwaltung in der Regel kaum Kenntnisse für die spezielle Tätigkeit im Steuerwesen mitbringen:

> "Alle, die auf dem Gebiete des Steuerwesens tätig sind, in der Gerichtsbarkeit, der Verwaltung, der Steuerberatung und auf den Universitäten, haben keine oder so gut wie keine theoretische Ausbildung auf einer Universität gerade für die Betätigung im Steuerwesen erhalten." (Flume 1970:277; genauso Jürgens 1986:133)

Das **StBAG** wurde in der Folge **1976** neu gefaßt[64)] und die Bildungsgänge neu bestimmt, wobei sowohl Lehrinhalte als auch Lehrformen an die Entwicklung angepaßt wurden (vgl. BMF 1977:51f). Die Vermehrung des steuerrechtlichen Stoffes, zunehmende Durchsetzung des Steuerrechts mit wirtschafts- und sozialpolitischen

---

62) Vergröberte Darstellung, Ausnahmen waren zulässig; vgl. StBAG 1961 §§ 2-5.

63) Vgl. auch Institut Finanzen und Steuern 1962:180

64) Gesetz zur Änderung des Steuerbeamten-Ausbildungsgesetzes vom 23. August 1976; BGBl. I 1976: 2384; vgl. auch BGBl. I 1976:2793 ff

Vorstellungen und die damit gestiegenen Anforderungen an die Steuerbeamtenschaft erforderten eine Neuordnung der Ausbildung. (vgl. Arlt 1973:39) Ziel der Veränderung des StBAG war deshalb vor allem eine Verlängerung der theoretischen Ausbildung und die verstärkte Vermittlung von Grundlagen- und Methodenwissen (Lorenz 1976:442). Kern der Ausbildungsänderung war die **Einführung einer Fachhochschulausbildung für den gehobenen Dienst** in der Steuerverwaltung. Die Ausbildung und die Zugangsvoraussetzungen gliedern sich auf den verschiedenen Ebenen danach wie folgt:[65)]

- beim **einfachen Dienst** bleiben die Zugangsvoraussetzungen unverändert; gefordert wird weiterhin der Hauptschul- oder ein vergleichbarer Abschluß, der Vorbereitungsdienst dauert unverändert 6 Monate;
- für den **mittleren Dienst** ist der Realschulabschluß erforderlich, bis 31. Dezember 1979 wurden auch noch Bewerber mit geringerer Vorbildung zugelassen; der Vorbereitungsdienst ist von anderthalb auf **zwei Jahre** verlängert worden, danach ist die Laufbahnprüfung abzulegen; seit einer Gesetzesänderung vom 13. März 1985 (BGBl. I 1985:554) ist auch die Einstellung von Bewerbern mit einem guten Hauptschulabschluß möglich (vgl. Hasselmann 1985);
- beim **gehobenen Dienst** wurde das Abitur oder die Fachhochschulreife oder ein gleichwertiger Abschluß Zulassungsvoraussetzung, auch hier wurden bis zum 31. Dezember 1979 Ausnahmen zugelassen; der Vorbereitungsdienst wird nun in einer **verwaltungsinternen Fachhochschule** durchgeführt; die Ausbildungszeit beträgt unverändert drei Jahre;
- die Zulassungsvoraussetzung zum **höheren Dienst** in der Steuerverwaltung (abgeschlossenes Hochschulstudium) wurde beibehalten, aber genauer gefaßt; nunmehr ist der Abschluß eines mindestens dreijährigen Studiums der Rechts-, Wirtschafts-, Finanz- oder Sozialwissenschaften notwendig (§ 5 StBAG 1976), danach muß nach einem mindestens zweijährigen Vorbereitungsdienst die Befähigung zum höheren Verwaltungsdienst nachgewiesen werden; die Bewerber werden anschließend in einer unverändert achtzehn Monate dauernden Vorbereitung in die Aufgaben des höheren Dienstes der Steuerverwaltung eingeführt, dies u.a. in ergänzenden Studien (4 Monate) an der Bundesfinanzakademie. Einen speziellen Vorbereitungsdienst gibt es hier nicht. (Hasselmann 1986:355)

Den Schwerpunkt der praktischen Ausbildung des höheren Dienstes bildet eine 13-monatige Einarbeitung bei einem Finanzamt, während der der Beamte für die Dauer von drei Monaten selbständig und eigenverantwortlich ein Sachgebiet leitet. (Hasselmann 1986:356) Danach erfolgt der endgültige Einsatz als Sachgebietsleiter bei einem Finanzamt.

---

65) Vgl. Lorenz 1977:442

In der Folge des neuen Ausbildungsgesetzes wurde auch die Steuerbeamten-Ausbildungs- und Prüfungsordnung (StBAPO) neugefaßt und diese Neufassung am 21. Juli 1977 erlassen. Nachdem die Steuerverwaltung mit der neuen StBAPO einige Erfahrungen gesammelt hatte, wurde sie in Teilbereichen geändert und am 6. September 1982 eine Neufassung bekanntgemacht (BGBl. I 1982:1024). Die Änderungen beim mittleren Dienst bezogen sich in den inhaltlichen Fragen im wesentlichen auf die Berücksichtigung der praktischen Anforderungen an die jungen Steuerbeamten in den ersten Arbeitsjahren; eine noch stärkere Heranführung an diese Aufgaben in weiteren Änderungen der StBAPO ist hier schon abzusehen (Anbuhl 1983:9). Nach diesen Änderungen wurde für die Beamten des gehobenen Dienstes die Ausbildung an den Fachhochschulen für Finanzen ausgebaut. Nach den jeweiligen landesrechtlichen Vorschriften wurde den Absolventen auch die Diplomierung bzw. Nachdiplomierung ermöglicht (als 'Diplom-Finanzwirt').[65a)]

6.3.3.2 Personalzahlen

Genaue Zahlen über die Personengruppen im öffentlichen Dienst in der Bundesrepublik lagen erst ab 1960 vor, als aufgrund der Bestimmungen des Gesetzes über die Finanzstatistik erstmals bei regelmäßigen Zählungen eine Gliederung der Personenzahl nach funktional geordneten Aufgabenbereichen vorgesehen wurde (WiSta Nr.7/1966:710).

Nach den Ergebnissen der Personalstandserhebung vom 2. Oktober **1965** waren im Bundesgebiet insgesamt rund **138.000** hauptberuflich Bedienstete in der Steuerverwaltung von Bund und Ländern beschäftigt. Rund ein Drittel davon (33,6 %) war bei der Finanzverwaltung des **Bundes** eingesetzt. Bei dessen Bediensteten dominierte mit 85,6 % oder **42.000** Beschäftigten die **Zollverwaltung**. Die reine Steuerverwaltung des Bundes machte nur 0,6 % aller Bundesbediensteten der Finanzverwaltung aus.[66)] Der größte Teil (rund zwei Drittel) der Bediensteten der Finanzverwaltung stand im Dienst der **Länder**, mit 66,4 % rund 92.000 Menschen.

Bei der Gliederung nach Laufbahnen zeigt sich, daß rund **zwei Drittel** (rund 92.000) der Beschäftigten der Finanzverwaltung Beamte waren, der Anteil der Arbeiter war hingegen mit 5.000 (3,6 %) verschwindend gering. Besonders stark vertreten war bei den Beamten der **mittlere Dienst** mit fast **60 %** (beim Bund - beeinflußt durch die Bundeszollverwaltung - sogar 65,4 %); der Anteil des höheren Dienstes machte dagegen nur 3,1 % der Beschäftigten aus.

65a) Vgl. exemplarisch für Nordrhein-Westfalen: SteuerStud Nr. 1/1985:1, Hendricks 1985:129 und DStG Nr. 11/1984:149. Mittlerweile ist die Diplomierung/Nachdiplomierung der Finanzbeamten des höheren Dienstes in allen Bundesländern gesetzlich geregelt bzw. im Verfahren.

66) WiSta Nr. 7/1966:711; vgl. auch Anlage 70

Bei der **Entwicklung** des Personalstandes zeigte sich, daß das Personal der Finanzverwaltung von 1960 bis 1965 wesentlich schwächer wuchs, als andere staatliche Verwaltungszweige, mit 4,3 % "eine in Anbetracht der auf diesem Gebiet ständig komplizierter werdenden Gesetzgebung auffällig geringe Zunahme". (WiSta Nr. 7/1966:712)

> "Diese Entwicklung wird durch ständige Rationalisierung und Technisierung der verschiedenen Arbeitsvorgänge, Vereinfachung von Vorschriften und Formularen, Auflösung von 123 Zolldienststellen von 1959 bis 1963 sowie durch die Abwanderung von zahlreichen Finanzbeamten in besser dotierte Stellungen der Wirtschaft gekennzeichnet. " (WiSta Nr. 7/1966:712)

Die damit zusammenhängenden Personalkosten haben sich im gleichen Zeitraum ebenfalls unterdurchschnittlich entwickelt (ebd.:713). Nach 1963 wurde der Personalstand der Steuerverwaltungen der Länder beständig gesteigert, **von 1963 bis 1975** um ca. **31 %** (BMF 1977:73; Übersicht 14). Im gleichen Zeitraum vergrößerte sich aber auch der Personalfehlbestand: 1975 betrug er noch ca. 23 %.[67] Gleichzeitig stieg beispielsweise die Zahl der Einkommensteuerfälle von 1963 bis 1974 um 149 % (vgl. BMF 1977:23). Im selben Zeitraum erhöhte sich der **Anteil der Beamten** an der Zahl der Gesamtbeschäftigten der Steuerverwaltungen der Länder von 62,5 % (1963) auf ca. **66 %** (1975).[68]

6.3.3.3 Personalstruktur

Nach der Neufassung des Steuerbeamten-Ausbildungsgesetzes gliedert sich die Steuerverwaltung (d.h. die einzelnen Verwaltungen der Länder) in Steuerbeamte
- des **einfachen Dienstes** (Besoldungsgruppe A1 bis A5),
- des **mittleren Dienstes** (A5 bis A9),
- des **gehobenen Dienstes** (A9 bis A13),
- des **höheren Dienstes** (A13 bis B7).

Die Beamten des **einfachen Dienstes** sind zumeist für einfache Tätigkeiten ohne steuerspezifische Fachkenntnisse oder eine entsprechende Fachausbildung (Botendienste, Postverteilungsstellen etc.) eingesetzt. Die Beamten des **mittleren Dienstes** stellen im wesentlichen den Mitarbeiterbereich in den Steuerfestsetzungsstellen oder den Finanzkassen. Die Steuerbeamten des gehobenen Dienstes sind in der Regel als Sachbearbeiter in der Veranlagung eingesetzt, während den Beamten des **höheren Dienstes** schließlich Leitungsfunktionen in den Finanzämtern und den

67) Vgl. Anlage 71

68) Löbich 1981:47; Hendricks (1985:129) spricht von (heute) insgesamt rund 34.000 Beamten, Verwaltungsangestellten und Arbeitern in der "Steuerverwaltung", davon rund 23.600 Beamten. Diese gliedern sich wiederum in rund 1.300 Beamte des höheren, 12.900 Beamte des gehobenen, 9.200 Beamte des mittleren und etwa 200 Beamte des einfachen Dienstes auf.

Oberfinanzdirektionen obliegen (Löbich 1981:49). Die Beamten des höheren Dienstes können sich dort entweder auf Personalführungs- und Organisationsaufgaben oder auf bestimmte Steuerfachgebiete spezialisieren. (Hasselmann 1986: 355) Die Verteilung dieser Gruppen innerhalb der Steuerverwaltung ist eindeutig: In Berlin gehörten beispielsweise 1978 mehr als die Hälfte (50,7 %) der Steuerbeamten dem gehobenen Dienst an, fast genauso viele (42,9 %) waren Teil des mittleren Dienstes. Dagegen war die Bedeutung des einfachen (1,8 %) und des höheren Dienstes (4,6 %) eher gering. Diese Zahlen waren in den gesamten siebziger Jahren relativ konstant geblieben.[69] Auf der Ebene der Finanzämter spricht Hasselmann (1986:355) für 1985 von 2.578 (oder 2,5 % des Gesamtpersonals) Beamten und Angestellten des höheren Dienstes.

Insgesamt stagniert die Zahl der Beschäftigten der Finanzverwaltungen in den letzten Jahre nahezu: Während von 1971 bis 1980 noch ein Stellenzuwachs von rund 30 % zu verzeichnen war, betrug der Zuwachs in den Jahren von 1980 bis 1984 nur noch etwa 0,8 %; hier wirken sich die globalen Stellenkürzungen der Bundesländer in den Jahren von 1982 bis 1984 voll aus. (DStG Nr. 5/1986:62)

69) Vgl. Löbich 1981:50f und Anlage 72

6.4. Neuere Organisationsänderungen in der Steuerverwaltung

6.4.1. Organisationsänderungen in der Steuerverwaltung nach der Finanzreform von 1969

6.4.1.1 Die Grundgesetzänderung von 1969

Nach zwanzig Jahren Gültigkeit der alten 'Finanzverfassung' des Grundgesetzes zeigte sich, daß sich "die Staatspraxis beinahe von Jahr zu Jahr weiter von der geschriebenen Finanzverfassung entfernte" (Stadler 1969:297). Neben den Problemen der Steuerrechtsetzungskompetenz und der Verteilung der Steuereinnahmen zwischen Bund und Ländern konnte auch die von den Besatzungsmächten aufgezwungene Steuerverwaltungsverteilung des Art. 108 in seiner alten Fassung "den politischen Kompromiß nur mühsam verbergen" (Weyhausen 1982:22). Insbesondere die geschilderten 'krummen Wege' bei der Verwaltung der Umsatz- und Beförderungssteuern waren kaum mehr haltbar.

Anläßlich der Finanzreform von 1969 wurde deshalb auch die Finanzverwaltung in Deutschland auf eine neue verfassungsrechtliche Grundlage gestellt. Durch das Einundzwanzigste Gesetz zur Änderung des Grundgesetzes (**Finanzreformgesetz**) vom 21. Mai 1969 (BGBl. I 1969:359 ff) wurde der **Art. 108 GG** in eine neue Form gebracht. Dabei lassen sich drei Hauptregelungen herausheben:[70)]

- die Verwaltung der Zölle, Finanzmonopole und bundesgesetzlichen Verbrauchsteuern (einschließlich der Abgaben im Rahmen der Europäischen Gemeinschaft) erfolgt weiter ausschießlich durch **Bundesfinanzbehörden** (Art. 108 I GG);
- **alle anderen Steuern** werden seitdem durch **Landesfinanzbehörden** verwaltet (Art. 108 II GG);
- verwalten die Landesfinanzbehörden Steuern, die ganz oder zum Teil dem Bund zufließen, so werden sie im **Auftrag des Bundes** tätig (Art. 108 III GG).

Falls der Vollzug der Steuergesetze dadurch erleichtert oder verbessert wird, kann, "um eine gewisse Beweglichkeit in der Steuerverwaltung zu ermöglichen" (Hettlage 1986:614), durch Bundesgesetz ein Zusammenwirken von Bundes- und Landesfinanzbehörden bzw. in Abweichung von den vorstehenden Bestimmungen die Verwaltung durch Landes- oder Bundesfinanzbehörden festgelegt werden (Art. 108 IV GG). Die Zuständigkeit des Bundes bei der Verwaltung der Steuern nach Art. 108 I GG besteht dabei unabhängig von der Ertragshoheit für die jeweilige Steuer.[71)] Dem Bund wurde zudem die Finanzgerichtsbarkeit und der Erlaß

---

70) Vgl. Anlage 60

71) Maunz/Dürig 1983: vgl. auch Anlage 61

allgemeiner Verwaltungsvorschriften (mit Zustimmung des Bundesrates) zugewiesen (Art. 108 VI bzw. VII GG).

Die Ausnahmen von der Regel, daß alle nicht in Art. 108 I GG festgehaltenen Abgaben durch Landesbehörden zu verwalten sind, sind teils aus der Sache heraus[72)] gegeben, teils traditionell bedingt[73)] und umfassen den "historisch begründeten 'Wildwuchs' der Spezialakzisen von der Essigsäure- bis zur Zuckersteuer". Damit trägt der Art. 108 GG dem in Art. 30 GG festgelegten Grundsatz Rechnung, daß die staatlichen Aufgaben grundsätzlich Sache der Länder sind (Müller/Zeitler 1975:467). Mit der getroffenen Teilung lehnt sich das Grundgesetz "an verwaltungstechnische Bedürfnisse und Vorgegebenheiten an" (Weyhausen 1982:25).

Einerseits wurde den Länderfinanzverwaltungen auch die Verwaltung der Umsatzsteuer (ohne Einfuhrumsatzsteuer), des Lastenausgleichs und der Straßengüterverkehrsteuer zugewiesen; ihre Verwaltungskompetenzen also beträchtlich ausgebaut. Andererseits wurden die Eingriffsmöglichkeiten des Bundes kräftig verstärkt: Zukünftig ist eine Erweiterung der Zuständigkeiten der Bundesfinanzverwaltung ohne ein verfassungsänderndes Gesetz möglich.[74)] Zudem wurde die landeseigene Steuerverwaltung in der 'reinen' Form zugunsten der **Auftragsverwaltung** für den Bund zurückgedrängt, da nun alle Steuern, die dem Bund auch nur teilweise zufallen, in seinem Auftrag einzuziehen und zu verwalten sind, also auch der Landesanteil bei der Einkommen- und Körperschaftsteuer und der Umsatzsteuer der Auftragsverwaltung unterliegt. Damit wurde auch die direkte Kompetenz des Bundesministers der Finanzen, dazu unmittelbare Weisungen an die Mittel- und Unterbehörden zu erlassen, erheblich erweitert.[75)] Von dieser Regelung war schon 1969 befürchtet worden, daß sie "voraussichtlich eine Reihe rechtlicher und praktischer Zweifelsfragen" (Stadler 1969:344) nach sich ziehen würde.

Aus diesen Verstärkungen der Rechte des Bundes ist deutlich zu erkennen, daß in der Finanzreform - trotz der eigentlichen Erweiterung der Zuständigkeiten der Landesbehörden - "die Steuerverwaltungshoheit der Länder wesentlich eingeschränkt" wurde (Stadler 1969:344). Insgesamt bedeutet diese Lösung aber einen "verwaltungstechnisch tragbaren und politisch haltbaren Kompromiß" (Weyhausen 1982:23).

---

72) Nähe zur Bundesverwaltung bei Zöllen, EG-Abgaben, Einfuhrumsatzsteuer

73) Finanzmonopole, bundesgesetzlich geregelte Verbrauchsteuern

74) Stadler 1969:343; Klein 1969:1321

75) Einschränkend dazu Müller/Zeitler 1975:468f; vgl. auch Weyhausen 1982:126f

6.4.1.2 Das Finanzanpassungsgesetz von 1971

Zur Auskleidung dieser neuen Verfassungsbestimmungen wurde am 30. August 1971 das 'Gesetz zur Anpassung verschiedener Vorschriften über die Finanzbeziehungen zwischen dem Bund und den Ländern an die Neuregelung der Finanzverfassung'[76] veröffentlicht. Es enthielt als **Artikel 5** auch eine Neufassung des **Finanzverwaltungsgesetzes**. Das neue FVG legte zunächst einmal die Gliederung der Finanzbehörden des Bundes und der Länder fest. In der Neufassung der §§ 1 und 2 wurde eine viergliedrige Bundesfinanzverwaltung und eine dreigliedrige Landesfinanzverwaltung festgeschrieben. **Bundesfinanzbehörden** waren danach

- als **oberste Behörde** der Bundesminister der Finanzen;
- als **Oberbehörden** die Bundesschuldenverwaltung, die Bundesmonopolverwaltung für Branntwein, das Bundesamt für Finanzen und die Bundesbaudirektion;
- als **Mittelbehörden** die Oberfinanzdirektionen;
- als **örtliche Behörden** die Hauptzollämter einschließlich ihrer Dienststellen.

Als **Landesfinanzbehörden** fungieren:

- als **oberste Behörde** die für die Finanzverwaltung zuständige oberste Landesbehörde;
- als **Mittelbehörden** die Oberfinanzdirektionen;
- als **örtliche Behörden** die Finanzämter.[77]

Durch Artikel 5 des Zuständigkeitsanpassungs-Gesetzes vom 18. März 1975[78] wurde § 1 des FVG N.F. dahingehend ergänzt, daß als Oberbehörden der Bundesfinanzverwaltung an die Stelle der Bundesbaudirektion die Bundesaufsichtsämter für das Kreditwesen und das Versicherungswesen gesetzt wurden.

Im Zusammenhang mit der Steuerverwaltung war die Einführung des **Bundesamtes für Finanzen** (BfF) eine Neuerung gegenüber dem FVG von 1950. Das Bundesamt ist nach § 4 FVG N.F. bei der Steuerverwaltung im wesentlichen zuständig für:

- die Mitwirkung bei Betriebsprüfungen;
- die Entlastung von deutschen Abzugssteuern in Fällen der Doppelbesteuerung;
- die Entlastung bei deutschen Besitz- oder Verkehrssteuern gegenüber internationalen Organisationen u.ä.

---

76) Finanzanpassungsgesetz - FAnpG (BGBl. I 1971:1426 ff)

77) Zur gegenseitigen Zuordnung vgl. Anlage 63

78) BGBl. I 1975:705 ff

und für weitere Fälle der Zusammenarbeit mit internationalen Behörden oder der Bearbeitung von Steuerfällen im internationalen Zusammenhang.[79)] Ende 1984 hatte das Bundesamt 6.363 Bedienstete, davon 417 Beamte, in den vier Abteilungen Steuern, Bundesbetriebsprüfung, Bundesbesoldungsstelle und Datenverarbeitung.[80)]

1983 hat das Bundesamt an im Ausland ansässige Bezieher bestimmter deutscher Kapitalerträge (Dividenden, Zinsen) rund 706 Millionen DM an Kapitalertragsteuer erstattet und dazu rund 45.600 Einzelanträge bearbeitet. Im Rahmen der internationalen Amtshilfe in Steuersachen hat das Bundesamt 1.517 Vollstreckungssachen über einen Gesamtbetrag von etwa 111 Millionen DM und 3.788 Zustellungssachen bearbeitet und weitergeleitet. Der Betriebsprüfungsdienst des BfF hat im gleichen Jahr an mehr als 600 steuerlichen Außenprüfungen bei Großbetrieben und Konzernen mitgearbeitet (vgl. DStG Nr. 6/1984:85).

Insbesondere bei den vom Bundesamt begleitend durchzuführenden Betriebsprüfungen reichen diese Kräfte aber nicht aus:

> "1982 gab es in der Bundesrepublik 144.716 sog. Großbetriebe. Selbst wenn das Bundesamt nur an der Prüfung von Unternehmen mit einem Jahresumsatz von mindestens 10 Mio. DM mitwirken wollte, könnte es bei dem gegenwärtigen Stellenbestand höchstens 18 v.H. solcher Prüfungsfälle abdecken." (Höppner 1985:117)

Rechtsgrundlage der Betriebsprüfung ist die Betriebsprüfungsordnung Steuer (BpO (St)) vom 27. April 1978.[81)] Dazu kommen noch die Einführungserlasse zur AO 1977[82)] und zur BpO (St) sowie landesrechtliche Regelungen[83)] und die gesetzlichen Bestimmungen der Abgabenordnung.[84)] 1985 waren in der Betriebsprüfung 8.304 Püfer der Landessteuerverwaltungen für gewerbliche Betriebe und freiberuflich Tätige sowie 435 Landesprüfer für land- und forstwirtschaftliche Betriebe tätig; dazu kommen noch etwa 50 Prüfungsbeamte des Bundesamtes für Finanzen, die bei den Betriebsprüfungen durch die Länderfinanzbehörden in besonderen Fällen mitwirken (vgl. DStG Nr. 11/1986:146).

79) Vgl. dazu auch Ruhe 1970:373

80) Höppner 1985:107

81) BStBl. I 1978:195

82) Vgl. Kap. 6.4.1.3

83) Für Nordrhein-Westfalen beispielsweise ein Erlaß des Finanzministers vom 17. Mai 1978

84) Vgl. Finken/Heilmaier 1979:194

Obwohl sich die Prüfungsabstände bei der Betriebsprüfung durch die Länderfinanzverwaltungen seit 1969 verringert haben[85] und sich die Zahl der eingesetzten Betriebsprüfer von 1970 bis 1980 um etwa 60 % erhöht hat[86] sind die Prüfungsabstände - insbesondere bei den kleineren und kleinsten Betrieben - immer noch unverhältnismäßig groß und noch dazu in den einzelnen Bundesländern stark schwankend:[87]

Prüfungsturnus 1979 in den Bundesländern

(= Angabe in Jahren)

	Groß-betriebe	Mittel-betriebe	Klein-betriebe	Kleinst-betriebe
Baden-Württemberg	4,38	8,92	38,61	89,74
Bayern	3,33	9,41	21,77	99,69
Berlin	4,59	11,97	32,91	140,79
Bremen	5,62	11,33	18,85	30,03
Hamburg	4,89	9,38	19,50	54,16
Hessen	5,61	13,74	30,02	154,65
Niedersachsen	5,42	8,83	14,07	31,03
Nordrhein-Westfalen	3,44	6,00	12,68	37,61
Rheinland-Pfalz	3,51	5,30	9,70	35,36
Saarland	3,58	7,34	17,08	ungeprüft
Schleswig-Holstein	4,18	7,26	16,01	42,08
∅ aller Bundesländer	3,98	7,91	17,43	57,64

Danach kann also ein Kleinstbetrieb in Hessen - nach dem Stand von 1979 - generationenweise arbeiten, ohne ein einziges Mal von der Steuerprüfung belästigt zu werden. 1985 betrug der Prüfungsabstand bei Großbetrieben 3,6 Jahre, bei Mittelbetrieben 8,4 Jahre und bei der zusammengefaßten Gruppe der Klein- und Kleinstbetriebe durchschnittlich 31,5 Jahre (DStG Nr. 11/1986:146).

Bei der Einkommensteuer ergaben sich durch die Steuerprüfung 1980 insgesamt Nachforderungen von rund 2,7 Mrd. Mark, das waren zu diesem Zeitpunkt etwa

85) Etwa bei Großbetrieben von durchschnittlich 4,7 auf 3,9 Jahre von 1969 auf 1979, bei Mittelbetrieben von 10,5 auf rund 8 Jahre im gleichen Zeitraum; DStG Nr. 5/1981:92

86) Vgl. DStG Nr. 11/1981:183

87) Quelle: DStG Nr. 6/1981:110. Zum XII. Betriebsprüfungsturnus (1. Januar 1985) wurden die Abgrenzungsmerkmale der Größenklassen der zu prüfenden Betriebe neu gefaßt (Abdruck der verschiedenen Gruppen in DStG Nr. 1-2/1985:10). Dadurch wurden rund 50.340 Großbetriebe zu Mittelbetrieben herabgestuft (allein in Nordrhein-Westfalen waren das rund 18 % aller Großbetriebe). Damit wurde die Statistik der Prüfungsabstände erheblich 'geschönt'.

6,4 % des gesamten Einkommensteueraufkommens.[88)] Von den 8,28 Mrd. DM Gesamtnachforderungen, die für 1985 erhoben worden, fielen rund 3,26 Mrd. DM (der größte Einzelposten) an Einkommensteuer-Nachzahlungen an (3,13 Mrd. DM von gewerblichen Betrieben und Freiberuflichen und rund 133 Millionen DM aus land- und forstwirtschaftlichen Betrieben; DStG Nr. 11/1986:416). Rund drei Viertel dieses Mehrergebnisses wurde durch Prüfungen bei Großbetrieben erzielt.

Die Einordnung der Oberfinanzpräsidenten als Leiter der Finanzverwaltung des Bundes und des Landes in dem jeweiligen Bezirk wurde auch vom FVG neuerer Fassung übernommen. Beibehalten wurde auch die innere Gliederung der Oberfinanzdirektionen in eine Zoll- und Verbrauchsteuerabteilung, eine Bundesvermögensabteilung, eine **Besitz- und Verkehrsteuerabteilung** und (bei Bedarf) eine Landesvermögens- und Bauabteilung (§ 8 II FVG N.F.). Die Zoll- und Verbrauchsteuerabteilung ist dabei für die Durchführung derjenigen Aufgaben, deren Erledigung Sache der Hauptzollämter und Zollfahndungsstellen ist, zuständig (§ 8 IV); die Bearbeitung der Angelegenheiten, für deren Erledigung die Finanzämter zuständig sind, ist Sache der Besitz- und Verkehrsteuerabteilung. In Wegfall sind die Stellen gekommen, die sich aus der Konstruktion des alten FVG hinsichtlich der Verwaltung von Steuern durch Bundesbeamte direkt bei den Oberfinanzdirektionen ergeben hatten.
Der Oberfinanzpräsident ist weiterhin der zugleich Bundes- als auch Landesbeamter und wird von beiden Gebietskörperschaften zu gleichen Teilen besoldet wird.[89)] Ernannt und entlassen wird der Oberfinanzpräsident auf Vorschlag des Bundesfinanzministers und der zuständigen obersten Landesbehörde in Finanzsachen im "gegenseitigen Einvernehmen" zwischen Bundes- und jeweiliger Landesregierung durch den Bundespräsidenten (§ 9 III FVG N.F.).
Hinsichtlich der noch zu besprechenden technischen Ausstattung der Landesfinanzbehörden mit automatischen Einrichtungen zur Festsetzung und Erhebung der Steuern[90)] legt das FVG neuerer Fassung fest, daß **Art, Umfang und Organisation** des Einsatzes solcher Einrichtungen durch die zuständige oberste Landesbehörde zu bestimmen sind, wobei "zur Gewährleistung gleicher Programmergebnisse und eines ausgewogenen Leistungsstandes" Einvernehmen mit dem Bundesfinanzminister herbeizuführen ist (§ 20 I). Fachliche Weisungen zur

---

88) Vgl. DStG Nr. 11/1981:184. Für etliche Betriebe kommen zu diesen Überprüfungen auch noch die Betriebsprüfungen der Zollbehörden hinzu.
In diesen Jahresstatistiken werden nur die im jeweiligen Jahr bestandskräftig gewordenen Steuernachforderungen gezählt; diese ergeben sich zu einem erheblichen Teil aus Betriebsprüfungen, die schon in den voran gegangenen Jahren abgeschlossen wurden.

89) Dies gilt nicht in den Fällen, in denen eine OFD ausschließlich Landesaufgaben wahrzunehmen hat.

90) Vgl. Kap. 6.4.2.3

Nutzung von automatischen Einrichtungen anderer Verwaltungsträger erteilt ebenfalls die für die Finanzverwaltung zuständige oberste Landesbehörde (oder eine von ihr bestimmte Finanzbehörde; § 9 II).[91)]

6.4.1.3 Die Neufassung der Abgabenordnung 1977

Die 1919 durch Enno Becker erarbeitete Reichsabgabenordnung (RAO) behielt ihre ursprüngliche Gestalt bis zum Anfang der dreißiger Jahre, als sie auf Grund der Verordnungen des Reichspräsidenten vom 1. Dezember 1930 und 22. Mai 1931 neu gefaßt wurde. Die nunmehr beschlossene Form wurde bis 1976 nur in einzelnen Punkten[92)] angepaßt. Das geschah aber nicht systematisch.

Die RAO wurde in der Folgezeit vielmehr 'durchlöchert', weil man einzelne Problembereiche herausnahm und durch Spezialgesetze regelte. Im hier besprochenen Zusammenhang sind besonders das Erste und Zweite Finanzverwaltungsgesetz und die Finanzgerichtsordnung zu nennen. Wegen dieser Unübersichtlichkeit wurde vielfach eine Neuordnung des allgemeinen Abgabenrechts gefordert. Schon 1963 berief der Bundesfinanzminister deshalb eine Kommission zur Erarbeitung einer neuen Abgabenordnung. Ziel einer solchen Reform sollte es sein,[93)]

- die Abgabenordnung wieder zu einem umfassenden Mantelgesetz für das allgemeine Abgabenrecht zu machen,
- die Systematik der RAO zu verbessern und
- einen gerechten Ausgleich zwischen den Grundsätzen der Rechtssicherheit und der Gleichmäßigkeit der Besteuerung zu finden.

Mit der Abgabenordnung von 1977 (AO 1977) wurden alle im Laufe der Zeit in Nebengesetze ausgelagerten Materien wieder in einem einheitlichen Gesetzeswerk zusammengefaßt. Außerhalb der AO bleiben als einige der wenigen Ausnahmen auch weiterhin das (neu gefaßte) Finanzverwaltungsgesetz sowie die Finanzgerichtsordnung bestehen.

Verfahrensrechtliche Neuerung brachte die AO 1977 insbesondere in § 164 mit der Steuerfestsetzung 'unter Vorbehalt der Neuprüfung' und in § 169 II mit der Verkürzung der Verjährungfrist für die Festsetzung von Besitz- und Verkehr-

---

91) Nach diesen Neuregelungen wurde folgerichtig durch Artikel 7 des Finanzanpassungsgesetzes von 1971 das Zweite Gesetz über die Finanzverwaltung vom 15. Mai 1951 (vgl. Kap. 6.3.1.1) aufgehoben.

92) Insgesamt 65; vgl. Koch 1986:XL; vgl. auch Krein 1977:10, Anm. 5

93) Hellwig 1977:2; Bollacher 1976:105f; Koch 1986:XXXIX; eine kritische Würdigung der AO 1977 findet sich bei Tipke 1976.

steuern von bisher fünf auf jetzt vier Jahre. (Hellwig 1977:3) Die Steuerfestsetzung unter dem Vorbehalt der Nachprüfung soll - bei einer Bearbeitung der Angaben des Steuerzahlers mit Hilfe der EDV - die Steuererhebung beschleunigen; dadurch soll eine gleichmäßige Fälligkeit von Abschlußzahlungen und Erstattungen erreicht werden. Die genaue Prüfung des Steuerfalles kann dann später erfolgen. Damit gewann auch die Betriebsprüfung, nunmehr **Außenprüfung** genannt, an zunehmender Bedeutung. Diese 'betriebsnahe Veranlagung' bildet einen der Kernpunkte der Neuorganisation des Besteuerungswesens in der Bundesrepublik in den siebziger Jahren. (Rasenack 1985:333) Neuartig war auch die gesetzliche Regelung der verbindlichen Zusagen im Anschluß an eine Außenprüfung in den §§ 204 ff. Eine vergleichende Übersicht der Vorschriftenfundorte der AO 1977 im Vergleich zur RAO bzw. den Nebengesetzen findet sich bei Koch (1986:LII-LXVII).

Der sachliche Geltungsbereich umfaßt einerseits die durch Bundes- oder Landesfinanzbehörden verwalteten Steuern, für die die AO ohne Einschränkung gilt. Für die andere Steuergruppe, die Realsteuern[94)], gilt die AO ebenfalls, sofern die Verwaltung bei den genannten Behörden liegt; liegt sie hingegen bei den Verwaltungen der Gemeinden, gelten für die Realsteuern nur ausgewählte Vorschriften aus der AO.[95)] Für die Verwaltung von Steuern, die durch Landesrecht geregelt sind, gilt die AO grundsätzlich nicht. Auch der AO 1977 ist das Schicksal häufiger Änderungen nicht erspart geblieben: Von 1977 bis 1986 ist sie insgesamt 19 mal geändert worden;[96)] allein das Steuerbereinigungsgesetz 1986 vom 19. Dezember 1985[97)] änderte die AO nicht weniger als 48 mal.

6.4.2 Die Modernisierung der Steuerverwaltung

6.4.2.1 Die Grundsätze zur Neuorganisation der Finanzämter von 1975

Nach den grundgesetzlichen Änderungen und verwaltungsmäßigen Neuerungen der Jahre 1969 bis 1971 sind die Finanzämter als örtliche Landesbehörden für die Verwaltung aller Steuern zuständig, die nicht den Bundesfinanzbehörden oder den Gemeinden übertragen worden waren (Schöbele 1984:474). Unabhängig von den Organisationsänderungen in der Finanzverwaltung im Zusammenhang mit der Neuformulierung der Finanzverfassung 1969 wurde seit Ende der sechziger Jahre die Neuorganisation der Finanzämter gefordert. Schon im April 1968 hatte der Präsident des Bundesrechnungshofes in einem Schreiben an den Bundesfinanz-

---

94) Grund- und Gewerbesteuer

95) Vgl. die Aufstellung bei Hellwig 1977:6

96) Vgl. die Übersicht bei Koch 1986:XLIII ff

97) BGBL. I 1985:2436

minister auf die zunehmenden Schwierigkeiten der Finanzämter bei der Erledigung ihrer Aufgaben hingewiesen. Nicht nur die zu beurteilenden Lebenssachverhalte auch das anzuwendende Recht wurden immer komplizierter, die Zahl der zu bearbeitenden Fälle immer größer.[98] Allein in Nordrhein-Westfalen stiegen von 1960 bis 1969 die Lohnsteuerjahresausgleichsanträge von 1,7 Millionen auf 3,6 Millionen Stück, die Sparprämienanträge von 750.000 auf 3,5 Millionen Stück und die Einheitswertfälle von 350.000 auf 1,2 Millionen Stück (Weiss 1972:163):

> "Diese Entwicklung führte zwangsläufig dazu, daß nicht mehr alle Steuerfälle mit der gleichen Gründlichkeit geprüft werden konnten; dieser Qualitätsverlust wirkte sich häufig gerade bei den steuerlich bedeutsameren Fällen aus." (Manke 1976:83)

Der Senat von Berlin erkannte das sogar - mit einer erstaunlichen Fähigkeit zur Ironie - für seine eigenen Dienstkräfte an:

> "Der Berliner Steuerverwaltung ist es offenbar noch nicht in ausreichendem Maße gelungen, die in den Veranlagungsstellen tätigen Dienstkräfte von einer sinnvollen Auslegung des § 204 Abs. 1 AO (Ermittlungspflicht des Finanzamts) zu überzeugen. Die eingehenden Steuererklärungen werden häufig noch unterschiedlos und schematisch auf ihre Richtigkeit geprüft - soweit dies vom 'grünen Tisch' her möglich ist -, ein Bearbeitungsverfahren, das zwar zeitaufwendiger ist, aber nicht gewährleistet, daß tatsächlich die steuerlich gewichtigen Sachverhalte erkannt und geprüft werden." (Berliner Senat 1975:13)

Dadurch kam es auch häufig zu einem verzögerten Erlaß der Steuerbescheide, was wiederum die Steuererstattungen weiter nach hinten verschob, wodurch auch hohe Nachzahlungen erst spät festgesetzt und erhoben wurden. Anfang 1973 betrug die Bearbeitungszeit im Veranlagungsgeschäft (gerechnet vom Ablauf der allgemeinen Erklärungsfrist an) rund 21 Monate, gegenüber 9 Monaten zu Zeiten der Reichsfinanzverwaltung und noch 14 Monaten im Jahre 1961. (Arlt 1973:31) Bedingt wurden diese Verzögerungen durch einen - auch im Licht der damaligen positiven Arbeitsmarktsituation zu sehenden - Personalfehlbestand von rund 25 - 30 % im Bundesdurchschnitt (ebd.:33).

Auch die Wirksamkeit der bisherigen Veranlagungsformen im Innendienst wies Schwächen auf: Nach einer Untersuchung bei der OFD Nürnberg wurde bei der Einkommensteuer-Veranlagung 1969 bei einer Beanstandungsquote von 45,6 % nur eine Mehrsteuer von 2,62 % des Gesamtsolls vor Anrechnung der Steuerabzugsbeträge erreicht (Weiss 1972:168). Aus Protest gegen die Überlastung der Steuerverwaltung und ihre personelle Unterausstattung rief die Steuergewerkschaft im

98) Vgl. Anlage 73

Deutschen Beamtenbund (BDSt) im Januar 1971 sogar zum 'Dienst nach Recht und Gesetz' (also nach Vorschrift) auf.[99]
Die Klagen der Steuerbeamtenschaft sind aber nicht neu: Schon 1956 hat der BDSt gegen die Überlastung der Steuerbeamten protestiert und vorgerechnet, daß einem Bezirksbearbeiter pro Steuerpflichtigem im Jahr nur etwa zweieinhalb Stunden zur Verfügung stünden, in denen er nicht nur die gesamten diesen betreffenden Steuer- und Abgabenformen aller Art zu bearbeiten, sondern auch noch die Steuerrechtsliteratur, Erlasse und Verfügungen und steuerrechtliche Urteile im Umfang von ca. 3.000 DIN A4-Seiten zu studieren hatte (Spitaler 1956:354). Die Forderungen des BDSt bezogen sich auch schon damals[100] auf

- den Abbau aller Sondervergünstigungen und die "grundsätzliche Rückkehr zu den einfachen Steuergesetzen des Jahres 1934";
- den Abbau der kleinen Steuern, deren Aufkommen in keinem Verhältnis zu dem zu ihrer Bearbeitung notwendigen Arbeitsaufwand steht;
- die technische Vervollkommnung der Steuerverwaltung.[101]

Neben dem Personalfehlbestand - der als Problem nicht zu beseitigen war - litten die Finanzämter auch darunter, daß sie für die auf sie zukommenden Massenarbeiten nicht entsprechend organisiert waren, wie das der Berliner Oberfinanzpräsident Arlt (1973:35f) anführte:

> "Sie haben eine seit Jahrzehnten unveränderte Organisationsform, die in keiner Weise den veränderten Arbeitsanfällen angepaßt ist. Die Aufgabenbereiche: Veranlagung, Vollstreckung, LSt-Stelle, Bewertung für Grundbesitz, sind in Sachgebiete mit je einem Sachgebietsleiter aufgeteilt, die mehrere Arbeitsgebiete (je ein Sachbearbeiter/Mitarbeiter) umfassen. Der Sachbearbeiter eines Teilbezirks ist wegen der umfassenden Zuständigkeit mit unterwertigen Arbeiten beschäftigt; dadurch fehlt ihm oft für seine eigentliche Veranlagungstätigkeit die erforderliche Zeit. Die Unterstützung durch die Mitarbeiter bringt angesichts des Volumens der anfallenden Arbeiten, die einfacher Art sind, keine ausreichende Entlastung des Sachbearbeiters, zumal diesem auch noch die laufende Kontrolle der Mitarbeitertätigkeit obliegt."

Innerhalb dieser Organisation gab es kein Zusammenwirken der Bediensteten, sondern lediglich ein Nebeneinander von selbständigen Einzelbearbeitern mit einem genau festgelegten Betätigungsfeld. Das 'Vier-Augen-Prinzip' der abschließenden Zeichung durch den Sachgebietsleiter war unter diesen Bedingungen nicht mehr aufrecht zu erhalten. (BMF 1977:22)

---

99) Vgl. DStB Nr. 1/1971:3 und Krein 1977:3, Anm. 4 mit vielen Nachweisen (Zeitungsberichten)

100) - neben den zeitbedingten Forderungen nach der Wiederherstellung einer einheitlichen Finanzverwaltung und der Umstellung des Buchungsjahres -

101) Vgl. Spitaler 1956:354

Kurz nach dem angeführten Schreiben des Präsidenten des Bundesrechnungshofes setzten die obersten Finanzbehörden des Bundes und der Länder einen Arbeitsausschuß ein, der die Möglichkeiten zur Verbesserung der Organisation der Finanzämter und ihrer Struktur prüfen sollte. Dieser Ausschuß legte im Februar 1971 einen umfangreichen Bericht vor,[102] der verschiedene Schwerpunkte für eine Neuorganisation festlegte:[103]

- die **differenzierte Überprüfung** der Steuerfälle war grundsätzlich einer umfassenden und unterschiedslosen Prüfung jedes Steuerfalles vorzuziehen;
- vom Grundsatz einer sich jährlich wiederholenden Überprüfung jedes einzelnen Steuerfalles war gegenüber einer Rationalisierung der Prüfungstätigkeit in einem **mehrjährigen Veranlagungsturnus** abzugehen;
- bei der Überprüfung der Steuerfälle war auf eine **rasche Erstattung bzw. Nachforderung der Steuern** zu achten;
- die Prüfung war so weit wie möglich vom Innendienst auf die **Betriebsprüfung** zu verlagern;
- die Aufteilung der Arbeitsgebiete bei der Veranlagungsstelle war in Abkehr vom Prinzip der regionalen Zuständigkeit hin zu einer **sachlichen Zuständigkeit** entsprechend der Befähigung der einzelnen Bediensteten zu verschieben;
- das **Zeichnungsrecht** war so zu ordnen, daß die Eigenverantwortlichkeit der Mitarbeiter vergrößert und ihre Initiative gefördert wurde;
- im Leistungsbereich war auf eine **einheitliche Führung in organisatorischer, personeller und fachlicher Beziehung** auch bei sehr großen Finanzämtern zu achten;
- routinemäßige Arbeiten sollten soweit wie möglich mit Hilfe der **elektronischen Datenverarbeitung** erledigt werden.

Das Ergebnis solcher Veränderungen sollte auch im Sinne des Steuerzahlers Verbesserungen erbringen:

> "Alle diese Reformmaßnahmen zur Neuorganisation des Finanzamtes und des Besteuerungsverfahrens dienen insbesondere dem Ziel, den Bürger auf seine Erklärungen und Anträge schneller bescheiden zu können." (Heinke 1973:99)

Auf der Grundlage dieses Berichts wurden nach einem Beschluß der Landesfinanzministerkonferenz vom Juni 1971 die vorgeschlagenen Grundsätze der Neuorganisation bei mehreren Finanzämtern erprobt. Nach Abschluß dieser Erprobungsphase wurden sie nach einem Beschluß der Landesministerkonferenz vom

---

102) Vgl. DStB 6/1971, S. 91 ff

103) Vgl. Arlt 1973:42f; Manke 1976:83f

4. Dezember 1975 als **Grundzüge zur Neuorganisation der Finanzämter und zur Neuordnung des Besteuerungsverfahrens (GNOFÄ)** veröffentlicht[104)] und ab Herbst 1976 bei den Finanzämtern eingeführt.
Die Neuordnung beschäftigte sich im wesentlichen mit dem Veranlagungsbereich des Finanzamtes und einigen allgemeinen Fragen der Zuständigkeit und der Arbeitsweise der Lohnsteuerstelle. Im Veranlagungsbereich wurde darauf abgestellt, daß sich "der Aufwand bei der Prüfung der Fälle nach deren steuerlicher Bedeutung zu richten hat" (Manke 1976:84), was einen "Verzicht auf kleinliche Ermittlungen" (der Bundesfinanzminister laut BRH 1987:98) bedeutet. Zu diesem Zweck wurden die Steuerfälle typisierend in drei Gruppen eingeteilt, **für die jeweils eine eigene Bearbeitungsweise vorgesehen ist:**

In **Gruppe 1** werden Steuerfälle eingeordnet, die

- einer regelmäßigen Betriebsprüfung unterliegen oder
- in denen innerhalb der nächsten drei Jahre eine Betriebsprüfung vorgesehen ist;

die Veranlagung erfolgt hierfür bis zur Durchführung der Betriebsprüfung **vorläufig**. In diese Gruppe fallen neben den Großbetrieben auch Mittel- und Kleinbetriebe, wenn im Einzelfall eine Betriebsprüfung vorgesehen ist.

In **Gruppe 2** werden die Steuerfälle eingeteilt,

- bei denen es sich um Einkünfte nach § 2 I Nr. 4-7 EStG oder
- um Einkünfte nach § 2 I Nr. 1-3 EStG handelt, wenn die zu besteuernden Betriebe als Kleinstbetriebe im Sinne der Betriebsprüfungsordnung (Steuer) eingestuft sind;

In diesen Fällen erfolgt die Veranlagung **jährlich**. Diese Gruppe ist die weitaus größte Veranlagungsgruppe, sie umfaßt etwa drei Viertel aller Steuerfälle, unter anderem den Großteil der Arbeitnehmer-Veranlagungen. Das Ziel dieser Einteilung ist deutlich:

> "Bei Einkünften aus nichtselbständiger Arbeit, aus Kleinstbetrieben und aus sonstigen weniger wichtigen Steuerfällen soll eine Beschränkung auf die Schlüssigkeitsprüfung der Steuererklärung und ein Verzicht auf die Heranziehung der Steuerakte bei der Veranlagung durchgeführt werden." (Wagener 1977:669)

In **Gruppe 3** werden alle Steuerfälle, die nicht zu den ersten beiden Gruppen gerechnet werden, zusammengefaßt. Hier erfolgt eine vorläufige Veranlagung und erst in einem Turnus von **zwei bis drei Jahren** eine endgültige Veranlagung. Es

104) BStBl. I 1976:88 ff

handelt sich hier um Fälle mit Gewinneinkünften, in denen ein Betrieb als Klein- oder Mittelbetrieb eingestuft ist und eine Betriebsprüfung innerhalb der nächsten drei Jahre nicht vorgesehen ist.[105)]

Neben dieser Fallgruppeneinteilung wurde in den GNOFÄ - in Abkehr von den bisher gültigen sachlichen und örtlichen Abgrenzungsprinzipien in den herkömmlichen Veranlagungsstellen - auch eine organisatorische Gliederung des Veranlagungsbereiches festgelegt, der in mindestens vier Stellen zu gliedern war, nämlich

- die Übernahmestelle (**ÜSt**),
- die Amtsprüfungsstelle (**ApSt**),
- die Veranlagungs-Verwaltungsstelle (**VVST**),
- die Rechtsbehelfsstelle (**RbSt**),[106)])

Die **Übernahmestelle** ist für die überschlägige Prüfung der Steuerfälle zuständig. Sie stellt offensichtlich fehlerhafte Angaben richtig, ergänzt fehlende Daten und fordert fehlende Angaben an. Sie veranlagt grundsätzlich ohne Steuerakten und arbeitet mit Hilfe der automatischen Datenverarbeitung:[107)]

> "In der ÜSt sind im allgemeinen keine Arbeitsgebiete mit festen Zuständigkeiten eingerichtet. Die Bearbeiter arbeiten vielmehr 'vom Stapel'. Sie haben die Aufgabe, jeden Steuerfall nach Eingang der Steuererklärung innerhalb kurzer Zeit zu erledigen. Abgesehen von den Fällen, die an die ApSt abzugeben sind oder auf Grund eines Maschinenhinweises dorthin gelangen, sollen auf diese Weise in allen Fällen alsbald zumindest vorläufige Steuerbescheide ergehen. Diese Beschleunigung dient den Steuerzahlern, die ihre Erstattung schneller erhalten, und läßt umgekehrt auch Nachzahlungen früher fällig werden." (Manke 1976:86)

Die **Amtsprüfungsstelle** ist für die **endgültige Veranlagung** zuständig; sie arbeitet mit Steuerakten. Innerhalb der ApSt werden auch feste Zuständigkeiten eingerichtet. Hier veränderten sich die Zuordnungen: Statt in über 90 % aller Fälle Nachprüfungen durchzuführen, können sich die Bearbeiter des gehobenen Dienstes in den ApSt auf ca. 40 % aller Steuerfälle[108)] konzentrieren (Weiss 1972:181).

---

105) Vgl. GNOFÄ; Punkt 1 und Manke 1976:84f
106) Vgl. Anlage 75
107) GNOFÄ Ziff. 1.3.2
108) In der Mehrzahl solche der Gruppe 3

Der **Veranlagungs-Verwaltungsstelle** werden verschiedene 'veranlagungsbegleitende Maßnahmen' übertragen, sofern diese nicht maschinell erledigt werden können. Dazu gehört u.a.

- die Aufnahme und Übernahme von Steuerfällen bei Aktenüberweisungen und der Abgabe von Steuerakten;
- die Zuteilung und Löschung von Kennbuchstaben, die Anweisung und Änderung von anderen Grunddaten;
- die Führung von Listen und Karteien und die Verwaltung der Akten;
- die Bearbeitung der Umsatzsteuer-Voranmeldung;[109)]
- die Versendung und Überwachung des Eingangs der Steuererklärungen einschließlich der Erinnerungen;
- die Fallgruppenzuordnung,

ferner einige andere verwaltungstechnische Arbeiten sowie die Erledigung des einfachen Schriftverkehrs und die Erteilung von Auskünften einfacher Art.[110)]

Die **Rechtsbehelfsstelle** ist zuständig für die Bearbeitung aller Rechtsbehelfe aus dem Veranlagungs- und Lohnsteuerbereich, denen nicht nach Aktenlage abgeholfen werden muß. Sie nimmt außerdem die Aufgaben des Finanzamtes im steuergerichtlichen Verfahren wahr.[111)]

Beim Zeichnungsrecht innerhalb des Finanzamtes wurde das "Vier-Augen-Prinzip", das in der Praxis ohnehin schon zurückgedrängt worden war, "auch als Grundsatz aufgegeben".[112)] Künftig wurde jedem Bearbeiter innerhalb seines Arbeitsbereiches grundsätzlich das Zeichungsrecht zugesprochen. Die noch bestehenden Zeichungsvorbehalte des Sachgebietsleiters und des Vorstehers wurden auf ein Mindestmaß beschränkt. Damit änderte sich gleichzeitig die Aufgabenstellung der Sachgebietsleiter: "Sie haben künftig noch stärker Führungsaufgaben im fachlichen, organisatorischen und personellen Bereich wahrzunehmen". (Manke 1976:87) Alle Bearbeiter des Veranlagungsbereichs sind nun dem Sachgebietsleiter unmittelbar unterstellt, 'Mitarbeiter' der alten Ordnung gibt es also bei einer vollständigen Umsetzung der GNOFÄ in ihrer ursprünglichen Fassung nicht mehr.

---

109) Sofern dafür keine besonderen Stellen eingerichtet sind

110) Vgl. GNOFÄ Ziff. 1.5.1

111) GNOFÄ Ziff. 1.6

112) Manke 1976:87; genauso Weiss 1972:174. Auch ein Kritiker der GNOFÄ wie Rasenack merkt an (1985:334), daß - selbst bei einer teilweisen Zurücknahme des ursprünglich formulierten Neuordnungskonzeptes - neben der 'betriebsnahen Veranlagung' (unter dem Vorbehalt späterer Nachprüfung) und der Ausgliederung der Rechtsbehelfsstellen die "relative Selbständigkeit" der Mitarbeiter (Bearbeiter) als ein wesentliches Element der Neuordnung erhalten bleibt.

6.4.2.2 Die Neufassung der GNOFÄ 1981

Die Neuregelung der Organisation und des Besteuerungsverfahrens wurde auch - abseits der generellen Infragestellung der Regelung von inhaltlichen Fakteneinteilungen und -gewichtungen durch eine Verwaltungsvorschrift[113)] - in ihren praktischen Auswirkungen kritisiert. So äußerte 1975 der Landesrechnungshof von Nordrhein-Westfalen, wo die GNOFÄ unter der Bezeichnung 'ALDA-FEST-Verfahren'[114)] eingeführt worden war (Bolk/Deppe 1980:39) in seinem Jahresbericht Bedenken gegen die damalige Versuchsreihe in einigen Finanzämtern, weil einerseits die Arbeitnehmerveranlagungen, die ja die Masse der Steuerfälle darstellen, nicht schneller als im herkömmlichen Verfahren bearbeitet wurden und andererseits ein gutes Drittel der beschleunigt erledigten Steuerfälle nicht endgültig, sondern nur vorläufig veranlagt worden war, woraus sich ebenfalls eine deutliche zeitliche Verschiebung ergab, der gewonnene Nutzen also wieder verloren ging. Der zuständige Landesfinanzminister widersprach dieser Ansicht und stellte im Juli 1977 fest, daß die erkennbaren Vorteile der Neuregelung[115)] die Reform rechtfertigten und erste Erfolg zeigten.

Ein völlig anderes Bild vermittelt dagegen die kritische Beschreibung von Rasenack (1985:334):

> "Die Mängel waren zu augenscheinlich. Niemand fühlte sich noch voll zuständig und verantwortlich. Die einheitliche Aktenführung durch eine Stelle war verlorengegangen. Akten waren häufig über längere Zeit völlig unauffindbar. Man fragt sich, wieso den verantwortlichen Planern derartige Erkenntnisse nicht schon selbst hätten kommen können und wieso die Entfremdung der Finanzbeamten vom Produkt ihrer Tätigkeit engegen allen Erfahrungen in der Industrie tatsächlich derart zum Exzeß getrieben werden mußte."

Damit ergaben sich auch im Verhältnis der Steuerbeamten zu den Bürgern und ihren Steuerberatern Änderungen. Da es in der neuen Organisation keine allein zuständigen Sachbearbeiter mehr gibt, wird der Kontakt zwischen Steuerberater oder Bürger und dem Finanzamt - etwa in reinen Auskunftssachen - schwieriger. Der Schriftweg wird notwendig, wo früher ein Telefonanruf weiterhelfen konnte (so Arlt schon 1973:51f).

---

113) Vgl. Martens 1980

114) 'Allgemeine Dienstanweisung für die Festsetzung von Steuern und Abgaben in den Finanzämtern'

115) Übertragung des 'Verantwortungsrisikos' hinsichtlich der Priorität der Veranlagung vom Personal der Steuerverwaltung auf die oberste Finanzbehörde des Landes, höhere Transparenz der Arbeitsabläufe, schnellere Auswertung der Betriebsprüfungsberichte und Neubestimmung der Sachgebietsleiteraufgaben mit der Neuordnung des Zeichnungsrechts (vgl. Wagener 1977:670f)

In jedem Fall bewirkten die GNOFÄ...

> "... den wohl stärksten organisatorischen Einschnitt im Finanzamt seit der Erzbergerschen Steuerreform mit der Abspaltung des Steuerfestsetzungs- vom Steuererhebungsbereich." (Löbich 1981:165)

Die Festlegung der einheitlichen Organisationsgrundsätze für die verschiedenen Steuerverwaltungen der Länder bedeutete zudem noch nicht, daß auch alle Länder diese Grundsätze direkt und unverändert umsetzten. Die unterschiedliche Verwaltungsentwicklung in den einzelnen Ländern hatte zu diesem Zeitpunkt einen Stand erreicht, der nur ein langsames Zurückgewinnen einheitlicher Organisationsformen zuließ. Der Grundsatz der Fallgruppeneinteilung und der abgestuften Fallbearbeitung des einzelnen Steuerfalles nach seinem steuerlichen Gewicht war jedoch unumstritten.[116)]

Um 1980 hatten die meisten Flächenstaaten die Mehrzahl ihrer Finanzämter auf die neuen Organisationsgrundsätze umgestellt; die Umstellungsquote betrug in Bayern, Nordrhein-Westfalen und Niedersachsen zwischen 80 und 100 %, in Baden-Württemberg war etwas mehr als die Hälfte der Finanzämter neu organisiert. Allerdings gab es gravierende landesspezifische Besonderheiten und Abweichungen von den Grundsätzen. So wurden in Baden-Württemberg die Veranlagungsbereiche mit Sachbearbeitern und Mitarbeitern beibehalten und Bayern verzichtete auf die Fallgruppeneinteilung, nahm aber eine eigene Trennung in G- (Gewinneinkünfte-) und Ü-Bereiche (Überschußeinkünfte) vor.[117)] Zudem bereitete Nordrhein-Westfalen die Rückkehr zur herkömmlichen Veranlagung in Teilbezirken mit festen Über- und Unterordnungen zwischen Sachbearbeitern und Mitarbeitern vor (DStG Nr. 2/1981:33); mittlerweile sind dort innerhalb der Veranlagungsstelle feste Veranlagungsbezirke (Vbz) gebildet worden, in denen sowohl die Steuerfestsetzungsaufgaben als auch die veranlagungsbegleitenden Aufgaben für einen bestimmten Kreis von Steuerpflichtigen wahrgenommen werden (vgl. Bolk u.a. 1987:34f).

In dieser Situation wurde von den Organisationsabteilungsleitern der obersten Finanzbehörden des Bundes und der Länder im Oktober 1980 ein Modell für eine einheitliche Neuordnung erarbeitet, das als Kernpunkt den Kompromiß enthielt, daß die Übernahme,die Amtsprüfung und die Veranlagungsverwaltung in Arbeitsgebieten mit festen Zuständigkeiten organisiert werden können. Diese, die verschiedenartigen Organisationsformen der einzelnen Bundesländer umspannende

---

116) DStG Nr. 2/1981:33

117) Vgl. Martens 1980:168f

Zeltlösung[118] läßt den einzelnen Finanzverwaltungen genug Spielraum, um ihre eigenen Organisationsweisen den GNOFÄ anzupassen. Die festen Zuständigkeiten eröffnen auch bessere Möglichkeiten zur Verständigung zwischen Steuerzahlern und Finanzverwaltung:

> "Dem Bürger als Steuerzahler soll wieder ein Ansprechpartner in den Finanzämtern zugewiesen werden, indem für ihn feste Zuständigkeiten geschaffen werden. Nicht zuletzt soll der Zugriff zu den Steuerakten wieder ermöglicht werden und damit der Untersuchungsgrundsatz - wenn auch abgeschwächt - die Fließbandarbeit ersetzen." (DStG Nr. 2/1981:33)

Gemäß einem Beschluß der Landesfinanzministerkonferenz vom 15. Januar 1981 wurden deshalb die **GNOFÄ** durch gleichlautende Erlasse der obersten Finanzbehörden der Länder[119] mit Wirkung zum **4. März 1981** neu gefaßt. Die inhaltliche Gliederung und die Grundeinteilung der Neuorganisation von 1976 wurden dabei im wesentlichen beibehalten. Kernsatz der neuen GNOFÄ mit der Zeltlösung war die Ziffer 1.2.3:

> "Übernahme, Amtsprüfung und Veranlagungsverwaltung können in Arbeitsgebieten mit festen Zuständigkeiten zusammengefaßt werden."

Diese neue Regelung erleichterte den Ländern, die die GNOFÄ schon bis dahin umgesetzt hatten, eine Fortführung dieser Organisationsvorschrift. Die Länder wiederum, die die GNOFÄ noch nicht eingeführt hatten, konnten ihre eigenen Modelle in Richtung auf das Bundesmodell ohne abrupte Eingriffe kontinuierlich weiterentwickeln.[120]

Ähnlich der Amtsprüfungsstelle wurde in der Neufassung der GNOFÄ auch der Übernahmestelle verordnet, 'soweit erforderlich' auch bei der überschlägigen Prüfung mit Akten zu arbeiten. In zwei (beibehaltenen) Anlagen zu den GNOFÄ wurden zum einen detailliert die Fälle festgehalten, die nach Ziffer 1.3.3.2 GNOFÄ von der ApSt zu bearbeiten sind, zum anderen in den Fällen, in denen die ÜSt Belege und sonstige Unterlagen benötigt, Anweisungen zu deren Charakter gegeben,[121] bzw. die Grenzwerte, bis zu denen auf solche Unterlagen verzichtet werden kann, festgeschrieben.[122]

Bei der Einführung des Kompromißvorschlages zeigte es sich, daß die GNOFÄ in dieser Form "mehr Flexibilität in die Arbeitsabläufe, aber auch mehr Bürgernähe"

118) DStG Nr. 3/1981:46
119) BStBl. I 1981:270 ff
120) DStG Nr. 3/1981:46
121) Etwa bei Einkünften aus nichtselbständiger Arbeit
122) So u.a. bei Spenden, Versicherungsbeiträgen, Bausparkassenbeiträgen

bringen.[123] Ihre wesentlichen, unstrittig durchgesetzten Elemente sind die Ausgliederung der Rechtsbehelfsstellen, die Möglichkeit einer betriebsnahen Veranlagung (unter Vorbehalt der Nachprüfung) und auf arbeitsorganisatorischem Gebiet die Vergrößerung der Verantwortungsbereiche der Bearbeiter. (Rasenack 1985:334f) Aber der alte 'Teilbezirk' ist in Umrissen sichtbar geblieben.

6.4.2.3 Die Automation in den Finanzämtern

Die Neuordnung der inneren Organisation der Arbeitsabläufe in den Finanzämtern ging Hand in Hand mit der Verstärkung der Ausstattung der Ämter mit EDV-Mitteln:

> "Die Neuorganisation erfordert den verstärkten Einsatz der ADV. Routinearbeiten, wie z.B: die Verwendung von Steuererklärungen, die Überwachung des Erklärungseinganges und der Umsatzsteuer-Voranmeldungen werden zunehmend mit Hilfe der ADV bewältigt." (Manke 1976:87)

Rendels (1978:175) hat die Eigenschaften des Steuerrechts, die für einen EDV-unterstützten Aufgabenvollzug sprechen, zusammengetragen:

- die Rechtsbegriffe des Steuerrechts zeichnen sich danach "durch einen hohen Grad an Bestimmtheit" aus, da es sich um Maß-, Zeit- und Geldbegriffe handelt;
- das Steuerrecht umfaßt einheitliche Regelungen für große Fallgruppen, ist also "Massenrecht";
- es enthält zahlreiche typisierende Vorschriften (Pauschalbeträge, Freibeträge, Freigrenzen);
- die Rechtssätze entsprechen mathematisch-logischen Grundsätzen.

Unabhängig davon, inwieweit diese Annahmen den gesamten Bereich des Steuerrechts abdecken, bleibt hier festzuhalten, daß das Steuerrecht wenigstens auf den hier angesprochenen Rechtsteilgebieten für eine Automatisierung geeignet ist.

Der Einsatz der EDV in der Steuerverwaltung geht schon vor die Zeit der GNOFÄ zurück. Seit Mitte der fünfziger Jahre wurden erste Versuche in der Steuerverwaltung unternommen, als in Baden-Württemberg **1957/58** für die Einkommensteuerveranlagung - später auch den Lohnsteuer-Jahresausgleich - die neu auf den deutschen Markt gekommenen Computer der ersten Generation erprobt wurden; bald zogen andere Bundesländer in diesen Steuerbereichen nach (Rendels 1978:175). Schon 1954 hatte das nordrhein-westfälische Finanzministerium eine

123) DStG Nr. 3/1981:42 über das Finanzamt Gummersbach

Lochkartenzentrale zur Mechanisierung bestimmter Arbeitsvorgänge eingerichtet.[124] Ab 1956 begann auch die Zentralisierung der Berechnung der Bezüge der Beamten und Versorgungsempfänger der Bundesfinanzverwaltung mit Hilfe von Lochkartenmaschinen (vgl. BMF 1969:165).
Im Jahr 1960 trafen der Bundesfinanzminister und die Finanzminister der Länder Berlin und Saarland eine Übereinkunft, Computer in gemeinsamen Versuchen für das Steuererhebungsverfahren zu erproben. Diese Versuche wurden im Dezember 1972 formell für erfolgreich beendet erklärt und der Großteil der Bundesländer führte danach das in **Berlin** erprobte Verfahren in seinen Steuerverwaltungen ein (vgl. Bundesregierung 1975:4). Der Stand der Automatisierung war zu diesem Zeitpunkt eher bescheiden.[125] Drei Jahre später, als der 'Dritte Bericht der Bundesregierung über die Automation in den Steuerverwaltungen der Länder' veröffentlicht wurde, war die Zahl der Finanzämter, die die Veranlagungs- und Einzelsteuern im integrierten Besteuerungsverfahren bearbeiteten, insbesondere in den Flächenstaaten noch nicht sehr groß.

Die Ausrüstung der Steuerverwaltungen mit EDV-Mitteln und deren Einsatz bei den Steuerverwaltungen der Länder läßt sich in drei Stufen unterteilen:

- die **Automatisierung des Steuerfestsetzungsverfahrens** (Erste Entwicklungsstufe);
- die **Integration mit der Steuererhebung** (Zweite Entwicklungsstufe);
- die **Weiterentwicklung des Steuerfestsetzungsverfahrens** (Dritte Entwicklungsstufe).

Den Anfang der **Ersten Entwicklungsstufe** bildete der vorstehend erwähnte Einsatz der EDV bei der Steuerfestlegung in Baden-Württemberg ab 1957/58. Diese Stufe zielte auf die EDV-Unterstützung im **Steuerfestsetzungsverfahren**. Dabei prüft ein Bearbeiter die eingereichte Steuererklärung oder den Antrag auf formelle und sachliche Richtigkeit; danach wird eine Verwaltungsverfügung erlassen. Die für die automatisierte Bearbeitung benötigten Daten werden auf Datenträger übertragen und mit Hilfe eines Computers der Bescheid erstellt. Die Abrechnung erfolgt davon getrennt in der Finanzkasse. Mit diesem EDV-Einsatz werden im Finanzamt Rechen-, Schreib- und Statistikarbeiten eingespart. Die Computerunterstützung führt damit "zu qualifizierteren, gleichmäßigeren und insgesamt schnelleren Arbeitsplätzen" (Rendels 1978:176). Die Personaleinsparung bei der Steuerveranlagung wurde bei den Versuchen in Berlin und im Saarland auf mindestens 10 % geschätzt (Bundesregierung 1975:5). In der **Zweiten Entwicklungs-**

124) Vgl. Nordbeck 1967:21
125) Vgl. Bundesregierung 1975:16, Anlage 2

stufe wird die **Steuererhebung** in das automatisierte Verfahren einbezogen, "also eine Integration zwischen Steuerfestsetzung und -erhebung geschaffen."[126] Damit wird von der Eingabe der Steuerfestsetzungsdaten über die Steuerberechnung bis zur Steuerabrechnung und zum Ausdruck des Bescheides keine menschlicher Eingriff in die Steuerverwaltung erforderlich. In diesem **integrierten Besteuerungsverfahren** wird insbesondere die Finanzkasse an den EDV-Einsatz angeschlossen. Hier werden für die Steuerpflichtigen 'Speicherkonten' eingerichtet und automatische Verrechnungen durchgeführt. Damit ist ein ständiger Zugriff und eine ständige Auskunftsbereitschaft über diese Konten der Steuerpflichtigen gegeben. Die Aufgaben der Buchhalter in der Finanzkasse beschränken sich danach auf qualifiziertere Arbeiten, die noch nicht automatisch durchgeführt werden können. Bei Versuchen in Berlin ergaben sich dabei in den Kassen Personaleinsparungen von 25 bis 30 % (Bundesregierung 1975:6). Bei der Umsetzung dieser Automatisierung im Erhebungsverfahren bildete aber nicht "die Komplexität der Aufgabenprozesse als Determinante des Automationsgrades" das größte Hindernis, sondern es war die "schwierige und komplexe Willensbildung und -durchsetzung bei organisatorischen Maßnahmen in der Steuerverwaltung" (Jungesblut 1980:53f). Auch das Bundesfinanzministerium hatte "eine Bereitschaft zum Umdenken und Umgewöhnen, größere Genauigkeit und Kooperationsbereitschaft" verlangt.[127] Der Einsatz der EDV brachte zwar eine Veränderung der Tätigkeitsmerkmale der Steuerbeamten mit sich, machte diese aber nicht entbehrlich: Obwohl schon im Veranlagungszeitraum 1967 90 % aller Lohnsteuerjahresausgleichsfälle, 67 % aller Einkommensteuer-Veranlagungen und 63 % aller Gewerbesteuerbetragsfestsetzungen EDV-unterstützt durchgeführt wurden, ergab sich insgesamt nur eine verhältnismäßig geringe Personalersparnis von 7 % (BDSt 1970:113).
In der **Dritten Entwicklungsstufe** ist - in Zusammenhang mit der weitgehend aktenlosen Überprüfung der Steuerfälle der Gruppe 2 nach den GNOFÄ[128] - eine **automatisierte Form der Veranlagung** einzuführen. Ziel ist es, "... die eingehenden Steuererklärungen in der Übernahmestelle ohne Beiziehung der Akten nach überschlägiger Prüfung im automatisierten Verfahren zu bearbeiten". (Bundesregierung 1975:6) Dabei wird den Möglichkeiten einer dezentralen Verarbeitung und eines dezentralen Zugriffs besondere Beachtung geschenkt.

126) Bundesregierung 1975:5; Heyse (1977:75, Anm. 4) zieht hier die Paralelle zwischen der EDV-unterstützten Integrierung des Besteuerungsverfahrens und dem Verfahren bei der Besteuerung in Preußen vor der organisatorischen Trennung von Steuerfestsetzung und -erhebung durch die Erzbergersche Finanzreform 1919.

127) Bundesregierung (1975:11)

128) Vgl. Kap. 6.4.2.1

Das grundsätzliche Ziel der Neuordnung war neben der Einsparung von Personal eine qualitative Verschiebung des Personaleinsatzes in den Finanzämtern. Angestrebt wurde,

> "... daß die Steuerfestsetzung zeitnäher durchgeführt wird und eine Reihe von Arbeiten durch Beamte des einfachen oder mittleren Dienstes oder von Angestellten niedriger Vergütunggruppen für einen Einsatz in der Betriebsprüfungsstelle des Finanzamtes freigesetzt werden." (Bundesregierung 1975:7)

Im Zusammenhang mit der Automatisierung der Veranlagung gewinnt die Dezentralisierung der Rechnerausstattung in den Finanzämtern eine immer größere Bedeutung. Seit Beginn des Jahres 1984 werden zunehmend Finanzamtsarbeitsplätze mit Personal Computern (Microcomputern) ausgestattet. Ein noch zu lösendes Problem ist hierbei die Integration der Personal Computer in die lokalen und überregionalen Rechennetze (vgl. Göldner 1984).
Mit dem zunehmende Einsatz der EDV ist jetzt auch - zur weiteren Steigerung der Effizienz - nicht nur eine Ausdehnung des Einsatzes der Datenverarbeitung in die 'Breite' (Integration weiterer Besteuerungsverfahren) notwendig, von zunehmender Wichtigkeit ist auch die Frage einer (verarbeitungs-) geeigneten Übermittlung der besteuerungsrelevanten Daten von den Steuerzahlern an die Finanzämter (vgl. Püschel 1986:49f). Für die Arbeit der Steuerverwaltungen vorrangig ist aber hier (gerade unter den Bedingungen einer verstärkten Dezentralisierung der Bearbeitung) der Anschluß der Finanzämter an allgemein-rechtliche und steuerrechtliche Datenbanken - allein schon um die 'Chancengleichheit' mit den Steuerberatern herzustellen, die mit dem Sytem 'Lex inform' der DATEV in Nürnberg über ein eigenes Datenbanksystem verfügen (vgl. DStG Nr. 9/1985:113).

In der hessischen Steuerverwaltung wurde die Einführung von EDV-Systemen in die Finanzämter (durch die Forschungsgruppe 'Verwaltungsautomation' an der GH Kassel) untersucht. Neben einer Erhöhung der Anforderungen an die Steuerzahler (zusammenfassend: Lange/Sippel 1986:7) zeigten sich dabei auch gestiegene Anforderungen an die Sachbearbeiter in den Ämtern, obwohl die anzuwendenden Rechtsnormen gleich blieben (vgl. Brinckmann u.a. 1981:30 ff). Die Arbeitsabläufe in den Finanzämtern erfuhren in manchen Bereichen - insbesondere in den Finanzkassen - erhebliche Änderungen; gleichzeitig änderten sich auch die Führungs- und Kommunikationswege hin zu einer größeren Bedeutung derjenigen Stellen mit einer inhaltlichen EDV-Kompetenz (ebd.:46). Die bei der Umstellung notwendigen Maßnahmen auf der untersten Ebene der Steuerverwaltung wurden durch einen Mangel an Zusammenarbeit der herkömmlichen FA-Führungen mit den lokalen EDV-Experten erschwert; zudem standen die Belegschaften der Ämter dem EDV-Einsatz reserviert gegenüber (vgl. Jungesblut 1986:66f).

6.4.3 Probleme der Steuerverwaltung heute

Rasenack (1985:325) spricht davon, daß durch die Errichtung der sechzehn Oberfinanzdirektionen mit Bundes- und Landesdienststellen und einem gemeinsamen Präsidenten die Bundes- und Landesfinanzverwaltungen "auf das engste Miteinander verzahnt".

Als weitere Mechanismen einer auf Einheitlichkeit ausgerichteten Gesamt-Finanzverwaltung in der Bundesrepublik nennt er die Verfahrens- und Organisationsgesetze des Bundes (AO, FVG), die "einen überall im Bundesgebiet einheitlichen Typus von Finanzbehörden möglich gemacht haben" und die Weisungsrechte des Bundes (Zweckmäßigkeits- und Ermessenskontrollen), die dort existieren, wo der Bund an dem zu verwaltenden Steueraufkommen ganz oder teilweise beteiligt ist.

> "Infolgedessen erscheinen auch aus diesem Grund weite Teile der Finanzverwaltung im Ergebnis kaum noch als eigenverantwortliche Gesetzesausführungen der eigentlich zuständigen Länder (Stadtstaaten), sondern eher als eine in Kommission betriebene Eigenverantwortung des Bundes selbst." (Rasenack 1985:326)

Dieser Effekt wird augenscheinlich noch dadurch verstärkt, daß der Bund auch von seiner Richtlinienkompetenz zum Erlaß allgemeiner Verwaltunganweisungen ausgiebig Gebrauch macht. Neben nachgeordneten Organisationsvorschriften (FAGO, GNOFÄ) scheinen auch durch die vom Bundesfinanzministerium bzw. die von den obersten Finanzbehörden der Länder herausgegebenen Erlasse nicht nur eine einheitliche Organisation der Finanzbehörden, sondern auch eine einheitliche Rechtsanwendung zu garantieren.

Rasenack schließt daraus:

> "Nur dem äußeren Erscheinungsbild nach stellt sich der Verwaltungsaufbau im Finanzbereich daher als ein bundesstaatlicher dar. In der praktischen Realität dagegen steckt eine weitgehend zentralisierte Exekutivstruktur dahinter, deren beide Leitungsebenen, d.h. die jeweiligen Finanzministerien, im Wege der Koordination zusammengeführt und bis in die Mittelinstanzen (Oberfinanzdirektionen) auch organisatorisch zusammengehalten werden. ... Für die Einheitlichkeit der Rechtsanwendung im Bundesgebiet und Berlin ist angesichts der mannigfaltigen Aufgabenkoordination und zusätzlichen administrativen Bewährungen der Gesetzestexte kaum etwas zu befürchten." (1985:326)

Aber der Teufel steckt bekanntlich im Detail, und schon die Probleme mit den Vereinheitlichungsvorschriften der GNOFÄ bzw. die Erfahrungen bei der Einführung der EDV in die Steuerverwaltungen der Länder[129]) haben gezeigt, daß sich im Rahmen der einheitlichen Organisationsgesetze verschiedenartige Organisationsarten und Arbeitsweisen herausgebildet haben, eine Entwicklung, der in der Neufassung der GNOFÄ auch Rechnung getragen wurde. Schon Mitte der fünfziger Jahre hatte eine Denkschrift des Präsidenten des Bundesrechnungshofes[130]) auf die Verschiedenartigkeit der Steuerverwaltung hingewiesen und daraus die Forderung nach einer Wiederherstellung einer einheitlichen Finanzverwaltung in Deutschland abgeleitet[131]). Die unterschiedlichen Ergebnisse waren - nach den häufigsten Klagen - im wesentlichen auf drei Faktoren zurückzuführen:

- die Unterschiede bei der Betriebsprüfung;
- die unterschiedlich strengen Maßstäbe der Sachbearbeiter im Veranlagungsverfahren;
- die Sondermaßnahmen der Länder in der Belastung der Steuerpflichtigen;
- die Unterschiede in der Ausbildung, der Personalstärke und der Einstufung der einzelnen Beamten in die einzelnen Kategorien.[131])

Eine Mehrheit in der Sachverständigenkommission sprach sich aus diesen Gründen für die Einführung einer Bundesfinanzverwaltung aus; eine Minderheit wollte an der von den Alliierten durchgesetzten Lösung festhalten, sprach sich aber dafür aus, die Unterschiede hinsichtlich der Einstufung, Besoldung und Ausbildung der Beamten abzubauen. (vgl. Sachverständigenkommission 1960:126f).

Nach der Vereinheitlichung der Ausbildung ist heute einer der wesentlichen Gründe der Auseinanderentwicklung der Steuerverwaltungen beseitigt. Aber auch in den aktuellen Berichten des Bundesrechnungshofes finden sich Hinweise auf eine unterschiedliche Rechtsanwendung. Der Bundesrechnungshof kritisiert in seinen 'Bemerkungen 1987' zur Haushalts- und Wirtschaftsführung des Bundes die Tatsache, daß sich beim Vergleich der Zahl der Einsprüche mit der Zahl der zu veranlagenden Steuerpflichtigen[132]) innerhalb der einzelnen Oberfinanzdirektionen

129) Vgl. Kap. 6.4.2.1 bis 6.4.2.3. Auch Rasenack erkennt hier - bei einer deutlichen Skepsis gegen die Grundsätze der Neuorganisation überhaupt - an, daß über deren endgültige Gestalt, "noch kein rechter Konsens gefunden ist" (ders. 1985:333), bezieht das aber in erster Linie auf die grundsätzliche Umsetzung neuer Organisationsgrundsätze in der Steuerverwaltung überhaupt, nicht aber darauf, in welchen Formen und mit welchen Besonderheiten diese Grundsätze in den einzelnen Ländern umgesetzt bzw. nicht umgesetzt wurden (vgl. dazu Martens 1980).

130) Denkschrift des Präsidenten des Bundesrechungshofes vom 31.10.1955 zur Bundeshaushaltsrechnung für das Jahr 1952 (Drucksache 1892 des Deutschen Bundestages, 2. Wahlperiode 1953, Anlage B Nr. 97-108; hier zit. nach Sachverständigenkommision 1960:101

131) Vgl. Sachverständigenkommision 1960:101; Anm. 36; vgl. dazu auch Kap. 6.2.3.

131) Vgl. Sachverständigenkommission 1960:196f

132) die sog. 'Rechtsbehelfsquote'

erhebliche Spannbreiten erkennen lassen, was auf eine "unterschiedliche Arbeitsweise der einzelnen Finanzämter" schließen läßt (BRH 1987:102). Im Jahre 1982 reichte diese Rechtsbehelfsquote von 4,75 % bis 14 %. Der BRH sieht den Grund für diese Schwankungen (und die unterschiedliche Arbeitsweise) in der Kompliziertheit und mangelnden Anwendbarkeit der abstrakten Verwaltungsanweisungen. Auch der Anteil der Rechtsbehelfe, die auf Fehler der Steuerverwaltungen zurückzuführen sind, schwankt: zwischen 26 % und 41 %. Die Ursachen für diese Art von fehlerhaften Rechtsbehelfen sieht der Rechnungshof vor allem in:

- Flüchtigkeitsfehlern der Verwaltung,
- einer mangelnden Erläuterung von Abweichungen von Angaben des Steuerpflichtigen und
- fehlender Gelegenheiten des Steuerpflichtigen, sich zum Gegenstand zu äußern.[133)]

Zwar akzeptiert auch der BRH eine gewisse Fehlerhäufigkeit bei einem solchen Massenverfahren wie der Besteuerung, hält aber die der Verwaltung zuzurechnende Verursachungsquote von bis zu 41 % für "unvertretbar hoch" (BRH 1987: 103). Dabei kommen noch gar nicht die Fälle zur Sprache, in denen sich die Steuerverwaltung zugunsten der Steuerpflichtigen irrt:

> Zur Gewährleistung einer gleichmäßigen Besteuerung muß vor allem der hohe Anteil von Übertragungs- Schreib- und Datenerfassungsfehlern, die sich zuungunsten der Steuerpflichtigen auswirken, durch sorgfältigere Arbeitsweise sowie vermehrte Dienst- und Fachaufsicht abgebaut werden. Dabei ließen sich auch solche Flüchtigkeitsfehler vermeiden, die sich zugunsten der Steuerpflichtigen auswirken und die in der Regel nicht zur Einlegung von Rechtsbehelfen führen, weil sich die begünstigten Steuerpflichtigen nicht beschwert fühlen. Der Bundesrechnungshof vermag das Ausmaß dieser Fehler nicht abzuschätzen. Sie dürften insgesamt jedoch zu erheblichen Steuerausfällen führen." (BRH 1987:103)

Neben Verstärkungen der gesetzlichen Rechte der Steuerverwaltungen (hinsichtlich der Erklärungspflicht der Steuerpflichtigen) und administrativen Straffungen (Verstärkung der Dienst- und Fachaufsicht) fordert der Bundesrechnungshof zur Milderung dieser Probleme eine intensive und regelmäßige Ausbildung der Steuerbeamten, "um die Fehlerhäufigkeit bei der Verwaltung insgesamt zu vermindern" (BRH 1987:104).

Neben dieser allgemein unterschiedlichen Verfahrensweise, die auf einer unklaren Rechtssituation basiert, zeigen sich auch regionale Unterschiede in der Gesetzes-

133) BRH 1987:102

anwendung durch die Steuerverwaltungen. Der Bundesrechnungshof nennt hierzu in seinem Jahresbericht die verschiedenartige Festsetzung für die Nichtbeanstandungsgrenze (bis zu der keine Belege beigebracht werden müssen) zur Absetzung von Aufwendungen für Arbeitsmittel der Arbeitnehmer[134)], die als interne Anweisung der Finanzämter nach eigenen Untergliederungen oder regionalen Erfahrungen durch die Finanzämter erfolgt.[135)]

Da nach stichprobenartigen Berechnungen des Bundesrechnungshofes (1987:98) bei rund 86 % der aktenmäßig erfaßten Steuerpflichtigen die Aufwendungen für diese Ausgaben in Höhe der Nichtbeanstandungsgrenze nicht durch Belege nachgewiesen werden, ergeben sich hierdurch deutliche Unterschiede in der faktischen Steuerbelastung. Zwar hält der Bundesrechnungshof Nichtbeanstandungsgrenzen zur Durchführung eines Massenverfahrens für zulässig. Aber: "Der Verzicht auf kleinliche Prüfung kann ... nicht bedeuten, daß gleichgelagerte Sachverhalte je nach Land mit unterschiedlichen Beträgen berücksichtigt werden." (BRH 1987:98)

Die Arbeit der Steuerverwaltung wird auch - und dies, macht man sich die Klagen ihrer Berufsorganisationen zu eigen, schon seit Jahrzehnten - durch den Mangel an Personal erschwert. Nach Berechnungen der Steuergewerkschaft im Deutschen Beamtenbund (DStG) fehlten 1986 über **13.000 Finanzbeamte**, durch deren Nichteinsatz dem Staat "jährlich mindestens 54 Mrd. DM" entgehen. (Stuttgarter Nachrichten, 14.10.1987) Selbst nach den offiziellen Personalbedarfsberechnungen der Länderverwaltungen - die nach Meinung der Steuergewerkschaft 'heruntermanipuliert' sind - ergab sich am 1. Januar 1985 ein Personalfehlbedarf von durchschnittlich **zwölf Prozent**.[135a)]

Die Personalbedarfsberechnungen für die Finanzämter (PersBB-FA) werden seit 1951 (Versuchsbeginn in Nordrhein-Westfalen) von den Steuerverwaltungen der Länder nach im wesentlichen gleichen Grundsätzen durchgeführt. Die PersBB ist in den Finanzämtern auch die Grundlage für die Stellenverteilung, den Personalausgleich, die Raumbedarfsdeckung, die Teilung von Finanzämtern sowie die Basis für den Neuzuschnitt von erweiterten Zuständigkeiten. Der Personalbedarf wird nach folgenden Kriterien gemessen: den typischen Aufgaben, der Zahl der Fälle gemessen an der Berechnungsgrundlage und der durchschnittlichen Bearbeitungs-

134) Nach § 9 Nr. 6 EStG Teil der Werbungskosten.

135) Im untersuchten Fall reichten die Beträge von 100 DM für Berufskleidung in einem Land bis zum fünffachen Betrag dessen für Berufskleidung, Fachliteratur und Werkzeuge in einem anderen Land; vgl. BRH 1987:98.

135a) Die Vorstellung, aus den Finanzämtern durch die Übertragung zusätzlicher Aufgaben (gesamter Kinderlastenausgleich) 'soziale Transferämter' zu machen (vgl. DStG Nr. 6/1986:79f), läßt sich unter diesem Umständen wohl kaum verwirklichen.

zeit pro Fall der typischen Aufgabe. Daraus wird der Gesamtzeitbedarf in Minuten ermittelt. (Göppert 1986:64) Die Zahl des benötigten Personals wird dabei in der Steuerverwaltung an einer vorausgesetzten Jahresarbeitszeit von 98.500 Minuten pro Beamten gemessen.[136)] Diese Personalbedarfsberechnungen werden grundsätzlich zu Beginn eines Dreijahreszeitraumes durchgeführt. Ihnen liegt also der Gedanke zugrunde,

> "... die üblichweise anfallenden typischen Aufgaben zu erfassen und die darauf entfallenden Arbeitsanfälle zu zählen sowie durch Multiplikation mit den dafür festgesetzten Arbeitszeiten und Division der ermittelten Gesamtarbeitszeit durch die normale Arbeitszeit einer Dienstkraft den Personalbedarf festzustellen.." (Berliner Senat 1975:41)

Nach einem Beschluß der Landesfinanzministerkonferenz vom 23. September 1982 wurde zwar zunächst auf eine bundeseinheitliche Personalbedarfsberechnung verzichtet[137)], mit dem 1. Januar 1985 werden solche Berechnungen aber wieder durchgeführt.[138)] Es ist demnach anzunehmen, daß die spürbare Fehlzahl in absehbarer Zeit nicht zu verringern ist.

Zu den Problemen hinsichtlich der Personalzahlen kommen noch Arbeitserschwernisse mit sich übermäßig schnell ändernden Steuergesetzen. So war nach den Worten des DStG-Vorsitzenden 1986 bei den Steuerbefreiungen für schadstoffarme Autos, bei denen sich die gewährte Steuerbefreiung von Monat zu Monat änderte, "der einzelne Steuerbeamte ... nicht mehr in der Lage, dem Bürger Auskunft über seine Rechte und Pflichten, also auch nicht mehr über mögliche Steuervergünstigungen, zu geben" (Stuttgarter Nachrichten, 14.10.1986).[139)]

Die Steuerverwaltungen der Länder leiden also im wesentlichen unter drei externen Behinderungsfaktoren, die ihnen die Durchführung einer gleichmäßigen und gerechten Besteuerung (§ 85 AO) erschweren:

- die (immer noch zunehmende) Kompliziertheit des Steuerrechts;
- die quantitative Zunahme der steuerrechtlichen Normen auf allen Ebenen (Gesetze, Rechtsvorschriften und Verwaltungsanweisungen, Rechtsprechung) und

136) Zu den Berechnungsfehlern, die dieser Zahl zugrunde liegen, vgl. Göppert 1986:65

137) Da ohnehin keine Personalvermehrungen für finanzierbar gehalten wurden; vgl. DStG Nr. 5/1983:60

138) Die Arbeitsgruppe 'Personalbedarfsberechnung' der Länderfinanzverwaltungen arbeitet jetzt als Arbeitsgruppe 'Personalbemessung' weiter. (DStG Nr. 3/1984:18; vgl. auch DStG Nr. 4/1985:43)

139) Auf die mutmaßlichen 'Lösungsmöglichkeiten' in solchen oder ähnlich unklaren oder aus rein quantitativen Gründen (Normenflut) nicht mehr zu überblickenden Rechtssituationen wird in Kap. 7.3 eingegangen.

- die in einigen Teilbereichen - so etwa im Einkommensteuerwesen - ständig steigenden Fallzahlen.[140)]

Dazu kommen noch als interne Probleme[141)]:

- die personelle Unterbesetzung,
- die unterschiedlichen Organisationsformen der Steuerverwaltungen, die von den GNOFÄ nur mühsam zugedeckt werden und
- (damit wahrscheinlich zusammenhängend) die regional unterschiedliche Intensität der Besteuerung.

Die Steuerverwaltung hat keinen Einfluß auf die externen Faktoren. Ihre Steuerungsmöglichkeiten sind auch bei den internen Erschwernissen äußerst beschränkt, weil sie im wesentlichen von der Politik bestimmt (Zuweisung von Personalmitteln) sind. Aber auch die steuerbaren Organisations- und Besteuerungsprinzipien müssen aufgrund der bisher gemachten Erfahrungen (GNOFÄ) in ihrer Wirkung als relativ gering angesehen werden.

Von Veranlagungssachbearbeitern eines Finanzamtes wird erwartet, daß sie pro Woche ca. 50 Steuerpflichtige zur Einkommensteuer, zur Gewerbesteuer oder zur Umsatzsteuer veranlagen oder etwa 100 einfache Einkommensteuerfälle durch Steuerbescheide erledigen. (Tipke 1987:602) Dabei steigen die Fallzahlen immer mehr an.[142)] Die Steigerung der Zahl der Bediensteten der Finanzämter kann mit der prozentualen Steigerung der meisten steuerlichen Veranlagungsarten nicht mehr mithalten, zumal sie relativ gesehen abnimmt: Stieg die Zahl der Stellen in den Steuerverwaltungen von 1971 bis 1980 noch um rund 30 % an, so nahm sie in den Jahren von 1980 bis 1984 nur noch um 0,8 % zu. (DStG Nr. 5/1986: 62). Gleichzeitig vergrößern sich die Informationsrückstände der Finanzbeamten - gerade auch gegenüber den steuerberatenden Berufen - mit der Änderungshäufigkeit der steuerrechtlichen Gesetze und Verordnungen. Daß sich die Bediensteten der Steuerverwaltungen unter diesen Umständen zuweilen wie die "Maurer ohne Kelle" (DStG Nr. 3/1986:24) vorkommen, wundert da nicht. Schon in Kapitel 5 ist deutlich geworden, daß sich diese Probleme in der letzten Legislaturperiode nicht gebessert haben - im Gegenteil, die Änderungshäufigkeit und unsystematische Abänderung einzelner Normen nahm noch zu:

140) Von 1963 bis 1984 stieg die Zahl der Veranlagungsfälle nach dem Einkommensteuergesetz um 229,0 % (DStG Nr. 9/1986:111; vgl. auch Anlage 74)

141) 'Intern' nicht im Sinne von 'selbstverschuldet', sonder von 'innerorganisatorisch bedingt'.

142) Vgl. Anlage 74

> "So ändert z.B. das Steuerbereinigungsgesetz 1986 - ursprünglich gedacht zur Steuervereinfachung - in 25 Artikeln 153 steuerrechtliche Vorschriften. An 48 Stellen wird die Abgabenordnung, an 23 Stellen das Einkommensteuergesetz verändert. Die Neuregelungen, die zu unterschiedlichen Zeiten in Kraft treten und teilweise rückwirkend in Kraft gesetzt worden sind, verändern sowohl das Besteuerungsverfahren als auch das materielle Steuerrecht. Die Angehörigen der Steuerverwaltung haben Tag für Tag damit fertig zu werden, und dieses Dickicht von - teilweise konfusen und verworrenen - Vorschriften dem Bürger zu vermitteln." (DStG Nr. 3/1986:24)

Daß die Steuerverwaltungen auch unter diesen schwierigen Umständen bemüht sind, dem Auftrag einer gerechten und gleichmäßigen Besteuerung nach § 85 AO nachzukommen, wird von niemandem bestritten. Aber das Fehlen von wichtigen Informationen, gepaart mit einem zunehmendnden Arbeitsdruck, zieht die Formen der 'vereinfachten' Steuerrechtsanwendung nach sich, die am deutlichsten von Jenetzky (1982) beschrieben worden sind.[143)] Jenetzky (1982:280) sieht auf der Ebene der Sachbearbeiter verschiedene 'Gegenstrategien' der Steuerverwaltungen.

- die Begünstigung einzelner Steuerpflichtiger durch die Nichtanwendung gesetzlicher Vorschriften;
- eine gesetzlich nicht gedeckte Belastung durch typisierende und schematische Verwaltungserlasse, um eine beschleunigte Fallerledigung zu sichern;
- die Lösung von Zielkonflikten im gleichen Gesetz durch die Sachbearbeiter, um das Recht praktikabel zu machen;
- die individuelle Rechtsvereinfachung durch den Sachbearbeiter.

All diese Vereinfachungsmethoden lassen sich wissenschaftlich schwer nachprüfen. Sie beruhen nicht auf konkreten Anweisungen oder Absprachen und sind deshalb nicht belegt. Aber solche Aussagen von Praktikern stimmen nachdenklich. Es dürfte sicher sein, daß die geschilderten (mehr oder weniger willkürlichen) Rechtsvereinfachungen weithin nicht aus Eigeninitiative der Verwaltungen oder der Beamten entstehen, sondern in der Kompliziertheit und Unanwendbarkeit des Steuerrechts - und insbesondere des Einkommensteuerrechts - angelegt sind.

143) Vgl. auch Kap. 5.6.3.1.

Teil IV: Ergebnisse

7. Zusammenfassung der Untersuchungsergebnisse

7.1 Die Einführung und Entwicklung des Einkommensteuergesetzes in Deutschland

Von den untersuchten deutschen Staaten[1)] führte Sachsen schon 1878 eine Einkommensteuer im engeren Sinne ein und machte sie zur Hauptsteuer seines direkten Steuersystems. Genau wie Sachsen einige Jahrzehnte zuvor brach dann Württemberg 1903 mit dem bisher die Staatsfinanzen stützenden System der Realsteuern und ging zur Einkommensteuer über, die auch dort bald zur aufkommenstärksten Steuer wurde. Im Gegensatz dazu gab es in Preußen eine kontinuierliche Entwicklung von der Klassen- und klassifizierten Einkommensteuer hin zum Einkommensteuergesetz von 1891.
Durch den Steuertarif wurde in Preußen auf die Leistungsfähigkeit des Steuerpflichtigen und auf besondere Belastungen Rücksicht genommen. Da die einzelnen Steuerbelastungen dem Betrag der Einkünfte nicht formelhaft zugeordnet, sondern im einzelnen aufgelistet wurden, ergab sich so ein umfangreiches Gesetz, das oftmals verändert werden mußte. In Sachsen und Württemberg wurde nach dem gleichen Prinzip verfahren. In allen drei untersuchten Steuergesetzen fanden sich schon um die Jahrhundertwende umfassende Bestimmungen und Verfahrensvorschriften mit deutlichen wirtschafts- und sozialpolitischen Zielsetzungen (Steuerfreibeträge, Berücksichtigung der persönlichen wirtschaftlichen Leistungsfähigkeit, steuerfreies Existenzminimum, progressiver Tarif). Da diese Regelungen in allen Gesetzen auftauchten und zunehmend ausgebaut wurden, wuchs allein schon aus diesen Gründen der Umfang der Gesetze.

Mit dem zunehmenden Gewicht der Einkommensteuer innerhalb der Systeme der direkten Besteuerung und der zunehmenden Dominanz dieser direkten Steuern innerhalb des gesamten Steuerverbundes gewann nach der Jahrhundertwende auch die Frage der Steuerhoheit über die Einkommensteuer an Bedeutung. Daß das Deutsche Reich ohne einen Anteil an der ergiebigsten direkten Steuer kaum handlungsfähig war, zeigte sich vor allem im Ersten Weltkrieg.

Mit der Erzbergerschen Finanzreform wurde auch ein einheitliches Einkommensteuergesetz für das Deutsche Reich geschaffen. Es kehrte - bis zu seiner Neuformulierung 1925 - zur Schanzschen Reinvermögenstheorie zurück; nach 1925 ging man (bis heute) wieder dazu über, das, was als Einkommen im Sinne des EStG anzusehen ist, im Gesetz festzuschreiben. 1925 wurde das EStG in diesem

---

1) Preußen, Sachsen und Württemberg

und anderen Punkten neu gefaßt. In dieser Struktur blieb es in der Neuformulierung von 1934 erhalten und bildet so bis heute die Grundlage der Einkommensbesteuerung. Auch unter der NS-Diktatur wurden das Einkommensteuergesetz in seiner Grundstruktur und seine prinzipiellen Vorschriften beibehalten, aber in einzelnen Regelungen für sozialpolitische - das waren im wesentlichen rassistische - oder wirtschaftspolitische Ziele umfunktioniert.

Es ist in Kapitel 3 deutlich geworden, daß es wenig Sinn hat, die 'inflationsbedingten' Gesetzesänderungen in den zwanziger Jahren als Beleg für oftmalige Steuerrechtsänderungen heranzuziehen. Aber selbst wenn man von diesem Faktor und den ersten Gesetzesänderungen nach 1920 absieht, die wohl nach der Neuformulierung eines in seiner Wirkungsweise und seinem Umfang neuartigen Gesetzes unvermeidlich sind, zeigen sich bis zum Ende der zwanziger Jahre so häufige materielle Änderungen des EStG, daß, auch wenn man den Geldverfall und die Ausbauprobleme einer neuen Verwaltung bis 1927/28 berücksichtigt, kaum von einer sachgerechten und gleichmäßigen Besteuerung des Einkommens gesprochen werden kann. Nach einer kurzen 'Erholungspause' kamen dann die Steuerrechtsänderungen der frühen dreißiger Jahre in den Notzeiten der Republik und die Nutzbarmachung des Steuersystems für rassistische und wirtschaftspolitische Maßnahmen während der NS-Diktatur. Spätestens ab 1942/43 konnte aufgrund der kriegsbedingten Situation keine Rede mehr von einer geordneten Einkommensbesteuerung sein. Nach dem Zusammenbruch des Reiches 1945 arbeiteten die Finanzämter zwar fast unvermindert weiter, aber die Einheitlichkeit und Gleichmäßigkeit der Besteuerung blieb mindestens bis zur Währungsreform von 1948 eine Fiktion. -

Wie die Ausführungen gezeigt haben, ist das heutige Einkommensteuergesetz historisch gewachsen. Es läßt sich fast bruchlos - über die Reichseinkommensteuergesetze 1920, 1925 und 1934 - auf Entwicklungen der Ländereinkommensteuergesetze des Deutschen Reichs, insbesondere des preußischen Einkommensteuergesetzes von 1891, zurückverfolgen. Die wesentlich prägenden gesetzgeberischen Entwicklungen waren bis 1938 abgeschlossen. Danach folgten kaum mehr strukturelle Veränderungen. Zum Betätigungsfeld der Steuerreformer wurde vor allem die Tarifgestaltung, die Familienbesteuerung und nach der Einführung des Körperschaftsteuer-Anrechnungsverfahrens auch dieses Feld (vgl. Raupach 1985:89).

Überraschenderweise kann heute noch eine Reihe von Vorschriften ausgemacht werden, deren inhaltliche Regelungen unverändert auf das Einkommensteuergesetz von 1934 zurückzuführen sind. So z.B. § 1 I Satz 1, § 4 I Satz 1 und 2, § 6 I 2, 3 und 4, § 16 I 1-3[2]. Auch die Gesetzesgliederung und die Paragraphennumerierung weisen 1934 und 1987 grundsätzliche Übereinstimmung auf.

Doch schon im preußischen Einkommensteuergesetz von 1891 und den Einkommensteuergesetzen der anderen untersuchten Länder sind viele spätere Entwicklungen angelegt:[3]

- Die heutige Unterscheidung zwischen beschränkter und unbeschränkter Steuerpflicht war bereits damals auf Wohnsitz und Aufenthalt abgestellt.
- Die Berücksichtigung von Werbungskosten und außergewöhnlichen Belastungen war ebenfalls, wenn auch unter anderer Terminologie, verankert.
- Die Besteuerung des Jahreseinkommens[4].
- Eine prinzipielle Übereinstimmung kann auch für die Nichtbesteuerung des Existenzminimums und die progressive Ausgestaltung des Steuertarifs festgestellt werden.
- Die heutigen Einkunftsarten können direkt aus den vier Einkunftsarten des preußischen Einkommensteuergesetzes abgeleitet werden. Die Unterscheidung zwischen Gewinn- und Überschußeinkünften stammt bereits aus dem Jahre 1891.

Seit der Steuerreform von 1920 gilt die Trennung in Einkommen- und Körperschaftsteuer, der Lohnsteuer- und Kapitalsteuerabzug.[5] Die Gesetzesstruktur von 1925 und 1934 (Paragraphenfolge und -numerierung) werden im wesentlichen bis heute beibehalten. Ebenso finden sich die Regelungen zur unbeschränkten und beschränkten Steuerpflicht, der pragmatische Einkommensbegriff mit acht Einkunftsarten (1934 Zusammenfassung zu sieben Arten), "... der Dualismus der Einkunftsarten (Gewinn- und Überschußeinkünfte) (*und, d.Verf.*) die Zusammenveranlagung" (Raupach 1985:91f) im geltenden Einkommensteuergesetz wieder.

7.2 Entwicklungslinien der deutschen Steuerverwaltung

Eine einheitliche, eigenständige Steuerverwaltung auf gesamtstaatlicher Ebene hat es in Deutschland bis 1919 nicht gegeben. Auch zwischen den einzelnen Staaten gab es Unterschiede in der Steuerverwaltung. Im Gegensatz zu den anderen deutschen Staaten hatte vor allem Preußen bis 1919 keine eigenständige Finanzverwaltung. Es ließ seine Steuern durch die allgemeine innere Verwaltung mit

2) Vgl. Raupach 1985:89, Anm. 290

3) Vgl. Raupach 1985:90

4) In Preußen galt zeitweise in unterschiedlichem Umfang eine dreijährige Durchschnittsbesteuerung (vgl. Raupach 1985:90).

5) Vgl. Kap. 3.3.1

verwalten und beteiligte bei der Veranlagung in großem Maße Laien. Auch wenn nach der Jahrhundertwende zunehmend hauptamtliche Staatskommissare zu Vorsitzenden der Veranlagungskommissionen berufen wurden, blieb - jedenfalls in den ländlichen Gebieten - der Landrat die zentrale Figur des Besteuerungsprozesses. Die Probleme der Zuständigkeit des Landrates und der Beteiligung der Veranlagungskommissionen für die Steuerfestsetzung sind ausführlich dargestellt worden. Es hat sich dabei gezeigt, welche Schwächen dieses Verfahren hinsichtlich des Eindringens in die tatsächlichen Einkommensverhältnisse der Steuerpflichtigen mit sich brachte. Auch wenn man anerkennt, daß sich das Ausmaß der so nicht erhobenen Steuern nicht exakt bestimmen läßt,[6] kann man von beträchtlichen Steuerhinterziehungen ausgehen. Diese dürften sich nicht nur auf die Großgrundbesitzer erstreckt haben, für die das Witt (1973) in Anlehnung an die Untersuchungen von Dehlbrück vom Beginn dieses Jahrhunderts so eindrucksvoll beschrieben hat.[7] Wurden diese Steuerhinterziehungen im wesentlichen mit Hilfe oder durch Billigung der Landräte durchgeführt, so dürfte sich auf der anderen Seite die Beteiligung von Laien in den Veranlagungskommissionen zugunsten der Berufsgruppen ausgewirkt haben, die dort (und auch in den Berufungskommissionen) vertreten waren.

Die anderen deutschen Staaten, deren Steuerverwaltungen dargestellt wurden (neben Württemberg und Sachsen auch Bayern und Baden) hatten eigenständige, drei- oder vierfach gegliederte Steuerverwaltungen. Wie sich in Teil I gezeigt hat, arbeiteten auch in Württemberg und Sachsen mit Laien besetzte Veranlagungskommissionen, diese allerdings unter fachlicher Leitung. Die so praktizierte Form der Steuerveranlagung trug auch entscheidend dazu bei, den Personalumfang bei den eigentlichen Steuerverwaltungen klein zu halten. Die Probleme bei der unterschiedlichen Besteuerung des Einkommens lagen hier nicht so sehr in dem verschiedenartigen Aufbau ihrer Steuerbehörden, als in der unterschiedlichen Ausgestaltung ihrer Einkommensteuergesetze.

Eine eigenständige Steuerverwaltung (als Teil der Reichsfinanzverwaltung) wurde in Deutschland erst mit der Finanzreform von 1919 eingerichtet. Ihre rasche Durchsetzung und der schnelle Aufbau in den Grundzügen - bei allen Problemen hinsichtlich der Durchführung der Besteuerung im einzelnen - war im wesentlichen dem Durchsetzungsvermögen Matthias Erzbergers zu verdanken. Die Einrichtung einer eigenen Reichsfinanzverwaltung war nur möglich in der Umbruch-

6) Vgl. dazu die geschilderten zeitgenössischen Auseinandersetzungen zwischen Meisel (1911) und Waldecker (1913).

7) V.d.Groeben (1975) kann zwar einige Fehler in Witt's Darstellungen aufzeigen, die von diesem aufgezeigten Beispiele aber nicht im Grundsatz widerlegen.

situation nach dem Ersten Weltkrieg, der neben einem Ausbau der Finanzhoheit des Reiches auch - wie schon in Kap. 7.1 angesprochen - die Notwendigkeit der Schaffung einer einheitlichen Behördenorganisation zur Durchführung einer Besteuerung im Reich nach den gleichen Grundsätzen und Verfahren deutlich machte. Die Einkommensbesteuerung hatte zu diesem Zeitpunkt schon eine so große Bedeutung erlangt, daß eine andere Lösung als das bisher praktizierte Verfahren - unabhängig davon, wem die Etragshoheit der Reichseinkommensteuer zuzuweisen war - unumgänglich wurde.

Zwischen der Schaffung der Reichsfinanzverwaltung und der Durchsetzung eines tatsächlich einheitlichen Besteuerungsmaßes lag ein Zeitraum von mehreren Jahren. Dies nicht nur wegen der Probleme mit der Inflation, sondern auch deshalb, weil der Aufbau der neuen Reichsbehörden schließlich mehrere Jahre in Anspruch nahm. Daß die Eingliederung der verschiedensten Berufsstände in die neue Reichsfinanz- und -steuerverwaltung relativ reibungslos gelang, lag zu einem wesentlichen Teil auch an der gegliederten Ausbildung in dem neuen Behördenzweig. In Ausbildungs- und Laufbahnfragen konnte die Reichsverwaltung dabei auf die Erfahrungen der mittel- und süddeutschen Steuerverwaltungen zurückgreifen, die schon um die Jahrhundertwende alle mehrgliedrige Ausbildungsgänge und Laufbahnzüge besaßen. Diese bestanden neben dem akademischen Führungspersonal in den Ministerien[8)] sowohl aus einem mittleren und höheren als auch aus einem niederen Finanzverwaltungspersonal mit genau zugewiesenen Aufgaben. Nach dem Ausbau der Reichsfinanzverwaltung besaß die Steuerverwaltung eine in fünf Ranggruppen untergliederte Laufbahneinteilung. Die wesentlichsten Veränderungen stellen seitdem die 'Akademisierung' des gehobenen Dienstes der Steuerverwaltungen durch die Einrichtung einer Fachhochschulausbildung und die Verleihung von Diplomen seit dem Beginn der achtziger Jahre dar.

Der noch an die alten Landessteuerverwaltungen angelehnte Aufbau der Reichssteuerverwaltung hielt sich bis zum Anfang der dreißiger Jahre. Erst unter der NS-Diktatur ergaben sich stärkere Änderungen. Mit der Ersetzung der Landesfinanzämter durch die Oberfinanzpräsidenten und der Umgestaltung dieser Bezirke wurde die 1919 begonnene Vereinheitlichung weiter vorangetrieben.
Am Ende der NS-Zeit existierte somit eine reichseinheitliche Steuerverwaltung mit gegliederten Behörden auf drei Ebenen und einem spezialisierten Beamtenkörper mit eigenständigem Ausbildungswesen und spezifischen Laufbahnen.

1945 standen die Reste der Reichsfinanzverwaltung wie die anderen Verwaltungszweige vor dem Nichts. Dennoch ist die Beharrlichkeit, mit der die Finanz-

8) Das sich nach den Abänderungen in Württemberg 1903 fast durchgängig aus Juristen rekrutierte.

verwaltung an ihren Aufgaben bis zuletzt festhielt, bzw. die Selbstverständlichkeit, mit der sie zu diesen Aufgaben unter der neuen Regie der Besatzungsmächte zurückkehrte, beeindruckend. Während der Besatzungszeit prägten die einzelnen Siegermächte die Finanz- und Steuerverwaltungen nach ihren unterschiedlichen Vorstellungen, was sich insbesondere auf den oberen Leitungsebenen zeigte. Schon 1946/47 spiegelte sich das Bild, das sich die einzelnen Besatzungsmächte vom zukünftigen deutschen Staatswesen machten, in Teilbereichen in ihren verschiedenen Konzeptionen hinsichtlich der Finanzverwaltungen (zentralistisch/föderalistisch) wider. Dieser Einfluß der Besatzungsmächte zeigte sich auch 1949, als sie massiv in die Beratungen des Parlamentarischen Rates eingriffen und eine einheitliche Bundesfinanzverwaltung verhinderten: Die geteilte Finanzverwaltung der Bundesrepublik ist das Ergebnis des Verfassungswillens der Besatzungsmächte. In der Finanzreform von 1969 ist diese Entscheidung zwar - mit einer formalen Steigerung der Länderkompetenzen - auf der Weisungsebene zugunsten des Bundes geändert worden, aber die organisatorische Vielfalt behindert die Steuerverwaltung immer noch. Dies beeinflußt auch die materielle Gesetzesanwendung.[9)]

Nach dem Neuaufbau der Länderfinanzverwaltungen, der Konsolidierung der Finanzverwaltung und der Neuordnung des Finanzwesens der Bundesrepublik in der Finanzreform von 1969 brachten die siebziger Jahre den Versuch einer Neuorganisation des Besteuerungsverfahrens auf der Ebene der Finanzämter. Die Steigerung der Fallzahlen und auch die zunehmende Kompliziertheit der Fälle zwangen zu einer Neuorganisation, die sich insbesondere auf den Veranlagungsbereich der Finanzämter bezog. Mit den GNOFÄ wurde versucht, die direkte personelle Über- und Unterordnung innerhalb des Veranlagungsbereiches zugunsten größerer Arbeitszusammenhänge aufzugeben.[10)] Zusammen mit der zunehmenden Ausstattung der Finanzämter mit EDV-Anlagen bestand hier die Hoffnung, dem zunehmenden Arbeitsanfall besser begegnen zu können. Die nähere Betrachtung der Ergebnisse der Umorganisation hat aber gezeigt,[11)] daß die Vereinheitlichung des Besteuerungsverfahrens nie im ursprünglich geplanten Umfang durchgesetzt werden konnte; auch bei Art und Umfang der EDV-Ausstattung der Finanzämter zeigen sich beträchtliche landesspezifische Unterschiede.

---

9) Vgl. dazu Kap. 6.4.3

10) Auf die Bedenklichkeit der damit zusammenhängenden Falleinteilung mit der jeweils zugewiesenen Intensität der Nachprüfung soll hier nicht eingegangen werden; vgl. dazu noch einmal Kap. 7.3.

11) Vgl. Kap. 6.4.3

7.3 Besteuerungsanspruch und Besteuerungswirklichkeit - Alte und neue Grenzen der Besteuerung

Der geschichtliche Rückblick hat gezeigt, daß die Einkommensbesteuerung in Deutschland seit ihrem Bestehen laufend Schwankungen unterworfen und von einer stetigen Besteuerung nach konstanten Prinzipien nur für kurze Perioden auszugehen ist. Einfach und 'unkompliziert'[12] waren die betreffenden Einkommensteuergesetze nie. Dabei hatte jede Periode ihre eigenen Probleme:

- bis zum ersten Weltkrieg gab es keine einheitliche gesetzliche Grundlage für die Einkommensbesteuerung in Deutschland; im größten, flächen- und bewohnermäßig dominierenden Gliedstaat Preußen existierte nur eine äußerst vage, mehr auf Treu und Glauben als auf exakter Nachprüfung bestehende Messung und Besteuerung des Einkommens, die unter Beteiligung von Laien unter der (sachunkundigen) Aufsicht von Beamten der inneren Verwaltung vorgenommen wurde; auch in Sachsen und Württemberg wurde diese Art der Steuerveranlagung unter der Beteiligung von Laien praktiziert;

- von der Jahrhundertwende bis 1919 litt die Einkommensbesteuerung unter den Auseinandersetzungen um die Steuerhoheit in dieser Frage zwischen Reich und Ländern, ab 1913 zwangen die explodierenden Rüstungs- und Kriegskosten ohnehin zu einer planlosen, jeweils kurzfristigen Erhebung ohne System;

- in den gesamten zwanziger und frühen dreißiger Jahren kann aus verschiedenen Gründen (Aufbauprobleme der neuen Verwaltung, Inflation, Wirtschaftskrise ab 1929) von keiner planvollen und durchgängigen Einkommensbesteuerung gesprochen werden; der Plan (ein reichseinheitliche Einkommensteuergesetz) lag nun zwar vor, aber seine Ausführung scheiterte an der Notwendigkeit, auf die sich ständig ändernden Rahmenbedingungen immer neu zu reagieren;

- ab der Mitte der dreißiger Jahre wurde das EStG (wie der Großteil der Steuerpolitik) verstärkt zur Erreichung politischer Ziele des NS-Staates benutzt; nun wurde zwar planvoll - und nach dem, was vorliegt, auch reichseinheitlich - erhoben, aber eben unter anderen Gesichtspunkten als denen einer gerechten Besteuerung;

- in den gesamten vierziger Jahren hat kaum eine realistische Einkommensbesteuerung stattgefunden; durch die Kriegswirkungen war eine genaue Bestimmung der Einkünfte kaum noch möglich, und im Nachkriegsdeutschland entbehrte sie mindestens bis zur Währungsreform jeder realistischen Grundlage;

12) Im Sinne leicht zu handhabender gesetzlicher Grundlagen mit generellen, einfachen und klaren Vorschriften ohne größere Ausnahmebestimmungen.

- die wohl bisher 'ruhigste' Periode der Einkommensbesteuerung in Deutschland[13)] bildeten die fünfziger und frühen sechziger Jahre, aber auch in dieser Zeit wurde das EStG mit wirtschaftlichen und sozialpolitischen Förderungszielen durchsetzt;
- schon gegen Ende der sechziger Jahre und verstärkt in den siebziger Jahren schlugen die Probleme der steigenden Fallzahlen unter den Bedingungen einer konstanten Instrumentalisierung des EStG voll auf die Steuerbehörden und die Bürger zurück; diese Probleme bestehen bis heute.

Daß heute überhaupt noch eine im Ganzen funktionsfähige Einkommensbesteuerung in der Bundesrepublik durchgeführt werden kann, ist einer Entscheidung zu verdanken, die vor mehr als sechzig Jahren getroffen wurde: der Einführung des Lohnsteuerabzugsverfahrens durch den Arbeitgeber bei Einkünften des Arbeitnehmers aus unselbständiger Arbeit. Würden die damit verbundenen Arbeiten nicht für die Masse der Einkommensteuerzahler[14)] - unter beträchtlichen Kosten für die Betriebe - von den Arbeitgebern erbracht, bräche die gesamte Einkommensbesteuerung in der Bundesrepublik zusammen.

Da für die Masse der Steuerpflichtigen im Lohnsteuerabzugsverfahren nicht nur das System der Steuererhebung (zu ihren Lasten) vereinfacht und größtenteils aus den Finanzämtern ausgelagert wurde, sondern sich auch der wesentliche Teil der Sonderbestimmungen des EStG (Vergünstigungen, abzugsfähige Kosten, Berechnungsfragen) überwiegend zu Gunsten der veranlagten Einkommensteuerzahler auswirkt, zeigt sich hier deutlich der Charakter des EStG als eines sozialpolitischen Lenkungsinstruments schlechthin, das eben nicht der konsequenten Einkommenserhebung und -besteuerung (mit Umverteilungszielen) bei allen möglichen Arten von Einkünften dient, sondern dazu benutzt wird, - mit beträchtlichem regelungstechnischem (gesetzgeberischen) und arbeitsorganisatorischem Aufwand (in den Finanzämtern) -, eben jede nur mögliche Ungerechtigkeit und jede Nichtberücksichtigung individueller Lasten bei der Veranlagung auszuschließen; und das auf jeden Fall schon seit der Mitte der zwanziger Jahre[15)].
Und genau das erweist sich heute als Bumerang, der aber nicht auf den Gesetzgeber zurückschlägt, sondern die Steuerverwaltungen - und damit sicherlich die Falschen! - trifft: Solange das Einkommensteuergesetz mit dem Veranlagungsverfahren in seinem auf individuelle 'Bedürfnisse' zugeschnittenen Charakter nur für eine kleine, zumindest aber überschaubare Zahl von Steuerpflichtigen galt,

---

13) Abgesehen von den Problemen hinsichtlich der Organisationsform der Steuerverwaltungen, dem nahezu konstanten Personalmangel der Behörden und den Auseinandersetzungen um das Aufkommen der Einkommensteuer zwischen Bund und Ländern.

14) Zu den Zahlen vgl. Kap. 5.3.1

15) und in den Gesetzen angelegt schon seit der zweiten Hälfte des 19. Jahrhunderts

waren die diesen Steuerpflichtigen verfahrenstechnisch und materiell zuerkannten Vergünstigungen organisatorisch zu verkraften und in ihren Wirkungen überschaubar. In einer Wohlstandsgesellschaft, in der immer mehr Einkommensteuerpflichtige wegen Einkommensteigerungen oder aus Gründen der sozial- oder wirtschaftspolitischen Subventionierung[16] in den Veranlagungsbereich des EStG 'hineinrutschten' und dieser spezielle Teil des Gesetzes seinen Carakter als 'Privileg' verlor, ist eine korrekte und einheitliche Anwendung des Gesetzes unmöglich geworden.

Die Steuerverwaltungen - die diese Situation nicht zu vertreten haben - versuchten, die Überlastung, die die erlangte 'Allgemeingültigkeit' der Veranlagungsbestimmungen mit sich brachte, durch den verstärkten Einsatz technischer Hilfsmittel und organisatorischer Änderungen (GNOFÄ, Neufassung der FAGO) in den Griff zu bekommen, was sich in letzter Konsequenz wohl nur so zusammenfassen läßt, daß man es 'nicht so genau' nehmen solle. G. Felix hat das [17] deutlich ausgesprochen:

> "Die GNOFÄ sind mehr als nur eine Panne unseres Rechtsstaates. Sie sind der lebendige Beweis dafür, daß ein engstirniger Glaube an den hohen Wirkungsgrad technischer Rationalisierungsmethoden zur Bewältigung komplizierter Rechtsmaterien zu einer katastrophalen Fehlkalkulation verleiten kann. Ein verästeltes Normengeflecht entzieht sich der vereinfachten Durchführung, wenn gleichzeitig auch noch das Verfahren den rechtsstaatlich verbürgten, individuellen Rechtsansprüchen des belasteten Bürgers entsprechen muß."

Die GNOFÄ und die anderen organisatorischen und technischen Hilfmittel waren zur Entlastung der Steuerverwaltungen sicher geeignet und dienen im Einzelfall wohl auch dem Bürger. Aber sie stellen im Grundsatz den Verzicht auf einen Anspruch dar, den das EStG in allen seinen Verästelungen und perfektionistischen Regelungen doch erhebt: den Anspruch auf eine gleichmäßige und gerechte Besteuerung. Neben den schon immer bekannten Problemen der Einkommensbesteuerung, wie sie hier aufgezeigt wurden, bilden diese Vereinfachungsbestimmungen also ein neues Hindernis auf dem Weg zu einer gerechten Besteuerung. Sie sind die indirekte Anerkennung der Diskrepanz zwischen dem (im EStG) postulierten Besteuerungsanspruch und der Besteuerungswirklichkeit.

Daß das EStG heute in vielfältiger Weise zu sozial- und wirtschaftspolitischen Förderungs- und Lenkungsmaßnahmen herangezogen wird, ist eine weit verbrei-

16) Das beste Beispiel scheint hier die Förderung des Wohnungsbaus durch einkommensteuerliche Vergünstigungen zu sein; vgl. auch FN 18.

17) Im Vorwort zu Martens 1980

tete und auch zutreffende Kritik.[18] Aber die Besprechung der Einkommensteuergesetze der deutschen Länder im 19. Jahrhundert[19] und der Reichseinkommensteuergesetze von 1920 und 1925[20] hat gezeigt, welch große Rolle solche Subventionen und Begünstigungen auch damals schon gespielt haben. Das Einkommensteuergesetz *ist* unübersichtlich, mit Sonderregelungen und Vergünstigungen überfrachtet und damit - in seiner mangelnden Überschaubarkeit - ungerecht, aber das war es nach diesem Maßstab schon immer. Die Steuerverwaltungen, zumal die mit der Besteuerung des Einkommens betrauten Behörden, sind überlastet und Steuerzahlern, die sich in den Feinheiten des Gesetzes auskennen und auf 'professionellen' Beistand zurückgreifen können, kaum gewachsen, aber sie waren das bei diesen (in der Regel mit größerem Einkommen aus schwer zu überblickenden Quellen ausgestatteten) Steuerzahlern noch nie. Was sich grundsätzlich geändert hat, ist der gewaltig gestiegene Umfang des Einkommensteuergesetzes und seiner Nebenregelungen (EStDV, EStRl).[21] Dieses Anschwellen der Normen mit einer Vielzahl detaillierter, für den Außenstehenden - der in diesem Falle der Betroffene, nämlich der steuerpflichtige Bürger ist - kaum noch oder gar nicht mehr zu überblickenden Regelungen trägt entscheidend zur drohenden Unanwendbarkeit des EStG bei.

Das ist für sich noch kein Lösungsschritt aus den heute ohne Zweifel vorhanden Problemen bei der Besteuerung nach dem EStG, die sich ohne eine gründliche Reform - die diesen Namen auch verdient - in den kommenden Jahren noch verschärfen werden. Aber unser Ergebnis könnte dazu dienen, die Diskussion aus einer Richtung wegzulenken, in der einem Besteuerungsideal - und damit mittelbar auch einem Staatsideal - nachgelaufen wird, das es nachweislich nie gegeben hat.

Ein Gesetz wie das EStG, das vom Betroffenen selbst kaum verstanden und daher - zumindest in vielen Fällen - nicht mehr zu seinen Gunsten angewandt werden kann, ist per se ungerecht. Wenn dieses Gesetz dann für diesen Betroffenen nur noch mit Hilfe eines eigenen Berufsstandes (der Steuerberater) verständlich gemacht werden kann und damit ein für breiteste Bevölkerungsschichten geltendes

18) Von den zwanzig größten Steuervergünstigungen des Jahres 1986 bezogen sich ein Viertel auf das (nur für einen beschränkten Kreis von Steuerpflichtigen wirkende) Berlin-Förderungsgesetz. Von den anderen fünfzehn größten Steuersubventionen betrafen allein acht das EStG; davon - mit dem bei weitem größten Volumen - als größte Subvention die erhöhten Abschreibungen für Wohngebäude (einschließlich der Kinderkomponente) nach den §§ 7b, 54 und 34f EStG mit rund 5,685 Mrd. DM (vgl. SteuerStud Nr. 1/1986:34).

19) Vgl. Kap. 1

20 Vgl. Kap. 3

21) Vgl. Kap. 5.6.1.3

Gesetz überhaupt nur noch einer kleinen Zahl von Spezialisten in allen seinen Regelungen zugänglich ist, ist das nicht nur ein rechtspolitischer Skandal, sondern auch ein Widerspruch zu grundlegenden Verfassungsprinzipien.

Eine Gesetzeskorrektur[22] ist deshalb dringend notwendig. Dies aber nicht, weil das EStG unter Mißhandlung seiner 'idealen' Gesetzesstruktur durch die Einbringung von sozial- und wirtschaftspolitischen Zielen in den letzten Jahren (oder etwa den letzten beiden Jahrzehnten) vom an sich richtigen Weg einer gerechten und gleichmäßigen Besteuerung abgebracht worden wäre, sondern weil dieses Gesetz daran scheitert, daß einst nur (relativ) wenigen Begünstigten zugedachte Sonderregelungen und Subventionen sich für eine große Zahl von Steuerzahlern geöffnet haben. Trug im 19. Jahrhundert die zunehmende Berücksichtigung der wirtschaftlichen Leistungsfähigkeit bei kleineren und mittleren Einkommen entscheidend zur Komplizierung des Einkommensteuergesetzes bei - die höheren Einkommen holten sich dafür ihren Ausgleich bei der geschilderten Veranlagung durch die Kommissionen -, wurde später, nach der Vereinfachung der Besteuerung von Einkünften aus unselbständiger Arbeit durch das Lohnsteuerabzugsverfahren, die Komplizierung auf die Bezieher höherer Einkommen verschoben, da nun auch deren Einkünfte von regulären Steuerbeamten gemessen und ihre Steuerlasten festgelegt wurden. Mit der Öffnung dieser gesetzlichen 'Vorzugsbehandlung' durch einen steigenden Wohlstand und die Wirkungen der Progression - sowie durch die gewollt steuerlich geförderten Sonderfälle - schlug die Komplizierung des Gesetzes voll auf breitere Bevölkerungsschichten und auf die Steueranwender durch.

Das EStG mit seinem Veranlagungsverfahren an sich ist heute weder grundsätzlich schlechter noch grundsätzlich besser als früher, es ist nur als 'Massengesetz' nicht mehr mit vertretbarem Aufwand anwendbar.

22) Oder gar die von Tipke (1986) geforderte "Fundamentalreform"

Anlagen

Anlage 1:

Die Zuschläge der Gemeinden zur preußischen Einkommen-, Grund-, Gebäude- und Gewerbesteuer 1894/95 und 1895/96

Zahl der Gemeinden mit der jeweiligen Steuerbelastung 1895/96*

	Einkommensteuer					Grundsteuer				
	0%	1 bis 100 %	101 bis 150 %	151 bis 200 %	mehr als 200 %	0 %	1 bis 100 %	101 bis 150 %	151 bis 200 %	mehr als 200 %
					A. Städte:					
in 1169 Städten	30	470	384	184	100	11	290	443	380	43
	(30	221	304	304	307	227	666	171	77	24)
- mithin 1895/96										
mehr	0	249	80	-	-	-	-	72	303	19
weniger	0	-	-	120	207	216	376	-	-	-
					B. Landgemeinden					
35.000 Landgd.	3.178	22.637	4.537	2.490	2.492	1.046	21.458	6.288	4.200	2.519
	(3.058	20.148	5.256	3.286	2.888	1.953	23.002	4.891	2.835	2.185)
- mithin 1895/96										
mehr	120	2.480	-	-	-	-	-	1.397	1.365	334
weniger	-	-	719	796	396	907	1.544	-	-	-

Zahl der Gemeinden mit der jeweiligen Steuerbelastung 1895/96*

	Gebäudesteuer					Gewerbesteuer				
	0%	1 bis 100 %	101 bis 150 %	151 bis 200 %	mehr als 200 %	0 %	1 bis 100 %	101 bis 150 %	151 bis 200 %	mehr als 200 %
					A. Städte:					
in 1169 Städten	12	290	446	376	44	11	304	461	362	29
	(202	694	173	68	29	552	527	61	19	6)
- mithin 1895/96										
mehr	-	-	273	308	15	-	-	400	343	23
weniger	190	404	-	-	-	541	223	-	-	-
					B. Landgemeinden					
35.000 Landgd.	1.046	21.373	6.348	4.205	2.409	4.240	17.990	5.424	3.743	2.273
	(2.303	22.658	4.844	2.807	2.126	9.824	16.529	2.838	1.604	1.231)
- mithin 1895/96										
mehr	-	-	1.504	1.388	283	-	1.461	2.586	2.139	1.042
weniger	1.257	1.285	-	-	-	5.584	-	-	-	-

*Zahlenangaben in Klammern beziehen sich auf das Rechnungsjahr 1894/85

(Quelle: Annalen des Deutschen Reiches 1898:852)

Anlage 2:

Preußen - Steuertarif des preußischen Einkommensteuergesetzes von 1891

Stufe	Einkommen von-bis in Mark	Steuersatz in Mark	prozentualer Steuersatz
1	900-1.050	6	0,62
2	1.050-1.200	9	0,80
3	1.200-1.350	12	0,94
4	1.350-1.500	16	1,19
5	1.500-1.650	21	1,83
6	1.650-1.800	26	1,51
7	1.800-2.100	31	1,59
8	2.100-2.400	36	1,60
9	2.400-2.700	44	1,73
10	2.700-3.000	52	1,82
11	3.000-3.300	60	1.90
12	3.300-3.600	70	2,03
13	3.600-3.900	80	2,13
14	3.900-4.200	92	2,27
15	4.200-4.500	104	2,39
16	4.500-5.000	118	2,48
17	5.000-5.500	132	2,51
18	5.500-6.000	146	2,54
19	6.000-6.500	160	2,36
20	6.500-7.000	176	2,61
21	7.000-7.500	192	2,63
22	7.500-8.000	212	2,74
23	8.000-8.500	232	2,81
24	8.500-9.000	252	2,88
25	9.000-9.500	276	2,98
26	9.500-10.500	300	3,00

(Quelle: Fuisting 1892:79)

Anlage 3: Preußen - Reklamationen/Einsprüche und Berufungen gegen die Veranlagung zur Einkommensteuer 1875-1912

Jahr	Steuer-art	Steuer-pflichtige	Berufungen[1] insgesamt	Berufungen[1] von Steuerpfl.	Berufungen[1] von Vors. der Veranl.komm.	Beschwerden[1] insgesamt	Beschwerden[1] von Steuerpfl.	Beschwerden[1] von Vors. der Veranl.komm.	auf 1.000 Censisten durchschnittlich Beruf.	auf 1.000 Censisten durchschnittlich Beschw.
1875	KlSt	4.850.791	Reklam.:			Rekurs:				
			213.422			18.828				
1892/93	Est	2.437.886	311.904	310.967	937	13.061	13.009	52	128,0	5,5
1893/94	Est	2.599.520	256.753	255.925	828	12.557	12.548	9	98,8	4,8
1896/97	Est	2.737.428	224.254	223.622	632	7.344	7.338	6	80,1	2,6
1899	Est	3.237.428	239.595	239.026	389	6.024	6.018	6	74,0	1,9
1903	Est	4.082.224	330.102	329.127	965	6.668	6.766	2	81,1	1,7
1907	Est	bis 3.000 M[2]	Einsprüche:			Berufungen:				
		5.000.601	600.065	598.924	1.141	17.537	17.504	33	117,8	3,5
		ab 3000 M								
		588.610	33.960	33.055	905	2.031	2.029	2	57,7	3,5
1911	Est	bis 3000 M	Einsprüche:			Berufungen:				
		6.164.157	927.670	925.776	1.894	33.158	33.144	14	150,5	5,3
		ab 3.000 M								
		777.809	63.239	61.635	1.604	3.114	3.111	3	81,3	4,0
1912	Est	bis 3000 M	Einsprüche:			Berufungen:				
		6.525.024	953.654	951.739	1.915	34.539	34.529	10	146,2	5,3
		ab 3.000 M								
		820.066	66.178	64.096	2.082	3.145	3.144	1	80,7	3,8

1) Berufungen gegen die Veranlagung bzw. Beschwerden gegen die Berufung beim Oberverwaltungsgericht.
2) Vgl. die Regelungen des Einkommensteuergesetzes von 1906

(Quelle: Eigene Zusammenstellung nach den entsprechenden Jahrgängen der Mitteilungen aus der Verwaltung der direkten Steuern)

Anlage 4:

Preußen: Beschwerden beim Oberverwaltungsgericht gegen die Berufungen

Jahr	1892/93	1893/94	1896/97	1899
Anzahl der Berufungen	13.061	12.557	7.344	6.024

Jahr	1903	1907	1911	1912
Anzahl der Berufungen	6.768	2.031	3.114	3.145

(Quelle: eigene Zusammenstellung nach den entsprechenden Jahrgängen der Mitteilungen aus der Verwaltung der direkten Steuern)

Anlage 5:

Preußen: Zuschläge zur Einkommensteuer seit 1909

Einkommensteuerstufe von mehr als - bis in Mark	Zuschläge zur Einkommensteuer phys. Personen u. Genossenschaften	Gesellschaften m.b.H.	AG, KG aA und Berggewerkschaften
1.200-3.000	5 %	7,5 %	10 %
3.000-10.500	10 %	15 %	20 %
10.500-20.500	15 %	22,5 %	30 %
20.500-30.500	20 %	30 %	40 %
mehr als 30.500	25 %	40 %	50 %

(Quelle: Neubrand 1916:31)

Anlage 6: Das Aufkommen aus den direkten und indirekten Steuern in Preußen nach dem Anschlag im Staatshaushaltsetat 1850 bis 1894/95

Jahr	direktes[1] Steueraufkommen	indirektes[2] Steueraufkommen	Einkommen-steuer	Klassen-steuer	Grund-steuer	Gebäude-steuer	Gewerbe-steuer	Eisenbahn-abgabe	Hohenzollern.[3] Lande	Sonstiges[4]
1850	20.390.180	29.171.924		7.632.126	10.106.493		2.580.814			19.747
	883.680	3.971.924		296.753	472.702		105.025			
	19.455.500	25.200.000		7.335.373	9.633.791		2.475.709			
1852	22.846.636	27.025.090	2.500.000	7.543.012	10.157.066		2.650.000			16.558
	950.098	3.960.277	75.000	301.720	456.731		107.447			
	21.896.538	23.964.813	2.425.000	7.241.292	9.680.335		2.542.553			
1854	23.157.094	28.306.540	2.200.000	7.753.400	10.085.387		2.813.300	284.140		20.867
	951.094	3.006.540	62.797	310.136	200.945		112.816			
	22.200.000	24.500.000	2.137.203	7.443.264	9.884.442		2.700.484			
1856	26.814.197	31.085.167	3.110.000	10.199.000	10.086.826		2.094.000	491.248		25.123
	1.075.343	3.905.147	86.177	407.960	200.924		115.576			
	25.738.854	27.100.000	3.031.023	9.791.046	9.885.902		2.778.424			
1858	25.423.658	32.314.260	2.903.000	8.581.000	10.222.686		3.084.000	609.674		23.298
	1.018.742	4.189.260	81.840	343.240	200.013		122.748			
	24.404.916	28.125.000	2.821.160	8.237.760	10.022.673		2.961.252			
1860	26.045.892	35.383.146	3.025.000	9.022.000	10.203.852		3.285.000	487.505		23.535
	1.080.501	4.403.146	48.603	360.880	198.861		117.052			
	24.965.391	30.980.000	2.976.397	8.661.120	10.004.991		3.167.948			
1862	28.410.730	35.415.231	3.549.000	10.340.000	10.221.250		3.508.000	770.000		22.480
	1.157.636	4.398.231	57.277	413.600	197.644		127.856			
	27.253.094	31.017.000	3.491.723	9.926.400	10.023.606		3.380.144			
1864	27.761.255	35.875.314	3.345.000	9.389.000	10.229.700		3.755.000	1.020.000		22.555
	1.127.342	4.405.314	56.185	375.560	196.795		127.775			
	26.633.913	31.470.000	3.288.815	9.013.440	10.032.905		3.627.225			

Jahr	direktes[1] Steueraufkommen	indirektes[2] Steueraufkommen	Einkommen-steuer	Klassen-steuer	Grund-steuer	Gebäude-steuer	Gewerbe-steuer	Eisenbahn-abgabe	Hohenzollern.[3] Lande	Sonstiges[4]
1866	32.071.000	37.019.200	3.568.000	9.635.000	10.104.300	3.407.600	3.938.000	1.382.000		63.627
	1.401.000	4.494.800	48.510	385.400	82.380	89.000	132.600			
	30.670.000	32.524.400	3.519.490	9.249.600	10.021.920	3.318.600	3.805.400			
1868	41.609.400	19.179.770	4.866.200	12.798.500	12.972.800	4.312.500	4.903.300	1.645.000		111.100
	1.976.200	6.762.690	78.714	511.784	166.209	115.672	167.871			
	39.633.200	12.417.080	4.787.486	12.286.716	12.806.591	4.196.828	4.735.429			
1870	42.889.000	18.205.040	5.180.000	13.070.000	13.094.400	4.581.000	5.237.000	1.653.000		73.000
	2.141.000	6.474.055	82.470	522.644	168.742	123.080	177.340			
	40.748.000	11.730.985	5.097.530	12.547.356	12.925.658	4.457.920	5.059.660			
1872	44.031.000	18.532.000	5.652.000	13.168.000	4.765.000	5.386.000	1.916.500		93.500	
	2.159.000	6.404.000	88.820	526.135	167.468	125.279	164.150			
	41.872.000	12.128.000	6.563.180	12.641.865	12.882.532	4.639.721	5.221.850			
1874	43.773.000	17.490.120	7.149.000	10.848.000	13.060.000	4.959.000	5.591.000	2.042.000	80.550	43.450
	1.314.489	7.125.500	107.000	433.600	168.000	128.550	167.200		2.828	
	42.458.511	10.364.620	7.042.000	10.414.400	12.892.000	4.830.450	5.423.800	77.722		
1876	148.696.000	46.210.000	29.347.000	41.505.000	39.862.000	15.761.000	17.428.000	4.388.000	249.000	156.000
	5.335.335	17.323.218	436.500	2.479.000	543.520	408.000	512.000		8.594	
	143.360.665	28.886.782	28.910.500	39.026.000	39.318.480	15.353.000	16.916.000		240.406	
1878/79	153.063.000	46.614.300	30.864.000	41.406.000	40.208.000	17.788.000	18.616.000	3.703.000	260.000	218.000
	9.528.000	17.196.100	376.000	2.298.000	310.500	391.000	492.000		9.132	
	143.535.000	29.418.200	30.488.000	39.108.000	39.897.500	17.397.000	18.124.000		250.868	
1880/81	162.858.000		31.613.000	41.441.000	40.155.000	27.000.000	18.764.000	3.359.000	265.500	260.500
	9.997.000		377.400	2.295.000	288.300	565.300	485.000		9.097	
	152.861.000		31.235.600	39.146.000	39.866.700	26.434.700	18.279.000		256.403	

Jahr	direktes[1] Steueraufkommen	indirektes[2] Steueraufkommen	Einkommen-steuer	Klassen-steuer	Grund-steuer	Gebäude-steuer	Gewerbe-steuer	Eisenbahn-abgabe	Hohenzollern.[3] Lande	Sonstiges[4]
1882/83	144.441.405		28.827.600	25.146.100	40.188.000	28.056.000	18.662.000	2.973.705	269.000	319.000
	10.203.000		391.000	2.244.000	288.350	571.000	477.000		9.215	
	134.238.405		28.436.600	22.902.100	39.899.650	27.485.000	18.185.000		259.785	
1884/85	147.962.000	51.009.000	36.440.000	22.062.000	40.131.000	29.315.000	19.200.000	273.772	274.000	826.000
	10.662.000	28.835.100	429.000	2.147.000	279.200	597.200	502.500		9.300	
	137.300.000	22.173.900	36.011.000	19.915.000	39.851.800	28.717.800	18.697.500		264.700	
1886/87	151.131.000	52.764.000	37.954.000	22.457.500	40.104.000	29.730.000	19.521.000	263.000	278.000	823.500
	11.042.900	26.088.550	444.500	2.196.700	274.300	606.700	504.900		9.300	
	140.08.100	26.6745.450	37.509.500	20.260.800	39.829.700	29.123.300	19.016.100		268.700	
1888/89	156.434.300	67.844.000								
	11.591.900	31.911.700								
	144.842.400	35.932.300								
1890/91	165.746.800	67.349.000	44.364.000	24.681.000	40.032.000	2.580.700	21.119.000	313.100	282.000	32.375.000
	13.898.100	31.173.500	508.800	2.417.200	265.700		521.000			626.200
	151.848.700	36.175.500	43.855.200	22.263.800	39.766.300		20.598.000			31.748.800
1892/93	149.689.600	71.064.000	80.000.000		39.907.000	2.226.759	21.919.000	263.850	287.000	35.086.000
	15.559.900	32.265.200	3.050.000		237.200		508.200		9.500	634.900
	134.129.700	38.798.800	76.950.000		39.669.800		21.410.800		277.500	34.451.100
1894/95	194.422.000	71.221.000								
	17.886.600	31.580.750								
	176.535.400	39.640.250								

1) Von den einzelnen direkten Steuern werden vom Erhebungssoll die Veranlagungs- und Erhebungskosten abgezogen. Bei den direkten Steuern insgesamt werden alle Kosten der direkten Steuerverwaltung abgezogen.
2) Vom Erhebungssoll der für Preußen erhobenen indirekten Steuern werden alle Kosten der indirekten Steuerverwaltung abgezogen.
3) Direkte Steuern aus den Hohenzollernschen Landen.
4) Sonstige Einnahmen sind: Strafgelder, Gebühren etc.

Alle Einnahmen 1850-1974 in Thalern, ab 1876 in Mark (Mark zu Thaler 1 : 3).

(Quelle: Eigene Berechnung U. Metzger)

Anlage 7: Das Aufkommen aus den direkten und indirekten Steuern in Preußen nach dem Anschlag im Staatshaushaltsetat 1896/97 bis 1916

Jahr	indirektes Steueraufkommen	direktes Steueraufkommen	Einkommensteuer	Ergänzungssteuer	Steuer vom Gewerbe im Umherziehen	Eisenbahnabgabe	Hohenzoll. Lande [1]	Sonstiges
1898/99	170.397.700	75.114.000	133.000.000	31.500.000	2.833.000	393.600	308.400	2.362.700
	15.693.400	33.222.200			131.500		10.100	
	154.704.300	41.891.800		968.000	2.701.500		298.300	
1900	198.354.600	83.307.000	159.000.000	33.000.000	2.991.500	529.200	321.600	2.512.300
	16.157.800	35.153.700			107.000		10.400	
	182.196.800	48.153.300		888.000	2.884.500		311.200	
1902	214.099.600	87.217.000	174.300.000	34.000.000	2.886.000	561.700		2.651.900
	16.778.200	35.960.400			93.000			
	197.321.400	51.256.600		1.016.300	2.793.000			
1904	220.413.400	93.853.000	179.000.000	35.500.000	2.939.700	223.800		2.749.900
	17.470.300	37.210.700			87.300			
	202.943.100	56.642.300		1.071.000	2.852.400			
1906	243.633.800	99.980.300	198.000.000	39.500.000	2.939.000	298.400		2.896.400
	18.677.800	39.140.300			82.500			
	224.956.000	60.840.000		1.109.300	2.856.500			
1908	290.290.700	115.501.000	240.000.000	44.000.000	2.967.000	402.650		2.921.050
	19.589.200	44.302.230			82.500			
	270.701.500	71.198.770		1.311.000	2.884.500			
1910	383.667.800	124.383.000	321.000.000	54.500.000	2.965.400	352.000		4.850.400
	22.913.300	50.636.640			82.500			
	360.754.500	73.746.360		1.689.500	2.882.900			
1912	423.068.600	125.939.000	352.500.000	61.600.000	3.130.400	419.850		5.418.350
	25.177.700	52.110.810			76.500			
	397.890.900	73.828.190		1.750.000	3.053.900			
1914	478.682.600	126.766.000	403.000.000	66.000.000	3.195.000	438.160		6.049.440
	27.522.500	53.679.100			58.000			
	451.160.100	73.086.900		1.434.000	3.137.000			
1916	428.522.770	113.766.000	353.000.000	66.000.000	3.195.000	278.330		6.049.440
	28.186.400	53.941.520			58.000			
	400.336.370	59.824.480		1.434.000	3.137.000			

(Quelle: Eigene Berechnungen U. Metzger)

Anlage 8:

Preußen: Einkommensteuerpflichtige und veranlagte Steuern nach Einkommensgruppen 1892 bis 1917

a) Zahl der Steuerpflichtigen insgesamt

Steuerjahr (Jahresdurchschnitt)	Kopfzahl nach der Personenstandsaufnahme überhaupt	davon einkommensteuer-frei	davon einkommensteuer-pflichtig	von Spalte 2 waren Haushaltungsvorstände und Einzelwirtschafter überhaupt	davon einkommensteuer-frei	davon einkommensteuer-pflichtig
1	2	3	4	5	6	7
1892	29.895.224	20.952.059	8.943.165	---	---	2.594.854
1893	30.080.017	21.055.068	9.024.949	---	---	2.644.437
1894	30.387.331	21.239.905	9.147.426	---	---	2.696.540
1895	30.812.583	21.143.299	9.669.284	11.256.643	8.461.582	2.795.061
1896	31.349.283	21.066.453	10.282.830	11.473.418	8.613.994	2.859.424
1892/96	30.504.888	21.091.357	9.413.531	11.365.081	8.537.788	2.718.063
1897	31.849.116	21.204.796	10.644.320	11.723.457	8.738.527	2.984.930
1898	32.348.765	21.215.115	11.133.650	11.936.695	8.791.630	3.145.065
1899	32.908.839	21.160.676	11.748.163	12.165.125	8.819.829	3.345.296
1900	33.469.818	20.890.102	12.579.716	12.447.933	8.805.121	3.642.812
1901	34.056.414	20.590.178	13.466.236	12.656.746	8.723.659	3.933.087
1897/1901	32.926.590	21.012.173	11.914.417	12.185.991	8.775.753	3.410.238
1902	34.551.274	20.613.249	13.938.025	12.812.985	8.748.751	4.064.234
1903	35.114.667	20.686.670	14.427.997	13.033.565	8.816.235	4.217.330
1904	35.629.139	20.540.902	15.088.237	13.249.695	8.789.304	4.460.391
1905	36.269.439	20.483.263	15.786.176	13.567.150	8.842.215	4.724.935
1906	36.829.724	20.297.174	16.532.550	13.848.209	8.835.266	5.012.943
1902/06	35.678.849	20.524.252	15.154.597	13.302.321	8.806.354	4.495.967
1907	37.467.246	18.842.470	18.624.776	14.203.497	8.466.477	5.737.020
1908	38.026.556	17.957.848	20.068.703	14.560.767	8.330.352	6.230.415
1909	38.598.423	17.676.308	20.922.115	14.771.359	8.302.267	6.469.092
1910	39.145.535	16.768.154	22.377.381	15.048.290	8.199.181	6.849.109
1911	39.773.029	16.382.969	23.390.060	15.443.627	8.251.707	7.191.920
1907/11	38.602.158	17.525.550	21.076.608	14.805.508	8.309.979	6.495.511

weiter: Zahl der Steuerpflichtigen

Steuerjahr (Jahresdurchschnitt)	Kopfzahl nach der Personenstandsaufnahme überhaupt	davon einkommensteuer-frei	davon einkommensteuer-pflichtig	von Spalte 2 waren Haushaltungsvorstände und Einzelwirtschafter überhaupt	davon einkommensteuer-frei	davon einkommensteuer-pflichtig
1	2	3	4	5	6	7
1912	40.236.830	16.004.537	24.232.293	15.700.613	8.158.925	7.541.688
1913	40.751.635	15.545.529	25.206.106	16.017.048	8.086.473	7.930.575
1914	41.228.784	15.136.123	26.092.661	16.254.480	7.986.634	8.267.846
1915	41.036.081	15.230.399	25.805.682	15.832.483	7.868.599	7.963.884
1916	41.052.718	15.386.644	25.666.074	15.914.623	7.847.210	8.067.413
1912/16	40.861.210	15.460.646	25.400.563	15.943.849	7.989.568	7.954.281
1917	40.682.389	16.623.104	24.059.285	15.855.343	8.258.768	7.596.575
1892/1917	35.905.802	19.026.654	16.879.149	13.903.207	8.467.074	5.114.111
1892/1906	33.036.776	20.875.927	12.160.848	12.514.302	8.748.843	3.541.423
1907/1908	37.746.901	18.400.159	19.346.742	14.382.132	8.398.415	5.983.718
1909/1915	40.110.045	16.106.288	24.003.757	15.581.129	8.121.969	7.459.159
1916/1917	40.867.554	16.004.874	24.862.680	15.884.983	8.052.989	7.831.994

b) Einkommensgruppen

Steuerjahr (Jahresdurchschnitt)	Von den einkommensteuerpflichtigen Personen (Sp. 7) wurden zur Einkommensteuer herangezogen: überhaupt Zahl	überhaupt Steuer	900 bis 3.000 M Zahl	900 bis 3.000 M Steuer	3.000 bis 9.500 M Zahl	3.000 bis 9.500 M Steuer
1	8	9	10	11	12	13
1892	2.435.858	114.786,1	2.118.969	32.835,1	260.105	29.952,2
1893	2.479.778	113.797,9	2.160.461	33.498,2	263.606	30.138,9
1894	2.519.008	114.272,3	2.197.712	34.257,6	265.534	30.376,8
1895	2.603.292	116.516,3	2.278.998	35.408,9	268.148	30.667,1
1896	2.652.515	120.306,0	2.321.424	36.169,7	272.819	31.261,4
1892/96	2.593.090	115.935,7	2.215.513	34.433,9	266.042	30.479,3

weiter: Einkommensgruppen

Steuerjahr (Jahresdurchschnitt)	Von den einkommensteuerpflichtigen Personen (Sp. 7) wurden zur Einkommensteuer herangezogen					
	überhaupt		900 bis 3.000 M		3.000 bis 9.500 M	
	Zahl	Steuer	Zahl	Steuer	Zahl	Steuer
1	8	9	10	11	12	13
1897	2.763.995	126.901,4	2.418.667	37.381,9	283.821	32.515,4
1898	2.907.279	136.441,9	2.537.895	38.964,8	303.240	34.769,8
1899	3.092.166	146.581,7	2.701.209	41.208,6	319.755	36.703,0
1900	3.377.091	158.396,8	2.963.213	44.383,0	337.806	38.704,1
1901	3.646.527	168.121,1	3.210.831	47.601,3	355.675	40.694,9
1897/1901	3.157.412	147.283,8	2.766.363	41.907,9	320.059	36.677,4
1902	3.759.377	170.193,5	3.309.696	49.045,7	368.977	42.017,6
1903	3.895.184	171.388,1	3.433.488	50.626,0	380.729	43.309,4
1904	4.130.956	177.604,8	3.651.121	53.474,8	396.331	45.017,2
1905	4.390.608	188.036,1	3.889.171	56.797,8	413.261	46.927,1
1906	4.672.429	201.420,1	4.145.954	60.446,2	432.787	49.079,4
1902/06	4.169.711	181.728,5	3.685.886	54.078,1	398.417	45.270,1
1907	5.384.556	225.656,6	4.825.065	73.544,4	459.191	51.000,9
1908	5.876.741	244.427,3	5.284.090	83.753,0	487.657	53.905,3
1909	6.099.422	251.515,0	5.477.856	87.510,4	514.571	56.407,0
1910	6.241.494	260.359,5	5.537.741	87.173,4	591.334	61.948,7
1911	6.551.705	275.448,5	5.806.107	92.168,0	627.800	65.699,0
1907/11	6.030.784	251.481,4	5.386.172	84.829,8	536.111	57.792,2
1912	6.906.497	293.688,3	6.122.621	98.826,1	658.801	68.970,9
1913	7.318.382	314.358,7	6.489.373	107.535,3	697.101	73.056,7
1914	7.674.062	341.127,4	6.795.861	115.766,7	741.559	78.427,8
1915	7.300.619	319.058,5	6.495.048	109.897,5	670.207	71.346,9
1916	7.508.529	362.144,8	6.666.601	120.923,5	693.798	73.905,6
1912/16	7.843.618	326.075,5	6.513.901	110.589,8	692.293	73.141,6
1917	7.130.655	415.190,4	6.135.046	123.789,2	828.133	85.557,8

weiter: Einkommensgruppen

Steuerjahr (Jahres-durch-schnitt)	Von den einkommensteuerpflichtigen Personen (Sp. 7) wurden zur Einkommensteuer herangezogen					
	überhaupt		900 bis 3.000 M		3.000 bis 9.500 M	
	Zahl	Steuer	Zahl	Steuer	Zahl	Steuer
1	8	9	10	11	12	13
1892/1917	4.743.413	212.604,4	4.191.316	67.422,6	457.413	50.090,8
1892/1906	3.288.404	148.316,0	2.889.254	43.473,3	328.173	37.475,6
1907/1908	5.630.649	235.041,9	5.054.578	78.648,7	473.424	52.453,1
1909/1915	6.871.740	293.658,8	6.103.515	99.839,6	643.053	67.979,6
1916/1917	7.319.592	338.667,6	6.400.824	122.356,8	760.966	79.731,7

Steuerjahr (Jahres-durch-schnitt)	Von den einkommensteuerpflichtigen Personen (Sp. 7) wurden zur Einkommensteuer herangezogen					
	9.500 bis 30.500 M		50.500 bis 100.000 M		100.000 M	
	Zahl	Steuer	Zahl	Steuer	Zahl	Steuer
1	14	15	16	17	18	19
1892	46.092	21.442,7	9.034	15.627,7	1.658	14.928,3
1893	45.390	21.031,1	8.742	15.117,8	1.579	14.012,0
1894	45.551	21.041,1	8.684	15.011,7	1.527	13.585,2
1895	45.757	21.115,1	8.798	15.113,1	1.591	14.212,0
1896	47.308	21.817,4	9.265	15.971,9	1.699	15.085,6
1892/96	46.020	21.289,5	8.905	15.368,5	1.611	14.364,6
1897	49.745	22.975,7	9.862	17.009	1.900	17.018,4
1898	53.302	24.656,8	10.716	18.512,9	2.126	19.507,6
1899	57.232	26.513,1	11.639	20.177,2	2.331	21.979,8
1900	60.840	28.267,9	12.580	21.684,8	2.652	25.357,0
1901	63.863	29.700,1	13.384	23.178,4	2.774	26.952,4
1897/1901	56.996	26.422,7	11.636	20.112,6	2.357	22.163,0
1902	64.737	30.017,9	13.205	22.644,8	2.762	26.467,4
1903	65.385	30.344,6	12.929	22.154,5	2.653	24.953,6
1904	67.427	31.194,7	13.404	22.885,8	2.673	25.032,2
1905	70.943	32.892,8	14.374	24.632,6	2.859	26.785,8
1906	74.755	34.687,5	15.760	27.082,8	3.173	30.124,2
1902/06	68.649	31.827,5	13.934	23.880,1	2.824	26.672,6

Steuerjahr (Jahres-durch-schnitt)	Von den einkommensteuerpflichtigen Personen (Sp. 7) wurden zur Einkommensteuer herangezogen 9.500 bis 30.500 M		50.500 bis 100.000 M		100.000 M	
	Zahl	Steuer	Zahl	Steuer	Zahl	Steuer
1	14	15	16	17	18	19
1907	79.630	37.041,8	17.109	29.613,5	3.561	34.456,0
1908	83.241	38.782,1	17.957	31.005,0	3.796	36.982,0
1909	85.185	39.593,8	18.019	31.105,0	3.818	36.898,8
1910	89.991	41.671,7	18.535	31.989,8	3.893	37.576,0
1911	94.230	43.610,1	19.430	33.650,0	4.138	40.320,4
1907/11	86.450	40.139,9	18.210	31.472,8	3.841	37.246,6
1912	99.620	46.167,6	20.999	36.423,8	4.456	43.299,8
1913	104.922	48.649,3	22.239	38.732,0	4.747	46.385,4
1914	116.876	54.198,4	24.551	42.646,9	5.215	50.087,6
1915	107.426	49.941,0	22.962	40.155,2	4.976	47.718,0
1916	114.843	53.709,6	26.602	47.206,2	6.685	66.400,0
1912/16	108.737	50.533,2	23.471	41.032,8	5.216	50.778,2
1917	125.969	59.391,7	32.581	58.247,1	8.926	88.204,6
1892/1917	75.394	35.017,5	15.898	27.599,3	3.391	32.474,2
1892/1906	57.222	26.513,2	11.492	19.787,1	2.264	21.066,8
1907/1908	81.346	37.911,9	17.533	30.309,2	3.679	35.719,0
1909/1915	99.746	46.261,7	20.962	36.386,2	4.463	43.183,7
1916/1917	120.406	56.550,6	29.592	52.726,6	7.806	77.302,3

(Quelle: Statistisches Jahrbuch Preußen 1918: 306f)

Anlage 9:

Preußen: Ertrag der direkten Steuern nach dem Voranschlag 1850-1890

Steuerart	1850		1860		1870[1]		1880/81		1890/91	
	Tsd. M.	%	Tsd. M.	%	Tsd. M.	%	Tsd. M.	%	Tsd. M.	%
Grundsteuer	30.319	44,7	30.162	36,1	39.283	29,0	40.155	25,2	40.032	24,6
Gebäudesteuer	-	-	-	-	13.743	10,2	27.000	17,0	32.375	19,9
Gewerbesteuer	7.742	11,4	9.855	11,6	15.711	11,6	18.764	11,8	21.119	13,0
Ertragsteuern insges.	38.061	56,1	40.467	47,7	68.737	50,8	85.919	54,0	93.526	57,5
Klassensteuer[2]	22.896	33,8	27.066	32,0	39.210	29,0	41.441	26,1	24.681	15,2
Einkommenst.	-	-	9.075	10,7	15.540	11,6	31.613	19,9	44.364	27,3
Personalsteuern insges.	22.896	33,8	36.141	42,7	54.750	40,6	73.054	46,0	69.045	42,5
Summe[3]	60.957	89,9	76.607	90,4	123.487	91,4	158.973	100	162.571	100

(Quelle: Wagner 1891:101; Tsd M. = Angaben in Tausend Mark; Prozentangaben bezogen auf die Gesamtsteuereinhahmen im jeweiligen Jahr)

---

1) Von hier an einschließlich neue (1866er) Provinzen. Bei der Ausgabe Ausscheidung der Zweige für den Norddeutschen Bund.

2) Vor 1850 war der Ertrag der Klassensteuer nur langsam gestiegen. 1821 betrug er 18.858, 1831 20.418, 1841 22.014. 1848 23.262 Mark (Wagner nach Dieterici, Mitteilungen I, S. 103 ff).

3) Die Steuern in Hohenzollern fehlen in allen Jahren. Zu den direkten Staatssteuern gehören ausserdem noch die Eisenbahnabgaben, die Fortschreibungs- und Strafgebühren und die bei der Bergwerksverwaltung verrechneten und auch im Etat bei dieser stehenden Berkwerksabgaben.

Anlage 10:

Preußen: Sollbeträge der direkten und indirekten Steuern im Rechnungsjahr 1913

Steuerarten	*Umfang der Steuern* *in Tsd. Mark*	*Mark/Einw.*
Direkte Steuern		
Einkommensteuer	379.000	9,30
Ergänzungsteuer	61.000	1,50
Steuern vom Grundbesitz	-	-
Gewerbesteuer	-	-
Wandergewerbe- bzw. Wanderlagersteuer	3.174	0,08
Warenhaussteuer	-	-
Betriebssteuer	-	-
Eisenbahnsteuer	463	0,01
Summe der direkten Steuern	443.637	10,89
Summe der indir. Steuern	81.852	2,01
Summe aller Steuern 1913	525.489	12,89

(Quelle: Tetzlaff 1916:786f)

Anlage 11:

Sachsen: Die Entwicklung der sächsischen Staatsbesteuerung 1844-1874

I. Prozente vom gesamten direkten Staatssteuerertrag (brutto)

Steuerart	1844	1850	1855	1860	1865	1870	1872	1873	1874
Grundsteuer	78,7	75,7	73,7	68,5	64,2	57,6	53,5	49,6	46,5
Gewerbe- und Personalsteuern	21,3	24,3	26,3	31,5	35,8	42,4	46,5	50,4	53,5

II. Progression

Steuerart	1844	1850	1855	1860	1865	1870	1872	1873	1874
Grundsteuer	100	103	104	106	111	117	120	122	123
Gewerbe- und Personalsteuern	100	121	137	181	229	318	384	453	521

(Quelle: Hoffmann 1906, Tab. IV)

Anlage 12:

Sachsen: Steuertarif des sächsischen Einkommensteuergesetzes von 1878

Steuer klasse	*Einkommen von über - bis in Mark*	*Steuersatz in Mark*
1	300-400	0,5
2	400-500	1
3	500-600	2
4	600-700	3
5	700-800	4
6	800-950	6
7	950-1.100	8
8	1.100-1.250	11
9	1.250-1.400	14
10	1.400-1.600	17
11	1.600-1.900	22
12	1.900-2.200	30
13	2.200-2.500	38
14	2.500-2.800	48
15	2.800-3.300	59
16	3.300-3.800	76
17	3.800-4.300	94
18	4.300-4.800	114
19	4.800-5.400	136
20	5.400-6.300	162
21	6.300-7.200	189

(Quelle: Einkommensteuergesetz vom 2. Juli 1878; GV Sachsen 1878:129)

Anlage 13:

Sachsen: Zahl der in den unteren beiden Einkommensteuerklassen eingeschätzten Personen und deren Steueraufkommen

Zahl der Steuerpflichtigen:

Jahr	*absolute Zahl*	*eingeschätzte*	*veranlagte*
		Personen	
1886	500.353	39,46 %	41,99 %
1888	484,897	36,52 %	38,71 %
1890	469.213	33,42 %	35,36 %
1892	463.830	32,13 %	34,11 %

Katastermäßiges Einkommen und Steuersoll in den Klasssen 1 und 2:

Jahr	*absolutes Eink. in Mill. Mark*	*Anteil am Eink. aller Stpfl.*	*absolutes Steuersoll in Mill. Mark*	*Anteil am Steuersoll aller Stpfl.*
1886	206,48	16,93 %	389,294	2,38 %
1888	301,36	15,25 %	382,150	2,13 %
1890	196,28	13,28 %	375,477	1,81 %
1892	194,65	12,44 %	372,315	1,66 %

Dem Steuersoll von 1,66 % standen 1892 also die Veranlagungs- und Erhebungsarbeit von 34,11 % der Steuerpflichtigen gegenüber.

(Quelle: Schanz 1895:283)

Anlage 14:

Sachsen: Steuertarif des Einkommensteuergesetzes von 1894

Steuer klasse	*Einkommen von über - bis in Mark*	*Steuersatz in Mark*
1a	400-500	1
1	500-600	2
2	600-700	3
3	700-800	4
4	800-950	6
5	950-1.100	8
6	1.100-1.250	10
7	1.250-1.400	13
8	1.400-1.600	16
9	1.600-1.900	21
10	1.900-2.200	29
11	2.200-2.500	37
12	2.500-2.800	45
13	2.800-3.100	54
14	3.100-3.400	63
15	3.400-3.700	72
16	3.700-4.000	82
17	4.000-4.300	96
18	4.300-4.800	112
19	4.800-5.300	128
20	5.300-5.800	144
21	5.800-6.300	161
22	6.300-6.800	178
23	6.800-7.300	195
24	7.300-7.800	212
25	7.800-8.300	229
26	8.300-8.800	246
27	8.800-9.400	264
28	9.400-10.000	282
29	10.000-11.000	300

(Quelle: Gesetz, vom 10. März 1894, die Abänderung des Einkommensteuergesetzes vom 2. Juli 1878 betreffend; GV Sachsen 1894:53)

Anlage 15:

Sachsen: Steuertarif des Einkommensteuergesetzes von 1902

Steuer klasse	*Einkommen von über - bis in Mark*	*Steuersatz in Mark*
1a	400-500	1
1	500-600	2
2	600-700	3
3	700-800	4
4	800-950	7
5	950-1.100	10
6	1.100-1.250	13
7	1.250-1.400	16
8	1.400-1.600	20
9	1.600-1.900	26
10	1.900-2.200	36
11	2.200-2.500	46
12	2.500-2.800	56
13	2.800-3.100	67
14	3.100-3.400	78
15	3.400-3.700	90
16	3.700-4.000	105
17	4.000-4.300	120
18	4.300-4.800	140
19	4.800-5.300	160
20	5.300-5.800	180
21	5.800-6.300	200
22	6.300-6.800	221
23	6.800-7.300	242
24	7.300-7.800	263
25	7.800-8.300	285
26	8.300-8.800	307
27	8.800-9.400	330
28	9.400-10.000	354
29	10.000-11.000	380

(Quelle: Gesetz, die Abänderung des Einkommensteuergesetzes vom 24. Juli 1900 betreffend; vom 1. Juli 1902; GV. Sa. 1902:257)

Anlage 16: Sachsen - Aufkommen der direkten und indirekten Steuern nach dem Staatshaushaltsetat 1876/77 bis 1916/17 (eigene Zusammenstellung)

Jahr	indirektes Steueraufkommen	direktes Steueraufkommen	Grund-steuer	Einkommen-steuer	Steuer vom Gewerbe im Umherziehen	Urkundenstempel u. Erbschaftsteuer	Kanzlei-sporteln	Sonstiges	Gewerbe- und Personalsteuer
1876/77	18.954.898	4.921.230	3.347.868	9.451.000		1.629.630			4.526.400
	3.560.398	2.819.310	298.868	2.731.500		47.630			462.400
	19.414.500	2.101.920	3.049.000	6.719.500		1.582.000			4.064.000
1878/79	21.970.110	5.445.710	3.628.180	13.649.500	2.937.750	1.708.600	33.000	13.000	
	1.629.020	3.005.525	97.780	830.970	155.140	41.830			
	20.341.090	2.440.185	3.530.400	12.818.530	2.782.610	1.666.770			
1880/81	22.110.410	9.887.236	2.697.200	17.349.860	300.000	1.708.600	39.600	15.150	
	1.468.700	2.956.015	97.000	743.800	7.000	22.000			
	20.641.710	3.931.221	2.600.200	16.606.060	293.000	1.686.600			
1882/83	20.319.230	10.263.495	2.784.200	15.101.050	300.000	2.008.200	39.600	86.180	
	1.497.765	2.962.755	101.000	725.425	6.000	18.000			
	18.821.465	7.300.740	2.683.200	14.375.625	294.000	1.990.200			
1884/85	19.484.720	11.969.600	2.862.200	14.235.520	260.000	1.011.000	34.000	82.700	
	1.485.220	2.965.245	104.000	628.000	5.200	13.000			
	17.999.500	9.004.355	2.758.200	13.607.520	254.800	1.998.000			
1886/87	21.223.840	14.757.600	2.934.900	15.820.000	256.000	2.111.000	30.000	71.940	
	1.570.040	3.047.700	110.000	668.000	5.120	13.000			
	19.653.800	11.709.900	2.824.900	15.152.000	250.880	2.098.000			
1888/89	22.627.400	23.078.396	3.024.500	17.218.000	259.000	2.011.000	29.000	85.900	
	1.687.760	3.497.964	112.000	716.000	4.700	13.000			
	20.939.640	19.580.432	2.912.500	16.502.000	254.300	1.998.000			
1890/91	24.922.300	27.843.260	3.160.000	19.262.900	263.000	2.111.000	30.600	94.800	
	1.862.860	3.625.240	119.600	772.600	4.700	13.000			
	23.059.440	24.218.020	3.040.400	18.490.300	258.300	2.098.000	30.600	94.800	
1892/93	28.466.850	30.231.460	3.359.000	22.261.850	258.000	2.455.000	37.300	95.700	
	2.216.790	3.929.460	133.300	851.500	4.400	13.000			
	26.250.060	26.302.000	3.225.700	21.410.350	253.600	2.442.000			

Jahr	indirektes Steueraufkommen	direktes Steueraufkommen	Grund-steuer	Einkommen-steuer	Steuer vom Gewerbe im Umherziehen	Urkundenstempel u. Erbschaftsteuer	Kanzlei-sporteln	Sonstiges	Gewerbe- und Personalsteuer
1894/95	29.342.000	32.374.014	3.560.000	22.801.00	238.000	2.603.000	32.,500	106.700	
	2.278.735	3.894.565	140.720	887.000	4.400	13.000			
	27.063.265	28.479.449	3.419.280	21 914.800	233.600	2.590.000			
1896/97	32.127.800	7.739.326	3.656.400	25.288.400	225.000	2.813.000	35.500	109.500	
	2.310.075	4.116.470	143.300	869.000	3.800	12.000			
	29.817.725	3.622.856	3.513.100	24.419.400	221.200	2.801.000			
1898/99	35.254.700	8.108.642	3.744.700	27.398.000	225.000	3.144.000	40.200	112.000	
	2.532.475	4.401.445	146.600	984.000	3.800	12.000			
	32.722.225	3.707.197	3.598.100	27.004.000	221.200	3.132.000			
1900/01	40.610.300	9.106.302	3.890.300	32.950.800	230.000	3.382.500	40.200	116.500	
	2.912.240	4.711.500	156.800	1.115.500	3.800	13.000			
	37.698.060	4.394.802	3.733.500	31.835.300	226.200	3.369.500			
1902/03	58.910.800	9.538.460	4.185.200	50.742.000	230.000	3.600.000	39.300	114.300	———
	3.423.295	5.143.430	169.500	1.391.500	3.800	14.000			Ergänzung-steuer
	55.487.505	4.395.030	4.015.700	49.350.500	226.200	3.586.000			
1904/05	55.379.500	9.649.709	4.430.700	43.304.400	226.000	3.760.000	35.000	123.000	3.500.000
	3.423.530	5.195.222	184.500	1.472.600	3.600	14.000			
	51.955.962	4.454.487	4.246.200	41.831.800	222.400	3.746.000			
1906/07	57.614.800	9.848.196	4.571.800	45.235.000	226.000	3.793.000	35.000	149.000	3.605.000
	3.534.994	5.191.128	193.500	1.483.950	3.600	14.500			
	54.079.806	4.657.068	4.378.300	43.751.050	222.400	3.778.500			
1908/08									
1910/11	68.459.915	17.727.484	4.851.000	59.112.115	220.000		94.400	122.400	4.360.000
	4.154.762	6.503.115	205.500	* 1.763.850	3.600				
	64.305.153	11.224.369	4.645.500	57.348.265	216.400				

Jahr	indirektes Steueraufkommen	direktes Steueraufkommen	Grund-steuer	Einkommen-steuer	Steuer vom Gewerbe im Umherziehen	Urkundenstempel u. Erbschaftsteuer	Kanzlei-sporteln	Sonstiges	Gewerbe- und Personalsteuer
1912/13	76.079.300	18.089.954	5.013.800	65.674.000	230.000		114.800	138.700	4.908.000
	4.554.064	6.940.078	215.000	* 1.958.300	3.900				
	71.525.236	11.149.876	4.798.800	63.715.700	226.100				
1914/15	85.329.600	19.216.152	5.161.000	74.370.000	240.000		129.200	166.400	5.263.000
	5.358.170	7.431.363	227.500	* 2.190.000	4.200				
	79.971.430	11.784.789	4.933.500	72.180.000	235.800				
1916/17	90.371.900	15.979.500	5.412.000	70.850.000	243.000		121.000	172.900	5.573.000
	5.188.338	7.346.719	238.000	*2.242.500	4.500				
	85.183.562	8.632.781	5.174.000	76.607.500	238.500				

* Veranlagungs- und Erhebungskosten für die Einkommen- und Ergänzungsteuer gemeinsam ausgewiesen.

Das Steueraufkommen ist jeweils für ein Etatjahr in Mark angegeben. Von den einzelnen Steuern werden die Veranlagungs- und Erhebungskosten abgezogen, beim direkten und indirekten Steueraufkommen werden sämtliche Verwaltungskosten abgezogen.

(Quelle: Eigene Berechnungen U. Metzger aufgrund der Staatshaushaltsetats des Königreichs Sachsen)

Anlage 17: Sachsen - Ist-Erträge der direkten und indirekten Staatssteuern für die Jahre 1882 bis 1905, einschließlich der Zuschläge

a) Istertrag

Jahr	Einkommensteuer bzw. Ergänzungsteuer	Grund-steuer	Steuer vom Gewerbe im Umherziehen	Erbschaft-steuer	Urkunden-stempel	Schlacht-steuer	Übergangs-abgabe von Fleischwerk	Verbrauchs-abgabe von Fleischwerk	Steuern überhaupt
1882	15.878.888	2.771.656	279.882	1.096.200	1.232.342	3.781.220	68.135	—	25.108.323
1883	16.633.132	2.811.977	266.095	728.964	1.207.937	3.795.899	84.991	—	25.528.995
1884	14.804.440	2.852.741	256.123	962.108	1.273.112	3.919.634	79.640	—	24.147.618
1885	15.641.033	2.898.945	259.071	1.066.410	1.140.536	3.923.973	90.549	—	25.015.517
1886	16.110.283	2.929.769	259.894	909.093	1.377.986	4.120.012	97.057	—	25.804.094
1888	17.562.755	3.025.268	272.478	1.093.837	1.322.922	4.657.683	108.551	—	28.043.494
1890	20.138.235	3.171.055	243.173	1.000.142	1.610.576	4.462.762	111.989	—	30.737.932
1892	21.653.695	3.365.539	231.804	1.081.042	1.341.199	4.195.554	256.641	89.339	32.213.813
1894	23.721.491	3.482.844	219.320	1.481.768	1.518.737	4.093.239	229.662	50.620	34.797.681
1895	27.107.892	3.546.647	224.979	1.360.676	1.778.704	4.166.114	270.508	60.181	38.515.701
1896	26.052.250	3.600.434	228.472	1.303.594	1.984.019	4.551.509	324.692	73.338	38.118.308
1898	29.907.515	3.726.124	228.052	1.295.675	2.288.601	4.823.560	518.505	161.294	42.949.326
1900	34.101.595	3.959.267	229.870	1.620.590	1.909.511	5.229.750	364.366	190.673	47.605.722
1901	34.599.838	4.073.375	223.373	2.027.269	1.986.894	5.087.288	320.955	279.537	48.598.529
1902	43.818.649	4.178.894	225.168	1.837.742	1.953.027	5.014.402	278.010	207.580	57.513.472
1903	44.327.507	4.246.845	233.142	1.692.171	2.031.650	5.194.882	303.286	84.252	58.113.735
1904	43.934.776 * 3.608.523	4.334.451	225.535	1.814.747	2.077.847	5.466.839	361.317	61.648	61.885.683
1905	45.190.610 * 3.721.166	4.439.936	218.481	1.731.718	2.247.281	5.196.149	465.040	97.719	63.308.100

* Ertrag der Ergänzungsteuer gesondert ausgewiesen.

b) Prozentualer Anteil am Gesamtertrag

Jahr	Einkommensteuer bzw. Ergänzungsteuer	Grund-steuer	Steuer vom Gewerbe im Umherziehen	Erbschaft-steuer	Urkunden-stempel	Schlacht-steuer	Übergangs-abgabe von	Verbrauchs-Fleischwerk
1882	63,24	11,04	1,11	4,37	4,91	15,06	0,27	–
1883	65,15	11,02	1,04	2,86	4,73	14,87	0,33	–
1884	61,31	11,81	1,06	3,99	5,27	16,23	0,33	–
1885	62,52	11,57	1,01	4,26	4,56	15,69	0,36	–
1886	62,43	11,35	1,01	3,52	5,34	15,97	0,38	–
1888	62,62	10,79	0,97	3,90	4,72	16,61	0,39	–
1890	65,52	10,32	0,79	3,25	5,24	14,52	0,36	–
1892	67,22	10,45	0,72	3,36	4,16	13,02	0,79	0,28
1894	68,17	10,01	0,63	4,26	4,36	11,76	0,66	0,15
1895	70,38	9,21	0,58	3,53	4,62	10,82	0,70	0,16
1896	68,35	9,45	0,60	3,42	5,20	11,94	0,85	0,19
1898	69,63	8,68	0,53	3,02	5,33	11,23	1,21	0,37
1900	71,63	8,32	0,48	3,40	4,01	10,99	0,77	0,40
1901	71,20	8,38	0,46	4,17	4,09	10,47	0,66	0,57
1902	76,19	7,27	0,39	3,19	3,40	8,72	0,48	0,36
1903	76,28	7,31	0,40	2,91	3,50	8,94	0,52	0,14
1904	70,99	7,01	0,37	2,93	3,36	8,83	0,58	0,10
	* 5,38							
1905	71,38	7,01	0,35	2,74	3,55	8,21	0,73	0,15
	* 5,88							

* Ertrag der Ergänzungsteuer gesondert ausgewiesen.

(Quelle: Böhmert 1906:19)

Anlage 18: Sachsen - Ist-Erträge der direkten und indirekten Staatssteuern für die Jahre 1905 bis 1918 (ohne die auf Sachsen entfallenden Anteile der indirekten Reichssteuern)

a) Ist-Erträge der Steuern in Mark

Jahr	Einkommen-steuer	Ergänzung-steuer	Grund-steuer	Steuer vom Gewerbe im Umherziehen	Erbschaft-steuer**	Stempel-steuer	Schlacht-steuer	Übergangs-abgabe vom Fleischwerk*	Verbrauchs-abgabe vom Fleischwerk*	Steuern überhaupt
1905	45.190.610	3.721.166	4.439.936	218.481	1.731.718	2.247.281	5.196.149	465.040	97.719	63.308.100
1906	47.515.429	3.860.963	4.546.846	217.323	1.755.263	2.111.785	5.147.043	468.373	68.016	65.691.041
1907	50.662.682	4.106.042	4.626.288	217.258	376.253	1.991.900	5.584.259	441.262	44.541	68.050.485
1908	54.156.597	4.240.753	4.698.018	221.393	185.388	1.920.839	5.714.680	444.265	34.242	71.616.175
1909	57.835.669	4.390.985	4.787.446	232.217	106.018	3.720.666	5.798.243	424.562		77.295.806
1910	60.674.413	4.603.442	4.859.622	237.297	61.315	5.067.466	6.016.550	422.120		81.942.225
1911	63.899.980	4.757.021	4.926.501	242.464	145.319	5.390.607	6.245.738	570.171		86.177.801
1912	67.655.927	4.953.533	5.005.150	241.908	77.819	5.570.668	6.085.116	658.047		90.248.168
1913	71.983.232	5.121.794	5.103.444	247.630	73.375	5.097.059	5.995.553	626.476		94.248.543
1914	72.747.912	5.524.691	5.231.250	241.195	80.621	4.128.523	6.041.683	545.463		94.541.338
1915	67.721.503	5.508.164	5.348.339	111.544	116.453	3.148.385	5.169.589	562.696		87.686.773
1916	68.512.640	5.697.647	5.435.304	102.084	98.649	2.129.546	2.662.360	400.777		85.039.007
1917	89.093.179	6.062.540	5.474.461	65.089	86.512	2.656.025	3.730.204	275.997		107.444.007
1918	133.031.398	17.726.047	10.388.492	90.174	199.657	3.975.180	2.781.832	163.651		168.806.431

* Für die Jahre 1905 bis 1911 Roheinnahmen, seit 1912 Ist-Einnahmen.

** Als Istertrag der Erbschaftsteuer erscheint nur der Betrag der sächsischen Erbschaftsteuer.

Anlage 18: Sachsen - Ist-Erträge der direkten und indirekten Staatssteuern für die Jahre 1905 bis 1918 (ohne die auf Sachsen entfallenden Anteile der indirekten Reichssteuern) Fortsetzung

b) Unter je 1.000 Mark Gesamtsteuerertrag kamen in Mark auf den Betrag der...

Jahr	Einkommen-steuer	Ergänzung-steuer	Grund-steuer	Steuer vom Gewerbe im Umherziehen	Erbschaft-steuer	Stempel-steuer	Schlacht-steuer	Übergangs-abgabe vom Fleischwerk		Verbrauchs-abgabe vom Fleischwerk
1905	713,8	56,8	70,1	3,5	27,4	35,5	82,1	7,3		1,5
1906	713,2	58,0	68,2	3,3	40,3	31,7	77,3	7,0		1,0
1907	724,7	58,7	66,2	3,1	32,0	28,5	79,9	6,3		0,6
1908	737,1	57,7	63,9	3,0	27,8	26,2	77,8	6,0		0,5
1909	730,7	55,5	60,5	2,9	24,8	47,0	73,2		5,4	
1910	724,0	54,9	58,0	2,8	22,9	60,5	71,8		5,1	
1911	729,0	54,3	56,2	2,8	18,5	61,5	71,2		6,5	
1912	739,0	54,1	54,7	2,6	15,0	60,9	66,5		7,2	
1913	756,7	53,9	53,6	2,6	10,0	53,6	63,0		6,6	
1914	764,2	58,0	55,0	2,5	7,7	43,4	63,5		5,7	
1915	764,8	62,2	60,4	1,3	11,0	35,6	58,4		6,3	
1916	795,1	66,1	63,1	1,2	14,2	24,7	30,9		4,7	
1917	817,3	55,6	50,2	0,6	15,2	24,4	34,2		2,5	
1918	778,7	103,8	63,4	0,5	13,0	23,3	16,3		1,0	

(Quelle: Statistisches Jahrbuch Sachsen 1914/15: 216f und 1918/19: 295)

Anlage 19:

Sachsen: Erträge der Einkommensteuer 1879 bis 1901

Erhebungsjahr	Istbetrag der ESt nach dem Normalsatz in Mark	Erhobener Zuschlag zum Normalsatz der ESt in %	in Mark	Wirklicher Istbetrag (brutto)	Veranlagungs- und Erhebungsaufwand *	Rechnungsmäßiger Überschuß
1879	11.498.653	50	5.749.327	17.247.980	805.202	16.442.778
1880	11.852.197	50	5.926.098	17.778.296	718.170	17.060.126
1881	12.466.417	50	6.233.209	18.699.626	706.648	17.992.978
1882	13.232.406	20	2.646.481	15.878.887	670.634	15.208.253
1883	13.860.943	20	2.772.189	16.633.132	701.423	15.931.709
1884	14.601.397	---	---	14.601.397	632.522	13.968.875
1885	15.342.860	---	---	15.342.860	623.767	14.719.093
1886	16.110.283	---	---	16.110.283	687.803	15.422.480
1887	16.692.846	---	---	16.692.846	672.579	16.020.267
1888	17.562.755	---	---	17.562.755	721.704	16.841.050
1889	18.793.975	---	---	18.793.975	752.067	18.041.908
1890	20.138.235	---	---	20.138.235	806.799	19.331.436
1891	21.389.000	---	---	21.389.000	838.381	20.550.619
1892	21.653.695	---	---	21.653.695	872.537	20.781.158
1893	22.360.872	---	---	22.360.872	861.435	21.499.437
1894	c. 23.280.791	10% bei Einkommen über 30 -100.000 M und 20 % bei Einkommen über 100.000 M	** 440.700	23.721.491	838.446	22.883.045
1895	24.643.537	10	2.464.355	27.107.892	863.377	26.244.515
1896	26.052.250	---	---	26.052.250	899.041	25.153.209
1897	27.998.605	---	---	27.998.605	911.153	27.087.452
1898	29.907.515	---	---	29.907.515	1.043.833	28.863.682
1899	32.023.041	---	---	32.023.041	1.055.194	30.967.847
1900	34.101.595	---	---	34.101.595	1.158.738	32.942.857
1901	34.599.838	---	---	34.599.838	1.178.886	33.420.952

* Zum Veranlagungs- und Erhebungsaufwand gehören die Kosten der Veranlagung, der Reklamationserledigungen sowie der statistischen Bearbeitung der Einschätzungsergebnisse und die Erhebungsgebühren der Ortseinnahmen.

** Für das Jahr 1894 wurden bei Einkommen von über 30.000 Mark bis zu 100.000 Mark die Steuersätze um 10 %, bei Einkommen von über 100.000 Mark um 20 % erhöht. Soweit sich aber für die betreffenden Beitragspflichtigen nach dem Tarif vom 10. März 1894 ein diese Erhöhung nicht erreichender Steuersatz berechnete, hatte der Steuerzuschlag nur bis zu diesem letzten Steuersatz (nach dem Tarif von 1894) zu erfolgen. Daher bezifferte sich der Mehrertrag auf nur rund 440.700 Mark. (Vgl. Zeitschrift des Kgl. Sächsischen Statistischen Büros, Jg. 1900, Heft 1 und 2, S. 67).

Veränderungsrate	Istbetrag der Einkommensteuer nach dem Normalsatz in Mark	Veranlagungs- und Erhebungsaufwand
Zunahme im Jahre 1890 gegenüber 1879		
1. in Mark	8.639.582	1.597
2. in %	75,1	0,2
Zunahme im Jahre 1901 gegenüber 1890		
1. in Mark	14.461.603	372.087
2. in %	71,8	46,1
Zunahme im Jahre 1901 gegenüber 1879		
1. in Mark	23.101.185	373.684
2. in %	200,9	46,4

(Quelle: Hoffmann 1906:164f)

Anlage 20: Sachsen - Von der Einkommensteuer erfaßte Personen insgesamt und in den unteren Einkommensklassen

Jahr	Bevölkerung im Königreich Sachsen insgesamt	davon eingeschätzte Personen physische	davon eingeschätzte Personen in % der Gesamtbev.	davon eingeschätzte Personen juristische	Steuerfreie physische Personen mit Einkommen bis 300 bzw. 400 M insgesamt	Steuerfreie physische Personen in % der eingeschätzten physischen Personen	Einkommensteuerpflichtige physische Personen mit Einkommen von 300/400 - 800 M insgesamt	Einkommensteuerpflichtige in % der eingeschätzten physischen Personen
1878		1.010.959		*	76.424	7,56	678.283	67,09
1879		1.084.751		3.251	77.060	7,10	751.626	69,29
1880	2.972.805	1.115.918		3.628	77.832	6,97	778.762	69,79
1882		1.158.944	38,98	3.749	75.697	6,53	806.057	69,55
1884		1.209.034		4.154	76.287	6,31	829.960	68,65
1886	3.182.003 (1885)	1.263.182		4.684	74.590	5,90	853.909	67,60
1888		1.322.650	41,57	5.121	73.109	5,53	867.756	65,61
1890		1.398.686		5.383	74.918	5,36	947.577	67,75
1892	3.502.684	1.438.118	41,06	5.594	81.920	5,70	868.081	60,36
1894		1.490.558		6.008	83.609	5,61	976.794	65,53
1896	3.787.688 (1895)	1.575.047	41,58	6.264	215.343	13,67	792.631	50,32
1898	4.202.216	1.660.071		5.699	196.855	11,86	795.754	47,93
1900		1.739.461	41,39	6.947	186.062	10,70	782.559	44,99
1902		1.780.752		*	186.590	10,48	794.991	44,64
1904		1.864.649		*	205.667	11,03	816.923	43,81
1906	4.508.601 (1905)	1.941.359	43,06	*	202.305	10,42	823.304	42,41
1908		2.038.264		*	191.768	9,41	800.379	39,27
1910	4.806.661	2.105.241	43,80	*	192.238	9,13	639.527	30,38
1912		2.234.536		*	194.416	8,70	626.939	28,06
1914		2.323.757		6.432	194.613	8,37	611.344	26,31
1916		1.929.317		6.901	251.776	13,05	723.033	37,48
1918		1.940.356		7.339	234.058	12,06	408.254	21,04

* Aus dem vorliegenden Material waren die Daten nicht zu ermitteln.

(Quelle: Eigene Berechnungen U. Metzger aufgrund v.: Statistisches Jahrbuch Sachsen (Individualkarte) und Nositz 1903: 77)

Anlage 21: Sachsen - Eingeschätzte physische Personen nach den Steuerklassen (1878-1904)

Jahr	Zahl der eingeschätzten physischen Personen mit einem Einkommen von										
	überhaupt	bis 300 M	über 300 bis 400 M	über 400 bis 500 M	über 500 bis 600 M	über 600 bis 700 M	über 700 bis 800 M	über 800 bis 950 M	über 950 bis 1.100 M	über 1.100 bis 1.250 M	über 1.250 bis 1.400 M
1	2	3	4	5	6	7	8	9	10	11	12
1878	1.007.520	76.424	185.110	211.110	144.451	73.226	64.386	56.731	39.253	27.664	17.815
1880	1.115.918	77.832	252.391	247.210	138.098	78.663	62.400	56.938	40.049	28.830	18.086
1882	1.158.945	75.697	246.030	257.841	142.602	89.415	70.529	60.914	42.880	30.607	19.644
1884	1.209.034	76.287	236.988	270.395	145.917	94.029	82.631	68.698	48.515	33.376	21.113
1886	1.263.182	74.590	220.734	279.016	153.220	106.136	94.803	79.068	53.990	37.107	22.959
1888	1.322.650	73.109	204.142	280.102	159.912	116.173	107.427	96.728	62.785	42.843	26.302
1890	1.398.686	74.918	186.236	282.299	160.648	125.419	114.824	115.458	85.827	51.116	30.348
1892	1.438.118	81.920	181.807	281.325	163.892	125.640	115.417	126.997	83.881	56.850	34.807
1894	1.490.558	83.609	179.506	282.265	171.207	134.604	122.066	133.502	86.980	59.915	37.192
1896	1.575.047	215.343		327.804	182.962	145.386	136.479	148.909	95.909	63.920	40.896
1898	1.660.071	196.855		319.394	185.650	145.734	144.976	164.941	123.810	85.495	49.355
1900	1.739.461	186.062		304.683	184.511	144.296	149.069	179.089	148.352	100.894	62.682
1902	1.780.752	186.590		299.605	196.094	149.724	149.568	178.121	147.762	105.734	66.113
1904	1.864.649	205.667		294.078	206.469	158.136	158.240	187.759	156.593	110.172	69.626

Jahr	überhaupt	Zahl der eingeschätzten physischen Personen mit einem Einkommen von								
		über 1.400 M bis 1.600 M	über 1.600 bis 1.900 M	über 1.900 bis 2.200 M	über 2.200 bis 2.500 M	über 2.500 bis 2.800 M	über 2.800 bis 4.300 M	über 4.300 bis 6.300 M	über 6.300 bis 12.000 M	über 12.000 bis 20.000 M
1	2	13	14	15	16	17	18	19	20	21
1878	1.007.520	22.054	20.126	13.799	10.173	6.967	19.391	9.115	6.525	1.907
1880	1.115.918	22.789	20.426	14.678	10.819	7.371	20.084	9.278	6.531	2.023
1882	1.158.945	23.987	21.669	15.534	11.768	7.785	21.012	10.070	7.197	2.344
1884	1.209.034	25.862	23.079	16.503	12.287	8.235	21.827	10.654	7.900	2.648
1886	1.263.182	27.545	24.283	18.172	12.230	8.798	23.958	11.403	8.823	2.992
1888	1.322.650	30.281	26.011	19.854	14.009	9.492	25.891	12.191	9.479	3.301
1890	1.398.686	34.730	29.300	21.721	15.870	10.205	28.533	13.510	10.685	3.818
1892	1.438.118	37.926	31.777	23.769	17.161	11.299	30.421	14.400	11.252	4.028
1894	1.490.558	40.385	34.200	25.655	18.294	12.060	33.476	15.431	12.165	4.237
1896	1.575.047	43.574	37.503	27.681	19.653	12.738	35.977	16.311	13.137	4.657
1898	1.660.071	51.729	42.898	30.522	21.861	14.180	40.112	17.904	14.515	5.181
1900	1.739.461	62.496	49.769	34.625	24.633	16.417	44.385	19.935	16.198	5.820
1902	1.780.752	67.039	54.057	37.437	26.658	17.473	48.463	21.467	17.156	6.012
1904	1.864.649	69.618	57.959	39.950	28.076	18.937	51.705	22.224	17.669	6.158

Jahr	Zahl der eingeschätzten physischen Personen						
	überhaupt	mit einem Einkommen von					
		über 20.000 M bis 54.000 M	über 54.000 M bis 100.000 M	über 100.000 M bis 200.000 M	über 200.000 M bis 500.000 M	über 500.000 M
1	2	22	23	24	25	26
1878	1.007.520	1.079	141	54	18	1
1880	1.115.918	1.170	185	50	15	2
1882	1.158.945	1.473	211	73	21	2
1884	1.209.034	1.697	282	85	25	1
1886	1.263.182	1.907	308	107	32	1
1888	1.322.650	2.114	344	118	40	2
1890	1.398.686	2.569	429	165	55	3
1892	1.438.118	2.812	493	180	61	3
1894	1.490.558	3.023	529	196	55	6
1896	1.575.047	3.368	567	207	63	3
1898	1.660.071	3.931	686	254	81	7
1900	1.739.461	4.329	811	286	110	9
1902	1.780.752	4.423	853	280	116	7
1904	1.864.649	4.456	789	269	90	9

(Quelle: Statistisches Jahrbuch Sachsen 1912: 190)

Anlage 22: Sachsen - Eingeschätzte physische Personen überhaupt (1878-1908)

Jahr	Unter 100 eingeschätzten Personen hatten ein Einkommen von Mark										
	bis 400	über 400 bis 500	über 500 bis 600	über 600 bis 700	über 700 bis 800	über 800 bis 950	über 950 bis 1.100	über 1.100 bis 1.250	über 1.250 bis 1.400	über 1.400 bis 1.600	über 1.600 bis 2.200
1	2	3	4	5	6	7	8	9	10	11	12
1878	25,96	20,95	14,34	7,27	6,39	5,63	3,90	2,74	1,77	2,19	3,37
1880	29,59	22,15	12,38	7,05	5,59	5,10	3,59	2,58	1,62	2,04	3,15
1882	27,76	22,22	12,31	7,72	6,08	5,26	3,70	2,64	1,69	2,07	3,21
1884	25,91	22,36	12,07	7,78	6,84	5,68	4,01	2,76	1,75	2,14	3,27
1886	23,38	22,09	12,13	8,40	7,51	6,26	4,27	2,94	1,82	2,18	3,36
1888	20,96	21,18	12,09	8,78	8,12	7,31	4,75	3,24	1,99	2,29	3,47
1890	18,67	20,18	11,49	8,97	8,21	8,26	6,14	3,65	2,17	2,48	3,65
1892	18,34	19,56	11,40	8,74	8,02	8,83	5,83	3,95	2,42	2,64	3,86
1894	17,65	18,94	11,49	9,03	8,19	8,96	5,83	4,02	2,49	2,71	4,02
1896	13,67	20,81	11,62	9,23	8,66	9,45	6,09	4,19	2,60	2,77	4,14
1898	11,86	19,24	11,18	8,78	8,73	9,94	7,46	5,15	2,97	3,12	4,42
1900	10,70	17,52	10,61	8,29	8,57	10,30	8,53	5,80	3,60	3,59	4,85
1902	10,48	16,82	11,01	8,41	8,40	10,00	8,30	5,94	3,71	3,76	5,14
1904	11,03	15,77	11,07	8,48	8,49	10,07	8,40	5,91	3,73	3,73	5,25
1906	10,42	14,84	11,05	8,34	8,18	9,97	8,83	6,31	4,16	4,12	5,59
1908	9,41	12,31	11,39	7,90	7,66	9,92	9,17	7,24	5,07	4,88	6,43

Jahr	Unter 100 eingeschätzten Personen hatten ein Einkommen von Mark									
	über 2.200 bis 2.800	über 2.800 bis 4.300	über 4.300 bis 6.300	über 6.300 bis 12.000	über 12.000 bis 20.000	über 20.000 bis 54.000	über 54.000 bis 100.000	über 100.000 bis 200.000	über 200.000 bis 500.000	über 500.000
1	13	14	15	16	17	18	19	20	21	22
1878	1,70	1,92	0,90	0,65	0,19	0,11	0,01	0,01	0,00	0,00
1880	1,63	1,80	0,83	0,59	0,18	0,10	0,02	0,01	0,00	0,00
1882	1,68	1,81	0,87	0,62	0,20	0,13	0,02	0,01	0,00	0,00
1884	1,70	1,81	0,88	0,65	0,22	0,14	0,02	0,01	0,00	0,00
1886	1,74	1,90	0,90	0,70	0,24	0,15	0,02	0,01	0,00	0,00
1888	1,78	1,96	0,92	0,72	0,25	0,16	0,02	0,01	0,00	0,00
1890	1,87	2,04	0,97	0,76	0,27	0,18	0,03	0,01	0,00	0,00
1892	1,98	2,12	1,00	0,78	0,28	0,20	0,04	0,01	0,00	0,00
1894	2,04	2,25	1,03	0,82	0,28	0,20	0,04	0,01	0,00	0,00
1896	2,06	2,28	1,04	0,83	0,30	0,21	0,04	0,01	0,00	0,00
1898	2,17	2,42	1,08	0,87	0,31	0,24	0,04	0,01	0,01	0,00
1900	2,36	2,55	1,15	0,93	0,33	0,25	0,04	0,02	0,01	0,00
1902	2,48	2,72	1,21	0,96	0,34	0,25	0,05	0,02	0,00	0,00
1904	2,53	2,77	1,19	0,95	0,33	0,24	0,04	0,02	0,00	0,00
1906	2,58	2,84	1,19	0,94	0,33	024	0,05	0,02	0,00	0,00
1908	2,78	2,97	1,22	0,97	0,34	0,26	0,05	0,02	0,01	0,00

(Quelle: Statistisches Jahrbuch Sachsen 1906: 166)

Anlage 23: Württemberg - Aufkommen der direkten und indirekten Steuern nach dem Voranschlag im Finanzetat 1889/90 bis 1918

Jahr	Steueraufkommen direktes	Steueraufkommen indirektes	Einkommensteuer	Vermögensteuer (ab 1915) *	Grund-, Gebäude- und Gewerbesteuer	Wandergewerbesteuer	Kapitalsteuer
1889/99	12.522.100			4.581.400	7.940.700		
	473.770			205.000	268.770		
	12.048.330	12.998.000		4.376.400	7.671.930		
1894/95	15.698.843			6.335.543	9.363.000		
	479.390			208.000	271.390		
	15.219.453	14.135.720		6.127.453	9.092.000		
1901	19.503.703	18.542.000		8.238.953	11.264.750		
	651.183	1.330.880		342.953	308.230		
	18.852.520	17.211.120		7.896.000	10.956.520		
1902	20.011.603	18.542.000		8.508.953	11.502.650		
	651.583	1.330.880		342.953.	308.630		
	19.360.020	17.211.120		8.166.000	11.194.020		
1903	20.679.263	18.458.000		9.133.953	11.545.310		
	612.183	1.544.530		283.953	328.230		
	20.067.080	16.913.470		8.850.000	11.217.080		
1904	21.051.163	18.468.000		9.423.953	11.627.210		
	612.183	1.548.530		283.853	328.230		
	20.438.980	16.919.470		9.140.000	11.298.980		
1905	22.562.030	19.045.000	14.861.000		4.922.630	75.400	2.733.000
	1.160.770	1.231.000	780.000		305.270	2.500	73.00
	21.401.260	17.814.000	14.081.000		4.617.360	72.900	2.660.000

Jahr	Steueraufkommen direktes	Steueraufkommen indirektes	Einkommensteuer	Vermögensteuer (ab 1915) *	Grund-, Gebäude- und Gewerbesteuer	Wandergewerbesteuer	Kapitalsteuer
1906	23.117.362	19.045.000	15.265.000		4.993.962	75.400	2.783.000
	1.161.650	1.231.000	781.000		305.150	2.500	73.000
	21.995.712	17.814.000	14.484.000		4.688.812	72.900	2.710.000
1907	25.949.120	18.986.700	17.262.000		5.382.100	76.020	3.229.000
	995.900	1.219.832	584.000		351.300	1.600	59.000
	24.953.220	17.766.868	16.678.000		5.030.800	74.420	3.170.000
1908	26.677.120	18.960.950	17.712.000		5.510.100	76.020	3.379.000
	995.900	1.218.782	584.000		351.300	1.600	59.000
	25.681.220	17.742.168	17.128.000		5.158.800	74.420	3.320.000
1909	31.280.120	18.575.600	20.678.000		6.634.600	83.520	3.884.000
	992.830	858.600	595.000		341.230	1.600	55.000
	30.287.290	17.717.000	20.083.000		6.293.370	81.290	3.829.000
1910	31.828.920	18.575.600	21.014.000		6.679.400	83.250	4.052.000
	992.830	858.600	595.000		341.230	1.600	55.000
	30.836.090	17.717.000	20.419.000		6.338.170	81.920	3.997.000
1911	32.574.520	24.175.600	21.807.000		6.773.500	89.020	3.905.000
	999.570	746.600	585.000		357.570	2.000	55.000
	31.574.950	23.429.000	21.222.000		6.415.930	87.020	3.850.000
1912	33.249.520	24.245.600	22.227.000		6.913.500	89.020	4.020.000
	979.570	746.600	585.000		337.570	2.000	55.000
	32.269.950	23.499.000	21.642.000		6.575.930	87.020	3.965.000

Jahr	Steueraufkommen direktes	Steueraufkommen indirektes	Einkommensteuer	Vermögensteuer (ab 1915) *	Grund-, Gebäude- und Gewerbesteuer	Wandergewerbesteuer	Kapitalsteuer
1913	36.602.000	28.372.500	24.977.000		7.330.000	93.000	4.202.000
	1.019.180	804.600	594.000		371.180	2.000	52.000
	35.582.820	27.567.900	24.383.000		6.958.820	91.000	4.150.000
1914	37.509.000	28.372.500	25.607.500		7.477.000	93.000	4.332.000
	1.024.890	804.600	594.000		376.890	2.000	52.000
	36.484.110	27.567.900	25.013.000		7.100.110	91.000	4.280.000
1915	43.509.000	14.092.000	25.607.000	6.000.000	7.477.000	93.000	4.332.000
	1.029.890	461.600	594.000	5.000	376.890	2.000	52.000
	42.479.110	13.630.400	25.013.000	5.995.000	7.100.110	91.000	4.280.000
1916	46.712.000	13.390.000	28.417.000	6.000.000	7.477.000	93.000	4.725.000
	1.074.890	491.600	639.000	5.000	376.890	2.000	52.000
	45.637.110	12.898.400	27.778.000	5.995.000	7.100.110	91.000	4.673.000
1917	56.243.000	10.346.000	36.157.000	6.400.000	8.320.000	38.000	5.328.000
	1.292.890	483.600	649.000	5.000	576.890	2.000	60.000
	54.950.110	9.862.400	35.508.000	6.395.000	7.743.110	36.000	5.268.000
1918	69.856.000	9.956.500	48.167.000	7.201.000	8.920.000	38.000	5.530.000
	1.372.930	566.500	724.000	5.000	581.930	2.000	60.000
	68.483.070	9.390.000	47.443.000	7.196.000	8.338.070	36.000	5.470.000

Vom direkten und indirekten Steueraufkommen werden alle Verwaltungskosten in Abzug gebracht, bei den einzeln aufgeführten Steuern nur die Veranlagungs- und Erhebungskosten.

(Quelle: Eigene Zusammenstellung U. Metzger nach dem Finanzetat für das Königreich Württemberg)

Anlage 24: Württemberg - Von der Einkommensteuer erfaßte Personen und das Ist-Aufkommen derselben (1905-1918)

Jahr	Bevölkerung *	Zahl der eingeschätzten physischen Personen mit einem Eink. über 500 M	Anteil der Bevölkerung die zur ESt eingeschätzt wird	% der eingesch. phys. Personen, die nach Art. 20 und 21d EStG steuerfrei werden	tatsächlich zur ESt veranlagte Personen	zur Est veranlagte juristische Personen
1	2	3	4	5	6	7
1905	2.169.480	607.236	28,0 %	3,99	583.035	3.987
1906	3.302.179	631.030	27,4 %	3,40	609.586	4.033
1907		646.314		3,34	624.718	4.115
1908		669.920		2,94	650.223	4.247
1909		581.790	30,0 %	2,78	662.869	4.192
1910		704.523	31,0 %	2,66	685.810	4.264
1911	2.437.574	732.137	30,0 %	2,63	712.917	4.352
1912		756.107	31,0 %	2,26	739.048	4.372
1913		772.050		2,23	754.807	4.496
1914		787.027	32,0 %	2,27	769.165	4.453
1915		657.957	27,0 %	3,44	635.315	4.372
1916		670.587	28,0 %	2,96	651.328	4.569
1917		691.481		2,65	673.184	4.772
1918		749.542		1,83	735.768	5.353

Jahr	Summme der Steuerpflichtigen	Summe des Einheitssatzes in Mark		Summe der Staatssteuer in Mark	
		der physischen Personen	insgesamt	der physischen Personen	insgesamt
1	8	9	10	11	12
1905	587.022	14.678.003	16.445.998		
1906	613.619	15.344.698	17.178.888	siehe Summe des	
1907	628.833	16.035.759	17.897.595	Einheitssatzes **	
1908	654.470	16.936.242	19.009.673		
1909	667.061	16.926.808	19.003.541	17.773.778	19.954.438
1910	690.074	18.243.337	20.120.993	19.155.504	21.221.943
1911	717.269	19.506.108	21.874.282	20.841.413	22.967.996
1912	743.420	20.785.897	23.278.673	21.825.192	24.442.607
1913	759.303	21.552.313	24.217.482	22.629.928	24.428.354
1914	773.618	22.281.053	25.183.434	23.500.105	26.442.602
1915	639.687	21.420.346	24.528.886	22.491.363	25.755.330
1916	655.877	29.342.605	34.574.345	35.003.120	41.765.428
1917	677.956	36.214.649	44.256.356	43.647.173	54.057.591
1918	741.121	50.834.049	59.166.062	61.055.302	71.629.161

* Bevölkerungszahlen wurden nur in diesen Jahren angegeben.

** Der erhobene Steuersatz betrug 1905-1908 100 %.

(Quelle: Eigene Zusammenstellung U. Metzger nach: Württembergische Statistik 1903: 42f; 1906: 1; 1911: 372; 1915: 206; 1916: 4; 1918: 56f)

Anlage 25: Württemberg - Die besteuerten physischen Personen nach Gruppen der Einkommensteuerstufen 1905 bis 1912

a) Die besteuerten physischen Personen nach Gruppen der Einkommensteuerstufen

Rech-nungs-jahr	Von den besteuerten physischen Personen entfallen auf die Einkommensteuerstufen bis zu Mark									
	500 - 950		950 - 2.000		2.000 - 3.050		3.050 - 6.000		6.000 - 10.000	
	Besteuerte	Steuer-anfall	Besteuerte	Steuer-anfall	Besteuerte	Steuer-anfall	Besteuerte	Steuer-anfall	Besteuerte	Steuer-anfall
1	2	3	4	5	6	7	8	9	10	11
1905	281.479	788.822	197.672	1.761.236	56.986	1.701.663	34.057	2.875.031	7.368	1.705.347
1906	293.742	826.750	211.462	1.864.235	57.373	1.706.041	33.830	2.856.888	7.400	1.712.103
1907	295.592	833.673	222.885	1.966.443	58.547	1.737.080	34.089	2.879.507	7.672	1.776.608
1908	298.923	842.198	238.342	2.119.458	62.664	1.855.385	36.071	3.046.534	8.050	1.857.458
1909	305.138	856.910	241.850	2.153.474	64.429	1.908.080	37.155	3.129.449	8.241	1.902.470
1910	311.763	875.957	253.278	2.253.238	67.379	1.992.055	38.475	3.254.256	8.498	1.954.931
1911	319.737	895.347	266.799	2.393.369	70.452	2.069.816	39.800	3.387.237	9.176	2.110.943
1912	313.328	878.953	287.902	2.615.253	77.592	2.280.226	42.981	3.642.777	9.808	2.259.280

Rech-nungs-jahr	Von den besteuerten physischen Personen entfallen auf die Einkommensteuerstufen bis zu Mark									
	10.000 - 15.000		15.000 - 30.000		30.000 - 100.000		100.000 - 200.000		200.000 und mehr	
	Besteuerte	Steuer-anfall	Besteuerte	Steuer-anfall	Besteuerte	Steuer-anfall	Besteuerte	Steuer-anfall	Besteuerte	Steuer-anfall
1	12	13	14	15	16	17	18	19	20	21
1905	2.504	1.087.615	1.984	1.550.992	879	1.817.667	92	577.841	44	811.800
1906	2.642	1.145.769	2.020	1.584.898	945	2.072.310	112	541.137	60	1.034.568
1907	2.596	1.129.518	2.110	1.667.397	1.044	2.167.768	122	748.258	61	1.130.112
1908	2.753	1.194.373	2.109	1.653.258	1.099	2.258.001	152	913.379	60	1.201.198
1909	2.743	1.193.662	2.038	1.598.170	1.083	2.209.604	146	928.822	46	1.046.167
1910	2.860	1.243.349	2.192	1.730.736	1.155	2.882.106	140	885.412	64	1.661.297
1911	3.071	1.333.193	2.394	1.888.570	1.250	2.588.590	165	1.037.965	73	1.851.078
1912	3.315	1.438.815	2.552	2.015.069	1.323	2.712.415	166	1.013.248	81	1.929.862

Von den besteuerten physischen Personen entfallen auf die Einkommensteuerstufen bis zu Mark

Rechnungsjahr	Gesamtsumme		kleine Einkommen (500-3.050)				mittlere Einkommen (3.050-10.000)			
	Besteuerte	Steueranfall	Besteuerte		Steueranfall		Besteuerte		Steueranfall	
			Zahl	% d. Ges.-Zahl	Zahl	% des Ges.-Betr.	Zahl	% d. Ges.-Zahl	Zahl	% d. Ges.-Betr.
1	22	23	24	25	26	27	28	29	30	31
1905	583.035	14.678.004	536.137	91,97	4.251.721	28,97	41.395	7,09	4.580.378	31,20
1906	609.586	15.344.698	562.577	92,29	4.397.026	28,63	41.230	6,76	4.568.990	29,77
1907	624.718	16.035.759	577.024	92,36	4.537.196	28,29	41.761	6,69	4.655.515	29,04
1908	650.228	16.936.242	599.929	92,27	4.817.041	28,45	44.121	6,79	4.908.992	28,96
1909	662.869	16.926.808	611.417	92,24	4.918.464	29,06	45.396	6,85	5.031.919	29,73
1910	685.810	18.243.337	632.420	92,22	5.131.250	28,13	46.973	6,85	5.209.187	28,55
1911	712.917	19.506.108	656.988	92,15	5.358.532	27,46	48.976	6,87	5.498.180	28,20
1912	739.048	20.785.898	678.822	91,85	5.774.432	27,78	52.789	7,14	5.902.057	28,40

Von den besteuerten physischen Personen entfallen auf die Einkommensteuerstufen bis zu Mark

Rechnungsjahr	große Einkommen (10.000 - 30.000)				sehr große Einkommen (30.000 und mehr)			
	Besteuerte		Steueranfall		Besteuerte		Steueranfall	
	Zahl	% d. Ges.-Zahl	Zahl	% des Ges.-Betr.	Zahl	% d. Ges.-Zahl	Zahl	% d. Ges.-Betr.
1	32	33	34	35	36	37	38	39
1905	4.488	0,77	2.638.597	17,98	1.015	0,17	3.207.308	21,85
1906	4.662	0,77	2.730.667	17,78	1.117	0,19	3.648.015	28,82
1907	4.706	0,75	2.796.915	17,44	1.227	0,20	4.046.133	25,23
1908	4.862	0,74	2.847.631	16,81	1.311	0,20	4.367.578	25,78
1909	4.781	0,72	2.791.832	16,49	1.275	0,19	4.184.593	24,72
1910	5.058	0,74	2.974.085	16,30	1.359	0,19	4.928.815	27,02
1911	5.465	0,77	3.221.763	16,51	1.488	0,21	5.427.633	27,83
1912	5.867	0,80	3.453.884	16,62	1.570	0,21	5.655.525	27,20

b) Bewegung der Zahl der besteuerten Einzelpersonen

Rech-nungs-jahr	Gegenüber dem jeweiligen Vorjahr betrug in % die Zu- bzw. Abnahme der Besteuerten mit kleinen Einkommen (500-3.505 M)	mittleren Einkommen (3.050-10.000 M)	großen Einkommen (10.000-30.000 M)	sehr großen Einkommen (30.000 M und mehr)
1	2	3	4	5
1906	+ 4,9	- 0,4	+ 3,9	+ 10,0
1907	+ 2,6	+ 1,3	+ 0,9	+ 9,9
1908	+ 4,0	+ 5,6	+ 3,3	+ 6,8
1909	+ 1,9	+ 2,9	- 0,7	- 2,7
1910	+ 3,4	+ 3,5	+ 5,8	+ 6,6
1911	+ 3,9	+ 4,3	+ 9,0	+ 9,5
1912	+ 3,3	+ 7,8	+ 7,4	+ 5,5

(Quelle: Statistisches Handbuch Württemberg 1912/13: 284)

Anlage 26: Die Organisation der Finanzverwaltung in Preußen im 19. Jahrhundert

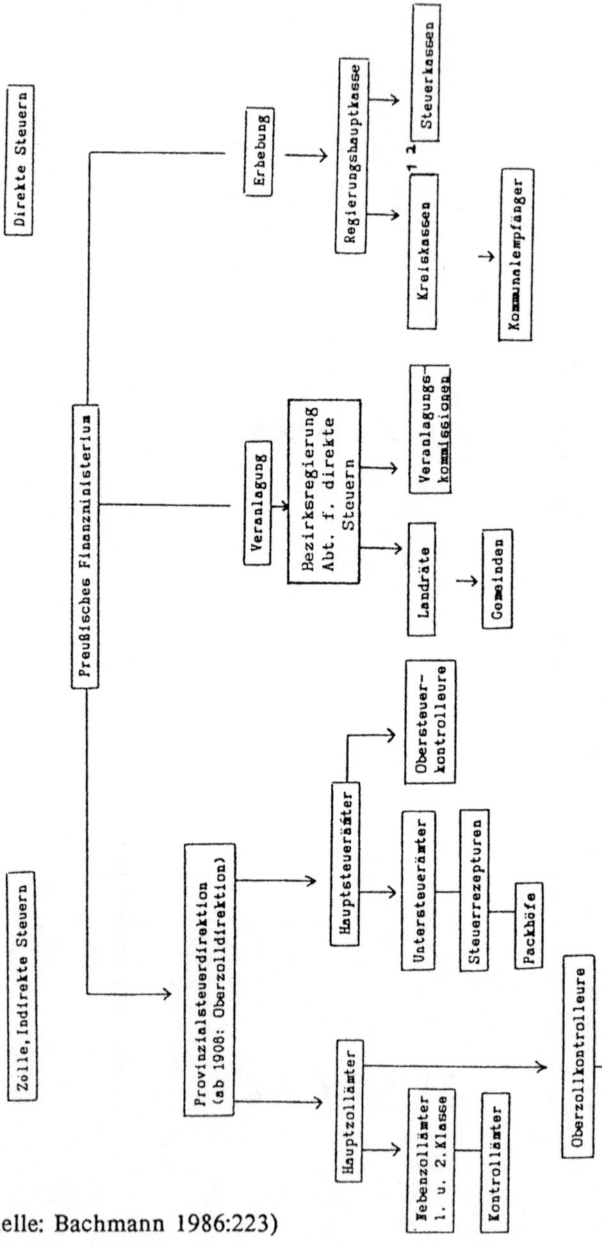

1 Von 1834/39 bis 1895 Instanzenzug der Steuererhebung in den östlichen Provinzen, danach in allen preußischen Provinzen

2 In den westlichen Provinzen von 1834/39 bis 1895 Instanzenzug der Steuererhebung

(Quelle: Bachmann 1986:223)

Anlage 27: Preußen - Besetzung des Finanzministeriums nach dem Staatshaushaltsetat

Finanzministerium	1850	1861	1865	1873	1879/80	1885/86	1890/91	1895/96	1900	1905	1909	1914
Minister	1	1	1	1	1	1	1	1	1	1	1	1
Unterstaatssekretäre	-	-	-	-	-	1	1	1	1	1	1	1
Direktoren	2	2	3	5	3	2	2	2	3	3	3	4
Vortragende Räte	14	14	14	30	20	21	22	26	28	29	31	33
Vortragende Räte im Nebenamt	-	-	-	1	-	-	-	-	-	-	-	-
Generalinsp. des Katasters	-	-	-	1	1	1	1	-	-	-	-	-
ständ. Hilfsarbeiter (Kataster)	-	-	-	-	-	-	1	1	-	-	1	-
bautechn. Hilfsarbeiter	-	-	-	1	-	-	-	-	-	-	-	-
Forstmeister	-	-	-	1	-	-	-	-	-	-	-	-
Vorsteher d. Generalverwaltung d. Steuern	1	-	1	-	-	-	-	-	-	-	-	-
Vorsteher d. Zentralbureaus *	-	-	-	1	1	1	1	1	1	1	1	1
Vorsteher d. Abrechnungsbureaus **	-	-	-	-	-	1	1	1	1	1	1	1
Vorsteher d. Hauptbuchhalterei	1	1	1	-	-	1	1	1	1	1	1	1
Vorsteher d. Forsteinrichtungsbureaus	-	-	-	1	-	-	-	-	-	-	-	-
Vorsteher d. Etats- u. Kassenabteilung	-	-	-	-	-	-	-	-	1	1	1	1
Vorsteher d. Ministerialarchivs	1	1	1	-	-	-	-	-	-	-	-	-
Rendant d. Generalstaatskasse	1	1	-	1	1	1	1	1	1	1	1	1
Oberbuchhalter d. Generalstaatskassse	1	1	1	1	1	1	1	1	1	1	1	1
Kassierer d. Generalstaatskasse	2	2	2	2	2	1	1	1	1	1	1	1
Kassiererassistenten d. Generalstaatskasse	-	-	-	1	-	1	1	1	-	-	-	-
Expedienten, Kalkulatoren, Registratoren	31	31	31	-	-	-	-	-	-	-	-	-
Journalisten u. Buchhalter	21	31	31	106	75	77	83	85	87	87	91	96
(u. Beamte d. Forsteinrichtungsbureaus)												

Finanzministerium	1850	1861	1865	1873	1879/80	1885/86	1890/91	1895/96	1900	1905	1909	1914
Kanzleidirektor	-	-	-	1	1	1	1	1	1	1	1	1
Kanzlei- u. Kassensekretäre	12	16	16	-	-	-	-	-	-	-	-	23
Kassensekretäre	4	4	4	23	23	23	23	24	23	23	23	2
Expedienten	-	-	-	1	1	-	-	-	-	-	-	-
Bureaubeamte (Witwen/Waisen)	-	-	-	-	-	-	2	-	-	-	-	-
*												
Botenmeister	1	1	1	1	1	1	1	1	1	1	1	1
Kanzlei- u. Kassendiener	16	19	18	25	25	21	21	21	21	21	23	27
Hausdiener, Portier	2	2	2	3	2	2	2	2	2	2	-	-
Hausnachtwächter	1	1	1	-	-	-	1	1	1	1	-	-
Ministerialbureaubeamte	2	2	2	-	-	-	-	-	-	-	-	-
Kurator	1	1	1	-	-	-	-	-	-	-	-	-
Insgesamt	115	131	131	207	158	158	169	173	176	177	183	196

* 1911 Bureaudirektor

** Reichssteuern

(Quelle: Eigene Zusammenstellung U. Metzger)

Anlage 28:

Preußisches Finanzministerium: Besetzung der Abteilung für die Verwaltung der Steuern (bis 1863) bzw. der Abteilung für die Verwaltung der direkten Steuern

Personal	1875	1880/81	1884/85	1888	1890	1895	1900	1905	1910
Direktor	1	1	1	1	1	1	1	1	1
Vortragende Räte	4	4	5	5	5	8	8	7	6
Generalinsp. des Katasters	1	1	1	1	1	-	-	1	1
Hilfsarbeiter	-	2	1	1	2	-	-	-	1
Sekretariar, geh. Calculatoren	7	9	10	10	10	11	12	12	11
geh. Registratoren	5	6	6	6	6	6	6	6	6
insgesamt	18	23	24	24	25	26	27	27	26

(bis 1878 Abteilung IV, danach Abteilung II des Preuß. Finanzministeriums)

(Quelle: eigene Zusammenstellung; vgl. Preußische Hof- und Staatshandbücher)

Anlage 29: Preußen - Vom Finanzministerium besoldete, für die direkte Steuerverwaltung tätige Beamte in den Oberpräsidien und Regierungen

Oberpräsidien und Regierungen	1854	1861	1865	1873	1879/80	1885/86	1890/91	1895/96	1900	1905	1909	1914
Oberpräsidenten/Generalgouverneure (Stralsund, Pommern u.a.)	8/1	8	8	11/1	12/1	12/3	12	12	12	12	12	12
Regierungspräsidenten u. Vicepräsidenten	25	25	25	18/10	17/11	27/5	35	35	35	35	36	36
Dirigent der Bureaukommission, Berlin	-	-	-	-	1	1	1	1	1	1	1	-
Oberpräsidialräte	-	-	-	-	-	-	-	-	12	12	12	12
Oberregierungsräte *	268	58	273	340	369	416	429	428	470	587	678	710
Regierungsräte	-	208	-	-	-	-	-	-	-	-	-	-
Bureaubeamte	508	533	508	-	-	-	-	-	-	-	-	-
Kanzlisten (Kanzleiinspektoren)	157	153	154	94	294	314	322	363	401	410	426	526
Rendanten der Regierungshauptkasse und der Ministerialbaukasse Berlin	26	26	26	-	-	-	-	-	36	36	37	37
Kassierer	-	-	-	33	32	35	32	35	36	36	37	37
Oberbuchhalter	160	152	161	180	180	204	213	222	33	33	34	34
Buchhalter	-	-	-	-	-	-	-	-	237	242	258	268
Kassiererassistenten	-	-	-	-	-	4	4	6	7	7	7	-
Plankammervorsteher Berlin	-	-	-	-	-	-	1	1	1	1	1	1
Sekretäre (incl. Assistenten)	26	26	27	694	763	846	908	1.116	1.360	1.707	1.681	1.955
Rendanten	-	-	-	33	33	35	36	36	-	-	-	-
Unterbeamte **	-	-	-	-	-	-	-	-	-	3	13	19
Kassendiener, Boten	222	225	221	277	278	300	302	327	247	366	400	475
Hauswächter, Hausdiener	-	-	-	-	-	-	-/1	1/-	1/-	1/-	1/-	1/-
Präsident d. Bezirksauschusses	-	-	-	-	-	-	-	-	-	-	-	1
Präsident d. Finanzdirektion	-	-	-	1	1	1	-	-	-	-	-	-
Insgesamt	1.401	1.414	1.403	1.692	1.992	2.203	2.296	2.583	2.889	3.489	3.634	4.124

1854 bezogen die Kreiskassen-, Steueraufsichts- und Fortschreibungsbeamten noch Teilgehälter aus der indirekten Steuerverwaltung.

* auch: Verwaltungsgerichtsdirektoren ** auch: Regierungskasseninspektoren (Quelle: Eigene Zusammenstellung U. Metzger)

Anlage 30:

Preußen: Besetzung der Abteilung für die direkten Steuern in der Regierung von Danzig, 1845 bis 1905

II. Abteilung: Abt. für die direkten Steuern (ab 1890: Abteilung III)

Personal	1845	1855	1865	1875	1880	1885	1890	1895	1900	1905	1910
Abteilungs-dirigenten	1	1	1	2	2	2	2	2	2	2	2
Regierungsräte	5	4	5	6	4	6	6	6	6	7	9
Regierungs-assessoren			ca. je 1		1	-	1	3	6	4	4
Hilfsarbeiter[1)]	-	-	-	-	-	-	-	6	3	2	4
techn. Hilfsarbeiter:											
Forstmeister[2)]	-	2	-	2	2	2	2	-	-	-	-
Secretariat	1	1	1	1	-	-	-	-	-	-	-
Kanzlei	1	-	-	-	-	-	-	-	-	-	-
Regierungs-hauptkasse	1	1	1	1	1	1	1	1	1	1	1
Kataster-sekretariat	-	-	-	1	1	1	1	1	1	1	1
Präsidial-bureau	-	-	-	-	1	1	1	1	1	1	1
insgesamt	9	9	8	13	12	13	14	20	20	18	22

----

1) für Landräte und die Veranlagungskommissionen

2) auch: Oberförster und Katasterinspektoren

(Quelle: eigene Zusammenstellung nach den preußischen Hof- und Staatshandbüchern)

Anlage 31:

Die Organisation der direkten und indirekten Steuerverwaltung in Sachsen 1905

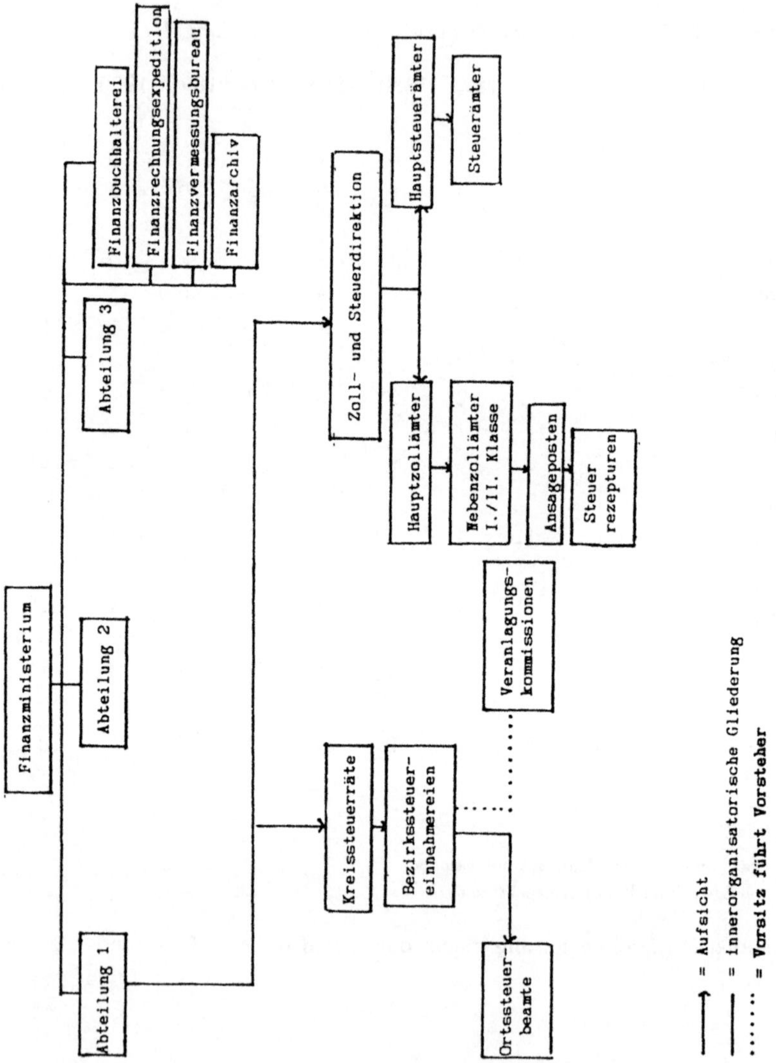

(Quelle: eigene Zusammenstellung U. Metzger)

Anlage 32:

Sachsen: Besetzung des Finanzministeriums nach den Staatshaushaltsetats 1870/71 bis 1914/15

Personal[1]	1870/71	1874/75	1880/81	1884/85	1890/91	1894/95	1900/01	1904/05	1914/15
Minister	1	1	1	1	1	1	1	1	1
Abteilungs-/ Ministerialdirektor	3	3	3	3	3	3	3	3	3
Vortragende Räte	10	10	10	10	10	11	18	18	20
Hilfsarbeiter/ jurist. Sekretäre	*1	*1	9	8	*1	*1	*1	*1	*1
Bevollmächtigter zum Bundesrat	-	-	-	-	-	-	-	-	1
Hauptkassierer	1	1	1	1	1	1	1	1	1
Hauptkassen- kontrolleur	1	1	1	1	1	1	1	1	1
- assistent	2	-	1	5	-	-	-	-	-
Kassenrechnungs- revisor	1	2	1	1	1	-	-	-	-
Kassierer	1	1	-	1	5	2	2	3	3
Kassendiener	2	2	-	3	3	-	-	-	-
Zahlamt- meister	1	1	1	1	1	1	1	-	-
- assistent[2]	3	2	1	-	-	1	1	-	-
Vorstand der Rechnungs- expeditionen	1	1	-	2	-	-	-	7	6
- Stellvertreter	-	-	-	-	-	-	-	-	3
Oberbuchhalter	1	1	1	1	1	1	1	1	1
Buchhalter	3	3	3	3	3	5	4	4	4
Oberrechnungs- inspektor	-	-	-	-	-	3	2	-	-
Rechnungsinsp	-	-	-	-	-	6	7	-	-
Kanzlei- inspektor	1	1	1	1	1	1	1	1	1
Obersekretäre	-	-	-	-	-	-	-	1	3
Sekretäre	9	9	7	7	-	93	105	108	109
Rechnungsvortrags- sekretäre	1	2	1	5	3	-	-	-	-
Rechnungs- sekretäre	7	5	8	-	5	-	-	-	-
Kassierer:									
Registratoren	13	12	14	16	18	-	-	-	-
Kanzlisten	24	18	19	17	13	-	-	-	-
Rechnungs- kanzlisten	32	30	27	28	30	-	-	-	-
Hilfskanzlisten	1	1	10	6	3	-	-	-	-
Expedienten	-	-	-	-	-	-	-	-	6
Bureauschreiber	-	-	-	-	-	-	-	5	1
Maschinen- schreiber	-	-	-	-	-	-	-	-	5

Personal[1]	1870/71	1874/75	1880/81	1884/87	1890/91	1894/95	1900/01	1904/05	1914/15
Bureau-assistenten	-	-	-	-	-	49	44	40	48
Kalkulatoren	55	54	66	70	75	-	-	-	-
Vermessungs-direktor	1	1	1	-	-	-	-	-	1
V. -ingenieur	6	-	5	3	3	4	3	4	-
Oberv.- inspektor	-	-	-	-	-	-	1	1	1
V.- amtmänner/ V.- inspektoren	-	-	-	1	1	1	-	-	2
V.- assistenten	-	-	-	-	-	-	1	1	1
Finanzlandmesser	-	-	-	-	-	-	-	-	2
Landmesser	-	-	-	-	-	-	-	-	3
Bauinspektor mit Vertretung	-	-	-	-	-	-	2	2	-
Bauamtmänner	-	-	-	-	-	-	-	1	2
Verwaltung der Eisenbahnplan-kammer[3]	-	-	1	1	1	1	1	1	1
techn. Sekretär	-	-	-	-	-	-	2	2	1
Zeichner	-	-	-	-	-	-	2	2	2
Hausinspektor	-	-	-	-	-	1	1	1	1
- techn. Ass.	-	-	-	-	-	-	-	-	1
Archivar	1	-	-	-	-	-	-	-	-
Boten u.ä.[4]	18	16	20	10	13	20	[2]39	[2]39	36
insges.	200	178	213	206	196	206	244	248	271

----

1) Zahlen für 1910/11 konnten nicht ermittelt werden

2) auch: Zahlamtkassierer

3) auch: Eisenbahnvermessungsconducteur

4) auch: Aktenträger, Heizer, Maschinenwärter, Drucker, Portiers, Hausmänner ([2] = mit Maschinenschreibern)

* genaue Zahl aus den Staatshaushalten nicht zu ermitteln

(Quelle: Eigene Zusammenstellung U. Metzger nach den jeweiligen Staatshaushalten)

Anlage 33:

Sachsen: Besetzung der Kreissteuerverwaltungen nach den Besoldungen des Finanzministeriums im Staatshaushaltsetat 1870 bis 1914/15

Jahre	*Personal der Kreissteuerverwaltungen*							
	Kreissteuer-räte	juristische Hilfsarbeiter	Ober-sekretäre	Sekretäre	Bureau-assistenten	Expedienten	Diener	insges.
1870	4	-	-	-	-	-	-	4
1874/75	4	-	-	-	-	-	-	4
1880/81	4	3	-	-	-	-	-	7
1884/85	4	3	-	-	-	-	-	7
1890/91	4	1	-	2	4	7	-	18
1894/95	4	3	-	-	6	12	3	28
1900/01	4	5	-	5	5	15	4	38
1904/05	5	4	-	7	8	16	5	45
1910/11	5	4	-	7	8	16	5	45
1914/15	5	5	1	7	5	9	5	37

(Quelle: eigene Zusammenstellung)

Anlage 34:

Sachsen: Besetzung der Bezirkssteuerverwaltungen nach den Besoldungen des Finanzministeriums im Staatshaushaltsetat 1870 bis 1914/15

Jahre	*Personal der Bezirkssteuerverwaltungen*								
	Bezirkssteuer-inspektoren	Steuer-inspektoren	Ober-sekretäre	Sekretäre	Bureau-assistenten	Vollstreckungs-beamte	Expe-dienten	Diener	insges.
1870	23	-	-	-	1	-	-	-	24
1874/75	23	-	-	1	2	-	-	-	26
1880/81	25	-	-	5	31	-	-	-	61
1884/85	25	-	-	5	34	-	-	-	64
1890/91	26	-	-	6	39	7	82	-	160
1894/95	26	2	-	14	75	7	109	8	241
1900/01	26	3	-	38	75	8	139	8	297
1904/05	32	-	-	55	88	7	144	11	337
1910/11									
1914/15	32	-	5	100	129	6	130	16	418

(Quelle: eigene Zusammenstellung; 'Diener' = Diener und Aufwärter; für 1910/11 keine Zahlen ermittelt.)

Anlage 35:

Die Organisation der direkten und indirekten Steuerverwaltung in Württemberg 1905

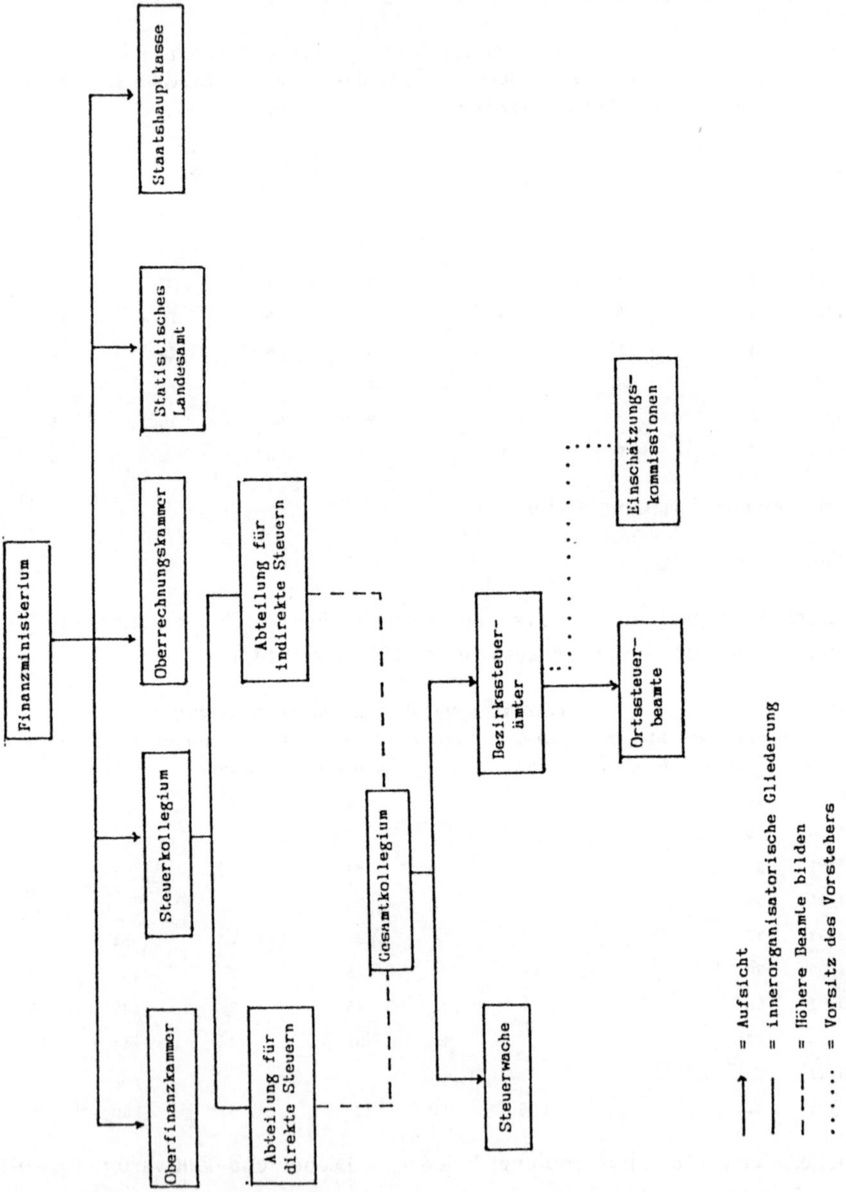

(Quelle: eigene Zusammenstellung U. Metzger)

Anlage 36:

Württemberg: Nach dem Finanzetat besoldetes Personal im Finanzministerium und in den Kollegien 1890 bis 1914 (ohne das Personal des Statistischen Landesamtes)

Personal	1890	1895	1901	1905	1910	1916
Minister	1	1	1	1	1	1
Ministerialdirektor	-	1	1	1	1	1
Kollegialdirektoren	8	7	7	7	7	7
Stv. Bevollmächtigter zum Bundesrat	-	-	1	1	1	1
Ministerialräte, Oberfinanzräte, Oberräte, Oberbauräte	8	10	13	17	18	15
Oberfinanzamtmänner, Ministerialassessoren	34	33	35	39	39	11
Kollegialräte						29
Ministerialräte, Kollegialassessoren	10	11	9	12	12	-
Staatshauptkasse						
Vorstand	-	-	1	1	1	1
Kassierer	2	2	2	2	2	2
Kontrolleure	2	2	2	2	2	2
Expeditoren	108	112	113	113	106	97
Kontr.- u. Verwaltungsbeamte d. inn. Dienstes	-	-	3	10	14	12
Oberkanzlisten	-	-	-	-	20	3
Kanzlisten	12	13	16	20	17	35
Kopisten	17	17	17	16	-	-
Kanzleidiener	1	1	1	1	1	1
Ministerialaufwärter	2	2	2	2	2	2
Kollegialaufwärter	16	18	16	21	21	18
Heizer und Maschinenwärter	-	-	-	1	1	1
Gesamt	221	230	240	267	266	239

(Quelle: eigene Zusammenstellung)

Anlage 37:

Württemberg: Das Personal des Steuerkollegiums 1895 bis 1914

Steuerkollegium	1895	1900	1905	1910	1914
Gesamtkollegium:[1]					
Es unterstehen:					
1) Kameralämter bzw. Bezirkssteuerämter[2]					
2) Hauptsteueramt Stuttgart					
3) Ortssteuerämter:					
- berufsmäßige Ortsteuerbeamte	216	225	109	37	37
- nicht berufsmäßige Beamte	1.911	1.928	1.795	1.797	1.795
4) Steuerwache:					
- Kommandeur	1	1	1	1	1
- Steuerwachtmeister/ Steueroberwachtmeister	30	30	10	1	1
- Steuerwächter	187	187	187	187	187
Abteilung für die direkten Steuern:					
Vorstand	1	1	1	1	1
Kollegialmitglieder	8	7	8	12	14
Kollegialhilfsarbeiter	-	1	2	2	3
Katasterarbeiter[3]	2	2	2	2	2
Kanzlei:					
Sekretariat	2	2	1	3	2
Registratur	1	2	2	3	1
Revisorat	16	16	11	19	18
Materialverwaltung	-	-	1	1	1
Kanzlist/Oberkanzlist	-	1	1	2	2
Kopisten	3	3	3	4	8
Aufwärter	2	2	2	3	3
Heizer u. Maschinenwärter	-	-	-	-	1
Es unterstehen:					
1) Katasterbureau	8	9	21	22	26
Litographische Anstalt	10	13	15	15	18
2) Katasterkasse2)					
3) Oberämter 2)					
4) Bezirksgeometer	64	64	32	33	33
Abt. für Zölle und indirekte Steuern					
Vorstand	1	1	1	1	1
Kollegialmitglieder	8	9	9	12	10
Kollegialhilfsarbeiter	-	-	-	-	1
Kanzlei:					
Sekretariat	2	3	2	2	2
Registratur	4	4	4	3	2
Revisorat	28	26	20	25	23
Materialverwaltung	1	1	1	1	1
Kanzlist/Oberkanzlist	1	1	1	3	2
Kopisten	3	5	3	2	3
Aufwärter	3	3	3	2	3

Steuerkollegium	1895	1900	1905	1910	1914
Es unterstehen:					
1) Zollbehörden[2)]					
2) Grenzwache/Vorstand	1	1	1	1	1
Grenzaufseher	34	34	34	34	34
2) Salzsteuerämter[2)4)]					
Personal (nur Steuerkollegium, ohne untergeordnete Stellen)	89	90	80	104	106
Nur Abteilung für Direkte Steuern	35	37	34	52	57

1) Vorsitzender, Stellvertreter und Mitglieder werden in den einzelnen Abteilungen erfaßt.
2) Die Ermittlung dieser Personalbesetzung ist für die Problemstellung nicht von Bedeutung.
3) nebenamtlich
4) vor 1905 auch andere

(Quelle: eigene Zusammenstellung nach den entsprechenden Hof- und Staatshandbüchern des Königreichs Württemberg)

Anlage 38:

Württemberg: Das nach den Finanzetats besoldete Personal in den Kameralämtern und dem Bezirkssteueramt Stuttgart
(Titel ab 1910: Bezirkssteuerverwaltungen)

Personal	1890	1895	1901	1905	1910	1914
Vorstände der Kameralämter	63	63	63	66	63	65
Hauptsteueramtverwaltung						
- Vorstand	-	-	-	8	2	-
- Personal	-	-	-	-	4	4
Finanzamtmänner	-	69	84	66	74	77
Kassenbeamte	2	2	3	67	67	-
Oberkontrolleure	-	-	-	71	75	117
Finanzsekretäre	-	-	-	36	52	95
Buchhalter	81	-	-	-	-	-
Expeditoren	-	-	-	-	-	8
Kanzlisten	-	-	-	-	47	52
berufsmäßige Ortssteuerbeamte	-	-	-	-	126	126
Kameralamtunterpfleger	-	1	-	-	-	-
Kopisten	-	-	-	14	-	-
Diener	63	63	64	73	76	76
Gesamt	209	198	214	401	586	620

(Quelle: eigene Zusammenstellung)

Anlage 39:

Deutsches Reich: Steuertarif nach dem Einkommensteuergesetz von 1920

Betrag des steuerbaren Einkommens in Mark	*absolute Belastung des Einkommens in Mark*	*Belastung des Einkommens in Prozent*
6.000	530	8,8
7.000	675	9,6
8.000	830	10,4
9.000	995	11,1
10.000	1.170	11,7
12.000	1.550	12,9
15.000	2.195	14,6
20.000	3.440	17,2
30.000	6.305	21,0
40.000	9.540	23,9
50.000	13.060	26,1
100.000	33.625	33,6
200.000	83.120	41,6
500.000	252.115	50,4
800.000	432.100	54,0
1.000.000	552.100	55,2
2.000.000	1.152.100	57,6
5.000.000	2.952.100	59,0
10.000.000	5.952.100	59,5

(Quelle: Respondek 1921:178)

Anlage 40:

Deutsches Reich: Tarif des Einkommensteuergesetzes nach der Gesetzesänderung vom Dezember 1922

Prozentsatz der Steuer			*Einkommen 1922 in Mark*	*Einkommen ab 1923 in Mark*
10 % für die ersten angefangenen oder vollen			400.000	1.000.000
15 %	" weiteren	"	200.000	1.000.000
20 %	" "	"	200.000	1.000.000
25 %	" "	"	200.000	1.000.000
30 %	" "	"	400.000	2.000.000
35 %	" "	"	600.000	2.000.000
40 %	" "	"	1.000.000	2.000.000
45 %	" "	"	1.000.000	2.000.000
50 %	" "	"	1.500.000	3.000.000
55 %	" "	"	2.000.000	3.000.000
60 %	" "	Beiträge.		

(Quelle: Strutz 1927:142)

Anlage 41:

Über den Lebenserhaltungsindex umgerechnete Steuereinnahmen in Deutschland 1920-1923 (in Milliarden Goldmark)

Steuereinnahmen aus	1920	1921	1922	1923[1]
Einkommensteuer	862	1.544	1.214	435
Notopfer	817	653	49	0
Umsatzsteuer	371	693	632	215
Sonst Besitz- u. Verkehrsteuern	439	713	372	137
Zölle	194	352	235	123
Kohlensteuer	425	392	411	105
Sonstige Verbrauchsteuern	322	367	251	103
Ausfuhrabgabe	132	207	344	51
Einmalige Steuern	461	370	23	268
Steuereinahmen insgesamt	4.090	5.235	3.529	1.496

----

1) Jeweils Rechnungsjahr; 1923: 9 Monate

(Quelle: Terhalle 1952:303)

Anlage 42:

Vergleich der äußeren Gliederung der Einkommensteuergesetze von 1920 und 1925

Es entspricht der behandelten Frage nach

Ges. v. 10. 8. 1925	dem bisherigen EinkStG.	Ges. v. 10. 8. 1925	dem bisherigen EinkStG.
§ 1	§ 1	§ 37 Abs. 1	§ 8 Abs. 1 Nr. 1—5 und Nr. 7
§ 2	§ 2 I	§ 37 Abs. 2	§ 8 Abs. 2
§ 3	§ 2 II	§ 37 Abs. 3	§ 8 Abs. 3 u. § 10
§ 5	§ 4	§ 38 Abs. 1	§ 6 Nr. 1, § 31 Abs. 1 u. § 7
§ 6 Abs. 1	§ 5	§ 38 Abs. 3	§ 31 Abs. 2
§ 6 Abs. 2	§ 10	§ 38 Abs. 4	§ 10
§ 6 Abs. 3	§ 12 Abs. 1 Ziff. 1 bis 7	§ 39	§ 31 Abs. 1
§ 7 Abs. 1	§ 29 Abs. 1	§ 40	§ 8 Abs. 1 Nr. 6 u. § 11 Nr. 1, 2
§ 7 Abs. 2, 3	§ 4	§ 41	§ 11 Nr. 5
§ 8	§ 12 Abs. 1 Ziff. 8 bis 12 u. Abs. 2	§ 42	§ 11 Nr. 5
§ 9	§ 28	§ 43	§ 35
§ 10 Abs. 1—3	§ 29 Abs. 2	§ 44 Ziff. 1	§ 11 Nr. 3
§ 10 Abs. 4	§ 29 Abs. 3	§ 50	§ 20
§ 11	§ 36	§ 51	§ 13 Abs. 4
§ 12	§ 32 Abs. 1 und § 33 Abs. 1	§ 52	§ 26 Abs. 1
§ 13	§ 33 Abs. 2	§ 54	§ 19
§ 14	§ 5, § 6 Nr. 2	§ 55	§ 21
§ 15	§ 13	§ 56	§ 26 Abs. 2
§ 16 Abs. 1	§ 13 Abs. 1 Ziff. 1	§ 57	§ 22
§ 16 Abs. 2	§ 13 Abs. 1 Ziff. 1b	§ 58	§ 23, 25
§ 16 Abs. 3	§ 13 Abs. 1 Ziff. 1b u. § 33a Abs. 1	§ 59	§ 24
§ 16 Abs. 4	§ 13 Abs. 1 Ziff. 1c	§ 60 Abs. 2	§ 27
§ 16 Abs. 5	§ 13 Abs. 1 Ziff. 1a, d, e	§ 61 Abs. 1	§ 39
§ 17	§ 13 Abs. 1 Ziff. 2 bis 8 u. Abs. 3	§ 62 Abs. 1	§ 40a Abs. 1
§ 18 Abs. 1	§ 15	§ 62 Abs. 2	§ 40a Abs. 2
§ 19, 20	§ 33a	§ 62 Abs. 3	§ 40a Abs. 3
§ 21	§ 37	§ 63 Abs. 1	§ 40 Abs. 1
§ 22	§ 16	§ 63 Abs. 2	§ 40 Abs. 2
§ 23	§ 17	§ 64	§ 41
§ 24	§ 18	§ 68	§ 42
§ 25	§ 29	§ 69	§ 45
§ 26 Abs. 1	§ 6 Ziff. 2	§ 70 Abs. 1 und Unterabs. 1	§ 46 Abs. 2
§ 26 Abs. 2	§ 10	§ 70 Abs. 2 und Unterabs. 2	§ 46 Abs. 2 Unterabs. 2
§ 27	§ 6 Ziff. 2 und 4	§ 70 Abs. 3	§ 46 Abs. 1
§ 28	§ 32 Abs. 2	§ 70 Abs. 5	§ 46 Abs. 7, 8
§ 29	§ 7	§ 71	§ 46 Abs. 3
§ 35	§ 9 Nr. 2 und 4	§ 72 Abs. 1	§ 50 Abs. 2
§ 36	§ 9 Nr. 1 und 3	§ 73	§ 46 Abs. 4
		§ 74 Abs. 1	§ 46 Abs. 6

Es entspricht der behandelten Frage nach

Ges. v. 10. 8. 1025	dem bisherigen EinkStG.	Ges. v. 10. 8. 1925	dem bisherigen EinkStG.
§ 75	§ 47 u. Art. I § 19 d. II. StNotV der II. Steuernotverordnung	§ 85 Abs. 2	Art. I § 28 der II. Steuernotverordnung
§ 76 Abs. 1	§ 50 Abs. 2	§ 86	Art. I § 30 Satz 1 u. 2 d. II. Steuernotverordnung
§ 76 Abs. 2	§ 51 Abs. 1	§ 88	Art. I § 30 Satz 3 der II. Steuernotverordnung
§ 76 Abs. 3	§ 51 Abs. 2	§ 89	§ 48 Abs. 1
§ 77	§ 46 Abs. 1	§ 90	§ 48 Abs. 2
§ 78	§ 52	§ 91	§ 48 Abs. 1, zweiter Halbsatz
§ 79	§ 52a	§ 92	§ 48 Abs. 3
§ 80	§ 52c	§ 95	§ 42 Abs. 1
§ 81	§ 52b	§ 96	§ 48a Abs. 3
§ 82	§ 52d	§ 98	§ 42 Abs. 2
§ 83 Abs. 1	Art. I § 27 Abs. 1, 2 der II. Steuernotverordnung	§ 99 Abs. 1	§ 42 Abs. 3
§ 83 Abs. 4	Art. I § 27 Abs. 3 der II. Steuernotverordnung	§ 100 Abs. 1	§ 42 Abs. 4
§ 85 Abs. 1	Art. I § 27 Abs. 1, zweiter Halbsatz d. II. Steuernotverordnung	§ 101 Abs. 1	§ 30 Abs. 5 Satz 1
		§ 101 Abs. 3	§ 30 Abs. 5 Satz 2
		§ 102 Abs. 1	§ 42b
		§ 111	§ 59
		§ 116	§ 60

(Quelle: Strutz 1927:276-277; vgl. auch Spohr 1932:165-168)

Anlage 43: Die Einkommensteuer der natürlichen Personen im Deutschen Reich für 1926

Einkommensgruppe		Veranlagte Einkommensteuer			
		Pflichtige	vH der Reichs- summe	Betrag in 1.000 RM	vH der Reichs- summe
1		2	3	4	5
Insgesamt		2.948.419	100,00	1.284.970	100,00
bis 1.500 RM		972.042	32,97	34.873	2,71
über 1.500 RM	bis 3.000 RM	1.033.392	35,05	112.703	8,77
3.000	5.000	430.628	14,60	107.672	8,38
5.000	8.000	204.022	6,92	92.150	7,17
8.000	10.000	88.160	2,99	60.966	4,75
10.000	12.000	59.142	2,01	56.325	4,38
12.000	16.000	63.760	2,16	85.216	6,55
16.000	25.000	52.909	1,79	123.011	9,57
25.000	50.000	31.140	1,06	185.778	14,46
50.000	100.000	9.435	0,32	160.203	12,47
100.000	200.000	2.783	0,10	120.529	9,38
200.000	500.000	843	0,03	88.015	6,85
500.000	1.000.000	114	0,00	27.886	2,17
über 1000.000 RM		49	0,00	30.643	2.39

Einkommensgruppe		Lohnsteuer			
		Pflichtige	vH der Reichs- summe	Betrag in 1.000 RM	vH der Reichs- summe
1		6	7	8	9
Insgesamt		12.492.262	100,00	996.857	100,00
bis 1.500 RM		7.064.990	56,56	181.792	18,24
über 1.500 RM	bis 3.000 RM	4.034.958	32,30	413.009	41,43
3.000	5.000	1.042.668	8,35	251.445	25,22
5.000	8.000	324.694	2,59	136.070	13,65
8.000	10.000	24.952	0,20	14.541	1,46

Einkommensgruppe		Insgesamt			
		Pflichtige	vH der Reichs-summe	Betrag in 1.000 RM	vH der Reichs-summe
1		10	11	12	13
Insgesamt		15.440.681	100,00	2.281.827	100,00
bis 1.500 RM		8.037.032	52,05	216.665	9,50
über 1.500 RM	bis 3.000 RM	5.068.350	32,83	525.712	23,04
3.000	5.000	1.473.296	9,54	359.117	15,74
5.000	8.000	528.716	3,43	228.220	10,00
8.000	10.000	113.112	0,73	75.507	3,31
10.000	12.000	59.142	0,38	56.325	2,47
12.000	16.000	63.760	0,41	84.216	3,69
16.000	25.000	52.909	0,34	123.011	5,39
25.000	50.000	31.140	0,20	185.778	8,14
50.000	100.000	9.435	0,06	160.203	7,02
100.000	200.000	2.783	0,02	120.529	5,28
200.000	500.000	843	0,01	88.015	3,86
500.000	1.000.000	114	0,00	27.886	1,22
über 1000.000 RM		49	0,00	30.643	1,34

In diese Statistik sind als Lohnsteuerpflichtige nur die Lohnsteuerpflichtigen aufgenommen, die ausschließlich (wegen eines 10.000 Reichsmark nicht übersteigenden Einkommens) im Lohnabzugsverfahren zur Einkommensteuer herangezogen wurden; Lohnsteuerpflichtige, die ein höheres oder zusätzliche Einkommen hatten, wurden normal zur Einkommensteuer veranlagt und tauchen in dieser Statistik nicht als Lohnsteuerzahler auf.

RM = Reichsmark

(Quelle: Statistisches Reichsamt 1930:334f; Übersicht 22)

Anlage 44:

Die Entwickung der Einkunftsarten in der Folge des preußischen EstG von 1891

Preuß. EStG v. 1891	EStG 1920*	EStG 1925*	EStG seit 1934*
Einkommen aus Kapitalvermögen	Einkommen aus Kapitalvermögen	Einkünfte aus Kapitalvermögen	Einkünfte aus Kapitalvermögen
Einkommen aus Grundvermögen	Einkommen aus Grundbesitz	Einkünfte aus Vermietung und Verpachtung von unbeweglichem Vermögen, Sachinbegriffen und Rechten	Einkünfte aus Vermietung und Verpachtung
		Einkünfte aus Land- und Forstwirtschaft	Einkünfte aus Land- und Forstwirtschaft
Einkommen aus Handel und Gewerbe einschl. des Bergbaus	Einkommen aus Gewerbebetrieb	Einkünfte aus Gewerbebetrieb	Einkünfte aus Gewerbebetrieb
Einkommen aus Gewinn bringender Beschäftigung und aus Rechten auf periodische Hebungen usw.	Einkommen aus Arbeit	Einkünfte aus sonst. selbständiger Berufstätigkeit Einkünfte aus nichtselbständiger Arbeit (Arbeitslohn)	Einkünfte aus selbständiger Arbeit
			Einkünfte aus nichtselbständiger Arbeit
	Sonstige Einnahmen	Andere wiederkehrende Bezüge	Sonstige Einkünfte
		sonstige Leistungsgewinne	

* Reihenfolge gegenüber der gesetzlichen Aufzählung geändert.

(Quelle: Raupach 1985:94)

Anlage 45:

Verzeichnis der Steuerbehörden im Deutschen Reich am 30. September 1919

Land	Obersteuerbehörden für die Verwaltung der direkten Steuern
Preußen	Die Regierung und der Vorsitzende der Einkommensteuer-Berufungskommission in Königsberg (Preußen), Gumbinnen, Allenstein, Danzig und Marienwerder Die Direktion für die Verwaltung der direkten Steuern in Berlin Der Vorsitzende der Einkommensteuer-Berufungskomission in Potsdam, Frankfurt a.d.O., Stettin, Köslin, Stralsund, Posen, Bromberg, Breslau, Liegnitz, Oppeln, Magdeburg, Merseburg, Erfurt, Schleswig, Hannover, Hildesheim, Lüneburg, Stade, Osnabrück, Aurich, Münster, Minden, Arnsberg, Kassel, Wiesbaden, Koblenz, Düsseldorf, Köln, Trier, Aachen und Sigmaringen
Bayern	Regierung von Oberbayern, Kammer der Finanzen in München, Niederbayern (Landshut), Pfalz (Speyer), Oberpfalz und Regensburg (Regensburg), Oberfranken (Bayreuth), Mittelfranken (Ansbach), Unterfranken und Aschaffenburg (Würzburg), Schwaben und Neuburg (Augsburg).
Sachsen	Kreissteueramt in Chemnitz, Zwickau, Bautzen, Leipzig und Dresden
Württemberg	Steuerkollegium, Abt. für direkte Steuern in Stuttgart
Baden	Zoll- und Steuerdirektion in Karlsruhe
Hessen	Ministerium der Finanzen, Abteilung für Steuerwesen in Darmstadt
Mecklenburg-Schwerin	Landessteuerdirektion in Rostock
Mecklenburg-Strelitz	Zentralsteuerdirektion in Neubrandenburg für das Land Stargard Amt in Schönberg für das Land Ratzeburg

Sachsen-Weimar-Eisenach	Vorstand der Rechnungsrevision im Finanzdepartement des Staatsministeriums
Oldenburg	Oberbehörde für den Wehrbeitrag in Oldenburg Oberbehörde für die Besitzsteuer in Oldenburg Regierungspräsident in Eutin Regierungspräsident in Birkenfeld
Braunschweig	Steuerkollegium in Braunschweig
Sachsen-Meiningen	Staatsministerium, Abt. für Finanzen in Meiningen
Sachsen-Altenburg	Kommissar des Ministeriums, Abteilung der Finanzen in Altenburg
Sachsen-Coburg und Gotha	Abteilung des Staatsministeriums in Gotha
Anhalt	Finanzdirektor in Dessau
Schwarzburg-Sondershausen	Ministerium, Finanzabteilung, Sondershausen
Schwarzburg-Rudolstadt	Der Vorsitzende der Einkommensteuer-Berufungskommission in Rudolstadt
Waldeck und Pyrmont	Landesdirektor in Arolsen
Volksstaat Reuß	Landesregierung in Greiz Landessteueramt in Gera
Schaumburg-Lippe	Ministerialabteilung für Gewerbe- und Gemeindeangelegenheiten in Bückeburg
Lübeck	Steuerbehörde in Lübeck
Bremen	Der Präsident der Oberzolldirektion in Bremen für Besitzsteuern und Kriegsabgaben Steuerdeputation in Bremen für Einkommen- und Vermögensteuer
Hamburg	Steuerdeputation

(Quelle: RMF 1920:28 ff, Anlage A - Auszug -)

Anlage 46:

Verzeichnis der unteren Verwaltungsbehörden für die Einkommen- und Vermögensteuer im Deutschen Reich 1919

Land	Untere Verwaltungsbehörden für die Verwaltung der Besitzsteuern (Einkommen- und Vermögensteuer)
Preußen	Einkommensteuerveranlagungskommissionen (seit 1.07.1919: Staatssteuerämter)
Bayern	Rentämter
Sachsen	Bezirkssteuereinnehmer
Württemberg	Bezirkssteuerämter (63 Kameralämter und ein Hauptsteueramt in Stuttgart)
Baden	Steuerkommissäre
Sachsen-Weimar-Eisenach	Rechnungsämter und Steuerlokalkommissionen
Sachsen-Meiningen	Amtseinnahmen
Reuß ä.L.	Steueramt Greiz
Reuß j.L.	Bezirkseinsschätzungskommissionen
Sachsen-Altenburg	Steuer- und Rentämer
Sachsen-Coburg und Gotha	Einschätzungskommissionen
Schwarzburg-Rudolstadt	Einkommenssteuerbezirkskommissionen
Schwarzburg-Sondershausen	Orts- und Kreiseinschätzungskommissionen
Hessen	Finanzämter
Hamburg	Steuerdirektor in Hamburg
Mecklenburg-Schwerin	Einkommensteuerveranlagungskommissionen

Braunschweig	Einkommensteuerveranlagungskommissionen
Oldenburg	13 Ämter ('Amtshauptmann'), 4 Bürgermeister
Anhalt	Bezirks- und Kreiseinschätzungskommissionen
Bremen	Generalsteueramt in Bremen
Lippe	Einkommensteuerveranlagungskommissionen
Lübeck	Veranlagungsbehörde
Mecklenburg-Strelitz	Veranlagungskommissionen
Waldeck	Einkommensbezirkskommissionen
Schaumburg-Lippe	Veranlagungsamt Stadthagen

(Quelle: RMF 1920:40 ff, Anlage B - Auszug -)

Anlage 47:

Verzeichnis der Landesfinanzämter im Deutschen Reich 1920

Land	Landesfinanzämter
Preußen	13 Landesfinanzämter (Königsberg, Stettin, Schleswig-Holstein, Brandenburg, Breslau, Oberschlesien, Berlin, Kassel, Magdeburg, Köln, Düsseldorf, Münster, Hannover)
Sachsen	2 Landesfinanzämter (Dresden und Leipzig)
Bayern	3 Landesfinanzämter (München, Nürnberg und Würzburg)
Hessen	Darmstadt
Baden	Karlsruhe
Württemberg	Stuttgart
kleinere Staaten	Mecklenburg-Lübeck, Unterelbe in Hamburg, Unterweser in Bremen, Oldenburg, Thüringen in Rudolstadt

Die Landesfinanzämter Mecklenburg-Lübeck (in Lübeck) und Hannover (in Braunschweig) hatten je eine besondere, örtlich getrennte Abteilungen Ia.
(Quellen: Boenicke 1928:714f; Becker 1928:98; Hettlage 1986:187, Anm. 12)

Anlage 48:

Die Landesfinanzämter und Finanzämter in ihrer Verteilung auf die deutschen Länder 1926

Land	*Einwohnerzahl in Millionen*	*Finanz-ämter*	*1 FinA auf Einwohner*
Preußen: 13 Landesfinanzämter[1)]	38,1	472	81.000
1. Berlin — 3,9 Mill. Einw. - 35 FinÄ.			
2. Brandenburg — 2,6 Mill. Einw. - 38 FinÄ.			
3. Breslau — 3,0 Mill. Einw. - 42 FinÄ.			
4. Kassel — 2,4 Mill. Einw. - 37 FinÄ.			
5. Düsseldorf — 3,8 Mill. Einw. - 32 FinÄ.			
6. Hannover — 3,2 Mill. Einw. - 55 FinÄ.			
7. Köln — 3,4 Mill. Einw. - 39 FinÄ.			
8. Königsberg — 2,3 Mill. Einw. - 39 FinÄ.			
9. Magdeburg — 3,3 Mill. Einw. - 41 FinÄ.			
10. Münster — 4,8 Mill. Einw. - 47 FinÄ.			
11. Oberschlesien (Sitz Neiße) — 1,4 Mill. Einw. - 15 FinÄ.			
12. Schleswig-Holstein — 1,5 Mill. Einw. - 20 FinÄ.			
13. Stettin — 1,9 Mill. Einw. - 33 FinÄ.			
Bayern: 3 Landesfinanzämter (München, Nürnberg, Würzburg)	7,4	215	34.000
Sachsen: 2 Landesfinanzämter (Dresden, Leipzig)	5,0	60	83.000
Württemberg: 1 Landesfinanzamt (Stuttgart - auch für Hohenzollern)	2,6	66	38.000
Baden: 1 Landesfinanzamt (Karlsruhe)	2,3	52	44.000
Thüringen: 1 Landesfinanzamt (Rudolstadt - auch für drei preußische Kreise)	1,6	29	62.000
Hessen: 1 Landesfinanzamt (Darmstadt)	1,4	37	38.000

Land	*Einwohnerzahl in Millionen*	*Finanzämter*	*1 FinA auf Einwohner*
Hamburg: 1 Landesfinanzamt (Unterelbe, Sitz Hamburg)	1,2	13	92.000
Mecklenburg-Schwerin: 1 Landesfinanzamt (Mecklenburg-Lübeck, Sitz Schwerin)	0,7	11	61.000
Oldenburg: 1 Landesfinanzamt (Oldenburg)	0,5	11	55.000
Braunschweig (gehört zum LFA Hannover)	0,5	7	71.000
Anhalt (gehört zum LFA Magdeburg)	0,4	5	70.000
Bremen: 1 Landesfinanzamt (Unterweser, Sitz Bremen)	0,338	4	84.500
Lippe (gehört zum LFA Münster)	0,163	2	80.000
Lübeck (gehört zum LFA Meckl.-Lübeck)	0,128	1	128.000
Mecklenburg-Strelitz (gehört zum LFA Meckl.-Lübeck)	0,110	3	36.600
Waldeck (gehört zum LFA Kassel)	0,057	1	57.000
Schaumburg-Lippe (geh. z. LFA Hannover)	0,048	1	48.000

---

1) Einwohnerzahl der entsprechenden preußischen Provinzen; sind dem Handbuch über den preußischen Staat für 1926 entnommen. bei 5 des Reg.-Bez. Düsseldorf, bei 7 der Rheinprovinz ohne Reg.-Bez. Düsseldorf. Die Grenzmark Posen-Westpreußen mit 337.000 Einwohnern war teils dem LFA Stettin, teils dem LFA Brandenburg unterstellt. Auch einige andere Zuständigkeitsabweichungen (zwischen den Kleinstaaten) sind in der Tabelle nicht berücksichtigt worden.

(Quelle: Bühler 1927:304)

Anlage 49:

Die Bezirke der Oberfinanzpräsidien im Deutschen Reich (1944)

Oberfinanzpräsidium	Einwohner	Zahl der Finanzämter
Berlin-Brandenburg (Berlin)	7 286 350	65
Danzig-Westpreußen (Danzig)	2 332 785	25
Dresden	6 567 849	80
Düsseldorf	4 189 851	32
Graz	2 345 335	30
Hamburg	1 711 877	17
Hannover	3 377 538	40
Hessen (Darmstadt)	1 447 434	25
Innsbruck	764 310	12
Kassel	2 631 130	34
Köln	4 088 528	45
Mitteldeutschland (Magdeburg)	5 870 130	71
München	3 758 228	71
Niederschlesien (Breslau)	3 224 427	28
Nordmark (Kiel)	2 500 806	31
Nürnberg	4 164 463	75
Oberdonau (Linz)	1 095 705	16

Oberfinanzpräsidium	Einwohner	Zahl der Finanzämter
Ostpreußen (Königsberg)	3 336 777	41
Pommern (Stettin)	2 359 587	35
Prag	7 456 121	--
Troppau	5 152 183	46
Wartheland (Posen)	4 424 658	34
Weser-Ems	1 864 913	26
Westfalen (Münster)	5 418 682	49
Westmark (Saarbrücken)	2 514 184	38
Wien-Niederdonau	3 627 652	42
Württemberg	2 904 383	46
Summe	99 985 386	1114
(ohne Protektorat Böhmen und Mähren:	92 529 265	1114)

(Quelle: Groth 1944:41-49 - Auszug -)

Anlage 50: Die Abteilungen des Reichsfinanzministeriums von 1919 bis 1944

Abt.	1919	Abt.	1934	Abt.	1937	Abt.	1942	Abt.	1944
I	Reichshaushalt und Finanzwesen der Gebietskörperschaften	I	Haushaltsabteilung	I	Haushaltsabteilung	I	Haushaltsabteilung	I	Haushaltsabteilung
I A	Finanzwesen der Länder, Reichsgaue, Gemeinden und sonstige Gebietskörperschaften, Reichsreform, Finanzausgleich	I A	Finanzielle Beziehung zum Ausland	I U	Länder- und Gemeindefinanzen, Finanzausgleich	I U	Länder- Gemeindefinanzen, Finanzausgleich	I A	Länder- und Gemeindenfinanzen, Finanzausgleich
II	Zölle und Verbrauchssteuern	I B	Beamten-/Angestellten- und Arbeiterangelegenheiten, Liegschafts- und Bauverwaltung	II	Zölle und Verbrauchssteuern; Generalinspekteur des Zollgrenzschutzes als selbständige Dienststelle	II	Zölle und Verbrauchssteuern	II	Zölle und Verbrauchssteuern;
III	Besitz- und Verkehrssteuern	I C	Einzelhaushalte	II U	Verbrauchssteuern und Monopole	II U	Verbrauchssteuern und Monopole	III	Besitz- und Verkehrssteuern
IV	Beamten-, Angestellten- und Arbeiterangelegenheiten, Liegenschaftssachen	II	Zölle und Verbrauchsabgaben	III	Besitz- und Verkehrssteuern	III	Besitz- und Verkehrssteuern	III U	Steuern v. Eink., Ertrag, Umsatz; Betriebsprüfung
V	Zwischenstaatliche Finanzfragen, allgemeine Wirtschaftsfragen und Rechtsfragen	II A	Verbrauchsabgaben	IV	Beamten-, Angestellten- und Arbeiterbesoldung; Liegschafts- und Bausachen	IV	Beamten-, Angestellten- und Arbeiterbesoldung;	IV	Beamten-, Angestellten- und Arbeiterbesoldung
VI	Personal und Verwaltung	III	Besitz- und Verkehrssteuern	V	Allgem. Finanz,- und Wirtschaftsfragen (einschl. finanzielle Beziehungen zum Ausland)	V	zwischenstaatliche Finanzfragen; allgemeine Wirtschaftsfragen, Rechtsfragen	V	Zwischenstaatliche Finanzfragen; allgemeine Wirtschaftsfragen, Rechtsfragen
VII	Reichsbauverwaltung					V UR	Rechtsangelegenheiten Wirtschaftskrieg, Entschädigungen	V UR	Rechtsangelegenheiten, Wirtschaftskrieg, Entschädigungen
						V U	Wirtschaftsaufbau (Vierjahresplan), Garantien, Kredite	V U	Wirtschaftsaufbau (Vierjahresplan), Garantien, Kredite
						VI	Personal und Verwaltung	VI	Personal und Verwaltung
						VIP	Personal	VII	Reichsbauverwaltung
						VIO	Organisation und Verwaltung		
						VII	Reichsbauverwaltung		
					Außerdem dem Staatssekretär direkt unterstellt: – Hauptbüro des RFM – Schulungs- und Prüfungssachen		Außerdem dem Staatssekretär direkt unterstellt: – Generalinspekteur des Zollgrenzschutzes – Generalbüro für allgemeine Finanzierungs- und Kreditfragen – Statistisches Büro – Beauftragter für Fragen der Haupttreuhandstelle Ost – Reichsfinanz- u. Zollschulen		Außerdem dem Staatssekretär direkt unterstellt: – Generalinspekteur des Zollgrenzschutzes – Generalbüro für allgemeine Finanzierungs- und Kreditfragen – Statistisches Büro – Beauftragter für Fragen der Haupttreuhandstelle Ost – Reichsfinanz- und Zollschulden

(Quelle: Caesar/Hansmeyer 1985: 842f)

Anlage 51: Aufbau und Instanzenzug bei den Steuerbehörden und -gerichten im Deutschen Reich

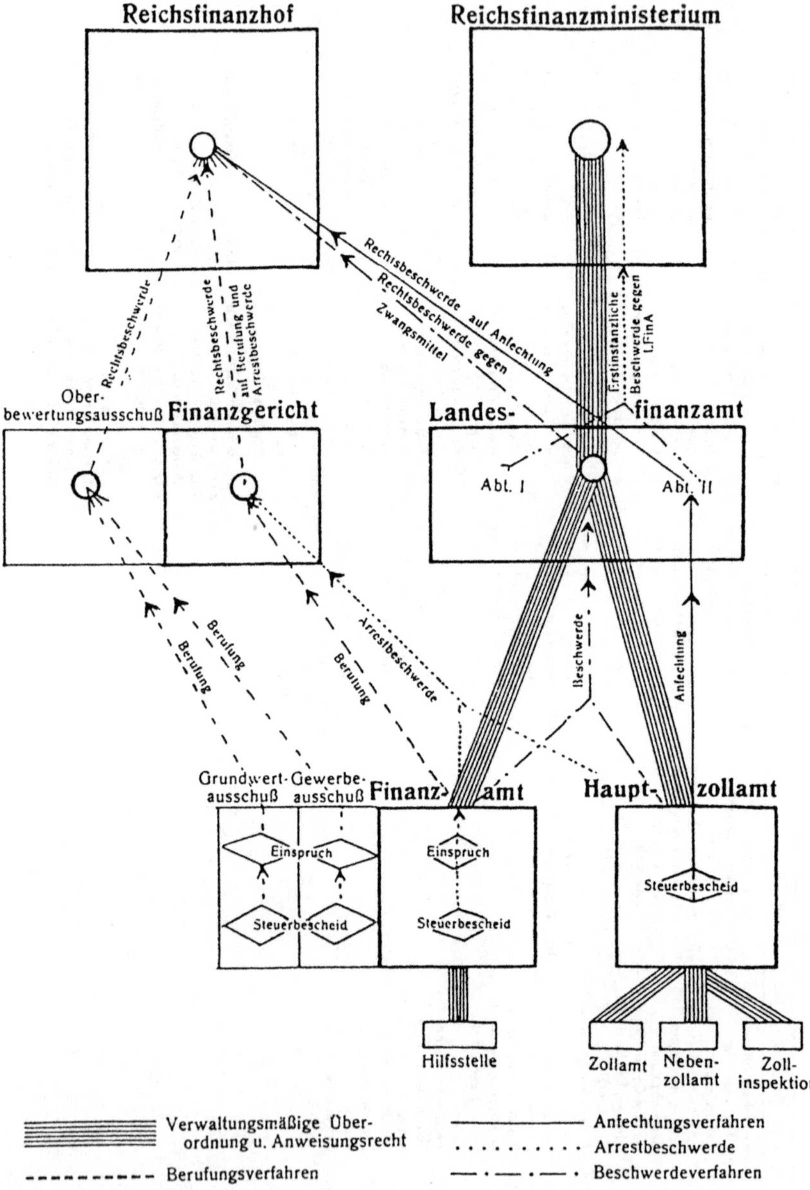

(Quelle: Bühler 1927:321)

Anlage 52:

Die Steuerreferate der Oberfinanzpräsidien
(Stand: 1944)

Referat	Aufgabengebiet
Referat 1	Steuern vom Einkommen, vom Ertrag, vom Umsatz und Familienlastenerleichterung;
Referat 2	Reichsbewertung, Vermögensteuer, Aufbringungsanlage, Bodenschätzung,Grundsteuer, Reichsnährstandsbeiträge, Erbschaftsteuer, Reichsfluchtsteuer, Landessteuern, Verkehrsteuern, Erstattung von Kosten für die Herstellung von Luftschutzräumen;
Referat 3	Reichsabgabenordnung, Steueranpassungsgesetz, Steuerstrafsachen, Steuerfahndung, steuerliche Ermittlung im Ausland, Rechtshilfeverkehr, Doppelbesteuerung, Kirchensteuer, Steuerberater und Helfer in Steuersachen;
Referat 4	Betriebsprüfungsstelle

(Quelle: Groth 1944:60)

Anlage 53: Deutsches Reich - Finanzämter der verschiedenen Kategorien in den einzelnen Oberfinanzpräsidien (1944)

Zahl der Oberfinanzpräsidien: 27

Oberfinanzbezirk	*Zahl der Finanzämter*	*G r ö ß e d e r F i n a n z ä m t e r* bes. wichtige	*große*	*mittlere*	*kleinere*
Baden	50	3	17	18	12
Berlin-Brandenburg	65	6	48	8	3
Danzig-Westpreußen	25	2	13	8	2
Dresden	80	3	45	21	11
Düsseldorf	32	4	21	6	1
Graz	30	2	8	14	6
Hamburg	17	2	14	1	-
Hannover	40	1	19	11	9
Hessen	25	1	9	5	10
Innsbruck	12	1	3	4	4
Kassel	34	2	13	10	9
Köln	45	2	15	13	15
Mitteldeutschland	71	3	34	22	12
München	71	3	15	25	28
Niederschlesien	38	2	19	15	2
Nordmark	31	1	15	15	-
Nürnberg	75	2	24	21	28
Oberdonau	16	1	8	7	-
Ostpreußen	41	1	17	20	3
Pommern	35	1	14	18	2
Troppau	46	2	31	10	3
Wartheland	34	2	24	5	3
Weser-Ems	26	1	10	8	7
Westfalen	49	2	32	10	5
Westmark	38	2	13	11	12
Wien-Niederdonau	42	3	30	7	2
Württemberg	46	1	18	16	11
insgesamt	1.114	56	529	329	200

(Quelle: Groth 1944:72)

Anlage 54: Geschäftsverteilungsplan eines Normalfinanzamtes im Jahre 1944

Es handelt sich um ein großes Finanzamt mit etwa 100 000 Einwohnern, das von einem Oberregierungsrat geleitet wird. Vier Sachbearbeiter stehen ihm zur Seite, und zwar zwei Regierungsräte, ein Steueramtmann und ein Obersteuerinspektor.

Im Sachgebiet 1, das von dem Vorsteher des Finanzamts geleitet wird, sind folgende Arbeiten vorgesehen:

a) Leitung der Dienstgeschäfte, allgemeine Verwaltungssachen,
b) Personalsachen,
c) Haushalts- und Rechnungswesen,
d) Liegenschaftsachen,
e) Reichsabgabenordnung, Finanzausgleich, Doppelbesteuerung,
f) Hauptsachbearbeiter für das Einkommensteuergesetz (einschließlich Steuerabzug vom Kapitalertrag, jedoch ohne Steuerabzug vom Arbeitslohn).

Sachgebiet 2, das von einem Regierungsrat geleitet wird:

a) Hauptsachbearbeiter für das Umsatzsteuergesetz, Gewerbesteuergesetz und Wandergewerbesteuergesetz,
b) Strafsachen und Steuerfahndung,
c) Reichsfluchtsteuer,
d) Steuerbezirke 1 bis 4.

Sachgebiet 3, das ebenfalls von einem Regierungsrat geleitet wird:

a) Hauptsachbearbeiter für das Vermögensteuer-, Reichsbewertungs- und Grundsteuergesetz,
b) Körperschaftsteuer,
c) Grunderwerbsteuer,
d) Landessteuern, Kirchensteuern,
e) Steuerbezirke 5 bis 7..

Sachgebiet 4, von einem Steueramtmann geleitet:

a) Erbschaftsteuer, Versicherungsteuer, Rennwett- und Lotteriesteuer, Kraftfahrzeugsteuer, Beförderungsteuer,
b) Steuerbezirke 8 bis 12.

Sachgebiet 5, von einem Obersteuerinspektor geleitet:

a) Steuerabzug vom Arbeitslohn,
b) Ehestandsdarlehen, Kinderbeihilfen, Ausbildungsbeihilfen usw.,
c) Adressier- und Listenstelle,
d) Steuerbezirke 13 und 14.

Die einzelnen Steuerbezirke sind sehr umfangreich. Es sind in ihnen die Bearbeitung der Einkommensteuer (einschließlich des Steuerabzugs vom Kapitalertrag), der Umsatzsteuer, der Vermögensteuer, der Gewerbesteuer und die Betriebsprüfung zusammengefaßt.

Der Rahmenplan läßt erkennen, daß den einzelnen Sachbearbeitern neben der Bearbeitung bestimmter Steuerbezirke u. a. auch die Bearbeitung allgemeiner Fragen der Steuergesetze usw. übertragen worden ist.

(Muster; Quelle: Groth 1944: 88f)

Anlage 55:

Laufbahngliederung im Steuerzug der Reichsfinanzverwaltung:
(Stand: 1929)

Ranggruppen	nötige Vorbildung	Anstellung als/ mögl.Aufstieg
I. Beamte des Amtsgehilfendienstes	Volksschule	Steuerwachtmeister Steuerassistent Steuersekretär
II. Beamte des Kanzleidienstes	Volksschule kanzleitechnische Vorprüfung	Kanzleiassistent Kanzleivorsteher
III. Beamte des einfachen mittleren Dienstes	Volksschule Ass.-Prüfung	Steueranwärter Steuerdiätar Steuerassistent Steuersekretär
IV. Beamte des gehobenen mittleren Dienstes	Unterprimareife (Verkehrsteuerverw.) Oberprimareife (Verbrauchsteuerverwaltung)	Steuersupernumerar Steuerpraktikant Obersteuersekretär
V. Beamte mit vollakademischer Ausbildung	Befähigung zum Richteramt	Regierungsassessor Regierungsrat

(Quelle: Schwandt 1929: 265f - vereinfachte Darstellung -)

Anlage 56: Änderungen des EStG, Anzahl der Paragraphen und Zeilenumfang 1946-1987

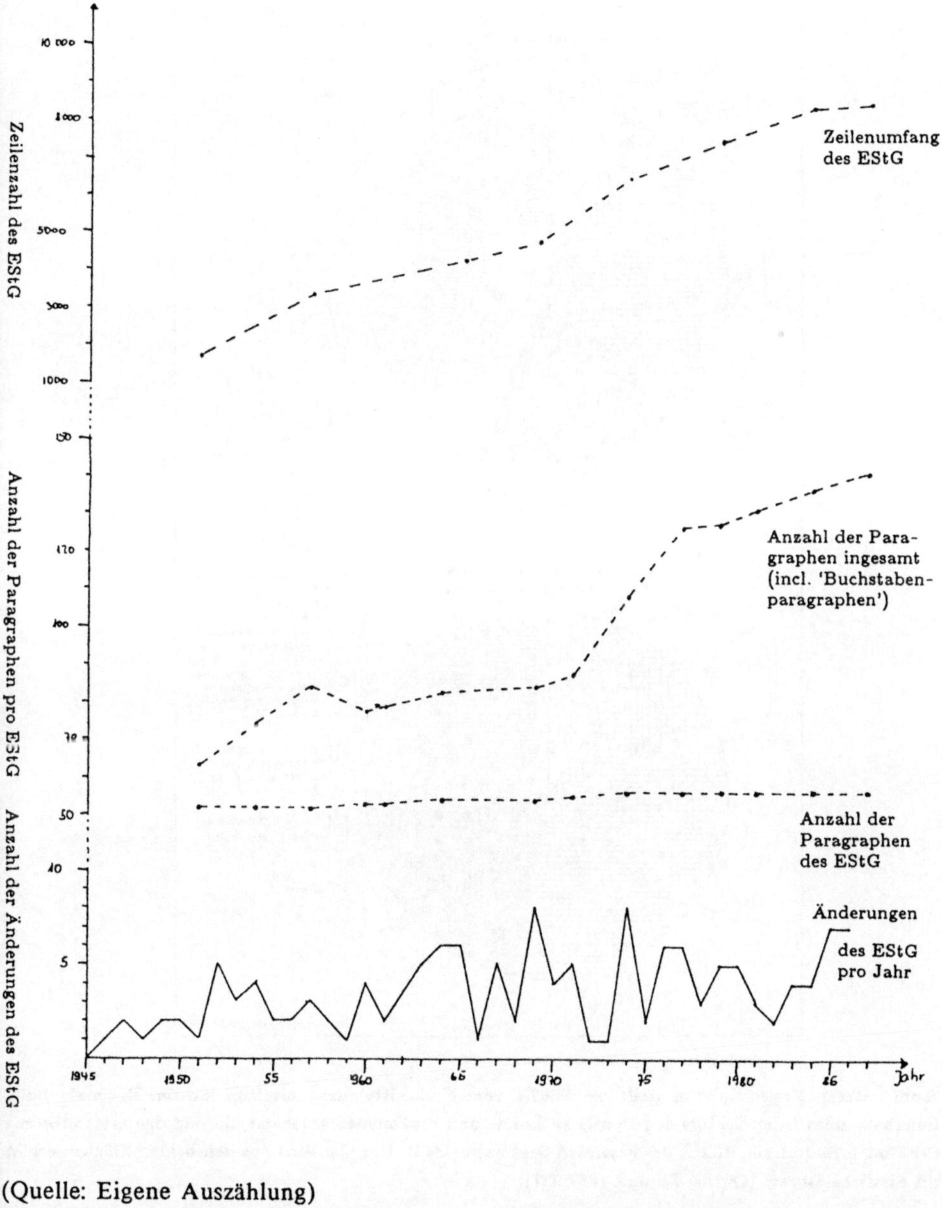

(Quelle: Eigene Auszählung)

Anlage 57: Lohn- und Einkommensteuerstatistik 1983

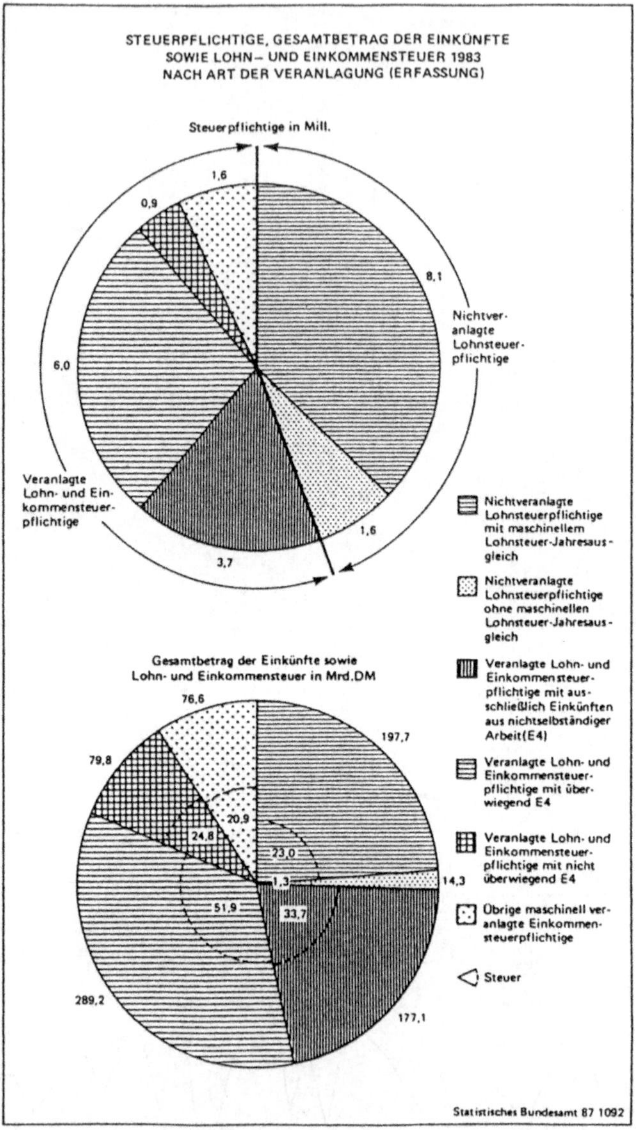

Beim unteren Kreisdiagramm stellt die Fläche vom Kreismittelpunkt bis zum inneren Bogenabschnitt innerhalb eines jeden Sektors den Betrag an Lohn- und Einkommensteuer dar, der auf den Gesamtbetrag der Einkünfte (d.i. die Fläche des gesamten Sektors) entfällt. Der Quotient aus den beiden Flächen ergibt die Steuerbelastung. (Quelle: Rosinus 1987:937)

Anlage 58: Die Grenzbelastung des Einkommens durch das EStG 1950 - 1990

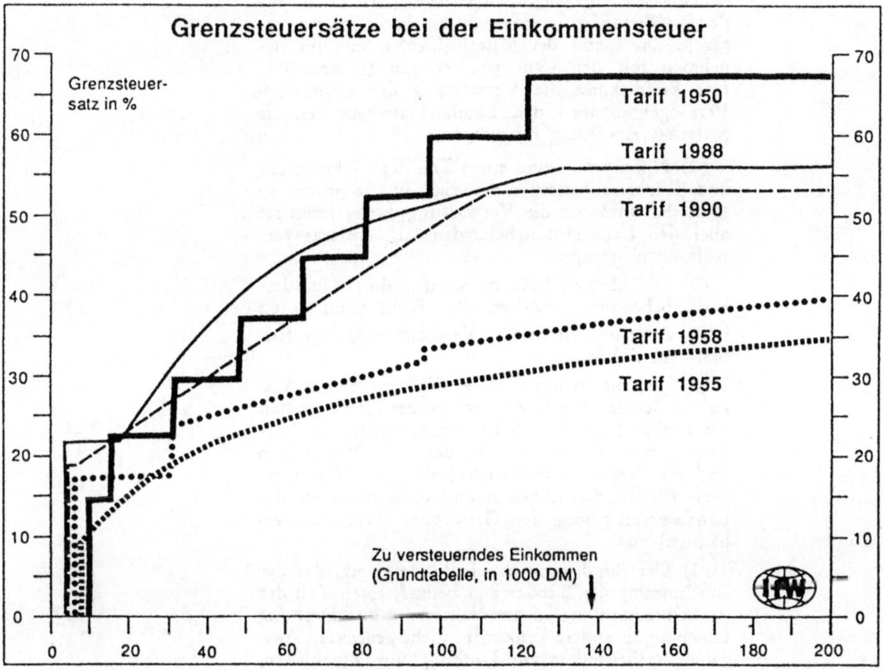

(Quelle: Handelsblatt, 2.6.1988; vgl. auch Friebe 1987: 316)

Anlage 59: Art. 108 Grundgesetz (Finanzverwaltung) in der vom Parlamentarischen Rat 1949 beschlossenen Fassung (BGBl. 1949:14f)

Artikel 108

(1) Zölle, Finanzmonopole, die der konkurrierenden Gesetzgebung unterworfenen Verbrauchsteuern, die Beförderungsteuer, die Umsatzsteuer und die einmaligen Vermögensabgaben werden durch Bundesfinanzbehörden verwaltet. Der Aufbau dieser Behörden und das von ihnen anzuwendende Verfahren werden durch Bundesgesetz geregelt. Die Leiter der Mittelbehörden sind im Benehmen mit den Landesregierungen zu bestellen. Der Bund kann die Verwaltung der einmaligen Vermögensabgaben den Landesfinanzbehörden als Auftragsverwaltung übertragen.

(2) Nimmt der Bund einen Teil der Einkommen- und Körperschaftsteuer für sich in Anspruch, so steht ihm insoweit die Verwaltung zu; er kann sie aber den Landesfinanzbehörden als Auftragsverwaltung übertragen.

(3) Die übrigen Steuern werden durch Landesfinanzbehörden verwaltet. Der Bund kann durch ligen Zwecken dienenden Vermögensabgaben fließen dem Bunde zu.

(2) Die Biersteuer, die Verkehrsteuern mit Ausnahme der Beförderungsteuer und der Umsatzsteuer, die Einkommen- und Körperschaftsteuer, die Vermögensteuer, die Erbschaftsteuer, die Realsteuern und die Steuern mit örtlich bedingtem Wirkungskreis fließen den Ländern und nach Maßgabe der Landesgesetzgebung den Gemeinden (Gemeindeverbänden) zu.

(3) Der Bund kann durch Bundesgesetz, das der Zustimmung des Bundesrates bedarf, einen Teil der Einkommen- und Körperschaftsteuer zur Deckung seiner durch andere Einkünfte nicht gedeckten Ausgaben, insbesondere zur Deckung von Zuschüssen, welche Ländern zur Deckung von Ausgaben auf dem Gebiete des Schulwesens, des Gesundheitswesens und des Wohlfahrtswesens zu gewähren sind, in Anspruch nehmen.

(4) Um die Leistungsfähigkeit auch der steuerschwachen Länder zu sichern und eine unterschiedliche Belastung der Länder mit Ausgaben auszugleichen, kann der Bund Zuschüsse gewähren und die Mittel hierfür bestimmten den Ländern zufließenden Steuern entnehmen. Durch Bundesgesetz, welches der Zustimmung des Bundesrates bedarf, wird bestimmt, welche Steuern hierbei herangezogen werden und mit welchen Beträgen und nach welchem Schlüssel die Zuschüsse an die ausgleichsberechtigten Länder verteilt werden; die Zuschüsse sind den Ländern unmittelbar zu überweisen.

Anlage 60: Art. 108 Grundgesetz (Finanzverwaltung) in der nach 1969 gültigen Fassung (BGBl. I 1969:361)

„Artikel 108

(1) Zölle, Finanzmonopole, die bundesgesetzlich geregelten Verbrauchsteuern einschließlich der Einfuhrumsatzsteuer und die Abgaben im Rahmen der Europäischen Gemeinschaften werden durch Bundesfinanzbehörden verwaltet. Der Aufbau dieser Behörden wird durch Bundesgesetz geregelt. Die Leiter der Mittelbehörden sind im Benehmen mit den Landesregierungen zu bestellen.

(2) Die übrigen Steuern werden durch Landesfinanzbehörden verwaltet. Der Aufbau dieser Behörden und die einheitliche Ausbildung der Beamten können durch Bundesgesetz mit Zustimmung des Bundesrates geregelt werden. Die Leiter der Mittelbehörden sind im Einvernehmen mit der Bundesregierung zu bestellen.

(3) Verwalten die Landesfinanzbehörden Steuern, die ganz oder zum Teil dem Bund zufließen, so werden sie im Auftrage des Bundes tätig. Artikel 85 Abs. 3 und 4 gilt mit der Maßgabe, daß an die Stelle der Bundesregierung der Bundesminister der Finanzen tritt.

(4) Durch Bundesgesetz, das der Zustimmung des Bundesrates bedarf, kann bei der Verwaltung von Steuern ein Zusammenwirken von Bundes- und Landesfinanzbehörden sowie für Steuern, die unter Absatz 1 fallen, die Verwaltung durch Landesfinanzbehörden und für andere Steuern die Verwaltung durch Bundesfinanzbehörden vorgesehen werden, wenn und soweit dadurch der Vollzug der Steuergesetze erheblich verbessert oder erleichtert wird. Für die den Gemeinden (Gemeindeverbänden) allein zufließenden Steuern kann die den Landesfinanzbehörden zustehende Verwaltung durch die Länder ganz oder zum Teil den Gemeinden (Gemeindeverbänden) übertragen werden.

(5) Das von den Bundesfinanzbehörden anzuwendende Verfahren wird durch Bundesgesetz geregelt. Das von den Landesfinanzbehörden und in den Fällen des Absatzes 4 Satz 2 von den Gemeinden (Gemeindeverbänden) anzuwendende Verfahren kann durch Bundesgesetz mit Zustimmung des Bundesrates geregelt werden.

(6) Die Finanzgerichtsbarkeit wird durch Bundesgesetz einheitlich geregelt.

(7) Die Bundesregierung kann allgemeine Verwaltungsvorschriften erlassen, und zwar mit Zustimmung des Bundesrates, soweit die Verwaltung den Landesfinanzbehörden oder Gemeinden (Gemeindeverbänden) obliegt."

Anlage 61:

Gesetzgebungs-, Ertrags- und Verwaltungshoheit im deutschen Steuerwesen (Stand: 1987)

Steuerart	*Gesetzgebung-kompetenz*	*Ertrags-kompetenz*	*Verwaltung-kompetenz*
Abzugsteuern bei beschränkt Steuerpflichtigen	Bund	Bund/Länder	Länder*
Agrarabschöpfungen	Bund/EG	EG	Bund (Zoll)
Ausfuhrabgaben	Bund/EG	EG	Bund (Zoll)
Biersteuer	Bund	Länder	Bund (Zoll)
Börsenumsatzsteuer	Bund	Bund	Länder*
Branntweinsteuer/ Branntweinmonopol	Bund	Bund	Bund (Zoll)
Einfuhrumsatzsteuer	Bund	Bund/Länder	Bund (Zoll)
Einkommensteuer	Bund	Bund/Länder (mit Gemeindeanteil)	Länder*
Erbschaft- und Schenkungsteuer	Bund	Länder	Länder
Feuerschutzsteuer	Bund	Länder	Länder
Getränkesteuer	Länder	Gemeinden	Gemeinden
Gesellschaftsteuer	Bund	Bund	Länder*
Gewerbesteuer	Bund	Gemeinden (m. Umlage für Bund u. Länder)	Länder/ Gemeinden
Grundsteuer	Bund	Gemeinden	Länder/ Gemeinden
Grunderwerbsteuer	Bund	Länder**	Länder
Hundesteuer	Länder	Gemeinden	Gemeinden
Jagd- und Fischereisteuer	Länder	Gemeinden	Gemeinden
Kaffeesteuer	Bund	Bund	Bund (Zoll)
Kapitalertragsteuer	Bund	Bund/Länder	Länder*
Kirchensteuer	Länder	Kirchen	Länder/ Kirchen
Körperschaftsteuer	Bund	Bund/Länder	Länder*
Kraftfahrzeugsteuer	Bund	Länder	Länder

Steuerart	*Gesetzgebung-kompetenz*	*Ertrags-kompetenz*	*Verwaltung-kompetenz*
Leuchtmittelsteuer	Bund	Bund	Bund (Zoll)
Lohnsteuer	Bund	Bund/Länder (mit Gemeindeanteil)	Länder*
Milchgarantiemengenabgabe	Bund/EG	EG	Bund (Zoll)
Mineralölsteuer	Bund	Bund	Bund (Zoll)
Mitverantwortungsabgabe Milch	Bund/EG	EG	Bund (Zoll)
Mitverantwortungsabgabe Getreide	Bund/EG	EG	Bund (Zoll)
Rennwett-, Sportwett- und Lotteriesteuer	Bund	Länder	Länder
Salzsteuer	Bund	Bund	Bund (Zoll)
Schankerlaubnissteuer	Länder	Landkreise und kreisfreie Städte	Gemeinden
Schaumweinsteuer	Bund	Bund	Bund (Zoll)
Spielbankenabgabe	Bund	Länder	Länder
Tabaksteuer	Bund	Bund	Bund (Zoll)
Teesteuer	Bund	Bund	Bund (Zoll)
Umsatzsteuer	Bund	Bund/Länder	Länder*
Vergnügungsteuer	Länder	Gemeinden	Gemeinden
Vermögensteuer	Bund	Länder	Länder
Versicherungsteuer	Bund	Bund	Länder*
Wechselsteuer	Bund	Bund	Länder*
Zölle	Bund	EG	Bund (Zoll)
Zucker-Produktionsabgabe	Bund/EG	EG	Bund (Zoll)
Zuckersteuer	Bund	Bund	Bund (Zoll)

---

* Im Auftrage des Bundes

** Nach den jeweiligen Ländergesetzen werden die Gemeinden und Gemeindeverbände am Aufkommen der Grunderwerbsteuer in unterschiedlicher Höhe beteiligt.

(Quelle: BMF 1987:40f)

Anlage 62:

Verwaltungszuständigkeiten bei den einzelnen Steuern in der Bundesrepublik 1982

Durch Bundesbehörden werden verwaltet:
- die Zölle;
- die Finanzmonopole (Branntwein- und Zündwarenmonopol)
- die bundesgesetzlich geregelten Verbrauchsteuern:
  Biersteuer, Branntweinsteuer, Kaffeesteuer, Leuchtmittelsteuer, Mineralölsteuer, Salzsteuer, Schaumweinsteuer, Tabaksteuer, Teesteuer, Zuckersteuer;
- die Einfuhrumsatzsteuer;
- die Abgaben im Rahmen der Europäischen Gemeinschaft.

Durch Landesbehörden werden verwaltet:
- die sogenanten 'Besitzsteuern', d.h. die Steuern vom Einkommen und Vermögen:
  Einkommensteuer (einschließlich Lohnsteuer und Kapitalertragsteuer), Körperschaftsteuer, Ergänzungsabgabe zur Einkommen- und Körperschaftsteuer, Vermögensteuer, Lastenausgleichsabgabe (Vermögensabgabe, Hypotheken- und Kreditgewinnabgabe), Erbschaft- und Schenkungsteuer;
- die sogenannten Verkehrsteuern:
  Feuerschutzsteuer, Grunderwerbsteuer, Kapitalverkehrsteuern (Gesellschaft- und Börsenumsatzsteuer), Kraftfahrzeugsteuer, Rennwett- und Lotteriesteuer, Spielbankenabgabe,Straßengüterverkehrssteuer, Umsatzsteuer (ohne Einfuhrumsatzsteuer), Versicherungsabgabe, Wechselsteuer;
- die örtlichen Verbrauch- und Aufwandsteuern, die gemäß Art. 105 II 2 a GG nicht bundesgesetzlich geregelt sind:
  Getränkesteuer, Hundesteuer, Jagd- und Fischereisteuer, Schankerlaubnissteuer, Vergnügungsteuer.

Davon verwalten die Landesfinanzbehörden folgende Steuern im Auftrag des Bundes:
- weil dem Bund das Steueraufkommen ganz zufließt:
  Kapitalverkehrsteuern, Lastenausgleichsabgaben, Straßengüterverkehrsteuern, Versicherungssteuer, Wechselsteuer;
- weil dem Bund das Steueraufkommen teilweise zufließt:
  Einkommensteuer, Körperschaftsteuer, Umsatzsteuer (Gemeinschaftssteuern gemäß Art. 106 III S.1 GG).

(Quelle: Weyhausen 1982:25f)

Anlage 63: Gesamtgliederung der Finanzverwaltung in der Bundesrepublik

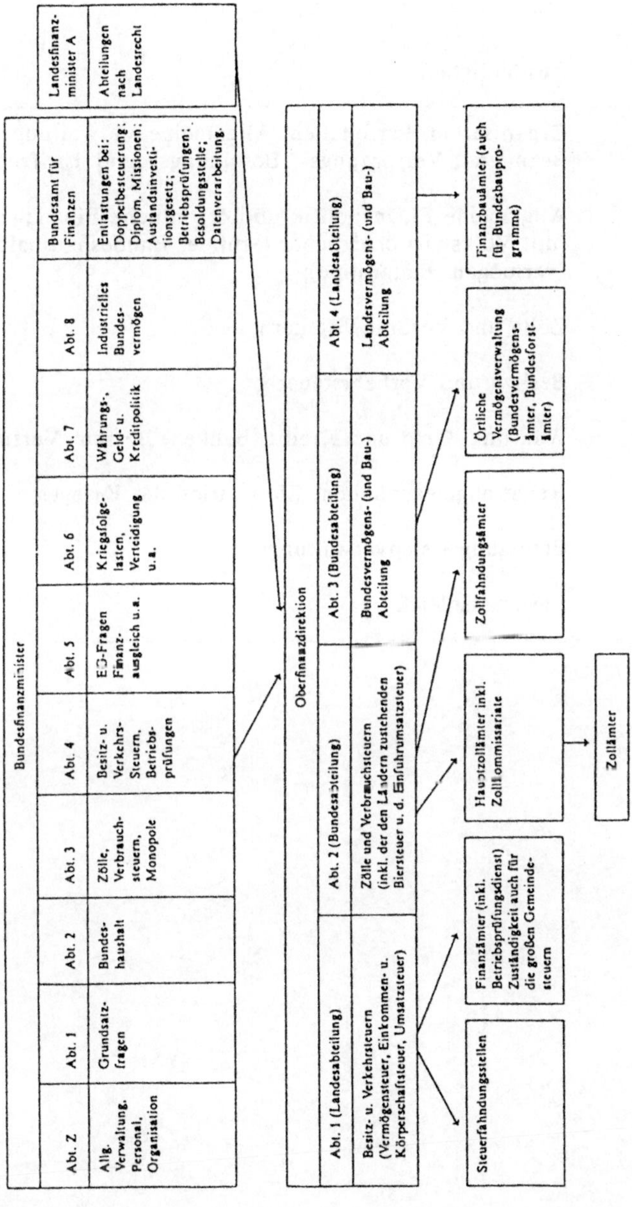

(Quelle: Hedtkamp 1977:47)

Anlage 64:

Gliederung des Bundesministeriums der Finanzen bei seiner Aufstellung 1949

Abteilung	Zuständigkeit
Abteilung I:	Organisation, Personalien, Allgemeine Verwaltung, Beamten-, Versorgungs-, Besoldungs- und Tarifrecht;
Abteilung II:	Allgemeine Finanzpolitik und öffentliche Finanzwirtschaft (mit Volkswirtschaftlicher Gruppe, Bundeshaushalt, Bundesvermögen, Baugruppe);
Abteilung III:	Zölle und Verbrauchsteuern;
Abteilung IV:	Besitz- und Verkehrsteuern;
Abteilung V:	Währung, Geld und Kredit, Banken, Börsen, Versicherungen
Abteilung VI:	Rechtsangelegenheiten, Liquidation des Krieges;
Sonderabteilung:	Besatzungslastenverwaltung;
Sondergruppe:	Lastenausgleich

(Quelle: Klein 1970:41)

Anlage 65:

Gliederung des Bundesministeriums der Finanzen nach 1969

Abteilung	Zuständigkeit
Abteilung Z:	Organisation und Personalien, Allgemeine Verwaltung
Abteilung I:	Grundsatzfragen der Finanzpolitik, Finanzbeziehungen zu den Ländern und Gemeinden, Finanzreform,
Abteilung II:	Bundeshaushalt
Abteilung III:	Zölle, Verbrauchsteuern, Monopole
Abteilung IV:	Besitz- und Verkehrsteuern
Abteilung V:	Schuldenwesen, allgemeine und internationale Finanzierungsfragen, Wirtschaftsförderung
Abteilung VI:	Rechtsangelegenheiten, Liquidation des Krieges Verteidigungslasten, Bundesliegenschaften, bewegliches Bundesvermögen
Abteilung VII:	Bauwesen
Abteilung VIII:	Industrielles Bundesvermögen

(Quelle: Klein 1970:45)

Anlage 66:

Die Gliederung der Abteilung IV des Bundesfinanzministeriums 1970 und 1987

1970:

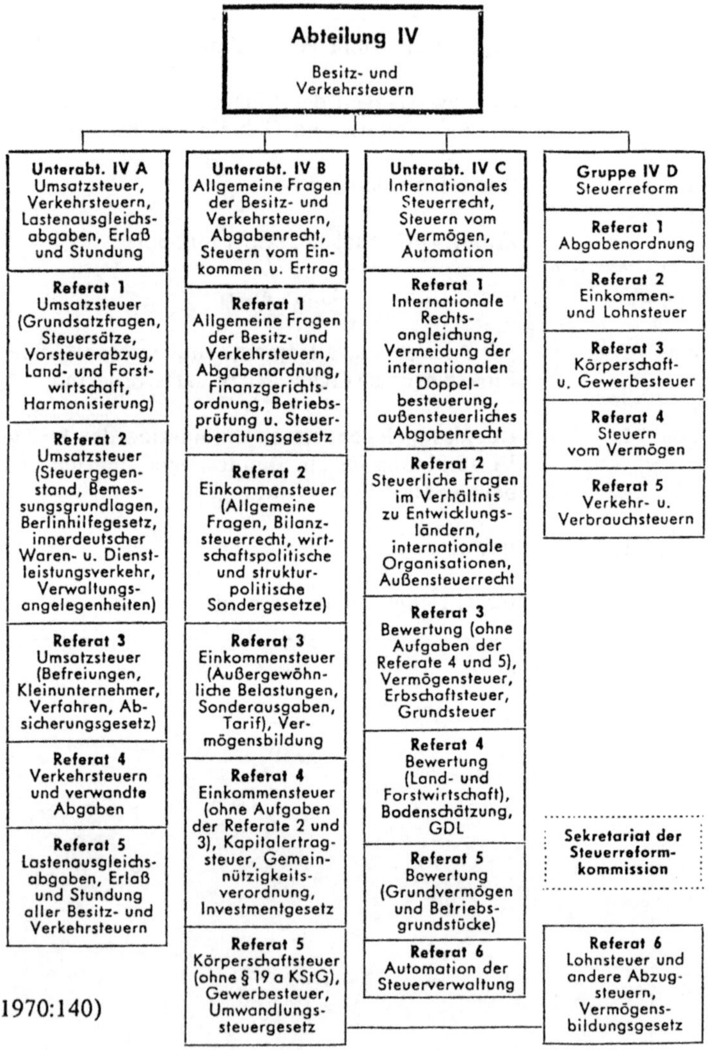

(Quelle: Klein 1970:140)

1987:

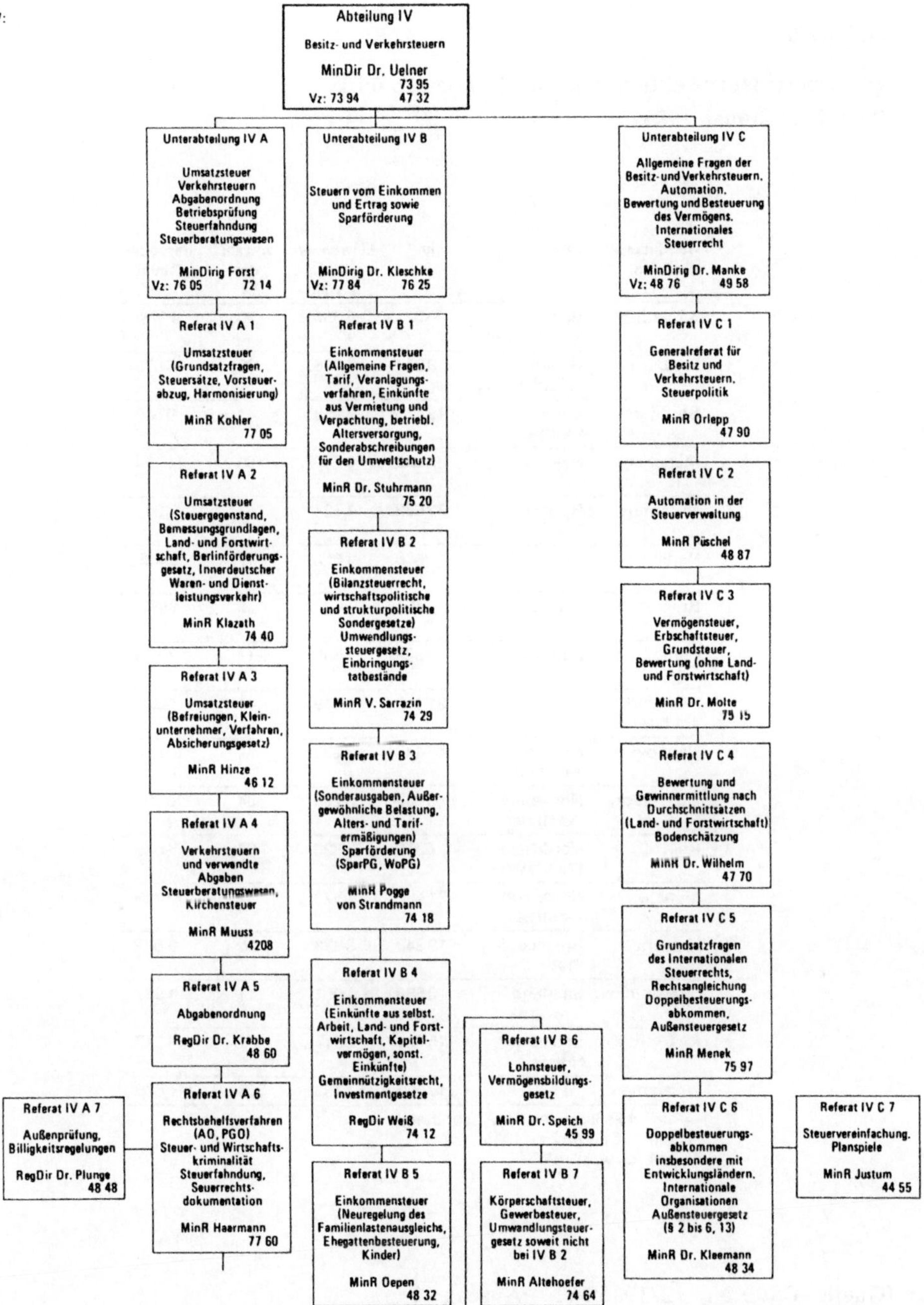

(Quelle: Bund 1987: 184)

Anlage 67:

Die Oberfinanzdirektionen in der Bundesrepublik
(Stand: 1. Januar 1985)

Oberfinanz-direktion	Land	km²	Einwohner-zahl in 1000	Anzahl der FÄ*	Personal Steuer
Karlsruhe	Baden-Württemberg	6920	2398	20	4308
Freiburg	Baden-Württemberg	9357	1896	20	3622
Stuttgart	Baden-Württemberg	19475	4968	41	9650
München	Bayern	37853	6240	59	11154
Nürnberg	Bayern	32682	4724	51	7612
Berlin	Berlin	480	1852	17	6465
Bremen	Bremen	404	670	5	1587
Hamburg	Hamburg	933	1658	18	4183
Frankfurt am Main	Hessen	21112	5549	44	9391
Hannover	Niedersachsen	47447	7230	57	12830
Düsseldorf	Nordrhein-Westfalen	5287	5288	34	10209
Köln	Nordrhein-Westfalen	7369	3893	23	7539
Münster	Nordrhein-Westfalen	21407	7823	51	13233
Koblenz	Rheinland-Pfalz	19848	3623	36	6.642
Saarbrücken	Saarland	2568	1051	11	1937
Kiel	Schleswig-Holstein	15721	2617	21	4317
zusammen		248863	61453	508	114679

* einschließlich der FA-Außenstellen
¹) seit 1. September 1985
²) seit 22. April 1985

(Quelle: DStG Nr. 12/1985:162 - Auszug -)

Anlage 68:

Geschäftsverteilungsschema eines mittleren Finanzamtes im Jahre 1959

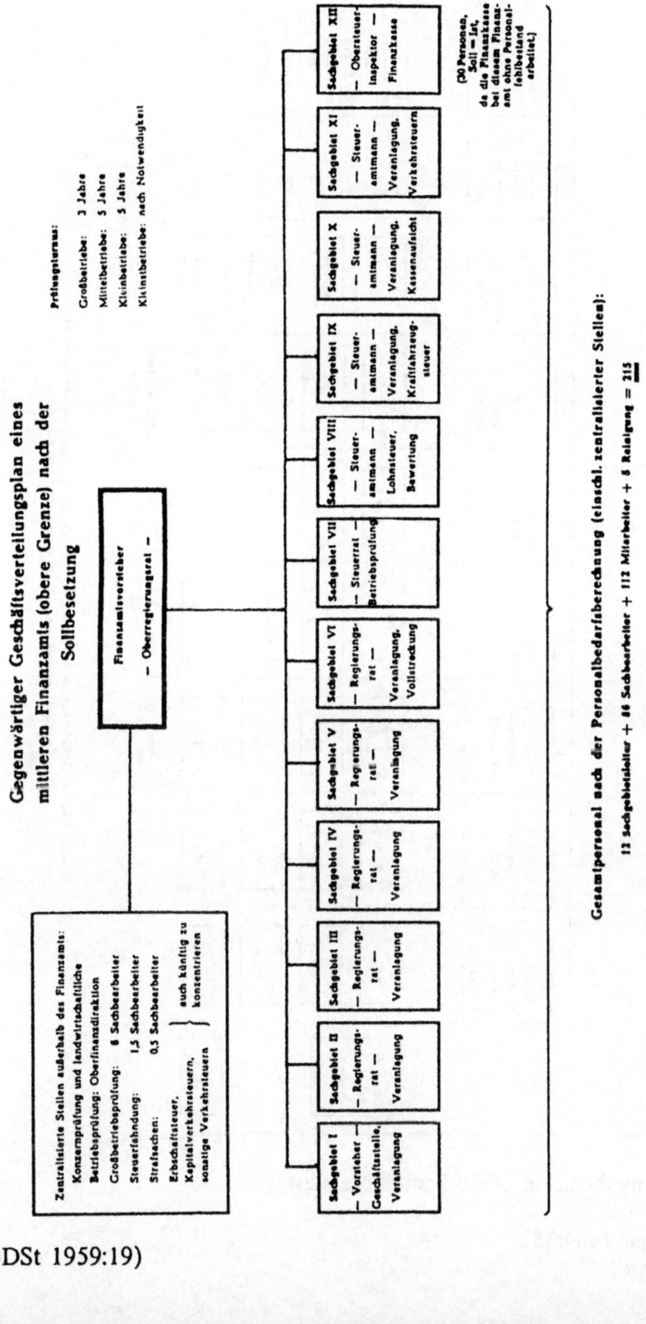

(Quelle: BDSt 1959:19)

Anlage 69:

Aufbau eines Finanzamtes 1987 (Muster)

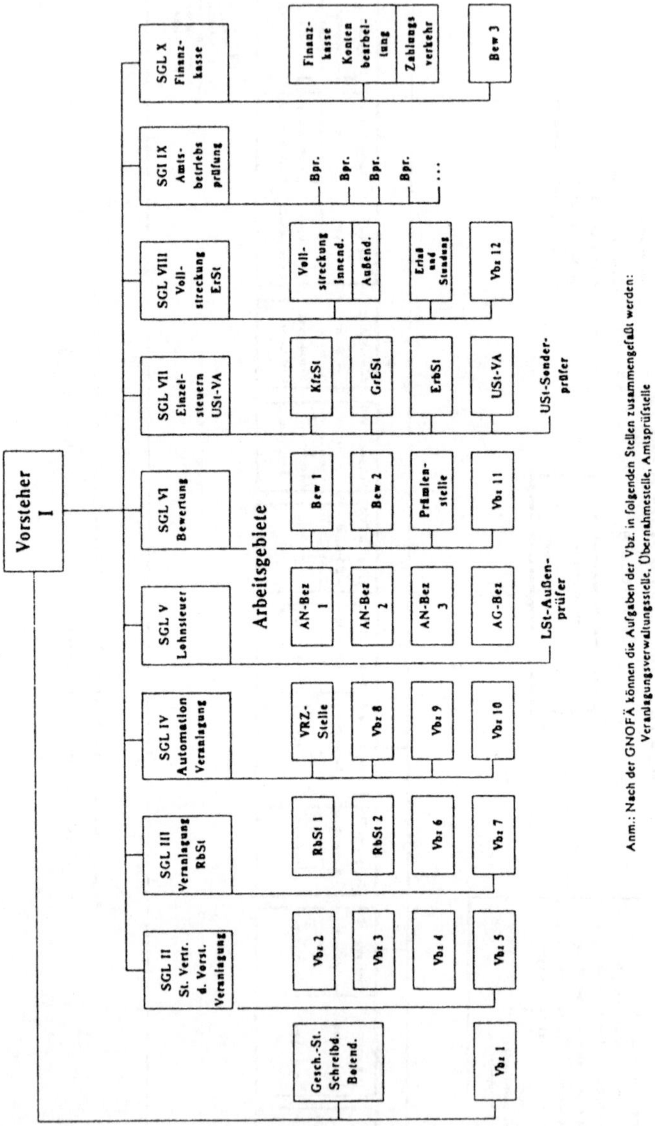

Vbz: Veranlagungsbezirke; SGL: Sachgebietsleiter

(Quelle: Bolk u.a. 1987:35)

Anlage 70:

Personalzahlen und Personalstruktur der deutschen Finanzverwaltung 1965

Tabelle 1: Personal der staatlichen Finanzverwaltung 1965

Dienstverhältnis	Hauptberuflich Vollbeschäftigte am 2. Oktober 1965					Zu- (+) bzw. Abnahme (—) gegenüber dem Vorjahr	
	Bund	Länder			insgesamt		
		ohne Stadtstaaten	Stadtstaaten	zusammen			
	Anzahl						%
Beamte	37 101	46 891	7 965	54 856	91 957	+ 924	*+1,0*
Angestellte	6 503	29 459	5 109	34 568	41 071	+ 229	*+0,6*
Zusammen	43 604	76 350	13 074	89 424	133 028	+1 153	*+0,9*
Arbeiter	2 785	1 864	301	2 165	4 950	— 249	*—4,8*
Insgesamt	46 389	78 214	13 375	91 589	137 978	+ 904	*+0,7*
%....	*33,6*	*56,7*	*9,7*	*66,4*	*100*		

Tabelle 2: Personal der Finanzverwaltung des Bundes 1965[1])

Beschäftigungszweig	Hauptberuflich Vollbeschäftigte			
	insgesamt	Beamte	Angestellte	Arbeiter
	Anzahl			
Finanz-, Steuer- und Zollverwaltung	45 767	36 977	6 051	2 739
Allgemeine Finanzverwaltung	622	124	452	46
Zusammen	46 389	37 101	6 503	2 785
	Prozent[2])			
Finanz-, Steuer- und Zollverwaltung	*98,5*	*99,6*	*92,7*	*97,6*
Zollverwaltung	*85,6*	*94,5*	*51,1*	*54,1*
Steuerverwaltung	*0,6*	*0,6*	*1,0*	*0,1*
Vermögens- und Bauverwaltung[3])	*12,3*	*4,5*	*40,6*	*43,4*
Allgemeine Finanzverwaltung	*1,5*	*0,4*	*7,3*	*2,4*
Zusammen	*100*	*100*	*100*	*100*

[1]) Am 2. Oktober 1965; einschl. entsprechender Stellen in Berlin (West). — [2]) Aufteilung nach den Ansätzen im Bundeshaushaltsplan 1965. — [3]) Bundesvermögens- und Bauabteilungen der Oberfinanzdirektionen (im wesentlichen mit Vermögensverwaltungsaufgaben beschäftigt) mit nachgeordneten Vermögensdienststellen.

Tabelle 3: Personal der Finanzverwaltung der Länder 1965

Länder	Hauptberuflich Vollbeschäftigte am 2. Oktober 1965					Einwohnerzahl am 30. 6. 1965
	Beamte	Angestellte	Arbeiter	zusammen		
	Anzahl				%	
Schleswig-Holstein	2 209	1 292	76	3 577	*3,9*	*4,1*
Niedersachsen	5 067	3 492	211	9 770	*10,7*	*11,7*
Nordrhein-Westfalen	12 804	8 405	544	21 753	*23,8*	*28,2*
Hessen	3 729	4 196	221	8 146	*8,9*	*8,7*
Rheinland-Pfalz	3 061	2 583	147	5 791	*6,3*	*6,0*
Baden-Württemberg	6 241	4 912	255	11 408	*12,5*	*14,2*
Bayern	11 837	4 009	368	16 214	*17,7*	*17,0*
Saarland	943	570	42	1 555	*1,7*	*1,9*
Zusammen	46 891	29 459	1 864	78 214	*85,4*	*91,9*
Hamburg	3 232	1 943	43	5 218	*5,7*	*3,1*
Bremen	964	782	24	1 770	*1,9*	*1,2*
Berlin (West)	3 769	2 384	234	6 387	*7,0*	*3,7*
Zusammen	7 965	5 109	301	13 375	*14,6*	*8,1*
Insgesamt	54 856	34 568	2 165	91 589	*100*	*100*

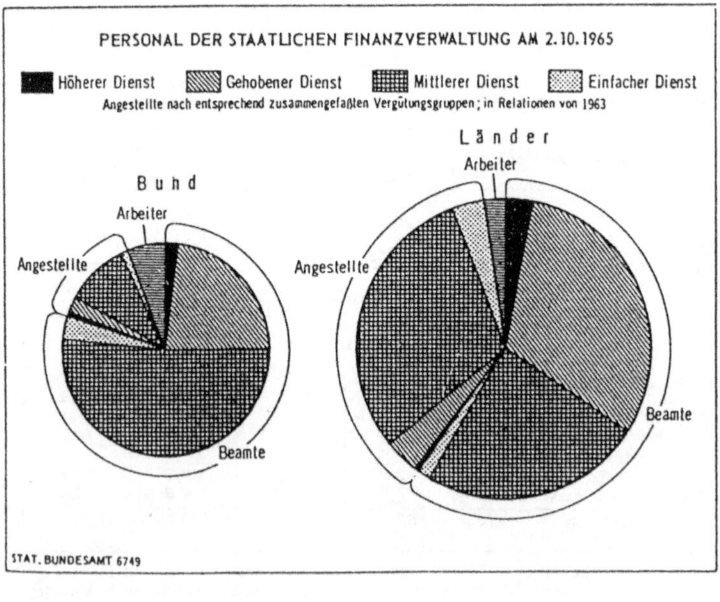

(Quelle: WiSta Nr.7/1966:710 ff)

Anlage 71:

Die Personalentwicklung in den Steuerverwaltungen der Länder
(1963 bis 1975)

Jahr	*Personalzahl absolut*	*Index 1963 = 100 %*	*Fehlbestand* absolut*	*%*
1963	56.241	100	8.449	13
1964	56.597	100,6		
1965	57.277	101,8		
1966	57.599	102,4	13.473	19
1967	58.660	104,3		
1968	58.283	103,6		
1969	60.631	107,8	18.858	24
1970	62.454	111,0		
1971	64.462	114,6		
1972	66.718	118,6	27.309	29
1973	70.722	125,7		
1974	71.924	127,8		
1975	74.307	132,1	22.265	23

----

* Personalbedarf zu Personal-Ist

- nur Beamte und Angestellte -

(Quelle: Löbich 1981:44, Tabelle 8)

Anlage 72:

Die Entwicklung der Beamtenzahlen in der Berliner Steuerverwaltung nach Laufbahngruppen (1969 bis 1978)

Jahr	*Höherer Dienst*		*Gehob. Dienst*		*Mittl. Dienst*		*Einf. Dienst**		*Insges.*
	abs.	*%*	*abs.*	*%*	*abs.*	*%*	*abs.*	*%*	*abs.*
1969	126	4,7	1.298	49,3	1.151	43,6	60	2,3	2.635
1970	140	4,8	1.478	50,8	1.229	42,2	64	2,2	2.911
1971	143	4,8	1.490	49,7	1.309	43,6	57	1,9	2.999
1972	150	5,0	1.534	51,5	1.238	41,4	58	2,0	2.980
1973	154	4,8	1.606	50,2	1.383	43,2	57	1,8	3.200
1974	158	4,8	1.639	49,9	1.427	43,5	59	1,8	3.283
1975	167	4,6	1.802	50,3	1.555	43,4	61	1,7	3.585
1976	168	4,7	1.797	50,5	1.535	43,1	61	1,7	3.561
1977	167	4,6	1.801	50,5	1.535	43,1	61	1,6	3.564
1978	167	4,6	1.814	50,7	1.534	42,9	61	1,8	3.576

----

* Einfacher Dienst: A1-A5
Mittlerer Dienst: A5-A9
Gehobener Dienst: A9-A13
Höherer Dienst: A13-B4

(Quelle: Löbich 1981:50; Tabelle 10)

Anlage 73:

Die Zahl der Steuerverwaltungsakte 1950-1971

	Zahl der Steuerverwaltungsakte in Millionen		
	1950	*1969*	*1971*
1. Steuerbescheide	10,0	10	12
2. Lohnsteuer-Ermäßigung	0,5	7	7
3. Lohnsteuer-Jahresausgleich	-	12	14
4. Kraftfahrzeugsteuer 1969 = 15, 1971 = 19,3 Mill. Kfz	2,0	20	26
5. Prämienfälle	-	9	17
6. Einheitsbewertung (12 Mill. Bewertungseinheiten)	0,5	3	3
7. Einzelsteuern und Einzelentscheidungen	2,0	3	3
insgesamt	15	64	82

(Unberücksichtigt sind dabei: der Lastenausgleich, die Konjunkurmaßnahmen, der Kassen- und Vollstreckungsbereich sowie die Strafsachen und Geschäftsstellenentscheidungen.)

(Quelle: DStB 9/1971, S. 151 und Weiss 1972:163)

Anlage 74:

Die Zahl der Einkommensteuerveranlagungsfälle 1963-1984

Veranlagungszeitraum	*Zahl der Fälle*	*Veränderungen gegenüber dem Basisjahr in %*
1963	4.051.005	Basisjahr
1965	4.560.480	+ 12,6
1970	7.269.491	+ 79,4
1975	8.704.558	+ 114,9
1980	11.034.567	+ 172,4
1984	13.326.519	+ 229,0

(Quelle: DStG 5/1986, S. 62)

Anlage 75:

Die Organisation des Steuerfestsetzungsbereiches der Finanzämter nach den GNOFÄ

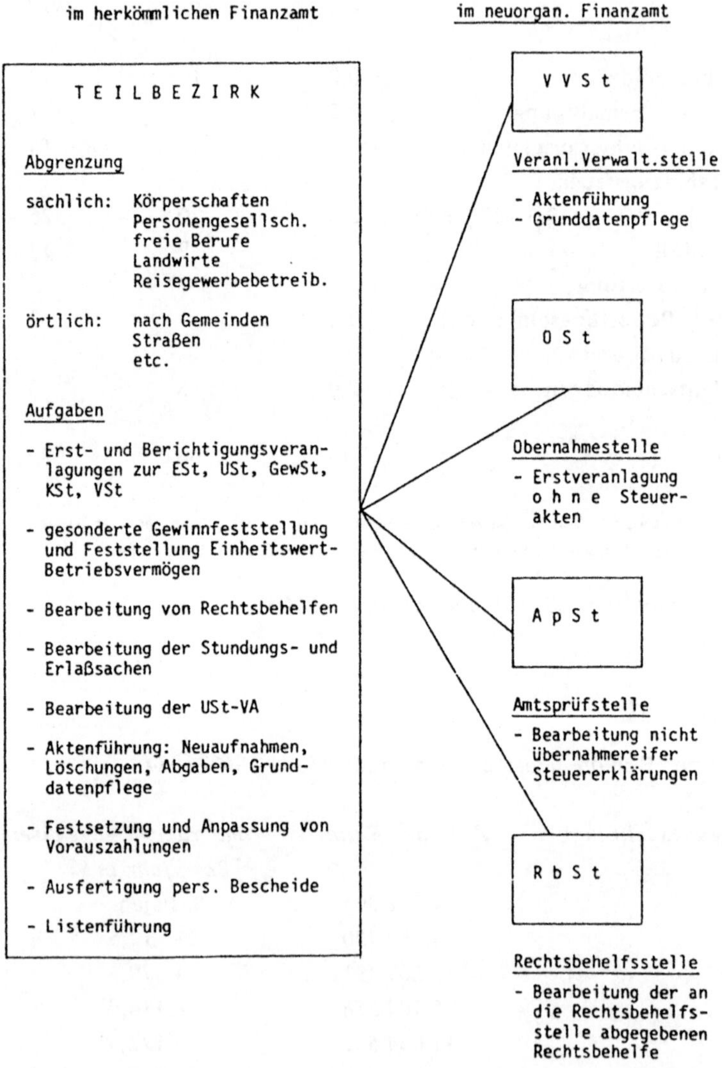

(Quelle: Löbich 1981:148, Schaubild 16)

Anlage 76:

Änderungen des Einkommensteuergesetzes seit 1920

(Stand: Juli 1986; Quellen: Reichsgesetzblatt, Bundesgesetzblatt für die Jahre 1920 bis 1986, Steuer- und Zollblatt für die Jahre 1946 bis 1949, Bundessteuerblatt für die Jahre 1951 bis 1986; eigene Auszählung U. Metzger)
Die Bundesverfassungsgerichtsentscheidungen zum Einkommensteuerrecht sind nicht aufgeführt. Welche Paragraphen durch die Änderungen betroffen waren, wird nicht erwähnt. Lediglich die Zahl der geänderten Paragraphen wird aufgeführt.

Neufassung:	bis 1949	7	
	bis 1986	19	
	insgesamt also	26	
Ändernde Gesetze:	bis 1949	29	(darin enthalten 2 Neufassungen)
	bis Mai 1986	114	
	insgesamt also	143	
Änderungen in Paragraphen:	bis 1949	386	
	bis 1986	911	
	insgesamt also	1.297	

Abkürzungen (vgl. auch Abkürzungsverzeichnis, S. XIV):

BBauG	Bundesbaugesetz
BerlFG	Berlinförderungsgesetz
beschr. Stpf.	beschränkt Steuerpflichtiger
EntwlStG	Entwicklungsländersteuergesetz
G	Gesetz
InvZulG	Inbestitionszulagengesetz
KSt	Körperschaftsteuer
KStG	Körperschaftssteuergesetz
KVStG	Kapitalverkehrsteuergesetz
LSt	Lohnsteuer
MilReg	Militärregierung
StZBl	Steuer- und Zollblatt
UStG	Umsatzsteuergesetz
VO	Verordnung

Neufassungen des EStG und ändernde Gesetze	*Datum*	*Zahl der geänderten bzw. neu neu aufgenommenen §§ des EStG*
EStG 1920 (RGBl S. 359)	29.03.1920	
-G zur Durchführung des EStG (RGBl S. 428)	31.03.1920	1
-G zur ergänzenden Regelung des Steuerabzugs vom Arbeitslohn (RGBl S. 1463)	21.07.1920	3
-G zur Änderung des EStG (RGBl S. 313)	24.03.1921	40
-G über die ESt vom Arbeitslohne (RGBl S. 845)	11.07.1921	13
-G zur Änderung des EStG (RGBl S. 1580)	20.12.1921	19
-G zur Änderung des EStG (RGBl S. 607)	20.07.1922	9
-G zur Änderung des EStG (RGBl S. 978)	23.12.1922	8
-G über die Berücksichtigung der Geldentwertung in den Steuergesetzen (RGBl. S. 198)	20.03.1923	1
-G zur Erhöhung der Vorauszahlung der ESt und KSt (RGBl S. 556)	09.07.1923	3
EStG 1925 (RGBl S. 189)	10.08.1925	117
-G über die Senkung der LSt (RGBl S. 469)	19.12.1925	6

Neufassungen des EStG und ändernde Gesetze	*Datum*	*Zahl der geänderten bzw. neu neu aufgenommenen §§ des EStG*
-G zur Vereinfachung der LSt (RGBl S. 107)	26.02.1926	2
-G über die Steuerminderung zur Erleichterung der Wirtschaftslage (RGBl S. 185)	31.03.1926	1
-G zur Änderung des EStG (RGBl S. 485)	22.12.1927	2
-G zur Änderung des EStG (RGBl S. 290)	23.07.1928	1
-G zur Änderung des EStG u. KStG (RGBl S. 123)	29.06.1929	6
-VO über die Aufhebung des Steuerabzugs vom Kapitalertrag u. des beschr. Stpf. bei festverzinslichen Wertpapieren (RGBl S. 464)	16.10.1930	3
-VO des Reichspräsidenten zur Sicherung von Wirtschaft und Finanzen (RGBl S.517)	01.12.1930	13
-2. VO des Reichspräsidenten zur Sicherung von Wirtschaft und Finanzen (RGBl S. 279)	05.06.1931	1
-4. VO des Reichspräsidenten zur Sicherung von Wirtschaft und Finanzen (RGBl S. 699)	08.12.1931	4
EStG 1934 (RGBl S. 1005)	16.10.1934	53

Neufassungen des EStG und ändernde Gesetze	*Datum*	*Zahl der geänderten bzw. neu neu aufgenommenen §§ des EStG*
-G zur Änderung des EStG (RGBl S. 97)	01.02.1938	12
EStG 1938 (RGBl S. 121)	06.02.1938	
-G zur Änderung des EStG (RGBl S. 283)	17.02.1939	2
EStG 1939 (RGBl S. 337)	27.02.1939	
-Steueränderungs-VO (RGBl S. 510)	20.08.1941	3
-Steuervereinfachungs-VO (RGBl S. 202)	14.09.1944	4
-Kontrollratsgesetz Nr. 12 (StZBl S. 2)	11.02.1946	23
EStG 1947 (StZBl S. 255)	12.10.1947	
-Kontrollratsgesetz Nr. 61 (StZBl 1948 S. 53)	19.12.1947	5
-G Nr. 64 der MilReg zur vorläufigen Neuordnung v. Steuern (StZBl S. 123)	22.06.1948	17
-2. SteuerneuordnungsG (StZBl S. 135)	20.04.1949	15
EStG 1949 (StZBl S. 283)	10.08.1949	
-G zur Änderung des EStG u.KStG (BGBl S. 95)	29.04.1950	23

Neufassungen des EStG und ändernde Gesetze	*Datum*	*Zahl der geänderten bzw. neu neu aufgenommenen §§ des EStG*
<u>EStG 1950</u> (BStBl 1951 I S. 5)	28.12.1950	
-G zur Änderung des EStG u. KStG (BStBl I S. 223)	27.06.1951	21
<u>EStG 1951</u> (BStBl I S.47)	17.01.1952	
- ESt- und KSt ErgänzungsG (BStBl I S. 441)	20.05.1952	3
-LastenausgleichsG (BStBl I S. 638)	14.08.1952	1
-1. G zur Vereinfachung des EStG (BStBl I S. 1017)	10.12.1952	1
-1. G zur Förderung des Kapitalmarktes (BStBl I S. 985)	15.12.1952	7
-G zur Änderung u. Ergänzung des EStG (BStBl I S. 114)	19.05.1953	3
-G zur Änderung steuerrechtl. Vorschriften u. zur Sicherung der Haushaltsführung (BStBl I S. 192)	24.06.1953	20
<u>EStG 1953</u> (BStBl I S. 378)	15.09.1953	
-Kriegsgefangenenentschädigungs G (BStBl S. 5)	30.01.1954	1
-G zur Änderung des EStG (BStBl I S. 281)	24.04.1954	1

Neufassungen des EStG und ändernde Gesetze	*Datum*	*Zahl der geänderten bzw. neu neu aufgenommenen §§ des EStG*
-G zur Neuordnung von St (BStBl I S. 575)	16.12.1954	46
<u>EStG 1955</u> (BStBl I S. 668)	21.12.1954	
-1. G zur Änderung des EStG, des KStG u. des G zur Erhebung einer Abgabe "Notopfer Berlin" (BStBl I S. 245)	04.07.1955	Separates Gesetz; hat keine §§ des EStG geändert
-2. G zur Änderung des EStG (BStBl I S. 385)	11.08.1955	1
-G zur Änderung des EStG u. KStG (BStBl I S. 433)	05.10.1956	15
-G zur Änderung des G zur Änderung des EStG u. KStG (BStBl 1957 I. S. 4)	19.12.1956	1
-G zur Änderung steuerrechtl. Vorschriften (BStBl I S. 352)	26.07.1957	28
-Allg. KriegsfolgenG (BStBl S. 1747)	05.11.1957	2
<u>EStG 1957</u> (BStBl I S. 548)	13.11.1957	
-G zur Änderung steuerrechtl. Vorschriften auf dem Gebiet der Steuern vom Einkommen u. Ertrag u. des Verfahrensrechts (BStBl I S. 412)	18.07.1958	39
<u>EStG 1958</u> (BStBl I S. 661)	23.09.1958	

Neufassungen des EStG und ändernde Gesetze	*Datum*	*Zahl der geänderten bzw. neu neu aufgenommenen §§ des EStG*
-G über die Einführung des dt. Rechts auf dem Gebiet der Steuern, Zölle u. Finanzmonopole im Saarland (BStBl I S. 277)	30.06.1959	3
-G zur näheren Regelung der Entschädigungsansprüche für Auslandsfonds (BStBl S. 177)	10.03.1960	1
-SteueränderungsG 1960 (BStBl I S. 514)	30.07.1960	12
<u>EStG 1960</u> (BStBl I S. 630)	11.10.1960	
-G zur Änderung des EStG (BStBl 1961 I S. 18)	27.12.1960	1
-SteueränderungsG 1961 (BStBl I S. 444)	13.07.1961	13
<u>EStG 1961</u> (BStBl I S. 509)	15.08.1961	
-G zur Einschränkung des § 7 b EStG (BStBl I S. 476)	16.05.1963	2
-G über Wohnbeihilfen (BStBl S. 508)	29.07.1963	1
-G zur Förderung der Rationalisierung im Steinkohlenbergbau (BStBl I S. 585)	29.07.1963	Separates Gesetz; hat keine §§ des EStG geändert
-G zur Änderung des EStG (BStBl I S. 798)	25.11.1963	1

Neufassungen des EStG und ändernde Gesetze	*Datum*	*Zahl der geänderten bzw. neu neu aufgenommenen §§ des EStG*
-Entwicklungshilfe-StG (BStBl 1964 I S. 18)	23.12.1963	1
-Wertpapierbereinigungs-schlußG (BGBl S. 45)	28.01.1964	1
-G zur Änderung des EStG (BStBl I S. 251)	25.03.1964	2
-BundeskindergeldG (BStBl I S. 367)	14.04.1964	1
-G zur Neuregelung der Absetzung bei Gebäuden (BStBl I S. 384)	16.06.1964	7
-G zur Förderung eines freiwilligen sozialen Jahres (BStBl I S. 534)	17.08.1964	1
-SteueränderungsG (BStBl I S. 553)	16.11.1964	20
-G zur Änderung u. Ergänzung des EStG u. KStG u. KVStG (BStBl I S. 103)	25.03.1965	4
-WohngeldG (BGBl S. 177)	01.04.1965	1
-SteueränderungsG 1965 (BStBl I S. 217)	14.05.1965	20
-G über die Ermittlung des Gewinns aus Land- und Forstwirtschaft nach Durchschnittsätzen (BStBl I S. 552)	15.09.1965	2

Neufassungen des EStG und ändernde Gesetze	*Datum*	*Zahl der geänderten bzw. neu neu aufgenommenen §§ des EStG*
-Finanzgerichtsordnung (BStBl I S. 564)	06.10.1965	1
<u>EStG 1965</u> (BStBl I S. 686)	10.12.1965	
-SteueränderungsG 1966 (BStBl 1967 I S. 2)	23.12.1966	5
-G über steuerliche Maßnahmen bei der Stillegung von Steinkohlebergwerken (BStBl I S. 204)	11.04.1967	1
-G zur Förderung der Stabilität u. des Wachstums der Wirtschaft (BStBl I S. 266)	08.06.1967	3
-ParteienG (BStBl I S. 360)	24.07.1967	1
-2. SteuerungsänderungsG 1967 (BStBl O S. 484)	21.12.1967	1
-3. SteueränderungsG 1967 (BStBl I S. 488)	22.12.1967	8
<u>EStG 1967</u> (BStBl I S. 424)	27.02.1968	
-G zur Anpassung u. Gesundung des dt. Steinkohlebergbaus u. der dt. Steinkohlebergbaugebiete (BStBl I S. 939)	15.05.1968	1
-ReparationsschädenG (BStBl I S. 110)	12.02.1969	1
-SteueränderungsG 1968 (BStBl I S. 116)	20.02.1969	14

Neufassungen des EStG und ändernde Gesetze	*Datum*	*Zahl der geänderten bzw. neu neu aufgenommenen §§ des EStG*
-G zur Änderung des EStG (BStBl I S. 320)	16.05.1969	3
-EntwicklungshelferG (BStBl S. 549)	18.06.1969	1
-ArbeitsförderungsG (BStBl I S. 467)	25.06.1969	1
-G zur Änderung des KStG u. anderer G (BStBl I S. 471)	15.08.1969	4
-SteueränderungsG 1969 (BStBl I S. 477)	18.08.1969	4
<u>EStG 1969</u> (BStBl I S. 832)	12.12.1969	
-Kostenermächtigungs-änderungsG (BStBl I S. 799)	23.06.1970	2
-G zur Änderung u. Ergänzung bewertungsrechtl. Vorschriften u. des EStG (BStBl I S. 911)	22.07.1970	2
-2. WohngeldG (BStBl 1971 I S. 31)	14.12.1970	1
-2. Krankenversicherungs-änderungsG (BStBl 1971 S. 114)	21.12.1970	3
-SteuerungsänderungsG 1971 (BStBl 1971 I S. 8)	23.12.1970	9
-BewertungsänderungsG 1971 (BStBl I S. 360)	27.07.1971	1

Neufassungen des EStG und ändernde Gesetze	*Datum*	*Zahl der geänderten bzw. neu neu aufgenommenen §§ des EStG*
-StädtebauförderungsG (BStBl S. 430)	27.07.1971	1
-2. SteueränderungsG 1971 (BStBl I S. 373)	10.08.1971	12
EStG 1971 (BStBl I S. 584)	01.12.1971	
-G zur Änderung des Reichs-knappschaftsG u. anderer G (BStBl 1972 I S. 19)	22.12.1971	1
-G zur Änderung des G über die Ermittlung des Gewinns aus Land- u. Forstwirtschaft nach Durchschnittsätzen u. des EStG (BStBl I S. 380)	08.05.1972	1
-SteueränderungsG 1973 (BStBl I S. 545)	26.06.1973	5
-VermögenssteuerreformG (BStBl I S. 233)	17.04.1974	4
-2. SteueränderungsG 1973 (BStBl I S. 521)	18.07.1974	9
-EinkommensteuerreformG (BStBl I S. 530)	05.08.1974	92
EStG 1974 (BStBl I S. 578)	15.08.1974	
EStG 1975 (BStBl 1974 I S. 733)	05.09.1974	

Neufassungen des EStG und ändernde Gesetze	*Datum*	*Zahl der geänderten bzw. neu neu aufgenommenen §§ des EStG*
-G zur Verbesserung der betrieblichen Altersversorgung (BStBl 1975 I S. 22)	19.12.1974	7
-EinführungsG zum EStreformG (BStBl 1975 I S. 2)	21.12.1974	1
-G zur Förderung von Investitionen u. Beschäftigung (BStBl 1975 I S. 48)	23.12.1974	3
-G zur Änderung des EStG u. des InvZulG (BStBl I S. 202)	21.02.1975	1
-G zur Änderung des BerlFG u. anderer G (BStBl 1976 I S. 2)	19.12.1975	1
-G zur Förderung von Wohnbesitz u. Wohnungseigentum im sozialen Wohnungsbau (BStBl I S. 259)	23.03.1976	1
-G zur Änderung des EStG (BStBl I S. 282)	20.04.1976	7
-G zur Änderung des BBauG (BStBl S. 2221)	18.08.1976	1
-WohnungsmodernisierungsG (BStBl I S. 441)	23.08.1976	1
-KörperschaftsteuerreformG (BStBl I S. 445)	31.08.1976	30
-EinführungsG zur AO (BStBl I S. 694)	14.12.1976	16

Neufassungen des EStG und ändernde Gesetze	*Datum*	*Zahl der geänderten bzw. neu neu aufgenommenen §§ des EStG*
-G zur Neuregelung der Rechtsverhältnisse der Mitglieder des Dt. Bundestages (BStBl S. 297)	18.02.1977	4
-G zur steuerlichen Vergünstigung bei der Herstellung oder Anschaffung bestimmter Wohngebäude (BStBl I S. 360)	11.07.1977	5
-SteueränderungsG 1977 (BStBl I S. 442)	16.08.1977	13
-G zur Steuerentlastung u. Investitionsförderung (BStBl I S. 495)	04.11.1977	9
<u>EStG 1977</u> (BStBl I S. 624)	05.12.1977	
-G zur Erhaltung u. Modernisierung kulturhistorisch u. städtebaulich wertvoller Gebäude (BStBl 1978 I S. 17)	22.12.1977	1
-G zur Änderung des WohnungsmodernisierungsG (BStBl I S. 290)	27.06.1978	1
-G zur Änderung der Antragsfrist für den LStjahresausgleich (BStBl I S. 412)	27.09.1978	1
-SteueränderungsG 1979 (BStBl I S. 479)	30.11.1978	24
-G zur Änderung des EntwlStG u. des EStG (BStBl I S. 288)	21.05.1979	4

Neufassungen des EStG und ändernde Gesetze	*Datum*	*Zahl der geänderten bzw. neu neu aufgenommenen §§ des EStG*
EStG 1979 (BStBl I S. 379)	21.06.1979	
-G zur Änderung des EStG u. MutterschutzG (BStBl S. 562)	27.06.1979	1
-2. G zur Änderung dienstrechtl. Vorschriften (BStBl I S. 563)	30.07.1979	2
-G zur Neufassung des UStG u. zur Änderung anderer G (BStBl I S. 654)	26.11.1979	1
-G zur Änderung der AO u. des EStG (BStBl I S. 395)	25.06.1980	2
-G zur Neuregelung der Einkommensbesteuerung der Land- u. Forstwirtschaft (BStBl I S. 400)	25.06.1980	7
-SteuerentlastungsG 1981 (BStBl I S. 534)	16.08.1980	15
-G zur Änderung u. Vereinfachung des EStG u. anderer G (BStBl S. 581)	18.08.1980	23
-G zur Änderung des EStG, KStG u. anderer G (BStBl I S. 589)	20.08.1980	15
-SubventionsabbauG (BStBl I S. 523)	26.06.1981	4
EStG 1981 (BStBl I S. 666)	06.12.1981	
-2. HaushaltsstrukturG (BStBl 1982 I S. 235)	22.12.1981	27

Neufassungen des EStG und ändernde Gesetze	*Datum*	*Zahl der geänderten bzw. neu neu aufgenommenen §§ des EStG*
-G zur Vereinfachung der Lohnsteuerpauschalierung für Teilzeitbeschäftigte (BStBl I S. 993)	16.12.1982	2
-HaushaltsbegleitG 1983 (BStBl 1982 I S. 972)	20.12.1982	20
-G zur Förderung der Rückkehrbereitschaft von Ausländern (BStBl I S. 565)	28.11.1983	2
-G zur Änderung des ParteienG u. anderer G (BStBl 1984 I S. 7)	22.12.1983	5
-SteuerentlastungsG 1984 (BStBl 1984 I S. 14)	22.12.1983	12
-VermögensbeteiligungsG (BStBl 1984 I S. 23)	22.12.1983	3
-VorruhestandsG (BStBl I S. 332)	13.04.1984	2
-G zur Änderung des EStG u. KGSt (BStBl I S. 401)	25.07.1984	4
-SteuerbereinigungsG 1985 (BStBl 1984 I S. 659)	14.12.1984	50
EStG 1985 (BStBl I S. 223)	12.06.1985	
-SteuersenkungG 1986/1988 (BStBl I S. 391)	26.06.1985	28
-WohnungsrechtsvereinfachungsG 1985 (BStBl I S. 498)	11.07.1985	1

Neufassungen des EStG und ändernde Gesetze	*Datum*	*Zahl der geänderten bzw. neu neu aufgenommenen §§ des EStG*
-BundeserziehungsgeldG (BStBl 1986 I S. 113)	06.12.1985	1
-BilanzrichtlinienG (BStBl I S. 704)	19.12.1985	3
-G zur Verbesserung der Abschreibungsbedingungen für Wirtschaftsgebäude u. für moderne Heizungs- und Warmwasseranlagen (BStBl I S. 705)	19.12.1985	3
-SteuerbereinigungsG 1986 (BStBl I S. 735)	19.12.1985	23
-Gesetz über eine Wiedereingliederungshilfe im Wohnungsbau für rückkehrende Ausländer (BStBl I S. 123)	18.02.1986	2
EStG 1986 (BStBl I S. 171)	15.04.1986	
-WohnungseigentumsförderungsG (BStBl I S. 278)	15.05.1986	12

(Stand: Mai 1986)

Anlage 77:

Die Änderungen der einzelnen Paragraphen des EStG seit 1949

(Quelle: Eigene Auszählung U. Metzger nach Frotscher 1987)

Weggefallene Paragraphen werden nicht aufgenommen, auch wenn sie erst nach dem letzten Stichjahr 1984 (*) wegfielen.

7c	30	47	53*
27	34a	48	56*
29	45*	52a	

Für manche Paragraphen konnten die Änderungen nur über Umwege - für die Paragraphen 36b und 36e überhaupt nicht - ausgemacht werden. Ob die Angabe der Änderungshäufigkeit dieser Paragraphen vollständig ist, kann nicht gesagt werden. Diese Paragraphen werden gesondert gekennzeichnet. ($)
Sofern Paragraphen im Laufe ihres Bestehens eine inhaltliche Neuregelung erfahren haben, wird dies durch das Symbol 'Ä' angezeigt. Erst die Änderungen nach der inhaltlichen Neuregelung werden in die Übersicht aufgenommen.

Die Änderungen des § 52 werden nicht aufgeführt, denn er

> "... enthält mit dem zeitlichen Anwendungsbereich des EStG Vorschriften, die nur vorübergehende Bedeutung haben und daher sehr häufig, auch in der Nummernfolge der Absätze, wechseln. Eine Dokumentation der Änderungen wäre daher verwirrend und ohne Aussagekraft." (Frotscher 1987 § 52, Anm.1)

Zusammenfassung:

25 Paragraphen	:	keine Änderung
25 "	:	eine Änderung
34 "	:	bis zu fünf Änderungen
27 "	:	bis zu zehn Änderungen
9 "	:	bis zu 20 Änderungen
3 "	:	20 bis 39 Änderungen

Das EStG 1984 hat 137 - nach der Neuaufnahme des § 33c 1985 138 - Paragraphen.

1. Paragraphen die nicht geändert wurden:

Paragraphen		eingeführt
2a	Ä	20.12.1982
3b	Ä	05.08.1974
3c		18.07.1974
4b		19.12.1974
4c		18.12.1974
4d		19.12.1974
6d		20.12.1982
19a		22.12.1983
24b		04.11.1977
28		10.08.1949
34c	Ä	20.08.1980
34d	Ä	20.08.1980
34e	Ä	25.06.1980
34g		22.11.1983
36a		31.08.1976
38a		05.08.1974
39c		05.08.1974
40b		19.12.1974
41c		05.08.1974
42c		05.08.1974
42d		05.08.1974
42e		05.08.1974
50b		31.08.1976
50c		20.08.1980
54	Ä	14.12.1984

2. Paragraphen mit je einer Änderung

Paragraphen		eingeführt	geändert durch	BStBl. I
4a		05.08.1974	G v.05.09.1974	$ 530
7d	Ä	21.12.1975	G v.18.08.1980	581
7f		14.12.1976	G v.14.12.1984	659
7g		22.12.1983	G v.14.12.1984	659
11		10.08.1949	G v.05.08.1984	530
15a		20.08.1980	G v.14.12.1984	659
24a		05.08.1974	G v.18.02.1977	297

25	10.08.1949	G v.14.12.1984	659
32b	05.08.1974	G v.22.12.1981	235
33b	05.08.1974	G v.30.11.1978	483
34f	22.12.1981	G v.26.06.1985	391
35	Ä 05.08.1974	G v.30.11.1978	483
36c	31.08.1976	G v.14.12.1984	659
36d	31.08.1976	G v.14.12.1984	659
38b	05.08.1974	G v.22.12.1981	235
41a	05.08.1974	G v.18.08.1980	583
42f	05.08.1974	G v.14.12.1976	700
43a	31.08.1976	G v.14.12.1984	659
44a	31.08.1976	G v.14.12.1984	659
44b	31.08.1976	G v.14.12.1984	659
45a	Ä 31.08.1976	G v.14.12.1984	659
45b	31.08.1976	G v.14.12.1984	659
51a	05.08.1974	G v.16.08.1977	442
53a	Ä 20.12.1984	G v.14.12.1984	659
55	10.08.1971	G v.14.12.1976	700

3. Paragraphen mit bis zu fünf Änderungen

Paragraphen	eingeführt	geändert durch	BStBl. I	insg.
1	10.08.1949	G v.29.04.1950	95	
		G v.16.12.1954	575	
		G v.18.07.1974	521	
		G v.05.08.1974	530	4
3a	15.12.1952	G v.16.12.1954	575	
		G v.30.06.1959	278	2
6a	16.12.1954	G v.30.07.1960	514	
		G v.19.12.1974	32	
		G v.22.12.1981	235	3
6b	16.11.1964	G v.10.08.1971	373	
		G v.05.08.1974	530	
		G v.22.12.1981	235	3
6c	14.05.1965	G v.10.08.1971	373	
		G v.22.12.1981	235	2
7a	Ä 05.08.1974	G v.14.12.1976	699	
		G v.20.08.1980	589	

		G v.14.12.1984	659	3
8	10.08.1949	G v.05.08.1974	533	
		G v.16.08.1977	443	2
9b	22.12.1967	G v.26.06.1973	545	
		G v.26.11.1979	677	2
10b	27.06.1951	G v.16.12.1954	575	
		G v.24.07.1967	360	
		G v.18.08.1969	482	
		G v.18.08.1980	582	
		G v.22.12.1983	11	5
13a	15.08.1974	G v.14.12.1976	694	
		G v.25.06.1980	400	
		G v.14.12.1984	659	$ 3
14	10.08.1949	G v.14.05.1965	217	
		G v.10.08.1971	373	
		G v.05.08.1974	530	3
15	10.08.1949	G v.05.08.1974	530	
		G v.20.04.1976	282	
		G v.22.12.1983	17	3
16	10.08.1949	G v.14.05.1965	217	
		G v.10.08.1971	373	
		G v.05.08.1971	530	
		G v.22.12.1983	17	4
17	10.08.1949	G v.14.05.1965	214	
		G v.05.08.1974	530	
		G v.31.08.1976	465	3
21	10.08.1949	G v.20.08.1980	590	
		G v.14.12.1984	659	2
21	14.04.1974	G v.11.07.1977	362	
		G v.22.12.1981	237	
		G v.20.12.1982	974	3
24	10.08.1949	G v.13.07.1961	444	
		G v.03.06.1965	217	
		G v.05.08.1974	530	3
26a	26.07.1957	G v.18.07.1958	412	
		G v.16.11.1964	553	
		G v.05.08.1974	530	
		G v.30.11.1978	479	
		G v.22.12.1981	235	5

26b		26.07.1957	G v.18.07.1958	412	
			G v.16.11.1964	553	
			G v.05.08.1974	530	3
31		10.08.1949	G v.29.04.1950	95	
			G v.18.08.1980	581	2
34b		16.12.1954	G v.03.06.1965	217	
			G v.05.08.1974	530	2
36		05.08.1974	G v.31.08.1976	466	
			G v.14.12.1984	659	2
37		05.08.1974	G v.30.11.1978	483	
			G v.18.08.1980	583	
			G v.20.12.1982	975	
			G v.22.12.1983	17	
			G v.14.12.1984	659	5
38		10.08.1949	G v.18.07.1958	420	
			G v.20.02.1969	118	
			G v.23.06.1970	800	
			G v.05.08.1974	530	
			G v.14.12.1976	700	5
39	Ä	05.08.1974	G v.14.12.1976	700	
			G v.22.12.1981	235	
			G v.14.12.1984	659	3
39b		05.08.1974	G v.16.08.1980	534	
			G v.20.12.1982	972	
			G v.14.12.1984	659	3
39d		05.08.1974	G v.16.08.1977	445	
			G v.30.11.1978	489	
			G v.16.08.1980	535	
			G v.22.12.1981	235	
			G v.14.12.1984	659	5
40	Ä	26.07.1957	G v.18.07.1958	412	
			G v.13.07.1961	444	
			G v.05.08.1974	530	
			G v.20.12.1982	976	4
40a		05.08.1974	G v.18.08.1980	581	
			G v.22.12.1981	235	
			G v.16.12.1982	993	3
41	Ä	05.08.1974	G v.19.12.1974	22	
			G v.22.12.1981	235	

		G v.20.12.1982	972	3
42a	05.08.1974	G v.22.12.1981	235	
		G v.14.12.1984	659	2
42b	05.08.1974	G v.16.08.1977	442	
		G v.22.12.1981	235	
		G v.20.12.1981	972	
		G v.14.12.1984	659	4
44c	31.08.1977	G v.16.08.1977	445	
		G v.21.12.1984	659	2
50a	18.07.1958	G v.21.12.1967	484	
		G v.18.07.1974	523	
		G v.14.12.1976	700	
		G v.14.12.1984	659	4

4. Paragraphen mit bis zu 10 Änderungen

Paragraphen		eingeführt	Zahl der Änderungen
2		10.08.1949	10
5		10.08.1949	8
7		10.08.1949	9
7e		19.05.1953	7
9a		10.08.1949	$ 9
10a		15.05.1953	8
10c	Ä	16.12.1954	8
10d		16.12.1954	6
12		10.08.1949	6
14a		10.08.1971	6
18		10.08.1949	7
19		10.08.1949	6
20		10.08.1949	6
22		10.08.1949	8
23		10.08.1949	6
26		10.08.1949	6
32a	Ä	16.12.1958	8
33		10.08.1949	6
34		10.08.1949	7
38c		05.08.1974	6
39a	Ä	05.08.1974	7

41b		05.08.1974	6
42	Ä	18.07.1958	6
43		10.08.1949	8
44		10.08.1949	7
46a		13.11.1952	6
49		10.08.1949	9

5. Paragraphen mit bis zu 20 Änderungen

Paragraphen		eingeführt	Zahl der Änderungen
4		10.08.1949	14
6		10.08.1949	13
7b		10.08.1949	12
9		10.08.1949	12
13		10.08.1949	11
32		10.08.1949	14
33a		29.04.1950	16
46		10.08.1949	14
50		10.08.1949	18

6. Paragraphen mir mehr als 20 Änderungen

Paragraphen		eingeführt	Zahl der Änderungen
3		10.08.1949	39
10		10.08.1949	28
51	Ä	27.06.1951	36

Literaturverzeichnis

a) Monographien und Aufsätze

Adam 1919

Adam, A.:
Ein Jahrhundert württembergische Verfassung
Stuttgart 1919

Anbuhl 1983

Anbuhl, H.-J.:
Was bringt die neue StBAPO?
in: **DStG, 1983**, Nr. 1/2, S. 9-12

Andel 1980

Andel, N.:
Einkommensteuer
in: Neumark, F. (Hg.):
Handbuch der Finanzwissenschaft, Zweiter Band
(3. Aufl.) Tübingen 1980, S. 331-401

Andel 1983

Andel, N.:
Finanzwissenschaft
Tübingen 1983

Arlt 1973

Arlt, K.:
Die Steuerverwaltung - gestern - heute - morgen
in: Institut für Steuerrecht der Rechtsanwaltschaft (Hg.):
Jahrbuch der Fachanwälte für Steuerrecht 1973/74
Herne 1973, S. 27-58

Arndt/Zierlinger 1986

Arndt, H.W./Zierlinger, S.:
Steuerrecht
Heidelberg 1986

v.Aufseß 1873

von Aufseß, O. Frhr.:
Die Zölle, Verbrauchssteuern und vertragsmäßigen auswärtigen Handelsbeziehungen des Deutschen Reiches
in: **Annalen des Deutschen Reiches**
(6. Jg.) **1873**, Sp. 117-330

v.Aufseß 1875

von Aufseß, O. Frhr.:
Die Entwicklung der Zölle und Verbrauchssteuern des Deutschen Reiches im Jahre 1873/74
in: **Annalen des Deutschen Reiches**
(8. Jg.) **1875**, Sp. 891-902

Bachmann 1986

Bachmann, B.:
Die Entwicklung der äußeren Verwaltungsorganisation des nordrhein-westfälischen Regierungsbezirks Detmold in der Zeit von 1815-1980

Verwaltungswissenschaftliche Diplomarbeit
Konstanz 1986

Ball 1927 — Ball, K.:
Organisationsprobleme der Finanzverwaltung
in: **Vierteljahresschrift für Steuer- und Finanzrecht**
(1. Jg.) **1927**, S. 523-549

Bauer 1851 — Bauer:
Ein Wort über die Frage: Welche Steuern sind die besten?
in: **Archiv der politischen Oekonomie und Polizeiwissenschaft**, (N.F. Bd. 9) **1851**, S. 12-28
(Nachdruck Vaduz/Liechtenstein 1979)

BDSt 1959 — Bund Deutscher Steuerbeamten:
Vorschläge zur Finanz- und Steuerreform
Düsseldorf 1959

BDSt 1970 — Bund Deutscher Steuerbeamten (Hg.):
Fünfzig Jahre deutsche Steuerfachverwaltung
Düsseldorf 1970

Becker 1928 — Becker, E.:
Die Reichsabgabenordnung
(6. Aufl.) Berlin 1928

Beichelt 1987 — Beichelt, B.:
Aus der Arbeit des Steuergesetzgebers im ersten Halbjahr 1987
in: **StuW**, (65. Jg.) **1987**, Nr. 4, S. 379-382

Berliner Senat 1975 — Der Senat von Berlin:
Vorlage Nr. 38 über die Situation der Dienstkräfte in der Berliner Steuerverwaltung
Abgeordnetenhaus von Berlin/7. Wahlperiode
Drucksache 7/269 vom 05.12.1975

Bernstein 1842 — Bernstein, A.:
Zahlen frappieren! Oder die preußische Finanzverwaltung, (2. Aufl.) Berlin 1842

BFH 1968 — Bundesfinanzhof:
Entscheidung Nr. 82
in: **Sammlung der Entscheidungen des Bundesfinanzhofs**
(Bd. 91) **1968**, S. 293-298

v.Bitter 1906 | von Bitter, R.:
Handwörterbuch der preußischen Verwaltung
Erster Band
Berlin 1906

v.Bitter 1906a | von Bitter, R.:
Handwörterbuch der preußischen Verwaltung
Zweiter Band
Berlin 1906

Bispinck 1949 | Bispinck, C.:
Historische Entwicklung der Abteilung für Personal und Verwaltung der Oberfinanzpräsidien
in: **DStZ**, (37. Jg) **1949**, Nr. 22, S. 406-410

Blümich 1938 | Blümich, W.:
Finanzen und Steuern
in: Lammers, H.-H./Pfundtner, H. (Hg.):
Grundlagen, Aufbau und Wirtschaftsordnung des nationalsozialistischen Staates
Dritter Band: Die Wirtschaftsordnung des nationalsozialistischen Staates, Heft 62
Berlin/Wien o.J. (1938)

BMF 1969 | Bundesministerium der Finanzen (Hg.):
Von der Reichsschatzkammer zum Bundesfinanzministerium
Geschichte, Leistungen und Aufgaben eines zentralen Staatsorganes
bearb. von A. Pausch, Bonn 1969

BMF 1977 | Bundesministerium der Finanzen (Hg.):
Blaubuch
Zur Lage der Steuerverwaltungen der Länder
Bonn 1977

BMF 1987 | Bundesministerium der Finanzen (Hg.):
Unsere Steuern von A - Z
(9. Aufl.) Bonn 1987

Böhmert 1875 | Böhmert, V.:
Die Ergebnisse der sächsischen Einkommensteuer-Einschätzungen
in: **ZKSSB**, (21. Jg.) **1875**, S. 127-141

Böhmert 1880 | Böhmert, V.:
Die sächsische Einkommensteuer-Statistik von 1875-1880
in: **ZKSSB**, (26. Jg.) **1880**, S. 103-117

Böhmert 1882 Böhmert, V.:
Die Resultate der Einkommensteuer in Sachsen von 1875-1882 im Vergleiche mit Preußen
in: **ZKSSB**, (28. Jg.) **1882**, S. 184-200

Böhmert 1887 Böhmert, V.:
Die Ergebnisse der sächsischen Einkommensteuer von 1879-1886
in: **ZKSSB**, (33. Jg.) **1887**, S. 42-71

Böhmert 1891 Böhmert, V.:
Die sächsische Einkommensteuerstatistik von 1875-1890
in: **ZKSSB**, (37. Jg.) **1891**, S. 1 ff

Böhmert 1894/95 Böhmert, V.:
Sächsische Einkommensteuerstatistik von 1875-1894
in: **ZKSSB**, (40. Jg.) **1894/95**, S. 201-231

Böhmert 1898 Böhmert, W.:
Die Verteilung des Einkommens in Preußen und Sachsen
Dresden 1898

Böhmert 1904 Böhmert, V.:
Die sächsische Einkommensteuerstatistik für das Jahr 1902
in: **ZKSSB**, (50. Jg.) **1904**, S. 30 ff

Böhmert 1915 Böhmert, V.:
Die Einschätzung zur Einkommensteuer und zur Ergänzungsteuer auf das Jahr 1914
in: **Zeitschrift des Kgl. Sächsischen Statistischen Landesamts**, (11. Jg.) **1915**, S. 101-131

Boenicke 1928 Boenicke:
Die Organisation der Reichssteuerverwaltung
in: **StuW**, (7. Jg). **1928**, Sp. 701-764

Bolk/Deppe 1980 Bolk, W./Deppe, E. u.a.:
Lehrbuch für die Ausbildung im Steuerrecht und in Buchführung
(4. Aufl.) Herne/Berlin 1980

Bolk u.a. 1987 Bolk, W. u.a.:
Lehrbuch für Steuerrecht und Buchführung
Herne/Berlin 1987 (11. Aufl. von Bolk/Deppe 1980)

Bollacher 1976 — Bollacher, D.:
Die neue Abgabenordnung
in: Bundessteuerberaterkammer (Hg.):
Steuerberaterkonreß-Report 1976
München 1976, S. 103-120

Boochs 1985 — Boochs, W.:
Die Finanzverwaltung im Altertum
St. Augustin 1985

Borell/Stern 1987 — Borell, R./Stern, V.:
Keine Abstriche an der Steuersenkung 1990
hg. vom Karl-Bräuer-Institut des Bundes der Steuerzahler
Wiesbaden 1987

v.d. Borght 1916 — van der Borght, R.:
Die deutschen Kriegssteuergesetze von 1916
in: **Finanzarchiv**, (33. Jg.) **1916**, Bd. 2, S. 263-301

Bornhak 1886 — Bornhak, K.:
Geschichte des preußischen Verwaltungsrechts
Dritter Band: 1806-1848
Berlin 1886

Bornhak 1890 — Bornhak, K.:
Die preußische Finanzreform von 1810
in: Kaser, R. (Hg.):
Forschungen zur brandenburgischen und preußischen Geschichte, Bd. III, Leipzig 1890, S. 227-230

Bornhak 1893 — Bornhak, K.:
Preußisches Staatsrecht
Leipzig 1893

Bräuer 1955 — Bräuer, K.:
Probleme der Finanzverfassung und Finanzverwaltung in der Bundesrepublik
in: **DÖV**, (8. Jg.) **1955**, Nr. 19, S. 584-586

Breyhan 1959 — Breyhan, Chr.:
40 Jahre Finanzverwaltung
in: **DÖV**, (12. Jg.) **1959**, Nr. 21, S. 801-803

BRH 1987 — **Bemerkungen des Bundesrechnungshofes 1987 zur Haushalts- und Wirtschaftsführung**
Unterrichtung durch den Bundesrechnungshof
Deutscher Bundestag/11. Wahlperiode
Drucksache 11/872 vom 01.10.1987

Brinckmann u.a. 1981 — Brinckmann, H./Grimmer, K./Jungesblut, B. u.a.:
Automatisierte Verwaltung
Eine empirische Untersuchung über die Rationalisierung der Steuerverwaltung
Frankfurt/New York 1981

Buchenberger 1901 — Buchenberger, A.:
Die deutsche Besteuerung des 19. Jahrhunderts
in: **Zeitschrift für Sozialwissenschaft**
(4. Jg.) 1901, S. 167-188

Buck 1911 — Buck, L.:
Die weitere Entwicklung der Einkommen- und Vermögensbesteuerung in Preußen
in: **Finanzarchiv**, (28.Jg.) **1911**, Bd. 1, S. 45-140
Bd. 2, S. 370-390

Bühler 1927 — Bühler, O.:
Allgemeines Steuerrecht, Erster Band
Berlin 1927

Bühler 1930 — Bühler, O.:
Die Zuständigkeitsverteilung auf dem Gebiet des Finanzwesens
in: Anschütz, G./Thoma,R. (Hg.):
Handbuch des Deutschen Staatsrechts, Erster Band
Tübingen 1930, S. 321-345

Bühler 1950 — Bühler, O.:
Finanzgewalt im Wandel der Verfassungen
in: **Festschrift für Richard Thoma**
Tübingen 1950, S. 1-19

Bühler 1953 — Bühler, O.:
Steuerrecht, Band I: Allgemeines Steuerrecht
Wiesbaden 1953 (2. Aufl. von Bühler 1927)

Bülau 1833 — Bülau, F.:
Darstellung der Verfassung und Verwaltung des Königreichs Sachsen
Leipzig 1833

Bund 1987 — **Bund transparent, Ausgabe 87**
Parlament, Regierung, Bundesbehörden
(4. Aufl.) Bad Honnef 1987

Bundesregierung 1975 — Bundesregierung:
Dritter Bericht über die Automation in den Steuerverwaltungen der Länder

Unterrichtung durch die Bundesregierung
Deutscher Bundestag/7.Wahlperiode
Drucksache 7/4406 vom 4.12.1975

Burkhart 1876/1880 — Burkhart, K.:
Die bestehenden Einkommensteuern
in: **Annalen des Deutschen Reiches**
(9. Jg.) **1876**, Bd. 1, S. 21-51
(10. Jg.) **1877**, Bd. 1, S. 219-227
(12. Jg.) **1879**, Bd. 1, S. 1-26
(13. Jg.) **1880**, Bd. 2, S. 914-960

Caesar/Hansmeyer 1985 — Caesar, R./Hansmeyer, K.-H.:
Haushalts- und Finanzwesen
in: Jeserich, K.G.A. u.a. (Hg.):
Deutsche Verwaltungsgeschichte
Bd.4: Das Reich als Republik und in der Zeit des Nationalsozialismus, Stuttgart 1985, S. 832-882

Carstens 1947 — Carstens, K.:
Die Entwicklung des öffentlichen Rechts in Bremen seit dem 8.Mai 1945
in: **Deutsche Rechts-Zeitschrift**
(2. Jg.) **1947**, Nr. 7, S. 229-230

Cohn 1891 — Cohn, G.:
Die preußische Steuerreform
in: **Jahrbuch für Nationalökonomie**
(Bd. 56) **1891**, S. 20-52

Conrad 1871/73 — Conrad, J:
Die Revision der Gesetzgebung über die direkten Steuern in Sachsen
in: **Jahrbuch für Nationalökonomie**
1871, S. 428-442
1873, S. 227-250

Conrad 1879 — Conrad, J:
Die neueste Entwicklung der Steuergesetzgebung in Sachsen
in: **Jahrbuch für Nationalökonomie und Statistik**
1879, S. 445-469

Conrad 1896 — Conrad, J.:
Grundriß zum Studium der politischen Ökonomie
Dritter Teil: Finanzwissenschaft
(4.Aufl.) Jena 1906

Conrad 1919 — (7. Aufl.) von Conrad 1896, Jena 1919

Dehlinger 1950 — Dehlinger, A:
Württembergs Staatswesen in seiner geschichtlichen Entwicklung bis heute
2 Bd., Stuttgart 1950/51

Denkschrift 1847 — N.N.:
Denkschrift, betreffend die Aufhebung der Mahl- und Schlachtsteuer, die Beschränkung der Klassensteuer und die Erhebung einer Einkommensteuer
Berlin 1847

Denkschrift Württemberg 1895 — **Ministerielle Denkschrift betreffend die Weiterbildung der direkten Steuern in Württemberg vom 14.5.1895**
in: **Finanzarchiv**, (12. Jg.) **1895**, Bd. 2, S. 214- ?

Denkschrift Württemberg 1910 — **Ministerielle Denkschrift betreffend die Fortführung der Steuerreform in Württemberg**
in: **Finanzarchiv**, (27. Jg.), **1910**, Bd. 1, S. 394-479

Dieterici 1975 — Dieterici, C.:
Zur Geschichte der Steuerreform in Preußen von 1810-1820
Berlin 1875

Dietrich 1940 — Dietrich, R.:
Die Verwaltungsreform in Sachsen 1869-1873
in: **Archiv für Sächsische Geschichte**
(Bd. 61) **1940**, S. 49-85

Droste 1897 — Droste:
Zur Auslegung des § 14 des Einkommensteuergesetzes vom 24. Juni 1891
in: **Verwaltungsarchiv**, (Bd. 5) **1897**, S. 543-583

Droste 1900 — Droste:
Die Strafbestimmungen des preußischen Einkommensteuergesetzes vom 24. Juni 1891 und des Ergänzungssteuergesetzes vom 14. Juli 1893
in: **Verwaltungsarchiv**, (Bd. 8) **1900**, S. 348-433

Düringer 1920 — Düringer:
Die Verfassungswidrigkeit der Reichsabgabenordnung
in: **Recht und Wirtschaft**, (9. Jg.) **1920**, Nr. 1, S. 2-5

Eichmann 1904 — Eichmann
Württembergisches Einkommensteuergesetz und seine Durchführung
in: **Annalen des Deutschen Reiches**
(37. Jg.) **1904**, S. 900-910

Ellwein 1980 — Ellwein, Th.:
Bürokratisierung und Verrechtlichung - eine Problemskizze
in: **Konstanzer Blätter für Hochschulfragen Nr. 18**
Konstanz 1980, S. 7-18

Ellwein 1988 — Ellwein, Th.:
Verwaltung und Verwaltungsvorschriften
Notwendigkeit und Chance der Vorschriftenvereinfachung
Opladen/Wiesbaden 1988

Enneccerus 1893 — Ennecerus, L.:
Vermögensteuer, fundierte Einkommensteuer oder Erbschaftsteuer?
Marburg 1893

Fecht 1985 — Fecht, R.:
Zur Reform des deutschen Einkommensteuerrechts
in: **Finanzarchiv**, (N.F. Bd. 43) **1985**, S. 67-85

Finken/Heilmaier 1979 — Finken, J./Heilmaier, G.:
Probleme der Außenprüfung
in: Bundessteuerberaterkammer (Hg.):
Steuerberaterkongreßreport 1979
München 1979, S. 187-211

Fischer 1970 — Fischer, H.J.:
Parlamentarischer Rat und Finanzverfassung
Diss. Kiel 1970

Fischer 1910 — Fischer, O.:
Das Verfassungs- und Verwaltungsrecht des Deutschen Reiches und des Königreichs Sachsen in seinen Grundzügen systematisch dargestellt
(12. Aufl.) Leipzig 1910

Fischer-Menshausen 1948 — Fischer-Menshausen, H.:
Die Länder im künftigen Finanzausgleich
in: **DÖV**, (1. Jg.) **1948**, S. 10-19

Flämig 1985 — Flämig, Ch.:
Einführung in die Steuergesetze
in: **Steuergesetze I**
(11. Aufl.) Nördlingen 1985

Flume 1970 | Flume, W.:
Die Ausbildung für eine Tätigkeit im Steuerwesen
in: Bundeskammer der Steuerbevollmächtigten (Hg.):
Steuer-Kongreß-Report 1970
München 1970, S. 277-297

Frenkel 1953 | Frenkel, E.:
Steuerpolitik und Steuerrecht der sowjetischen Besatzungszone
Bonn 1953

Fricker 1891 | Fricker, C.V.:
Grundriß des Staatsrechts des Königreichs Sachsen
Leipzig 1891

Friebe 1987 | Friebe, S.:
Verbesserung der Steuerentlastung 1988
in: Deutsche Steuer-Zeitung (DStZ)
(75. Jg.) 1987, Nr. 13, S. 315-319

Frotscher 1987 | Frotscher, G. (Hg.):
Kommentar zum Einkommensteuergesetz
Freiburg 1981
(Stand: 32. Lieferung 1987)

Fuisting 1892 | Fuisting, B.:
Das preußische Einkommensteuergesetz vom 14.6.1891 und die Ausführungsverordnung vom 5.8.1891 mit Erläuterungen und einer Einleitung
(2. Aufl.) Berlin 1891

Fuisting 1894 | (3. Aufl.) von Fuisting 1892
Berlin 1894

Fuisting 1894 | Fuisting, B.:
Die geschichtliche Entwicklung des preußischen Steuersystems und systematische Darstellung der Einkommensteuer
Berlin 1894

Fuisting 1907 | Fuisting, B.:
Die direkten Steuern, Erster Band
(7. Aufl.) Berlin 1907

Fulda 1837 | Fulda, F.K.:
Über die Wirkung der verschiedenen Arten von Steuern auf die Moralität, den Fleiß und die Industrie des Volkes
Stuttgart 1837

Gärtner 1898
Gärtner, F.W.:
Über den Einkommensbegriff
in: **Finanzarchiv**, (15. Jg.) **1898**, Bd. 2, S. 31-50

Gaupp 1895
Gaupp, L.:
Das Staatsrecht des Königreichs Württemberg
(2. Aufl.) Freiburg i.Br. und Leipzig 1895

Gedicke 1929
Gedicke, R.:
Die rechtliche Stellung des sächsischen Finanzministers im Verhältnis zu Parlament und Regierung
Kirchhain 1929

Geisler 1940
Geisler, E.:
Reichsabgabenordnung
Berlin o.J. (1940), (Sonderdruck aus dem Steuerhandbuch)

Gensel 1885
Gensel:
Die sächsische Einkommensteuer in ihrer praktischen Auswirkung
in: **Jahrbücher für Nationalökonomie und Statistik**
(Bd. 44) **1885**, S. 489-502

Gerlach 1900
Gerlach, O.:
Einkommensteuer
in: Conrad, J. u.a. (Hg.):
Handwörterbuch der Staatswissenschaften
Dritter Band, (2. Aufl.) Jena 1900, S. 381-419

Gerling 1916
Gerling, C.:
Organisation der städtischen Finanzverwaltung
in: **Annalen des Deutschen Reiches**
(49. Jg.) **1916**, S. 351-358

Gerling 1918
Gerling, C.:
Zur Reform der Technik der Verwaltung der direkten Steuern in Preußen
in: **Finanzarchiv**, (51. Jg.) **1918**, Bd. 1, S. 349-358

Gerloff 1913
Gerloff, W.:
Die Finanz- und Zollpolitik des Deutschen Reichs von der Gründung des Norddeutschen Bundes bis zur Gegenwart
Jena 1913

Gerloff 1948
Gerloff, W.:
Die Finanzgewalt im Bundesstaat
Frankfurt a.M. 1948

Geschäftsanweisung 1880 — **Geschäftsanweisung für die Vollziehungsbeamten im Bereiche der Verwaltungen der direkten und indirekten Steuern**, Vom 11.10.1879
Berlin 1880

Gneist 1881 — Gneist, R.:
Die preußische Finanzreform durch Regulierung der Gemeindesteuern
Berlin 1881

Göldner 1984 — Göldner, R.:
Lassen sich Personal Computer in den Finanzämtern einsetzen?
in: **ÖVD/online, 1984**, Nr. 12, S. 93-98

Göppert 1986 — Göppert, H.:
Personalbedarfsberechnung - Ein Buch mit sieben Siegeln?
in: **DStG, 1986**, Nr. 5, S. 64-66

Göz 1908 — Göz, K.:
Das Staatsrecht des Königreichs Württemberg
Tübingen 1908

Gotthardt 1917 — Gotthardt, G.:
Kriegsfragen der Steuerpolitik
in: **Annalen des Deutschen Reiches**
(50. Jg.) **1917**, S. 274-308

Grabower 1932 — Grabower, R.:
Preußens Steuern vor und nach den Befreiungskriegen
Berlin 1932

Grabower 1932a — Grabower, R.:
Die Stellung der Buch- und Betriebsprüfung im Steuerwesen
in: Deutsch, P. (Hg.):
Steuerwirtschaftliche Probleme der Gegenwart
Festgabe für Hermann Grossmann
Berlin/Wien o.J. (1932). S. 95-137

Grenzboten 1897 — **Zur Einkommensteuerveranlagung in Preußen**
in: **Die Grenzboten**, Zeitschrift für Politik, Literatur und Kunst, (56. Jg.) **1897**, S. 471-477

v.d.Groeben 1975 — von der Groeben, K.:
Die Verwaltung der direkten Steuern in Preußen
in: **Die Verwaltung**, (Bd. 7) **1975**, Nr. 4, S. 512-522

Grotefend 1890 — Grotefend, G.A.:
Die Organisation der unmittelbaren und mittelbaren Steuerverwaltung in Preußen
Berlin 1890

Grotewold 1906 — Grotewold, C.:
Das Finanzsystem des Deutschen Reiches
Leipzig 1906

Groth 1944 — Groth, K.:
Die Reichsfinanzverwaltung
Bücherei des Steuerrechts, Bd. 1
(8. Aufl.) Berlin u.a. 1944

Gürsching 1941 — Gürsching:
Behörden (Abgabenordnung VII)
in: Hartmann, A. (Hg.):
Kartei-Handbuch des Steuerrechts
Wirtschaftskartei 280
Stuttgart 1934 (Stand: Januar 1941)

Häuser 1977 — Häuser, K.:
Abriß der geschichtlichen Entwicklung der öffentlichen Finanzwirtschaft
in: Andel, N./Haller, H.:
Handbuch der Finanzwissenschaft, Erster Band
(3. Aufl.) Tübingen 1977, S. 1-51

Haller 1915 — Haller, F.:
Handwörterbuch der württembergischen Verwaltung
Stuttgart 1915

Hartmann 1961 — Hartmann, A.:
Finanzverwaltung
in: von Beckerath, E. u.a. (Hg.):
Handwörterbuch der Sozialwissenschaften (HDSW)
Dritter Band, Stuttgart u.a. 1961, S. 668-674

Hartmann/Walter 1984 — Hartmann, B./Walter, N.:
Auslegung und Anwendung von Steuergesetzen
Grundlagen der Rechtsanwendung im Steuerrecht
Berlin 1984

Hartung 1888 — Hartung, H.:
Die Einrichtung der Preußischen Zoll- und Steuerverwaltung
Minden i.W. 1888

Hasche 1901 — Hasche, P.:
Königlich sächsisches Einkommensteuergesetz vom 24.7.1900 nebst der dazugehörigen Ausführungsverordnung und Instrution
Leipzig 1901

Haslinde 1952 — Haslinde:
Die Aufgaben der Landesfinanzverwaltungen und die Geschäftslage bei den Finanzämtern
im Bericht über die 5. Bonner Steuertagung 1952 des Instituts für Steuerrecht an der Universität Köln
in: **StuW**, (29. Jg.) **1952**, Sp. 400-402

Hasselmann 1985 — Hasselmann, R.:
Steuerverwaltung: Neue Chancen für Hauptschüler im mittleren Dienst
in: **SteuerStud**, (6. Jg.) **1985**, Nr. 6, S. 161

Hasselmann 1985a — Hasselmann, R.:
Steuerbeamtenausbildung: Neuer Studienplan für den gehobenen Dienst
in: **SteuerStud**, (6. Jg.) **1985**, Nr. 9, S. 257-258

Hasselmann 1986 — Hasselmann, R.:
Der höhere Dienst in der Steuerverwaltung
in: **SteuerStud**, (7. Jg.) **1986**; Nr. 12, S. 354-356

Haug 1897 — Haug, H.:
Die oberste sächsische Finanzbehörde
in: **Finanzarchiv**, (14. Jg.) **1897**, Bd. 2, S. 162-198

v.Heckel 1890 — von Heckel, M.:
Die Einkommensteuer und die Schuldzinsen
Ein Beitrag zur Kritik und Reform der deutschen Einkommensteuern
Leipzig 1890

v.Heckel 1898 — von Heckel, M.:
Das Budget
Hand- und Lehrbuch der Staatswissenschaften, 2. Abteilung, Bd. IV, Leipzig 1898

v. Heckel 1900 — von Heckel, M.:
Finanzverwaltung
in: Conrad, J. u.a. (Hg.):
Handwörterbuch der Staatswissenschaften
Dritter Band, (2. Aufl.) Jena 1900, S. 995-1012

v. Heckel 1900a
von Heckel, M.:
Finanzstatistik
in: Conrad, J. u.a. (Hg.):
Handwörterbuch der Staatswissenschaften
Dritter Band, (2. Aufl.) Jena 1900, S. 979-994

Hedtkamp 1977
Hedtkamp, O.:
Lehrbuch der Finanzwissenschaft
(2. Aufl.) Neuwied 1977

Heil 1888
Heil, A.:
Resultat der Einschätzung zur Einkommensteuer in Hessen, Sachsen und Hamburg in Bezug auf die Entwicklung des Mittelstandes
Jena 1888

Heinecke 1876
Heinecke, J.:
Die Einkommensverhältnisse der preußischen unmittelbaren Staatsbeamten
Berlin 1876

Heinke 1973
Heinke, S.:
Neustrukturierung der Finanzverwaltung
in: **DSWR**, (2. Jg.) **1973**, Nr. 19, S. 98-100

Held 1872
Held, A.:
Die Einkommensteuer
Bonn 1872

Hellwig 1977
Hellwig, P.:
Abgabenordnung (AO 1977)
(9. Aufl.) Stuttgart 1977

Hendricks 1985
Hendricks, B.:
Die Ausbildung zum Diplom-Finanzwirt in Nordrhein-Westfalen
in: **SteuerStud**, (6. Jg.) **1985**, Nr. 5, S. 129-130

Henkelmann 1947
Henkelmann, F.:
Die Umgestaltung der Steuerverwaltung durch den Nationalsozialismus
Diss. Köln 1947

Henrich 1889
Henrich, L.
Die Reform der direkten Steuern, insbesondere die Einführung der Selbsteinschätzung in Preußen
(2. Aufl.) Berlin 1889

Hensel 1927 | Hensel, A.:
Steuerrecht
Enzyklopädie der Rechts- und Staatswissenschaft, Bd. 28
(2. Aufl.) Berlin 1927

Hensel 1874/75 | Hensel, J.
Die Steuerreform im Königreich Sachsen
in: **Annalen des Deutschen Reiches**
(7. Jg.) **1874**, Sp. 1373-1486
(8. Jg.) **1875**, Sp. 1519-1548

Hettlage 1953/54 | Hettlage, K.H.:
Die Neuordnung der deutschen Finanzverfassung
in: **Finanzarchiv**, (N.F. Bd. 14) **1953/54**, S. 405-481

Hettlage 1985 | Hettlage, K.M.:
Die Finanzverwaltung
in: Jeserich, K.G.A. u.a. (Hg.)
Deutsche Verwaltungsgeschichte
Bd. 4: Das Reich als Republik und in der Zeit des Nationalsozialismus, Stuttgart 1985, S. 177-201

Hettlage 1986 | Hettlage, K.M.:
Finanzverfassung und Finanzverwaltung
in: Görres-Gesellschaft (Hg.):
Staatslexikon, Zweiter Band
(7. Aufl.) Freiburg u.a. 1986, Sp. 605-615

Heyse 1977 | Heyse, E.:
Die Aufgbe der Automatisierung in einem mehrstufigen Verwaltungsaufbau
Das Beispiel der Datenerfassung in der hessischen Steuerverwaltung
Gesamthochschule Kassel, Forschungsprojekt Verwaltungsautomation, Arbeitspapier 08, (2. Aufl.) Kassel 1977

Höpker-Aschoff 1947 | Höpker-Aschoff, H.:
Die Finanzhoheit im künftigen Staat
in: **Die Zeit**, (2. Jg.) **1947**, Nr. 18, S. 1-2

Höpker-Aschoff 1948 | Höpker-Aschoff, H.:
Die Wirtschaftsverwaltung in Frankfurt und das deutsche Finanzwesen
Bielefeld 1948

Höpker-Aschoff 1949 | Höpker-Aschoff, H.:
Das Finanz- und Steuersystem des Bonner Grundgesetzes
in: Archiv des öffentlichen Rechts (**AöR**)
(Bd. 75) **1949**, S. 306-331

Höpker-Aschoff 1950/51 — Höpker-Aschoff, H.:
Das Finanzwesen der Bundesrepublik
Bemerkungen zu dem Buch von G. Wacke
in: **Finanzarchiv**, (N.F. Bd. 12) **1950/51**, S. 725-729

Höppner 1985 — Höppner, H.D.:
Das Bundesamt für Finanzen:
Stellung, Aufgaben und Bedeutung
in: **Finanzarchiv**, (N.F. Bd. 43) **1985**, S. 106-118

Hoffmann 1906 — Hoffmann, A.:
Die direkten Staatssteuern im Königreich Sachsen
Leipzig 1906

Hoffmann 1857 — Hoffmann, C.H.L.:
Das württembergische Finanzrecht oder die Finanzgesetzgebung und Verwaltung des württembergischen Staates in ihrem gegenwärtigen rechtlichen Bestande
Tübingen 1857

Hoffmann 1829/30 — Hoffmann, C.J.:
Kurze geographische Übersicht des Königreichs Sachsen nebst Angabe sämtlicher Staatsdiener
Marienberg 1829/30

Hopf 1947 — Hopf, W.
Betrachtungen zur Steuermoral
in: **Der Steuerberater**, (2. Jg.) **1947**, Nr. 4, **S. 49-50**

Hubatsch 1978 — Hubatsch, W. (Hg.):
Grundriß der deutschen Verwaltungsgeschichte 1815-1945
Reihe A, Bd. 12: Preußen, Zentralbehörden, unmittelbare Gebiete
Marburg 1978

Huber 1887 — Huber, F.:
Der Abschluß der württembergischen Steuerreform
Stuttgart 1887

Hue de Grais 1882 — Hue de Grais, R.:
Handbuch der Verfassung und Verwaltung in Preußen und dem deutschen Reiche
Berlin 1882

Institut Finanzen und Steuern 1952 — Institut Finanzen und Steuern:
Der Finanzausgleich
Beiträge zur Frage des Finanzausgleichs und der Organisation der Finanzverwaltung
Schriftenreihe des Instituts, Heft 17, Bonn 1952

Institut Finanzen und Steuern 1956 — Institut Finanzen und Steuern:
Finanzverwaltung und Finanzausgleich in der Weimarer Republik
Schriftenreihe des Instituts, Heft 42, Bonn 1956

Institut Finanzen und Steuern 1957 — Institut Finanzen und Steuern:
Grundlagen und Möglichkeiten einer organischen Finanz- und Steuerreform III
Schriftenreihe des Instituts, Heft 30, Bd. 3, Bonn 1957

Institut Finanzen und Steuern 1962 — Institut Finanzen und Steuern:
Grundlagen und Möglichkeiten einer organischen Finanz- und Steuerreform
Zur Neuordnung der Finanzverfassung und des Steuersystems
Schriftenreihe des Instituts, Heft 60, Bonn 1962

Institut Finanzen und Steuern 1966 — Institut Finanzen und Steuern:
Die große Finanzreform - Gutachten
Schriftenreihe des Instituts, Heft 80, Bonn 1966

Jäger 1877 — Jäger, E.L.:
Die Steuern
Stuttgart 1877

Jenetzky 1982 — Jenetzky, J.:
Die Misere der Steuerverwaltung
Über die Wirklichkeit der Steuerrechtsanwendung durch die Steuerbehörden
in: **StuW**, (59. Jg.) **1982**, Nr. 3, S. 273-285

Jeserich 1983 — Jeserich, K.G.A. u.a. (Hg.):
Deutsche Verwaltungsgeschichte
Bd. 2: Vom Reichsdeputationshauptschluß bis zur Auflösung des Reiches
Stuttgart 1983

Jeserich 1984 — Jeserich, K.G.A. u.a. (Hg.):
Deutsche Verwaltungsgeschichte
Bd. 3: Das Deutsche Reich bis zum Ende der Monarchie
Stuttgart 1984

Jürgens 1986 — Jürgens, G.:
Die Bundesfinanzakademie
in: **SteuerStud**, (7. Jg.) **1986**, Nr. 5, S. 130-135

Jungesblut 1980 — Jungesblut, B.:
Stand der Automation in den Finanzämtern
in: Garstka, H. (Hg.):
Verwaltungsinformatik, Darmstadt 1980, S. 52-55

Jungesblut 1986 — Jungesblut, B.:
Akteure im Entwicklungs- und Einführungsprozeß
Das integrierte Besteuerungsverfahren in Hessen
in: Grimmer, K. (Hg.):
Informationstechnik in öffentlichen Verwaltungen
Basel u.a. 1986, S. 26-121

Justus 1897 — Justus, J.:
Die preußische Steuerreform und die Reichseinkommensteuer
in: **Finanzarchiv**, (14. Jg.) **1897**, Bd. 2, S. 58-97

Kaemmel 1958 — Kaemmel, E.:
Das Finanzsystem der Deutschen Demokratischen Republik
in: Gerloff, W./Neumark, F. (Hg.):
Handbuch der Finanzwissenschaft
(2. Aufl.) Tübingen 1958, S. 396-419

v.Kalm 1950 — von Kalm, D.:
Zum Gesetz über die Finanzverwaltung
in: Deutsches Verwaltungsblatt (**DVBl.**),
(65. Jg). **1950**, S. 740-743

Karlsen 1978 — Karlsen, Th::
EDV und Verwaltungsstruktur
Auswirkungen der elektronischen Datenverarbeitung auf die Struktur der hessischen Steuerverwaltung
Gesamthochschule Kassel, Forschungsprojekt Verwaltungsautomation, Arbeitspapier 14, Kassel 1978

Kaufmann 1919 — Kaufmann, E.:
Die reichseigene Steuerverwaltung - ihre politische Bedeutung und ihre verfassungsrechtlichen Grundlagen
in: **Recht und Wirtschaft**,
(8. Jg.) **1919**, Nr. 12, S. 211-218

v.Kaufmann 1900 — von Kaufmann, R.:
Einige Bemerkungen zu den preußischen Budgets seit 1880
in: **Finanzarchiv**, (17. Jg.) **1900**, Bd. 1, S. 144-177

Kirchgänger 1985 — Kirchgänger, G.:
Die Entwicklung der Einkommensteuerprogression in der Bundesrepublik Deutschland
in: **Finanzarchiv**, (N.F. Bd. 43), **1985**, S. 328-347

Kirsch 1887 — Kirsch, L.:
Das kameralistische Studium im Großherzogtum Baden
in: **Finanzarchiv**, (4. Jg.) **1887**, Bd, 1, S. 1-80

Kitsche 1960 — Kitsche, A.:
Das Steuersystem in der sowjetischen Besatzungszone Deutschlands
Gelsenkirchen-Buer 1960

Klein 1970 — Klein, E.:
Das Bundesministerium der Finanzen
Reihe 'Ämter und Organisationen der Bundesrepublik Deutschland', Bd. 3, (3. Aufl.) Bonn 1970

Klein 1974 — Klein, E.:
Geschichte der öffentlichen Finanzen in Deutschland (1500-1870)
Wiesbaden 1974

Klein 1969 — Klein, F.:
Die Zuständigkeiten in der Steuergesetzgebung und der Steuerverwaltung nach der Finanzreform
in: Der Betriebs-Berater (**BB**)
(24. Jg.) **1969**, Nr. 31, S. 1321-1324

Klein 1985 — Klein, F.:
Einkommensteuergesetz 1985 (EStG 1985)
Baden-Baden 1985

Klein 1981 — Klein, Th. (Hg.):
Grundriß zur deutschen Verwaltungsgeschichte 1815-1945
Bd. 14: Sachsen
Marburg 1981

Kletke 1865 — Kletke, G.M.:
Die Klassen- und klassifizierte Einkommensteuer im preußischen Staate nach dem Gesetz vom 1.5.1851
Hamm 1865

Kletke 1877 | Kletke, G.M.:
Die preußische Klassensteuer erläutert
Berlin 1877

Klevenz 1916 | Klevenz, F.:
Die Badische Steuerverwaltung, Erster Teil
Mannheim u.a. 1916

Klos 1985 | Klos, J.:
Die Steuerfahndung
in: **SteuerStud**, (6. Jg.) **1985**, Nr. 11, S. 322-326

Knaut 1966 | Knaut, M.:
Geschichte der Verwaltungsorganisation unter besonderer Berücksichtigung Preußens und der rheinisch-westfälisch-lippischen Lande
Stuttgart 1966

Knobbe-Keuk 1981 | Knobbe-Keuk, B.:
Der neue § 15a EStG - ein Beispiel für den Gesetzgebungsstil unserer Zeit
in: **StuW**, (58. Jg.) **1981**, Nr. 2, S. 97-105

Koch 1901 | Koch, P.:
Die Last der indirekten Steuern
in: **Annalen des Deutschen Reiches**
(34. Jg.) **1901**, S. 881-890

Koch 1986 | Koch, K.:
Abgabenordnung (AO 1977)
(Kommentar),(3. Aufl.) Köln u.a. 1986

Königs 1875 | Königs, G.:
Zur Ausbildung und Stellung der Beamten in Preußen
Berlin 1875

Köppe 1914 | Köppe, H.:
Die Reichssteuerreform von 1913
in: **Finanzarchiv**, (31. Jg.) **1914**, Bd. 1, S. 254-319

Kolms 1976 | Kolms, H.:
Finanzwissenschaft, Bd. 3: Besondere Steuerlehre
(4. Aufl.) Berlin 1976

Kohlrust/Heilmann 1968 | Kohlrust/Heilmann:
Die Beamtenausbildung in der Steuerverwaltung
Berlin/Frankfurt a.M. 1968

Kraatz 1881 — Kraatz, E.:
Die Geschichte der Steuern und die Reform derselben in Reich, Staat und Stadt vom Standpunkte der Praxis
Liegnitz 1881

Krein 1977 — Krein, R.:
Die Reformvorschläge zur Abgabenordnung, zur Einkommensteuer und zur Körperschaftsteuer unter Berücksichtigung der bis Ende 1976 verkündeten Gesetzesänderungen und ihre Auswirkungen auf die Steuerpflichtigen
Zürich u.a. 1977

Kries 1855 — Kries, C.:
Die preußische Einkommensteuer und die Mahl- und Schlachtsteuer
in: **Zeitschrift für die gesamte Staatswissenschaft** (11. Jg.) **1855**, S. 58-84

Kries 1855a — Kries, C.:
Ergebnisse der preußischen Einkommensteuer und Vorschläge zu ihrer Verbesserung
in: **Zeitschrift für die gesamte Staatswissenschaft** (11. Jg.) **1855**, S. 361-420

Kruft 1947 — Kruft, W.:
Zersplitterte Finanzverwaltung?
in: **Die Zeit**, (2. Jg.) **1947**, Nr. 30, S. 7

Kruse 1973 — Kruse, H.W.:
Steuerrecht, Bd. 1: Allgemeiner Teil
(3. Aufl.) München 1973

Kühn 1938 — Kühn, R.:
Allgemeines Steuerrecht
Berlin 1938

Lampe 1880 — Lampe, A.:
Die Klassensteuer
(2. Aufl.) Breslau 1880

Lange/Sippel 1986 — Lange, K./Sippel, F.:
Verwaltungsautomation und Bürgerservice
Ansätze zur Auflösung eines Widerspruchs
Opladen 1986

Lassar 1926 — Lassar, G.:
Reichseigene Verwaltung unter der Weimarer Verfassung
in: **Jahrbuch des öffentlichen Rechts der Gegenwart**
(Bd. 14) **1926**, S. 1-231

Lassar 1929 — Lassar, G.:
Die reichseigene Verwaltung
in: Harms, B. (Hg.):
Recht und Staat im Neuen Deutschland, Erster Band
Berlin 1929, S. 207-248

Laufenburger 1956 — Laufenburger, H.:
Die Einkommensbesteuerung
in: Gerloff, W./Neumark,F.:
Handbuch der Finanzwissenschaft, Zweiter Band
(2. Aufl.) Tübingen 1956, S. 447-501

Leesch 1981/82 — Leesch, W.:
Geschichte der Steuerverfassung und -verwaltung in Westfalen seit 1915; Erster Teil
in: **Westfälische Zeitschrift**
(Bd. 131/132) **1981/82**, S. 413-493

Leesch 1983 — Leesch, W.:
Geschichte der Steuerverfassung und -verwaltung in Westfalen; Zweiter Teil
in: **Westfälische Zeitschrift**
(Bd. 133) **1983**, S. 233-331

Leidel 1964 — Leidel, H.:
Die Begründung der Reichsfinanzverwaltung
Schriftenreihe des Bundesmin. der Finanzen, Heft 1
Bonn 1964

Leuthold 1878 — Leuthold, C.:
Das königlich sächsische Verwaltungsrecht
Leipzig 1878

Lietmeyer 1987 — Lietmeyer, V.:
Die deutsche Steuerreform 1990
Schriftenreihe des Instituts für Finanzwissenschaft und Steuerrecht, Heft 152, Wien 1987

Littmann u.a. 1985 — Littmann, E./Bitz, H./Meincke, J.P.:
Das Einkommensteuerrecht, Erster Band: §§ 1-12
(14. Aufl.) Stuttgart 1985

List 1975 — List, H.:
Die Rechtsquellen des modernen Steuerrechts
in: Bundessteuerberaterkammer (Hg.):
Steuerkongreß-Report 1975
München 1975, S. 139-167

Löbe 1912 — Löbe, E.:
Der Staatshaushalt des Königreichs Sachsen in seinen verfassungs- und etatrechtlichen Beziehungen
(3. Aufl.) Leipzig 1912

Löbich 1981 — Löbich, M.:
Rationalisierung in der Steuerverwaltung
Ursachen, Verlauf und Auswirkungen technisch-organisatorischer Modernisierungsprozesse in Finanzämtern
Diss. Berlin 1981

Lommatzsch 1905 — Lommatzsch, G.:
Die Veränderungen in der Verwaltungseinteilung des Königreichs Sachsen seit 1815
in: **Zeitschrift des sächsischen statistischen Landesamtes,** (Bd. 51) **1905**, S. 83-91

Lorenz 1976 — Lorenz, K.-P.:
Änderungen der Steuerbeamtenausbildung
Das neue Steuerbeamten-Ausbildungsgesetz
in: **DStZ-A**, (64. Jg.) **1976**, Nr. 23, S. 441-445

Ludwig 1972 — Ludwig, W.:
Die Organisation der automatisierten Rechtsanwendung bei den Steuerverwaltungen der Länder
in: Öffentliche Verwaltung und Datenverarbeitung **(ÖVD)**, (2. Jg.) **1972**, Nr. 3, **S. 95-103**

Maatz 1906 — Maatz:
Die Novelle zum preußischen Einkommensteuer- und Ergänzungssteuergesetz
in: **Finanzarchiv**, (23. Jg.) **1906**, Bd. 2, S. 116-131

Maatz 1909 — Maatz:
Die preußische Einkommensteuer- und Ergänzungssteuernovelle von 1909
in: **Finanzarchiv**, (26. Jg.) **1909**, Bd. 2, S. 341-344

Mamroth 1890 — Mamroth, K.:
Geschichte der preußischen Staatsbesteuerung im 19. Jahrhundert
Leipzig 1890

Manicke 1906 Manicke, A.:
Die Tabaksteuervorlagen
in: **Finanzarchiv**, (23. Jg.) **1906**, Bd. 2, S. 289-331

Manke 1976 Manke, K.:
Neuorganisation der Finanzämter und Neuordnung des Besteuerungsverfahrens
in: **DStZ-A**, (64. Jg.) **1976**, Nr. 5, S. 83-88

Marcinowski 1893 Marcinowski, F.:
Aus der Praxis der Verwaltung der direkten Steuern
in: **Verwaltungsarchiv**, (Bd. 1) **1893**, S. 213-225

Martens 1980 Martens, J.:
Verwaltungsvorschriften zur Beschränkung der Sachverhaltsermittlung
Reihe Kölner Steuerthemen, Bd. 3
Köln 1980

Mattes 1946 Mattes, W.:
Zu den Steuergesetzen des Kontrollrates
in: Der Betriebs-Berater (**BB**)
(1. Jg.) **1946**, Nr. 1/2, S. 1-2

Matz 1949 Matz, W.:
Das Bonner Grundgesetz
in: **DÖV**, (2. Jg.) **1949**, Nr. 10, S. 181-185

Maunz/Dürig 1983 Maunz, Th./Dürig, G.u.a.:
Grundgesetz-Kommentar, Bd. IV
Loseblattsammlung, München, Stand: 21. Lieferung 1983

Mayer 1909 Mayer, O.:
Das Staatsrecht des Königreichs Sachsen
Tübingen 1909

Mayer 1926 Mayer, Th.:
Geschichte der Finanzwirtschaft und Finanzwissenschaft vom Spätmittelalter bis zum Ende des 18. Jahrhunderts
in: Gerloff, W./Meisel, F.:
Handbuch der Finanzwissenschaft, Erster Band
Tübingen 1926, S. 210-244

Mayer 1952 Mayer, Th.:
Geschichte der Finanzwirtschaft vom Mittelalter bis zum Ende des 18. Jahrhunderts
in: Gerloff, W./Neumark, F.:
Handbuch der Finanzwissenschaft, Erster Band
(2. Aufl.) Tübingen 1952, S. 236-272

v.Mayr 1890 — von Mayr, G.:
Einkommensteuer
in: von Stengel (Hg.):
Wörterbuch des deutschen Verwaltungsrechts
Bd. 1, Freiburg 1890, S. 297-300

v.Mayr 1891 — von Mayr, G,.:
Württembergische Steuerreformfragen
in: **Zeitschrift für die gesamte Staatswissenschaft**
(Bd. 47) **1891**, S. 253-278

Medicus 1932 — Medicus, F.A.:
Reichsverwaltung
in: **Jahrbuch des öffentlichen Rechts der Gegenwart**
(Bd. 20) **1932**, S. 1-115

Meilicke 1965 — Meilicke, H.:
Steuerrecht, Allgemeiner Teil
Berlin/Frankfurt a.M. 1965

Meisel 1911 — Meisel, F.:
Moral und Technik bei der Veranlagung der preußischen Einkommensteuer
in: **Jahrbuch für Gesetzgebung, Verwaltung und Volkswirtschaft**, (N.F. 35. Jg.) **1911**, S. 285-373

Meitzen 1884 — Meitzen, R.:
Begründung zu dem Entwurf eines Gesetzes betreffend die Einkommensteuer vom 17.12.1883
in: **Preußisches Abgeordnetenhaus**
15. Legislaturperiode, II. Session
Drucksache Nr. 42, 1884

Metzger 1987 — Metzger, U.:
Gesetzliches Regelungswerk und Vollzugsverwaltung
Ein historischer Vergleich der Einkommensteuergesetze und der Einkommensteuerverwaltungen Preußens, Sachsens und Württembergs im 19. Jahrhundert
Verwaltungswissenschaftliche Diplomarbeit
Konstanz 1987

Meyer 1895 — Meyer, J.:
Zur Frage der Neuordnung der württembergischen Bezirksfinanzverwaltung
Stuttgart 1895

Meyer 1900 | Meyer, R.:
Einkommen
in: Conrad, J. u.a. (Hg.):
Handwörterbuch der Staatswissenschaften
Dritter Band, (2. Aufl.) Jena 1900, S. 347-354

v.Mirbach-Sorquitten 1890 | von Mirbach-Sorquitten:
Zur Reform der direkten Steuern
Berlin 1890

v.Mirbach-Sorquitten 1891 | von Mirbach-Sorquitten:
Die Miquelsche Steuerreform im preußischen Abgeordnetenhaus
in: Tübinger Zeitschrift, (48. Jg.) **1891**, S. 383 ff

Möller 1970 | Möller, A.:
50 Jahre Reichsabgabenordnung
in: Bundesministerium der Finanzen (Hg.):
Fünfzig Jahre Reichsabgabenordnung
Blickpunkt Finanzen, Heft 1, Bonn 1970, S. 13-32

Möller 1971 | Möller, A.:
Reichsfinanzminister Matthias Erzberger und sein Reformwerk
Reihe Blickpunkt Finanzen, Heft 7, Bonn 1971

Möller 1929 | Möller, W.:
Das preußische Beamten- und Besoldungswesen 1870-1928
Diss. Frankfurt 1929

Mohl 1877 | Mohl, M.:
Kommissionsbericht an die württembergische Kammer der Abgeordneten über den von einem Abgeordneten gegen die indirekten Steuern und für eine Vermögen- und Einkommensteuer gestellten Antrag
Stuttgart 1877

v.Mohl 1840 | von Mohl, R.:
Das Staatsrecht des Königreichs Württemberg
(2. Aufl.) Tübingen 1840

Moll 1918 | Moll, W.:
Zur Veredelung der preußischen Einkommensteuer
in: **Finanzarchiv**, (35. Jg.) **1918**, Bd. 1, **S. 1-104**

Moraw 1986 | Moraw, P.:
Der 'Gemeine Pfennig'
Neue Steuern und die Einheit des Reiches im 15. und 16. Jahrhundert
in: Schultz, U. (Hg.):
Mit dem Zehnten fing es an
Eine Kulturgeschichte der Steuer
(2. Aufl.) München 1986, S. 130-142

Morsey 1957 | Morsey, R.:
Die oberste Reichsverwaltung unter Bismarck 1867-1890
Neue Münstersche Beitr. zur Geschichtsforschung, Bd. 3
Münster/Westf. 1957

Mrozek 1926 | Mrozek, A.:
Reichsabgabenordnung vom 18. Dezember 1919
Erläuterung
in: Boethke, W./Arlt, H. (Hg.):
Handbuch des Steuerrechts, Köln 1926, S. 1-273

Müller 1873 | Müller, H.:
Die Lehre von den direkten Steuern mit besonderer Rücksicht auf die württembergische Gesetzgebung
Böblingen 1873

Müller 1902 | Müller, J.:
Das Steuer- und Finanzwesen des h.r. Reiches im XVI. Jahrhundert
in: **Neue Jahrbücher für das klassische Altertum, Geschichte und deutsche Literatur**
(5. Jg.) **1902**, S. 652-678

Müller/Zeitler 1975 | Müller, L./Zeitler, F.-Chr.:
Zuständigkeiten bei der Verwaltung der Finanzen durch den Bund und die Länder
in: **DStZ-A**, (63. Jg.) **1975**, Nr. 24, S. 467-474

Nasse 1871 | Nasse, E.:
Die preußische Finanz- und Ministerkrisis im Jahre 1810 und Hardenbergs Finanzplan
in: **Historische Zeitschrift**, (Bd. 26) **1871**, S. 282-342

Neubrand 1915 | Neubrand, A.:
Die Belastung mit direkten Staatssteuern in Preußen, Bayern, Sachsen, Württemberg und Baden
Diss. Leipzig 1915

Neubrand 1916	Neubrand, A.: **Die Belastung mit direkten Staatssteuern in Preußen, Bayern, Sachsen Württemberg und Baden** in: **Finanzarchiv**, (33. Jg.) **1916**, Bd. 2, **S. 244-262**
Neumann 1882	Neumann, F.: **Schwebende Finanzfragen** in: **Jahrbuch für Gesetzgebung, Verwaltung und Volkswirtschaft im Deutschen Reich** (6. Jg.) **1882**, S. 945-976 und S. 1309-1335
Neumark 1961	Neumark, F.: **Einkommensteuer** in: von Beckerath, E. u.a. (Hg.): **Handwörterbuch der Sozialwissenschaften** **Dritter Band**, Tübingen 1961, S. 67-83
Nöll von der Nahmer 1964	Nöll von der Nahmer, R.: **Lehrbuch der Finanzwissenschaft** **Dritter Band**: Spezielle Steuerlehre Köln und Opladen 1964
Nordbeck 1967	Nordbeck, W.: **Geschichte des Finanzministeriums des Landes Nordrhein-Westfalen von 1946-1956** o.O. (Düsseldorf) 1967
v.Nositz 1903	von Nositz, H.: **Grundzüge der Staatssteuern im Königreich Sachsen** Jena 1903
Opitz 1884	Opitz, H.G.: **Das Staatsrecht des Königreichs Sachsen. Bd. I** Leipzig 1884
Opitz 1887	Opitz, H.G.: **Das Staatsrecht des Königreichs Sachsen, Bd. II** Leipzig 1887
Pauka 1988	Pauka, D.: Das Steuerreformgesetz 1990 - Überblick über die Abweichungen gegenüber dem Gesetzentwurf der Bundesregierung in: **Der Betrieb**, (41. Jg.) **1988**, Nr. 28, S. 1416-1418

Pausch 1965 | Pausch, A.:
Matthias Erzberger
Sein Leben und Werk
Reihe Wegbereiter des Steuerrechts, Bd. 2
Stuttgart 1965

Pausch 1972 | Pausch, A.:
Finanzverwaltung
in: Hartz, W. u.a. (Hg.):
Handwörterbuch des Steuerrechts, Erster Band
Bonn 1972, S. 384-387

Pausch 1979 | Pausch, A.:
Von der Miquelschen Steuerreform zur Betriebsprüfung
in: **StuW**, (56. Jg.) **1979**, Nr. 4, S. 365-373

Peters 1927 | Peters, H.:
Finanzverwaltung
in: Sacher, H./Görres-Gesellschaft (Hg.):
Staatslexikon, Zweiter Band
(5. Aufl.) Freiburg i.Br. 1927, Sp. 18-23

Pfeiffer 1867 | Pfeiffer, E.:
Das Steuerwesen in Württemberg und die von der Regierung beabsichtigte Steuererhöhung
Stuttgart 1867

Pfeiffer 1870 | Pfeiffer, E.:
Über den Entwurf eines neuen Steuergesetzes für Württemberg
Stuttgart 1870

Pistorius 1904 | Pistorius, Th.:
Die württembergische Steuerreform
in: **Finanzarchiv**, (21. Jg.) **1904**, Bd. 1, S. 1-114

Plückebaum u.a. 1978 | Plückebaum, R./Sauerland, H./Wendt, W.:
Einkommensteuer
Reihe Finanzkolleg-Ausbildungswerk, Bd. 3
(11. Aufl.) Düsseldorf/Achim 1978

Popitz 1919 | Popitz, J.:
Das Gesetz über die Reichsfinanzverwaltung
in: Deutsche Juristen-Zeitung
(24. Jg.) **1919**, Nr. 19/20, S. 778-785

Popitz 1928 — Popitz, J.:
Betrachtungen über Errichtung und Einrichtung des Reichsfinanzhofs
in: **StuW**, (7. Jg.) **1928**, Sp. 972-986

Preußisches Finanzministerium 1873 — Preußisches Finanzministerium
Bericht über die Finanzverwaltung Preußens in den Jahren 1870-1872
Berlin 1873

Preußisches Finanzministerium 1876 — Preußisches Finanzministerium
Bericht über die Finanzverwaltung Preußens in den Jahren 1873-1875
Berlin 1876

Preußisches Finanzministerium 1900 — Preußisches Finanzministerium
Bericht über die Finanzverwaltung Preußens vom 1.7.1897 bis 1.4.1899, Bd. I und II
Berlin 1900

Püschel 1986 — Püschel, H.:
EDV in der Steuerverwaltung - gestern, heute, morgen
in: **DSWR**, (15. Jg.) **1986**, Bd. 2, S. 47-51

Raatz/Podschwadek 1962 — Raatz, H.G./Podschwadek, W.:
Der Sachbearbeiter beim Finanzamt
Seine Stellung und seine Tätigkeit
Stuttgart 1962

Rasenack 1985 — Rasenack, Chr.:
Steuern und Steuerverfahren
Heidelberg 1985

Raupach 1985 — Raupach, A.:
Der Niedergang des deutschen Einkommensteuerrechts - Möglichkeiten der Neubesinnung
in: Raupach, A./Tipke, K./Uelner, A.:
Niedergang oder Neuordnung des deutschen Einkommensteuerrechts?
Münsteraner Symposion, Bd. I, Köln 1985, S. 15-132

Reiche 1878 — Reiche, F.:
Die Steuerreform
Dresden 1878

Reinhardt 1944 — Reinhardt, F.:
Zur Steuervereinfachungs-Verordnung
in: **Deutsche Steuer-Zeitung** (Beamten-Ausgabe) (10. Jg.) **1944**, Nr. 37/38, **S. 365-373**

Rendels 1978 | Rendels, H.J.:
Automation im Besteuerungsverfahren
Ein Vierteljahrhundert Datenverarbeitung in der Steuerverwaltung
in: **DSWR**, (7. Jg.) **1978**, Nr. 8, S. 175-177

Respondek 1921 | Respondek, E.:
Die Reichsfinanzen, auf Grund der Reform von 1919/20
Berlin/Leipzig 1921

v.Riecke 1878 | von Riecke, K.V.:
Die direkten Steuern vom Etrag und vom Einkommen in Württemberg
in: **Württembergisches Jahrbuch für Statistik und Landeskunde, 1878**, S. 71-203

v.Riecke 1887 | von Riecke, K.V.:
Verfassung, Verwaltung und Staatshaushalt des Königreichs Württemberg
(2. Aufl.) Stuttgart 1887

Riede 1894 | Riede, J.:
Zur Neuordnung der direkten Steuern Württembergs unter Bezugnahme auf die Einkommensteuergesetzgebung und Statistik in anderen deutschen Bundesstaaten
Stuttgart 1894

Ries 1964 | Ries, B.:
Die Finanzpolitik im Deutschen Reich von 1933-1935
Diss. Freiburg i.Br. 1964

RMF 1920 | Reichsministerium der Finanzen (Bearb.):
Denkschrift über den Stand der Organisation der Reichsfinanzverwaltung
in: **Verhandlungen des Reichstags**
1. Wahlperiode 1920, **Bd. 364**, Drucksache 644
Berlin 1924

v.Rodern 1920 | von Rodern, Graf S.:
Die Reichsfinanzverwaltung
in: Arbeitsstätte für sachliche Politik (Hg.):
Die Finanzen des Reiches, der Länder und der Gemeinden, Frankfurt a.M. 1920, S. 39-47

v.Rönne 1883 | von Rönne, L.:
Das Staatsrecht der Preußischen Monarchie
Dritter Band: Verwaltungsrecht
(4. Aufl.) Leipzig 1883

v.Rönne 1884 — von Rönne, L.:
Das Staatsrecht der preußischen Monarchie
Vierter Band: Verwaltungsrecht/Zweite Abtheilung
(4. Aufl.) Leipzig 1884

Röpke 1928 — Röpke, W.:
Die Handelshochschule
Zweiter Band, Kapitel III: Finanzwissenschaft
Graz 1928

Roland 1987 — Roland, D.:
Die geplanten steuerrechtlichen Änderungen zur Finanzierung der Steuerreform - ein Überblick
in: **Finanz-Rundschau** (FR), **1987**, Nr. 22, S. 541-554

Rosenthal 1889 — Rosenthal, E.:
Geschichte des Gerichtswesens und der Verwaltungsorganisation Baierns, Erster Band
Würzburg 1889

Rosinus 1987 — Rosinus, W.:
Einkünfte und Besteuerung der Lohn- und Einkommensteuerpflichtigen 1983
in: **WiSta, 1987**, Nr. 12, S. 934-943

Rüfner 1981 — Rüfner, W.:
Die preußischen Staatsfinanzen von 1815 bis 1914
in: **DÖV**, (34. Jg.) **1981**, Nr. 15, S. 561-568

Ruhe 1970 — Ruhe, H.:
Bundesamt für Finanzen und andere Neuerungen in der Finanzverwaltung
in: **DStZ-A** (58. Jg.) **1970**, Nr. 24, S. 373-376

Sachverständigenkommission 1960 — **Bericht der Sachverständigenkommission für die Vereinfachung der Verwaltung beim Bundesministerium des Innern**
Bonn 1960

v.Sarwey 1883 — von Sarwey, O.:
Das Staatsrecht des Königreichs Württemberg
Bd. I und II
Tübingen 1883

v.Schall 1895 — von Schall, K.F.:
Beiträge zur Reform der direkten Steuern in Württemberg unter Berücksichtigung der Steuerreform in Preußen
in: **Finanzarchiv**, (12. Jg.) **1895**, Bd. 1, S. 1-61

Schanz 1896 | Schanz, G.:
Der Einkommensbegriff und die Einkommensteuergesetze
in: **Finanzarchiv**, (13. Jg.) **1896**, S. 1-87

Schanz 1895 | Schanz, G.:
Die Novelle zum sächsischen Einkommensteuergesetz vom 2. Juli 1878. Vom 10. März 1894
in: **Finanzarchiv**, (12. Jg.) **1895**, Bd. 1, S. 281-313

Schanz 1903 | Schanz, G.:
Die sächsische Steuerreform vom Jahre 1902
in: **Finanzarchiv**, (20. Jg.) **1903**, Bd. 1, S. 234-255

Schanz 1906 | Schanz, G.:
Die Reichsfinanzreform von 1906
in: **Finanzarchiv**, (23. Jg.) **1906**, Bd. 2, S. 177-331

van Scherpenberg 1984 | van Scherpenberg, J.:
Öffentliche Finanzwirtschaft in Westdeutschland 1944-1948
Steuer- und Haushaltswesen in der Schlußphase des Krieges und den unmittelbaren Nachkriegsjahren - dargestellt unter besonderer Berücksichtigung der Entwicklung in der britischen Zone
Frankfurt a.M. 1984

Schlicht 1982 | Schlicht, J.:
Verrechtlichung der Gesetzgebung
Fallstudie zur Entwicklung des EStG
Bad Honnef 1982

Schmid 1898 | Schmid, F.:
Der Übergang von der Ertrags- zur Einkommensbesteuerung,
Aus Anlaß der württembergischen Steuerreform
in: **Zeitschrift für die gesamte Staatswissenschaft**
(54. Jg.) **1898**, S. 529-560

Schmidt 1980 | Schmidt, G.:
Die Zentralverwaltung Sachsens 1831-1918, Zweiter Teil
in: **Letopis**, Jahresschrift des Instituts für serbische Volksforschung, Reihe B, **1980**, Nr. 27, S. 113-134

Schmölders 1965 | Schmölders, G.:
Allgemeine Steuerlehre
(4. Aufl.) Berlin 1965

Schneider 1912
Schneider:
Verbindung von Einkommensteuer und Vermögenssteuer mit Berücksichtigung der Steuerreformfrage in Württemberg
in: **Finanzarchiv**, (29. Jg.) **1912**, Bd. 1, S. 70-111

Schmoller 1921
Schmoller, G.:
Preußische Verfassungs- Verwaltungs- und Finanzgeschichte
Berlin 1921

Schöberle 1984
Schöberle, H.:
Steuerrecht
in: von Mutius, A. (Hg.):
Handbuch für die öffentliche Verwaltung (HöV)
Band 1, Darmstadt/Neuwied 1984, S. 457-517

v.Schönberg 1897/98
von Schönberg, G.
Handbuch der politischen Ökonomie, Bd. I -IV
(4. Aufl.) Tübingen 1897/98

v.Schönberg 1978
von Schönberg, R.:
Finanzgerichte in Not
in: **Deutsche Richterzeitung**, (56. Jg.) **1978**, S. 263-266

Schulze 1986
Schulze, H.:
Die keineswegs Goldenen Zwanziger Jahre
Steuerpolitik zwischen Inflation und Wirschaftskrise (1919-1932)
in: Schultz, U. (Hg.) 1986, a.a.O., S. 209-218

v.Schulze-Gaevernitz 1888
von Schulze-Gaevernitz, H.:
Das preußische Staatsrecht auf Grundlage des deutschen Staatsrechts dargestellt, Erster Band
(2. Aufl.) Leipzig 1888

v.Schulze-Gaevernitz 1890
von Schulze-Gaevernitz, H.:
Das preußische Staatsrecht auf Grundlage des deutschen Staatsrechts dargestellt, Zweiter Band
(2. Aufl.) Leipzig 1890

Schumann 1910
Schumann, F.:
Die Reichsfinanzreform von 1909
in: **Finanzarchiv**, (27. Jg.) **1910**, Bd. 1, S. 201-245

Schwandt 1929 | Schwandt, J.:
Finanzverwaltung des Deutschen Reiches
in: Elster, L./Weber, A. (Hg.):
Handwörterbuch der Staatswissenschaften
Ergänzungsband, (4. Aufl.) Jena 1929, S. 240-266

Schwarz/Strutz 1902 | Schwarz, O./Strutz, G.:
Die direkten und indirekten Steuern
in: dies.:
Der Staatshaushalt und die Finanzen Preußens
Erster Band, IV. Buch, Berlin 1902

Schwarz/Strutz 1904 | Schwarz, O./Strutz, G.:
Finanzministerium
in: dies.:
Der Staatshaushalt und die Finanzen Preußens
Zweiter Band, VIII. Buch, Berlin 1904

Schweigert 1970 | Schweigert, E.:
Die Finanzverwaltung Westdeutschlands in der Zeit vom Ende des 2.Weltkriegs bis zu ihrer Neuordnung durch das Grundgesetz
Schriftenreihe des Bundesmin. der Finanzen, Heft 12
Bonn 1970

Sentrup | Sentrup, H.:
Das Gesetz, betreffend die Einführung einer Klassen- und klassifizierten Einkommensteuer vom 1.5.1851 und den darauf bezüglichen Ministerial-Instructionen und Reskripten zusammengesetellt und erläutert
Halberstadt o.J.

Seubert 1855 | Seubert, A.:
Das Königreich Württemberg
Leipzig 1855

Seydel 1888 | Seydel, M.:
Das Staatsrecht des Königreichs Bayern
Freiburg i.Br. 1888

Siebert 1912 | Siebert, A.:
Die Entwicklung der direkten Besteuerung in den süddeutschen Bundestaaten im letzten Jahrhundert
in: **Zeitschrift für die gesamte Staatswissenschaft**
(68. Jg.) 1912, S. 1-52

Soetbeer 1875 — Soetbeer, A.:
Das gesamte Einkommen und dessen Verteilung im preußischen Staate
in: **Der Arbeiterfreund**, (13. Jg.) **1875**, S. 273-302

Soetbeer 1875a — Soetbeer, A.:
Die Klassen- und Einkommensteuer und die Einkommensverteilung im preußischen Staate
in: **Concordia**, (5. Jg.) **1875**, S. 106 ff

Spitaler 1935 — Spitaler, A.:
Ein Ausschnitt aus der Rationalisierung der Finanzverwaltung in Österreich
in: **Die Wirtschaft** (Prag), Beilage Steuern und Gebühren, (17. Jg.) **1935**, Nr.3

Spitaler 1956 — Spitaler, A.:
Der Notschrei der Steuerbeamtenschaft
in: Finanz-Rundschau **(FR)** (11. Jg.) **1956**, Nr. 16/17, S. 253-357

Spohr 1932 — Spohr, W.:
Das Rechtsmittelverfahren in Reichssteuersachen
Breslau 1932

Stadler 1969 — Stadler, K.:
Die neue Finanzverfassung
in: Bayerische Verwaltungsblätter (**BayVBl**) **1969**, Nr. 9, S. 297-302 und S. 341-345

v.Stein 1885/86 — von Stein, L.:
Lehrbuch der Finanzwissenschaft, Bd. I-IV
(5. Aufl.) Wien und Leipzig 1885/86

v.Stengel 1884 — von Stengel, K.:
Die Organisation der preußischen Verwaltung nach den neuen Reformgesetzen
Leipzig 1884

v.Stengel 1884a — von Stengel, K.:
Das Staatsrecht des Königreichs Preußen
Freiburg 1884

Steuerreform 1860 — N.N.:
Zur Steuerreform in Preußen
Elbing 1860

Steuerreform 1883 — N.N.:
Zur Reform der Preußischen Klassen- und Einkommensteuer
Berlin 1883

Stratmann 1987 — Stratmann, U.:
Aktuelle Ansätze zur Einkommensteuerreform
Ein Vergleich des steuerpolitischen Entscheidungsprozesses in den Vereinigten Staaten von Amerika und der Bundesrepublik Deutschland
Verwaltungswissenschaftliche Diplomarbeit
Konstanz 1987

Strutz 1909 — Strutz, G.:
Hundert Jahre preußisches Finanzministerium
in: **Verwaltungsarchiv**, (Bd. 17) **1909**, S. 179-194

Strutz 1912 — Strutz, G.:
Die Neuordnung der direkten Staatssteuern in Preußen
Berlin 1912

Strutz 1927 — Strutz, G.:
Kommentar zum Einkommensteuergesetz, Erster Band
Berlin 1927

Strutz 1927a — Strutz, G.:
Die Einkommensteuer
in: ders. (Hg.):
Handbuch des Reichssteuerrechts
(3. Aufl.) Berlin/Wien 1927, S. 221-440

Stubmann 1902 — Stubmann, P.:
Die Reform der sächsischen Steuern
in: **Annalen des Deutschen Reiches**
(35. Jg.) **1902**, S. 793-804

Stumpff 1905 — Stumpff, Fr.:
Die geschichtliche Entwicklung des württembergischen Staatssteuerwesens in allgemeinen Zügen
in: **Zeitschrift für die gesamte Staatswissenschaft**
(61. Jg.) **1905**, S. 710-724

Terhalle 1952 — Terhalle, F.:
Geschichte der deutschen öffentlichen Finanzwirtschaft vom Beginn des 19. Jahrhunderts bis zum Schlusse des Zweiten Weltkriegs
in: Gerloff, W./Neumark, F.:
Handbuch der Finanzwissenschaft, Erster Band
Tübingen 1952, S. 273-326

Tenhof 1985 | Tenhof, D.:
Steuermoral und Steuerhinterziehung- Die Versuchung ist zu groß
in: **DStG, 1985**, Nr. 1/2, S. 8-9

Tetzlaff 1916 | Tetzlaff, O.:
Die steuerliche Belastung in Preußen im Rechnungsjahre 1913
in: **Annalen des Deutschen Reiches**
(49. Jg.) **1916**, S. 784-788

Tipke 1968 | Tipke, K.:
Steuerliche Betriebsprüfung im Rechtsstaat
Reihe Steuerrecht im Rechtsstaat, Heft 6, München 1968

Tipke 1971 | Tipke, K.:
Steuerrecht - Chaos, Konglomerat oder System?
in: **StuW**, (48. Jg.) **1971**, S. 2-17

Tipke 1976 | Tipke, K.:
Die Abgabenordnung 1977 aus der Sicht der Steuerrechtswissenschaft
in: Bundessteuerberaterkammer (Hg.):
Steuerberaterkonreß-Report 1976
München 1976, S. 121-147

Tipke 1976a | Tipke, K.:
Die Steuergesetzgebung in der Bundesrepublik Deutschland aus der Sicht des Steuerrechtswissenschaftlers
in: **StuW**, (53. Jg.) **1976**; S. 293-310

Tipke 1979 | Tipke, K.:
Steuerrecht
(7. Aufl.) Köln 1977

Tipke 1981 | Tipke, K.:
Steuergerechtigkeit in Theorie und Praxis
Köln 1981

Tipke 1983 | Tipke, K.:
Plädoyer für ein neues Steuerrecht
in: **DStG, 1983**, Nr. 6, S. 76-77

Tipke 1985 | Tipke, K.:
Von der Umordnung zur Neuordnung des Einkommensteuerrechts

in: Raupach, A./Tipke, K./Uelner, A.:
Niedergang oder Neuordnung des deutschen Einkommensteuerrechts?
Münsteraner Symposion, Bd.I, Köln 1985, S. 133-173

Tipke 1986 — Tipke, K.:
Einkommensteuer-Fundamentalreform
in: **StuW**, (63. Jg.) **1986**, Nr. 2, S. 150-169

Tipke 1987 — (11. Aufl.) von Tipke 1979, Köln 1987

Uelner 1977 — Uelner, A.:
Die Steuergesetzgebung in der Bundesrepublik Deutschland aus der Sicht des Ministerialbeamten
in: **Deutsches Steuerrecht**, (15. Jg.) **1977**, S. 119-126

Vialon 1956 — Vialon, F.K.:
Öffentliche Finanzwirtschaft
Berlin/Frankfurt a.M. 1956

Vocke 1884 — Vocke:
Deutsche und englische Finanzverwaltung
in: **Finanzarchiv**, (1. Jg.) **1884**, S. 159-204

Wachler 1912 — Wachler, P.:
Das königlich sächsische Einkommensteuergesetz vom 24.7.1900 in der Fassung der Gesetze vom 1.7.1902 und vom 15.6.1908 nebst Ausführungsverordnung und Instruction
(3. Aufl.) Leipzig 1912

Wacke 1950 — Wacke, G.:
Das Finanzwesen der Bundesrepublik
Die Einwirkungen der Finanzfunktion auf Gesetzgebung, Verwaltung und Rechtsprechung im Bonner Grundgesetz
Tübingen 1950

Wacke 1950/51 — Wacke, G.:
Das Gesetz über die Finanzverwaltung
Über seine Unvereinbarkeit mit dem Grundgesetz
in: **Finanzarchiv**,
(N.F. Bd. 12) **1950/51**, Nr. 4, S. 713-724

Wagener 1977 — Wagener, F.:
Neuorganisation der Finanzämter und des Besteuerungsverfahrens
in: **DÖV**, (30. Jg.) **1977**, Nr. 18, S. 669-671

Wagner 1879 — Wagner, A.:
Über die schwelenden deutschen Finanzfragen
in: **Zeitschrift für die gesamte Staatswissenschaft** (Bd. 35) **1879**, S. 68-114

Wagner 1890 — Wagner, A. (Hg.):
Lehr- und Handbuch der politischen Ökonomie
4. Hauptabteilung: Finanzwissenschaft
(2. Aufl.) Leipzig 1890

Wagner 1891 — Wagner, A.:
Die Reform der direkten Staatsbesteuerung in Preußen im Jahre 1891
in: **Finanzarchiv**, (8. Jg.) **1891**, Bd. 2, **S. 71-330**

Waldecker 1913 — Waldecker, L.:
Oberfinanzrat Meisel **und die preußische Einkommensteuerstatistik**
in: **Finanzarchiv**, (33. Jg.) **1913**, Bd. 1, S. 53-95

Walter 1893 — Walter, E.:
Das königlich sächsische Einkommensteuergesetz vom 2.7.1878 nebst Ausführungsverordnung vom 11.10.1878 und Instruction für die Einschätzungs- und Reklamationskommission vom 7.12.1878
(2. Aufl.) Leipzig 1893

Walz 1909 — Walz, E.:
Das Staatsrecht des Großherzogtums Baden
Tübingen 1909

Weber-Fas 1979 — Weber-Fas, R.:
Grundzüge des Steuerrechts der Bundesrepublik Deutschland
Tübingen 1979

Walz 1980 — Walz, R.W.:
Steuergerechtigkeit und Rechtsanwendung
Hamburg 1980

Weisensee 1955 — Weisensee, C.:
Zur Neuordnung der Finanzgerichtsbarkeit
in: **StuW**, (32. Jg.) **1955**, Sp. 489-500

Weiss 1972 — Weiss, E.:
Die Neuorganisation der Finanzämter und des Besteuerungsverfahrens unter Berücksichtigung ihrer Auswirkungen auf die steuerberatenden Berufe

in: Bundeskammer der Steuerbevollmächtigten (Hg.):
Steuer-Kongreß-Report 1972
München 1972, S. 161-182

Weisz 1877 — Weisz, B.:
Die Lehre vom Einkommen
in: **Zeitschrift für die gesamte Staatswissenschaft**
(Bd. 33) **1877**, S. 573-612

Weyhausen 1982 — Weyhausen, H.:
Steuerverwaltung und bundesstaatliche Verfassungsordnung
Köln 1982

Winiker 1867 — Winiker, R.:
Die Klassen- und klassifizierte Einkommensteuer in Preußen
Berlin 1867

Winiker 1882 — Winiker, R.:
Steuerkatechismus
Berlin 1882

Wintterlin 1906 — Wintterlin, F.:
Geschichte der Behördenorganisation in Württemberg
Erster Band
Stuttgart 1906

Wintterlin 1906a — Wintterlin, F.:
Geschichte der Behördenorganisation in Württemberg
Zweiter Band
Stuttgart 1906

Witt 1973 — Witt, P.C.:
Der preußische Landrat als Steuerbeamter 1891-1918
Bemerkungen zur politischen und sozialen Funktion des deutschen Beamtentums
in: Geiss, I./Wendt, B.J. (Hg.):
Deutschland in der Weltpolitik des 19. und 20. Jahrhunderts, Düsseldorf 1973, S. 205-229

Wittmann 1975 — Wittmann, W.:
Einfühung in die Finanzwissenschaft
Zweiter Band: Die öffentlichen Einnahmen
(2. Aufl.) Stuttgart 1975

Wittmann 1983 — Wittmann, W.:
Öffentliche Finanzen
Einführung in die Finanzwissenschaft
(2. Aufl.) Opladen 1983

Württembergisches Finanzministerium 1906 — Württembergischges Finanzministerium (Hg.):
Sammlung der württembergischen Staatssteuergesetze sowie die wichtigeren Vollzugsvorschriften Bd. I und II
Stuttgart 1906

Zakrczewski 1887 — Zakrczewski:
Die wichtigeren Reformen der direkten ländlichen Steuern in Preußen im 18. Jahrhundert
Leipzig 1887

Zech 1967 — Zech, J.:
Das deutsche Einkommensteuergesetz in sozialpolitischer Sicht
Diss. Köln 1967

Zeller 1889 — Zeller, H.:
Zur Statistik und Geschichte des öffentlichen Dienstes in Württemberg
in: **Finanzarchiv**, (6. Jg.) **1889**, Bd. 2, S. 1-73

Zeller 1893 — Zeller, H.:
Das Finanzdienstprüfungswesen in Württemberg
in: **Finanzarchiv**, (10. Jg.) **1893**, Bd. 1, S. 205-240

Ziehen 1940 — Ziehen, E.:
Zur Geschichte der Frankfurter Reichsschatzmeister 1495-99
in: **Deutsches Archiv für Geschichte des Mittelalters** (4. Jg.) **1940**, Nr. 1, S. 228-230

b) Zeitungen und Zeitschriften

Deutsche Gemeindezeitung — **Deutsche Gemeinde-Zeitung**, (1. Jg.) 1862 - (67. Jg.) 1928

DÖV — **Die Öffentliche Verwaltung**, ab (1. Jg.) 1948

DStB — **Der Steuerbeamte**
Gewerkschaftsorgan des Bundes Deutscher Steuerbeamten im Deutschen Beamtenbund; (10.Jg.) 1961 - (21. Jg.) 1972

(vorher: Bundesnachrichten des Bundes Deutscher Steuerbeamten, (1. Jg.) 1952 - (9. Jg.) 1960)

DStG — **Die Steuer-Gewerkschaft**
Gewerkschaftsorgan der Deutschen Steuergewerkschaft
Düsseldorf, ab (22. Jg.) 1973

DStZ — **Deutsche Steuer-Zeitung**
ab Jg. (1. Jg.) 1912/13; (36. Jg.) 1948 - (67. Jg.) 1979
geteilt in Ausg. A und B; vereint wieder ab (68. Jg.) 1980

DSWR — **Datenverarbeitung in Steuer, Wirtschaft und Recht**
ab (1. Jg.) 1971/72

Finanzarchiv — **Finanzarchiv**
(1. Jg.) 1884 - (48. Jg.) 1931; N.F. ab (Bd. 1) 1933

Handesblatt — **Handelsblatt**, Düsseldorf/Frankfurt a.M., ab (1. Jg.) 1946

SteuerStud — **Steuer und Studium**, Zeitschrift für die Aus- und Fortbildung im Steuerrecht, Herne/Berlin, ab (1. Jg.) 1980

Stuttgarter Nachrichten — **Stuttgarter Nachrichten**, Stuttgart, ab (1. Jg.) 1946

StuW — **Steuer und Wirtschaft**
(1. Jg.) 1922 - (23. Jg.) 1944; wieder ab (24. Jg.) 1947

WiSta — **Wirtschaft und Statistik**
hg. vom Statistischen Bundesamt, N.F. ab Jg. 1949/50

ZKSSB — **Zeitschrift des Königlich Sächsischen Statistischen Bureaus**
(ab 1905: Zeitschrift des sächsischen Statistischen Landesamtes) Dresden, (1. Jg.) 1855 - (90. Jg.) 1945

c) Staatshandbücher und Statistische Jahrbücher

Annalen des Deutschen Reiches — **Annalen des Deutschen Reiches für Gesetzgebung, Verwaltung und Statistik**
(1. Jg.) 1868 - (64. Jg.) 1931/32

Staatshandbuch Deutsches Reich — **Staats-, Hof- und Kommunalhandbuch des Reiches und der Einzelstaaten, Jg. 1886 - Jg. 1914**

Staatshandbuch Preußen — **Handbuch über den Königlichen Preußischen Hof und Staat** (1851-1865: Königlich Preußischer Staatskalender) Jg. 1850 - Jg. 1918

Staatshandbuch Württemberg	**Hof- und Staatshandbuch des Königreichs Württemberg** Jg. 1890 - Jg. 1914
Staatshandbuch Sachsen	**Staatshandbuch für das Königreich Sachsen** Jg. 1870 - Jg. 1914/15
Staatshaushaltsetat Preußen	**Staatshaushaltsetat für Preußen** mit Anlage-Bänden; 1849 - 1918
Staatshaushaltsetat Sachsen	**Staatshaushaltsetat für das Königreich Sachsen** mit Anlage-Bänden; 1888 - 1918 (zuvor veröffentlicht in Landtagsakten und königlichen Dekreten)
Stat. Jahrbuch Bundesrepublik	**Statistisches Jahrbuch für die Bundesrepublik Deutschland**, ab Jg. 1952
Stat. Jahrbuch Sachsen	**Kalender und Statistisches Jahrbuch für das Königreich Sachsen** (später: Statistisches Jahrbuch für das Königreich Sachsen); Jg. 1871 - Jg. 1921
Stat. Jahrbuch Württemberg	**Statistisches Jahrbuch für das Königreich Württemberg** (ab 1895: Statistisches Handbuch für das Königreich Württemberg); Jg. 1885 - Jg. 1914
Stat. Jahrbuch Preußen	**Statistisches Jahrbuch für den Preußischen Staat** hg. vom Königlichen Statistischen Bureau Jg. 1903 - Jg. 1918
Statistisches Reichsamt 1930	Statistisches Reichsamt (Hg.): **Finanzen und Steuern im In- und Ausland** Ein statistisches Handbuch Berlin 1930
Württemberg. Statistik	**Württembergische Jahrbücher für Statistik und Landeskunde** hg. vom Stat. Landesamt; Jg. 1890 - Jg. 1918
Württemb. Statistik der Einkommen-Steuer	**Statistik der Württembergischen Einkommensteuer** hg. vom Steuerkollegium; Jg. 1905 - Jg. 1918

d) Gesetzes- und Verordnungssammlungen

Amtsblatt der Regierung zu Münster	**Amtsblatt der Königlichen Regierung zu Münster** Jg. 1816 ff

Amtsbl. Kontrollrat	**Amtsblatt des (Alliierten) Kontrollrats in Deutschland**, hg. vom Alliierten Kontrollrat Berlin, Nr. 1-19, 1945-1948
Amtsbl.der RFinVerw.	**Amtsblatt der Reichsfinanzverwaltung** hg. vom Reichsfinanzministerium; (1./2. Jg). 1919/20 - (27. Jg.) 1945
Amtsbl. d. württ. Fin.Min.	**Amtsblatt des Königlich Württembergischen-Finanzministeriums**, Jg. 1895 - Jg. 1942
Amtsbl. d. württ. Oberfinanzkammer	**Amtsblatt der Königlich Württembergischen Oberfinanzkammer**, Jg. 1857 - Jg. 1894
Amtsbl. d. württ. Steuerkollegiums	**Amtsblatt des Königlich Württembergischen Steuerkollegiums**, Jg. 1853 - Jg. 1920
BAnz	**Bundesanzeiger** hg. vom Bundesminister der Justiz; ab (1. Jg.) 1949
Bay.RBl.	**Königlich-Baierisches Regierungsblatt** Jg. 1806 - Jg. 1817 (vorher: Churpfälzisch-Baierisches Regierungsblatt)
BGBl.	**Bundesgesetzblatt** hg. vom Bundesminister der Justiz ab Jg. 1949, seit 1951 in zwei Teilen
BGBl. I	**Bundesgesetzblatt, Teil I**
BStBl.I/II	**Bundessteuerblatt** hg. vom Bundesminister der Finanzen Teil I: Veröffentlichungen des Bundesministers der Finanzen Teil II: Veröffentlichungen der Länder ab (1. Jg.) 1951
F.Min.Bl. Sachsen	**Finanzministerialblatt für das Königreich Sachsen** Jg. 1911 - Jg. 1919
GBl. DDR	**Gesetzblatt der Deutschen Demokratischen Republik** ab Jg. 1949, seit 1955 in zwei Teilen, 1960-1968 mit Teil III
GS Preußen	**Gesetz-Sammlung für die Königlichen Preußischen Staaten**, Jg. 1810 - Jg. 1945 (ab 1907: Preußische Gesetz-Sammlung)

GS Sachsen	**Gesetzsammlung für das Königreich Sachsen** Jg. 1818-1831 (später: Sammlung der Gesetze und Verordnungen für das Königreich Sachsen, Jg. 1832 - Jg. 1835; danach: **GV Sachsen)**
GV Sachsen	**Gesetzes- und Verordnungsblatt für das Königreich Sachsen**, Jg. 1835 - Jg. 1918
M.Bl. für die innere Verwaltung	**Ministerial-Blatt für die gesamte innere Verwaltung in den königlichen preußischen Staaten** hg. im Bureau des Ministers des Innern (ab 1915: Ministerial-Blatt für die preußische innere Verwaltung; hg. im Ministerium des Innern) (1. Jg.) 1840 - (96. Jg.) 1935 (danach: Ministerial-Blatt des Reichs- und Preußischen Ministers des Innern; bis (106. Jg.) 1945)
Mitt. St. Sachsen	**Mitt(h)eilungen aus der Verwaltung der direkten Steuern im Königreich Sachsen**, Jg. 1884 - Jg. 1907
Mitt. St. Preußen	**Mitt(h)eilungen aus der Verwaltung der direkten Steuern im Preußischen Staate**, Jg. 1876 - Jg. 1915
Preuß. Centralblatt	**Centralblatt der Abgaben-, Gewerbe- und Handelsgesetzgebung in den Königlich Preußischen Staaten** Jg. 1839 - Jg. 1899 (Später: Centralblatt der Abgeben-Gesetzgebung und Verwaltung, Jg. 1900-1912; Zentralblatt der Preußischen Verwaltung der Zölle und indirekten Abgaben; Jg. 1913 - Jg. 1919)
R.Bl. Württemberg	**Regierungsblatt für das Königreich Württemberg** Jg. 1828 - Jg. 1918 (vorher: **Königlich Württembergisches Staats- und Regierungsblatt**; Jg. 1807 - Jg. 1827)
RGBl.	**Reichsgesetzblatt** hg. vom Reichsminister des Innern Jg. 1871 - Jg. 1945; seit 1922 in zwei Teilen
RGBl. I	**Reichsgesetzblatt. Teil I**
RStBl.	**Reichssteuerblatt** hg. vom Reichsfinanzministerium (10. Jg.) 1920 - (35. Jg.) 1945
StuZBl.	**Steuer- und Zollblatt für Berlin**, ab (1. Jg.) 1951
WiGBl.	**Gesetzblatt der Verwaltung des Vereinigten Wirtschaftsgebietes**, (1. Jg.) 1947 - (3. Jg.) 1949

GPSR Compliance

The European Union's (EU) General Product Safety Regulation (GPSR) is a set of rules that requires consumer products to be safe and our obligations to ensure this.

If you have any concerns about our products, you can contact us on ProductSafety@springernature.com

In case Publisher is established outside the EU, the EU authorized representative is:

Springer Nature Customer Service Center GmbH
Europaplatz 3
69115 Heidelberg, Germany

Batch number: 10809466

Printed by Printforce, the Netherlands